	Hintergründe und Infos
①	Auf dem Weg zur Küste: Schwerin
②	Wismar und Klützer Winkel
③	Zwischen Wismar und Rostock
④	Rostock und Umgebung
⑤	Fischland-Darß-Zingst
⑥	Stralsund Rügen Hiddensee
⑦	Greifswald Usedom

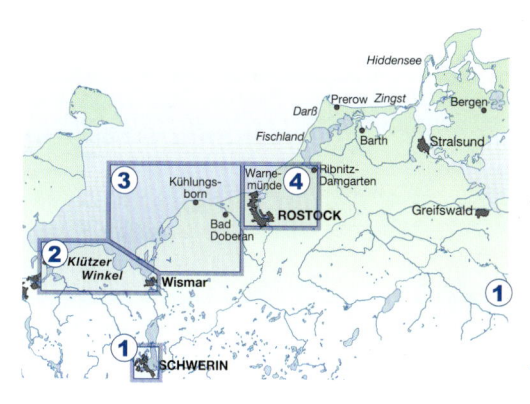

UNTERWEGS MIT SVEN TALARON UND SABINE BECHT

Warum es uns immer wieder an die Ostseeküste Mecklenburg-Vorpommerns zieht? Wegen der Ostsee natürlich! Wegen des einsamen, wilden Darßer Weststrandes. Wegen der Nikolaikirche in Stralsund, der vielleicht schönsten Kirche zwischen Trondheim und Rom. Wegen der Kraniche auf dem Zingst und wegen des Farbenspiels, wenn im Nationalpark Jasmund die Sonnenstrahlen in den Buchenwald über den weißen Kreidefelsen schwärmen. Wegen des freundlichen, „kleinen" Tourismus, der bewahrt, statt zu trampeln. Wegen eines Strandtags im Strandkorb, wegen der Fischsuppe im Smutje und wegen Hiddensee und, und, und ...

Neben all den prominenten und weniger bekannten Attraktionen sind es auch zahlreiche einzigartige Cafés, die wir mal für mal ansteuern, wenn wir die Küste bereisen. Cafés, in denen man den ganzen Sommer verbringen möchte. Kleine Oasen inmitten ohnehin traumhafter Landschaften, mit viel Engagement betrieben, die Einrichtungen stilvoll, fantasievoll, kunstvoll, der Kaffee handgebrüht, die Kuchen aus Omas Rezeptefundus, die Gärten malerische Refugien.

Das Café Frieda auf der Insel Poel ist ein solcher zauberhafter Ort. Oder auch das Café Glücklich in Wismar. Selten verpassen wir, auf ein Päuschen in der Buhne 12 vorbeizuschauen, wenn wir auf dem Fischland sind (oder im Café Tonart in Born auf dem Darß). Ähnliches gilt für das Café Kelm in Stralsund. Wer sich in den Rummel am Kap Arkona wirft und sich dann keine Rast im Helene-Weigel-Haus gönnt, ist selber schuld. Und auf Usedom gerät die Wahl zwischen dem Gnitzer Seelchen, den Cafés in Krummin und dem Café Fangel im Süden sehr, sehr schwierig. Denn so viel Kaffeepause hat man eigentlich nie, nicht einmal im Urlaub.

Text und Recherche: Sven Talaron, Sabine Becht **Lektorat:** Peter Ritter, Sabine Senftleben, Christine Beil (Überarbeitung) **Redaktion:** Annette Melber **Layout:** Sven Talaron **Karten:** Judit Ladik, Hana Gundel, Carlos Borell, Theresa Flenger, Janina Baumbauer **Fotos:** → S. 334 **Covergestaltung:** Karl Serwotka **Covermotive:** oben: Strandkörbe auf Rügen (Sabine Becht), unten: Segel der Wissemara, Wismar (Sven Talaron).

Für die Überarbeitung und Aktualisierung des Gebietes Wismar bis Barth danken wir ganz herzlich Gabriele Tröger und Michael Bussmann.

6. aktualisierte und überarbeitete Auflage 2017

OSTSEEKÜSTE
MECKLENBURG-VORPOMMERN

SVEN TALARON | SABINE BECHT

Ostseeküste Mecklenburg-Vorpommern: Vorschau 10

Hintergründe und Infos 14

Geografie und Landschaft 16
Flora und Fauna 19
Natur- und Umweltschutz 22
Geschichte 24
Architektur 30
Praktische Infos von A bis Z 35

Anreise	35	Klima	43
Baden	36	Kurtaxe	43
Ermäßigungen	37	Literaturtipps	44
Essen und Trinken	38	Reisezeit	45
Feste und Veranstaltungen	39	Sport	46
Hunde	41	Übernachten	48
Information und Internet	41	Vor Ort unterwegs	49
Karten	42	Wellness und Kuren	51
Kinder	42		

Reiseziele 52

Schwerin 54

Wismar 66

Klützer Winkel 85

Klütz	85	Boltenhagen	90
Umgebung von Klütz	89	An der Wohlenberger Wiek	93

Zwischen Wismar und Rostock 94

Insel Poel	94	Umgebung von Kühlungsborn	115
Stove	100	Bad Doberan	116
Salzhaff und Boiensdorfer Werder	101	Umgebung von Bad Doberan	122
Neubukow	101	Heiligendamm	123
Rerik und die Halbinsel Wustrow	103	Die Küste zwischen Heiligendamm und Warnemünde	125
Kühlungsborn	106		

Rostock _____ 126

- Warnemünde — 142
- Rostocker Heide — 149
- Graal-Müritz — 150
- Informationszentrum Wald und Moor — 151
- Freilichtmuseum Klockenhagen — 152
- Jagdschloss Gelbensande — 153
- Ribnitz-Damgarten — 153

Fischland–Darß–Zingst _____ 156

- Dierhagen — 160
- Wustrow — 163
- Ahrenshoop — 167
- Born — 174
- Wieck — 177
- Prerow — 179
- Darßer Ort — 184
- Zingst — 186
- An der Boddenküste — 193
- Barth — 193
- Zwischen Barth und Stralsund — 197
- Kranich-Informationszentrum Groß Mohrdorf — 197

Stralsund _____ 200

Rügen _____ 215

Rügens Süden — 218
- Altefähr — 218
- Garz — 219
- Halbinsel Zudar — 219
- Bergen — 220
- Nördlich von Bergen — 222
- Ralswiek — 222
- Lietzow — 223
- Putbus — 225
- Lauterbach — 228
- Insel Vilm — 229

Granitz — 230
- Binz — 230
- Jagdschloss Granitz — 234
- Nördlich von Binz: Schmale Heide und Prora — 235
- Die Museen von Prora — 237
- Naturerbe Zentrum Prora — 238
- Schmale Heide — 238
- Sellin — 239

Mönchgut — 242
- Baabe — 242
- Göhren — 244
- Middelhagen und Alt Reddevitz — 246
- Groß Zicker und Gager — 248
- Thiessow und Klein Zicker — 249

Jasmund — 251
- Sassnitz — 251
- Der Nationalpark Jasmund — 254
- Lohme — 257
- Glowe und die Schaabe — 259

Wittow — 260
- Seebad Breege-Juliusruh — 260
- Altenkirchen — 261
- Putgarten und das Kap Arkona — 262
- Um den Wieker Bodden — 264

Rügens Westen — 266
- Gingst — 266
- Halbinsel Lieschow — 267
- Insel Ummanz — 268
- Schaprode — 269

Hiddensee _____ 270

- Kloster — 273
- Nördlich von Kloster — 276
- Vitte — 279
- Neuendorf — 281

Greifswald			282
In Richtung Usedom			289
Wolgast	290	Peenetal	294
Anklam	292		

Usedom			295
Der Norden	298	Die drei Kaiserbäder	312
Zinnowitz	298	Ahlbeck	312
Umgebung von Zinnowitz	300	Heringsdorf	316
Trassenheide	302	Bansin	319
Karlshagen	302		
Peenemünde	303	Der Süden	322
		Usedomer Schweiz	322
Die Inselmitte	307	Lieper Winkel	325
Lüttenort/Damerow	307	Usedom/Stadt	327
Koserow	309	Entlang der Südküste:	
Loddin-Kölpinsee	310	Wenzlin, Stolpe und Dargen	327
Ückeritz	310		

Register			331

Kartenverzeichnis

Ahrenshoop	171	Prora	237
Die Dreikaiserbäder: Ahlbeck,		Rostock	134/135
Heringsdorf, Bansin	314/315	Rostock und Warnemünde	131
Binz	232	Rügen	216/217
Bad Doberan	119	Schwerin	58
Kühlungsborn	110/111	Stralsund	207
Fischland-Darß-Zingst	158/159	Usedom	296/297
Greifswald	284	Warnemünde	147
Mecklenburg-	Umschlag	Wismar	71
Vorpommern	vorne	Zwischen Wismar	
Prerow	180/181	und Rostock	96/97

Zeichenerklärung für die Karten und Pläne

- Autobahn
- Bundesstraße
- Hauptstraße
- Landstraße
- Piste
- Fußweg
- Fähre
- Eisenbahn
- Landesgrenze
- Nationalparkgrenze

- ▲ Erhebung
- Aussichtspunkt
- Leuchtturm
- Badestrand
- Δ Campingplatz
- Golfplatz
- ⚓ Hafen
- P Parkplatz
- BUS Bushaltestelle
- ✈ Flughafen/-platz

- Seebrücke
- Schloss/Burg
- Kirche
- ★ Sehenswürdigkeit
- M Museum
- Hügelgrab
- i Information
- T Tankstelle
- Sumpf

Alles im Kasten

Adler über der Ostsee	20
Herrin des Mare Balticum: die Hanse	26
Land unter 1872	28
Gebrannte Pracht: die Norddeutsche Backsteingotik	32
Mit Badekarren gegen die Melancholie	36
Wellness von innen – Sanddorn	38
Die Highlights der Saison: Kleiner Veranstaltungskalender	40
Literarische Orte an der Ostsee	44
Mehr als nur Architekt Schwerins: Georg Adolph Demmler	55
Ein guter Geist – das Petermännchen	61
Vom Geschäft in der Krämerstraße zum Handelsimperium: Rudolph Karstadt	77
Die Poeler Kogge	80
Uwe Johnsons „Jahrestage"	86
Schmalspurbahn 1: Mit dem Kaffeebrenner durch den Klützer Winkel	87
Kaufmann und Selfmade-Archäologe: Heinrich Schliemann	102
„Sansibar oder der letzte Grund"	103
Schmalspur 2: Der Molli	114
Blücher hinterm Pornobrunnen: Rostocks Skulpturen	128
Die Astronomische Uhr	139
Moderne Architektur am Strand	142
Nationalpark Vorpommersche Boddenlandschaft	160
Kunstscheune Barnstorf	164
Künstlerkolonie Ahrenshoop	168
Wandertipp: Von Prerow zum Darßer Ort	185
Den Vögeln des Glücks hinterher: Radtour zum Pramort	187
Konzentrationslager Barth	194
Versunken in der Ostsee: Vineta	196
Kraniche in Mecklenburg-Vorpommern	198
Bismarckhering	206
Werkstatt und Museum: Die alte Spielkartenfabrik	212
Piraten der Ostsee – Klaus Störtebeker und Gödecke Michels	224
Schmalspur 3: Der Rasende Roland	226
Projekt: Urlaub total – das „Seebad der 20.000"	235
Steilküstenabbrüche	255
Wandertipp: Auf dem Hochuferweg am Rand des Nationalparks	257
Schloss Spyker	259
Uferpredigten	264
Hauptmann auf Hiddensee	275
Der Hiddenseer Goldschatz	276
Wandertipp: Von Kloster zum Enddorn und über den Dornbusch	278
Die Enden der Parabel – Wernher von Braun	305
Otto Niemeyer-Holstein (1896–1984)	308
Die Bernsteinhexe	309
Hans-Werner Richter: Nachkriegsliteratur aus Bansin	321
Wandertipp: Von Benz nach Bansin	323

Wohin an der Ostseeküste?

① Auf dem Weg zur Küste: Schwerin → S. 54

Die inoffiziellen Landesfarben Blau und Grün prägen auch Schwerin, die charmante Hauptstadt Mecklenburg-Vorpommerns. Umgeben von sieben Seen, Wald und einem eleganten Schlosspark bietet die ehemalige Residenzstadt einen starken Auftakt (oder Abschluss) für eine Reise an die Ostsee: ein prächtiges Schloss in Insellage, klassizistische Bauten am Seeufer, ein imposanter gotischer Dom und malerische kleine Altstadtgassen.

② Wismar und Klützer Winkel → S. 66

Lange Zeit unter der Herrschaft der Drei Kronen hat sich in Wismar so manches erhalten, das an die schwedische Zeit erinnert, allen voran die fotogenen Schwedenköpfe. Zwischen dem traditionsreichen Hafen der Hansestadt und dem weitläufigen Markt erstreckt sich darüber hinaus ein beeindruckendes historisches Stadtbild, das seinesgleichen sucht. Ruhig wird es im Hinterland, einer ländlichen Idylle namens Klützer Winkel.

③ Zwischen Wismar und Rostock → S. 94

Stilles Land erstreckt sich zwischen Wismar und Rostock; Wiesen und Weiden – hier eine Windmühle, dort ein Leuchtturm – vor der weiten Kulisse der Ostsee. Nahe bei Wismar liegt die Insel Poel, beliebt bei Badeurlaubern und Surfern. Touristisches Zentrum ist Kühlungsborn, kulturelles Highlight Bad Doberan mit seinem prachtvollen Münster und der klassizistischen Stadtanlage. Hier begann der Bädertourismus in Deutschland, sichtbar in den repräsentativen Bauten des mondänen Heiligendamm, dem ältesten Seebad Deutschlands.

④ Rostock und Umgebung
→ S. 126

Rostock – heimliche Landeshauptstadt und urbanes Zentrum; stolzer Hansehafen, alter Universitätsstandort und moderne Großstadt. Es lohnt sich unbedingt, für einen Besuch das ausgebreitete Badetuch für ein paar Stunden zu verlassen: wegen St. Marien mit der astronomischen Uhr z.B. oder wegen des Kulturhistorischen Museums im alten Kloster. Und wem nach soviel Kultur dann doch nach einem Sprung in die Ostsee ist: Zu Rostock gehört auch Warnemünde, das alte Fischerdorf mit seinem langen weiten Sandstrand.

⑤ Fischland-Darß-Zingst → S. 156

Traumhafte Landschaften auf der Halbinselkette Fischland-Darß-Zingst: Entlang der Außenküste erstrecken sich endlose Sandstrände – voller Trubel wie zwischen Prerow und Zingst; einsam und wild wie der Darßer Weststrand. Als Teil des Nationalparks Vorpommersche Boddenlandschaft stehen weite Landstriche und Wasserflächen unter strengem Schutz. An den Rändern des Nationalparks finden sich malerische kleine Dörfer wie Wiek, Wustrow und die ehemalige Künstlerkolonie Ahrenshoop.

⑥ Stralsund, Rügen, Hiddensee → S. 200

Die Hansestadt am Strelasund, eine der schönsten an der Ostsee, ist reich an Tradition und Attraktion: die backsteingotischen Juwelen St. Nikolai und St. Marien, das Deutsche Meeresmuseum im alten Kloster und das neue Ozeaneum am Hafen. Abwechslungsreich ist auch Rügen vom vielgestaltigen Mönchgut bis zum Kap Arkona, vom stillen Ummanz bis zu Buchenwäldern und Kreideküste im Nationalpark Jasmund; nicht zu vergessen das traumhafte Hiddensee, die Perle der Ostsee.

⑦ Greifswald, Usedom → S. 282

Auf dem Weg nach Usedom lohnt sich ein Besuch in der alten Hansestadt Greifswald, mit einem herrlichen backsteingotischen Ensemble am Markt und dem Pommerschen Landesmuseum. Schließlich Deutschlands Sonneninsel Usedom: 40 Kilometer Sandstrand an der Außenküste und traumhafte Landidyllen rund um das Achterwasser, Bäderherrlichkeit bei den drei Kaiserbädern und abwechslungsreiche Museen wie das HTI in Peenemünde oder z. B. das Künstlerrefugium Lüttenort.

Die Vorschau:
Ostseeküste Mecklenburg-Vorpommern

Lebensgefühl Strandkorb

Ein Strandkorb ist mehr als nur eine Sitzgelegenheit. Mit diesem Möbel steht Luxus im Sand: Bequemlichkeit mit Meerblick, ein Refugium an der frischen Luft, ein Stück Heimat im Urlaub. Der Strandkorb ist ein exklusives (und in kleinen Wendekreisen mobiles) Korbhaus mit panoramaweiter Veranda und bunt gestreiftem Sonnenschutz; Esszimmer, Vorratskammer, Wandschrank und Sofa inklusive. Das elegant geschwungene Flechtwerk bietet Schutz vor der Mittagssonne oder der frischen Meeresbrise. Es ist ein Ort des Gesprächs und der Lektüre, geerdeter Ausguck und luftiger Rückzugsraum, ideal zum Kaffeeklatsch oder für ein nachmittägliches Nickerchen. Der Strandkorb gibt ebenso Raum für ein großes Gefühl von Freiheit, wenn der Blick den Horizont entlangschweift (und die Uhrzeit keine Rolle spielt), wie für gepolsterte Behaglichkeit. Der Strandkorb ist ein „Sehnsuchtsmöbel", mithin ein Stück Lebensgefühl.

Tore zur Welt: die Hansestädte

Rostock, die „Leuchte des Nordens", Stralsund und Wismar, gemeinsam UNESCO-Weltkulturerbe, und Greifswald, die stille Universitätsstadt im Osten: Die Hafenstädte sind urbane Zentren, kulturelle Knotenpunkte von spröder Eleganz, traditionsreich und lebendig. Und sie sind Metropolen, die in Charakter und Aussehen an eine glorreiche Vergangenheit erinnern: an die Zeit der Hanse.

Bauchige Koggen bringen tonnenweise Waren in die Städte. Wachs, Teer und Felle aus dem Osten, Hering und Erz aus dem Norden, Wein und Tuche aus dem Westen füllen die Stapelplätze, werden umgeschlagen, machen ihre Händler reich. Mit dem Reichtum wächst die Macht der Kaufleute und Ratsherren. Sie lassen es sich nicht nehmen, ihrem bürgerlichen Selbstbewusstsein Ausdruck zu verleihen – und der ist backsteinrot. Die großen architektonischen Würfe dieser Zeit, großartige Monumente der Norddeutschen

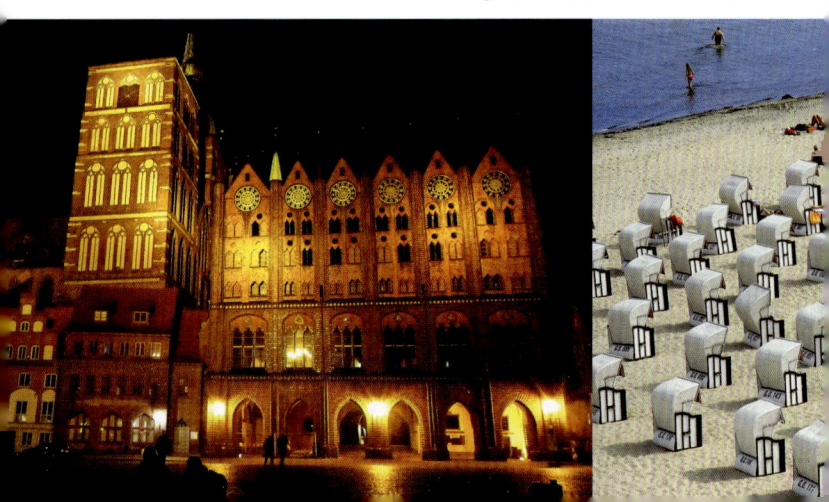

„Ostseestrände und Strandpromenaden"

Backsteingotik, sind an der Ostseeküste aufgereiht wie Perlen an einer Kette – Silhouetten hanseatischer Macht: Von den imposanten Kirchen von St. Nikolai in Wismar über das Doberaner Münster und St. Marien in Rostock bis zu St. Nikolai und St. Marien in Stralsund. Daneben ließen sich die achtbaren Ratsherren auch stattliche Bürgerhäuser errichten und säkulare Repräsentativbauten wie das Stralsunder Rathaus mit seiner prächtigen Fassade. Bis heute haben sich die Ensembles gotischer Giebelhäuser entlang der mittelalterlichen Straßenzüge in Wismar, Stralsund und Greifswald gestaltreich und eindrucksvoll erhalten.

Ostseestrände und Strandpromenaden

Wer wollte auch nicht an den Strand, wenn die Sonne scheint und eine milde Brise vom Meer her weht? Weithin berühmt sind die Namen der beliebten Ostseebäder: Binz oder Sellin auf Rügen, die drei Kaiserbäder auf Usedom, Heiligendamm und Warnemünde. Sonnenhungrige bevölkern die mehr oder minder geordneten Reihen der Strandkörbe, über denen zuweilen der ein oder andere Lenkdrachen schwebt. Andere liegen auf bunten Badetüchern zwischen kunstvollen Sandburgen. Beachvolleyballer hechten sich in den feinen Sand. Surfer stemmen sich gegen den Wind...

Abseits des bäderherrlichen Trubels dagegen liegen noch zahlreiche ruhigere, oft über weite Strecken naturbelassene Strände, die gesamte Außenküste Hiddensees zum Beispiel, oder die Tromper Wiek auf Rügen oder die herrliche Westküste des Darß. Hier können sich Kinder wie die wüstesten Piraten austoben oder Hunde ihre Stöckchen aus der Ostsee retten. Und es findet sich dennoch immer ein abgelegenes Plätzchen für den eigenen Sonnenschirm und einen geruhsamen Sonnentag. Gemeinsam haben all diese Strände, dass sie kilometerlang sind, oft sehr breit, feinsandig und fast überall flach in die Ostsee abfallen.

Die Vorschau:
Ostseeküste Mecklenburg-Vorpommern

Geschützte Paradiese

Wenn man morgens ganz früh an einen abgelegenen Strand geht oder irgendwohin sonst entlang der vielgestaltigen Ränder des Nationalparks, wird man mit unvergesslichen Eindrücken einer zauberhaften Landschaft überhäuft. Geformt wurde diese Landschaft von Wind und Wasser. Jahr um Jahr zupft der Ostseewind an Kiefern und Weißdorn und modelliert ihren bizarren Wuchs. Über Nacht zeichnet der Wind fotogene Strukturen zwischen das Dünengras in den Sand. Majestätische Seeadler kreisen über Landschaften, die sich nicht entscheiden mögen, ob sie zum Land gehören oder zum Wasser: meerumschlungene Salzwiesen, karge Windwatten, sumpfige Erlenbrüche, von dichten Schilffeldern gesäumte Boddenküste. Wind und Wetter nagen an der schroffen, kreideweißen Steilküste.

Weite Teile dieser ökologischen Schatzkammern stehen unter Schutz: Zwei Nationalparks zieren die Küste: der *Nationalpark Vorpommersche Boddenlandschaft* mit seiner weiten Küstenlandschaft auf dem Darß und dem größten Kranich-Rastplatz Europas, wie auch der *Nationalpark Jasmund* auf Rügen mit seinem herrlichen Buchenwald vor der schroffen Kreideküste. Rügens Südosten ist als Biosphärenreservat ausgezeichnet, die Insel Usedom als Naturpark, dazwischen finden sich zahlreiche kleinere Naturschutzgebiete.

Sanddorn macht lustig

Die Zitrone des Nordens, *Hippophae rhamnoides*, kleine, leuchtend orange Früchte an dornigen, silberblättrigen Sträuchern, gedeiht prächtig auf den sandigen Böden und ist ordentlich sauer. Außerdem ist er eine wahre Vitamin-C-Bombe und vielseitig verwertbar. Es gibt ihn als Saft, Wein, Schnaps, Marmelade, Kompott, Tee...

Auch eher säuerlich, zumindest wenn eingelegt, kommt eine weitere ostseetypische Spezialität daher: der Hering. Ihn findet man in allen nur denkbaren Variationen auf nahezu jeder Speisekarte zwischen Ahlbeck und Boltenhagen.

„geformt von Wind und Wasser"

Der sauer marinierte Klassiker, der *Bismarckhering*, kommt aus Stralsund und wird dort noch nach eben jenem Rezept eingelegt, das sich dereinst der Namensgeber hat schmecken lassen.

Kulinarisch hat Mecklenburg-Vorpommern natürlich mehr zu bieten als Sanddornmarmelade und Fischbrötchen. Im reichhaltigen Spektrum an Gasthäusern finden sich die urige Hafentaverne, in der schon Störtebeker gebechert haben könnte, ebenso wie die Gourmettempel. Dazwischen gibt es viele kleine Restaurants und Cafés, die mit viel Fantasie und Liebe zum Detail ihre Gäste umsorgen. Und alle öffnen den Weg zum gesunden Sanddorn: die Sanddornsahnetorte zum Kaffeepäuschen, das Menü krönende Sanddornsorbet auf Panna Cotta, ein digestiver Sanddorngeist...

Strahlend weiß: die Bäderarchitektur

Im Schatten der Veranda, eine Hand auf dem reich verzierten, gusseisernen Geländer. Der Blick schweift über das Meer. Ein Gläschen Port, eine gute Zigarre. Unten auf der Strandpromenade plappert und flaniert das mondäne Bäderleben entlang, Herren lupfen zum Gruß den weißen Hut, Damen kichern in ihr Spitzentaschentuch...

So in etwa mag man sich den großbürgerlichen Sommerfrischler vorstellen, den es mit den Anfängen des Tourismus aus Berlin an die Ostsee zog. Die Kulisse für diese am Ende des 19. Jh. aufkommende Mode des Sommeraufenthalts am Meer sind die verspielten Fassaden der blütenweißen, ornamentfreudigen Bäderarchitektur: villengleiche Gästehäuser, geschmückt mit Balkonen, Veranden und Loggien, Ziergiebeln und Schmuckfriesen; Kurmuscheln am Strandabgang für das sonntäglich gepflegte Kurkonzert; Kurhäuser mit weiten, parkettierten Tanzsälen; schickliche, da geschlechtergetrennte Badeanstalten, vor allem aber: Seebrücken. Teils prächtig bebaut, strecken sie sich mutig in die Ostsee und verlängern die Strandpromenaden ins Meer hinein.

Malerisches Wustrow auf dem Fischland

Hintergründe und Infos

Geografie und Landschaft	→ S. 16	Geschichte	→ S. 24
Flora und Fauna	→ S. 19	Architektur	→ S. 30
Natur- und Umweltschutz	→ S. 22	Praktische Infos von A bis Z	→ S. 35

Kreidefelsen im Nationalpark Jasmund auf Rügen

Geografie und Landschaft

Erdgeschichtlich betrachtet ist die Ostseeküste Mecklenburg-Vorpommerns geradezu jung, ihre Ausformung keineswegs abgeschlossen. Noch immer ist die Küste eine Landschaft in Bewegung.

Am Anfang war das Meer: Vor etwa 70 Millionen Jahren bedeckte ein riesiges Urmeer Teile Nordeuropas. Sedimente, die von den kalkhaltigen Schalen seiner Kleinstbewohner stammten, verfestigten sich im Laufe von Millionen Jahren zu einer dicken *Kreideschicht*. Mit der Eiszeit begannen gigantische Gletscher die Sedimentschichten aufzureißen und gewaltige Geröllmassen zu bewegen. Entlang der sich vor- und zurückschiebenden Gletscher entstanden *Endmoränen* – die für die Ostseeküste typischen Hügelformationen lassen sich z. B. von Hiddensees Dornbusch quer über Rügen bis Putbus verfolgen –, aber auch ihr Gegenteil, die Gletscherzungenbecken: tief eingegrabene Rillen wie beispielsweise das Achterwasser bei Usedom. Weitere Hinterlassenschaften der Gletscherbewegungen sind Findlinge und Sölle. Die *Findlinge*, etwas pathetisch „Wanderer des Nordens" genannte Felsbrocken, wurden vom Eis aus Skandinavien herangetragen und blieben nach dem Rückzug der Gletscher liegen. Als die Eiszeit das Land wieder freigab, lösten sich auch gigantische Eisblöcke vom sich zurückziehenden Gletscher. Diese Toteis-Ablagerungen, oft mit Sediment bedeckt, schmolzen nur langsam ab und bildeten *Sölle*, die man in Mecklenburg-Vorpommern vielerorts vorfindet: Wenn sich z. B. inmitten eines Feldes eine Mulde absenkt, deren Vegetation auf einen sumpfigen oder zumindest feuchten Untergrund schließen lässt oder in der sich gar ein kleiner, oft kreisrunder See befindet, ist davon auszugehen, dass es sich um ein Soll handelt.

Nachdem die Gletscher zum *Ende der letzten Eiszeit* (die *Weichseleiszeit* endete vor etwa 10.000 Jahren) schließlich abgeschmolzen waren, füllte das schmelzende Eis die Ostsee, wobei der Wasserstand bis zu 100 Meter über dem heutigen gelegen haben dürfte. Durch den Abbau der Gletscher in Skandinavien kam es auch zur Hebung der Landmassen im Ostseeraum, da nun weniger Gewicht auf ihnen lastete. Aus der nacheiszeitlichen Ostsee begann sich allmählich die Küstenlinie auszubilden. Aus dem Wasser lugte da und dort ein Stück Land – die Kerne der heutigen Inseln Rügen und Usedom. Fischland-Darß-Zingst, heute Halbinsel, lag als Inselkette vor dem Festland.

Was die Gletscher aus tiefen Erdschichten gekratzt und hervorgehoben haben, wird seither von Wind, Wetter und Strömung umgeformt. Schwerer Sturm aus Nordost und eventuell folgende Sturmfluten beschleunigen die Entwicklung. Regenerosion, Frostbrüche und Sturmfluten nagen an den *Steilufern* und tragen Kalk, Lehm und Sand ab (zu den Frostsprengungen an der Kreideküste → S. 255). Das Material wird von der Strömung mitgenommen und andernorts angelandet. An den „Rändern" der Strömung, im Strömungsschatten, bereichert das Material die Sandstrände oder bildet Bänke und *Sandhaken*, die vom Ufer hervorspringen können (schönstes Beispiel: Alt- und Neubessin im Norden Hiddensees). Festigt sich ein Sandhaken, vor allem durch genügsame Vegetation, bilden sich aus den Ablagerungen sogenannte *Nehrungen*, die Buchten vom Meer abschließen, Inseln verbinden und damit die typische vielgestaltige *Boddenküste* formen. Auf diese Art und Weise ist u. a. die Schaabe auf Rügen entstanden, eine geologisch sehr junge Landbrücke, welche die Halbinsel Wittow (ehemals gänzlich vom Meer umschlungen) mit der Halbinsel Jasmund verbindet und damit gleichzeitig den Großen Jasmunder Bodden von der Ostsee abtrennt.

Da *Bodden* und Meer meist nur durch kleine Wasserstraßen miteinander verbunden und die Gezeiten in der Ostsee nur schwach ausgeprägt sind, gelangt kaum Meerwasser in die Wasserzirkulation der Bodden. Dank der Regenwasserzufuhr in die ohnehin recht seichten Bodden sinkt der Salzgehalt stetig ab. Das wiederum hat zur Folge, dass eine Vegetation Fuß fassen kann, die einerseits an das Brackwasser angepasst ist und die sich andererseits durch die Nehrungen vor Strömung und schwerem Wetter geschützt entfalten kann. Die vor allem mit Schilf bewachsenen, vielgliedrigen Ränder der Bodden sind typisch für die Ostseeküste Mecklenburg-Vorpommerns.

Beim obligatorischen Strandspaziergang lässt sich das eine oder andere geologische Fundstück entdecken. Der *Bernstein*, das „Gold der Ostsee", stammt aus urzeitlichen subtropischen Wäldern, die sich vor ca. 50 Millionen Jahren hier ausbreiteten;

Eine Landschaft in Bewegung: die Hiddenseer Haken Alt- und Neubessin

Kornblumen auf Wittow, Sonnenuntergang am Salzhaff, Heide auf Hiddensee und Rapsblüte auf Ummanz (v.o.n.u.)

genauer gesagt entstand er aus Baumharz, das aus den Stämmen quoll, sich verfestigte und im Sediment vor Jahrmillionen zu einem honiggelben bis dunkelbraunen Stein gepresst wurde. Bereits in der Bronzezeit wurde Bernstein zu Schmuck verarbeitet. Auch heute noch gibt es kaum einen Souvenirladen, in dessen Sortiment Bernsteinschmuck fehlt. Besonders gefragt und wertvoll sind Steine mit *Inklusen* (Einschlüssen): kleine Luftbläschen, subtropische Pflanzenstücke oder urzeitliche Insekten, die vom noch zähflüssigen Harz umschlossen und so über Millionen Jahre konserviert wurden.

Wer sich ernsthaft auf die Suche nach Bernstein machen will, geht am besten nach schwerer See an den Strand. Bernstein ist leicht, schwimmt also ab einem gewissen Salzgehalt und findet sich so in angespültem Tang. Der Schwimmtest in Kochsalzlösung ist auch der einfachste Echtheitstest – und ist sicherlich materialschonender als der Feuertest: Bernstein nämlich brennt mit gelber, rußender Flamme.

Weitere beliebte Fundstücke an der Ostseeküste sind Feuersteine, Hühnergötter und Donnerkeile. *Feuersteine* sind fossile Kieselalgen, die sich heute vor allem in Bändern durch die Kreideabhänge ziehen. Traditionelle Glücksbringer sind die *Hühnergötter:* Feuersteine mit oft kreisrunden Löchern, die durch die allmähliche Auflösung von Einschlüssen entstanden sind. Früher wurden die Hühnergötter mit einer Schnur zusammengebunden und an Hühnerställe gehängt, um – so der Volksglaube – das Federvieh vor Krankheiten zu bewahren. *Donnerkeile* werden die Fossilien von Belemniten genannt, urzeitlichen Kopffüßern. Der Name der länglichen, kegelförmigen Fossilien geht auf *Thor*, den germanischen Donnergott, zurück. Wo die von ihm geschleuderten Blitze einschlugen, blieben die Donnerkeile zurück.

Auf Hiddensee: Rauwollige Pommersche Landschafe

Flora und Fauna

Mecklenburg-Vorpommern ist weitgehend landwirtschaftlich geprägt. Durch Artenreichtum zeichnen sich vor allem die Boddenufer aus, wo teils seltene Vogelarten ein ideales Rückzugsgebiet finden.

Ausgedehnte Waldgebiete gibt es in der Rostocker Heide, auf dem Darß, im Nationalpark Jasmund und in der Granitz (beides Rügen). Außergewöhnlich ist die große Anzahl an Alleen, die sich an den Feldern entlang von Dorf zu Dorf oder von Hof zu Hof ziehen. Überwiegend im 19. Jh. gepflanzt, spannen sich Linden, Buchen, Kastanien, Pappeln, Ulmen usw. über die teils kopfsteingepflasterten Straßen und formen im Sommer ein schattenspendendes, grünes Dach. Da viele landwirtschaftliche Betriebe inzwischen auf ökologische Produktion umgestellt haben, sieht man in den Weizenfeldern heute vermehrt auch wilden Mohn und Kornblumen, die zur Blütezeit ein farbenprächtiges Bild abgeben.

Zu den Besonderheiten der Flora an der Küste zählen zwei gegensätzliche Naturräume: Da gibt es zum einen die genügsame Vegetation, die sich in karge, nährstoffarme Böden wie Kreidefelsabbrüche krallt (in denen auch zahlreiche Orchideen wachsen) oder sich auf sandigem Boden zu *Dünenheide* entwickelt oder aber sich als *Trocken-* oder *Magerrasen* über sanfte Hügel erstreckt. Kennzeichnend für Letzteren sind niedrig wachsende Gräser, Kräuter und Blumen wie wilder Thymian, Strohblumen oder Silbergras. Zum anderen findet man beispielsweise auf Rügen einen Naturraum, der weder Land noch Meer ist, die *Salzwiesen*. Diese entstehen im Marschland zwischen Land und Meer. Regelmäßig vom Meerwasser überflutet, entfaltet sich auf dem salzreichen, sumpfigen Boden und an Brackwassertümpeln eine ganz eigene Vegetation wie z. B. die Salzbinse. Außerdem dient das Feuchtgebiet als Rückzugsraum für zahlreiche Vogelarten.

Adler über der Ostsee

„Majestätisch" und „erhaben" sind wohl die meistgebrauchten Adjektive, wenn man über Adler spricht. Und wer schon mal einen Seeadler hat kreisen sehen, wird diese Beschreibung wohl bestätigen. Das Attribut „selten" wird glücklicherweise immer weniger gebraucht.

Es gab eine Zeit, da war der Adlerbestand in Deutschland kurz davor zu erlöschen. Als vermeintlicher Futterkonkurrent wurde der Adler seit jeher gejagt, ab den 1950er Jahren durch das Pestizid DDT indirekt vergiftet und so beinahe ausgerottet. Dank intensivem Artenschutz hat sich der Bestand der Seeadler und Fischadler allerdings wieder erholt. Gab es 1970 gerade noch 40 Fischadler-Brutpaare in Deutschland, sind es heute über 500. Ähnlich sieht es mit dem Seeadlerbestand aus. Vor 40 Jahren fast ausgerottet, brüten heute in Deutschland wieder fast 600 Paare – die meisten davon in Mecklenburg-Vorpommern.

Der *Seeadler (Haliaeetus albicilla)* ist der größte Greifvogel in unseren Breiten. Etwa 75–95 Zentimeter groß, hat er eine Spannweite von bis zu 2,50 Metern. Sein Gefieder ist braun, der kräftige Schnabel gelb, Altvögel haben einen weißen Schwanz. Das Flugbild wirkt bei ausgestreckten Schwingen „brettartig". Der Flug des *Fischadlers (Pandion haliaetus)* erscheint eleganter und ist vor allem schneller. Er misst etwa 55 Zentimeter bei einer Spannweite von bis zu 1,70 Metern, charakteristisch sind die weiße Unterseite und der weiße Kopf mit dem dunklen Augenstreif. Da die Seeadlerpaare, die ein Leben lang beisammen bleiben, ihre Nester mehrere Jahre benutzen, entstehen mächtige Horste, vorzugsweise in hohen Buchen oder Kiefern im Wald oder am Waldrand. Den Fischadler sieht man häufig auf Strommasten brüten. Der Seeadler ist ein vielseitiger Jäger, er schlägt Fische, kleine Säugetiere und Wasservögel. Einen eher unausgewogenen Speiseplan hat der Fischadler: Er frisst – und damit ist auch die Namensherkunft geklärt – ausschließlich Fisch. Dieses Beuteschema hat Auswirkungen auf sein Reiseverhalten. Da die Gewässer in Nordeuropa chronisch Gefahr laufen, des Winters zuzufrieren, zieht es den Fischadler in sein Winterdomizil in Afrika. Der Seeadler nimmt indes auch mit winterharten Enten oder halbgefrorenem Aas vorlieb, was vielleicht nicht wäh-

Die Feuchtgebiete entlang der Boddenküsten bieten zahlreichen, teils sehr seltenen Vogelarten eine ideales Rückzugs- und Brutgebiet. Man trifft auf diverse Möwen- und Schwalbenarten, Rohrammern oder Haubentaucher. Besonders beeindruckend gestaltet sich der Zwischenstopp der Grauen Kraniche im Frühjahr oder Herbst, z. B. auf Zingst oder auf Ummanz. Auch Kormorankolonien gibt es, beispielsweise auf der Insel Heuwiese südlich von Ummanz (Rügen) oder im Naturschutzgebiet Peenemünde. Lange Zeit vom Aussterben bedroht, sind die gefräßigen Jäger in Mecklenburg-Vorpommern wieder derart präsent, dass sie zum Schutz von Fischbeständen in seltenen Fällen bejagt werden dürfen. Neben allen Greifvögeln, die landesweit erhaben segeln und jagen, wie Turmfalken, Mäusebussard oder Habicht, leben und brüten in Mecklenburg-Vorpommern auch die eleganten Milane (Rot- und Schwarzmilan), die seltenen Weihen (Korn- und Wiesenweihe) sowie die verbreitete Rohrweihe und vor allem auch die majestätischen Adler (→ oben).

Wahrscheinlich nicht zu Gesicht bekommen wird man dagegen den Fischotter, da er nicht nur selten und scheu, sondern auch überwiegend nachts aktiv ist, oder den Kräftigsten unter den Landräubern, den Dachs. Auf einen der umtriebigen Mäuse-

lerisch oder gar edel klingt, es dem Vogel aber ermöglicht, einen strengen pommerschen Winter zu überstehen.

Die besten Chancen, einen Seeadler zu beobachten, hat man im Nationalpark Vorpommersche Boddenlandschaft und um das Achterwasser im Naturpark Usedom. Den spektakulären Sturzflug des Fischadlers sieht man am ehesten im Peenetal – die größte Bestandsdichte befindet sich allerdings im Müritz-Nationalpark.

Kaum zu Gesicht bekommen wird man den Schreiadler (Aquila pomarina) – und wenn doch, dann wahrscheinlich geschwind über Feld oder Wiese schreitend, denn der auch Pommernadler genannte Greifvogel jagt bevorzugt zu Fuß. Der Schreiadler steht schon lange ganz oben auf der Roten Liste der vom Aussterben bedrohten Arten – man geht in ganz Deutschland von weniger als 100 Brutpaaren aus, die meisten leben in Mecklenburg-Vorpommern.

wiesel zu treffen, ist dagegen durchaus möglich, ebenso vielleicht mal auf einen fleißigen Biber (am besten in der Dämmerung). Der Großwildbestand umfasst vor allem Dam- und Rotwild, aber auch Wildschweine. Ganz im Osten, in der *Ueckermünder Heide* (an der Grenze zu Polen/Stettiner Haff), lebt seit etwa 2015 ein Wolfspaar, das man aber sicherlich nicht zu sehen bekommt (Sichtungen normalerweise per Fotofalle). Achtgeben sollte man beim Wandern, z. B. über Hiddensees Heide, allerdings auf die giftige Kreuzotter.

Über den Zug der Kraniche → S. 198f.

In den letzten Jahren wurde vermehrt von Seehund- und sogar Kegelrobben-Sichtungen berichtet. Eine Wiederansiedlung der scheuen Meeressäuger scheint aber unwahrscheinlich, was nicht zuletzt am intensiven Tourismus an der hiesigen Ostseeküste wie auch an der starken wirtschaftlichen Nutzung der Gewässer liegt. Unter der Wasseroberfläche tummeln sich in Bodden und offenem Meer zahlreiche

Fischarten. Darunter finden sich Fische, die sowohl mit Süß- als auch mit Salzwasser zurechtkommen, wie beispielsweise der langstreckenwandernde Europäische Aal. Neben schmackhaften Plattfischen wie Steinbutt, Flunder und Scholle werden es Angler (und Feinschmecker) vor allem auf die Raubfische Hecht, Zander und Barsch sowie den Dorsch, den Blei und insbesondere auch auf den Hering abgesehen haben.

Natur- und Umweltschutz

Ostsee: Noch in den 1970er Jahren galt die Ostsee als das schmutzigste Meer der Welt. Um sie vor dem Kollaps zu bewahren, taten sich 1974 die Anrainerstaaten über alle ideologischen Grenzen hinweg in der Helsinki-Kommission (HELCOM) zusammen und vereinbarten den Schutz der Ostsee. Seither ist viel geschehen: Städte, Mülldeponien, Raffinerien, Fabriken und Metallhütten leiten ihre Abwässer nicht mehr ungeklärt ins Meer. Ein Anzeichen für die Erholung der angeschlagenen Ostsee (mit praktischem Nutzen) ist, dass das Wasser der meisten Küstenabschnitte zumindest Badequalität hat. Aber es ist längst nicht alles im Reinen, denn es handelt sich um einen höchst sensiblen Meeresraum. Vor allem die Überdüngung durch die Landwirtschaft macht der Ostsee zu schaffen. Großflächig ist auf dem Grund des kleinen Meeres kein Leben mehr möglich. Dass sich die Ostsee mit der Regeneration schwertut, liegt in einer Kette aus ostseetypischen Eigenheiten begründet: geringer und schwankender Salzgehalt und mangelnde Sauerstoffzufuhr wegen des bescheidenen Wasseraustausches, bedingt durch Tiefenrelief und Binnenmeercharakter der Ostsee. Der Reihe nach:

Das *mare balticum* entstand am Ende der letzten Eiszeit, der *Weichseleiszeit*, als gigantisches Schmelzwasserauffangbecken der einst kilometerdicken, nun sachte abtauenden Inlandgletscher. In mehreren Schüben drang Meerwasser aus Atlantik und Nordsee in das junge Meer und versalzte es – in Maßen. Die Ostsee ist als europäisches Binnenmeer ein Brackwassermeer und nur über schmale Wasserstraßen (Öresund, Großer und Kleiner Belt, Fehmarnbelt und -sund) mit Kattegat und Skagerrak und damit mit Nordsee und Atlantik verbunden. Das hat, im Verbund mit dem der Ostsee eigenen Tiefenrelief, Auswirkungen auf den Wasseraustausch (sichtbar am lediglich zentimeterhohen, also kaum vorhandenen Tidenhub) und damit auf Salzgehalt und Wasserqualität.

Das Becken der Ostsee fällt zwar auf etwa 250 Meter (Gotlandtief) und stellenweise sogar bis zu 450 Meter ab, die Wasserstraßen aber, die die Nord- mit der Ostsee verbinden, sind nicht nur eng, sondern stellenweise auch verhältnismäßig flach (vor allem an der Darßer Schwelle), sodass kaum Wasseraustausch stattfinden kann. Das wird deutlich am durchschnittlichen Salzgehalt: Salz gelangt lediglich aus der Nordsee ins *mare balticum*, das nach Osten hin einsüßt. Entsprechend stehen 3,5 % Salzgehalt in der Nordsee 0,3–1,8 % in der Ostsee gegenüber. Das eigentliche Problem aber, das ebenfalls mit dem Salzgehalt zusammenhängt, ist der Mangel an Sauerstoffzufuhr aufgrund der unzureichenden Wasserbewegungen. Salzreichere Wasserschichten in tieferen Lagen werden kaum umgewälzt. Hier kommt die Überdüngung der Ostsee durch Stickstoff und Phosphat wieder ins Spiel, die ein verstärktes Algenwachstum zur Folge hat. Stirbt das Phytoplankton ab, sinkt es auf den Grund des Meeres und zehrt während des Zersetzungsvorgangs die Sauerstoffreserven des Tiefenwassers auf, bis eine sauerstofffreie, also lebensfeindliche Umgebung geschaffen ist. Lediglich spezifische Wetterkonstellationen (starker Ostwind, der das Wasser aus der Ostsee bläst, gefolgt von einem Sturm aus West, der

Natur- und Umweltschutz

große Wassermassen zurückbefördert) bringen große Mengen frisches, sauerstoff- und salzreiches Meerwasser in die Ostsee, zuletzt geschehen in den Jahren 2014 und 2015 mit relativ großen Salzwassereinströmen.

Nationalparks und Biosphärenreservate – geschützte Landschaften: Ein umweltpolitisches Husarenstück bescherte Mecklenburg-Vorpommern den nachhaltigen Schutz seiner zauberhaften Landschaften. In den letzten Tagen der DDR gelang es Michael Succow, Hannes Knapp, Lebrecht Jeschke und Matthias Freude, im Handstreich zahlreiche Landstriche unter verschärften Naturschutz zu stellen. Zunächst markierten sie mit grobem Strich auf der Landkarte, welche Gegenden sie schützen wollten, und machten sich dann mit einem Engagement an die Umsetzung, das andere ansteckte und Verbündete schuf. Darunter war auch Klaus Töpfer, der damalige Umweltminister der Bundesrepublik, der das Unternehmen, das er später „Tafelsilber der deutschen Einheit" nannte, unterstützte. Auf der letzten Ministerratssitzung der DDR wurde beschlossen, ein Dutzend Schutzgebiete zu schaffen. Succow und seine Mitstreiter hatten in wenigen Monaten erreicht, wozu im vereinigten Deutschland Jahre, wenn nicht Jahrzehnte nötig gewesen wären.

Am Darßer Ort

Der *Nationalpark Vorpommersche Boddenlandschaft* umfasst den Darß, weite Teile der Halbinsel Zingst, die Insel Hiddensee, Teile von Ummanz, die Küsten Westrügens und die dazwischen liegenden Gewässer. Auf Rügen entstanden der kleinste Nationalpark Deutschlands, der *Nationalpark Jasmund*, der die Kreidefelsen, die Stubnitz und den Küstenstreifen umfasst, sowie das *Biosphärenreservat Südost-Rügen*, das die Granitz bis hinüber nach Putbus und das Mönchgut unter Schutz stellt. Darüber hinaus gibt es zahlreiche kleinere Naturschutzgebiete entlang der Küste. Der 1999 ausgewiesene *Naturpark Insel Usedom* umfasst die gesamte Ostseeinsel samt den umliegenden Gewässern.

Die Nationalparks bestehen z. T. aus *Kernzonen*, in deren natürliche Abläufe der Mensch nicht mehr aktiv eingreift. Über das restliche Gebiet erstrecken sich die *Pflegezonen*, in denen Pflanzenbestände aktiv bewahrt werden. Auch im Biosphärenreservat gibt es Kernzonen, doch fallen diese deutlich kleiner aus. Nachhaltige ökologische Landwirtschaft, Fischerei, Tourismus etc. stehen hier im Vordergrund. Ähnliches gilt für den Naturpark, in dem die alte Kulturlandschaft bewahrt und gleichzeitig touristisch genutzt werden soll.

Der herrliche Buchenwald des Nationalparks Jasmund wurde außerdem in die Liste des UNESCO-Welterbes aufgenommen (2011).

Steinalt: die Großsteingräber bei Rerik

Geschichte

um 8000 v. Chr.	Mit dem Ende der letzten *Eiszeit* ziehen sich die gewaltigen Inlandsgletscher langsam zurück. Durch den Anstieg des Meeresspiegels bilden sich die Küstenlinien der Ostsee heraus. Erste Nomaden kommen aus dem Süden an die Ostsee.
ab 4000 v. Chr.	In der *Jungsteinzeit* werden aus Jägern und Sammlern sesshafte Bauern, die Ackerbau und Viehzucht betreiben. In bemerkenswerter Zahl sind Relikte steinzeitlicher Bestattungskultur erhalten geblieben, beispielsweise die Großsteingräber bei Grevesmühlen (→ S. 90) und bei Rerik (→ S. 106).
ab 1600 v. Chr.	Aus der *Bronzezeit* ist ein reger Handel im Ostseeraum nachweisbar. Die Toten werden nun in Hügelgräbern bestattet.
ab 600 v. Chr.	*Germanische Völker* siedeln sich im Ostseeraum an. Die Handelsbeziehungen reichen schließlich bis ins Römische Reich, vor allem dank des Bernsteins.
um 400 n. Chr.	Im Zuge der *Völkerwanderung* verlassen große Verbände der germanischen Stämme den Ostseeraum.
ab dem 6. Jh.	In dem dünn besiedelten Gebiet lassen sich *slawische Stämme* nieder: im Westen die *Obotriten*, auf Rügen die *Ranen* oder *Rugier* und im Osten die *Liutizen*, alle auch *Wenden* genannt.
ab dem 9. Jh.	Skandinavische Händler befahren den Ostseeraum. Entgegen ihrem Ruf waren die *Wikinger* keineswegs nur brandschatzende Räuber, sondern in erster Linie Händler, die auch Handelsniederlassungen gründeten.

Geschichte 25

ab dem 10. Jh. Beginnende Christianisierung im Westen des wendischen Gebietes. Franken, Sachsen, Dänen und Polen rücken näher an die slawischen Stämme heran und erhöhen den Siedlungsdruck. Mit dem Lutizenaufstand im Jahr 983 wehren sich slawische Stammesverbände gegen die militärische und missionarische Einflussnahme und verzögern die christlich-deutsche Expansion um weitere 150 Jahre.

11. Jh. Blütezeit der slawischen Siedlungen.

12. Jh. *Christianisierung* Pommerns. Zwei Missionsreisen führen den Bischof *Otto von Bamberg* 1124 und 1128 nach Pommern. Auf Betreiben *Wartislaws I.*, des ersten nachweisbaren Pommernherrschers aus dem Haus der Greifen, treffen sich die slawischen Fürsten in Uznam (Usedom), um im Beisein Ottos zum Christentum überzutreten. Die Obotriten werden in der Folge des Wendenkreuzzugs (u. a. unter Heinrich dem Löwen) 1147 gewaltsam christianisiert und ab 1160 endgültig unterworfen. Zuletzt besiegt eine dänische Armee 1168 die Ranen und setzt das Christentum auch auf Rügen durch. Im Windschatten der Christianisierung beginnt der verstärkte *Zuzug deutscher Siedler* an die Ostsee.

13. Jh. Die großen Häfen an der Ostsee erhalten das *Stadtrecht:* 1218 Rostock, spätestens 1229 Wismar, 1234 Stralsund und 1250 Greifswald. Die Hanse formiert sich. 1259 entstehen erste Handelsvereinbarung zwischen Lübeck, Wismar und Rostock. 1264/65 wird auf dem ersten Hansetag in Wismar ein Bündnis zwischen Lübeck, Wismar, Rostock, Stralsund und Greifswald geschlossen (zur Hanse → S. 26).

14./15. Jh. Nach einer kriegerischen Auseinandersetzung mit dem Königreich Dänemark befindet sich die *Hanse* mit dem *Frieden von Stralsund* (1370) auf dem Höhepunkt ihrer Macht. Im folgenden Jahrhundert erlebt sie ihre Blütezeit. Die Städte erlangen eine relative Unabhängigkeit von ihren Territorialherren. Das wachsende hanseatische Selbstbewusstsein in den Städten spiegelt sich in einer regen Bautätigkeit wider, es entstehen die beeindruckenden Bauten der *Norddeutschen Backsteingotik* (→ S. 32). 1419 wird in Rostock die erste Universität Nordeuropas gegründet, 1456 folgt die zweite in Greifswald.

16. Jh. Die *Reformation* setzt sich durch, bedeutendster Reformator an der Ostsee ist *Johannes Bugenhagen*. Die Klöster werden säkularisiert, das seit 1532 geteilte Pommern tritt in den *Schmalkaldischen Bund* ein, ein Bündnis protestantischer Städte und Landesfürsten gegen den katholischen Kaiser, nimmt aber nicht aktiv an Kämpfen mit dessen Truppen teil.

Auf politischer Ebene prägt sich das Feudalsystem immer weiter aus: Mit dem sogenannten *Bauernlegen* werden aus freien Kleinbauern Leibeigene.

17. Jh. Der *Dreißigjährige Krieg* erreicht 1626/27 die Ostseeküste. Zuerst kommen mit *Albrecht von Wallenstein* kaiserliche Truppen, dann landen schwedische Truppen (etwa 15.000 Soldaten) unter *Gustav II.*

Herrin des Mare Balticum: die Hanse

Charakterisiert man die Hanse als Städtebündnis, wird man dem Phänomen nicht gerecht. Sie als Händlergemeinschaft zu beschreiben greift ebenfalls zu kurz. Die Hanse war beides: ein wirtschaftliches *und* ein politisches Bündnis zwischen Städten *und* zwischen Kaufleuten. Alles begann mit einer Fahrgemeinschaft. Fernhandel treibende Kaufleute taten sich im 12. Jh. zusammen, um ihre ebenso kostenintensiven wie gefährlichen Handelsreisen im Verbund zu unternehmen. Mit der Zeit entstanden dadurch feste Kooperationen, von Außenstehenden *Hansen* („Schar", „Bund") genannt. Diese „Bünde" erwarben die teuren Privilegien, die ihnen überhaupt erst erlaubten, Handel zu treiben, und gründeten in den fernen Häfen Kontore. Mit wachsendem Reichtum der Kaufleute stieg auch ihr politischer Einfluss. Die Zahl Handel treibender Ratsherrn in jeder Stadt an der deutschsprachigen Ostseeküste war endlos, und so wurde aus der Zusammenarbeit von Händlern auch ein Städtebündnis.

Die technische Voraussetzung für den Aufschwung war die Kogge (eigentlich: *der Koggen*), ein neuer, bauchiger Schiffstyp mit enormem Fassungsvermögen. Der Handel basierte auf folgendem Grundprinzip: Rohstoffe wurden aus dem Ostseeraum in den Westen, Fertigprodukte in entgegengesetzter Richtung gehandelt. Die Nowgorod-Fahrer brachten Holz, Pelz, Teer, Asche und Hanf, die Schonen-Fahrer Hering und Erz etc. Im Gegenzug kamen Tuche, Wein und Metallwaren aus dem Westen (z. B. aus Flandern) in den Ostseeraum. Profit machten die Städte an der deutschen Ostseeküste aber nicht nur als Zwischenhändler beim West-Ost-Warenaustausch, sondern auch durch den Handel mit heimischen Produktionsgütern. Wismar beispielsweise exportierte lange Zeit Getreide, bis ausgerechnet Lübeck die Nachbarstadt vom Markt drängte. Daraufhin begannen die Bürger von Wismar, den Rohstoff zu veredeln, exportierten Bier und erzielten dadurch stattliche Gewinne.

Das Städtebündnis, die politische Dimension hanseatischer Macht, war Ergebnis eines 1259 abgeschlossenen Vertrags zwischen Lübeck, Rostock und Wismar, der die Handelswege zwischen den aufstrebenden Städten sichern sollte. Als das Bündnis 1264/65 um Stralsund und Greifswald erweitert wurde, tagte der Prototyp des später traditionell in Lübeck stattfindenden Hansetages in Wismar. 1310 kam es zu einem Konflikt der Städte mit dem dänischen König. Rostock und Wismar wurden geschlagen, während aus Lübeck, getreu der Maxime „Eigennutz vor Gemeinnutz", nichts als Beileidsbekundungen kamen. 1316 wurde Stralsund von den Dänen belagert, konnte die feindliche Armee aber zurückdrängen. Die Interessengemeinschaft Hanse hatte zwar Schaden genommen, war aber letztendlich allein von Stralsund gerettet worden. Eine Generation später waren es wieder die Dänen, die den Aufschwung der Hansestädte bedrohten. Dieses Mal aber hielt das Bündnis. 1368 musste sich Kopenhagen der hanseatischen Flotte ergeben. Der geschlagene Dänenfürst musste alle Handelsprivilegien der Hanse bestätigen und enorme Zahlungen leisten. Der am 24. Mai 1370 geschlossene *Friede von Stralsund* markierte den politischen Höhepunkt der Hanse. Es folgte ein Jahrhundert, das als *Blütezeit der Hanse* bezeichnet wird.

Der Dreißigjährige Krieg markierte auch das Ende der Hanse, der Niedergang hingegen hatte bereits im 16. Jh. begonnen. Längst hatten sich die Handelszentren im Zuge der Entdeckung und Kolonialisierung Amerikas von Ostsee und Mittelmeer in den Westen an die Atlantikküste und in die Niederlande verlagert. Die Ostsee war zum Binnenhandelsweg einer neuen Großmacht geworden: Schweden.

20. Jahrhundert

Adolf 1630 bei Peenemünde auf Usedom. Pommern wird zum Durchzugs- und Aufmarschgebiet. Die Städte werden belagert, das Land verwüstet und geplündert, im Windschatten des Krieges wüten Pest und Hungersnot.

Im *Frieden von Osnabrück*, der „schwedischen Hälfte" des Westfälischen Friedens, wird der westliche Teil Pommerns samt Rügen und Usedom sowie Wismar den Schweden zugeschlagen. Bis 1815 bleibt der Kern dieses Gebiets unter der Herrschaft der Drei Kronen und wird in die kriegerischen Auseinandersetzungen der neuen Großmacht an der Ostsee hineingezogen, so im *Schwedisch-Polnischen* (1654–1660) und im *Schwedisch-Brandenburgischen Krieg* (1675–1679).

18. Jh. Im *Großen Nordischen Krieg* (1700–1721) erleidet der schwedische König *Karl XII.*, der „letzte Ritter Europas", 1709 eine schwere Niederlage. 1711 marschieren alliierte Truppen (Sachsen, Russen und Polen) in Vorpommern ein. Mit der legendären Rückkehr des Schwedenkönigs aus dem türkischen Exil 1714 – für den Ritt aus der Türkei bis nach Stralsund benötigt er keine 14 Tage – flammen die Kampfhandlungen wieder auf. Daraufhin besetzt Preußen 1715 Usedom. Mit dem Friedensvertrag von Stockholm (1720) wird Usedom Preußen zugesprochen, während die Gebiete im nördlichen Vorpommern, darunter die Insel Rügen, die Hansestadt Stralsund sowie Wismar, bei Schweden verbleiben.

1763 hebt *Friedrich II.* in Preußen die Leibeigenschaft auf, in Schwedisch-Pommern wird sie noch bis 1806 bestehen bleiben, in Teilen des Herzogtums Mecklenburg-Schwerin sogar bis in die Mitte des 19. Jh.

19. Jh. Nach der Niederlage Preußens bei der Doppelschlacht von Jena und Auerstedt (1806) im vierten Koalitionskrieg werden nicht nur die preußischen Gebiete, sondern auch Mecklenburg, das schwedische Wismar und Schwedisch-Pommern von napoleonischen Truppen besetzt.

Nach dem Zusammenbruch des napoleonischen Reiches wird auf dem *Wiener Kongress* die Karte Europas neu gezeichnet, für die Ostseeküste heißt das: Schwedisch-Pommern geht an Preußen, Wismar an Mecklenburg.

Langsam beginnt sich der Badetourismus durchzusetzen, anfangs noch als adlige *Kur*, später als bürgerliches Vergnügen: bereits Ende des 18. Jh. in Heiligendamm, ab 1824 auf Usedom, dann in den 1840ern in Putbus und bald darauf in Binz. Auch die Industrialisierung erreicht die Ostseeküste – sichtbar vor allem an den Dampfschifffflotten, die in den Werften der Hafenstädte gebaut werden, und an der Eisenbahn, die einerseits dem Schiffsbau, andererseits dem wachsenden Tourismus von Nutzen ist.

20. Jh. Der *Erste Weltkrieg* hemmt den Tourismus nur kurz. In den „goldenen Zwanzigern" blühen auch die Urlaubszentren an der Ostseeküste, Hiddensee wird zum beliebten Künstler-Domizil.

Unter den *Nationalsozialisten* soll auf Prora (Rügen) ein gigantisches Urlaubszentrum entstehen, während in Peenemünde (Usedom) die berühmt-berüchtigten V1- und V2-Raketen produziert werden – unter

Land unter 1872

Am 12./13. November 1872 erlebte die deutsche Ostseeküste ein unvergleichliches Sturmhochwasser. Keine Schlechtwetter-Chronik wusste bis dato von einer ähnlichen Katastrophe an der Küste zu berichten. Der Wasserstand lag zeitweilig bis zu knapp drei Meter über NN, während gleichzeitig ein Orkan die Küste entlang zog. Bereits bei 1,50 Meter über NN spricht man von einem Sturmhochwasser, kürzer und geläufiger: von einer Sturmflut. Sie entsteht in der Ostsee aufgrund einer seltenen Wetterkonstellation: Bei anhaltend starken (Nord-)West-Winden werden Wassermassen in den östlichen Teil der Ostsee gedrückt, gleichzeitig fließt Wasser durch den Skagerrak aus der Nordsee nach. Wenn dann der Wind umschlägt, aus Nordost bläst und sich zu Orkanstärke aufbaut, drängen die Wassermassen mit hoher Geschwindigkeit zurück an die westliche Ostseeküste, ohne dass das Wasser durch die Meerenge zwischen Ost- und Nordsee abfließen kann.

Was 1872 der Orkan nicht niederriss, erledigte schließlich das Wasser. Die Inseln Hiddensee und Usedom wurden praktisch entzweigerissen, der Darß vom Festland abgetrennt. Neuendorf und Vitte auf Hiddensee wurden komplett überflutet, die Lehmhäuser fielen in sich zusammen, die meisten Fischerboote wurden zerstört. Auf Usedom versank das an der engsten Stelle der Insel gelegene Fischerdorf Damerow in den Fluten. Auch auf Fischland-Darß-Zingst drängten die Wassermassen in die Fischerdörfer. Entlang der gesamten Ostseeküste ließen Menschen und Vieh ihr Leben in den Fluten, Deiche brachen, Fischerkaten stürzten ein wie Kartenhäuser, Boote und Schiffe wurden an den Strand geworfen und zerstört.

Beteiligung zahlloser Zwangsarbeiter, die unter menschenunwürdigen Bedingungen arbeiten müssen (→ auch S. 304f.). Auch in Wismar und Rostock siedelt sich Rüstungsindustrie an, was die Städte zu Zielen alliierter Bomberstaffeln macht. Weite Teile der alten Hansestädte werden zerstört.

Nach dem Zusammenbruch des NS-Regimes besetzen sowjetische Truppen das Land. Aus Mecklenburg und dem bei der noch zu gründenden *DDR* verbliebenen Rest Pommerns entsteht das Land Mecklenburg-Vorpommern, das ab 1947 nur noch Mecklenburg heißt und schon 1952 wieder aufgelöst und in Bezirke gegliedert wird. Die gesamte Ostseeküste der DDR gehört nun zum Bezirk Rostock.

Als Reaktion auf die Westanbindung der Bundesrepublik richtet die DDR im Mai 1952 einen fünf Kilometer breiten Sperrkorridor entlang ihrer Westgrenze ein, knapp 2000 missliebige Personen werden zwangsumgesiedelt („Aktion Ungeziefer").

Auf ihrer II. Parteikonferenz im Sommer 1952 beschließt die SED, den Aufbau des Sozialismus zu forcieren. Für die Wirtschaft im Bezirk Rostock heißt das: Kollektivierung der Landwirtschaft und Bildung von Landwirtschaftlichen Produktionsgenossenschaften (LPGs, bis 1962 abgeschlossen), Ausbau der Schwerindustrie (vor allem der Werften in Wismar, Rostock und Stralsund) und eine verstärkte militärische Präsenz an der Ostseeküste (ab 1956). Weitere wichtige Fak-

21. Jahrhundert

toren für den Norden sind der Ausbau der Fischereiflotte (und ab 1960 des Hochseefischfangs) und der Überseehafen Rostock (1960). Auch der Tourismus beginnt sich, weitgehend staatlich organisiert, bereits in der 1950ern an der Küste zu entwickeln.

1953 werden im Zuge der sogenannten *Aktion Rose* Hotel- und Pensionsbesitzer an der Ostseeküste enteignet und die Urlaubseinrichtungen verstaatlicht, vielen ehemaligen Eigentümern wird als vermeintlichen Wirtschaftsverbrechern der Prozess gemacht.

Die Grenze nach Westen (und vor allem das Schlupfloch Westberlin) wird 1961 dicht gemacht. Die Berliner Mauer wird errichtet (13. August 1961), die innerdeutschen Grenzanlagen werden ausgebaut. 1961 bis 1989 sterben 174 Menschen bei dem Versuch, über die Ostsee in den Westen zu flüchten.

1974 geht das *Kernkraftwerk Lubmin* ans Netz (1990 stillgelegt).

Mitte Oktober 1989 beginnen auch im Norden der DDR die ersten Montagsdemonstrationen, am 19. Oktober treffen sich in Rostock 10.000 Menschen zu einer Großdemonstration. Zusammen mit dem Rückenwind aus Moskau führen die Demonstrationen den Fall der Mauer am 9. November 1989 herbei.

Am 18. März 1990 erfolgt im Zuge des Zusammenbruchs der DDR die erste freie Wahl. Mit der *Wiedervereinigung* wird das Bundesland Mecklenburg-Vorpommern gegründet, Regierungssitz ist nicht Rostock, sondern die ehemalige Residenzstadt Schwerin. Erster Ministerpräsident wird Alfred Golmolka (CDU), er wird 1992 von Bernd Seite (CDU) abgelöst.

Bei der Wahl 1998 ist die SPD, seit 1994 Juniorpartner einer Großen Koalition, die Gewinnerin und geht mit der PDS eine Koalition ein, die erste rot-rote Regierung in der Bundesrepublik steht. Zum Ministerpräsidenten wird Harald Ringstorff (SPD) gewählt.

21. Jh. Der Tourismus boomt in Mecklenburg-Vorpommern auch nach der Jahrtausendwende unvermindert weiter. Die Zahl der Gästebetten hat sich seit Anfang der 1990er mehr als verdreifacht, mindestens jeder sechste Erwerbstätige ist im Tourismus beschäftigt – das Geschäft mit den Gästen ist ein enorm wichtiger Wirtschaftsfaktor im ganzen Land, allen voran an der Ostseeküste.

In der Politik kommt es zu einem Wechsel der Regierungskoalition. Die rot-rote Landesregierung unter Harald Ringstorff hält bis zur Wahl 2006 und wird dann von einer großen Koalition aus SPD und CDU ebenfalls unter der Führung Ringstorffs abgelöst. Nach dessen altersbedingtem Rückzug (2008) übernimmt Erwin Sellering (SPD) das Amt und führt die große Koalition auch über die Wahlen von 2011 und 2016 hinaus fort. Dabei beschert die 2016er-Wahl den Regierungsparteien große Verluste, die CDU fällt sogar hinter die AfD zurück, die bei 20,8 % der abgegebenen Stimmen landet. Die von der AfD vor der Wahl in Aussicht gestellte „Sachkooperation" mit der NPD muss trotzdem ausfallen: Mit lediglich 3 % der Stimmen verabschiedet sich die NPD nach zwei Legislaturperioden aus dem Schweriner Landtag.

Malerisches Ensemble am Marktplatz von Greifswald

Architektur

Die im wahrsten Sinne des Wortes überragende Bauform entlang der Ostseeküste ist die der Norddeutschen Backsteingotik. Charakteristisch für die Ostseebäder ist die verspielte Bäderarchitektur. Zudem finden sich übers Land verstreut diverse Schlösser und Herrenhäuser aus unterschiedlichen Epochen.

Im Windschatten des rasanten Aufstiegs der Hanse entstanden in den Städten als Ausdruck eines gesteigerten kaufmännischen Selbstbewusstseins prächtige Gebäude, allen voran natürlich Kirchen, aber auch Kaufmannshäuser (zur Norddeutschen Backsteingotik → S. 32). Die gotischen Giebelhäuser prägen die *städtische Architektur* bis heute. Da diese im Laufe der Jahrhunderte umgestaltet und modernisiert wurden, bieten die Fassaden entlang der Straßen oft einen kleinen Überblick über die Architekturgeschichte. Das vollständigste Stadtbild bietet **Wismar**, hier stehen ursprünglich gotische, farbig barocke und klassizistisch strenge Stufengiebel nebeneinander. Wismar ist auch ein passendes Beispiel für nichtgotische städtische Architektur, vor allem dank des aufwändig gestalteten Fürstenhofs oder der Wasserkunst, beides Repräsentativbauten aus der Renaissance. Repräsentativ sind auch die beiden verbliebenen gotischen Rathäuser in **Stralsund** und **Rostock**. Während Ersteres mit seiner prächtigen Schaufassade ein Highlight der Backsteingotik darstellt, wurde Letzterem ein von Säulen getragener barocker Vorbau vorgesetzt, über den die gotischen Giebel noch hinausragen.

Eine Sonderstellung nimmt die Landeshauptstadt **Schwerin** ein. Ihr Erscheinungsbild wurde vor allem durch die Umgestaltung zu einer repräsentativen Residenzstadt in der ersten Hälfte des 19. Jh. geprägt. Verantwortlich dafür war der Architekt *Georg Adolph Demmler*, dessen Meisterstück, das von Wasser umgebene, prächtige Schweriner Schloss, bis heute Glanzpunkte setzt.

Abseits der Städte ist eine Vielzahl von *Schlössern* und *Herrenhäusern* erhalten – vom *Schloss Bothmer* im Klützer Winkel über das *Herrenhaus Bohlendorf* auf der Halbinsel Wittow (Rügen) bis zum *Gutshaus Stolpe* im Peenetal. Einige der ehemaligen Höfe des Landadels und der Großgrundbesitzer liegen (noch) in Ruinen, viele andere sind sorgsam wiederaufgebaut worden und beherbergen heute Hotels und Restaurants. Ebenfalls als Hotels dienen die sehenswerten Schlösser *Ralswiek* aus dem 19. Jh. und *Spyker*, beide auf Rügen. Letzteres ist eines der architektonischen Zeugnisse aus schwedischer Zeit und diente dem schwedischen Feldmarschall *Carl Gustav von Wrangel* in seiner Zeit als Generalgouverneur von Schwedisch-Pommern als Wohnsitz. Auf Usedom befindet sich das schöne Wasserschloss *Mellenthin*. Das Renaissanceschloss wurde zuletzt Stück für Stück restauriert und beherbergt heute Hotel, Restaurant und Brauerei. Kein Hotel, sondern Museum und Aussichtspunkt ist das *Jagdschloss Granitz* südlich von Binz (Rügen), dem *Karl Friedrich Schinkel* den Panoramaturm in die Mitte stellte.

Schwedisch: Schloss Spyker

Auch von einer einst regen *Klosterkultur* ist an der Ostseeküste einiges erhalten geblieben, allen voran das prächtige *Münster* auf dem Gelände des ehemaligen Zisterzienserklosters in *Bad Doberan*. Die berühmteste Klosterruine Deutschlands liegt in der Nähe von Greifswald: *Eldena*, nachhaltig in Szene gesetzt durch den Maler *Caspar David Friedrich*. Für den städtischen Bereich zu erwähnen sind das *Johanniskloster* und das *Katharinenkloster* in Stralsund sowie das *Kloster zum Heiligen Kreuz* in Rostock, die allesamt heute sehenswerte Museen beherbergen.

Das *Hallenhaus* ist eine bäuerliche Hausform, die von niederdeutschen Siedlern an die Ostseeküste gebracht wurde. Es zeichnet sich vor allem dadurch aus, dass Mensch und Tier, Gerätschaft, Ernte und Vorrat unter einem Dach versammelt waren. Ursprünglich gingen Stall und Wohnstube sogar ohne jede Trennwand ineinander über. Meist aus Lehmfachwerk errichtet, zuweilen mit Backstein ummantelt, fehlte es dem Hallenhaus oft an einem Schornstein. Der von einer offenen Feuerstelle aufsteigende Rauch zog unter das Rohrdach und von dort aus nur zögerlich ab. Diese Häuser nannte man deshalb *Rökerkate* oder auch *Rookhus*. Ein Reisender berichtet Ende des 18. Jh. über den Besuch in einer solchen Kate: „Die Küche war dergestalt voll Rauch, dass wir kein Auge darin öffnen konnten. Dass müsse so sein, sagte der Bauer, um Schinken, Fische und Netze zu räuchern." Ein paar schöne Exemplare finden sich im Mönchgut (Rügen), z. B. das zu den *Rookhus* in Göhren oder das *Pfarrwitwenhaus* in Groß Zicker.

Gebrannte Pracht: die Norddeutsche Backsteingotik

Die stilprägenden Elemente der Norddeutschen Backsteingotik erklären sich bereits aus dem Namen. Im Windschatten des rasanten Aufstiegs der Hanse im 13. und 14. Jh. erblühte vor allem in den deutschen Ostseehäfen die Bautätigkeit, denn das erstarkte, selbstbewusst gewordene Bürgertum wollte sich mit repräsentativen Gebäuden schmücken. In Ermangelung aber von natürlichem Baumaterial wie Sandstein musste notgedrungen auf „gebrannten Stein" zurückgegriffen werden. Genau genommen handelt es sich um Tonerde, die bei gut 1000 °C in handlicher Form gebrannt wurde und dabei auch ihre charakteristische rote Farbe erhielt.

Statt aber den Mangel an Naturstein hinter dicker Tünche zu verbergen (wie z. B. in Teilen des süddeutschen Raums), erzielte man dank der Gleichförmigkeit der gebrannten Steine und durch den Kontrast mit den hellen Fugen streng strukturierte Flächen und Fassaden. Gleichzeitig ließen sich die Gemäuer durch die einfache Formbarkeit des Backsteins mit Friesen, Blenden, Giebeln und anderen Schmuckelementen aufwändig verzieren. Doch trotz des Zierrats beeindrucken die Bauten vor allem durch erhabene, geradlinige Schlichtheit und karge Eleganz. Als prachtvollster Ausdruck bürgerlichen Selbstbewusstseins entstanden natürlich die großen Kirchen der Hansestädte – die Ratsherren Wismars beispielsweise fühlten sich im Laufe des 14. Jh. derart kraftvoll, dass sie meinten, der Stadthaushalt könne gleich drei Großbaustellen stemmen. Aber auch nichtsakrale Bauten spiegelten den Stolz der Bürger, ob in der prunkvollen Gestaltung eines Kaufmannshauses oder der des Rathauses. Schönste Beispiele sind das Rathaus in Stralsund mit seiner prächtigen Schaufassade, das direkt gegenüberliegende Wulflamhaus, der Alte Schwede in Wismar, das Kerkhoff-Haus in Rostock oder das Haus mit der Nummer 11 am Marktplatz in Greifswald – die Liste ließe sich beliebig fortsetzen.

Im Kirchbau war das gotische Maß aller Dinge Lübeck, das seine Inspiration wiederum aus den französischen Kathedralen schöpfte. Die Baugeschichte der meisten älteren Gotteshäuser folgte dem gleichen Schema: War ein romanischer, meist basilikaler Vorgängerbau vorhanden, wurde dieser Mitte des 13. Jh. entweder ersetzt oder zu einer gotischen Hallenkirche umgebaut. Eine Hallenkirche zeichnet im Gegensatz zu einer Basilika aus, dass die Seitenschiffe auf die gleiche Höhe gebracht wurden wie das Mittelschiff, sodass der Innenraum zu einer nur von den Pfeilern strukturierten großen Halle wurde. Mit dem (erneuten) Umbau der Hallenkirche wurde in manchen Fällen, wie bei St. Nikolai in Stralsund, kurz nach der Fertigstellung begonnen. Die Erweiterung umfasste meist den Neu- oder Umbau des Chores, oft mit umlaufendem Kapellenkranz, vor allem aber die Aufstockung des Langhauses, wodurch erneut eine basilikale Bauform hergestellt wurde. Ziel war eine – im wahrsten Sinne des Wortes – erhebende Raumwirkung, der Kirchenbesucher sollte meinen, ins „himmlische Jerusalem" einzutreten. Die Raumwirkung entsteht dabei nicht allein durch die Höhe des Mittelschiffs, das dank der über die Seitenschiffe hinausragenden Obergadenfenster von Licht durchflutet wird, sondern vielmehr durch das Verhältnis von Höhe zu Breite. So hat die Lübecker Marienkirche zwar mit 38 Metern das höchste Mittelschiff, da dessen Breite aber über 14 Meter beträgt, ist das Verhältnis „nur" 1:2,6. Bei späteren Bauten wird die Proportion immer steiler und die Raumwirkung damit gewaltiger. Wismars Nikolaikirche schließlich erreicht ein Verhältnis von 1:3,5 – bei einer Breite von gerade einmal 10,5 Metern schließt das Gewölbe auf einer Höhe von 37 Metern das mächtige Langhaus ab.

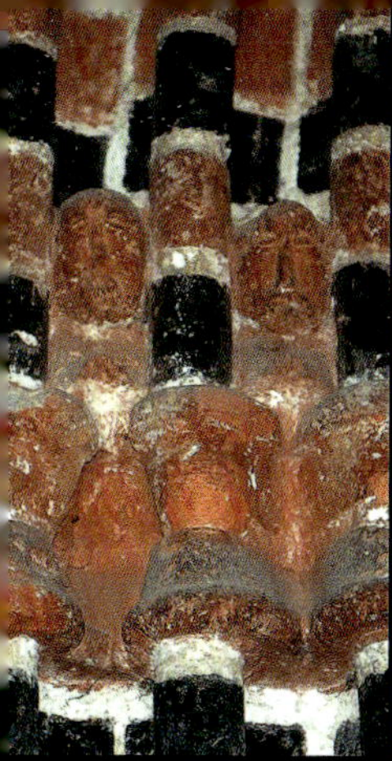
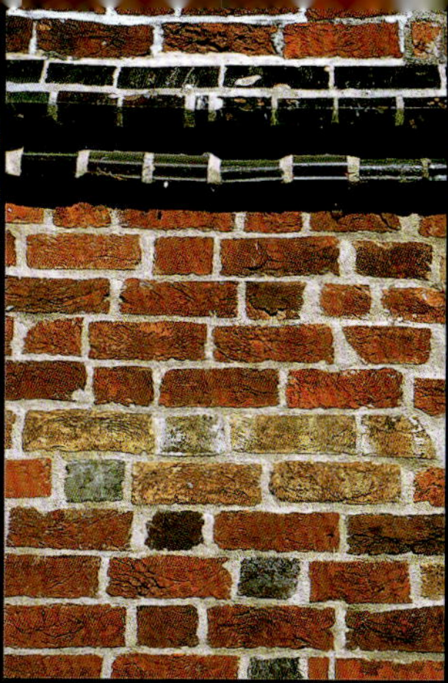
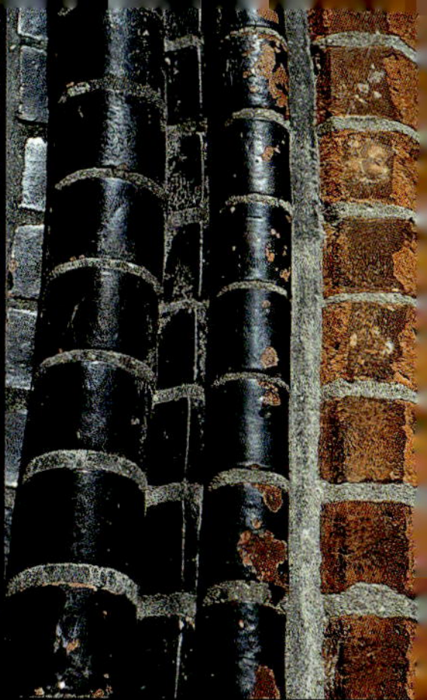
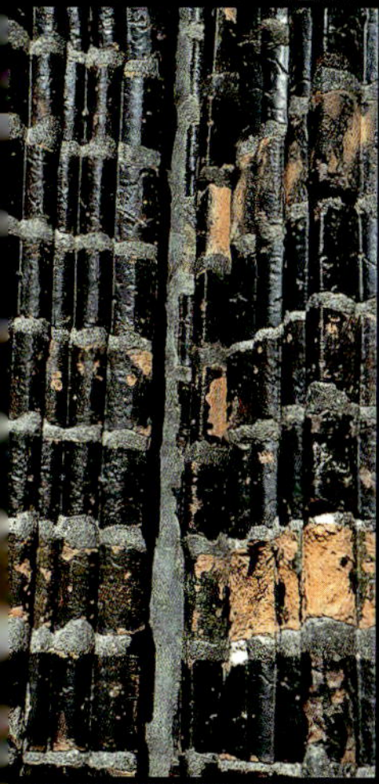
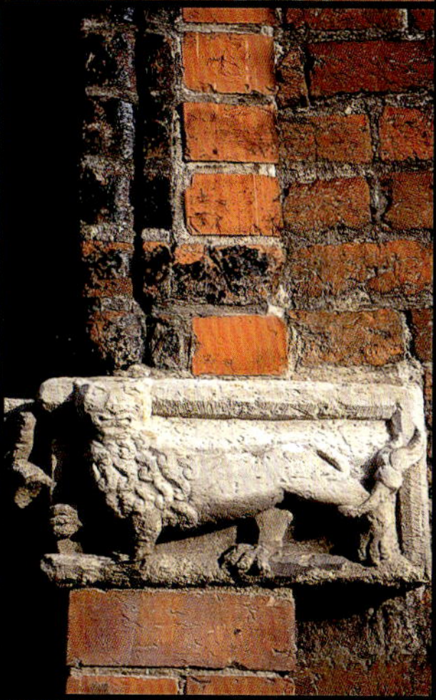
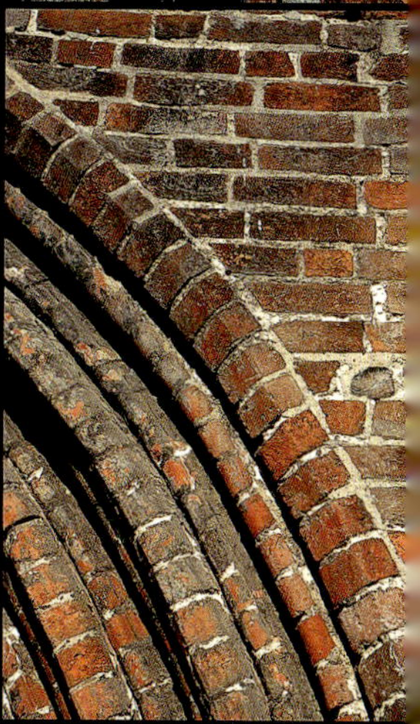
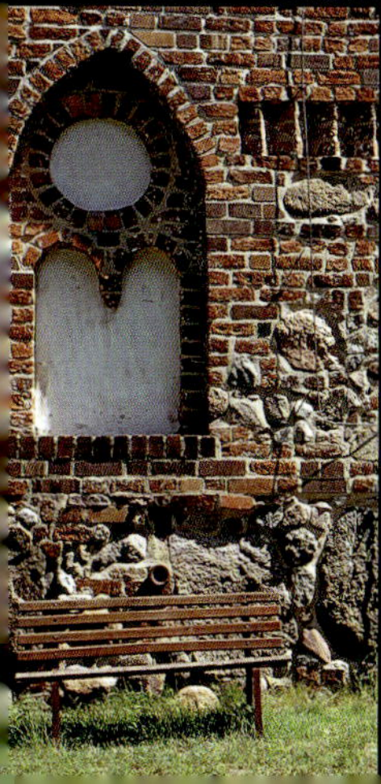
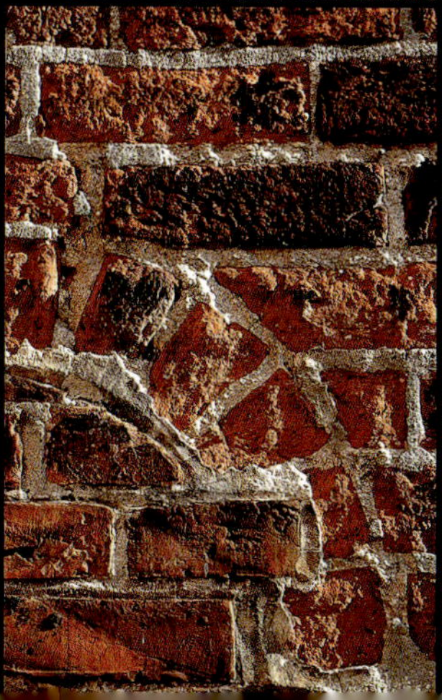
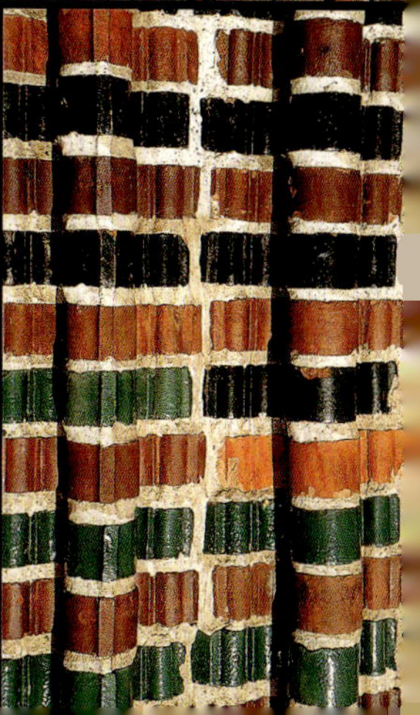

Architektur

Der Begriff *Bäderarchitektur* bezeichnet keine exakt definierbare Stilrichtung oder gar eine architektonische Gattung. Vielmehr besteht das verbindende Element der unter diesem Sammelbegriff gebündelten Gebäude darin, dass der Architekt alle Freiheit hatte, sich diverser Stile und Formelemente zu bedienen. Mit dem Aufkommen des Badetourismus im 19. Jh. entstanden dabei nicht nur noble Herbergen, die ein anspruchsvolles, vor allem großbürgerlich-städtisches Publikum zufrieden stellen mussten, sondern auch Kurhäuser, Veranstaltungspavillons, später Seebrücken und natürlich Badeanstalten. Was die Bauten der Bäderarchitektur verband, war also vor allem die touristische Nutzung und die ornamentfreudig gestalteten Fassaden. Hinzu kam noch eine besondere architektonische Mode der Zeit: die Vorliebe für Schatten spendende Veranden und Loggien, denn das Sonnenbaden galt es zu meiden, schick oder vielmehr standesgemäß war die noble Blässe. Besonders eindrucksvoll gestalten sich die drei Kaiserbäder auf Usedom und die beiden bedeutendsten Ostseebäder Rügens: Sellin mit seiner nach historischem Vorbild wiedererrichteten Seebrücke und Binz samt prächtiger Strandpromenade.

Einen Sonderfall bilden Putbus auf Rügen und Bad Doberan/Heiligendamm. Klassizistischen Gesamtkunstwerken gleich, wurden sie errichtet, um den ersten, vornehmlich adligen Badegästen das angemessene Ambiente zu bieten. Es entstanden quasi auf der grünen Wiese homogene Gebäudeensembles in schneeweißer Pracht.

Die Architektur der DDR – abseits von industriegerechtem Zweckdesign und dem viel gescholtenen Plattenbau – soll nicht unerwähnt bleiben: An dieser Stelle sei besonders auf die formvollendeten Werke des Rügener Bauingenieurs Ulrich Müther hingewiesen, der mit seinen Schalenbauten eine ganz besondere Architektur hervorgebracht hat (→ S. 142).

Abschließend seien noch zwei architektonische Highlights aus jüngster Zeit genannt, beide aus Stralsund: Das *Ozeaneum*, die Fassade strahlend weiß und sanft gerundet wie von der Strömung geschliffene Kiesel, schmiegt sich architektonisch gelungen in die historische Häuserfront des Stralsunder Hafens. Hinaus nach Rügen reicht von hier die *Zweite Strelasundquerung*. Der 2831 Meter lange Brückenzug – ein Teil davon 42 Meter über dem Wasser als Schrägseilbrücke mit markantem, 126 Meter hohem Pylon – ergänzt den alten Rügendamm auf die Insel.

Wie rund geschliffene Kiesel am Strand: das Ozeaneum in Stralsund

Mit der Glewitzer Fähre auf die Insel Rügen

Praktische Infos von A bis Z

Anreise

Mit dem Auto: Die Ostseeautobahn A 20 führt von Lübeck bis zum Autobahnkreuz Uckermark mit mehr oder minder großem Abstand an der Ostseeküste entlang. Doch bevor man hierher kommt, hat man ein mehr oder minder großes Stück Deutschland zu durchqueren. Je nach Abfahrtsort gibt es drei gängige Routen an die Küste: Aus dem Westen über die A 1 nach Hamburg und Lübeck und von dort auf die Ostseeautobahn. Aus dem Süden (auch Österreich/Schweiz) über Nürnberg auf der A 9 nach Berlin und dann – via Potsdam – entweder Richtung Schwerin (A 24) oder Rostock (A 19). Reisende aus dem Osten streifen ebenfalls Berlin, allerdings auf der östlichen Seite, und stoßen bei Greifswald (Autobahnkreuz Uckermark) auf die A 20. Wer von Süden aus nach Usedom will, kann ebenfalls östlich um Berlin herum auf die A 20 gelangen.

> **Achtung, Rügen- und Usedomreisende:** Samstag ist Anreisetag (zumindest im Sommer) für die unzähligen Ferienhäuser und -wohnungen, die Folge sind lange Staus vor und auf den Zufahrtsbrücken. Wenn möglich, sollte man den Samstagnachmittag meiden. Gleiches gilt für die Abreise am Samstagvormittag.

Mit der Bahn: In der Regel führen die innerdeutschen Zugstrecken je nach Abfahrtsort über Hamburg oder Berlin, nur einmal täglich gibt es einen durchgehenden IC von München nach Rostock (neun Stunden Fahrtzeit, Fahrradmitnahme möglich).

Ein IC verkehrt ca. alle zwei Stunden auf der Strecke Hamburg–Schwerin–Rostock–Stralsund (hier Umsteigen nach Binz/Rügen), Fahrtdauer ab Hamburg nach Stralsund ca. drei Stunden. Zudem gibt es auf der Strecke Hamburg–Rostock ebenfalls etwa alle zwei Stunden auch einen Regionalexpress (RE), Fahrtdauer 2:30 Stunden, hier umsteigen nach Stralsund (meist mit Weiterfahrt bis Bergen und Sassnitz auf Rügen).

Ab *Berlin* Hauptbahnhof geht es mindestens stündlich mit dem RE via Anklam und Greifswald nach Stralsund (3–3:30 Stunden Fahrtzeit) sowie alle zwei Stunden mit dem RE über Schwerin nach Wismar (gut drei Stunden Fahrtzeit). Von Berlin kommt man mindestens stündlich mit dem RE nach Rostock, Fahrtdauer ca. 2:40 Stunden.

Von den Hansestädten *Rostock*, *Stralsund* und *Wismar* bestehen gute Zugverbindungen zu den Ostseebädern und auch zu kleineren Orten entlang der Küste sowie ab Stralsund nach Rügen und von Greifswald nach Usedom (Infos bei den jeweiligen Orten). Fahrradmitnahme ist in allen Regionalzügen und ICs möglich.

Mit dem Flugzeug: Rostock wird ganzjährig ab München (täglich) und Stuttgart (2-mal wöchentlich) angeflogen, in den Sommermonaten außerdem 3-mal wöchentlich ab Wien und 2-mal wöchentlich ab Zürich. Weitere Infos: www.rostock-airport.de.

Der kleine Inselairport von Heringsdorf/Usedom wird in den Sommermonaten je 1-mal wöchentlich ab Düsseldorf, Stuttgart, Frankfurt/M. und Dortmund angeflogen, zudem ab Linz sowie Bern und Basel. Details unter: www.flughafen-heringsdorf.de.

Baden

76 % der deutschen Küstengewässer attestiert das Bundesumweltamt eine ausgezeichnete Wasserqualität, weitere 16 % bringen es immerhin auf ein „gut" (jeweils 2015), damit steht den Badefreuden an und in der Ostsee nichts im Wege. Über vielen Strandabschnitten Mecklenburg-Vorpommerns weht außerdem die *Blaue Flagge*, ein alljährlich nach strenger Prüfung vergebenes EU-Gütesiegel, das neben ausgezeichneter Wasserqualität auch die Einhaltung strenger Sicherheits- und Umweltstandards bescheinigt.

Auch wenn die vielen weiten Buchten ideale, natürlich geschützte Bademöglichkeiten bieten, so sind doch zeitweilige oder dauerhafte Badeverbote dringend zu beachten. Eine *rot-gelbe Flagge* am Strand bedeutet, dass dieser überwacht ist, die *gelbe Flagge* bedeutet Badeverbot für ungeübte Schwimmer, Kinder und ältere Menschen, die *rote Flagge* steht für ein absolutes Badeverbot (aufgrund von Sturm, hohem Wellengang, Strömungen bzw. Rückströmungen, es besteht Lebensgefahr!).

Mit Badekarren gegen die Melancholie

Die Idee entstand im 18. Jh. in England: Um die in Adelskreisen verbreitete Gemütsschwere zu lindern, tauchte man Melancholiker jedes Alters ins Meerwasser. Salzig musste es sein und vor allem kalt. Die Schocktherapie, hieß es, helfe auch gegen Hysterie, Rheumatismus, Rachitis, Fallsucht, Harnwegserkrankungen etc. – die Thalassotherapie, eine in der Antike gängige Behandlungsmethode, war gewissermaßen wiederentdeckt worden.

Gebadet wurde natürlich nicht im offenen Meer, sondern in einem blickdichten Badekarren, der ins Wasser gezogen wurde und aus dem der Patient in die See stieg. Auch als aus der ärztlich verordneten Therapie eine Mode geworden war, blieb der Badekarren in Gebrauch. Zudem wurde der Strand geteilt: in einen Herren- und einen Damenstrand sowie einen Abschnitt dazwischen, auf dem beide Geschlechter gesellig sein konnten, komplett bekleidet, versteht sich. Es wurde ohnehin kein Bad in der Sonne genommen, denn gebräunte Haut galt als ungesund.

Zuweilen ist noch zu hören oder zu lesen, dass die Ostseestrände noch immer so geteilt sind wie die Republik in den Köpfen ihrer Bürger: konservativ verhüllt (aber zahlungskräftig) auf der einen, schamlos entblößt (aber schon seit der Kindheit hier im Urlaub) auf der anderen Strandseite, dazwischen unversöhnliches Unverständnis ob der Prüderie respektive Hemmungslosigkeit. Ganz so dramatisch ist es natürlich längst nicht mehr. An den Stränden Mecklenburg-Vorpommerns geht es weitgehend tolerant und entspannt zu. Zumal die meisten Strände in FKK- und Textil-Abschnitte unterteilt sind. Hinzu kommt eine dritte Strandausschreibung: für Hunde (und ihre Halter), die die unangenehme Angewohnheit haben, sich nach dem Bad zu schütteln, bevorzugt in der Nähe belegter Badetücher. Doch an den Grenzen dieser Abschnittszuteilungen in *Textil*, *Textilfrei* und *Fell* kann es, vor allem in unmittelbarer Umgebung der Ostseebäder, vorkommen, dass um jeden Zentimeter Sand erbittert gerungen wird. Im Zweifelsfall hält man sich am besten an die Strandzuweisungen bzw. orientiert sich an den jeweiligen Gepflogenheiten. Abseits der großen Strandpromenaden interessiert sich ohnehin kaum noch jemand dafür, was man trägt oder auch nicht.

> ### Quallen in der Ostsee
> Bekannt sind die *Ohrenqualle*, die *Nordamerikanische Rippenqualle* und die *Gelbe Haarqualle* – die ersten beiden sind für den Menschen harmlos, letztere ist jedoch recht schmerzhaft bei Hautkontakt, aber nicht lebensgefährlich. Falls es zur Berührung kommt, sollte man die Tentakel mit Salzwasser (kein Süßwasser!) abwaschen bzw. mit feinem Sand bestreuen und trocknen lassen, dann abreiben (geht auch mit Rasierschaum) und die gereizte Haut kühlen. Die auch als Feuerqualle bekannte Gelbe Haarqualle kommt relativ selten, eher aber in der westlichen Ostsee vor.

Gewarnt werden **Bernsteinsammler** an den Ostseestränden vor der schmerzhaften Berührung mit *Phosphor*, das als Überbleibsel von Brandbomben aus dem Zweiten Weltkrieg nach schwerer See manchmal noch heute an Land gespült wird. Die Wahrscheinlichkeit, auf Phosphor zu stoßen ist zwar gering, die Ähnlichkeit mit dem Bernstein ist jedoch groß, vor allem im feuchten Zustand. Im trockenen Zustand entzündet sich Phosphor selbst. Die gesammelten Schätze daher nie am Körper, sondern immer in einer Tasche tragen, die man im Notfall auch von sich werfen kann!

Ermäßigungen

Bei den meisten Museen, Bädern, Ausflugsdampfern etc. gelten die üblichen Ermäßigungen für Schüler, Jugendliche, Studierende und Rentner (manchmal zudem für Soldaten und Zivildienstleistende). In der Regel zahlen diese Personengruppen bei Vorlegen eines entsprechenden Ausweises die Hälfte des Eintrittspreises.

Darüber hinaus gibt es folgende Ermäßigungspakete: das *Schwerin Ticket* (→ S. 56) und die *RostockCard* (→ S. 132). Diese Tickets sind zwei oder mehr Tage für eine oder mehrere Personen gültig und ermöglichen teils ermäßigten, teils kostenlosen Zutritt zu Museen und anderen Sehenswürdigkeiten. Auch Nahverkehrsverbindungen und Ausflugsfahrten sind verbilligt, zuweilen umfasst das Spektrum auch ermäßigtes Abendessen in ausgewählten Restaurants oder günstige Wellnessangebote. Jedes Jahr werden die Angebote überarbeitet und erweitert.

Essen und Trinken

Die Regionalküche präsentiert sich überwiegend bodenständig, wenngleich nicht ohne Schnörkel und die eine oder andere Finesse, z. B. beim pommerschen Wickelbraten mit Backpflaumenfüllung oder dem in Salbei gebackenen Aal.

In vielen Landgasthöfen und Hafenrestaurants wird mit Großmutters Rezepturen hantiert (und geworben), dominiert werden die Speisekarten natürlich vom *Fisch*: Vom Aal bis zum Zander kommt alles auf den Tisch, was Meer und Bodden hergeben – ob gebraten, gegrillt, gebacken, frittiert, gedünstet, gekocht, geräuchert oder roh als Saurer Hering, und fast überall auch als Scholle „Finkenwerder Art" (mit Speck und Zwiebeln gebraten). Erwähnt sei auch das typische *Ostsee-Fastfood*, das Fischbrötchen, das man in diversen Variationen praktisch an jeder (hafennahen) Ecke bekommt – eigentlich immer in bester Qualität.

Bei den fischfreien Gerichten stehen neben Klassikern wie Schnitzel mit Kartoffelsalat, Jägerbraten oder Kartoffelsuppe mit Würstchen und Speck vor allem Kohlgerichte hoch im Kurs. *Hamburger Schnitzel* entspricht der Wiener Variante, allerdings mit einem Spiegelei obendrauf, *Sauerfleisch* ist lange in saurer Brühe mit Gemüse eingekochtes Schweinefleisch mit Ähnlichkeit zur Sülze, das kalt und üblicherweise mit Bratkartoffeln serviert wird. Die regionale Fleisch-Spezialität schlechthin ist übrigens der *Mecklenburger Rippenbraten*, ein mit Backobst, Äpfeln und Rosinen gefüllter Schweinebraten, der traditionell mit Kartoffelklößen und Rotkohl serviert wird – er fehlt auf keiner Speisekarte. In waldreichen Gebieten kann man zwischen (oft relativ günstigen) Wildgerichten zu wählen.

Wellness von innen – Sanddorn

In dichten, dornigen Hecken wächst die „Zitrone des Nordens" auch auf sandigem Boden (wodurch sich auch der Name erklärt), wild oder in Plantagen. Den kleinen, orangefarbenen Früchten werden sagenhafte Wirkungen zugeschrieben: Nicht nur, dass sie weit mehr Vitamin C haben als Zitronen (hinzu kommen die Vitamine E, K und A), sie sollen außerdem den Cholesterinspiegel senken, Entzündungen hemmen usw. Kurz und gut: Wellness von innen, nur der Geschmack ist gewöhnungsbedürftig: mächtig sauer – mit einer sanft bitteren Note. Der vor 200 Jahren aus Schweden importierte Sanddorn lässt sich vielfältig verarbeiten: Saft und Marmelade sind gängig, Tee und Likör verbreitet. Destilliert gibt es den Sanddorn auch als Geist. Oder man genießt ihn als Heißgetränk zur Erkältungsvorsorge. Schließlich wird sogar ein (zugegebenermaßen geschmacklich eigenwilliger) Wein aus Sanddorn gekeltert.

Zu den Restaurants, die sich in erster Linie auf die Zubereitung der bodenständigen Küche verstehen, hat sich mittlerweile auch eine erkleckliche Zahl an Spitzenrestaurants gesellt, in denen hochrangige Gourmet-Köche ihre Künste zelebrieren. So hat sich insbesondere in den Seebädern, aber auch abseits der Touristenströme eine kulinarische Landkarte entfaltet, die hochklassige Abwechslung zu entsprechenden Preisen verspricht.

Mit Ausnahme diverser Sanddorn-Derivate (→ Kasten S. 38) finden sich keine ostseetypischen Getränke. Getrunken wird vor allem *Bier*. Das norddeutsch herbe Pils der *Stralsunder Brauerei* wurde zu Recht vielfach prämiert. Das gilt auch für die *Störtebeker-Reihe* der Brauerei: Schwarzbier, Pils oder Bernstein-Weizen, zusammengefasst mit dem griffigen Slogan *Störtebeker – das Bier der Gerechten*. Gutes Bier kommt aber auch aus den kleineren Gasthof-Brauereien, die den letzten Jahren den Braubetrieb (wieder) aufgenommen haben (z. B. in Schwerin, Wismar, Kühlungsborn, Middelhagen/Rügen, Heringsdorf/Usedom; Näheres unter den jeweiligen Orten).

Auf Rügen veredeln zwei empfehlenswerte Brennereien heimische Früchte in Hochprozentiges: Die *Erste Rügener Edeldestillerie* (→ S. 267) im Westen der Insel und die Mönchguter Brennerei *Zur Strandburg* (→ S. 248). Neben den feinen Bränden (von Apfel bis Zwetschge) findet sich natürlich auch Sanddorngeist im Angebot.

Feste und Veranstaltungen

Das Spektrum reicht vom klassischen Kurkonzert über Segelregatten, Beachvolleyball- und Strandfußball-Turniere bis hin zu Hafenfesten, Mittelaltermärkten, Schwedenfesten sowie Musik- und Kabarettfestivals. Ein Grund zum Feiern findet sich immer: sei er skurril (Pferdefasching), gängig (Osterfeuer), bodenständig (Spargelfest), traditionsbewusst (Tonnenabschlagen) oder nostalgisch (Wallensteintage oder Schwedenfest). Die Ostseebäder, die eine Seebrücke besitzen, lassen es sich selbstverständlich nicht nehmen, ein Seebrückenfest zu feiern. Hinzu kommen meist noch Frühlings-, Sommer- und/oder Herbstfeste, gänzlich Unerschrockene treffen sich schon an Neujahr zum „Anbaden" – richtig, in der Ostsee. Das eigentliche Anbaden findet aber quasi als Saisoneröffnungsfest im Mai statt.

Das Flaggschiff unter den meerverbundenen Festivitäten ist die *Hanse Sail* in Rostock, das größte maritime Fest der Ostseeküste (zweite Augustwoche). Sie führt die Veranstaltungsflotte an, die als *Zeesenbootregatten* (vor allem in den Gewässern um Fischland-Darß-Zinst) und *Seglerwochen* Jahr um Jahr auf Bodden und Ostsee die Segel setzt.

Zu den Highlights des Veranstaltungssommer zählen auch die Open-Air-Theaterspektal: allen voran die *Störtebeker-Festspiele* (Ende Juni bis Anfang September) in Ralswiek auf Rügen mit dem Großen Jasmunder Bodden als Kulisse; die *Vineta-Festspiele* in Zinnowitz/Usedom (Anfang Juli bis Anfang September) oder aber das Theaterevent *„Die Peene brennt"* in Anklam (Mitte September).

Das musikalische Angebot ist so vielfältig wie die spielbaren Stilrichtungen. Allen voran sind die *Festspiele Mecklenburg-Vorpommern* ein Ereignis von internationalem Rang und nicht mehr ausschließlich der Klassik verschrieben. Unter all den Jazz-Events bestechen die *Eldenaer Jazz Evenings* nicht nur durch hochklassigen Jazz, sondern auch durch die einzigartige Kulisse in der Klosterruine von Eldena bei Greifswald. Und wer Mitte Juli in Bad Doberan weilt, sollte sich auf keinen Fall die *Zappanale* (das Festival zu Ehren des grandiosen Frank Zappa) an der Galopprennbahn entgehen lassen.

Die Highlights der Saison: Kleiner Veranstaltungskalender

Ca. 15.–25. März – Rügen: *Festspielfrühling Rügen*, als Teil der Festspiele MV spielt man sich in diversen Locations auf der Insel schon mal warm, u. a. in Putbus, Binz, Sellin. Überwiegend Kammermusik, auch Matineen, Musikgespräche etc. Infos: www.festspiele-mv.de, Ticket-Hotline ☎ 0385-5918585.

Ca. 20. März bis Anfang April – Wismar: *Wismarer Heringstage*, Hering in allen Variationen; www.heringstage-wismar.de.

Mitte Juni bis Mitte September – Festspiele Mecklenburg-Vorpommern, über 100 Konzerte namhafter Künstler, Chöre und Orchester finden an ausgewählten, zumeist malerischen und teils abgelegenen Spielorten in Mecklenburg-Vorpommern statt; Programm, Spielstätten und Tickets unter www.festspiele-mv.de, Ticket-Hotline ☎ 0385-5918585.

Erste/zweite Juliwoche – Warnemünde: *Warnemünder Woche*, internationales Segelevent mit Landprogramm; www.warnemuender-woche.com.

Anfang Juni – Stralsund: *Hafenfest* mit viel Musik und großem Feuerwerk; www.hafenfeststralsund.de.

Anfang/Mitte Juni – Wismar: *Wismarer Hafentage* samt abschließendem Feuerwerk; www.wismar.de.

Anfang/Mitte Juni – Stralsund: *Stralsunder Segelwoche* mit zahlreichen Rahmenveranstaltungen und anschließender Fest am Hafen; www.stralsunder-segelwoche.org.

Ende Juni bis Anfang August – Schwerin: *Schlossfestspiele Schwerin*, große Open-Air-Oper am Alten Garten, ☎ 0385-5300123; www.mecklenburgisches-staatstheater.de.

Ende Juni bis Anfang September – Ralswiek/Rügen: *Störtebeker Festspiele*, Piratenspektakel vor der Kulisse des Großen Jasmunder Bodden; ☎ 03838-31100, www.stoertebeker.de.

Ende Juli – Stralsund: *Wallensteintage*, farbenfroh und kostümträchtig, mit Musketieren, Handwerkern, Gauklern und einem „guten alten Feind": Wallenstein; www.wallensteintage.de.

Wochenenden von Juni bis August – Fischland und Darß: In den Dörfern auf dem Fischland und Darß findet das traditionelle *Tonnenabschlagen* statt und auf dem Bodden treffen sich die roten Segel zu *Zeesenbootregatten*.

Anfang Juli bis Anfang September – Zinnowitz/Usedom: *Vineta-Festpiele*, Theaterspektakel rund um das sagenhafte versunkene Vineta; www.vineta-festspiele.de.

Mitte Juli – Bad Doberan: *Zappanale*, großes Musikfestival zu Ehren von Frank Zappa, an der Galopprennbahn bei Bad Doberan; www.zappanale.de.

Anfang August – Bad Doberan: *Ostsee-Meeting*, drei Tage Pferderennen auf der Bad Doberaner Galopprennbahn; www.galopp-doberan.de.

Zweites Augustwochenende – Rostock: *Hanse Sail*, zu dem Großereignis an der Ostseeküste treffen sich Windjammer und Schoner, Traditionssegler und Museumsschiffe, mit großer Regatta und Feuerwerk; www.hansesail.com.

Drittes Wochenende im August – Wismar: *Schwedenfest*, buntes historisches Stadtfest in Erinnerung an Wismars über 150-jährige Schwedenzeit; www.schwedenfest-wismar.de.

Viertes Augustwochenende – Schwerin: *Drachenbootfestival*, an die 100 Drachenboot-Teams rudern auf dem Pfaffenteich um die Wette.

Ca. 20. September bis Mitte Oktober – Usedom: *Usedomer Musikfestival*, Klassik auf der ganzen Insel; ☎ 038378-34647, www.usedomer-musikfestival.de.

Dezember – Rostock: *Weihnachtsmarkt*, der größte seiner Art in Norddeutschland; www.rostocker-weihnachtsmarkt.de.

An eben dieser Stelle findet auch – wie es sich für die älteste deutsche Galopprennbahn gehört – alljährlich Anfang August das *Ostsee-Meeting* statt, das traditionsreiche Pferderennen von Bad Doberan.

Veranstaltungskalender erhält man in der Tourismuszentrale bzw. bei der Kurverwaltung/Touristinformation des ausgewählten Urlaubsortes (→ unten bzw. bei den jeweiligen Orten).

Hunde

Die Ostsee ist ein ideales Urlaubsziel für Hundebesitzer. In nahezu jedem gastronomischen Betrieb, von der einfachen Bierkneipe bis zum Gourmettempel, wird der Hund mit einer Schale Wasser versorgt. Die meisten Hotels, Pensionen, Appartements etc. erlauben Hunde in den Zimmern, in der Regel für einen Aufpreis zwischen 5 € und 15 € am Tag. Auf Campingplätzen gilt natürlich Leinenzwang, hier kostet der Hund 2–4 € pro Tag. An den gut besuchten Stränden sind eigene Abschnitte für Hunde und ihre Halter ausgeschrieben, oftmals gilt hier aber Leinenzwang (zumindest während der Saison). An die Leine müssen Hunde auch in ausgewiesenen Naturschutzgebieten, und in manchem Seebad gilt mittlerweile flächendeckende Leinenpflicht. In manchen Ostseebädern müssen auch Hunde *Kurtaxe* bezahlen: 1–1,50 €/Tag (Hochsaison). Wer mit seinem Hund (ohne Leine) am Strand entlang spazieren will, sollte auf die abseitigen, vielleicht nicht ganz so attraktiven Abschnitte außerhalb der Orte ausweichen und hier besonders auf die Nebensaison: Dann stört sich nur selten jemand an herumspringenden Hunden am Strand.

Information und Internet

Die Hansestädte und die Ostseebäder sind in Sachen Touristeninformation bestens organisiert. Neben den meist kostenlosen Info-Broschüren, Gastgeberverzeichnissen (teils gegen kleine Gebühr) und Veranstaltungskalendern werden häufig auch Land- und Wanderkarten, Bücher, Postkarten und Souvenirs zum Verkauf angeboten. Darüber hinaus unterhalten einige Büros eine Zimmervermittlung, einen Ticketvorverkauf und einen Fahrradverleih und organisieren Stadtführungen oder geführte Wanderungen. Schwieriger ist die Lage in den ländlichen Gebieten: Manch kleines Büro liegt sehr versteckt, andere scheinen ihre Öffnungszeiten geheim halten zu wollen. Hier die wichtigsten Tourismuszentralen (von West nach Ost), samt Internetadressen:

www.auf-nach-mv.de: offizielle Seite des Tourismusverbandes Mecklenburg-Vorpommern, Platz der Freundschaft 1, 18059 Rostock, ☎ 0381-4030500.

Tourist-Information der Hansestadt Wismar, Lübsche Str. 23a, 23966 Wismar, ☎ 03841-19433, www.wismar.de.

Touristik-Service Kühlungsborn GmbH, Ostseeallee 19, 18225 Kühlungsborn, ☎ 038293-8490, www.kuehlungsborn.de.

Tourist-Information Bad Doberan, Severinstr. 6, 18209 Bad Doberan, ☎ 038203-62154, www.bad-doberan-heiligendamm.de.

Tourist-Information der Hansestadt Rostock, Universitätsplatz 6, 18055 Rostock, ☎ 0381-3812222, www.rostock.de (gemeinsame Website mit Warnemünde).

Tourismusverband Fischland-Darß-Zingst, Barther Str. 16, 18314 Löbnitz, ☎ 038324-6400, www.fischland-darss-zingst.de.

Tourismuszentrale der Hansestadt Stralsund, Alter Markt 9, 18439 Stralsund, ☎ 03831-24690, www.stralsundtourismus.de.

Tourismuszentrale Rügen, Circus 16, 18581 Putbus, ☎ 03838-80770, www.ruegen.de.

Touristen-Information Bergen, Am Markt 23, 18528 Bergen auf Rügen, ☎ 03838-811276, www.stadt-bergen-auf-ruegen.de.

Kurverwaltung Binz, Heinrich-Heine-Str. 7, 18609 Binz, ☎ 038393-148148, www.ostseebad-binz.de.

Kurverwaltung Sellin, Warmbadstr. 4, 18586 Sellin, ☎ 038303-160, www.ostseebad-sellin.de.

Kurverwaltung Göhren, Poststr. 9, 18586 Göhren, ℡ 038308-66790, www.goehren-ruegen.de.

Tourist-Service Sassnitz, Strandpromenade 12, 18546 Sassnitz, ℡ 038392-6490, www.insassnitz.de.

Stadtinformation Greifswald, Rathaus, 17489 Greifswald, ℡ 03834-85361380, www.greifswald.info.

Usedom Tourismus GmbH, Hauptstr. 42, 17459 Seebad Koserow, ℡ 038375-244144, www.usedom.de.

Karten

Man hat die Wahl zwischen einer ganzen Reihe hochwertiger Wander- und Fahrradkarten. Empfehlenswert, da exakt und aktuell, sind die Karten des Klemmer Verlags.

Für die Ostseeküste Mecklenburg-Vorpommerns liegen aus dem **Klemmer Verlag** (Waren an der Müritz, www.klemmer-verlag.de) folgende Rad- und Wanderkarten vor: *Ostseeküste Stralsund bis Usedom* (1:100.000, 5,90 €), *Ostseeküste Travemünde bis Wismar* (1:40.000, 5,90 €), *Ostseeküste Wismar bis Warnemünde* (1:50.000, 5,90 €), *Fischland–Darß–Zingst* (1:50.000, 5,90 €), *Rügen und Hiddensee* (1:50.000, 6,90 €) und *Usedom* (1:50.000, 6,90 €). Ebenfalls im Maßstab 1:50.000, aber im kleinen handlichen Format gibt es aus der Pocket-Reihe des Verlags die Blätter *Rügen: Wittow, Kap Arkona*; *Südost-Rügen, Mönchgut*; und *Rügen: Jasmund, Bergen, Binz* (jeweils 3,90 €). Zu Usedom sind jüngst ebenfalls drei Pocket-Karten erschienen: *Usedom Nord*, *Usedom Süd* und *Usedom Kaiserbäder*.

Kartenstudium vor der nächsten Etappe

Handlich sind auch die Rad- und Wanderkarten aus dem Verlag **grünes herz** (Ilmenau und Wustrow, www.gruenes-herz.de). Es liegen vor (jeweils 1:30.000, 4,75 €): *Boltenhagen/Klützer Winkel*; *Wismar/Insel Poel*; *Rerik/Kühlungsborn*; *Kühlungsborn/Bad Doberan*; *Bad Doberan/Warnemünde*; *Graal Müritz/Rostocker Heide*; *Rostocker Heide/Darß*; *Fischland/Darß/Zingst*; sechs Kartenblätter für Rügen und Hiddensee (*Altefähr/Zudar*; *Bergen/Putbus*; *Mönchgut*; *Granitz*; *Halbinsel Jasmund*; *Wittow/Kap Arkona* sowie *Hiddensee/Ummanz*) und drei Karten für Usedom (*Heringsdorf/Ahlbeck/Bansin und Swinemünde*; *Lieper Winkel und Usedom*; *Zinnowitz/Ückeritz/Peenemünde*). Die Inselkarten gibt es jeweils auch im Set (23,95 € bzw. 12,95 €).

Für die Insel Hiddensee empfiehlt sich außerdem die Karte *Hiddensee* aus dem **Nordland Kartenverlag** (Schwerin, www.nordland-wanderkarten.de), dessen Sortiment, im Maßstab 1:30.000 bis 1:75.000 und teils mit Stadtplänen, ebenfalls die komplette Ostseeküste abdeckt (je 5,50 €).

Kinder

Die Ostseeküste ist wie geschaffen für einen Urlaub mit Kindern in jedem Alter, bei schönem Wetter am Strand und mit entsprechend kindgerechter Animation sowieso. Doch auch abseits von Sandburg, Eisdiele und Trampolinspringen am Meer ist das Angebot riesig. Im Folgenden ein paar Anregungen:

Tiere: Neben den obligatorischen Zoos und Tierparks – Schwerin, Wismar, Rostock, Stralsund, Wolgast – lohnt unbedingt ein Ausflug ins Ozeaneum in Stralsund: Fischschwärme im Riesenbecken und die großzügige Pinguinanlage auf dem Dach, dazu die Kinder-Erlebnisausstellung Kindermeer. In Warnemünde können angehende Meeresbiologen den Seehunden beim Training zusehen. Die etwas größeren Vertreter der ursprünglichen heimischen Fauna kann man in Usedoms Süden beobachten: Wisente hautnah.

Anschauen: Im nachgebauten Steinzeitdorf in Kussow im Klützer Winkel und im Freilichtmuseum Klockenhagen bei Graal-Müritz alte Welten bestaunen; in Warnemünde, am Darßer Ort, am Kap Arkona (Rügen) oder auf Hiddensee auf den Leuchtturm steigen oder doch mal ins Museum, z. B. ins Schiffbau- und Schifffahrtsmuseum in Rostock. In Sassnitz (Rügen) und in Peenemünde (Usedom) können echte U-Boote erkundet werden. Unzählige Kinder-Attraktionen sind in den letzten Jahren vor allem auf den Inseln wie Pilze aus dem Boden geschossen wie z. B. das „Haus auf dem Kopf" (Trassenheide/Usedom), geradezu altehrwürdig ist dagegen die Miniaturwelt in Gingst auf Rügen. In Zingst gibt es an der Seebrücke eine Tauchgondel, hier kann es aber bei nicht ganz ruhiger See zu eher trüben Aussichten kommen – man sollte also nicht zuviel erwarten.

Fortbewegen: An der Ostsee gibt es gleich drei alte Eisenbahnen: der Kaffeebrenner im Klützer Winkel, der Molli in Bad Doberan und der Rasende Roland auf Rügen. Noch langsamer, aber auch leiser ist eine Kremserfahrt mit zwei Pferdestärken von Prerow zum Darßer Ort oder auf der Insel Hiddensee. Ein besonderes Erlebnis bietet auch die Fahrt mit einem alten Zeesenboot auf dem Bodden.

Sportlich: Spaßbad geht immer (Wismar, Ribnitz-Damgarten, Stralsund, Zinnowitz und Ahlbeck auf Usedom), an Land warten die Kletterwälder von Kühlungsborn, Born a. Darß, Prora/Rügen und Pudagla/Usedom auf Mutige. Auf der Swingolfanlage bei Redewisch/Klützer Winkel können auch Kinder golfen. Etwa 15 Reiterhöfe gibt es entlang der Küste, die Bandbreite reicht vom Ponyhof für erste Erfahrungen über Wanderreiten bis hin zur Dressurausbildung. Einen Überblick bietet www.auf-nach-mv.de/reiten.

Lehrreich: Museen zum Anfassen (und Lernen, vor allem im Fach Physik!) sind das phanTechnikum in Wismar und die Phänomenta in Peenemünde/Usedom.

Nähere Infos zu den genannten Tipps bei den jeweiligen Ortskapiteln.

Klima

In kaum einer anderen Gegend in Deutschland scheint die Sonne öfter als auf Rügen, Hiddensee und Usedom, im Schnitt über 1800 Stunden im Jahr. Dabei fällt gleichmäßig über das Jahr verteilt relativ wenig Regen. Sehr hoch ist die Luftfeuchtigkeit, die zusammen mit dem hohen Salzgehalt der Luft und den stetigen Winden (meist aus West) ein gemäßigtes Reizklima schafft. Im Sommer beträgt die mittlere Höchsttemperatur um 20 °C, Temperaturen über 30 °C stellen aber keine Seltenheit dar. Die Ostsee ist im Sommer im Schnitt 18 °C warm, an geschützten, flachen Buchten auch bis 20 °C und in den Bodden bis 22 °C. Zum meernahen Klima gehört natürlich auch der plötzliche Wetterwechsel, der am Morgen verhangene Himmel kann mittags strahlend blau sein (leider auch umgekehrt). Verantwortlich dafür sind die oft launischen Ostseewinde. Abschließend noch eine griffige Bauernregel, die vor allem Badeurlauber interessieren wird: Schaltjahr ist Kaltjahr – selbstverständlich ohne Gewähr ...

Kurtaxe

Die Erhebung der Kurtaxe ist Sache der Städte und Gemeinden. Deswegen fällt der Betrag, der sich nach der Zahl der Aufenthaltstage richtet, von Ort zu Ort unterschiedlich aus (i. d. R. 1,50–2,80 € pro Tag in der Hochsaison, in der Nebensaison etwa die Hälfte; Kinder, Jugendliche und Senioren ermäßigt). Spitzenreiter ist dabei Sellin auf Rügen. Oftmals schließt die Kurkarte einige Angebote mit ein: ermäßigter Eintritt zu Museen oder bei der Fahrt mit dem kleinen Stadtbähnchen, Ermäßigung auch bei der Ortsführung für die Sommergäste. Normalerweise erhält zunächst der Vermieter den Betrag, der ihn dann an die Gemeinde weitergibt.

Wer nicht im Ort selbst wohnt, aber den Strand nutzen will, muss eine Tageskurkarte lösen. Oftmals stehen am Zugang zum Strand Automaten, an denen man sich das Ticket ziehen kann.

Literaturtipps

Allgemeines Lexikon Mecklenburg-Vorpommern, Rostock 2007 (Hinstorff). Das Nachschlagewerk zu Mecklenburg-Vorpommern, 1483 Stichworte kenntnisreich und prägnant über 764 Seiten verteilt, wird dem Anspruch ein umfassendes Lexikon zu sein gerecht.

Pfotenhauer, Angela (Text); *Lixenfeld, Elmar* (Fotos): **Backsteingotik**. Bonn 2005 (Monumente Edition). Informative, vorzüglich bebilderte und großformatige Publikation der Deutschen Stiftung Denkmalschutz.

Kiesow, Gottfried: **Wege zur Backsteingotik. Eine Einführung**. Bonn 2011 (Monumente Publikationen). Ein Muss für jeden, der sich in die Materie einarbeiten will, hochinformativ und gut lesbar. Noch umfangreicher und vom gleichen Autor (mit Thomas Grundner): **Backsteingotik in Mecklenburg-Vorpommern**, Rostock 2004 (Hinstorff).

Schmied, Hartmut: **Mecklenburg-Vorpommern**. Freiburg 2001 (Eulen). Aus der Reihe *Die schwarzen Führer*, Mysteriöses, Historisches, Sagenhaftes. Nur noch antiquarisch erhältlich. Zuletzt auch erschienen unter: *Schmied, Hartmut*: **Geister, Götter, Teufelssteine**. Rostock 2005 (Hinstorff).

Schwerin *Krempien, Margot*: **Der Schweriner Schloßbaumeister G.A. Demmler. 1804–1886**. Schwerin 1991 (Demmler). Eine Biografie über den Architekten Schwerins, dessen soziales Engagement ihn den Job kostete. Nur noch antiquarisch erhältlich.

Wismar *Borchert, Jürgen*: **Was ich von Wismar weiß: Notizen und Bilder**. Rostock 2000 (Hinstorff). Historische Notizen über die ehrwürdige Hansestadt. Nur noch antiquarisch erhältlich. *Pfotenhauer, Angela* (Text); *Lixenfeld, Elmar* (Fotos): **Wismar und Stralsund**. Bonn 2004 (Monumente Edi-

Literarische Orte an der Ostsee

Entlang der Ostseeküste findet sich eine Handvoll höchst interessanter Literaturhäuser. Allen voran ehrt das *Uwe Johnson Literaturhaus* in Klütz (→ S. 86) den großen Schriftsteller, dessen „Jerichow" aus dem Roman *Jahrestage* gemeinhin mit Klütz identifiziert wird. Das „Rerik" hingegen, das Generationen von Deutschschülern aus Alfred Anderschs *Sansibar oder der letzte Grund* kennen (→ S. 103), ist eher eine Mischung aus dem realen Rerik und Wismar. Ein hübsches kleines Literaturhaus gibt es in Bad Doberan: Im ehemaligen Wohnhaus des Schöpfers der *Heiden von Kummerow* ist das *Ehm-Welk-Haus* untergebracht (→ S. 122). Rostock ehrt seinen großen Chronisten, den 2007 verstorbenen Schriftsteller Walter Kempowski, mit dem *Kempowski-Archiv* beim Kloster zum Heiligen Kreuz (→ S. 140). Unbedingt einen Besuch wert ist auch das *Gerhart-Hauptmann-Haus,* das ehemalige Sommerdomizil des Nobelpreisträgers in Kloster auf der Insel Hiddensee (→ S. 274). Ein literarisches Zentrum von überregionalem Rang ist das *Koeppenhaus* in Greifswald, das „Literaturzentrum Vorpommern" (→ S. 288), es befindet sich im Geburtshaus Wolfgang Koeppens, eines der großen Autoren im Nachkriegsdeutschland. Für die Nachkriegsliteratur hat auch Hans Werner Richter einen bedeutenden Beitrag geleistet, ein kleines Literaturhaus findet sich schließlich auch in seinem Geburtsort Bansin (→ S. 321), dem er auch ein literarisches Denkmal gesetzt hatte.

tion). Die informative und hervorragend bebilderte Publikation der Deutschen Stiftung Denkmalschutz erschien erstmals anlässlich der Anerkennung der beiden Hansestädte als UNESCO-Welterbe 2002.

Rostock und Warnemünde *Schümann, Matthias* (Text); *Mnich, Reiner* (Fotos): **Kunstwege. Spaziergänge durch Rostock und Warnemünde.** Rostock 2006 (Hinstorff). Schön aufgemachter kleiner Band über die Kunstwerke an den Straßen und Plätzen Rostocks und Warnemündes.

Stralsund *Pfotenhauer, Angela* (Text); *Lixenfeld, Elmar* (Fotos): **Wismar und Stralsund.** Bonn 2004 (Monumente Edition). Siehe oben unter Wismar.

Matuschat, Jörg: **Stralsunder Geschichte von A bis Z.** Stralsund 2004 (Eigenverlag). Vom Alten Markt bis zur Zuckerfabrik, kaum ein Gebäude, eine historische Begebenheit oder bedeutende Persönlichkeit bleibt ausgespart, der Schwerpunkt liegt auf den baulichen Monumenten. Nur noch antiquarisch erhältlich.

Volksdorf, Dietmar u. a.: **Das Scharfrichterhaus von Stralsund. Mit einem Exkurs zur Geschichte des Scharfrichters in Stralsund.** Stralsund 2004 (Schriftenreihe Stralsunder Denkmale, Heft 1). Ein spannendes Stück Architektur- und Sozialgeschichte, informativ und gut geschrieben. Nur noch antiquarisch erhältlich.

Rügen und Hiddensee *Laube, Heinrich*: **Eine Fahrt nach Pommern und der Insel Rügen.** Nebst 20 Abbildungen. Nach einer Ausgabe von 1837 neu herausgegeben, erläutert und mit einem Nachwort versehen von Michael Huesmann. Bremen 2008 (Edition Temmen).

Rellstab, Johann Carl Friedrich: **Ausflucht nach der Insel Rügen durch Meklenburg** [sic!] **und Pommern. Nebst achtzehn Kupfern und fünf Zeilen Musik.** Nach einer Ausgabe Berlin 1797 neu herausgegeben, erläutert und mit einem Nachwort versehen von Wolfgang Griep. Bremen 2008 (Temmen).

Usedom *Richter, Egon*: **Ahlbeck, Heringsdorf, Bansin. Die Usedomer Kaiserbäder.** Schwerin 2005 (Demmler). Schön aufgemacht und hübsch bebildert, auch mit historischen Aufnahmen. Vom gleichen Autor im gleichen Verlag erschien ebenfalls 2005: **Usedom. Sagen und Geschichten.**

Schleinert, Dirk: **Die Geschichte der Insel Usedom.** Rostock 2005 (Hinstorff): Gelungene und erschöpfende Darstellung.

Roscher, Achim: **Otto Niemeyer-Holstein. Lebensbild mit Landschaft und Figuren.** Berlin 2001 (Aufbau). Biografie des Malers. Im gleichen Verlag und vom gleichen Autor: **Lüttenort: Geschichten aus dem Leben Otto Niemeyer-Holsteins,** Berlin 2006.

Bauer, Hans-Ulrich: **Badegäste mit Anzug und Weste,** Usedom 2006 (Igel-Usedom Verlag). Zwei Bände zur Entwicklung der Seebäder auf Usedom.

Belletristik *Andersch, Alfred*: **Sansibar oder der letzte Grund (1957),** Zürich 2006 (Diogenes), → auch S. 103.

Johnson, Uwe: **Jahrestage (1983).** Frankfurt/Main 2013 (Suhrkamp), → auch S. 86.

Kempowski, Walter: **Tadellöser & Wolff (1971).** München 2016 (Penguin Verlag), → auch S. 140.

> *Fritz Reuter* war Mecklenburgs Dichter, und das in niederdeutscher Mundart. Ihm begegnet man u. a. in Wismar (Reuterhaus) und Stolpe (Fährkrug), seine Werke erscheinen noch heute bei Hinstorff in Rostock.

Richter, Hans Werner: **Geschichten aus Bansin (1970),** Berlin 2008 (Wagenbach), → auch S. 321.

Seiler, Lutz: **Kruso (2014),** Berlin (Suhrkamp). Der mit dem Deutschen Buchpreis 2014 ausgezeichnete Roman spielt auf Hiddensee.

Krimis Selbstverständlich ist die Ostseeküste auch Schauplatz zahlreicher Regionalkrimis – zu viele, um hier einzelne herauszugreifen.

Reisezeit

Die Ostseeküste Mecklenburg-Vorpommerns ist zu jeder Jahreszeit eine Reise wert. Auf den Inseln wird es im Frühling etwas langsamer warm als auf dem Festland, und mit der ersten Blüte schwankt das Wetter zwischen Frühjahrsstürmen und milden Tagen. Hauptsaison ist natürlich die Badezeit und damit der Sommer. Im Herbst fallen mit den Temperaturen auch die Zimmerpreise, die ideale Reisezeit für stürmische Strandspaziergänge. Besonders schön präsentieren sich die Alleen und Buchenwälder, wenn sich das Laub verfärbt. Auch der Kranichzug alljährlich im September und Oktober lockt viele Besucher an. Im Winter wird es ruhiger, manche Hotels haben von Anfang November bis in der Woche vor Weihnachten geschlossen, die wenigen Urlauber suchen die Wellnessangebote auf – oder ihre Ruhe. Aber Achtung: Zwischen Weihnachten und der ersten Januarwoche kehrt die Hauptsaison (inklusive Andrang und entsprechender Preise) zurück.

Sport

Angeln: Wo die Fischerei eine lange Tradition hat und es Räucherfisch an jeder Ecke gibt, ist auch der Hobbyangler gut aufgehoben. Ob auf einem kleinen Boot im Bodden oder mit dem Kutter zum Hochseeangeln, zahlreiche organisierte Fahrten und Bootsverleihe stehen an der Ostseeküste zur Verfügung. Natürlich ist ein Fischereischein Voraussetzung, um sich auf die Jagd nach dem Abendessen zu machen. Einen auf 28 (aufeinanderfolgende) Tage befristeten *Touristen-Fischereischein* kann man in fast allen (küstennahen) Touristinformationsbüros, Kurverwaltungen oder in Anglershops zum Preis von 24 € erwerben (Verlängerung ist möglich). Zusätzlich muss für das jeweilige Gewässer auch noch eine *Angelkarte* erworben werden (Reviere, Verkaufsstellen und weitere Infos unter www.angeln-in-mv.de).

Golf: Eine Handvoll Golfplätze verteilen sich entlang der Küste, darunter der *Golfclub Hohen Wieschendorf* bei Wismar, der *Ostsee Golf Club Wittenbeck* bei Bad Doberan, der *Golfclub Zum Fischland* bei Ribnitz-Damgarten, das *Golf-Centrum Schloss Karnitz* auf Rügen und der *Golfpark Balmer See* auf Usedom. *Winstongolf*, der Golfclub der Landeshauptstadt Schwerin, liegt einige Kilometer östlich des Schweriner Sees. Zentrale Website für Golfer: www.golfverband-mv.de.

Kanu/Kajak: Mit dem Kajak über die Ostsee, das ist wie Wandern auf dem Meer. Aber auch Peene, Peenestrom und Achterwasser sind herrliche Wasserwanderre-

Wasserwandern auf dem Peenestrom

Sport 47

viere, vor allem für weniger Geübte. Diverse Kanuverleiher und Anbieter von geführten Touren finden sich auf Rügen, Usedom, bei Wolgast und in Anklam. Weitere Infos bei den jeweiligen Ortskapiteln.

Radfahren: Viele gut ausgebaute Radwegenetze erstrecken sich abseits der Straßen, dazwischen geht es auch mal holprig über Plattenwege oder auf sandigem Feldweg – viele, aber noch nicht alle Radwege sind schon auf dem neuesten Stand. Sehr beliebt und entsprechend frequentiert sind die Radstrecken auf Rügen, Usedom und Fischland-Darß-Zingst. Näheres → S. 50.

Reiten: Die zahlreichen Reiterhöfe liegen vor allem abseits der Tourismuszentren. Vom gepflegten Gutshaus-Trakehner-Gestüt bis zum kleinen Appaloosa-Stall gibt es ein umfang- und abwechslungsreiches Angebot: Unterrichtsstunden, auch Dressur und Springen, Gelände- und andere geführte Ritte etc. Manche Reiterhöfe verfügen auch über Hallen, viele bieten Pensionsboxen für das eigene Pferd. Infos bei den Touristinformationen.

Schwimmen: Wem die Ostsee zu kalt ist, kann es im Bodden versuchen, der stets ein, zwei Grad wärmer ist als das offene Meer. Einige größere Hotels verfügen über ein (kleines) Indoor-Schwimmbecken. Hallenbäder (wenngleich der Begriff meist eine Untertreibung ist) und Thermen gibt es u. a. in Wismar, Stralsund, Sellin auf Rügen, außerdem in Zinnowitz und Ahlbeck auf Usedom. Vgl. auch „Baden", S. 36.

Segeln/Kiten/Surfen: Die zergliederte Ostseeküste mit ihren vielen geschützten Bodden ist ein attraktives Segelrevier. Entsprechend umfangreich ist das Angebot: Kurse für Anfänger und Fortgeschrittene (inkl. Scheinerwerb), Bootsverleih und Yachtcharter, organisierte Segeltörns, oft nagelneue Sportboothäfen mit gut ausgestatteten Serviceeinrichtungen.

Als beste Surfspots gelten die Südspitze der Halbinsel Mönchgut auf Rügen und die Westküste des Fischlands. Für Anfänger bieten sich die ruhigeren, flachen Bodden an, außerdem das Salzhaff bei Rerik. Wem das alles zu lasch ist, der kann es mit Kitesurfen versuchen (sowohl Unterricht als auch Materialverleih werden angeboten). Beliebte Kite-Reviere sind die Insel Poel und die Westküste der Insel Ummanz bei Rügen.

Zahlreiche kombinierte Surf- und Segelschulen bieten Kurse für Anfänger und Fortgeschrittene sowie Materialverleih.

Segelinfos auch unter www.mv-maritim.de und www.segeln-in-vorpommern.de.

Wandern: Vor allem die Insellandschaften lassen sich nicht schöner erleben als bei einer Wandertour, manche der Naturschönheiten sind sogar ausschließlich zu Fuß zu erreichen. Ob am Bodden entlang oder über Hochuferwege – die Pfade sind meist gut in Schuss und ausgeschildert. Geführte Wanderungen werden von den Touristinformationen der größeren Ostseebäder und den Nationalparkzentren angeboten.

Warnung

Nach starken Regenfällen oder bei Tauwetter sind die Strände unter Steilufern unbedingt zu meiden! Erdrutsche und Küstenabbrüche können lebensgefährlich sein.

Auch Fossiliensammler seien eindringlich gewarnt: Ein Kreideabbruch mag zahlreiche Fundstücke freilegen, dass aber auf den ersten ein zweiter Abbruch erfolgt, ist nicht ungewöhnlich.

Warnhinweise und Absperrungen vor Ort sind dringend ernst zu nehmen!

Kurze Beschreibungen der vier schönsten Wanderungen an der Küste Mecklenburg-Vorpommerns finden Sie im Reiseteil:

- Auf dem Darß: Von Prerow zum Darßer Ort, S. 185.
- Jasmund auf Rügen: Auf dem Hochuferweg am Rand des Nationalparks, S. 257.
- Auf Hiddensee: Von Kloster zum Enddorn und über den Dornbusch, S. 278.
- Auf Usedom: Von Benz nach Bansin, S. 323.

Übernachten

Das Angebot ist groß und deckt das gesamte Spektrum ab, schließlich spielt der Tourismus an der Ostseeküste die zentrale Rolle: zu Nobelhotels umgebaute Herrenhäuser oder Schlösser, die gleichzeitig Wellnesstempel sind, Erlebnis- und Kunsthotels, in denen jedes Zimmer Schauplatz einer eigenen Vernissage sein könnte, einfachere Hafen- und Landhotels, zahllose Pensionen (auch in schicken Bädervillen), schlichte Gasthäuser mit Fremdenzimmern, Appartement-Anlagen und -Häuser (auch auf Reiterhöfen, sogar schwimmende Ferienhäuser kann man buchen), privat vermietete Zimmer, Jugendherbergen und schließlich jede Menge Camping- und Caravanstellplätze.

Wer auf der Suche nach einer *Ferienwohnung* oder einem *Ferienhaus* ist, bestellt sich am besten den entsprechenden Gastgeberkatalog oder informiert sich direkt im Internet. Das Spektrum der Anbieter und Vermittler ist allerdings recht unübersichtlich. *Tipp*: Die Websites der lokalen Touristinformationen (die Adressen sind bei den Ortsbeschreibungen verzeichnet) verschaffen meist einen umfassenden Überblick über die Objekte vor Ort und bieten oft auch einen Buchungsservice an.

Auch *Campingplätze* sollte man rechtzeitig buchen, zumal wenn diese direkt am Strand liegen – manche können schon Anfang Juni ausgebucht sein! Einige Plätze bieten auch sog. Familienbadezimmer an: für ca. 8–10 € pro Tag kann man für die Dauer des Aufenthaltes ein Bad für den alleinigen Gebrauch mieten. Service für Spätanreiser und Durchreisende sind die *Wohnmobilhäfen*, die sich in aller Regel am Eingang eines Campingplatzes befinden. Das Ganze hat oft ein wenig Parkplatzcharakter, ist aber recht eng gestellt, Stromanschlüsse sind vorhanden und die sanitären und sonstigen Einrichtungen des Campings können mitbenutzt werden. Diese Einrichtung gibt es flächendeckend, man kann jedoch nur eine Nacht bleiben, der Preis liegt bei etwa einem Drittel bis der Hälfte des normalen Stellplatzes.

Wer sich kurzfristig entschließt, in einer der 15 *Jugendherbergen* an der Ostseeküste Mecklenburg-Vorpommerns abzusteigen, kann auch noch spontan vor Ort Mitglied des Deutschen Jugendherbergswerkes werden: Für Junioren (bis einschl. 26 Jahre) kostet die einjährige Mitgliedschaft 7 €, für Senioren (über 27 Jahre) 22,50 €, für Familien ebenfalls 22,50 €. Infos unter www.jugendherberge.de.

Saisonzeiten: Die *Hochsaison* orientiert sich natürlich an den deutschen Schulferien (Sommer), beginnt also etwa mit Pfingsten und dauert bis Ende August. Außerdem zählen auch die Tage „zwischen den Jahren" bis in die erste Januarwoche hinein und die Zeit rund um Ostern dazu. Die *Nebensaison* beginnt in der Regel im April (bzw. mit Ostern) und erstreckt sich außerdem über die Monate September und Oktober. *Nachsaison* ist der Winter (mit oben genannter Ausnahme); allerdings haben einige Häuser dann geschlossen, oft werden die *Betriebsferien* in die Zeit zwischen Anfang November und etwa 20. Dezember gelegt, manchmal auch ab Anfang/Mitte Januar bis ca. Ende Februar.

> Die in diesem Reisehandbuch aufgeführten *Preise* entsprechen immer der **Hochsaison** und gelten, wenn nicht anders angegeben, für eine Übernachtung von zwei Personen im Doppelzimmer.

Die Preise, vor allem in Pensionen und kleineren Hotels, werden günstiger, wenn man länger als zwei Nächte bleibt. Der fällige Aufschlag für die „einnächtige" Belegung ist im Reiseteil gegebenenfalls auf den jeweiligen Preis bereits draufgerechnet. In den Ferienhäusern und -wohnungen fällt nach Abreise noch die Endreinigung an, die im Normalfall bei etwa 30–50 € liegt. Teilweise sind Ferienwohnungen/-häuser in der Hochsaison nur wochenweise (meist Samstag auf Samstag) buchbar.

In vielen Hotels und Gaststätten mit Zimmerangebot gibt es auch Halbpension, die oft deutlich günstiger ausfällt als das À-la-carte-Menü.

In vielen Fällen variieren die Preise zwischen Vor-, Neben- und Hauptsaison stark, teils muss man im Winter gerade einmal die Hälfte zahlen im Vergleich zu den besucherintensiven Monaten Juli oder August (starke Schwankungen, d. h. mehr als 20–30 %, werden im Text vermerkt). In anderen Fällen hingegen gelten Ganzjahrespreise.

Vor Ort unterwegs

Mit dem Auto: Den Spritpreisen zum Trotz ist das eigene Gefährt weiterhin das bequemste und beliebteste Fortbewegungsmittel. Das Straßennetz ist dicht und überwiegend bestens ausgebaut (nur selten geht es noch über holpriges Kopfsteinpflaster oder Platte) und bietet einige besonders schöne Strecken, z. B. der Abschnitt der *Deutschen Alleenstraße* zwischen Stralsund und Sellin bzw. Kap Arkona auf Rügen. Allerdings ist das *Parken* in fast allen touristischen Orten gebührenpflichtig, nicht selten liegen die Parkplätze auch ein gutes Stück außerhalb des Zentrums, in dem dann oft ein flächendeckendes Parkverbot gilt.

> **Auf Rügen mit Licht!**
> Keine verkehrstechnische Gängelei, sondern durchaus vernünftig. Oft genug ist man auf zauber malerischen Allee unterwegs, wo die Lichtverhältnisse durch den zuweilen plötzlichen Hell-Dunkel-Wechsel problematisch werden können. Es gibt Stellen, bei denen man als Autofahrer das Gefühl hat, gegen eine schwarze Wand zu fahren, wenn man gegen die tief stehende Sonne in eine Allee oder in ein Waldstück hineinfährt. Auch Radfahrer sollten bedenken, dass sie bei diesen Lichtverhältnissen nicht so gut gesehen werden, wie sie es gerne hätten. Darum gilt auf Rügen: Sobald man eine geschlossene Ortschaft verlässt, das Licht anschalten!

Fähren und Brücken: Mit Ausnahme Hiddensees sind alle bewohnten Inseln an der Ostseeküste Mecklenburg-Vorpommerns über Brücken zu erreichen. Manche dieser Brücken haben feste Öffnungszeiten für die Schifffahrt und sind dann für Autofahrer, Radler und Fußgänger gesperrt. Alles überragende Brückenkonstruktion ist die *Zweite Strelasundquerung*, die die Öffnungszeiten der alten Ziegelgrabenbrücke zwischen Stralsund und Rügen hinfällig macht.

Nichtsdestotrotz gibt es auf Rügen zwei Auto- und Personenfähren, die verkehrstechnisch von Nutzen sind: die Glewitzer Fähre als Seiteneinstieg auf die Insel (→ S. 220) und die Wittower Fähre, die Abkürzung zum Kap Arkona (→ S. 265). Nur um nach

Der Molli in Kühlungsborn

Hiddensee zu gelangen, kommt man um die Fähre nicht herum, der wichtigste Hafen ist Schaprode auf Rügen (Näheres → ab S. 269). Hier gibt es auch ausreichend Parkplätze (gebührenpflichtig), denn die Insel Hiddensee ist autofrei.

Auch Usedom ist über zwei Brücken mit dem Festland verbunden, die immer wieder auch für den Schiffsverkehr geöffnet und somit für den Straßenverkehr gesperrt werden. Die detaillierten Brückenöffnungszeiten der Wolgaster Brücke finden Sie auf S. 291, die der Zecheriner Brücke auf S. 293. Wer ganz aus dem Westen von Travemünde nach Priwall in den Klützer Winkel reist, nimmt die kleine Personen- und Autofähre für den Katzensprung über die Trave (→ S. 89).

Mit Bus und Bahn: Sowohl das Bus- als auch das Schienennetz entlang der Küste sind gut ausgebaut, vor allem zwischen den größeren Orten und Städten. Am Wochenende muss man insbesondere auf dem platten Land jedoch mit stark eingeschränktem Busverkehr rechnen, besonders wenn die Fahrt in kleinere Orte führen soll. Detaillierte Busfahrpläne für die Umgebung gibt es oft bei den Touristinformationen, die wichtigsten Verbindungen sind im Reiseteil dieses Buches bei den jeweiligen Orten zu finden.

> Freunde historischer Eisenbahnen sollten sich die Fahrt auf Schmalspurgleisen nicht entgehen lassen! Entweder mit dem *Kaffeebrenner* (durch den Klützer Winkel, → S. 87), dem *Molli* (zwischen Kühlungsborn, Heiligendamm und Bad Doberan, → S. 114) oder mit dem *Rasenden Roland* von Putbus nach Göhren auf Rügen (→ S. 226).

Auf der Küstenstrecke von Wismar über Neubukow, Bad Doberan, Rostock, Ribnitz-Damgarten bis Stralsund (ab hier Verbindungen auf die Insel Rügen) bestehen recht häufige regionale Bahnverbindungen. Die Usedomer Bäderbahn (UBB) verbindet Stralsund alle zwei Stunden mit Greifswald und Wolgast, auf der Insel Usedom verkehren die modernen Regionalzüge der UBB im Sommer sogar im Halbstundentakt.

Mit dem Fahrrad: Schön flach ist es an der mecklenburg-vorpommerischen Ostseeküste, und viele Radwege sind gut ausgebaut – ein ideales Terrain für Fahrradfahrer, auch wenn sie nicht zur sportlichen Höchstleistung neigen. Die holprigen, alten Fahrradwege, wie z. B. auf dem Zingst, werden zunehmend modernisiert bzw.

durch alternative Wege ergänzt. Eine besonders schöne Ecke für Fahrradfahrer ist die Halbinsel Fischland-Darß-Zingst, aber auch die Inseln Rügen und Usedom sind für Radler ideal. Fast überall ist es möglich, auf wenig frequentierten Nebenstrecken zu fahren, die großen Hauptverbindungsstraßen – also Bundesstraßen – sollte man jedoch unbedingt meiden (und auch die Außenbezirke von Rostock sind nicht gerade idyllisch). Am besten fährt es sich so nah wie möglich an der Küste entlang, auch hier verlaufen zahlreiche Radwege. Fahrräder können auf den *Fähren* problemlos mitgenommen werden (gegen geringe Gebühr, teilweise sogar umsonst), ebenso in den Regionalzügen. Die Touristinformationen vor Ort geben brauchbare Rad- und Wanderkarten für ihre nähere Umgebung heraus (wer sich vorher mit Material eindecken will, → Stichwort *Karten* auf S. 42).

Für Tourenradler: Der mecklenburg-vorpommerische Teil des *Ostseeküsten-Radwegs* verläuft von Lübeck/Travemünde an der Ostsee entlang bis Ahlbeck auf Usedom (knapp 400 km).

Mit dem Schiff: Das Angebot ist groß und besonderer Beliebtheit erfreut sich der *Ausflugsdampfer* entlang der Ostsee von Seebrücke zu Seebrücke. Doch verkehren die Fahrgastschiffe auch als *Fähren*, z. B. nach Hiddensee oder über den Saaler/Barther Bodden. Hunde und Fahrräder können überall mitgenommen werden. Boddenfähren dürfen nur bis Windstärke 6 fahren. Auch die *Zeesenbootfahrten* auf dem Bodden bieten schöne Ausflugsmöglichkeiten. Das Zees- oder Zeesenboot ist das traditionelle, dickbäuchige Segelboot der Boddenfischer mit rotbraunen Segeln. Seit dem 9. Jh. wurde mit diesen Booten gefischt, die „Zeese" bezeichnet das zugehörige Schleppnetz mitsamt Aufhängung.

Wellness und Kuren

Das Wohlfühlangebot an der Küste ist ebenso mannigfaltig wie traditionsreich und kosmopolitisch. Man steht den internationalen Gesundheitstrends in nichts nach: ob chinesische Akupunktur, orientalische Dampfbäder, fernöstliche Massagetechniken und Meditationsübungen oder die gute alte Kneippkur; dazu gibt es diverse Packungen – Fango, Algen, Kreide. Unerschöpflicher Wellnessrohstoff ist (neben der etwas altmodischen, aber kostenlosen „gesunden Seeluft") die *Rügener Heilkreide.* Dem urzeitlichen Sediment werden fast sagenhafte Kräfte zugesprochen: Das weiße Pulver lindert Schmerzen, entschlackt, wärmt, fördert die Durchblutung, reinigt und pflegt die Haut.

Viele der großen Hotels bieten ein sehr umfangreiches Wellnessprogramm an. Pool und Saunalandschaft werden ergänzt durch verschiedenste exotische Anwendungen, Kosmetikbehandlungen, Badezusätze und Massagen. Die Angebote stehen in aller Regel und nach vorheriger Anmeldung auch Nichthotelgästen zur Verfügung.

Demgegenüber steht die ärztlich verordnete, von der Krankenkasse bezahlte *Kur,* die mehrwöchig in einer der vielen Ostseekliniken entlang der Küste stattfindet, darunter viele Einrichtungen für Atemwegserkrankungen, was ja naheliegt, aber auch Mutter-Kind-Kliniken.

Jüngerer, aber anhaltender Trend in Sachen Wohlbefinden ist *Medical Wellness:* Die Vermischung von Wellness und medizinischer Kur wird in einigen gehobenen und darauf spezialisierten Hotels angeboten, auch hier steht alles unter ärztlicher Aufsicht, zu den diversen Kuranwendungen gibt es auch Fernöstliches. Günstig ist das Ganze jedoch nicht, wenn überhaupt, werden Teile nur von den privaten Krankenversicherungen übernommen.

Am Darßer Weststrand

Reiseziele

Schwerin	→ S. 54	Stralsund	→ S. 200
Wismar	→ S. 66	Rügen	→ S. 215
Klützer Winkel	→ S. 85	Hiddensee	→ S. 270
Zwischen Wismar und Rostock	→ S. 94	Greifswald	→ S. 282
		In Richtung Usedom	→ S. 289
Rostock	→ S. 126	Usedom	→ S. 295
Fischland–Darß–Zingst	→ S. 156		

Schwerins alter Garten – Klassizismus pur

Schwerin
ca. 97.000 Einwohner

Die idyllische Lage zwischen sieben von Wald und Parklandschaften gesäumten Seen, ein eindrucksvoller Dom, eine sehenswerte Altstadt und nicht zuletzt das prächtige Schloss mit dem stattlichen Schlosspark: allesamt gute Gründe für einen Zwischenstopp in der Landeshauptstadt Mecklenburg-Vorpommerns.

Das städtische Leben Schwerins wird deutlich von seinem Status als kleinste Landeshauptstadt Deutschlands geprägt. Großstädtische Hektik kommt hier kaum auf, selbst im Regierungsviertel geht es recht beschaulich zu. Nichtsdestotrotz präsentiert sich Schwerin geradezu weltgewandt, nicht allein durch seine repräsentativen Gebäude aus herzoglicher Zeit, sondern auch wegen der allgegenwärtigen Betriebsamkeit der aktuellen Landespolitik. Der ganze Stolz der Stadt ist das prachtvolle, von Wasser umgebene Schloss, u. a. auch Sitz des Landtags. Südlich davon erstreckt sich der weitläufige, von Kanälen durchzogene Schlosspark. Zwischen Schloss, Marienplatz und Pfaffenteich, der „Binnenalster" Schwerins, verläuft das Gassengewirr der beschaulichen Altstadt, in dessen Mitte sich der sehenswerte Markt befindet. Dort erinnert ein Denkmal an *Heinrich den Löwen*, der im Jahr 1160 die slawische Burg *Zuarin* auf der heutigen Schlossinsel einnahm und so gemeinhin als Stadtgründer gilt. Bald darauf schuf er das Bistum Schwerin, der zugehörige Dom wurde 1171 geweiht. Dessen Nachfolgebau, ein bemerkenswertes Beispiel norddeutscher Backsteinarchitektur, prägt die Silhouette der Stadt.

Stadtgeschichte: Nach den Anfängen als slawische Festung und der eigentlichen Stadtgründung durch *Heinrich den Löwen* erlebte Schwerin seine erste Blüte Anfang des 16. Jh. als Residenzstadt des Herzogtums Mecklenburg. *Johann Albrecht I.* (1525–1576) scharte ganz im Stile eines Renaissancefürsten Vertreter von Kunst, Kultur und Wissenschaft um sich, ließ das Schloss zu einem repräsentativen Renaissancebau umgestalten und führte Schwerin dem lutherischen Glauben zu. Der Dreißigjährige Krieg, die Pest und ein verheerender Brand im Jahr 1651 zerstörten

Auf dem Weg zur Küste: Schwerin

die Stadt fast vollständig. Einen weiteren Rückschlag erlebte Schwerin 1756, als die Residenz nach Ludwigslust verlegt wurde. Erst 1837 kehrte die Macht an den Schweriner See zurück. Im Gepäck hatte Großherzog *Paul Friedrich* (1800–1842) ambitionierte städtebauliche Pläne und einen Mann, der sie realisieren sollte: *Georg Adolph Demmler,* Schüler des berühmten Architekten *Karl Friedrich Schinkel* und seit 1835 Hofbaumeister des Herzogtums. Unter seiner Ägide entstand eine Vielzahl repräsentativer öffentlicher Gebäude, die noch immer das Stadtbild prägen, darunter der Marstall (heute Ministerium) und das Kollegienhaus, heute Sitz der Staatskanzlei. Sein Meisterwerk war der Umbau des alten Schlosses, den er ab 1843 in Angriff nahm.

Mehr als nur Architekt Schwerins: Georg Adolph Demmler

Der 1804 in Berlin geborene spätere Hofbaumeister Mecklenburgs machte nicht nur als Architekt von sich reden. Seit seinen Studientagen war er Freimaurer. Er engagierte sich schon früh in den liberal-demokratischen Zirkeln Schwerins und forderte eine Verfassung für das Fürstentum, die aber bis 1919 auf sich warten ließ. Ungewöhnlich für einen Liberalen des 19. Jh. war Demmlers Engagement für die Arbeiterschaft, etwa seine Initiative für die Einrichtung einer Kranken- und Unfallversicherung für die Arbeiter des Schlosses oder sein Einsatz für eine Erhöhung der Bezüge von Handwerksgesellen.

Seine politischen Überzeugungen bescherten Demmler im Jahr 1850 jedoch das vorzeitige Karriereende. Der Hof verbat sich seine Einflussnahme und erklärte, Demmler habe „sich fortan von politischem Treiben fern zu halten und sich zu freuen [...], daß der Betrieb der Politik zu seinem Berufe nicht gehöre." Den Knebel ließ sich Demmler nicht anlegen, er trat von seinem Amt zurück. Nach ein paar Jahren im Ausland kehrte er nach Schwerin und in die Politik zurück. Er wandte sich der Sozialdemokratie zu und wurde 1877 in den Reichstag gewählt, zog sich aber bereits 1878 von der öffentlichen Bühne zurück. Die Sozialdemokratie unterstützte Demmler bis zu seinem Tod am 2. Januar 1886.

Schwerins Zeit als Residenzhauptstadt endete 1918, als der letzte Großherzog, *Friedrich Franz IV.*, im Gefolge der Novemberrevolution abdanken musste. Unter den Nationalsozialisten war Schwerin Hauptstadt des Landes Mecklenburg, nach dem Krieg wurde es im Zuge der DDR-Verwaltungsreform von 1952 zur Bezirkshauptstadt. Nach der Wiedervereinigung wählte man Schwerin zur Hauptstadt des neuen Bundeslandes Mecklenburg-Vorpommern.

Basis-Infos

Information Tourist-Information, am Markt mitten im Zentrum; vielfältige Informationen und Zimmervermittlung, Stadtführungen, Kartenvorverkauf, Souvenirs etc. Mo-Fr 9–18 Uhr, Sa/So 10–16 Uhr geöffnet. Am Markt 14, 19055 Schwerin ✆ 0385-5925214, www.schwerin.com.

Stadtführungen Öffentliche Stadtführung, tägl. 11 Uhr, Treffpunkt vor der Touristinformation, Dauer ca. 1:30 Std. (mit Markt, Dom, Alter Garten, Theater, Schloss), 5,50 €/Pers.

Nachtwächterführung, von Mai bis Sept. jeden Fr/Sa 20.30 Uhr (Okt. bis April nur Fr 18 Uhr), Dauer ca. 1:30 Std., 8 €/Pers.

Schlossführung, April bis Nov. Sa und So, Dez. nur So jeweils um 14 Uhr, Dauer ca. 1:30 Std., 12 €/Pers., Kinder 6–16 J. 10 € (obligatorische Anmeldung bei der Tourist-Information).

Parken Diverse Parkhäuser im Zentrum, u. a. beim Schlosspark-Center am Marienplatz, Parkplätze am Burgsee/Schloss und an der Grünen Straße/Werderstr. (1 €/Std., 8 €/Tag, Wohnmobile 2 €/16 €).

Verbindungen Mit der **Bahn** etwa stündl. nach Wismar, Rostock und Hamburg, ebenso oft nach Berlin Hauptbahnhof (teils Umsteigen in Ludwigslust).

Verkehrsknotenpunkt für **Busse und Straßenbahnen** sind der Marienplatz und der Bahnhofsplatz; *Buslinie 14* fährt zur Jugendherberge. Näheres unter ✆ 0385-3990222 (Fahrplanauskunft) bzw. www.nahverkehr-schwerin.de.

Taxis stehen u. a. am Hauptbahnhof, am Marienplatz, am Alten Garten und am Markt.

Die **Pfaffenteichfähre** pendelt zwischen Bahnhof, E-Werk, Schelfmarkt und Arsenal, 1. Mai bis 30. Sept. Di–So 10–18 Uhr, Abfahrten nach Bedarf, einfache Fahrt 2 €, Kinder 3–14 J. 1 €.

Bootsausflüge Mit der **Weißen Flotte** von April bis Okt. mehrmals tägl. über Schweriner See, Heidensee und Ziegelsee. Broschüren mit den Routen, Abfahrtszeiten und Preisen bei der Tourist-Information oder beim Anleger der Weißen Flotte gegenüber dem Schloss (neben dem Restaurant Wallenstein). Werderstr. 140, ✆ 0385-557770, www.weisseflotteschwerin.de.

Schwerin-Ticket
Zahlreiche Vergünstigungen in Museen und bei Stadtführungen sowie freie Fahrt mit den Stadtbussen und Straßenbahnen. Preis: 5,50 €/Tag (zwei Tage 8 €), Kinder unter 14 Jahre 3,50 € (4,50 €). Erhältlich bei der Touristinformation und beim Schalter des Schweriner Nahverkehrs am Marienplatz.

Einkaufen → Karte S. 58

Die Shoppingmeilen der Stadt sind die Fußgängerbereiche in der Puschkinstraße zwischen Markt und Schlossstraße sowie die Friedrichstraße, die Schmiedestraße, die Mecklenburger Straße und umliegende Straßen.

Bücher/Kunst Eine bemerkenswert gut sortierte Buchhandlung bezüglich Regionalia, aber auch im Bereich Belletristik ist die freundliche **Buchhandlung Schoknecht** 15 in der Schlossstr. 20, ✆ 0385-565804, Mo–Fr 9–18.30 Uhr, Sa 9.30–13.30 Uhr geöffnet.

Keramikwerkstatt Loza Fina 9 Sympathische Werkstatt und Verkaufsladen in einem, was bedeutet, dass man auch bei der Arbeit an der Töpferscheibe zusehen kann.

Sehr hübschen Tassen, Schalen, Kannen etc. Mo–Fr 10–18 Uhr, Sa 10–16 Uhr geöffnet. Puschkinstr. 51/53, ☎ 0385-20234122, www.loza-fina.de.

Das Kontor 8 Kunst aller Art im Kunstkaufhaus und Museum in einem sorgfältig restaurierten Gebäude von 1571. Mo–Sa 11–18 Uhr geöffnet. Puschkinstr. 36, ☎ 0385-2094488, www.kontor-schwerin.de.

Wochenmarkt, Mi 9–17 Uhr am Altstädtischen Markt sowie Mi und Fr 9–17 Uhr am Schlachtermarkt.

Veranstaltungen

Theater Mecklenburgisches Staatstheater, repräsentativer Prachtbau (1883–1886) gegenüber dem Schloss (Alter Garten 2). Karten an der Theaterkasse Di–Fr 10–18 Uhr, Sa 16–18.30 Uhr, außerdem unter ☎ 0385-5300123, www.mecklenburgisches-staatstheater.de.

Zum Staatstheater gehören das **E-Werk** am Spieltordamm 1 (Pfaffenteich) sowie die **Fritz-Reuter-Bühne** (Alter Garten 2), an der meist plattdeutsche Lustspiele gegeben werden.

Der Speicher, Kleinkunstbühne in der Schelfstadt. Konzerte, Lesungen, Kabarett, Filmabende usw. Röntgenstr. 20/22, ☎ 0385-512105, www.schwerin.de/speicher.

Veranstaltungen Schlossfestspiele Schwerin, große Open-Air-Oper alljährlich von etwa Ende Juni bis Anfang August am Alten Garten vor dem Theater. Aufführungen immer Do–So 20 Uhr (So teils 18 Uhr), Tickets (59–79 €) unter ☎ 0385-5300123 oder www.mecklenburgisches-staatstheater.de.

Freilichtbühne Schwerin, im Sommer zahlreiche Konzerte (Klassik und Pop/Rock),

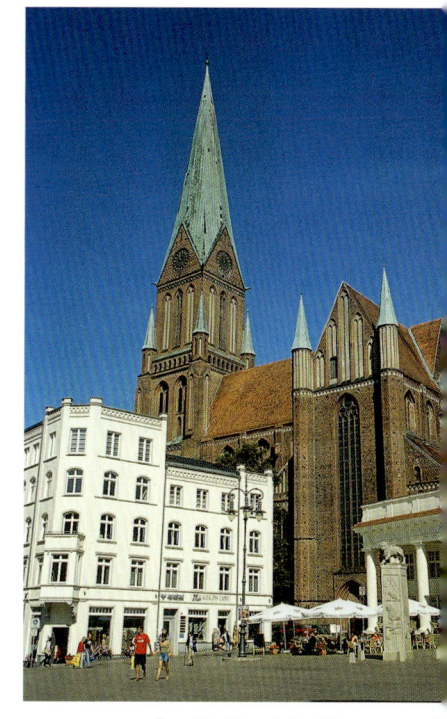

Der Markt und der Dom

Open-Air-Kino, Public Viewing bei EM/WM u. a.; Programme bei der Tourist-Information oder unter www.stadthalle-schwerin.de. Die Freilichtbühne liegt im Schlossgarten.

Drachenbootfestival, alljährlich am vierten Augustwochenende, an die 200 Drachenboot-Teams treten hier zum Rennen auf dem Pfaffenteich an.

Übernachten → Karte S. 58

Niederländischer Hof 3 Von außen eher unscheinbar, doch hinter der Fassade des historischen Gebäudes am Pfaffenteich verbergen sich edles Ambiente und eine einladende Atmosphäre. 32 geschmackvoll eingerichtete Zimmer, stilvolles und gehobenes Restaurant (3- bis 5-Gänge-Menü 40–53 €, Mittagstisch etwas günstiger) und Bar im Haus. EZ 113–134 €, DZ 149–180 €, jeweils inkl. Frühstück, Halbpension 18–26 €, Hund 13 €, Parkplatz 8 €. Alexandrinenstr. 12–13, 19055 Schwerin, ☎ 0385-591100, www.niederlaendischer-hof.de.

Weinhaus Wöhler 6 Zu dem bekannten Lokal (→ unten) am Rand der Schelfstadt gehören auch 7 renovierte Zimmer. Restaurant sowie Weinstube und -kontor im Haus. EZ 74–99 €, DZ 104–119 €, auf Wunsch Frühstück (12 €/Pers.), Hund einmalig 15 €, Parkplatz 4–8 €/Tag. Puschkinstr. 26, 19055 Schwerin, ☎ 0385-555830, www.weinhaus-woehler.de.

Schwerin

Ü bernachten
1 Speicher am Ziegelsee
2 Seehotel Frankenhorst
3 Niederländischer Hof
6 Weinhaus Wöhler
13 Zur guten Quelle
16 Jugendherberge Schwerin

E ssen & Trinken
1 Speicher am Ziegelsee
3 Niederländischer Hof
5 Friedrich's am Pfaffenteich
6 Weinhaus Wöhler
9 Feine Kost
10 La Bouche
11 Lukas
12 Weinhaus Uhle

C afés
14 Café Prag

N achtleben
4 Freischütz
7 Zum Stadtkrug

E inkaufen
8 Das Kontor
9 Keramikwerkstatt Loza Fina
15 Buchhandlung Schoknecht

Essen & Trinken

Zur guten Quelle 13 In einem historischen Fachwerkhaus in der Altstadt (nahe Markt). Gutbürgerliches Restaurant, im Sommer mit Hofbetrieb. Freundlicher Service. Zimmer großteils renoviert und mit Teppich, EZ 57–69 €, DZ 77–102 €, Familienzimmer 108–124 €, je inkl. Frühstück, ab 3 Tagen wird es günstiger. Hund 6 €, Parken 3–6,90 €. Schusterstr. 12, 19055 Schwerin, ☎ 0385-565985, www.gasthof-schwerin.de.

Jugendherberge Schwerin 16 Orangefarbener, schon etwas älterer 91-Betten-Bau mitten im Wald, zwischen Schweriner See (keine 100 m entfernt) und Faulem See gelegen. Klettergärtchen nebenan. Im Sommer sollte man etwa eine Woche vorher reservieren. Bus Nr. 14 ab Marienplatz. Übernachtung ab 21 €/Pers. Waldschulweg 3, 19061 Schwerin, ☎ 0385-3260006, www.jugendherbergen-mv.de.

Außerhalb 🌿 **Hotel Speicher am Ziegelsee** 1 Edles, gemütliches Ambiente in einem sorgfältig restaurierten Getreidespeicher, knapp 2 km außerhalb der Innenstadt. Geschmackvolle Einrichtung mit Korbmöbeln und Terrakotta, eine einladende Bar, das Gourmet-Restaurant „aurum" eine Terrasse direkt am See. Sauna, Massage, Fitnessraum, Badesteg, Joggingstrecke. Von der Innenstadt die Werderstraße stadtauswärts (Richtung Wismar/B 104), dann links (beschildert). EZ 84–115 €, DZ 104–145 €, Studio 139–165 €, jeweils inkl. Frühstück. Hund 18 €, Fahrradverleih (10 €/Tag, E-Bike 20 €). Speicherstr. 11, 19055 Schwerin, ☎ 0385-50030, www.speicher-hotel.com. ■

Seehotel Frankenhorst 2 Best-Western-Hotel am See knapp 5 km außerhalb von Schwerin. Sehr ruhige Lage, die Zimmer verteilen sich auf vier Gebäude. Im Haupthaus Bar, Restaurant und Wintergarten, zum Hotel gehört ein riesiger Garten samt Badestelle und Anleger (auch Weiße Flotte), Seesauna und Whirlpool. B 104 in nördliche Richtung (Güstrow), dann links, beschildert. EZ ab 90 €, DZ 100–190 €, Studio ab 135 €, Frühstück inkl., Hund 20 €/Tag. Frankenhorst 5, 19055 Schwerin, ☎ 0385-592220, www.seehotelfrankenhorst.de.

Camping Ferienpark Seehof, schön ruhig am See gelegener, einladender Campingplatz bei der gleichnamigen Ortschaft nördlich von Schwerin, bestens ausgeschildert. Mit Gaststätte, Fahrradverleih, eigenem Seestrand und Bootsanleger, angeschlossene Segelschule (www.segeln-schwerin.de), Bootsverleih. Ganzjährig geöffnet. Stellplatz inkl. 2 Pers. 24–41 € (vor der Schranke 15 €), Mietbad 6 €, Finnhütte 40–50 €, Mobilheim 120 €, Mietzelt 50 € (je 4 Pers.). Am Zeltplatz 1, 19069 Seehof, ☎ 0385-512540, www.ferienpark-seehof.de.

Essen & Trinken

Restaurants »» **Unser Tipp: Weinhaus Wöhler** 6 Verwinkelter Fachwerkbau aus dem Jahr 1819, neben den einladenden Historischen Stuben (Restaurant) gibt es im Sommer auch den Biergarten, außerdem noch eine Weinhandlung. Gute Küche mit zuvorkommendem Service, feiner Fisch, aber auch deftige mecklenburgische Gerichte (z. B. der Rollbraten). Leicht gehobenes Preisniveau. Mittags und abends geöffnet. Puschkinstr. 26, ☎ 0385-555830. ««

La Bouche 10 Sympathisches, kleines Bistro, freundliche Atmosphäre und französische Küche zu erfreulichen Preisen. Nicht allzu große, aber feine Auswahl, mittags (Di–Fr) gibt es Galettes, auch an Vegetarier wird gedacht (an Liebhaber von Fisch, Meeresfrüchten und Steaks sowieso). Kleine, überwiegend französische Weinauswahl. Im Sommer ein paar Tische draußen. Tägl. ab 11 Uhr geöffnet, Küche bis 21.30 Uhr. Buschstr. 9, ☎ 0385-39456092, www.bistrolabouche.de.

Das traditionsreiche und viel gelobte **Weinhaus Uhle** 12 in der Schusterstr. 13 wurde nach langer Restaurierung erst Ende 2016 als gehobenes Gourmetrestaurant (mit Hotel) wieder eröffnet. Schreiben Sie uns über Ihre Erfahrungen! Tägl. abends geöffnet, ☎ 0385-48939430, www.weinhaus-uhle.de.

Fischrestaurant Lukas 11 Beliebtes Fischlokal mit Wintergarten und Terrasse. Regionale Fischgerichte ebenso wie Garnelen und Steaks, leicht gehobene Preise. Zentrale Lage unweit des Marktes. Mittags und abends geöffnet, im Winter So abends und Mo geschl. Großer Moor 5, ☎ 0385-565935, www.restaurant-lukas.de.

Restaurant-Café Friedrich's am Pfaffenteich 5 Schönes Bistro-Ambiente im neoklassizistischen „Kücken-Haus", auch draußen nett zum Sitzen; mittleres Preisniveau.

Geöffnet tägl. 11–24 Uhr. Friedrichstr. 2, ℡ 0385-555473, www.restaurant-friedrichs.com.

Imbiss Feine Kost **8** Bio-Laden mit vegetarischem und veganem Imbiss unweit des Marktplatzes, tägl. wechselnd stehen eine Suppe und ein Gericht auf dem Wochenplan. Mo–Fr 8–16.30 Uhr, Puschkinstr. 36, ℡ 0385-4848668.

Café Café Prag **14** Einst die Hofkonditorei des nahe gelegenen Schlosses. Innen gediegen, viele Tische auch draußen. Auch Mittagstisch. 8–19 Uhr geöffnet, So bis 18 Uhr. Schlossstr. 17, ℡ 0385-565909.

Kneipen Freischütz **4** Eine besonders schöne und gemütliche Kneipe mit Restaurant am Ziegenmarkt (unterhalb der Schelfkirche). Eher junge Gäste, günstige Tagesgerichte (Mo–Fr mittags, 5,50 €) und Wochenkarte, günstig auch die Getränke. Im Sommer Tische draußen an der Straße. Mo–Fr 11–3 Uhr, Sa/So 18–3 Uhr (oder open end), Küche bis 24 Uhr. Ziegenmarkt 11, ℡ 0385-561431, www.zum-freischuetz.de.

Zum Stadtkrug **7** Gemütliches Brauhaus mit Kupferkessel und natürlich eigenem Bier, man kann hier auch essen. Tägl. 11–23 Uhr geöffnet. Wismarsche Str. 126, ℡ 0385-5936693, www.altstadtbrauhaus.de.

Sehenswertes

Schloss: Das auf einer winzigen Insel im Schweriner See gelegene Bauwerk mit seinen unzähligen Türmchen und Aufbauten erinnert an die prächtigen Schlösser an der Loire – und in der Tat ließ sich *Georg Adolph Demmler*, der wichtigste Baumeister des Schweriner Schlosses, vom Château Chambord inspirieren. Als er 1843 mit den Arbeiten begann, hatte das Schloss, in dem heute der Landtag Mecklenburg-Vorpommerns residiert, allerdings schon eine lange Geschichte hinter sich: Ursprung war eine slawische Befestigung, die Anfang des 11. Jh. als Burg *Zuarin* erwähnt wird. Im 16. Jh. wurde die Burg von Herzog *Johann Albrecht I.* in weiten Teilen zum Renaissanceschloss umgestaltet, hinzu kam eine Schlosskirche, seinerzeit der erste protestantische Kirchenneubau Mecklenburgs. Dann aber ging es ab-

Das prächtige Schloss samt Schlosspark

wärts: 1756 verließen die Fürsten Schwerin, als sie 1837 wieder zurückkehrten, war das Schloss heruntergekommen und kaum noch bewohnbar. Sechs Jahre später schlug dann die Stunde von Hofbaurat Demmler, der bis 1851 weite Teile der alten Anlage zum prachtvollen Neorenaissanceschloss um- bzw. ausbauen ließ. Vollendet wurde das Schloss unter der Leitung *Friedrich August Stülers*, die feierliche Eröffnung fand 1857 statt.

Ein guter Geist – das Petermännchen

Ein kleines, altes Männchen mit grauem Bart und Federhut, einer Laterne in der Hand und einem Schwert, dazu einen Schlüsselbund – so sieht man auf Bildern den Schweriner Schlossgeist, der hier seit vielen Jahrhunderten wohnt und das Böse aus der Stadt vertreibt.

Der Sage nach ist das Petermännchen der einzige verbliebene Diener eines heidnischen Gottes der Tempelburg, die einst an der Stelle des heutigen Schlosses stand. Seine Dienerkollegen zogen sich – nachdem der Heidengott vor den nahenden Christen geflohen war – nach Petersberg bei Pinnow (östlich von Schwerin) zurück, daher auch der Name des Kobolds. Das Petermännchen jedoch blieb und bewachte fortan die Burg, verjagte Eindringlinge und belohnte die Guten. Seinen Schlossherren war es dabei stets treu ergeben.

Bekanntestes Opfer des umtriebigen Kobolds war Wallenstein, kaiserlicher Generalissimus während des Dreißigjährigen Krieges. Der hatte Gefallen am Schweriner Schloss gefunden und beabsichtigte, sich hier niederzulassen. Doch schon in der ersten Nacht im neuen Zuhause setzte ihm das Petermännchen ordentlich zu, machte riesigen Lärm, zog ihm die Decke weg und zwickte und boxte den Feldherren die ganze Nacht hindurch, sodass dieser am nächsten Tag entnervt in einen anderen Flügel des Schlosses umzog. Doch auch dort erging es ihm nicht besser, im Gegenteil, der Schlossgeist ließ Wallenstein nächtens sogar noch ein Ahnenbild auf den Kopf fallen – der Feldherr reiste am nächsten Morgen ab und kam nie wieder.

Der *Rundgang* führt zunächst hinauf zu den Wohngemächern der Herzogin in der Beletage (zweiter Stock). Die „Beletage" verspricht nicht zu viel: Es folgen in der Tat recht schmucke Räumlichkeiten, darunter das kostbare Speisezimmer, die Rote Audienz und das durchaus gemütliche Wohnzimmer. Im dritten Stock gelangt man dann in die Festetage mit den Repräsentationsräumen und dem Wohnbereich des Herzogs. Letzterer ist nur teilweise zugänglich: darunter das Adjutantenzimmer, das Rauchzimmer (für die Regierungspause) und die Bibliothek. Hinter dem Bücherregal befindet sich übrigens ein Geheimgang, der es dem Herzog ermöglichte, sich auch mal ohne Wissen seines Adjutanten (respektive der Herzogin...) zu absentieren. Schließlich gelangt man in den Thronsaal, den prachtvollsten Raum des Schlosses mit kunstvollem Intarsien-Parkett, einem vergoldeten Thronsessel mit Baldachin und Säulen aus Carrara-Marmor, dem original erhaltenen Kronleuchter, einem aufwändigen Deckengemälde nebst Stuckarbeiten – und einer geradezu modernen Heizung. Die im Rundgang anschließende Ahnengalerie hatte der Untertan auf dem Weg zur Audienz zu durchschreiten und bekam nebenbei die Legitimation des Fürsten gezeigt: Zu sehen sind alle mecklenburgischen Fürsten von 1348 bis 1800 im mehr oder minder schmeichelhaften Portrait.

Wer die Besichtigung des Schlosses vervollständigen will, findet im ersten Stock eine umfangreiche Porzellan- und eine Waffensammlung (beim Eingangsbereich beschildert).

Der *Burggarten* um das Schloss wurde von *Joseph Lenné* (1789–1866) im englischen Stil konzipiert, wobei auch die Dachterrassen der Orangerie (heute das gleichnamige Café) mit einbezogen wurden.

Das **Schloss** ist im Sommer (15. April bis 14. Okt.) Di–So 10–18 Uhr geöffnet, im Winter Di–So 10–17 Uhr, Mo geschl. Einlass bis eine halbe Stunde vor Schließung (Achtung: Porzellan- und Waffensammlung werden gerne auch einmal deutlich früher abgeschlossen). Eintritt 8,50 €, erm. 6,50 €, Kinder unter 6 J. frei, Fotoerlaubnis 3 €. *Führungen* durch die Beletage und Festetage im Sommerhalbjahr Di–So 11 und 13.30 Uhr, Mai/Juni auch Sa/So 15 Uhr, Juli/Aug. auch Di–So 12 und 15 Uhr, in den Wintermonaten nur Di–So 11.30 Uhr, Sa/So auch 13.30 Uhr; Dauer 1 Std., 3 €/Pers., erm. 2 €. Audioguide 2 €. Lennéstr. 1, 19053 Schwerin. ✆ 0385-5252920, www.schloss-schwerin.de.

In Schwerins Gassen beim Dom

Schlossgarten: Die vom Schloss aus über eine alte Drehbrücke zu erreichende Anlage wurde 1670 als barocker Lustgarten gestaltet. Knapp ein Jahrhundert später entstanden gemäß der Mode der Zeit der Kreuzkanal, gesäumt von 14 Skulpturen (u. a. antike Götter, Allegorien der Jahreszeiten), und zwei Laubengänge. Auffälligstes Monument ist allerdings das Reiterdenkmal von Großherzog *Friedrich Franz II.* (1823–1883) aus dem Jahr 1893. Die aufwändig gepflegte Anlage lädt zum Spazierengehen ein, z. B. vom Schlosspark über den Franzosenweg am See entlang bis zum Zippendorfer Strand.

Galerie Alte & Neue Meister: Der riesige Platz an der Stadtseite des Schlosses war ursprünglich eine Gartenanlage, die aber mit dem Bau des eigentlichen Schlossgartens 1670 ihre Bedeutung verlor und später als Exerzierplatz genutzt wurde. Heute bildet der Alte Garten mit seinem gelungenen Ensemble klassizistischer Bauten den angemessenen Rahmen für das Schweriner Regierungsviertel. Die bedeutendste Sehenswürdigkeit am Platz und eine der größten Attraktionen des ganzen Landes ist die *Staatsgalerie* an der Nordostseite mit ihrer beachtlichen Kunstsammlung hochrangiger Werke. Im Obergeschoss (hier auch der Eingang) befindet sich die

Sehenswertes 63

beeindruckende Sammlung *Alter Meister* mit Werken der deutschen Spätgotik und Renaissance sowie einer umfangreichen Sammlung holländischer und flämischer Malerei des 17. Jh., darunter die *Torwache* von Carel Fabritius und *Lot und seine Töchter* von Peter Paul Rubens. Ein weiteres Highlight ist der Saal mit den großformatigen Tierporträts des französischen Hofmalers Jean-Baptiste Oudry rund um das Rhinozeros mit dem schönen Namen *Jungfer Clara*. In einem Nebenraum schließlich stehen zwölf Bronzen von *Ernst Barlach*, die auf die nicht minder eindrucksvollen *Neuen Meister* im Erdgeschoss einstimmen. Hier sind u. a. Werke von Max Liebermann, Lyonel Feininger, Lovis Corinth, Vertretern der Künstlerkolonien Schwaan und Ahrenshoop wie Rudolf Barthels und Paul-Müller-Kaempff sowie Marcel Duchamp zu sehen. Überaus eindrucksvoll ist auch die Sammlung von Werken des gebürtigen Mecklenburgers Günther Uecker. Seit 2016 ergänzt ein großzügiger Neubau die Ausstellungsfläche, in dem zeitgenössische Kunst (zuletzt großformatige Werke Ueckers) und Werke der Sammlung Neue Medien gezeigt werden.

15. April bis 14. Okt. Di–So 11–18 Uhr, im Winterhalbjahr nur bis 17 Uhr, Mo geschl. Eintritt 8,50 €, erm. 6,50 €, Audioguide 2 €. Führungen Sa 12 Uhr und So 11 Uhr, Dauer ca. 1 Std., 3 €, erm. 2 €. Immer Do um 18 Uhr lädt das Museum zum „Rendezvous" mit Sonderführungen, Vorträgen, Künstlergesprächen o. Ä. (3 €/Pers.). Gut sortierter **Museumsshop** und **Café Kunstpause** im Erdgeschoss. Alter Garten 3, ℡ 0385-59580, www.museum-schwerin.de.

Erwähnenswert sind auch die anderen Gebäude/Bauwerke am *Alten Garten*: das vergleichsweise schmächtig wirkende *Alte Palais*, ein Fachwerkbau aus dem 18. Jh.; das *Mecklenburgische Staatstheater* gleich daneben: ein prachtvolles, säulen- und giebelgeschmücktes Gebäude, das zwischen 1883 und 1886 errichtet wurde, nachdem ein Vorgängerbau kurz zuvor abgebrannt war; die 32 Meter hohe *Siegessäule* (1874) am Ufer des Burgsees, die an den Deutsch-Französischen Krieg von 1870/71 erinnert; das dreiflügelige *Kollegienhaus* (1825–1834) oberhalb der Siegessäule (am Beginn der Schlossstraße mit ihren repräsentativen Bauten), in dem heute die Staatskanzlei untergebracht ist; und schließlich die *Neue Regierung* (1892) – der Erweiterungsbau des Kollegienhauses ist mit diesem durch einen über Arkaden verlaufenden Übergang verbunden, vom Volksmund spöttisch „Höhere Beamtenlaufbahn" genannt.

Altstädtischer Markt mit Neuem Gebäude und Altem Rathaus: Das Herz der Stadt, ein lebendiger Platz mit diversen architektonischen Sehenswürdigkeiten. Auffälligstes Gebäude am Markt (Nordseite) ist zweifelsohne das ursprünglich 1783–1785 als Markthalle gebaute *Neue Gebäude* (auch „Säulengebäude"), in dem heute ein Café untergebracht ist. Zweiter optischer Blickfang des Platzes ist das *Alte Rathaus* mit der 1835 aufgesetzten Fassade im (neogotischen) Tudorstil, hinter der sich vier alte Giebelhäuser verbergen. Auf der mittleren Zinne des Rathauses thront die recht kleine, aber strahlend goldene Reiterstatue von Stadtgründer *Heinrich dem Löwen* (1129–1195), dem auch das zweite Denkmal am Platz, eine Löwenplastik vor dem Neuen Gebäude, gewidmet ist. Letztere wurde anlässlich des 800. Todestages des Stadtgründers im Jahr 1995 aufgestellt.

Schlachtermarkt: Ein Durchgang am Rathaus führt vom Altstädtischen Markt zum Schlachtermarkt, heute der eigentliche Marktplatz. Mit seinen alten Fachwerkhäusern, den hohen Bäumen und dem modernen Brunnen *Von Herrn Pastor sien Kauh* (1978) zählt er zu den schönsten Plätzen der Stadt. Bis 1938 befand sich hier (Hausnummer 3–5) die **Schweriner Synagoge**. Ein Neubau der Synagoge, in dem die Fundamente des am 9. November 1938 zerstörten Gebäudes integriert sind, wurde 2008 eröffnet.

Dom: Die imposante dreischiffige Basilika mit mächtigem, ebenfalls dreischiffigem Querhaus entstand ab 1270 anstelle eines romanischen Vorgängerbaus. Da sich die Arbeiten bis ins 15. Jh. hineinzogen, weist das Gewölbe bereits spätgotische Einflüsse auf. So ist das ältere Langhaus mit einem Kreuzrippengewölbe versehen, das Querhaus dagegen aufwändiger mit einem Netz-, die Vierung mit einem Sterngewölbe. Der Raumeindruck der Basilika ist majestätisch und licht. Anders als beispielsweise in der zeitgleich entstandenen Zisterzienserkirche von Bad Doberan dominiert hier nicht das warme Rot des Backsteins, sondern ein strahlendes Weiß, das von grauen Diensten, roten und grünen Gewölberippen etc. durchbrochen wird. Der 1327 fertig gestellte Chorumgang wird von einem Kapellenkranz abgeschlossen. Von der gotischen Innenausstattung ist, nachdem die ehemalige Bischofs- und Klosterkirche zu einer evangelischen Pfarrkirche geworden war, nicht mehr viel erhalten. Das bedeutendste Kunstwerk ist – neben einem ursprünglich aus der Marienkirche in Wismar stammende Triumphkreuz (um 1420) – der Flügelaltar, dessen Mitteltafel aus Sandstein gefertigt wurde (ebenfalls um 1420). Dargestellt sind Kreuzigung, Höllenfahrt und Auferstehung Christi. Das älteste Stück ist ein achteckiges Bronzetaufbecken von 1325. Die übrige, vor allem neogotisch geprägte Ausstattung stammt aus der Mitte des 19. Jh., als die Kirche umfassend restauriert wurde. Neogotisch ist auch der 117,5 Meter hohe, von einem spitzen, kupfergedeckten Helm abgeschlossene Kirchturm, der anstelle des niedrigeren gotischen Turms Ende des 19. Jh. errichtet wurde. Wer sich die 220 Stufen hinaufquält, wird mit einem grandiosen Blick über die Stadt und die umliegenden Seen belohnt.

Geöffnet zuletzt Mai bis Okt. Mo–Sa 10–17 Uhr, So 12–17 Uhr, im Winter Mo–Fr 11–14 Uhr, Sa 11–15 Uhr, So 12–15 Uhr. Es wird um eine Spende von 1 € zum Erhalt des Bauwerks gebeten. Turmbesteigung bis 30 Min. vor Schließung (2 €, Kinder 1 €). Domführungen: Di und Sa 11 Uhr; 2 €.

Schelfstadt mit Schelfkirche und Schleswig-Holstein-Haus: Eine der schönsten und beschaulichsten Ecken in Schwerin. Die *Schelfe* (= „Land zwischen den Wassern") erstreckt sich grob zwischen Pfaffenteich, Ziegelinnensee, Werderstraße und Friedrich- bzw. Burgstraße. Bereits seit 1284 befand sich das Gebiet im Besitz der Bischöfe, damals ein einfaches, kleines Fischerdorf mit Pfarrkirche. Im Jahr 1705 ernannte Herzog *Friedrich Wilhelm* (1675–1713) die Schelfe zu einer selbstständigen Stadt, der „Schelfstadt" (oder auch „Neustadt"), und ließ diese gleich darauf auch städtebaulich umgestalten: Es entstanden geradwinklige Straßenzüge mit ein- bis zweigeschossigen Fachwerkbauten, im Zentrum der Schelfmarkt mit der *Schelfkirche* (St. Nikolai). Die barocke Backsteinkirche, die den gotischen Vorgängerbau von 1238 ersetzte, entstand in den Jahren 1708–13. Besondere Bedeutung hat die Schelfkirche heute als einziger echter barocker Kirchenbau und als erste große nachreformatorische Kirche ganz Mecklenburgs. Im Kircheninneren sehenswert ist ein Altarbild von Hofmaler *Gaston Lenthe* (1805–1860). Die Fürstengruft unter dem Altar kann besichtigt werden (Licht kostet 1 €, Vorsicht, steile Treppe). Die Kirche ist ganztägig geöffnet, im Winter auch mal verkürzt.

Zweiter Anziehungspunkt in der Schelfstadt ist das ebenfalls barocke *Schleswig-Holstein-Haus* (1737), in dem sich seit 1995 ein wichtiges kulturelles Zentrum befindet: Wechselnde Ausstellungen, Lesungen, Chor- und Gospelkonzerte, Kammermusik und vieles mehr füllen den Veranstaltungskalender, eine ständige Ausstellung ist darüber hinaus der klassischen Moderne gewidmet. Im Sommer sind auch Garten und Remise zu besichtigen.

Tägl. 10–18 Uhr, im Winter Di–So 11–18 Uhr und zu Veranstaltungen. Eintritt 3 €, erm. 2 €, bei Sonderausstellungen meist 5 €/3 €. Puschkinstr. 12, ✆ 0385-555527, www.schleswig-holstein-haus.de.

Um den Pfaffenteich – Wohnhaus Demmlers, Kückenhaus, Arsenal: In einer natürlichen Senke wurde der ursprünglich zum Besitz der Kirche zählende Pfaffenteich („Papendiek") schon im 12. Jh. als See aufgestaut, damals die nördliche Grenze der Stadt. Dem Stadtarchitekten Demmler ist es zu verdanken, dass sich der See heute so harmonisch in das Stadtbild einfügt: Im Zuge der innerstädtischen Ausdehnung um 1840 ließ er die Ufer befestigen und einen repräsentativen Rundweg inklusive Lindenallee um den See herum anlegen. Repräsentativ sind auch die noblen Bürgerhäuser um den See: am Südufer zunächst das *Wohnhaus Demmlers* (Arsenalstraße, Ecke Mecklenburger Straße), an der Ecke zur Friedrichstraße das *Kückenhaus* von 1868 (heute Café Friedrich's), in dem einst der Komponist und Hofkapellmeisters *Friedrich Kücken* (1810–1882) lebte. Blickfang am Südufer des Sees ist allerdings das *Arsenal* schräg gegenüber: Der ockerfarbene Bau im Stil der englischen Tudorgotik entstand nach Plänen Demmlers zwischen 1840 und 1844 und beherbergte neben Kaserne, Zeughaus, Stallungen und Werkstätten auch Militärgericht und Gefängnis der Stadt. Nach umfangreicher Restaurierung befindet sich hier heute das Innenministerium Mecklenburg-Vorpommerns.

Schwerin/Umgebung

Freilichtmuseum für Volkskunde Schwerin–Mueß: Ein schöner Ausflug zu den Traditionen bäuerlichen Lebens in Mecklenburg. Der etwa einstündige Rundgang führt durch rund 20 Gebäude aus dem 18. bis ins frühe 20. Jh., die zwischen 1970 und 1989 restauriert und für die Besucher mit viel Liebe zum Detail hergerichtet wurden, darunter Bauernhäuser und Scheunen, Dorfschmiede, Büdnerei (Hallenhaus norddeutscher Kleinbauern), Spritzenhaus und eine Dorfschule. Zudem gibt es einen Kräutergarten, einen überdachten Backofen und diverse landwirtschaftliche Geräte. Ein günstiges Café (mit Terrasse) befindet sich auf dem Gelände, ein Museumsshop am Eingang.

Öffnungszeiten Ostern bis Sept. Di–So 10–18 Uhr, im Okt. bis 17 Uhr, im Winter geschl. Eintritt 5 €, erm. 3,50 €, Kinder 7–17 J. 2 €, Familienkarte 10 €. Alte Crivitzer Landstr. 13, 19063 Schwerin, ✆ 0385-208410.

Anfahrt Von Schwerin zunächst in südlicher Richtung nach Zippendorf und dann in den Nachbarort Mueß. Dort ist das Freilichtmuseum bestens ausgeschildert. Mit Buslinie 1 oder 2 ab Marienplatz (Richtung Hegelstraße) bis Stauffenbergstraße, dort umsteigen in die Linie 6 (Richtung Pinnow/Petersberg); das Museum hat eine eigene Haltestelle.

Am Pfaffenteich

Fischereihof Mueß Neben dem Museum und direkt am Schweriner See gelegen; hier gibt es frischen und geräucherten Fisch, Salate etc. Ganzjährig geöffnet, Di–Fr 8–18 Uhr, Sa 8–12 Uhr, So/Mo geschl. Zum Alten Bauernhof 7A, ✆ 0385-201670, www.fischereihof-muess.de.

Hansestadt Wismar – der Marktplatz mit der Wasserkunst

Wismar

ca. 42.500 Einwohner

Wismars Altstadt, von der UNESCO zum Weltkulturerbe erklärt, erinnert in jeder Straßenflucht an die Blütezeit der Hanse: Nirgendwo sonst in Deutschland hat sich in dieser Geschlossenheit und auf einer so großen Fläche das Erscheinungsbild einer Hansestadt erhalten.

Angefangen vom Grundriss der Altstadt über zahlreiche Bürgerhäuser, das gotische Viertel und den Alten Hafen bis zu den beiden großen Kirchen St. Georgen und St. Nikolai sowie dem Turm von St. Marien, allesamt bedeutende Bauwerke der Norddeutschen Backsteingotik – überall ist der altehrwürdige Geist einer stolzen Hansestadt gegenwärtig. Aber auch aus den späteren Jahrhunderten sind sehenswerte Bauwerke erhalten: Im 16. Jh. entstanden in Anlehnung an die niederländische Renaissance z. B. die Wasserkunst auf dem Markt, der Fürstenhof und das Schabbellhaus; im 19. Jh. wurde das klassizistische Rathaus errichtet. Im Lauf der Jahrhunderte wurde im Stil der Zeit auch Bausubstanz verändert, wer es sich leisten konnte, „modernisierte" sein gotisches Stadthaus. So präsentieren sich die Fassaden wie ein abwechslungsreicher Querschnitt durch die Architekturgeschichte: im ursprünglichen Backsteinrot mit gotischen Stufengiebeln, verputzt, farbig und die Giebel mit barockem Schwung gesetzt, dominiert von klassizistischer Strenge oder auch verspielt in Jugendstil-Manier verziert.

Zentrum der Altstadt ist der riesige Marktplatz. Hier und in den umliegenden Straßen und Sträßchen spielt sich ein großer Teil des innerstädtischen Lebens ab. Wismar ist auch eine relativ junge Universitätsstadt, rund 8700 Studierende sind hier eingeschrieben, hauptsächlich für Wirtschaft und Ingenieurswissenschaften. Einer der wichtigsten Arbeitgeber Wismars ist *MV Werften* mit der riesigen, blau-grünen Dockhalle vor den Toren der Stadt. Hier laufen heute vor allem luxuriöse Flusskreuzfahrtsschiffe, Cruise Liner (wie die *Aida Vita* oder die *Columbus*) und Megayachten vom Stapel (leider werden durch die Werftanlagen keine Führungen angeboten). Daneben besitzt die Stadt einen gut frequentierten Handelshafen und ein Kreuzfahrt-Terminal. Doch trotz der vielen Studenten und Touristen ist Wismar

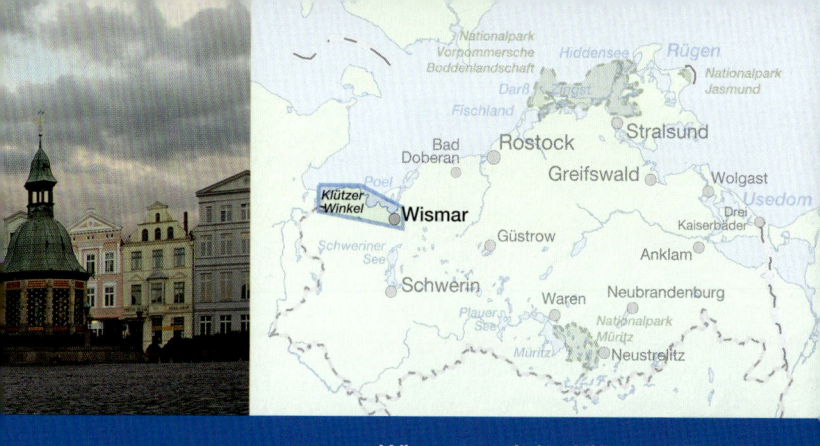

Wismar und der Klützer Winkel

insgesamt eine sehr ruhige Stadt, in manchen Ecken mäuschenstill. Den Leerstand an Wohnungen spiegeln die vielen Immobilienmakler wider. Seit der Wende hat Wismar etwa 20 % seiner Einwohner verloren.

Stadtgeschichte

Die Stadt Wismar wurde 1229 erstmals urkundlich erwähnt. Die topografischen Voraussetzungen für eine Stadtgründung waren denkbar günstig. Die Bucht von Wismar, geschützt durch die vorgelagerte Insel Poel, ermöglichte den Ausbau eines versandungsfreien Hafens. Landseits schützten weite Sümpfe die junge Siedlung, und mitten hindurch führte die Handelsstraße von Lübeck nach Rostock und weiter in den Osten. Innerhalb kürzester Zeit entstand eine geradezu vorbildliche mittelalterliche Stadt: wehrhaft durch einen umschließenden Mauerring (ab 1276), handelsoffen aufgrund des günstigen Hafens und ehrgeizig, um mittels prachtvoller Bauten dem eigenen Selbstbewusstsein Ausdruck zu verleihen.

Die Basis für die rasante Entwicklung war der Handel. Ein bereits 1259 abgeschlossener Vertrag zwischen Lübeck, Rostock und Wismar sicherte die Handelswege zwischen den aufstrebenden Städten und bildete den Kern eines bald mächtigen Städtebundes, der Hanse (→ S. 26). Als 1264/65 das Bündnis u. a. um Stralsund und Greifswald erweitert wurde, tagte der Prototyp des später traditionell in Lübeck stattfindenden Hansetages in Wismar.

Der Exportschlager der Stadt war das Bier. Nachdem Wismar von seinen Nachbarstädten aus dem Getreidemarkt gedrängt worden war, folgte man der lukrativen Strategie, den Rohstoff veredelt zu exportieren. 183 Brauereien sind für das Jahr 1464 in Wismar dokumentiert. Verschifft wurde das Wismarer Bier vor allem in die Niederlande und nach Flandern, aber auch nach Skandinavien, England und bis nach Portugal.

1350 war kein gutes Jahr für Wismar. Noch immer wütete die erste schwere Pestepidemie, als ein Stadtbrand zahlreiche Gebäude zerstörte. Doch die Hanse und damit auch Wismar standen in ihrer Blüte, sodass auf die niedergebrannten Ruinen schnell prächtige Backsteinbauten folgten, und es wurde mit dem monumentalen Bau der Kirche St. Nikolai (ab 1380) begonnen.

Mit dem Niedergang des mächtigen Städtebundes im 16. Jh. verlor auch Wismar an kaufmännischer Kraft. Einen (vorläufigen) Tiefpunkt erlebte die Stadt im Dreißigjährigen Krieg. Wismar, das um 1530 die Reformation eingeführt hatte, musste 1627 *Albrecht von Wallenstein* mit seinen kaiserlichen Truppen aufnehmen und versorgen, Abgaben zahlen und die Befestigungsanlagen ausbauen. 1632 belagerten die Schweden die Stadt, nahmen sie ein – und blieben. Bis 1803 (bzw. 1903, → unten) war Wismar schwedisch. Unter der Herrschaft der Drei Kronen wurden der Stadt zahlreiche Privilegien gewährt und ein nicht unerhebliches Maß an kommunaler Selbstverwaltung. Außerdem eröffnete sich Wismar – als Teil der neuen Großmacht – an der Ostsee ein lukrativer Binnenmarkt, sodass der Handel wieder belebt wurde. Andererseits wurde die Stadt natürlich in die Händel des schwedischen Reiches hineingezogen. Und so litt Wismar wie kaum eine andere schwedische Stadt unter dem Großen Nordischen Krieg 1700–1721. Im Jahr 1716 wurde Wismar von den alliierten Truppen (Dänen, Preußen und Kurhannoveraner) be-

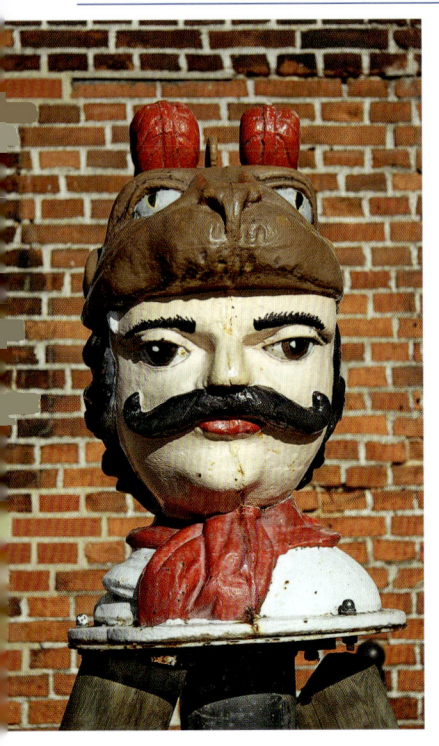

Alter Schwede! Erinnerung an …

schossen, belagert und schließlich eingenommen. Die Stadt blieb zwar bei Schweden, musste jedoch ihre Festungsanlagen schleifen. Wismar glich um 1718 einem Trümmerfeld, und die gefallene Großmacht Schweden hatte weder die Möglichkeiten noch das Interesse, die unbefestigte Stadt nachhaltig zu stärken. Aber es sollte bis 1803 dauern, bis die schwedische Krone Wismar aufgeben wollte und für hundert Jahre an das Großherzogtum Mecklenburg verpfändete. Nachdem der Vertrag schließlich 1903 auslief, verzichtete Schweden auf die Rückgabe und Wismar war endgültig Teil Mecklenburgs und damit des Deutschen Reiches.

1921 drehte *Friedrich Wilhelm Murnau* viele Szenen des Stummfilmklassikers *Nosferatu – Eine Symphonie des Grauens* in Wismar. Als es ihm *Werner Herzog* Jahrzehnte später gleichtun wollte, durfte er nicht. So entstanden die in Wismar geplanten Szenen von *Nosferatu – Phantom der Nacht* in Delft.

Im Zweiten Weltkrieg setzten die alliierten Luftangriffe Wismar arg zu. Ziel der Bomber waren vor allem kriegsrelevante Anlagen, wie die Fabrik- und Flugzeughallen der Norddeutschen Dornier-Werke sowie der Hafen. Zwischen Juni 1940 und April 1945 flogen die Alliierten zwölf Luftangriffe auf Wismar. Der schwerste Angriff erfolgte am 24. September 1942, als über 60 Tonnen Bomben auf Wismar abgeworfen wurden. Der letzte Angriff (in der Nacht zum 15. April 1945) traf drei von Wismars bedeutenden Bauwerken mit voller Wucht: das

Archidiakonat wurde stark beschädigt, St. Georgen und St. Marien in Ruinen gelegt. Insgesamt kamen über 300 Menschen bei den Angriffen ums Leben, fast ein Viertel der vorhandenen Wohnungen wurde zerstört.

Nichtsdestotrotz hat sich in Wismar ein enormes Maß an historischer Bausubstanz erhalten, auch dank seiner engagierten Einwohner, die sich oft auch gegen Widerstände der Behörden für die Bewahrung von Wismars Kulturgut einsetzten – auch wenn es in Einzelfällen nicht gelang. Berühmtestes Beispiel ist die Sprengung der Marienkirche 1960. Wismars Altstadt gehört heute zu den besterhaltenen historischen Stadtkernen in Deutschland, 2002 wurde die Altstadt Wismars gemeinsam mit der Stralsunds in die Liste des UNESCO-Welterbes aufgenommen. Mit der *SOKO Wismar* (2004 erstmals ausgestrahlt) hielt die Stadt Einzug in die deutschen Wohnzimmer. Zum Zeitpunkt der letzten Recherche fanden die Dreharbeiten zur 14. Staffel statt. Das Polizeigebäude aus der Sendung suchen Sie in Wismar jedoch vergebens, es steht in Berlin im Studio Adlershof.

... Wismars schwedische Zeit

Basis-Infos

Information Die **Tourist-Information** bietet u. a. auch Zimmervermittlung und einen Kartenvorverkauf. April bis Sept. tägl. 9–17 Uhr, Okt. bis März 10–16 Uhr. Lübsche Str. 23a, 23966 Wismar, ✆ 03841-19433, www.wismar-tourist.de.

Stadtrundgänge werden ebenfalls von der Touristinformation angeboten: von Ostern bis Anfang Nov. tägl. um 10.30 Uhr, Dauer ca. 2 Std., 7 €/Pers., erm. 5 €, Kinder bis 12 J. kostenlos; außerdem im Herbst und Winter immer Fr um 18 Uhr **Nachtwächterführungen** (Dauer ca. 2 Std., 10 €, erm. 7 €) sowie ganzjährig jeden Sa um 15 Uhr die **Störtebeker-Führung** (10 €, erm. 7 €).

Stadtrundfahrten mit dem Panoramabus von April bis Sept. halbstündlich zwischen 10–17 Uhr (im Winter stündl. 11–15 Uhr), 12 €/Pers., erm. 5 €. Tickets bei der Tourist-Information, Abfahrt Am Markt 11, www.panoramabus-stadtrundfahrten.de.

Taxi Zentrale ✆ 03841-382946 oder 212300.

Verbindungen Bus 240 verbindet Wismar mehrmals tägl. mit Boltenhagen (via Klütz), Sa/So eingeschränkt, die **Linie 241** fährt zur Jugendherberge (Beckerwitz). Die **Linien 430 und 230** fahren auf die Insel Poel. Zudem gibt es **Stadtbusse**, die nicht nur rund um die Altstadt und in die Vororte fahren, sondern auch alle halbe Stunde in das Seebad Wendorf. Busfahrpläne auf www.nahbus.de und bei der Tourist-Information erhältlich. Busbahnhof am nördlichen Rand der Altstadt zwischen Bahnhof und Altem Hafen. Am Busbahnhof starten auch die Fernbusse.

Mit den **Zug** bestehen fast stündlich Verbindungen nach Schwerin, alle zwei Stunden

Wismar

nach Berlin Hbf., außerdem stündlich über Bad Doberan nach Rostock. Bahnhof am nördlichen Ende der Altstadt, Infos auf www.odeg.de und www.bahn.de

Ausflugsschiffe Mit dem **Schiff** der *Reederei Adler* von April bis Okt. 8-mal tägl. (am Wochenende nahezu jede halbe Std.) Hafenrundfahrten, Erw. 12 €, Kinder 4–14 J. 6,50 €, Familie 31,50 €, Hund 2 €. Außerdem 3- bis 4-mal tägl. zur Insel Poel (hin/zurück 18,90 €, erm. 8,50 €, Familie 47,50 €, Rad 4,50 €, Hund 3 €). Anlegestelle am Alten Hafen 7. ☎ 04651-9870888, www.adlerschiffe.de.

Eine ganz besondere **Ausflugsfahrt** kann man mit der **Wissemara**, dem Nachbau einer „Hansekogge" unternehmen, Infos → S. 80, Poeler Kogge.

Aktivitäten und Veranstaltungen

Baden Wonnemar. Riesiges Erlebnisbad am Stadtrand von Wismar. Diverse Wasserrutschen, Wellenbecken mit Grotte, Außenbecken, Sauna, Dampfbad, Wellnesslandschaft. Mai bis Sept. tägl. 10–21 Uhr, Okt. bis April tägl. 10–22 Uhr, Tageskarten (gültig für alles) kosten 28,90 € (Erw.) bzw. 26,90 € (Kinder), es gibt aber auch preiswerte Karten für kürzere Aufenthalte. Geburtstagskinder zahlen nichts. Bestens ausgeschildert. Stadtbus 1 oder 2 bis Haltestelle „Sporthalle". Bürgermeister-Haupt-Str. 38, ☎ 03841-327623, www.wonnemar.de.

Fahrradverleih wismar rad. Im Bahnhof (Bahnsteig 2). Im Sommer Mo–Sa 9–13 Uhr, Rückgabe der Räder nach Vereinbarung, auch abends möglich. Ausleihe von So und außerhalb der Saison nach vorheriger Reservierung, einfach unter ☎ 0170-5871395 anfragen. Kinderräder und Zubehör unbedingt reservieren! Fahrrad 7 €/Tag (So 8 €). Bahnhofstr. 1.

Segeln Die Segelschule Cipra bietet Törns, Kurse, Scheine, auch Shop. Klußer Damm 1, ☎ 03841-212596 oder 0171-6842162, www.segelschule-cipra.de.

Veranstaltungen Zu den **Wismarer Heringstagen** (www.heringstage-wismar.de) im März (zuweilen auch Anfang April) gibt es in allen teilnehmenden Restaurants der Stadt Hering in zig Variationen. Im Juni findet das **Wismarer Hafenfest** statt (www.hafenfest-wismar.de), ein Volksfest samt abschließendem Feuerwerk (Höhepunkt). Die Nr. 1 unter den Stadtfesten ist aber zweifelsohne das **Schwedenfest** (www.schwedenfest-wismar.de), das alljährlich am dritten oder vierten Wochenende im August stattfindet und zahlreiche Besucher auch aus dem Land der Drei Kronen in die Stadt lockt. Darüber hinaus bietet der große Marktplatz im Advent Raum für den **Weihnachtsmarkt**.

Zoo Tierpark Wismar. Im Stadtteil Friedenshof, beschildert. Dam- und Rothirsche, Wisente und Mufflons, Wölfe und Luchse, um nur einige zu nennen. März bis Okt. tägl. 9–18 Uhr geöffnet, im Winter nur Sa/So 10–17 Uhr, Eintritt 5 €, Kinder 3 €. Zu erreichen mit Bus Nr. 1 vom Marktplatz, Haltestelle „Tierpark" aussteigen. Am Tierpark 5, ☎ 03841-707070, www.tierpark-wismar.de.

Übernachten

**** Steigenberger Hotel Stadt Hamburg 🟦 Eines der besten Häuser der Stadt, hervorragende Lage am Markt, 102 komfortable Zimmer, der Service ist freundlich und zuvorkommend. Mit Sauna und dem Restaurant *Weinwirtschaft* nebenan. Tiefgarage 15 € pro Tag. DZ ab 128 € inkl. Frühstück, Hunde 15 €. Bei Frühbucherrabatt teilweise deutlich günstiger. Am Markt 24, 23966 Wismar, ☎ 03841-2390, www.wismar.steigenberger.de.

Fründts Hotel 🟦 In zentraler, aber ruhiger Lage inmitten der Altstadt. Sorgsam renovierte, große Zimmer, Terrasse nach hinten hinaus, Spielplatz und ein großer Parkplatz hinter dem Haus (4 €/Tag). Dazu ein Restaurant. Für das Gebotene günstig: EZ ab 60 €, DZ 84–118 €, jeweils inkl. Frühstück, Hund 10 €/Tag. Schweinsbrücke 1–3, 23966 Wismar, ☎ 03841-2256982, www.hotel-stadt wismar.de.

》》 Unser Tipp: **To'n Zägenkrog** 🟦 Die fünf renovierten Appartements des „Ziegenkrugs" sind teils recht unkonventionell geschnitten, aber rundum individuell und geschmackvoll eingerichtet. Gemütliches Fischrestaurant im Erdgeschoss (→ unten). Das

Cafés
- 6 Café Glücklich
- 12 Café Alte Löwenapotheke

Übernachten
- 4 Hotel Denkmal 13
- 7 Wohnmobilpark
- 8 Fründts Hotel
- 9 To'n Zägenkrog
- 13 Pension Chez Fasan
- 15 Jugendherberge Wismar
- 18 Pension Westphal's
- 21 Steigenberger Hotel Stadt Hamburg
- 24 Hotel Reuterhaus

Einkaufen
- 11 Brausekontor
- 12 Weinkost
- 14 mein klein fein
- 20 Karstadt
- 22 Schmuckdesign
- 25 Hanse Sektkellerei

Essen & Trinken
- Biobistro Avocados
- Brauhaus am Lohberg
- Frische Grube
- To'n Zägenkrog
- Kaminstube
- Steaks & More - Zum Weinberg
- Alter Schwede
- Restaurant im Reuterhaus

Nachtleben
- 1 Kai Bar & Café
- 10 Volkskammer Wismar
- 17 Block 17
- 26 Tikozigalpa
- 27 Mensakeller

Wismar 100 m

Gasthaus befindet sich unweit des Hafens am Ziegenmarkt. Auch die Fernseh-Crew der SOKO Wismar war hier schon zu Gast. Frühzeitige Reservierung empfohlen. Alle Appartements mit Küche und Wohnbereich, je nach Größe 100–130 € pro Tag, Frühstück 13–16 €/Pers. Ziegenmarkt 10, 23966 Wismar, ✆ 03841-282716, www.ziegenkrug-wismar.de. «

Hotel Reuterhaus 24 Ebenfalls am Marktplatz und damit zentral gelegen. Gelbes Giebelhaus mit traditionsreichem Restaurant (→ unten). Der Name kommt nicht von ungefähr: Der Dichter Fritz Reuter (→ S. 45) hat hier schon genächtigt. Nur 10 Zimmer, EZ 50–85 €, DZ 80–110 €, inkl. Frühstück. Am Markt 19, 23966 Wismar, ✆ 03841-22230, www.reuterhaus-wismar.de.

Hotel Denkmal 13 4 Das familiengeführte, kleine Hotel nahe dem Alten Hafen kommt sehr charmant daher. 6 individuell eingerichtete Zimmer, viele mit Himmelbetten, das Padre-Pepe-Zimmer ist wie geschaffen für ein romantisches Wochenende. Haustiere nicht gestattet. EZ ab 74 €, DZ ab 104 €, jeweils inkl. Frühstück. Kleine Hohe Str. 13, 23966 Wismar, ✆ 03841-4703163, www.denkmal-13.de.

Pension Westphal's 18 Kleines Haus mit einer modern-rustikalen Gaststätte im Erdgeschoss. Die 4 Zimmer darüber sind nach Jahreszeiten benannt, zeitgemäß und mit Bedacht ausgestattet sowie mit Topfpflanzen versehen – zum Wohlfühlen. Tipp: Im Sommer das Zimmer „Frühling" nehmen,

Wismar

es hat einen herrlichen Balkon. EZ ab 59 €, DZ ab 69 €, Frühstück 10 €/Pers. extra. Neustadt 32, 23966 Wismar, ✆ 03841-211382, www.wismar-urlaub24.de.

Pension Chez Fasan 🔳 Fürs kleinere Budget! Ruhige Lage unterhalb der Fußgängerzone (Richtung Schabbellhaus/St. Nikolai). 26 Zimmer mit solider Ausstattung, die Einzelzimmer z. T. mit Bad auf dem Flur. EZ 27 €, DZ 50 €, Familienzimmer 72 €, Frühstück 7 €/Pers. extra. Parkplätze vorhanden. Bademutterstr. 20 A, 23966 Wismar, ✆ 03841-213425, www.pension-chez-fasan.de.

Jugendherberge DJH Wismar 🔳 Etwas außerhalb im Stadtteil Friedenshof (westlich vom Zentrum, beschildert). Klassische Jugendherberge vom alten Schullandheim-Schlag. Übernachtung mit Frühstück im Mehrbettzimmer 22,40 €/Pers., „Senioren" über 27 J. zahlen 28,30 €/Pers., Bettwäsche inbegriffen, Jugendherbergsausweis obligatorisch. Check-in 15–18 Uhr. Etwa 2 km außerhalb des Zentrums, ausgeschildert, zu erreichen mit Bus 1 oder 2, Haltestelle „Philipp-Müller-Straße/Krankenhaus". Juri-Gagarin-Ring 30 a, 23966 Wismar, ✆ 03841-32680, www.jugendherbergen-mv.de.

Camping Ferienpark Zierow, → Klützer Winkel/An der Wohlenberger Wiek (S. 93).

Einen **Wohnmobilpark** 🔳 gibt es am Westhafen (ca. 600 m westlich der Altstadt). Alles andere als idyllisch, erfüllt aber seinen Zweck. Auch in der NS bestens gebucht. 10 €/Tag zzgl. 1 € für die Dusche und 1 € für den Strom (8 Std.) Schiffbauerdamm 12, 23966 Wismar, ✆ 0172-3884003, www.wohnmobilpark-wismar.de.

Übernachten/Umgebung Schloss Gamehl. Etwa 12 km nordöstlich von Wismar, von der B 105 (Richtung Neubukow) beschildert. Die eleganten, hellen Zimmer in dem neugotischen Schloss garantieren einen stilvollen Aufenthalt. Auch eine Bibliothek und eine Sauna stehen den Gästen zur Verfügung. Dazu ein gehobenes Restaurant (kleine, feine Abendkarte, am Wochenende auch Mittagstisch), nachmittags Cafébetrieb. EZ ab 85 €, DZ ab 115 €, Suite ab 135 €, jeweils inkl. Frühstück, Hund 15 €. 23970 Gamehl bei Wismar, ✆ 038426-22000, www.schloss-gamehl.de.

》》Unser Tipp: Seehotel am Neuklostersee. Herrliches Anwesen 2 km südlich von Neukloster im Ortsteil Nakenstorf am Ufer des Neuklostersees (Luftlinie etwa 15 km östlich von Wismar). Ein Relaxhotel, das von uns die Note Eins für seine charmant eingerichteten Zimmer und Ferienhäuschen erhält. Dazu ein schickes Restaurant im Haupthaus mit Wintergarten und Terrasse zum See (tägl. mittags und abends, für abends reservieren). In der Badescheune Pool und Sauna, am See ein Badestrand samt Steg, Strandkorb und Liegewiese, in der Kunstscheune ist Raum für Veranstaltungen. EZ 115 €, DZ 175–195 €, Suite für 2 Pers. 215–235 €, jeweils inkl. Frühstück und Nutzung des Spa-Bereichs. Seestr. 1, 23992 Neukloster/Nakenstorf, ✆ 038422-4570, www.seehotel-neuklostersee.de. 《《

Essen & Trinken/Nachtleben → Karte S. 71

Essen gehen kann man recht gut in Wismar, auch für ein regionales Bier oder einen Schoppen Wein findet sich leicht das passende Ambiente, und nicht zuletzt begeistern die Cafés in der Stadt durch behagliche Originalität und herzliche Gastlichkeit. Das Nachtleben ist für eine Studentenstadt allerdings recht mau.

Restaurants Steaks & More – Zum Weinberg 🔳 In dem traditionsreichen Haus (im 17. Jh. angeblich die beste Weinhandlung der Stadt) werden grandiose Steaks (nach Gewicht, 100 g ab 8 €) serviert, dazu Pasta (ab 9 €) und Pizza aus dem Steinofen (ab 8 €). Die Räumlichkeiten dieses denkmalgeschützten Hauses sind grandios (besonders die bemalte Balkendecke), die jüngste Restaurierung brachte aber ein leicht bieder-kitschiges Ambiente inkl. Ritterrüstungen mit sich. Für die Gäste gibt es im Obergeschoss zudem ein kleines Museum über den Weinhandel zu besichtigen. Tägl. ab 11.30 Uhr. Hinter dem Rathaus 3, ✆ 03841-2277066, www.steaks-n-more-wismar.de.

Alter Schwede 🔳 Das spätgotische Backsteinhaus (14. Jh.) mit seiner berühmten und entsprechend häufig abgelichteten Fassade am Marktplatz ist eine Institution! Ein Gasthaus gibt es hier schon seit 1878. Heute bietet der Alte Schwede deftige, typisch mecklenburgische Küche in stilvoll-rustikalem Ambiente bei leicht gehobenem Preisniveau (Hauptgerichte 11–25 €), freund-

Essen & Trinken/Nachtleben

licher Service. Tägl. ab. 11.30 Uhr geöffnet. Am Markt 22, ✆ 03841-283552, www.alterschwede-wismar.de.

Restaurant im Reuterhaus 24 Ebenfalls am Marktplatz, ebenfalls historisches Ambiente. Man sitzt teils auf Bänken aus dunklem Holz mit handgeschnitzten, hohen Lehnen, auf denen sich schon Fritz Reuter auf sein Abendessen gefreut haben soll. Einige Tische draußen am Marktplatz. Traditionelle mecklenburgische Küche, darunter der typische Rippenbraten (13,80 €), auch viele Fischgerichte und saisonale Angebote. Hauptgerichte um die 15–18 €. Tägl. 12–22 Uhr geöffnet. Am Markt 19, ✆ 03841-22230, www.reuterhaus-wismar.de.

To'n Zägenkrog 9 Im Erdgeschoss des Ziegenkrugs (Appartements → oben) befinden sich drei Galerien: der gemütliche „Krug" und die „Kajüte" mit nur einem runden Tisch in maritimem Ambiente, zudem der elegante „rote Salon". Im Sommer stehen auch draußen an der „Grube" ein paar Tische. Serviert werden Fischspezialitäten, darunter auch diverse Deftigkeiten wie Matjes und Labskaus. Sehr freundlich und lecker. Hauptgerichte 12,50–16 €. Tägl. ab 11 Uhr durchgehend geöffnet. Ziegenmarkt 10, ✆ 03841-282716, www.ziegenkrugwismar.de.

》》 Lesertipp: Kaminstube 16 „Einsame Spitze!" – Leser waren begeistert von diesem eher gediegenen Kleinod in der Altstadt. Die kreative Crossover-Küche verbindet südländische Aromen mit regionalen Produkten. Die kleine Karte wechselt monatlich, auch an Vegetarier wird gedacht. Reservieren! Hautgerichte 11–26 €. Tägl. außer So ab 17.30 Uhr. Bademutterstr. 19, ✆ 03841-3288340, www.kaminstube-wismar.de. 《《

Brauhaus am Lohberg 3 Bereits im 15. Jh. wurde in dem backsteinernen Fachwerkhaus Bier gebraut. Nach jahrhundertelanger Nutzung, vor allem als Speicher, wird in dem ehrwürdigen Gebäude heute die große Braugeschichte der Hansestadt Wismar weitergeführt. In der urigen Kneipe sitzt man neben den großen Kupferkesseln, draußen auf der Terrasse am idyllischen Lohberg nahe dem Hafen. Gebraut und ausgeschenkt werden vorzügliche Biere mit so klingenden Namen wie *Roter Eric* oder Wismars traditionelle *Mumme*. Aus der Küche kommt Deftiges in Vielfraß-Portionen, jedoch in guter Qualität. Im Sommer tägl. ab 11 Uhr, im Winter zuweilen ab 17 Uhr, samstagabends ab 21 Uhr Live-Musik oder DJ Frank ist am Start. Kleine Hohe Str. 15, ✆ 03841-250238, brauhaus-wismar.de.

Frische Grube 5 Jugendliches Caférestaurant im schwedischen Stil. Hier kann man frühstücken, lecker zu Mittag essen (wechselnder Mittagstisch zu 9–13 €) sowie Do–Sa auch abends nett dinieren. Sonst nur bis 16 Uhr geöffnet und So/Mo Ruhetage. Scheuerstr. 1, ✆ 03841-2440126, www.frischegrube.de.

Biobistro Avocados 2 Hier werden Vegetarier glücklich. Das kleine, freundliche *Hole in the Wall* serviert täglich wechselnde Gerichte wie Blumenkohl-Curry oder Pasta, für die man um die 9 € zahlt. Verwendet werden ausschließlich Bioprodukte. Mo–Fr 11–15 Uhr, Do/Fr zudem 18– 21 Uhr. Hinter dem Chor 1, ✆ 03841-303333. ■

Das Gasthaus namens „Alter Schwede" am Markt

Backfisch und Räucherfisch im Brötchen gibt es in großer Auswahl an den Schiffen am Alten Hafen.

Cafés »> Lesertipp: Können Leserbriefe glücklich machen? Rundheraus: ja! Uns erreichten Leserbriefe, die uns ein Café empfahlen, das glücklich mache. Und tatsächlich: Das kleine, gemütliche **Café Glücklich** 6 macht glücklich! Man braucht kein Karma zu bemühen, um sich sofort in der entspannten Atmosphäre wohlzufühlen. Der Kaffee ist gut (und fair gehandelt: zum Glück gehört schließlich auch ein entspanntes Gewissen...), der Service unumwunden herzlich und der hausgebackene Kuchen köstlich. Von der Mittagsquiche (wir hatten eine vorzügliche Möhren-Parmesan-Quiche) über die Stullen bis zum Kaffeekeks, hier ist alles gelungen. Ein paar lauschige Plätze auch im Hof. Tägl. ab 9 Uhr geöffnet, So–Mi bis 18 Uhr, Do–Sa bis 20 Uhr. Jeden Do gibt es frische Waffeln. Schweinsbrücke 7, ✆ 03841-7969377. «

Café Alte Löwenapotheke 12 In der geschichtsträchtigen Wismarer Apotheke aus dem Jahr 1645 befindet sich das charmant-relaxte Café, in dem regelmäßig auch Lesungen und Musikabende stattfinden. Kuchen und Torten, auch Tagesgericht und kleine Speisen. Di–Sa 11.30–18 Uhr (zuweilen auch Abendveranstaltungen), So/Mo geschl. Nebenan Weinhandel (→ unten). Bademutterstr. 2, ✆ 03841-252538. ∎

Nachtleben Kai Bar & Café 1 Nette Location am Hafen, wo man es sich bei einem Cocktail richtig gut gehen lassen kann. Zudem sitzt man im Sommer auch nett auf den Bierbänken draußen. Tägl. wechselnde Pastavariationen. Viel jüngeres Publikum. Tägl. ab 10 Uhr. Alter Holzhafen 3, ✆ 03841-229822, www.kaibarcafe.de.

Volkskammer Wismar 10 Eine witzige, kleine, verschrabbelte Retro-Kneipe, in der die DDR verulkt wird. „Den Sozialismus in seinem Lauf hält weder Ochs noch Esel auf", steht am Fenster. Innen wird fröhlich gepichelt und geraucht. Hier trifft sich die örtliche Szene zwischen 45 und 60, meist Stammgastpublikum. Viel Lokalkolorit. Tägl. ab 18 Uhr. Ziegenmarkt 1, ✆ 03841-282006, www.volkskammer-wismar.de.

Mensakeller 27 Club und Lounge auf mehreren Ebenen und mit mehreren Sälen. DJs verschiedenster Stilrichtungen legen hier auf. Gibt es seit über 40 Jahren. Unregelmäßig geöffnet, Programm auf www.mensakeller.de. Etwa 1,5 km südwestlich der Altstadt, nahe dem Wonnemar (→ Baden, S. 70). Käthe-Kollwitz-Promenade 7, ✆ 03841-703134.

Studentenpartys finden immer wieder im **Block 17** 17 auf dem Campus statt. Etwa 1,3 km westlich der Altstadt, Philipp-Müller-Str. 20, ✆ 03841-704707, www.block17.de.

Ein buntes Programm (Filme, DJs, Konzerte, vegane Abende) bietet auch das alternative Kulturprojekt **Tikozigalpa** 26 am Rande der Altstadt. Dr.-Leber-Str. 38, ✆ 03841-288219, www.tikozigalpa.org.

Einkaufen → Karte S. 71

Das Zentrum der Altstadt ist weitgehend Fußgängerzone, in der zahlreiche Geschäfte in historischen Häusern zum Shoppen und Flanieren einladen. An der Ecke Lübsche Straße und Krämerstraße steht das alte Karstadt-Stammhaus 20 (→ S. 77).

Weinkost 12 Weinhandlung, die auch ein paar regionale Spezialitäten (Feinkost, Spirituosen und Schokolade) verkauft. Neben dem Café in der Alte-Löwen-Apotheken (Bademutterstr. 2). Mo 14–18 Uhr, Di/Mi 12–18 Uhr, Do/Fr 11–18 Uhr, Sa 10–13 Uhr. ✆ 03841-73842432, www.weinkost-wismar.de.

Hanse Sektkellerei 25 Die nördlichste Sektkellerei Deutschlands. Hansa-Sekt (Flaschengärung) ab 5,50 €. Führungen mit Sektverkostung im Alten Gewölbe 7,50–9 € (sehr beliebt bei Busgruppen). Mo–Sa 10–16 Uhr. Turnerweg 4 b, ✆ 03841-48480, www.hanse-sektkellerei.de.

Schmuckdesign 22 Atelier und Werkstatt von Annett Oberländer und Ramona Stelzer. Ausgefallenes Porzellan und Schmuck aus Fischleder. Achtung: Fischleder mag nach dem Gerben kein Wasser mehr, daher nicht damit duschen! Offiziell nur Do u. Fr 11–17 Uhr, oft aber auch an anderen Tagen geöffnet. Lübsche Str. 56, ✆ 0178-3631081, www.ramonastelzerdesign.com und www.a-und-o-schmuck.de.

mein klein fein 14 Hier bekommt man u. a. farbenfrohe, handgefertigte Kleidung (witzig die für Kinder) und Accessoires, entworfen von Dajana Erdmann. Mo–Fr 9.30–16.30 Uhr, Sa 10–14 Uhr. ABC-Str. 3, ✆ 03841-6617456.

Brausekontor 11 Hier gibt's ausgewählten Trödel und beste Fassbrause aus Mecklenburg (u. a. mit Rhabarber, Blaubeere und Holunderblüte). Mo–Fr 10–18 Uhr, Sa 11.30–16 Uhr. Schweinsbrücke 2A, ✆ 0174-9491019.

Sehenswertes

Folgende Route bietet sich für einen Stadtrundgang an: Ausgehend vom *Marktplatz* samt Wasserkunst, Rathaus und Altem Schweden nach Westen und vorbei am Archidiakonat zum Turm von *St. Marien*; weiter am *Fürstenhof* vorbei zur Kirche *St. Georgen*; dann die Große Hohe Straße hinunter zur *Heilig-Geist-Kirche* und zum *Welt-Erbe-Haus*, weiter oben an der Lübschen Straße links ab in die Krämerstraße und dann über die Breite Straße und den Ziegenmarkt zum *Alten Hafen*; via Frische Grube schließlich zu *St. Nikolai* und am *Schabbellhaus* vorbei zurück zum Marktplatz.

Marktplatz

Der mit einer Ausdehnung von 10.000 Quadratmetern größte Marktplatz Norddeutschlands gehört zweifelsohne auch zu den schönsten Plätzen Europas. Prächtige, von Giebeln gekrönte Fassaden flankieren das pulsierende Herz der Stadt. Im südöstlichen Eck des Platzes befindet sich das Wahrzeichen Wismars: die **Wasserkunst**. Der Name des Bauwerkes lässt bereits erahnen, dass es sich nicht nur um ein architektonisches, sondern auch um ein technisches Denkmal handelt. Das Brunnenhaus entstand zwischen 1580 und 1602. In Anlehnung an die Architektur der niederländischen Renaissance wölbt sich über zwölf verzierten Säulen ein Kupferdach, das von einem kleinen Türmchen gekrönt wird. Die Wasserkunst wurde mittels Holzrohren von einer vier Kilometer entfernten Quelle gespeist und verteilte das Wasser in die Bürgerhäuser und öffentlichen Schöpfstellen der Stadt. Nicht von ungefähr betrieb der Auftraggeber der Wasserkunst, der Rat *Hinrich Schabbell* (1531–1600), ein wasserintensives Gewerbe: Er war einer der Braumeister der Stadt. Der beauftragte Baumeister

Prestigebau der Renaissance: die Wasserkunst auf dem Marktplatz

Nach dem Einlaufen in den Hafen wird erst einmal gefeiert – mittelalterliche Wandmalerei im Ratskeller, später mit den Arbeitern im Weinberg übermalt

Philipp Brandin stammte aus den Niederlanden und hatte bereits Schabbells prächtiges Wohn- und Brauhaus, das **Schabbellhaus** (→ S. 84), errichtet.

Um die inoffizielle Auszeichnung als Wahrzeichen der Stadt bewirbt sich auch ein unweit der Wasserkunst gelegenes Gebäude: der *Alte Schwede*. Ende des 14. Jh. erbaut, gehört es zu den ältesten Bürgerhäusern der Stadt. Die prächtigen gotischen Stufengiebel sind heute noch backsteinerner Ausdruck hanseatischen Stolzes. Den Namen erhielt das ehemalige Kaufmannshaus, als es Ende des 19. Jh. als Gastwirtschaft genutzt wurde. Auch heute befindet sich in dem historischen Gemäuer ein empfehlenswertes Restaurant mit Namen *Alter Schwede*. Seine direkten Nachbarn – links ein mit Jugendstil-Ornamenten verziertes Gebäude, rechts das rekonstruierte **Reuterhaus**, in dem der Dichter *Fritz Reuter* (→ S. 45) residierte und dessen Verleger *Dethloff Carl Hinstorff* hier seine Karriere begann – geben auf engstem Raum ein Beispiel für die Vielgestaltigkeit der Bürgerhäuser rund um den Marktplatz.

Die Nordflanke des Platzes säumt ein großes klassizistisches Gebäude, das Wismarer **Rathaus**. Es wurde 1819 fertiggestellt, nachdem das alte Rathaus an gleicher Stelle teilweise eingestürzt war. Erhalten blieb der Keller mit dem gelb-rot verzierten gotischen Kreuzrippengewölbe, in dem sich heute die Dauerausstellung *Wismar – Bilder einer Stadt* befindet. Zu sehen sind Darstellungen zur Stadtentwicklung seit frühester Zeit, darunter auch ein altes Stadtmodell, dazu archäologische Funde, historische Dokumente, alte Schiffsmodelle und andere Exponate aus der Blütezeit der Hanse, außerdem Filme zur Stadtentwicklung. Besonders sehenswert sind Reste der Wandmalereien, die illustrieren, dass der Ratskeller einst auch als Weinkeller diente: hier wird mächtig gezecht.

Die Ausstellung *Wismar – Bilder einer Stadt* im historischen Ratskeller ist Di–Sa 10–16 Uhr geöffnet. Eingang rechts neben dem Rathaus die Treppe hinunter. Am Markt 1.

Vom Geschäft in der Krämerstraße zum Handelsimperium: Rudolph Karstadt

Am 14. Mai 1881 eröffnete der 25-jährige Kaufmann Rudolph Karstadt aus dem nahe gelegenen Grevesmühlen in der Krämerstraße 4 mit nur einem Angestellten das „Tuch-, Manufactur- u. Confections-Geschäft". Sein Kapital war ein Wagen voller Waren und eine Geschäftsidee. Letztere war denkbar einfach, aber weitgehend unbekannt: Die Waren sollten billig, aber zu festen Preisen verkauft und bar bezahlt werden; der Einkauf sollte also ohne das branchenübliche Gefeilsche und Anschreiben vonstatten gehen. Gegen alle mecklenburgische Skepsis setzte sich Karstadts Idee durch. Bereits drei Jahre später eröffnete er eine Filiale in Lübeck und kaufte in Wismar das Gebäude an der Ecke Krämer Straße/Lübsche Straße. Hier ließ er 1907/1908 das moderne Gebäude errichten, in dem man auch heute noch einkaufen kann. Zu diesem Zeitpunkt betrieb er bereits 24 Kaufhäuser, zum 50. Firmenjubiläum sollten es 89 sein, darunter war mit dem Karstadt am Hermannplatz in Berlin eines der größten Warenhäuser der Welt. Rudolph Karstadt starb am 15. Dezember 1944 in Schwerin. Sein Name ist zu einem Synonym für Kaufhäuser geworden. Nach dem Krieg verlor der Karstadtkonzern seine Filialen östlich von Oder und Neiße sowie in den sowjetischen Besatzungszonen. In der Bundesrepublik hingegen stieg Karstadt zum größten Handelsunternehmen auf, zum Erfolg trug auch der Einstieg in den Versandhandel durch die Übernahme des Neckermann-Konzerns in den 1970ern bei. Nach der Wende übernahm Karstadt viele der Centrum- und Magnet-Warenhäuser in den neuen Bundesländern (darunter auch das alte Stammhaus in Wismar), 1994 auch Häuser von Hertie. Durch die Verschmelzung mit der Schickedanzgruppe zur KarstadtQuelle AG (1999) verbarg sich hinter dem Namen schließlich einer der größten europäischen Handelskonzerne mit 116.000 Mitarbeitern. 2004 wurde bekannt, dass der Konzern in wirtschaftliche Schieflage geraten war, 2007 folgte die Umbenennung in Arcandor, 2009 die Insolvenz. Nach einem kurzen Intermezzo des Investors Nicolas Berggruen gehört die traditionsreiche Kaufhauskette heute der österreichischen Signa Holding, den Mehrheitsanteil an den Premiumhäusern hält die thailändische Central Group.

Gotisches Viertel

Westlich des Marktplatzes liegt das gotische Viertel, dessen historische Gebäude durch die alliierten Luftangriffe in den letzten Tagen des Zweiten Weltkriegs zwar starken Schaden nahmen, teilweise aber erhalten werden konnten, so z. B. das **Archidiakonat** am Kirchhof. Das ehemalige Wohnhaus des Archidiakons, erbaut um 1450 im Stil der Norddeutschen Backsteingotik, war bereits im 19. Jh. saniert und neugotisch umgestaltet worden und wurde nach seiner Zerstörung unter großem Aufwand Anfang der 1960er Jahre wieder aufgebaut.

Ein Bau, von dem momentan nur noch die freigelegten Fundamente zu sehen sind, ist die **Alte Schule** gegenüber von St. Marien. Sie wurde im frühen 14. Jh. erbaut, im Krieg zur Ruine, danach abgetragen. Eine Bürgerinitiative macht sich für ihren Wiederaufbau stark.

Die Kirche **St. Marien** wurde, gegen alle Widerstände der Bevölkerung, im August 1960 gesprengt. Nur der mächtige, 81 Meter hohe Turm blieb erhalten, er wurde in den 1990er Jahren mit nicht geringem Aufwand restauriert. In den noch erhaltenen Vorhallen des Turms erinnern Ausstellungen und ein 3-D-Film an die ehrwürdige Kirche und veranschaulichen ihre Entstehung. Von den interessanten Turmführungen (samt grandioser Aussicht) zeigten sich auch Leser beeindruckt. Hinter dem Turm vermitteln die Fundamentreste einen Eindruck von den Ausmaßen des Gotteshauses.

St.-Marien-Turm, April bis Sept. tägl. 9–17 Uhr, in den Wintermonaten 10–16 Uhr. *Turmführungen* (3 €, erm. 2 €) Okt. bis März tägl. 11–15 Uhr, April bis Sept. tägl. 10–16 Uhr jeweils zu vollen Std. 3D-Film ebenfalls 3 €, erm. 2 €, die Ausstellungen dürfen umsonst besucht werden, eine Spende ist jedoch erwünscht.

Auch die Kirche **St. Georgen** wurde in den letzten Tagen des Zweiten Weltkriegs erheblich beschädigt. Doch statt in die Luft gesprengt zu werden, verfiel sie. Wo Gottesdienste stattfinden sollten, wuchs eine wilde Wiese. Die Versuche Wismarer Bürger, St. Georgen zu retten, scheiterten an Material- und Geldmangel. Nach 1990 wurde die verwahrloste Ruine unter enormem Aufwand Stück für Stück saniert und konnte 2010 wiedereröffnet werden.

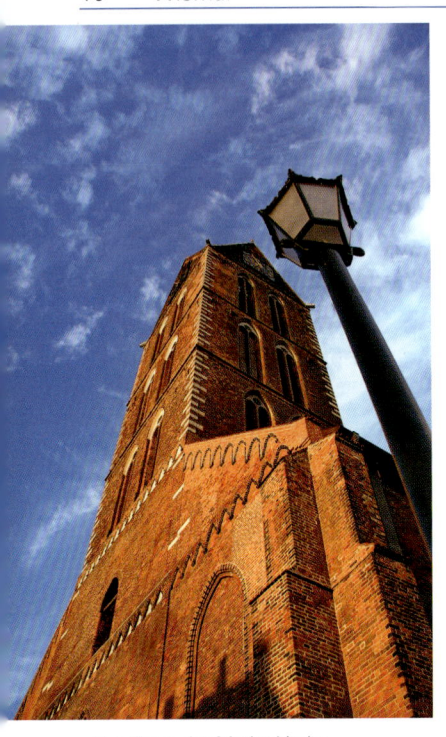

Der Turm der Marienkirche

St. Georgen erinnert in ihrer Wuchtigkeit an die Marienkirche in Rostock, wirkt aber aufgrund des Fehlens eines hoch aufragenden Turms gleichsam gedrungen. Die komplizierte Baugeschichte des Gotteshauses begann in der Mitte des 13. Jh. Gerade eine Generation später wurde bereits der erste Um- bzw. Ausbau in Angriff genommen, mit derart ambitionierten Plänen, dass sich die Arbeiten gut 200 Jahre hinziehen sollten und dennoch nicht fertig wurden. Letztlich entstanden ist eine bis zu 42 Meter hohe, ebenso breite und 76 Meter lange Kirche mit gewaltigen Querschiffen und einem ungewöhnlichen Chor. Denn anstelle des üblichen halbrunden Chorumgangs wurde der alte, flache Chor beibehalten (hier befindet sich auch der Eingang). Das Fehlen jeglicher Innenausstattung verstärkt den imposanten Raumeindruck der Georgenkirche. Was von der Inneneinrichtung (Triumphkreuz, Tafelaltar) erhalten ist, befindet sich in der Nikolaikirche – und wird dort auch bleiben, denn St. Georgen dient als Konzertkirche (die zu diesem Zweck installierte Fußbodenheizung könnte Temperaturschwankungen auslösen, die den gotischen Kunstwerken schaden). Vielleicht finden in der Kirche zukünftig auch wieder Orgelkonzerte statt, ein Förderkreis (www.georgenkirche.de) sammelt Spenden für eine Orgel.

Auf dem Stumpf des Turmes (er wurde nie vollendet) befindet sich eine Aussichtsplattform. Ein Aufzug bringt Sie hinauf, der Blick von oben auf den Ziegeldachteppich Wismars und die Häfen ist beeindruckend.

St. Georgen, April bis Sept. tägl. 9–17 Uhr, Okt. bis März 10–16 Uhr. Eintritt für den Aufzug und die Plattform 3 €, erm. 2 €, www.kirchen-in-wismar.de. Infos über die in St. Georgen veranstalteten Konzerte (u. a. gastiert hier regelmäßig das Kammerorchester, die Radiophilharmonie und das Sinfonieorchester des NDR, Tickets 18–35 €) erhält man in der Touristinformation oder unter www.wismar.de.

Zwischen der Marienkirche und der Georgenkirche wurde Mitte des 16. Jh. der **Fürstenhof** neu errichtet. Anlässlich seiner Hochzeit ließ Herzog *Johann Albrecht I. von Mecklenburg* (1525–1576) an das bestehende ältere Gebäude im spätgotischen Stil (Altes Haus) diesen Stadt-Palazzo (Neues Haus) anbauen und brachte damit ein Stück italienische Renaissance an die Ostsee. Das dreistöckige Gebäude ist durch detailfreudige Friese aus Kalkstein und Terrakotta gegliedert. An der Straßenseite dominieren Szenen aus dem Trojanischen Krieg, zum Hof hin ist das Gleichnis vom verlorenen Sohn dargestellt. Aufwändig gestaltet zeigen sich auch die Portale der Hofdurchfahrt. Heute befindet sich das Amtsgericht im Fürstenhof.

Richtung Hafen kann man an der Lübschen Straße ein Stück mittelalterlicher Sozialgeschichte besichtigen. Mitte des 13. Jh. wurde in Wismar ein Armen- und Krankenhaus, das Heiligen-Geist-Hospital, eingerichtet. Dazu entstand später eine schlichte gotische Saalkirche, die **Heiligen-Geist-Kirche**, an die kurze Zeit später das „Lange Haus" angeschlossen wurde. Dieses auch „Siechenhaus" genannte Gebäude war zur Kirche hin offen, sodass die Bettlägerigen den Gottesdienst verfolgen konnten. Ein bemerkenswertes Ausstattungsdetail erhielt die Kirche, nachdem 1699 die gotische Gewölbedecke infolge der Explosion eines gelegener Pulvertürme eingestürzt war. Anstatt das Kreuzrippengewölbe wieder aufzubauen, wurde eine einfache Holzdecke eingezogen, farbenprächtig mit Ornamenten und Bibelszenen aus dem Ersten Buch Moses verziert. Sehenswert ist auch das gotische Glasfenster, das zwölf Szenen aus den Evangelien und verschiedene Heilige zeigt. Ein bemerkenswertes Fresko befindet sich im Altarraum rechter Hand: das Buchstabenfeld *Deo Gracias* (Gott sei's gedankt) aus dem frühen 14. Jh. Ausgehend vom zentralen (und einzigen!) D lassen sich die Worte *Deo Gracias* – rauf und runter, rechts und links herum und beliebig abknickend – zahllose Male lesen. Es heißt, es seien genau 504 Möglichkeiten. Wir gestehen, dass wir nicht die Geduld hatten, das zu überprüfen...

Die **Heiligen-Geist-Kirche** ist tägl. 10–18 Uhr geöffnet (im Winter bis 17 Uhr), Gottesdienst So 10 Uhr, danach Besichtigung. Als Eintritt wird eine Spende von 1 € erbeten, www.kirchen-in-wismar.de.

Etwas weiter, an der Lübschen Straße 23, steht das sog. **Welt-Erbe-Haus** mit klassizistischem Giebel. Es beherbergt zugleich die Tourist-Information. Das Haus entstand Mitte des 14. Jh. als typisches Dielenhaus. Ein großer Raum im Erdgeschoss (die Diele) diente dem Umschlag der Waren, die in den Räumen darüber gelagert wurden, im Seitenflügel befanden sich die Wohnräume. Die Geschäftslage war gut, denn das Haus stand direkt am Handelsweg durch Wismar, jener Ost-West-Achse, die gen Osten über die Rostocker Straße nach Rostock führte und im Westen über die Lübsche Straße nach Lübeck. Nach umfassender Restaurierung informiert heute eine kostenlose Ausstellung im Haus über die UNESCO und die Geschichte der Stadt Wismar mit diversen Schwerpunktthemen (u. a. zum Handel und zum Dielenhaus). Sehenswert ist insbesondere das wiederhergestellte Tapetenzimmer, das komplett mit kunstvollen französischen Papierdrucken aus dem 19. Jh. ausgeschmückt ist, die Szenen aus der griechischen Mythologie zeigen.

Welt-Erbe-Haus, die Ausstellungen sind von April bis Sept. tägl. von 9–17 Uhr, im Winter von 10–16 Uhr zu sehen. Eintritt frei.

Alter Hafen

Der Alte Hafen war ehemals Dreh- und Angelpunkt hanseatischer Betriebsamkeit. Heute flanieren Wismarer und Besucher an Schiffen vorbei, die Räucher- und Frischfisch anbieten, oder an den Speichern entlang, die – teils noch sanierungsbedürftig – zwischen Altem und Neuem Hafen (heute Überseehafen) stehen. Architektonisch orientieren sich die vor allem im 19. Jh. entstandenen Speicher am *Wassertor*,

Die Poeler Kogge

1997 spülte ein Sturm Wrackteile an den Strand von Timmendorf auf der Insel Poel. Bei der daraufhin einsetzenden Suche fanden Unterwasserarchäologen das gut erhaltene Wrack eines Schiffes und datierten es auf das 14. Jh. Der Fund dessen, was man für eine Hansekogge hielt, machte Schlagzeilen. Man vermutet, auf das bis dato größte Frachtschiff des Spätmittelalters gestoßen zu sein. Bei einer Länge von 31,5 Metern und einer Breite von 8,5 Metern hatte die so genannte Poeler Kogge ein Fassungsvermögen von über 200 Tonnen. Gleichzeitig hatte sie einen relativ geringen Tiefgang, was sie für das Befahren von Bodden und Haff geeignet machte. Das bei Poel geborgene Wrack wurde nach Schwerin gebracht, wo weitere Untersuchungen angestellt und die Konservierung gewährleistet werden sollen.

Im Jahr 2000 begann ein faszinierendes Projekt auf dem Feld der experimentellen Archäologie: Im Hafen von Wismar entstand ein originalgetreuer Nachbau der

Segelsetzen auf der Kogge

Alter Hafen 81

der Nahtstelle zwischen Hafen und Altstadt. Es ist das letzte verbliebene von einst fünf Stadttoren. Außer dem Wassertor ist kaum noch etwas von der ehemaligen Stadtbefestigung erhalten, ihrem Verlauf folgt heute die Ringstraße um die Altstadt. In gewisser Weise aber ist auch das **Baumhaus** am Alten Hafen ein Teil der Stadtbefestigung. In dem barocken Gebäude aus dem 18. Jh. diente der „Baumschließer". Seine Aufgabe war es, die Hafeneinfahrt mittels eines Langholzes (später einer Kette, nichtsdestotrotz „Baum" genannt) des Nachts und bei Gefahr zu verschließen. Vor dem Baumhaus stehen fotogen zwei Schwedenköpfe, die einstmals die Fahrrinne des Hafens markierten. Das Baumhaus wurde später verschiedentlich genutzt, u. a. als Hafenmeisterei, heute sind darin wechselnde Ausstellungen zu besichtigen.

Die Ausstellungen im **Baumhaus** wechseln ca. alle drei Wochen, geöffnet April bis Sept. tägl. 9–17 Uhr, im Winter bis 16 Uhr. Eintritt frei. Am Alten Hafen, ✆ 03841-252548.

Poeler Kogge unter Zuhilfenahme spätmittelalterlicher Techniken des Bootsbaus. Wie beim Original wurde vornehmlich mit Kiefernholz, teils auch mit Eiche gebaut. Alle 34.000 der eingeschlagenen Eisennägel sind von Hand geschmiedet. Der 32 Meter hohe Mast besteht aus dem Stamm einer 120 Jahre alten Douglasie. Beteiligt waren neben all den ehrenamtlichen Bootsbauern, Schiffsbauingenieure und Bootsbaumeister, ein Nautiker und ein Archäologe. Nach sechs Jahren Bau wurde die *Wissemara* getaufte Kogge vom Stapel gelassen, das bauchige Transportschiff stellte sogleich seine bemerkenswerte Manövrierfähigkeit unter Beweis.

Auf der Wissemara müssen auch die Passagiere mit anpacken

Man kann die *Wissemara* im Alten Hafen, wenn sie vor Anker liegt, besichtigen und mit ihr auch in See stechen. Im Sommer werden dreistündige Törns zur Insel Poel und zurück angeboten. Und wenn der Kapitän den Befehl gibt: „Klar zum Segelmanöver! Klar zur Halse!", können auch die Passagiere mit anpacken, während die *Wissemara* sachte durch den Wind dreht.

Die *Wissemara* ist eine Attraktion, obgleich sie, nach letzten Erkenntnissen, der Nachbau eines erheblich jüngeren Schiffes ist. 2011 datierte der Archäologe Mike Belasus das Baujahr der Poeler Kogge durch ein neues Verfahren zur Altersbestimmung von Holz auf das Jahr 1773. Die Zeit der Koggen war da schon vorbei. In Wismar aber sieht man galant darüber hinweg.

Gesegelt wird in etwa von Mai bis Sept., in der Nebensaison mehrmals in der Woche, im Sommer bis zu dreimal tägl. Die ehrenamtliche, etwa zehnköpfige Besatzung gibt während der Fahrt bereitwillig Auskunft über den Bau des bauchigen Seglers und technische Details, Segelverhalten und Seemannsgarn. Die etwa dreistündige Fahrt kostet 23 € (meist nachmittags) bzw. 28 € (über Mittag und mit Eintopf), jeweils pro Pers. Infos zu den Segeltörns erhält man an Bord (Anleger am Alten Hafen, in der Nähe des Baumhauses), im Büro des Fördervereins im Baumhaus (der Eingang befindet sich an der Rückseite), telefonisch unter ✆ 03841-304310 oder unter www.poeler-kogge.de.

Das schiefe Gewölbe über der Grube

Idyllisch zeigt sich der Alte Hafen am *Lohberg*. Hier stehen ein paar Tische und Stühle der Restaurants und Cafés auf dem Kopfsteinpflaster und vor den farbenprächtigen Fassaden der mittelalterlichen Gebäude. In der Nähe mündet die *Grube* in den Hafen. Im 13. Jh. angelegt, ist sie einer der ältesten Kanäle in Deutschland und verbindet den Mühlensee (und zeitweise via Wallensteingraben sogar den Schweriner See) mit der Ostsee. Die Grube diente nicht nur zur Süßwasserversorgung, sondern auch als Transportweg, auf dem Lastkähne vom Hafen in die Altstadt getreidelt wurden. Unbedingt empfehlenswert ist ein Spaziergang vom entzückend schiefen Fachwerkgebäude, das sich beim Hafen über die Grube spannt und „Gewölbe" genannt wird, den alten Kanal entlang bis zur Kirche St. Nikolai, der Schweinsbrücke und dem Schabbellhaus. Auf halbem Weg kreuzt die Scheuerstraße, die Richtung Markt zur Bohrstraße wird. Hier hat sich ein einzigartiges Ensemble von Giebeln erhalten, deren Gestaltung von der Gotik über den Barock bis zum Klassizismus reicht.

St. Nikolai

Die Kirche St. Nikolai ist die dritte große Stadtkirche Wismars und ein bedeutendes Beispiel Norddeutscher Backsteingotik. Wenngleich die älteste Pfarrkirche Wismars, begann der Bau der heutigen Kirche relativ spät. Ab etwa 1380 wurde die Vorgängerkirche aus- und umgebaut. Obwohl zu dieser Zeit bereits neue architektonische Einflüsse spürbar waren, orientierten sich die Baumeister von St. Nikolai am Vorbild hochgotischer französischer Kathedralen. Entstanden ist eine prächtige dreischiffige Basilika mit schlankem Chorumgang und Kapellenkranz. Das Mittelschiff erhebt sich bei einer Breite von gerade einmal 10,5 Metern eindrucksvoll über 37 Meter in die Höhe. Der dadurch geschaffene überwältigende Raumeindruck wird von keiner Kirche an der Ostseeküste übertroffen. Ein Kleinod ist der Giebel des Südanbaus (1438/39). Der aus glasierten Backsteinen geformte Schmuckgiebel ist mit figürlichen Terrakottafriesen bestückt, die Fabeltiere, Fratzen, Heilige und Marien darstellen, darüber thront eine schmucke Blendrose. Der Kirchturm erhob sich ursprünglich dank eines enormen spitzen Turmhelmes auf eine Höhe von 120 Metern. Er wurde von einem schweren Sturm 1703 heruntergerissen und zertrümmerte das Mittelschiff.

St. Nikolai

Diese Katastrophe hatte zur Folge, dass St. Nikolai heute auch über eine bemerkenswerte barocke Innenausstattung verfügt. Hinzu kommen wertvolle Stücke, die aus den Kirchen St. Marien und St. Georgen gerettet werden konnten. Barock sind

u. a. die Kanzel mit ihrer verspielten Haube (1708) und die Taufe schräg dahinter (1719). In der südlichen Vorhalle sind der prächtige Schnitzaltar (um 1430) und das Hochkreuz aus der Kirche St. Georgen untergebracht. Auf dem bronzenen Taufbecken aus St. Marien, um 1335 gegossen, sind Szenen aus dem Leben Jesu zu sehen. Beeindruckend sind auch die erhaltenen Wandmalereien: allen voran der riesige, bis ans Gewölbe hinaufreichende St. Christophorus, Schutzheiliger der Reisenden (um 1450). Empfehlenswert ist der Aufstieg in das Gewölbe im Rahmen einer kenntnisreichen Führung. Den Besuch dieser prachtvollen Kirche sollte man sich nicht entgehen lassen!

St. Nikolai. Mai bis Sept. 8–20 Uhr, Okt. und April 10–18 Uhr, Nov. bis März 11–16 Uhr, Gottesdienst So 10 Uhr (erst danach wieder Besichtigung). Im Sommer werden für gewöhnlich täglich Gewölbeführungen angeboten (meist um 16 Uhr), im Winter eingeschränkt. St. Nikolai ist eine besucherfreundliche Kirche, Fotografieren ist ausdrücklich erlaubt (dass man kein Blitzlicht in der Nähe von Wand- oder Altarmalereien verwendet, versteht sich von selbst), auch artige Hunde dürfen an der Besichtigung teilnehmen. Die ehrenamtlichen Mitarbeiter, die die Öffnungszeiten ermöglichen, sind sehr engagiert, www.kirchen-in-wismar.de.

Schabbellhaus mit Stadtgeschichtlichem Museum

Schräg gegenüber der Kirche St. Nikolai und auf der anderen Seite der Grube liegt das Schabbellhaus, das heute das Stadtmuseum beherbergt. *Hinrich Schabbell* (1531–1600) war angesehener Bierbrauer, Kaufmann, Ratsherr und Bürgermeister der Stadt. Er engagierte zum Bau seines Wohn- und Brauhauses den holländischen Baumeister *Philipp Brandin* (ca. 1530–1594). Von 1569 bis 1571 ließ dieser das Gebäude im Stil der niederländischen Renaissance entstehen und setzte dabei auf eine Kombination aus Backstein und Sandstein, wie es in seiner Heimat üblich war. Besondere Aufmerksamkeit verdient der Nordgiebel (zur Grube hin) mit seinen sandsteinernen Gliederungselementen aus Säulen, Figuren, Voluten und Fensterrahmen, der Rest der Fassade besteht aus rotem Backstein. Im Schabbellhaus ist eigentlich das *Stadtgeschichtliche Museum* untergebracht. Wegen umfangreicher Sanierung wird es aber nicht vor Ende 2017 wiedereröffnen, dann aber mit einer deutlich größeren Ausstellungsfläche.
Schweinsbrücke 8, www.schabbellhaus.de.

phan Technikum

Das Technische Landesmuseum Mecklenburg-Vorpommern präsentiert hier die spannende Welt der Technikgeschichte zu „Luft", zu „Wasser" und rund ums Element „Feuer". Eine Abteilung zum Thema „Erde" soll folgen. Der Besuch ist vor allem für Kinder und Jugendliche spannend, aber auch für Erwachsene dank interessanter Exponate wie einen alten Schiffsmotor der *Gorch Fock* oder einen Nachbau von Lilienthals „Normalsegelapparat" überaus kurzweilig. Das Museum erinnert zugleich an den Flugzeugbau in Mecklenburg-Vorpommern (u. a. an Fokker, Dornier, Heinkel und Arado), an den hiesigen Schiffsbau (u. a. an die Warnowwerft, Volkswerft und Matthias-Thesen-Werft) und bietet Technik zum Anfassen (z. B. ein Propellerkarussell). Gleichzeitig geht die Ausstellung Fragen nach wie: „Hat Feuer einen Schatten?" oder „Gibt es Wände aus Luft?".

Das **phan Technikum** liegt im Westen Wismars, Zum Festplatz 3. Zu erreichen mit Buslinie 1 bis Haltestelle „Tierpark". Juli und Aug. tägl. außer Mo 10–18 Uhr, sonst bis 17 Uhr. Erw. 7 €, Kinder 6–17 J. 5 €, Familien ab 14 €. ✆ 03841-304570, www.phantechnikum.de.

Bei Boltenhagen

Klützer Winkel

Im Westen von Wismar, zwischen Wismarbucht und Trave, erstreckt sich ein lieblicher Landstrich. Seit jeher wurde rund um das kleine Städtchen Klütz Landwirtschaft betrieben, und auch heute noch befindet sich hier die Kornkammer Mecklenburgs.

Im Klützer Winkel scheint vielerorts die Zeit stillzustehen. Winzige Weiler, teilweise nur durch Schotterpisten oder holpriges Kopfsteinpflaster miteinander verbunden, verstecken sich zwischen sanften Hügeln. Am Straßenrand scharren Hühner, auf den Koppeln weiden Kühe neben Pferden und Eseln, Schweine liegen träge in offenen Stalltüren, und im Dorfteich schwimmen die Enten in Paaren umher.

Stilles Zentrum der Landschaftsidylle ist das kleine Städtchen Klütz. Das touristische Zentrum hingegen ist das Ostseebad Boltenhagen mit langem Sandstrand, Seebrücke und Kurzentrum. An der Küste des Klützer Winkels und in Klütz selbst erinnern wie an der ganzen Lübecker Bucht und Wismarbucht Gedenksteine an die Katastrophe der *Cap Arcona* (→ Insel Poel, S. 95).

Klütz
ca. 3100 Einwohner

Ein verträumtes, kleines Städtchen mit einem weithin bekannten, prächtigen Schloss, geadelt durch sein literarisches Erbe. Sieht man einmal vom regen Verkehr an der Durchgangsstraße ab, scheint sich kaum etwas geändert zu haben, seit Uwe Johnson in seinem berühmten Roman *Jahrestage* das kleine (fiktive) Jerichow beschrieb, das gemeinhin mit Klütz identifiziert wird (→ unten): kopfsteingepflasterte Straßen, ein beschaulicher Markt, eine schmucke kleine, steinalte Kirche mit weithin sichtbarem Turm, am Ortsrand eine alte Windmühle sowie das überraschend stattliche barocke Schloss Bothmer mit ausladendem Park und schließlich und vor allem – keine Hektik.

Uwe Johnsons „Jahrestage"

„... einwärts der Ostsee zwischen Lübeck und Wismar gelegen, ein Nest aus niedrigen Ziegelbauten entlang einer Straße aus Kopfsteinen, ausgespannt zwischen einem zweistöckigen Rathaus mit falschen Klassikrillen und einer Kirche aus der romanischen Zeit, deren Turm mit einer Bischofsmütze verglichen wird; lang und spitz läuft er zu, und wie die Mütze eines Bischofs hat er Schildgiebel an allen vier Stirnen"

Uwe Johnson, *Jahrestage*, Bd. 1, Frankfurt/M. 1993, S. 30f.

Jerichow, das fiktive mecklenburgische Städtchen aus Uwe Johnsons Roman *Jahrestage*, wird längst mit dem realen Klütz in Beziehung gesetzt, auch wenn Johnson in Interviews dieser Zuweisung immer widersprochen hat. Den edlen Spender des literarischen Ruhmes hat man in Klütz gleich mehrfach bedacht: Seit 2002 gibt es den *Förderverein Uwe Johnson in Klütz*, der u. a. den *Klützer LiteraturSommer* (Juni bis Sept., meist Lesungen) organisiert. Um eine weitere Attraktion reicher ist der Ort seit 2006: In einem umgebauten Getreidespeicher von 1890 wurde das *Literaturhaus Uwe Johnson* eröffnet, das neben einer Dauerausstellung zu Johnson auch die Stadtbibliothek (im Erdgeschoss) beherbergt. Dessen Lebensweg ist über mehrere Stockwerke verteilt zu sehen und mit zahlreichen interessanten Dokumenten unterlegt, dazwischen kann man sich auch mal in bequeme Sessel sinken lassen und in den Werken Johnsons schmökern. Im Literaturhaus finden häufig auch Lesungen und andere kulturelle Veranstaltungen statt. Es werden auch die Werke des Autors verkauft, außerdem gibt es eine kleine Automaten-Cafeteria. Sehr freundliche und hilfsbereite Leitung.

April bis Okt. Di–So 10–17 Uhr, Mo geschl.; Nov. bis März Mi–Sa 10–16 Uhr, So–Di geschl. Eintritt 3,50 €, erm. 2 €. Im Thurow 14, 23948 Klütz, ✆ 038825-22387, www.literaturhaus-uwe-johnson.de.

Ein Literaturhaus für Jerichow

Information Stadtinformation Klütz im Uwe-Johnson-Literaturhaus am Markt. Auch Zimmervermittlung. April bis Okt. Di–So 10–17 Uhr, Nov. bis März Mi–Sa 10–16 Uhr. Im Thurow 14, 23948 Klütz, ✆ 038825-22295, www.kluetz-mv.de.

Verbindungen Von 6–19 Uhr etwa stündlich **Busse** nach Boltenhagen und nach Wismar (Sa/So eingeschränkt), www.nahbus.de.

Einkaufen Nahe dem Zentrum, an der Lübecker Str. 3 (der Straße nach Kalkhorst),

Klütz

steht die **Alte Molkerei Klütz**. Darin befinden sich u. a. die Werkstattgalerien **dieKunstdasWerk**, **KeinKäse** und **Das Spinnrad**, die ausgefallenes Kunsthandwerk aus Porzellan, Alpakawolle, Leder und Metall, darunter witzige Retroklamotten und Schmuck, anbieten. Auch gibt es eine Mosterei. April bis Sept. Di–So 11–18 Uhr, Okt. bis März nur Do–So zur den gleichen Zeiten. ✆ 038825-371266, www.alte-molkerei-kluetz.de.

Übernachten/Essen & Trinken Orangerie Schloss Bothmer. Das geschmackvolle Restaurant des Schlosses Bothmer ist ein netter Lunchspot, auch wenn man das Schloss selbst gar nicht besichtigen will. Auf der Karte meist nicht mehr als vier zeitgemäße Interpretationen der gehobenen mecklenburgischen Küche (Hauptgerichte 13–16 €). April bis Okt. tägl. 10–18 Uhr. Am Park, ✆ 038825-266733, www.orangerie-schlossbothmer.de.

Landhaus Sophienhof. Ein Fachwerkhaus nur zwei Häuser hinter der Kirche (Eckhaus). Mit hübschem Café, das leckere Kuchen und Torten, z. T. mit regionalen Bioprodukten, zaubert und Mittagstisch bietet. Im Sommer mit Terrasse. Mo Ruhetag. Im Obergeschoss werden zudem vier sorgsam renovierte Zimmer vermietet. EZ ab 63 €, DZ ab 83 €, Frühstück 12 €/Pers. Des Weiteren Vermietung von zwei Ferienwohnungen in der klassizistisch anmutenden Villa Ruhnke am Ortsrand mit eigenem Garten, allergikergeeignet, daher aber keine Haustiere. Für max. 4 Pers., ab 105 €/Nacht. Wismarsche Str. 34, 23948 Klütz, ✆ 038825-267080, www.landhaus-sophienhof.de und www.villa-ruhnke.de.

Außerhalb Hotel/Restaurant Baumhaus. Kein Haus in den Bäumen, sondern ein Haus aus Bäumen, ein finnisches Blockhaus. Ca. 4 km außerhalb von Klütz (auf halbem Weg nach Kalkhorst), am Ortseingang von Klein Pravtshagen rechts ab, beschildert. Mit nettem Garten und Kinderspielplatz. Nur 4 Zimmer, im Obergeschoss mit Dachschräge. Auch Restaurant (rustikale Stube) und Café, Terrasse, durchgehend geöffnet, nicht teuer. EZ 48–76 €, DZ 68–88 €, Frühstück inkl., Halbpension 16 €/Pers. Klützerstr. 7, 23948 Klein Pravtshagen, ✆ 038827-264, www.hotel-baumhaus.de.

🌿 Gutshaus Stellshagen. Herrliches, auf einer Anhöhe liegendes Anwesen. Von Klütz in südlicher Richtung nach Damshagen (ca. 3 km), dort rechts ab nach Stellshagen (ca. 1,5 km). Das alte Gutshaus mit Liegewiese und kleinem Teich davor dient heute als zertifiziertes Bio-Hotel mit Tao-Gesundheitszentrum (Entschlackung, Massagen, ganzheitliche, hauptsächlich fernöstliche Anwendungen), auch Meditation und Yoga. Fahrradverleih, Saunahaus mit Badeteich. Handyfreie Zonen, im Restaurant ausschließlich vegetarische Gerichte (hoch gelobt), auch gluten- und laktosefrei, z. T. aus eigenem Anbau. Einladendes Café mit Wintergarten. Rauchen nur in der „Raucherinsel" im Hof erlaubt. Auch das nahe Gut Parin (unter gleicher Verwaltung, www.gutshaus-parin.de) ist zu

Schmalspurbahn 1:
Mit dem Kaffeebrenner durch den Klützer Winkel

Anfang des 20. Jh., als es noch die *Großherzoglich Mecklenburgische Friedrich-Franz-Eisenbahn* gab und das Getreide des Klützer Winkels auch zu Malzkaffee verarbeitet wurde, fuhr zur Erntezeit der so genannte „De Lütt Kaffeebrenner" von Klütz zur Malzfabrik nach Grevesmühlen. 2014 wurde ein Teilstück der Strecke als Schmalspurbahn wiederbelebt. Heute schnauft darauf der Kaffeebrenner mit Volldampf durch Wiesen und Weiden. Die Strecke führt über Stellshagen nach Reppenhagen und zurück, für die insgesamt zwölf Kilometer braucht der Zug 50 Min. (fährt ja auch nicht schneller als 20 km/h).

Erw. 10 €, bis 12 J. 5 €. Fahrten finden im April Mi u. Fr um 11, 12 und 14 Uhr statt, Mai, Juni, Sept. und Okt. Mo–Fr zu den gleichen Zeiten, im Juli und Aug. tägl. um 11, 12, 14 u. 15 Uhr. Der Zug startet am Klützer Bahnhof, Bahnhofstr. 4, ✆ 038825-37165, www.stiftung-deutsche-kleinbahnen.de.

empfehlen. EZ je nach Größe und Ausstattung 74–120 €, DZ 96–190 €, Zwei-Bett-Suite 185–250 € inkl. Frühstück. Ferienwohnung für 2 Pers. ohne Frühstück 85–140 € (plus 50 € Endreinigung), Hunde sind in einigen Zimmern erlaubt (10 €/Tag). Halbpension zusätzlich 23 €/Tag/Pers. Lindenstr. 1, 23948 Stellshagen, ✆ 038825-440, www.gutshaus-stellshagen.de. ■

Sehenswertes

Schloss Bothmer: Die größte und bedeutendste barocke Schlossanlage Mecklenburg-Vorpommerns liegt am südlichen Ortsrand von Klütz. Zwischen 1726 und 1732 wurde das Schloss von dem damals noch jungen und unbekannten Architekten Johann Friedrich Künnecke als Residenz des Reichsgrafen Hans Casper von Bothmer errichtet. Dieser war diplomatischer Gesandter der Welfen, noch vor der Fertigstellung des Schlosses verstarb er in London. Bis 1945 war das Anwesen in Familienbesitz, von 1948 bis 1994 war im Schloss ein Altersheim untergebracht. Im Inneren der symmetrischen Schlossanlage sind noch einige Überreste der barocken Originalausstattung erhalten, darunter Stuckdecken, schmucke Kamine, ein Intarsienkabinett und Eichenholzvertäfelungen, jedoch kein historisches Inventar. Dafür informiert eine modern konzipierte Ausstellung über das Adelsgeschlecht der Bothmer und die Geschichte des Hauses. Dabei erfährt man auch, dass das Schloss schon mehrmals als Filmkulisse diente, u. a. wurde hier *Die Flucht* mit Maria Furtwängler gedreht. Die Parkanlage rund um das Schloss wurde Mitte des 19. Jh. nach dem Vorbild englischer Landschaftsgärten angelegt. Ein Hingucker ist die Lindenallee namens *Festonallee* (ehemals die Hauptzufahrt zum Schloss).

Schlosspark. Mai bis Sept. tägl. 10–20 Uhr, im März, April und Okt. 10–18 Uhr, im Winter 10–16 Uhr. Eintritt frei. **Schloss.** April bis Juni und Sept./Okt tägl. außer Mo 10–17 Uhr, Juli u. Aug. tägl. 10–18 Uhr. Eintritt 6 €, erm. 4 €, Kinder bis 18 J. frei. www.schloss-bothmer.de. Im Schloss befindet sich auch ein gutes Restaurant → Übernachten/Essen.

Prachtvoll: Schloss Bothmer

Die Klützer Kirche

Kirche St. Marien: Die ältesten Teile der zwischen Spätromanik und Frühgotik errichteten dreischiffigen backsteinernen Hallenkirche stammen aus der Mitte des 13. Jh. Das Langhaus wurde später hinzugefügt. Im 14. Jh. wurde sie um den weithin sichtbaren, wuchtigen Turm von 56 Metern Höhe erweitert, der aufgrund seiner achteckigen, helmartigen Spitze auch „Bischofsmütze" genannt wird. Im Inneren der überaus schönen und sehenswerten Kirche finden sich Zeugnisse aus fast allen Jahrhunderten: Der romanische Taufstein stammt aus dem 13. Jh., das gotische Chorgestühl (an der Südwand, man beachte die geschnitzten Köpfchen) aus dem 14. Jh., die Kanzel wurde 1587 gefertigt, die fein geschnitzte Taufe 1653, der Barockaltar kam 1730 hinzu, die Orgel schließlich 1871.

In den Sommermonaten tägl. 10–16 Uhr, im Winter geschl. Gottesdienst Sonntag 9.30 Uhr.

Umgebung von Klütz

Verschlafene Einsamkeit am westlichsten Ende Mecklenburgs, Orte wie Elmenhorst, Kalkhorst, Harkensee und Dassow bergen kaum Aufregendes. Abgelegen und demnach kaum überlaufen sind auch die *Ostseestrände des Klützer Winkels:* ein kleiner Kies-Stein-Abschnitt vor der Steilküste bei Steinbeck und die deutlich attraktiveren, in westlicher Richtung gelegenen Strände von Brook, Groß Schwansee und Barendorf (sehr idyllisch, vom Parkplatz noch rund sieben Fußminuten bis zum Strand). Ein *Küstenwanderweg* verbindet Steinbeck und Priwall am westlichsten Zipfel Mecklenburgs.

Von **Priwall** ist es nur ein Katzensprung über die Trave hinüber nach Travemünde, die kleine Auto- und Personenfähre verkehrt alle zehn Minuten (1,20 €/Pers., Fahrrad 0,80 €, Motorrad 1,70 €, Auto 3,70 €).

Acht Kilometer südlich von Klütz befindet sich das Freiluftmuseum *Steinzeitdorf Kussow*, nett vor allem für Kinder: mit Ziegen- und Wildschweingehege, Bratwurst am Spieß wird hier über dem offenen Feuer grillt. Ansonsten erlaubt das Freilichtmuseum auch für Erwachsene einen interessanten Einblick in die Lebensumstände der Jungsteinzeitmenschen. Steinzeitliche Zeugnisse finden sich im *Everstorfer Forst* östlich von Grevesmühlen. Die Südgruppe der *Großsteingräber* von beachtlichem Ausmaß liegen nahe der B 105 Richtung Wismar, die Nordgruppe an einer kleinen, nach Nordosten führenden Landstraße. Die Großsteingräber sind zudem von Barendorf ausgeschildert.

Steinzeitdorf Kussow. April bis Okt. tägl. 10–17 Uhr, Nov. bis März nur Mo–Do 9–15 Uhr. Eintritt 4 €, Kinder (2–14 J.) 2,50 €, Familienkarte (2 Erw. und 2 Kinder) 9 €. Kussower Weg 7, 23948 Kussow, ☏ 03881-715055, www.steinzeitdorf-kussow.de.

Übernachten/Essen & Trinken

Schlossgut Groß Schwansee. Edel hergerichteter Gutshof aus der Mitte des 18. Jh., seit 2004 Luxushotel und Wellnessoase, nur wenige hundert Meter zum Ostseestrand. Zwei Restaurants, die so genannte Brasserie mit fair kalkulierter, gehobener lokaler Küche und das Schlossrestaurant mit deutlich französischen Einflüssen (Hauptgerichte 25–30 €, Mo/Di Ruhetage). Stilvoll eingerichtete Gästezimmer und Suiten, neuer Anbau. Von Kalkhorst aus beschildert. Die Preise variieren stark nach Buchungszeitraum und Saison, DZ in der Hochsaison ab ca. 180 €. Am Park 1, 23942 Groß Schwansee, ☏ 038827-88480, www.schwansee.de.

Ferienwohnungen Gut Brook. Nur etwa 700 m von der Ostsee im gleichnamigen winzigen Ort, etwa 10 km nordwestlich von Klütz. Gut Brook, das ökologische Landwirtschaft betreibt, bietet aufwändig restaurierte und hochwertig ausgestattete Ferienwohnungen für 2–8 Pers. über mehrere Gebäude verteilt, mit Garten und Grill, Kinderspielplatz und Fahrradverleih, Hunde erlaubt. Tagespreis je nach Größe der Wohnung 90–185 €. Dorfstr. 1, 23948 Brook, ☏ 038827-80125, www.brook.de. ■

Boltenhagen

ca. 2500 Einwohner

Boltenhagen bietet zwar nicht ganz so viel Noblesse wie die anderen Seebäder, dafür aber einen fast vier Kilometer langen, feinen Sandstrand mit angrenzender Steilküste. Es fehlen die Nobelvillen an der Strandpromenade, doch haben auch die kleinen traditionellen Strandhäuser hier durchaus ihren Reiz. In dem lang gezogenen Ort herrscht Kuratmosphäre, schließlich trägt der Ort auch den Titel Seeheilbad. Es gibt ein Kurhaus und einen Park mit Konzertmuschel und Trinkkurhalle sowie im östlichen Ortsteil zwei Kurkliniken. Dort steht auch die Ostseetherme, die jedoch wegen dringend nötiger Sanierungsarbeiten seit 2015 geschlossen ist. Ein Wiedereröffnungstermin stand zum Zeitpunkt der Drucklegung noch nicht fest. Es fehlt ein Investor für die Modernisierung. Sollte keiner gefunden werden, droht dem Ort der Verlust des Seeheilbadtitels.

Auf Höhe des zentralen Kurparks befindet sich die 290 Meter lange Seebrücke. Etwa 400 Meter südöstlich davon lädt an der Hauptdurchgangsstraße das kleine, aber recht kuriose *Buddelschiffmuseum* zu einem Besuch ein. Die Kollektion von rund 250 Flaschenschiffen ist der Sammelleidenschaft des Ex-Matrosen Jürgen Kubatz zu verdanken. Bei einem Besuch erfährt man übrigens auch, wie die Schiffe in die Flaschen kommen.

Buddelschiffmuseum, Mo–Fr 14–18 Uhr; Sa/So 13–18 Uhr. Spende willkommen. Ostseeallee 23, ☏ 038825-29062.

Knapp drei Kilometer östlich des Zentrums liegt die Marina „Weiße Wiek" mit 290 Liegeplätzen und zwei großen, etwas seelenlos geratenen Hotel- und Appartement-Resorts. Noch weiter östlich, auf der Landzunge bei Hohen Wieschendorf, lädt ein

Am Strand von Boltenhagen

traumhafter 18-Loch-Golfplatz mit Seeblick auf eine Runde ein. Wer noch kein Handicap hat und dennoch spielen will, findet in entgegengesetzter Richtung, gleich hinter Redewisch, eine Swingolfanlage. Hier sind auch Kinder willkommen.

Boltenhagen ist übrigens das drittälteste deutsche Ostseebad. Bereits 1803 wurden hier die ersten Badekarren ins Wasser gezogen, 1845 öffnete das Hotel *Großherzog von Mecklenburg* seine Pforten, bereits 1850 herrschte reger Badebetrieb. Heute stehen den Kur- und Badegästen etwa 8000 Gästebetten zur Verfügung. Das Geschäft mit gehobenen Appartementanlagen für eine nicht mehr ganz so junge, dafür umso finanzkräftigere Klientel boomt.

Basis-Infos

Information Kurverwaltung/Tourist-Information im Kurhaus an der Hauptstraße. Mo–Fr 9–17 Uhr, Sa/So 10–16 Uhr. Ostseeallee 4, 23946 Boltenhagen, ✆ 038825-3600, www.boltenhagen.de.

Verbindungen Busse, 12-mal tägl. (Sa/So 7-mal) über Klütz nach Wismar. Im Sommer 5-mal tägl. **Shuttle-Bus** von und nach Redewisch, 10-mal nach Tarnewitz (Weiße Wiek). Haltestelle gegenüber der Kurverwaltung/Tourist-Information.

Die **Bäderbahn Carolinchen** startet im Sommer zur Ortsrundfahrt, Steilküstenfahrt und zur Weißen Wiek, 8 €/Pers., Kinder 3 €, Abfahrt beim Kurhaus. Nähere Infos: ✆ 0171-4007670, www.carolinchen.net.

Aktivitäten

Ausflugsschiffe Schiffe zur Insel Poel (18 €, im Sommer Di/Do/Sa) oder zu einer Seehundbank (Erw. 12 €, tägl.) legen von der Weißen Wiek ab, z. B. die *MS Seebär*, ✆ 0171-2806317, www.ms-seebaer.de.

Baden Schöner Sandstrand von fast 4 km Länge, seit über 15 Jahren mit der Blauen Flagge geadelt. Sehr seicht, von Mitte Juni bis Mitte Sept. von der DLRG bewacht. Beachvolleyball, FKK bei Aufgang 11 und 12, Hundestrand bei Aufgang 22 und am Steilufer westlich vom Ort.

Fahrradverleih Mehrere Anbieter im Ort, z. B. **Fahrradverleih Krämer** (bei *Krämer's Wohnmobilhafen*), Fahrrad 8 €/Tag, auch Anhänger, Nachläufer, Kindersitze und

Ostseestrand bei Barendorf

Tandems. Ganzjährig geöffnet. Ostseeallee 58 b, ✆ 038825-23288 oder ✆ 0177-2928198, www.kraemerswohnmobilhafen.de.

Golf Golfclub Hohen Wieschendorf. Direkt an der Landzunge zwischen Wohlenberger Wiek und Eggers Wiek (17 km südöstlich von Boltenhagen). Greenfee 40 € (9-Loch 20 €). Am Golfplatz 1, 23968 Hohen Wieschendorf, telefonisch nicht kontaktierbar, www.howido-golfclub.de.

SwinGolf Boltenhagen. 18-Loch-Platz direkt am Steilufer nördlich von Redewisch (mit der Bäderbahn Carolinchen zu erreichen). Erw. 11 €, Kinder 7,50 €. April bis Okt., bei wenig Andrang in der NS Mo geschl. ✆ 038825-979797, www.swingolf-boltenhagen.de.

Reiten Das Angebot im Reiterhof Gabriel reicht von Kremser- und Kutschfahrten über Ausritte (besonders schön im Winter: Strandritte), Einzel- und Gruppenunterricht bis hin zu Reiterferien für Kinder, Reiten für Behinderte. Ostseeallee 40 c, ✆ 0173-9902301, www.boltenhagen-reiterhof.de.

Tauchen Tauchschule beim Regenbogen-Camp, → unten.

Übernachten/Essen & Trinken

Hotels Villa Seebach. Ansprechendes Haus an der Mittelpromenade, mit Fachwerk, schöne Veranda mit Korbsesseln, im Garten Kinderspielplatz und Sommertheater (vor allem für Kinder). Das einladende Restaurant ist mit Antiquitäten eingerichtet. Ausgefallene Küche mit mediterraner Prägung, Hauptgerichte 11,50–22,50 €, mittags und abends geöffnet. Gemütliche Zimmer (DZ 112 €, EZ 85 €, inkl. Frühstück) und Appartements (2 Pers. 122,50 €, bis 4 Pers. 136 €). Mittelpromenade 28, 23946 Boltenhagen, ✆ 038825-3150, www.villa-seebach.de.

Außerhalb Gutshaus Redewisch. Im gleichnamigen Ort ca. 3 km westlich von Boltenhagen. Gutshaus aus dem Jahr 1817, sehr schönes Ambiente im Speisesaal mit Parkett und dunklen Holzmöbeln. Von 12 bis 21 Uhr durchgehend geöffnet, serviert wird regionale Küche (Hauptgerichte 10–20 €). Zudem 21 großzügige Zimmer, manche mit Balkon. EZ 65–80 €, DZ 105–150 €, Vierbett-Suite 170–185 €, jeweils inkl. Frühstück. Redewischer Str. 46, 23946 Boltenhagen, ✆ 038825-3760, www.gutshaus-redewisch.de.

Camping Regenbogen Camp, zurückversetzt von der Küste, noch hinter der Ostseeallee. Professionell geführte Anlage, über 400 Stellplätze auf teils schattigem Gelände, dazu 96 gut ausgestattete Ferienhäuser (100–145 €). Mit Restaurant, Supermarkt, Spielplatz, Sportplätzen etc., außerdem Sauna, Massagen, Fitness usw. Zum Camp gehört im Sommer auch eine Tauchschule (www.tauchschule-nord.de). Stellplatz inkl. Personen, Auto/Wohnwagen oder Wohnmobil

37,50–41,50 €, für Spätanreisende auf dem dazugehörigen Wohnmobilhafen zur Durchgangsstraße hin 15 €, Stellplatz Zelt inkl. Pers. 32,50–37,50 €, Hund 4 €, Familienbad 10 €. Ostseeallee 54, 23946 Boltenhagen, ✆ 038825-42222, www.regenbogen.ag.

Krämers Wohnmobilhafen. Nahebei, ebenfalls von der Küste zurückversetzt. Ganzjährig geöffnet, jedoch nur 45 Stellplätze. 14 € pro Tag (im Winter 10 €), Strom 2,50 €. Duschen vorhanden, aber keine Toiletten. Ostseeallee 58 b, 23946 Boltenhagen, ✆ 038825-23288, www.kraemerswohnmobilhafen.de.

Essen & Trinken Blinkfür. Beliebtes, gehobenes Fischrestaurant mit Terrasse, innen maritim eingerichtet, Theke in Form eines Schiffes. Raffiniert in Szene gesetzte Gerichte, für die man 17,50–25 € einkalkulieren sollte. Mi–So ab 17 Uhr, Mo/Di Ruhetage. Ostseeallee 64 (an der Straße Richtung Osten), ✆ 038825-22114, www.blinkfuer-boltenhagen.de.

Restaurant **Kamerun.** An der Weißen Wiek. Der Name des Restaurants erinnert daran, dass man Anfang des 20. Jh. die hiesigen Fischerhütten mit jenen aus dem westafrikanischen Staat verglich. Das Restaurant, das zu einem 1917 gegründeten, familiengeführten Fischereibetrieb (heute in der vierten Generation) gehört, serviert fangfrischen Fisch (in zig Variationen, lecker ist der Fischeintopf), der direkt vom Kutter „Uschi" kommt. Man kann ihn entweder im Terrassenrestaurant verzehren oder im Hofladen als Fischbrötchen bekommen. Hauptgerichte 12,50–21,50 €. Mo–So 11–21 Uhr. Zum Hafen 1a (hinter dem dortigen Iberotel), ✆ 038825-267231, www.kamerunweb.de.

Café ››› Lesertipp: Alte Häuslerei. Hausgebackene, köstliche Kuchen und Torten, sehr freundlicher Service. Auch Pension. Mittelpromenade 32, 23946 Boltenhagen, ✆ 038825-21039. ‹‹‹

An der Wohlenberger Wiek

Die sichelförmige Bucht der Wohlenberger Wiek am Eingang der Wismarbucht liegt nur wenige Kilometer südöstlich von Boltenhagen. Die Bundesstraße nach Wismar (B 105) führt z. T. direkt am flachen, daher kinderfreundlichen Strand entlang. Und noch etwas kommt dem Badegast entgegen: Aufgrund der geringen Tiefe erwärmt sich die Bucht deutlich schneller als die offene Ostsee. Der Zugang zum oft aber recht schmalen Strand ist gebührenpflichtig (2 €, Kinder 1 €). Am Strand der Weißen Wiek gibt es eine Tauchschule (www.tauchschule-nord.de).

Verbindungen Am besten ist man in dieser abgelegenen Gegend mit dem eigenen Fahrzeug unterwegs. Der **Bus** auf der Strecke Wismar – Boltenhagen (ca. 12-mal tägl., Sa/So 7-mal) hält nur in Wohlenberg, nach Beckerwitz fährt außerhalb der Ferienzeit 2-mal tägl. der Schulbus.

Übernachten Jugendherberge **Wohlenberger Wiek.** Historisches Fachwerkensemble in Beckerwitz Ausbau, von der Straße von der Wohlenberger Wiek Richtung Wismar links ab auf eine schmale Straße, ca. 1 km von der Hauptstraße. Fußweg zum Strand (800 m). Mit Fahrradverleih, Tischtennis, Bolzplatz und Grillstelle, im Garten kann gezeltet werden, außerdem auch Baumhausdorf mit schicken Baumhäusern für 6 Pers. (139 €/Nacht, Frühstück extra). Nette Atmosphäre, gemütliche, bauernstubenartige Aufenthalsträume. Übernachtung mit Frühstück im Zwei- bis 8-Bett-Zimmer 20,40 €/Pers., Senioren ab 27 J. 25,80 €, Zeltplatz 12,50–16,50 €/Pers. mit Frühstück. Hund 5 €. Zur Wiek 4, 23968 Hohenkirchen, ✆ 038428-60362, www.jugendherbergen-mv.de.

Ostseecamping Zierow. Über dem recht flachen Sandstrand der Eggers Wiek bei Zierow, eigener Strandzugang. Zierow liegt ca. 2 km nördlich der B 105 (Straße nach Wismar). Bei Gägelow geht es links ab, beschildert. Anlage mit Mini-Market, zwei Gaststätten und Streichelzoo, diverse Sportangebote, auch Kegeln und Boccia. Die schönsten und teuersten Stellplätze sind die vorderen mit Seeblick, allerdings sind diese auch schattenlos. Im Angebot auch hübsche, komfortable Hütten und Bungalows. Ganzjährig geöffnet. Stellplatz (Wohnmobil oder Wohnwagen) für bis zu 5 Pers. 38–40 €, Zeltplatz ohne Auto 21 €, Hütte für bis zu 4 Pers. 419 €/Woche, Bungalow für bis zu 4 Pers. 729 €/Woche, Hund 5 €, Strom 3,50 €, Familienbad 13 €. Strandstr. 19 c, 23968 Zierow, ✆ 038428-63820, www.ostsee-camping.de.

Weide mit Weitblick

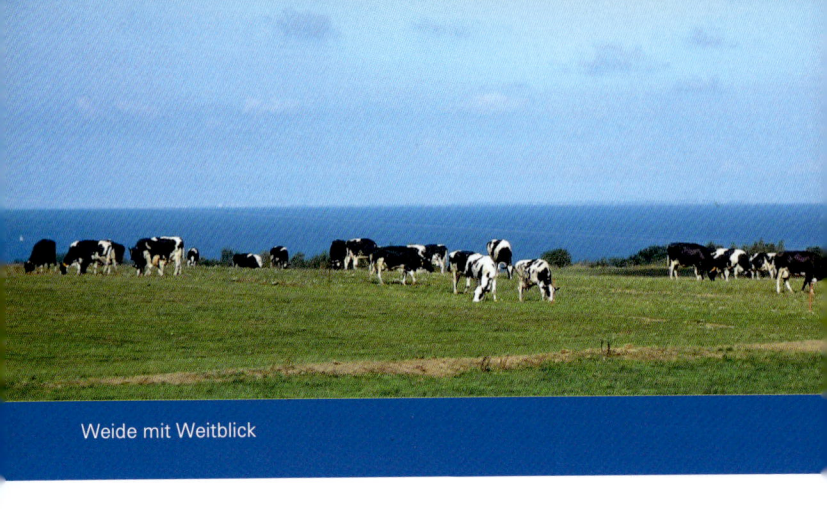

Zwischen Wismar und Rostock

Eine liebliche mecklenburgische Landschaft erstreckt sich zwischen den beiden Hansestädten: Pferde und Kühe grasen auf grünen Koppeln, von Bäumen beschattete Großsteingräber inmitten weiter Felder überstehen alle Zeiten, Kühe weiden mit Blick auf das blaue Meer, beliebte Sandstrände säumen die lange Küstenlinie. Inmitten der ländliche Idylle verbergen sich einige sehenswerte Attraktionen und sogar Superlative: mit Heiligendamm das älteste Seebad Deutschlands, nahebei die älteste Galopprennbahn in Bad Doberan und ebenda auch der kulturhistorische Höhepunkt der Gegend, das Bad Doberaner Münster – eines der bedeutendsten Monumente Norddeutscher Backsteingotik. Touristisches Zentrum ist das schmucke Ostseebad Kühlungsborn. Und schließlich wartet auch noch das Naturparadies Insel Poel vor den Toren Wismars.

Insel Poel   ca. 2500 Einwohner

Die stille Insel, der Wismarbucht schützend vorgelagert, war dank ihrer strategisch günstigen Lage in der Vergangenheit oft umkämpft. Heute erholt man sich hier am lang gestreckten Sandstrand.

Die 37 Quadratkilometer große Insel Poel ist weitgehend landwirtschaftlich geprägt, mit dem farbenprächtigen Effekt, dass zur Rapsblüte die halbe Insel in ein sattes Gelb getaucht ist. Baumbestand findet sich vornehmlich in Form eines schmalen Waldstreifens zum Schutz der Außenküste. Zum Festland hin sowie rund um die Bucht Fauler See im Südwesten wird die Küste von unter Naturschutz stehenden Salzwiesen (→ S. 19) gesäumt. Im Nordosten befindet sich rund um die kleine Insel Langenwerder ein bereits 1924 eingerichtetes Vogelschutzgebiet. Seit jeher leben die Bewohner der Insel von der Landwirtschaft und der Fischerei. Seit dem frühen 20. Jh. ist der Tourismus hinzugetreten und bildet heute die Haupteinnahmequelle der Einwohner. Es findet sich zwar nur eine überschaubare Anzahl an Hotels und Pensionen auf Poel, umso erstaunlicher ist aber die Menge an

Zwischen Wismar und Rostock

Appartementhäusern und Ferienwohnungen. Seit 2005 kann sich die gesamte Insel mit dem Prädikat (staatlich anerkanntes) Ostseebad schmücken.

Der Hauptort Poels ist *Kirchdorf,* das zwar mitten auf der Insel liegt, dank der lang gestreckten Bucht namens Kirchsee aber über einen Hafen verfügt. Einstmals befand sich hier ein kleines, aber stattliches Schloss, von dem nur die Erdwälle ehemaliger Festungsanlagen übrig sind. Um den Hafen – hier diverse Fischrestaurants und Imbissbuden – findet man die beiden Sehenswürdigkeiten der Insel: das Inselmuseum und die kleine Inselkirche.

Die Attraktion Poels hingegen ist der lange Strand, der im Sommer auch zahlreiche Ausflügler aus der nahe gelegenen Hansestadt Wismar anlockt. Schon bei der Anreise auf die Insel, bei *Fährdorf,* bietet sich an einem Picknickplatz an der Straße der weite Blick auf die Stadt Wismar, auf die Kirchtürme St. Marien und St. Nikolai, aber auch auf die riesige Werft. Das touristische Zentrum ist **Timmendorf/Strand** (nicht zu verwechseln mit Lübecks berühmter Bademeile) mit seinem kleinen Hafen, dem schmucken Leuchtturm, einem Campingplatz und vor allem dem herrlichen Sandstrand. Gänzlich abgeschieden und still liegt *Gollwitz* am anderen Ende des Außenstrands im Nordosten der Insel. Dazwischen befindet sich unweit von Kirchdorf der ruhige Ortsteil *Am Schwarzen Busch* mit einer Mutter-Kind-Kurklinik am Ortsrand. Ein Mahnmal erinnert hier an eine der größten Katastrophen der Seefahrtsgeschichte. In den letzten Tagen des Zweiten Weltkriegs, als die alliierten Truppen auf dem Vormarsch waren, wurden die Häftlinge des KZ Neuengamme nach Lübeck getrieben und dort auf kaum mehr fahrtaugliche Schiffe verladen, das größte darunter war der einstige Luxusdampfer *Cap Arcona.* Einen Zielhafen hatte die KZ-Flotte nicht, was geschah, war von den Nationalsozialisten nicht nur billigend in Kauf genommen worden, sondern menschenverachtendes Kalkül. Eine britische Jagdbomberstaffel griff am 3. Mai 1945 die Schiffe an, nicht wissend, dass sich überlebende KZ-Häftlinge an Bord befanden. Bei den Angriffen, bei denen die *Cap Arcona* und drei weitere Schiffe versenkt wurden, kamen etwa 7000 Menschen ums Leben: Sie verbrannten, ertranken (die Wassertemperatur betrug acht Grad Celsius) oder wurden erschossen. Die Ostsee spülte die Leichen an die Küsten der Lübecker Bucht und Wismarbucht. Bis in die 1960er Jahre fand man noch Knochen an den Stränden. Mehrere Friedhöfe und Gedenksteine erinnern heute an die Opfer.

Ostsee

Mecklenburger Bucht

Riedensee
Kägsdorf
Meschendorf
Bastorfer Signalberg
Bastorf
Mechelsdorf
Rerik
Garvsmühlen
Gaarzer Hof
Blengow
Wustrow
Zweedorf
Gersdorf
Großes Rerikriff
Roggow
Biendorf
Kielung
Salzhaff
Russow
Jörn
Rakow
Boiensdorfer Werder
Pepelow
Westbrüg...
Langenwerder
Klein Strömkendorf
Schliemann Gedenkstätte
Neubukow
Am Schwarzen Busch
Gollwitz
Boiensdorf
105
Krempin
Kaltenhof
Stove
Panzow
Timmendorf/Strand
Kirchdorf
Vorwerk
Niendorf
Alt Bukow
Rävensberg
Damekow
Blowatz
Timmendorf
Niendorf
Garvensdorf
Insel Poel
Fährdorf
Kirch Muls...
Groß Strömkendorf
Wismarbucht
Neuburg
Walfisch
Krusenhagen
Steinhausen
Zierow
Gagzow
Kartlow
Züsow
Klützer Winkel
Hornstorf
Wismar
Benz
Gägelow
Warkstorf
105
Neukloster
Lübeck
Lübow
Neuklostersee
Dorf Mecklenburg
A 20
106
192
Groß Stieten
Bobitz
Schwerin
Jesendorf
Warin

Zwischen Wismar und Rostock

Am Hafen von Timmendorf

Basis-Infos und Aktivitäten

Information Bei der **Kurverwaltung Insel Poel** gibt es Infos rund um die Insel, Zimmervermittlung, naturkundliche Veranstaltungen, eine Radwanderkarte und **geführte Wanderungen** (u. a. zu den Salzwiesen). Freundliche und hilfsbereite Mitarbeiter. In der Hauptsaison Mo–Fr 9–17.30 Uhr, Sa 10–12 und 14–16 Uhr, So 10–12 Uhr, Mitte Sept. bis Mitte Mai Mo–Fr 9–12 und 14–17 Uhr, Sa/So geschl. Wismarsche Str. 2, OT Kirchdorf, 23999 Insel Poel, ☎ 038425-20347, www.insel-poel.de.

Appartementvermittlung In der **Kurverwaltung** (→ oben) oder dem **PAS** (Poeler Appartement Service), dort vor allem Appartements rund um den OT Am Schwarzen Busch. Sonnenweg 5 f, 23999 Insel Poel/Schwarzer Busch, ☎ 038425-42155, www.pas-poel.de. Außerdem beim **Poeler Tourismus-Service**, Wismarsche Str. 7 a, OT Kirchdorf, 23999 Insel Poel, ☎ 038425-405003, www.poel.de.

Baden Die feinsandigen, flach ins Meer abfallenden Strände der Insel Poel sind im Bereich Timmendorf und Am Schwarzen Busch überwacht (Strandzugang nur mit *Kurkarte* oder Tageskarte zu 2 €, gibt's an Automaten), die Hundestrände befinden sich etwas abseits der jeweiligen Hauptabschnitte. Strandkörbe kann man in Timmendorf/Strand, Schwarzer Busch und Gollwitz mieten.

Fahrradverleih Poel ist eine Fahrradinsel, überall findet man gut ausgebaute Fahrradwege. Verleih u. a. bei der **Kurverwaltung** (→ oben) und bei **Fahrradverleih Stolpmann**, ab 5 €/Tag, auch Kinderräder und Anhänger. Wismarsche Str. 16, OT Kirchdorf, ☎ 038425-20470.

E-Bikes gibt es bei den Hafenmeistern in Timmendorf/Strand und Kirchdorf, 18 €/Tag, ☎ 0157-37474610.

Parken In den Zentren der Ortsteile Timmendorf/Strand und Am Schwarzen Busch kann man nicht parken, kostenpflichtige Parkplätze befinden sich an den Ortseingängen (1 €/Std., Tageskarte 4 €). In Timmendorf/Strand Wohnmobil-Stellplatz: 5 €/Tag, 4 € über Nacht.

Reiten Der **Reiterhof Plath** in Timmendorf bietet Unterricht und Strandritte, auch Reithalle, Pension, Pferdepension, Fahrradverleih und Gaststätte. Strandstr. 31, 23999 Timmendorf/Poel, ☎ 038425-20760, www.reitanlage-plath.de.

Surfen/Kiten Beliebt zum Surfen und Kiten sind u. a. der Naturstrand bei *Hinterwangern* (das letzte Stück auf einer Sandpiste,

Insel Poel

gebührenpflichtiger Parkplatz, zum Baden nicht so schön) und – zentraler und leichter zu erreichen – der Hundestrandabschnitt von Timmendorf/Strand. Bei letzterem, am Rand des Campingareals, bieten **Wassersport & Wasserspass** (✆ 0173-8574415) und **Kitekurs Ostsee** (✆ 0152-56170555, www.kitekurs-ostsee.de) von Mai bis Okt. Surf- und Kitekurse, SUP und Ausrüstungsverleih.

Verbindungen Bus 430 und 230 verbindet Wismar mit Poel, tägl. ca. 10-mal, Sa/So 5-mal, www.nahbus.de.

Die **Fahrgastschifffahrt** der Reederei *Adler Schiffe* steuert April bis Okt. bis zu 4-mal ab Wismar (Alter Hafen) den Hafen von Kirchdorf an (bzw. andersrum), Fahrtdauer 1 Std. (hin/zurück 18,90 €, Kinder 8,50 €). ✆ 04651-9870888, www.adler-schiffe.de.

Übernachten/Essen & Trinken

Poeler Forellenhof. Der direkt am Wasser gelegene Forellenhof (der Name rührt noch aus DDR-Zeiten, als hier einmal Forellen gezüchtet wurden) im kleinen Weiler Niendorf (von Wismar kommend Richtung Kirchdorf auf der linken Seite) erfreut sich größter Beliebtheit. Im Restaurant mit Terrasse bekommt man einfache Fischgerichte zwischen Forelle Müllerin und Dorschfilet mit Bratkartoffeln. Uriger geht es in der angeschlossenen Fischräucherei zu. Es werden auch Ferienwohnungen und Ferienhäuser vermietet, zudem kann man sein Wohnmobil auf einer betonierten, aber sonnigen Stellfläche mit Aussicht parken. Fahrradverleih. Ferienwohnung bis zu 4 Pers. 71–86 €/Tag, Frühstück 7,50 €/Pers., Halbpension 19,50 €, Wohnmobil inkl. 2 Pers. 13 €/Nacht mit Wasser, Strom und Dusche. Niendorf 13, 23999 Insel Poel, ✆ 038425-4200, www.poeler-forellenhof.de.

Gutshaus Kaltenhof. Im gleichnamigen Ortsteil. Nichts für Leute, die das Durcheinander lieben: Überaus gepflegte Anlage, alles präsentiert sich wie ein perfekt arrangiertes Kaffeetisch. 10 Zimmer, dazu drei Ferienwohnungen und eine Suite. Garten. Haustiere nicht erwünscht. DZ 94–105 €, Frühstück 8 €. Am Gutshof 4–6, 23999 Insel Poel OT Kaltenhof, ✆ 038425-423299, www.gutshaus-kaltenhof.de.

Pension Haus Margarethe. Freundliche Unterkunft in einem orangefarbenen Haus. Einfache und günstige Zimmer. Im dazugehörigen Restaurant/Café *Stilbruch* (nur Do–Mo 15–22 Uhr) gibt's nachmittags selbst gebackenen Kuchen und abends Hausmannskost. EZ 40 €, DZ 58 €, inkl. Frühstück. Gollwitz 15, 23999 Insel Poel, ✆ 038425-42246, www.hausmargarethe.homepage.t-online.de.

»» Unser Tipp: Café Frieda. Sehr schönes Garten- und Kunstcafé mit wechselnden Ausstellungen in der Galerie im Dachgeschoss, vor allem aber grandioses Backwerk! Vertrauen Sie den Konditoren-Kunstwerken, die Kuchen und Torten schmecken so gut, wie sie aussehen. Während der Saison tägl. 12–18 Uhr geöffnet, im Winter Fr–So 14–18 Uhr (Jan. geschl.). Hunde nicht draußen gestattet. In Kirchdorf die Straße Richtung Schwarzer Busch nehmen, im Ortsteil Oertzenhof geht es links ab, gut ausgeschildert. Oertzenhof 4, ✆ 038425-429820, www.cafe-frieda.de. **«««**

Das Ladencafé. Ein ebenfalls sympathisches, kleines Kuchencafé mit Gartenterrasse im Dorf Gollwitz. Köstliche Kuchen und Bossanova-Musik, dazu kann man sich auch in den Regalen umsehen: hübsches Kunsthandwerk aus Keramik, aber auch guter Honig. Tägl. ab 13 Uhr. Gollwitz 5, ✆ 038425/439863, www.das-ladencafe.de.

Camping Campingplatz Leuchtturm. Großer, moderner Platz in Timmendorf/Strand in unmittelbarer Strandnähe (aber ohne Seeblick), mit kleinem Laden bei der Rezeption und Minigolf. Geöffnet April bis Okt. Stellplatz inkl. 2 Pers. Erw. 5,50 €, Kinder 2–14 J. 2 €, Zelt 5,50–6,50 €, Wohnmobil 7,50–8,50 €, Auto 3 €, Strom 2,70 €, Hund 2,50 €, Dusche 1 €. Lotsensteig 25, 23999 Timmendorf-Strand, ✆ 038425-20224, www.campingplatz-leuchtturm.com.

Sehenswertes

Poeler Kirche und Festungsschanzen: Die Inselkirche in Kirchdorf ist das älteste Bauwerk Poels. Vom romanischen Vorgängerbau, um 1220 begonnen, zeugt noch der massige Turm. Im 14. Jh. wurde die Kirche im gotischen Stil umgestaltet und erweitert. Bemerkenswert ist der fein geschnitzte Hauptaltar aus dem frühen 15. Jh., der die Marienkrönung darstellt. Um die Kirche sieht man die Reste der Festungsschanzen, die im 17. Jh. errichtet worden waren. Ab 1614 wurde das kleine Schloss erbaut und 1620 mitsamt Turm und wehrhafter Sternschanze fertiggestellt. Doch bereits elf Jahre später musste sich die kleine Festung dem Ansturm der Truppen Wallensteins geschlagen geben. Zwar wurde das Schloss wieder aufgebaut, verfiel aber gegen Ende des 17. Jh. und diente schließlich nur noch als Steinbruch.

Mai bis Okt. Mo–Sa 9–16 Uhr, Gottesdienst Sonntag 10 Uhr (danach Kirchenführung).

Inselmuseum Poel: In der ehemaligen Inselschule präsentiert das kleine Museum zahlreiche informative Schautafeln über Geografie und Naturschutzgebiete der Insel, die abwechslungsreiche Geschichte Poels und ihrer Festung sowie über die Tragödie der *Cap Arcona*. Dazu ist ein buntes Sammelsurium von Ausstellungsstücken rund um die Insel Poel zu sehen, von einigen wenigen archäologischen Funden bis hin zu Alltagsgegenständen und Fischereigerätschaften wie Fischwaage und Aaleisen. Im Inselmuseum finden im Sommer regelmäßig Lesungen, Filmvorführungen Vorträge und ähnliche Veranstaltungen statt. Vor dem Museum befindet sich der *Poeler Findlingsgarten,* in dem Findlinge der Insel und aus der näheren Umgebung zu sehen sind.

Mitte Mai bis Mitte Sept. Di–So 10–16 Uhr, Mitte Sept. bis Mitte Mai nur Di, Mi und Sa 10–12 Uhr. Eintritt 2,50 €, Schüler 1,25 €, mit Kurkarte 2 €/1 €. Möwenweg 4, ✆ 038425-20732.

Stove

ca. 200 Einwohner

Östlich der Insel Poel, auf dem Weg weiter nach Norden Richtung Salzhaff und Rerik, gelangt man in sattgrüner Landschaft nach Stove. Am Eingang des kleinen Dorfs thront malerisch auf einem sanften Hügel eine 1889 erbaute *Windmühle.* Der „Holländer" mahlt noch immer Mehl wie vor hundert Jahren und kann besichtigt werden. Wenige Schritte sind es von der Mühle zu dem kleinen *Dorfmuseum* in einer hübschen alten Scheune, wo ein Sammelsurium an landwirtschaftlichem Gerät zusammengetragen wurde.

Öffnungszeiten Dorfmuseum. April bis Okt. Di–So 10–16 Uhr, Juli und Aug. tägl. 10–18 Uhr, im Winter nach Voranmeldung.

Die **Windmühle** ist in der Hauptsaison tägl. geöffnet, in der Nebensaison unregelmäßig, meist einmal die Woche. Oft kommt der Müller donnerstags, dann gibt es auch ein Schaubacken, Infos unter ✆ 038427-64446. Mühle 2,50 €, Kinder 1,50 €; Museum 2 €, Kinder 1 €, Kombiticket für beides 3 €. Im Dorfmuseum zur Saison zudem fast tägl. frisches Brot aus dem Lehmbackofen, außerdem Kaffee und selbst gebackener Blechkuchen. Mühlenstr. 34, www.muehlenverein-stove.de.

Übernachten Villa Seeheim. Historische Ferienvilla aus dem Jahr 1907 in idyllischer Alleinlage fast direkt am Wasser. In der Villa werden fünf Appartements vermietet, mit schönem, großem Garten, Kinderspielplatz und Strand. Das Salzhaff hier gilt als gutes Surfrevier. Anfahrt: In Stove von der Hauptstraße in die Straße „Zum Breitling" einbiegen, nach 500 m rechts ab (beschildert) und dann noch 1,5 km auf einem Feldweg. Für 2–6 Pers. 105–125 € für einen Tag, jeder weitere Tag 70–80 €. Zum Breitling 58, 23974 Stove, ✆ 038292-8613, www.villa-seeheim.de.

Salzhaff und Boiensdorfer Werder

Das Salzhaff, die tief eingeschnittenen Bucht, die sich zwischen der Festlandsküste und der Halbinsel Wustrow erstreckt, hat ihren Namen vom überdurchschnittlich hohen Salzgehalt, den die Ostsee hier aufweist. Mit einer durchschnittlichen Wassertiefe von nur vier Metern gilt das Salzhaff als ideales Surfrevier für Anfänger. An seiner Küste erstrecken sich Dünen und Salzwiesen, seltene Vögel nisten hier. Auf dem Boiensdorfer Werder, der glühbirnenförmig in Salzhaff ragenden Halbinsel, findet sich dann ländliche Idylle auf dem platten Land, mit Pferdekoppeln und Kuhweiden, Getreidefeldern und Salzwiesen.

Camping/Essen & Trinken ⟩⟩⟩ Unser Tipp: Ostseecamping Am Salzhaff. Beim Ort Pepelow, in herrlicher Lage direkt am Wasser, mit schmalem Strand. Ein sehr niveauvoller Platz, den man gar nicht genug loben kann. Traumhafte Stell- und Zeltplätze mit Haffblick, weitgehend unparzelliert. Häschen hoppeln umher. Kiosk mit Räucherfischverkauf hinter dem Strand, gut sortierter Markt, weiter oben am Eingang das gepflegte Restaurant mit Terrasse, das beste weit und breit: gute saisonal-internationale Gerichte, für die faire Preise verlangt werden. Top-Sanitäranlagen. Nicht billig, aber direkt am Eingang gibt es auch einen gepflegten Wohnmobilhafen fürs kleinere Geld. Viele Kinder und Hunde, eigene Kite-Schule (www.kite-surfers.de). Ganzjährig geöffnet. 6,60 €/Pers., Kinder 3,30 €, Stellplatz 13 €, Zelt und Fahrrad 4,75 €, Kind 3,30 €, Familienbad 10 €, Wohnmobilhafen 12 €. Strandweg 1, 18233 Pepelow, ✆ 038294-78686, www.campingtour-mv.de. ⟨⟨⟨

Wassersport Neben der Kiteschule am Camping „Am Salzhaff" (→ oben) gibt es an der Landenge außerdem die **Kiteschule Ostsee**; Schnupperkurse bis hin zum Intensivseminar. Geöffnet Mai bis Sept., nähere Infos unter ✆ 0381-3830083, www.kiteschule.com.

Neubukow

ca. 3800 Einwohner

Das kleine, verschlafene Städtchen würde man vielleicht achtlos passieren, hieße es nicht Neubukow, das nicht nur Freunden der klassischen Archäologie ein Begriff ist. Denn hier wurde *Heinrich Schliemann* (1822–1890), der Entdecker Trojas, geboren. Schon 1975 errichtete man in der Geburtsstadt des berühmten Altertumsforschers eine erste *Heinrich-Schliemann-Gedenkstätte*, die 1998 in das auch als *Rektorenhaus* bekannte Gebäude etwas unterhalb der Kirche umzog. Die ansonsten sehr textlastige, kleine Ausstellung zeigt auch drei großformatige Fotografien, u. a. vom Löwentor in Mykene und dem Schatzhaus des Atreus, zudem ein paar Originalfunde aus Troja. Die berühmte Goldmaske des Agamemnon ist als Kopie ausgestellt. Der Hauptraum des Museums ist wechselnden Expositionen vorbehalten.
Heinrich-Schliemann-Gedenkstätte: 1. Mai bis 30. Sept. Di–Sa 10–16 Uhr, Okt. bis Ende April nur Di–Fr 10–16 Uhr. Eintritt 2,50 €, Schüler/Studenten 1,50 €, Kinder bis 6 J. frei, Familienkarte 5 €. Am Brink 1, 18233 Neubukow, ✆ 038294-16690.

Kaufmann und „Selfmade-Archäologe": Heinrich Schliemann

Hier in Neubukow erblickte der berühmteste deutsche Altertumsforscher am 6. Januar 1822 das Licht der Welt. Allerdings nicht in der heutigen Schliemann-Gedenkstätte, sondern im Pfarrhaus neben der Kirche, das noch zu Schliemanns Lebzeiten abgerissen und durch einen größeren Neubau ersetzt wurde. An diesem erinnert eine Gedenktafel an den Mecklenburger Pfarrerssohns, der aber kaum mehr als das erste Jahr seines Lebens in Neubukow verbrachte, bevor der Vater eine neue Stellung in Ankershagen antrat und mit der Familie dorthin zog. Dementsprechend gibt es auch in Ankershagen ein Schliemann-Museum.

Schliemanns Karriere begann zunächst etwas schleppend als Handelsgehilfe in Rostock und Amsterdam, dann gründete er für seinen holländischen Arbeitgeber eine Niederlassung in St. Petersburg und machte sich erfolgreich mit einem internationalen Handelshaus selbstständig. Besonders üppig rollte der Rubel für den geschickten Geschäftsmann während des Krimkriegs (1853–1856), bei dem Schliemann sein damals schon beträchtliches Vermögen vervielfachte. 1864 zählte der Millionär zusammen und löste sein Geschäft in St. Petersburg auf. Das Sprachgenie Schliemann ging auf Weltreise, entdeckte sein Faible für die klassische Altertumsforschung und wurde von der Universität Rostock auf diesem Gebiet sogar promoviert (in Abwesenheit). Dabei gingen seine Theorien zur klassischen Antike von einem ganz simplen – und oft belächelten – Ansatz aus: Die Werke Homers hielt er nicht nur für Erzählung, sondern benutzte sie als detaillierte historische Quellen, die ihm wie ein Wegweiser bei der Suche nach Troja und Mykene zur Seite standen – und dank derer er tatsächlich fündig wurde. Seine berühmtesten Ausgrabungen sind Troja (u. a. der *Schatz des Priamos*) und die Königsgräber von Mykene. Schliemann starb am 26. Dezember 1890 in Neapel, sein Grab befindet sich auf dem Zentralfriedhof in Athen.

Zwischen Pfarrhaus und Schliemann-Gedenkstätte befindet sich die imposante *Petrus-und-Paulus-Kirche* aus dem 13. Jh. Der zugehörige Kirchturm misst 52 Meter Höhe und wurde erst im 15. Jh. angefügt. Beachtenswert im Inneren der Backsteinkirche sind u. a. das Altarbild und das aus einem einzigen Stein gehauene Taufbecken aus dem 13. Jh. Die Kirche ist während der Sommermonate meist geöffnet, ansonsten erhält man den Schlüssel in der Heinrich-Schliemann-Gedenkstätte.

Neubukow liegt auf halber Strecke zwischen Wismar und Bad Doberan, die B 105 führt durch den Ort. Etwa stündlich **Züge** nach Wismar und Rostock.

Rerik und die Halbinsel Wustrow   ca. 2200 Einw.

An der schmalen Landenge, die das Festland mit der Halbinsel Wustrow verbindet, liegt zwischen Ostsee und Salzhaff das kleine Ostseebad Rerik.

Die Halbinsel Wustrow, die das Salzhaff von der Ostsee trennt, ist ein kleines Naturparadies. Das war nicht immer so. 1932 wurde auf der Halbinsel eine Flakartillerieschule errichtet (einer der Ausbilder 1943: *Helmut Schmidt*), die sie zum Sperrgebiet machte. Für die 3000 Soldaten gab es mehr als 100 Ein- und Mehrfamilienhäuser, Mannschaftsunterkünfte, Krankenhaus, Kino, Kaufhaus, Schwimmhalle, Flugplatz usw. Nach 1949 diente die Halbinsel den Sowjets als Stützpunkt und Übungsplatz. Nach dem Ende der militärischen Nutzung 1993 wurde aus weiten Teilen Wustrows eine unberührte Naturlandschaft, 1997 wurden etwa zwei Drittel der Halbinsel unter Naturschutz gestellt. Über den militärischen Anlagen begann Gras zu wachsen. 1998 kaufte die Fundus-Gruppe von *Anno August Jagdfeld* die Halbinsel, ein großes Urlaubsareal mit Marina und Golfplatz sollte entstehen – zum Unmut der Reriker, die einen erheblichen Zuwachs des Verkehrsaufkommens befürchteten. So sperrten die Stadtvertreter die Zufahrtsstraße. Seitdem ist die Halbinsel wieder Sperrgebiet, in dem die alten Gebäude langsam einstürzen. Nur einer durfte hier von 2002 bis 2008 noch wohnen und arbeiten: der Objektkünstler *Günther Uecker*, dessen reliefartige Nagelbilder in den großen Museen der Welt zu sehen sind.

Immer wieder kursiert das Gerücht, dass die Halbinsel für geführte Wanderungen zugänglich gemacht werden soll. Aktuelle Informationen erhält man bei der Kurverwaltung in Rerik (→ unten). Versuchen Sie nicht, auf eigene Faust auf das Gelände zu gelangen. Es gilt in Teilen als munitionsbelastet. Auch am Strand von Rerik wurde schon Munition gefunden. Die Siebung von 80.000 Kubikmeter Rerik-Sand im Jahr 2014 brachte 51 Granaten sowie Kampfmittelfragmente mit einem Gesamtgewicht von 35 Kilogramm hervor.

> ### „Sansibar oder der letzte Grund"
> Der berühmte Roman von *Alfred Andersch*, erschienen 1957 und seither beliebte Schullektüre, spielt an einem einzigen Tag des Jahres 1937 in einer kleinen Hafenstadt an der Ostsee namens Rerik. Dort trifft eine Gruppe von Menschen zusammen, die aus dem nationalsozialistischen Deutschland zu fliehen versucht. Wer sich aber mit *Sansibar* unter dem Arm auf den Weg machen möchte, um die Handlungsorte des Romans abzulaufen, wird enttäuscht sein. Der Ort des Romans ist ein fiktives Rerik, das größere Ähnlichkeit mit Wismar aufweist. Es steht beispielhaft für die deutschen Kleinstädte zur Zeit des Nationalsozialismus und hat als solches Eingang in die Literaturgeschichte gefunden.

Auf der Meerseite Reriks befinden sich die Reste eines „Schmiedeberg" genannten slawischen Burgwalls, auf dessen Erhebung heute ein Aussichtspavillon thront, unterhalb davon eine 170 Meter lange Seebrücke und kilometerlanger Strand. Am Haff liegt der Hafen, dessen Anleger sich Fischer, Segler und Urlauber teilen. Eigentlich hieß der Ort Alt-Gaarz (von *garz*, altslaw. für Burg). 1938 aber benannten die Nationalsozialisten ihn um, da sie im „slawischen" Alt-Gaarz das vermeintlich germanische Rerik entdeckt haben wollten. Nach dem Zweiten Weltkrieg begann die touristische Karriere des kleinen Städtchens. Heute gibt es etwa doppelt so viele Gästebetten wie Einwohner.

Basis-Infos und Aktivitäten

Information Die **Kurverwaltung** unterhalb der Kirche bietet Zimmervermittlung, außerdem werden Ortsführungen, Führungen zu Großsteingräbern, Kräuterführungen, Strandwanderungen sowie geführte (Rad-)Wanderungen in die Umgebung angeboten. Geöffnet Mitte Mai bis Ende Sept. Mo–Fr 9–17 Uhr, Sa/So 13–16 Uhr; im Winterhalbjahr Mo–Fr 9–16 Uhr, Sa/So 13–16 Uhr. Dünenstr. 7, 18230 Rerik, ✆ 038296-78429, www.rerik.de.

Baden Der Hauptstrand in Ortsnähe um die Seebrücke ist zur Hauptsaison überwacht, ein Hundestrand ist etwas nördlich ausgezeichnet (Strandabgang Teufelsschlucht) und noch etwas weiter hinter dem Ortsrand ein FKK-Strand. Falls Sie angespülte Munitionsreste finden – nicht anfassen!

Fahrradverleih 2Radshop. Fahrräder ab 5 €/Tag, E-Bikes 17 €, auch Kinderräder und Zubehör. April bis Okt. tägl. 9–18 Uhr. Am Haff 2, ✆ 038296-74731, www.zweiradcenter-rerik.de.

Parken Unter anderem auf der Landenge Richtung Wustrow, 1 €/Std. Ein weiterer Parkplatz beim Strandzugang Teufelsschlucht etwas nördlich von Rerik. Wohnmobil-Stellplatz an der Landenge Richtung Halbinsel Wustrow.

Taxi In Rerik ✆ 038296-749919.

Veranstaltungen Kleines Theaterfestival auf dem Haffplatz am zweiten oder dritten Augustwochenende, Infos und Programme bei der Kurverwaltung.

Verbindungen Der **Bus 121** fährt via Kühlungsborn nach Heiligendamm und Bad Doberan (werktags nahezu stündlich, So ca. 8-mal), www.rebus.de.

Fahrgastschifffahrt Steußloff veranstaltet mit der *MS Ostseebad Rerik* Rundfahrten über das Salzhaff, im Sommer 2- bis 3-mal tägl., im April, Mai und Okt. 1-mal tägl. (14 Uhr), im Winter 3-mal die Woche (soweit das Haff eisfrei ist). Dauer ca. 2 Std., Erw. 14 €, Kinder 7 € (4–16 J.), Familienkarte 37 €.

Die Seebrücke von Rerik

Rerik und die Halbinsel Wustrow

Mit der *MS Salzhaff* werden „Wustrowführungen" veranstaltet. Die ca. 2 Std. dauernden Bootsexkursionen entlang der Halbinsel widmen sich speziell der Geschichte der Halbinsel und dem Naturschutz. Mai, Juni und Okt. Do (Juli bis Sept. Mo und Do) um 15 Uhr. 14 € pro Pers., Kinder 8 €. Haffplatz 5, 18230 Rerik, ✆ 038296-74761, www.ms-ostseebad-rerik.de.

Wassersport Segelschule Rerik. Vom Schnupperkurs bis zum Einzelunterricht, auch Scheine. Haffstr. 6, ✆ 0162-2162466, www.segelschule-rerik.de.

Surfschule Rerik. Bietet von Mitte Juni bis Ende August Schnupper- und Anfängerkurse, Kindersurfen, Einzelunterricht etc. Am Haff 2, ✆ 0173-2432501, www.surfschule-rerik.de.

Tauchschule Ostseebasis Seeblick. Auch für Einsteiger, Wracktauchen, Ausrüstungsverleih, außerdem Kanu-/Kajakverleih. Auf dem Gelände des Campingplatzes Seeblick (→ unten). Mai bis Mitte Okt. geöffnet. Meschendorfer Weg 1, ✆ 038296-70551, www.ostseebasis.de.

Übernachten/Essen & Trinken

Das Reriker Angebot an Übernachtungsmöglichkeiten und Restaurants ist für Durchreisende nicht ideal, denn es gibt vor allem Appartements und Ferienwohnungen.

»› Lesertipp: **Zur Linde.** Kleines Hotel mit einfachen, aber gepflegten Zimmern im Zentrum. Dazu Pool, Sauna und Restaurant (ausgesprochen gute regionale Küche mit viel Fisch zu 11–19 €). EZ 59 €, DZ 88 €, Frühstück 10 € (Kinder 5 €). Sauna 12 €, Hunde 6 €. Leuchtturmstr. 7, 18230 Rerik, ✆ 038296-79100, www.hotel-zur-linde-rerik.de. **«‹**

Hotel Haffidyll. Von der Lage her nicht ganz so idyllisch, wie der Name verheißen mag. Etwa 300 m südöstlich des Hafens, vom Salzhaff durch die Uferstraße und einen Grünstreifen getrennt. Freundliche Zimmer, DZ mit Frühstück 80–94 €, mit Seeblick und Balkon 110 €, Suite mit Himmelbett 136 €, auch Appartements für 2–4 Pers. (150 €). Parkplätze hinter dem Haus. Haffstr. 13, 18230 Rerik, ✆ 038296-70456, www.haffidyll.de.

Campingpark Ostseebad Rerik. Ca. 500 m hinter der Ostsee (dazwischen ein Acker und die Düne) und ca. 1,5 km nordöstlich des Zentrums. An der Straße Richtung Meschendorf). Parzellierter Platz mit Bistro, Fischräucherei und Wohnmobilhafen. Ganzjährig geöffnet. 5,50 €/Pers., Kinder 3 €, Stellplatz Wohnwagen/-mobil 13–23 €, Zelt 7–11 €, Auto 2,50 €, Hund 3,50 €, Strom 3 €. Straße am Zeltplatz 8, 18230 Rerik, ✆ 038296-75720, www.campingpark-rerik.de.

Ostseecamp Seeblick. Sehr gepflegter, etwas abgelegener Platz gut 3 km nördlich von Rerik direkt hinter der Steilküste, nur wenige Schritte hinunter zum Strand. Größere und kleinere Stellplätze, schattig und schattenlos. Zudem nette Bungalows/Appartements im skandinavischen Stil (dort sind Hunde nicht erlaubt!). Des Weiteren Restaurant, Supermarkt, Kinderspielplatz und -animation, Fahrradverleih, Tauchschule (→ oben) u. v. m. März bis Okt. Bushaltestelle ca. 300 m vom Platz. Erw. 7,60 €, Kinder 4,70 €, Stellplatz 13,10–18,90 €, Hund 5,50 €. Appartement 65–102 €, Bungalow 95–145 €. Meschendorfer Weg 3b,18230 Rerik, ✆ 038296-7110, www.ostseecamp.de.

Essen & Trinken Fischgaststätte Steilküste. Bemerkenswert altmodisches, leicht gehobenes Gasthaus mit viel gelobter Fischküche. Sehr beliebt und oft voll, nette Terrasse. Die kommunikativen Kellner berichten ausführlich über die Fänge des Tages (und die neuesten Alfa Romeos). Mo Ruhetag, So nur mittags. Gegenüber der Kirche das Gässchen namens Parkweg zur Küste nehmen, nach 150 m rechter Hand. Parkweg 10, ✆ 038296-78386.

Weitere **Cafés** und **Restaurants** am Hafen.

Sehenswertes

Pfarrkirche St. Johannes: Das sehenswerte backsteinerne Gotteshaus, das auf einem Feldsteinfundament ruht, wurde um 1270 errichtet. In Innern der gotischen Kirche dominiert eine barocke Ausstattung. Vom mittelalterlichen Inventar sind lediglich Triumphkreuz, Taufbecken und der Schrein des ehemaligen Hauptaltars erhalten. Bemerkenswert ist vor allem die ornamentreiche und fast vollständig erhaltene barocke Bemalung des Innenraums (1668) sowie Barockaltar und schwebender Taufengel aus der Zeit um 1750. Kurios: An der ebenfalls barocken Kanzel befindet sich eine Sanduhr, mittels der sich die Predigtlänge überwachen ließ.

Im Sommer Mo–Fr 11–17 Uhr, im Winter eingeschränkt. Kirchenführungen Mo um 10 Uhr sowie Sa/So um 11 Uhr. Turmbesteigung 1 € (Spende). ✆ 038296-78236, www.kirche-rerik.de.

Heimatmuseum: Das hübsch eingerichtete Museum befindet sich in der ehemaligen Schule Reriks. Gezeigt werden (in chronologischer Reihenfolge) Exponate zur Geschichte des kleinen Städtchens und der Gegend von der Steinzeit bis zur Gegenwart, vor allem aus der (natürlich maritim geprägten) Alltagskultur: Fischereigerätschaften, Knoten und natürlich Schiffsmodelle. Des Weiteren ist eine Fossiliensammlung zu sehen. Im ersten Stock ist ein Raum wechselnden Ausstellungen vorbehalten, im Garten steht ein rekonstruierter Badekarren aus der Zeit um 1850.

Mitte Mai bis Mitte Sept. Di/Mi und Fr 10–12 und 14–17 Uhr, alle anderen Tage nur 14–17 Uhr; Mitte Sept. bis Mitte Mai Di 10–12 und 14–17 Uhr, Mi u. Do 14–17 Uhr, Fr 10–12 Uhr, Sa/So 14–16 Uhr. Eintritt Erw. 2 €, erm. 1 €, Kinder (6–18 J.) 0,50 €. Dünenstr. 4, ✆ 038296-78429.

Dolmen: Mehrere Großsteingräber bezeugen die frühe Anwesenheit von Menschen in der Umgebung Reriks. Zwei Dolmen befinden sich beispielsweise an der Ausfallstraße Richtung Kröpelin (rechte Seite, auf Höhe der Bushaltestelle), andere liegen nördlich von Rerik. Ausgrabungen brachten zahlreiche Funde zutage, von denen einige im Reriker Heimatmuseum zu sehen sind. Die Kurverwaltung organisiert geführte Wanderungen zu den steinzeitlichen Gräbern.

Kühlungsborn
ca. 7400 Einwohner

Das größte Ostseebad in Mecklenburg erfreut sich nicht zuletzt dank seines fast sechs Kilometer langen Sandstrandes allergrößter Beliebtheit. Kühlungsborn besteht eigentlich aus zwei Orten, die durch eine lange Strandpromenade miteinander verbunden sind.

Die Ortsteile West (ehemals *Arendsee*) und Ost (ehemals *Brunshaupten*) wurden 1938 von den Nationalsozialisten zu dem einen Ort Kühlungsborn zusammengelegt. Beide verfügen heute über eine autofreie Promenade, Ost zusätzlich über eine Seebrücke und einen modernen Yachthafen, West dafür über die etwas schickere Strand-Piazza und die etwas prunkvollere Bäderarchitektur, mal mit klassizistischen Elementen, mal im Jugendstil. In der DDR war Kühlungsborn einer der Hauptferienorte der Gewerkschaft FDGB, deren Feriendienst hier die Urlauberströme organisierte. Vorangegangen waren umfangreiche Enteignungen im Zuge der „Aktion Rose" (→ S. 29), die die Unterbringung der in Spitzenzeiten über 150.000 Sommergäste jährlich ermöglichten. Heute besuchen etwa 440.000 Touristen jährlich Kühlungsborn, die meisten kommen aus Niedersachsen und Nordrhein-Westfalen, lediglich 1 % aus dem Ausland.

Alles in allem geht es in Kühlungsborn West vielleicht ein wenig beschaulicher zu als im moderner wirkenden, größeren Kühlungsborn Ost. Verbunden sind beide Orte durch die über drei Kilometer lange Ostseeallee – die längste Strandpromenade Deutschlands – mit zahlreichen repräsentativen Villen. Dahinter erstreckt sich der 133 Hektar große Stadtwald, der zum Spazierengehen einlädt.

An Sehenswürdigkeiten hat Kühlungsborn auch etwas zu bieten: die *Kirche St. Johannis* aus dem 13. Jh. (Ost), die *Brunshöver Möhl*, eine Holländer-Windmühle von 1870 (Ost), das *Molli-Museum* (West), die *Kunsthalle* (West) und den *Ostsee-*

Kühlungsborn 107

An der langen Strandpromenade von Kühlungsborn

Grenzturm (Ost). Kühlungsborn West könnte bald um noch eine Attraktion reicher werden: Die Stadtväter wollen die noch immer ehrwürdig thronende, aber heruntergekommene *Villa Baltic*, einen neobarocken Bau hinter der Uferpromenade, ankaufen und sanieren (der Abriss der Meerwasserschwimmhalle daneben ist bereits beschlossen und nur noch eine Frage der Zeit). Zum Zeitpunkt der Drucklegung war im Gespräch, die einst so prächtige Villa in einen Tagungsort oder in eine Ausstellungs- und Konzerthalle zu verwandeln. Ein weiteres Großprojekt sind die „Weststrand Residenzen" zwischen Ostseeklinik und dem *Naturschutzgebiet Riedensee*. 28 Luxusvillen (laut Immowelt bekommt man eine ab 1,8 Millionen Euro) sollen dort entstehen, zehn davon direkt hinter dem Strand.

Basis-Infos

Information Touristik-Service-Kühlungsborn, im *Haus des Gastes* (Villa Laetitia) neben dem Rathaus bei Strandzugang 11, auch Zimmervermittlung (☎ 038293-84949). Mai bis Sept. Mo–Fr 9–18 Uhr, Sa/So 10–16 Uhr; Okt. bis April Mo–Fr 9–16 Uhr, Sa/So 10–13 Uhr. Ostseeallee 19, 18225 Kühlungsborn, ☎ 038293-8490, www.kuehlungsborn.de.

Appartementvermittlung Anbieter gibt es viele, wer sich längerfristig hier einmieten will, sollte vor allem für die Hochsaison rechtzeitig buchen. Einer der größeren Anbieter ist **Sodan & Partner** im Zentrum von Kühlungsborn Ost: Strandstr. 32, ☎ 038293-7890, www.sodan-ostsee.de.

Verbindungen Mit dem **Bus 121** gelangt man über Heiligendamm nach Bad Doberan und weiter nach Rostock, in Gegenrichtung über Bastorf nach Rerik (werktags nahezu stündlich, So ca. 8-mal), www.rebus.de.

Zur **Schmalspurbahn Molli** → S. 114.

Zwischen Kühlungsborn Ost und West pendelt von 9–21 Uhr (in der Vor- und Nachsaison nur bis 17.30 Uhr) etwa jede halbe Stunde das Touristenbähnchen **Bäder-Express**, Stationen u. a. Bahnhof Ost, Seebrücke, Rathaus, Balticplatz, Kunsthalle, Camping, Bahnhof West. Von Station zu Station 0,70 €, Wochenkarte 25 €. www.reisebuero kuehlungsborn.de.

Das **Ausflugsschiff MS Baltica** fährt während der Saison tägl. außer Do und So nach Warnemünde und retour, Fahrtdauer 90 Min. und 3 Std. vor Ort, 21,50 €/Pers., erm. 14 €, Familienkarte 59,50 €. Näheres im Reisebüro Henschel, Strandstr. 51, ☎ 038293-13957 oder www.msbaltica.de.

Aktivitäten

Baden Die Blaue Flagge erhält Kühlungsborn seit über 15 Jahren in Folge. Der Strand ist schneeweiß und feinsandig, das Wasser sauber, die Hafenanlage äußerst gepflegt. Der Strand ist fast 6 km lang und teilweise bis zu 50 m breit. Am Strand Richtung Yachthafen (Kühlungsborn Ost) befinden sich Beachvolleyball-Felder, FKK-Abschnitte gibt es östlich des Yachthafens (Ost) sowie in West bei der Ostseeklinik, einen Hundestrand findet man bei Aufgang 14 und 15. Von 15. Mai bis 15. Sept. wird der Strand zwischen 9.30 und 18.30 Uhr von der DLRG bewacht.

Wem die See zu kalt ist, der geht ins **Kübomare**, eine Wellness- und Freizeitoase mit einer auf 32 °C aufgeheizten Schwimmhalle (Temperatur in den Meerwasserbecken 29°C) und sieben verschiedenen Saunen. Mo–So 10–21 Uhr. 3 Std. inkl. Sauna 14 €. Hinterm Yachthafen (Ost), Rudolf-Breitscheid-Str. 19, ☏ 038293-4312100, www.kuebomare-kuehlungsborn.de.

Fahrradverleih Gibt es zahlreich in Kühlungsborn Ost und West, ähnliche Preise.

Golf Ostsee Golf Resort Wittenbeck. Ca. 3 km südöstlich von Kühlungsborn nahe dem gleichnamigen Ort, von dort beschildert. Greenfee 9 Loch 35 €, 18 Loch 60 €, Platzreifekurs 440 €. Zum Belvedere, 18209 Wittenbeck, ☏ 038293-410090, www.golf-resort-wittenbeck.de.

Kino Ostseekino neben dem Campingpark in Kühlungsborn West, Waldstr. 1c.

》》 Unser Tipp: Strandkorbkino beim Hafen in Kühlungsborn Ost (Fulgen 5). Wer will, kann sich auch mit einem Handtuch auf den Sand setzen. Programm für beide Kinos unter ☏ 038293-13399, www.ostseekino-kuehlungsborn.de. **《《**

Klettern Kletterwald Kühlungsborn. Im Stadtwald nahe dem Touristik-Service-Kühlungsborn. Parcours verschiedener Schwierigkeitsgrade (auch für Kinder), mit dabei Radfahren in 10 m Höhe. 22 €/Pers., Kinder/Jugendliche 6–17 J. 17 €, jeweils für 2:30 Std.; Kinder bis 6 J. 11 € (1 Std.). Mai bis Okt. geöffnet, in der NS Mo/Di Ruhetag. Ostseeallee 25/26, ☏ 038293-417623, www.kletterwald-kuehlungsborn.de.

Reiten Reiterhof Böldt, am östlichen Ortsrand von Kühlungsborn Ost, unweit des Hafens. Unterricht auf Ponys und Pferden (keine Ausritte), Reithalle und Außenreitplatz, auch Pferdepension. Fulgen 1, ☏ 0172-2143421, www.reiterhof-boeldt.de.

Tennis Die Sandplätze des örtlichen Tennisverein im Lindenpark von Kühlungsborn Ost kann jedermann von Mai bis Sept. unter ☏ 038293-7781 mieten. Dünenstr./Lindenpark, www.tc-kuehlungsborn.de.

Veranstaltungen Beim Festival **Sea & Sand** (www.sea-sand.de) Anfang Juli legen

Pitchen und Putten in Mecklenburg

Kühlungsborn

DJs am Strand auf, Konzerte auch auf den Terrassen mancher Hotels. Zum **Sommerspektakel** Ende Juli ziehen Jecken und Narren durch die Stadt (Fasching also zeitversetzt). Über das erste Augustwochenende steigt das dreitägige **Promenadenfest** mit Trachtengruppen, Straßenkünstlern, Konzerten, Märkten und abschließendem großem Feuerwerk. Im Oktober stehen die **Kabaretttage** an.

Wassersport Wassersport Center 10 in Kühlungsborn West. Riesiges Angebot: Surf-, Jollen- und Segelkurse, Schnupperkurse, hier kann man auch den Sportbootführerschein (Binnen und See) machen, darüber hinaus Yachtcharter, Verleih von Angelbooten und Motorbooten, Hochsee-Angeltouren, Törns etc. Auch Pension *Sailer's Inn* (→ unten). Ganzjährig geöffnet. Anglersteig 2, ✆ 038293-14026, www.wassersport-center.de.

Bootsverleih Kühlungsborn am Bootshafen in Kühlungsborn Ost. Angelboote und kleine Motorboote (führerscheinfrei) ab 9 €/Std. (inkl. Sprit). Am Yachthafen, Strandzugang 3, ✆ 0172-4210307, www.bootsverleih-ostsee.de.

Tauchbasis BALTIC in Kühlungsborn West. Bietet von Mai bis Mitte Okt. Schnuppertauchen und diverse Kurse. Anglersteig 1, ✆ 038293-490841, www.tauchbasisbaltic.de.

Übernachten → Karte S. 110/111

Jede Menge Vier-Sterne-Häuser an der Ostseeallee, vor allem in Kühlungsborn Ost ist die Auswahl enorm. Für das kleinere Budget findet sich dagegen nicht allzu viel.

Kühlungsborn West »» Unser Tipp: Hansa Haus 3 1904 erbautes Bäderhotel direkt hinter dem Strand. Heute stilvoll renoviert. Ein Traum die Zimmer mit direktem Seeblick. Zum Frühstück kann man im Strandkorb sitzen, am Abend sich im feinen Gourmetrestaurant *Seeblick & Meer* (→ unten) verwöhnen lassen. Dazwischen empfehlen sich Ayurveda-Massagen. Auch das dazugehörige, herrschaftliche Nachbarhaus *Schloss am Meer* ist eine tolle Adresse. EZ ab 128 €, DZ ab 155 € (im Sommer Mindestaufenthalt drei Nächte), Frühstück inkl. Tannenstr. 6–8, 18225 Kühlungsborn, ✆ 038293-43790, www.hotel-schloss-am-meer.de. «««

**** Schweriner Hof 12 Direkt hinter der Strandpromenade. Zimmer teils in hellem Gelb, im Erdgeschoss Salon und Bibliothek, Café und das gemütliche Restaurant/Weinstube *Skagen*. Freundlicher Service. EZ 89–119 €, DZ 119–179 €, Vierbett-Appartement 189–209 €, Frühstück 15 €/Pers. Ostseeallee 46, 18225 Kühlungsborn, ✆ 038293-790, www.schwerinerhof.de.

Pension Sailer's Inn 10 Kleineres Haus in zweiter Reihe, nur wenige Schritte zum Meer. Nette und gepflegte Zimmer, die auch gerne von den Gästen des zugehörigen Wassersport-Centers (→ oben) gebucht werden. DZ 90 €, Drei-Bett-Zimmer 120 €, Frühstück inkl., Hund 6 €, Parkplatz 2 €. Anglersteig 2, 18225 Kühlungsborn, ✆ 038293-14026, www.sailersinn.de.

»» Unser Tipp: Weißt Du noch... 21 Französischer Landhausstil trifft Ostseelust. Appartementanlage im Boutique-Hotel-Stil mit zehn Einheiten, alle liebevoll ausgestattet, alle mit Terrasse, in den Gärten drum herum Blumen in allen Farben. Dazu eine Sauna. Appartements 85–150 €. Etwa 700 m hinter dem Strand. Friedrich-Borgwardt-Str. 2a, 18225 Kühlungsborn, ✆ 0173-5657750, www.weisstdunoch.com. «««

Campingpark Kühlungsborn 13 Riesiges, relativ schattiges Gelände am westlichen Ortsrand, nur durch ein Wäldchen vom Strand (hier auch FKK- und Hundestrand) getrennt. Alle möglichen Freizeiteinrichtungen, Kinderanimation, großes Sportangebot, Restaurant und Supermarkt (nebenan). Mitte März bis Okt. geöffnet. Großer Stellplatz für Wohnwagen/-mobil 19–27 €, Zeltstellplatz 8–16 €, Erw. 9,50 €, Kinder 3–12 J. 6 €, Hund 5 €, WLAN satte 4 €/Tag. Waldstr. 1b, 18225 Kühlungsborn, ✆ 038293-7195, www.topcamping.de.

Kühlungsborn Ost Vier Jahreszeiten 6 Ein Gebäudeensemble aus der Gründerzeit an der Uferstraße. Hotelzimmer und Appartements der gehobenen Kategorie. Mehrere edle Restaurants und Wellnessbereich mit Pool, Sauna und Kosmetik/Massage. EZ/DZ ab ca. 159 €, Frühstück inklusive, diverse Sondertarife und Arrangements auf der Webseite. Ostseeallee

10–12, 18225 Kühlungsborn, ℡ 038293-81000, www.4jahreszeiten-hotels.de.

Strandresidenz Hinter dem Hafen. Sieben exklusive Ferienwohnungen (63–170 qm) auf drei Etagen, das Penthouse wurde schon mehrmals als „Deutschlands beste Ferienwohnung" ausgezeichnet. Keine Tiere. Ab 210 €/Nacht. Cubanzestr. 66a, 18225 Kühlungsborn, ℡ 038293-432829, www.strandresidenz.info.

**** Europa 4 Größerer Hotelkomplex, ebenfalls an der Uferstraße. Im Haupthaus u. a. schöne Belle-Epoque-Suiten (etwas weniger imposant die Ausstattung der Zimmer in der Dependance) und die stilvolle Brasserie – ein Hingucker. Großer Saunabereich. EZ 140 €, DZ 150–280 €, inkl. Frühstück. Ostseeallee 8, 18225 Kühlungsborn, ℡ 038293-880, www.europa-hotel.de.

**** Hotel am Strand 9 Der Name stimmt nicht ganz. Genau genommen ist dieses gediegene Haus durch ein Wäldchen vom Strand getrennt. 38 Zimmer (z. T. mit Balkon). Mit Restaurant (leicht gehobenes Preisniveau, mittags und abends geöffnet). Fahrradverleih. DZ 110–160 €, Appartement 130–155 €, Frühstück inkl. Ostseeallee 16, 18225 Kühlungsborn, ℡ 038293-800, www.hotel-am-strand.de.

Ostsee Brauhaus Hotel 16 Zentrale Lage, über dem Brauhaus-Restaurant (→ unten). Ordentliche Zimmer (wenn Live-Musik im Haus ist, nicht die ruhigsten) und gepflegte Studios im Anbau. DZ ab 99 € inkl. gutem Frühstück, Studios ab 55 € zzgl. 48 € Endreinigung. Strandstr. 41, 18225 Kühlungsborn, ℡ 038293-4060, www.ostsee-brauhaus.de.

Pension Jasmin 5 Zentral, nur wenige Schritte zur Seebrücke, dennoch recht ruhig. Einfacheres Haus aus dem Jahr 1905 mit 16 Zimmern (teils bereits neu renoviert, teils aber noch veraltet) und 4 Appartements. Kostenloser Parkplatz. EZ 69–79 €, DZ 84–106 €, Frühstück inkl., Appartement für 2–4 Pers. 84–108 €. Ostseeallee 1, 18225 Kühlungsborn, ℡ 038293-6420, www.pension-jasmin.de.

Jugendgästehaus Kühlungsborn 20 Recht groß (92 Betten), wenn auch nicht mehr taufrisch. Übernachtet wird in 4- bis 6-Bettzimmern (es gibt auch barrierefreie). Gemeinschaftsbäder. Netter Speisesaal. Übernachtung mit Frühstück 23,90 €, für Senioren (ab 27 J.) 28,90 €, Leihbettwäsche 5 €. Dünenstr. 4, 18225 Kühlungsborn, ℡ 038293-17270, www.jgh-kuehlungsborn.de.

Außerhalb ⟫ **Unser Tipp: Gut Klein Bollhagen**. Wunderschön restaurierter, alter Gutshof im gleichnamigen Ort ca. 3,5 km südöstlich von Kühlungsborn. Exklusive Ferienanlage mit Garten, darin sieben Häuser, alle mit Terrasse, so geschmackvoll und edel ausgestattet, dass sie bei jedem „Schöner-Wohnen-Wettbewerb" gewinnen würden. Wellnessbereich mit Dampfbad, Sauna, Massage und Whirlpool. Haus für 2 Pers. 170 €, für 4–6 Pers. 195–205 € pro Tag. Hunde willkommen. Fulgenweg 3, 18209 Klein Bollhagen, ℡ 040-41352086, www.landleben-am-meer.de. ⟪

… Kühlungsborn 111

Essen & Trinken/Nachtleben

In fast allen Hotels sind die zugehörigen Restaurants nicht nur auf Hausgäste eingestellt, sondern oft mit einladender Terrasse zur Promenadenseite hin ausgestattet, die auch Vorübergehende zur Einkehr einlädt – man hat die Qual der Wahl. Zum Glück gibt es auch eine ganze Reihe neuer Lokale fern von Kurortbiederkeit.

Restaurants in Kühlungsborn West

Seeblick & Meer 3 Im Hansa Haus (→ Übernachten), herrliches Ambiente. Der Name ist Programm. Der junge polnische Küchenchef Lukasz Kawa lässt z. B. geschmorte Kalbsbäckchen mit Kartoffel-Zwiebel-Tarte, Foie Gras oder Kartoffelblini mit Lachs auffahren. Kleine, überschaubare Karte, Hauptgerichte 20–25 €. Mi–So ab 18 Uhr. Reservierung vonnöten. Tannenstr. 6, ☎ 038293-43790, www.hotel-schloss-am-meer.de.

Übernachten
- 3 Hansa Haus
- 4 Europa
- 5 Pension Jasmin
- 6 Vier Jahreszeiten
- 9 Hotel am Strand
- 10 Sailer's Inn
- 12 Schweriner Hof
- 13 Campingpark Kühlungsborn
- 16 Ostsee Brauhaus Hotel
- 20 Jugendgästehaus
- 21 Weißt du noch...

Essen & Trinken
- 1 Tillmann Hahn's Gasthaus
- 2 Edel & Scharf
- 3 Seeblick und Meer
- 7 Fisch Hus
- 8 Seeteufel
- 12 Skagen
- 14 Vielmeer und Edel & Scharf
- 15 Rossini
- 16 Brauhaus
- 17 Gallo Nero
- 18 Wings & Drums
- 19 Wilhelms Restaurant

Nachtleben
- 11 Bülow's Gartenlounge

Sonstiges
- 10 Wassersport Center/Tauchbasis Baltic

Seeteufel 8 Kleines, verwunschenes Fachwerkhäuschen. Innen gediegen, davor eine hübsche Terrasse. Sehr lecker die Dorade mit frischen Kräutern und Knoblauch, aber auch hervorragende Meeresfrüchte. Reservierung ratsam. Hauptgerichte 15–27 €. Do–Sa mittags und abends geöffnet, ansonsten nur ab 17 Uhr. Tannenstr. 9, ☎ 038293-12900.

Fisch Hus 7 Fischgaststätte fast direkt am Strand (nur über die Promenade), neben der alten DLRG-Station. Jeden Abend voll, auch hier sollte man dringend reservieren, zumal es innen im Pavillon nicht allzu viele Plätze gibt und das Wetter nicht immer nach Draußensitzen ist. Fisch aus eigenem Fang, bekannt auch für hervorragenden Räucherfisch. Günstig. Es gibt auch eine Verkaufstheke mit leckeren Fischbrötchen. Tägl. ab 9 Uhr (So ab 10 Uhr) durchgehend geöffnet, Küche bis ca. 21 Uhr. Ostseeallee 50, ☎ 038293-43855, www.fisch-hus.de.

Rossini 15 Beliebter Italiener inmitten der etwas sterilen *Kolonnaden*, ebenfalls oft bis auf den letzten Platz besetzt. Freundlicher Service, gute Pizza (ab 7,50 €) und Pasta, frische Salate. Tägl. 11.30–23 €. Unter den Kolonnaden 2, ☎ 038293-43640.

Restaurants in Kühlungsborn Ost

Wilhelms Restaurant 19 Gediegenes, etwas an den französischen Bistrostil angelehntes Lokal mit Fine-Dining-Ambitionen. Moderne, leichte Küche, auch Vegetarier und Veganer kommen hier nicht zu kurz. Kleine, ansprechende Karte, Hauptgerichte 17–27 €. An jedem ersten Freitag im Monat Livejazz, zudem immer wieder spannende Themenabende. Tägl. ab 17 Uhr. Strandstr. 37, ☎ 038293-630, www.neptun-hotel.de.

Vielmeer 14 Dieses Lokal über dem Yachthafen erfreut sich größter Beliebtheit. Restaurant, Cocktailbar und Café in einem, coole Holzterrassenlandschaft davor, innen modernes Lounge-Ambiente. Beliebt zum Aperitif, ab 21 Uhr oft Livemusik. Auf der Karte ein wilder Mix aus Tapas, Ostsee-Dorsch, Wokgerichten und Burgern, Hauptgerichte 16–28 €. Aufmerksamer Service. Tägl. ab 11 Uhr. Hafenstr. 4, ☎ 038293-41741, www.vielmeer.com.

Wings & Drums 18 2016 eröffnete, recht schicke „Erlebnis-Rotisserie". Hier dreht sich im wahrsten Sinne des Wortes alles ums Hähnchen, um die lecker marinierten Broiler von der Flammenwand der Showküche. Ansonsten bekommt man aber auch Backhendl, Chicken Wings oder Coq au Vin. Hauptgerichte 9,50–16 €. Mo–Do 17–24 Uhr, Fr–So ab 12 Uhr. Dünenstr. 13, ☎ 038293-820, www.hotel-max.de.

🌿 **Tillmann Hahn's Gasthaus** 1 Der Sternekoch Tillmann Hahn, der während des Weltwirtschaftsgipfels in Heiligendamm 2007 schon Staats- und Regierungschefs aus aller Welt bekochte, setzt hier ein ganz neues, fairpreisiges Konzept um. In seinem heimeligen, in Naturfarben gehaltenen Gasthaus ist Nachhaltigkeit oberste Devise. Fleisch vom Metzger des Vertrauens, Fische aus der Region, Bioprodukte. Die mecklenburgisch-internationale

Kühlungsborn 113

Küche richtet sich auch an Vegetarier. Hauptgerichte 8,50–17 €. Hinzu kommt ein regelmäßiges Kulturprogramm zwischen Kino, Livemusik und Lesungen. Nebenan das zugehörige Feinkostbistro. Warme Küche ab 11.30 Uhr. Ostseeallee 2, ✆ 038293-410214, www.villa-astoria.de. ■

Gallo Nero 17 Italienisches Ristorante in der Strandstraße. Köstliche Pasta und in Anbetracht der nördlichen Lage eine beachtlich gute Pizza aus dem Steinofen. Tägl. 11.30–23 Uhr. Strandstr. 39, ✆ 038293-43366.

Brauhaus 16 Restaurant der Brauerei, zu den diversen Bieren – je nach Jahreszeit u. a. Helles, Weizen, Maibock, Winterbier – werden deftige Brotzeiten, Fisch, Schweinshaxe und Schnitzel angeboten; das Bier wird in 1-Liter-Bügelflaschen auch außer Haus verkauft. Faire Preise. Tägl. 11.30–21.30 Uhr, von 8–10.30 Uhr gibt es Frühstück. Strandstr. 41, ✆ 038293-4060, www.ostseebrauhaus.de.

Snacks **Edel & Scharf** 2 Direkt an der Strandpromenade (Strandaufgang 11) in Kühlungsborn Ost. Die Currywurstbude für den etwas elitären Geschmack, denn auf Wunsch bekommt man zur Wurst auch ein Gläschen Schampus (13,50 €). Sehr beliebt, auch wegen der kleinen Terrasse mit Seeblick. Filiale 14 am Yachthafen. Tägl. 11.30 Uhr bis Sonnenuntergang. ✆ 038293-490855, www.edel-und-scharf.com.

Nachtleben Bülow's Gartenlounge 11 Mit Nachtleben ist in Kühlungsborn zugegebenermaßen nicht viel her, aber ein Cocktail in dieser gediegenen Location ist keine schlechte Idee. Bekannt ist die Bar für ihre rund 100 Whiskeys. Mit Außenbereich. Dem Hotel Polarstern angeschlossen. Di–So ab 18 Uhr. Ostseeallee 24, ✆ 038293-82951, www.polar-stern.com.

Deck Beach Club & Restaurant, sehr schöne Beachlocation 3,5 km östlich von Kühlungsborn bei Heiligendamm, für Details → S. 125.

Sehenswertes

Molli-Museum: Im Bahnhof Kühlungsborn West ist das überschaubare Museum untergebracht. Die kleine Fundgrube für Eisenbahnnostalgiker bietet alles vom Fahrkartendrucker bis zur Schiene. Zu den Exponaten (allerdings außerhalb des Bahnhofgebäudes) gehört auch eine alte Dampflok. Angeschlossen ist ein nettes Museumscafé, Molli-Souvenirs erhält man nebenan am Fahrkartenschalter.
Im Sommer tägl. 9–18 Uhr, im Winter ca. 9.30–16 Uhr. Eintritt frei. Fritz-Reuter-Str. 16, ✆ 038293-431331, www.molli-bahn.de.

Kirche St. Johannis: Die ursprünglich spätromanische Kirche liegt etwas außerhalb an der Straße Richtung Kröpelin und geht auf das frühe 13. Jh. zurück, wurde aber um 1400 im gotischen Stil erweitert. Erst später kam der hölzerne Turm hinzu. Besonders sehenswert im Kircheninneren sind die hölzerne *Kühlungsborner Madonna* aus dem Jahr 1380 und die barocke Kanzel aus dem Jahr 1698. Die Kirchenfenster sind mit 42 barocken Glasmalereien geschmückt.
Tägl. 9–18 Uhr, im Winter bis 16 Uhr. Schlossstr. 19, ✆ 038293-17261.

Kunsthalle: Das Jugendstilgebäude aus der Zeit um 1900 liegt an der Strandpromenade von Kühlungsborn West, neben dem Hotel Schweriner Hof. Einst war hier eine Lesehalle untergebracht, heute hat der Kunstverein Kühlungsborn e. V. in der Kunsthalle seinen Sitz. Mehrmals im Jahr finden hier Ausstellungen statt, die meisten davon sind Künstlern der Ostseeregion vorbehalten. Außerdem regelmäßig Lesungen, Kabarett und Konzerte.
Di–So 12–18 Uhr, im Winter nur bis 17 Uhr, der Eintritt variiert je nach Ausstellung. Ostseeallee 48, ✆ 038293-7540, www.kunsthalle-kuehlungsborn.de.

Ostsee-Grenzturm: 27 Grenztürme säumten einst die Küste der DDR. Zwei sind noch erhalten, darunter der 1972 errichtete Turm des Typs BT 11 hinter dem Strand von Kühlungsborn Ost. Von der 15 Meter hohen Kanzel konnte man ein Gebiet von zwölf Seemeilen überwachen, um Fluchtversuche zu unterbinden. Neben

Schmalspur 2: Der Molli

Schmalspur 1 → S. 87, Schmalspur 3 → S. 226

Eine schwerfällige Attraktion schnaubt im Stundentakt von Kühlungsborn die Küste entlang nach Heiligendamm und weiter nach Bad Doberan: die Dampfzüge der Mecklenburgischen Bäderbahn, genannt „der Molli". 1886 wurden die 900-Millimeter-Schmalspurgleise von Bad Doberan nach Heiligendamm verlegt. Die zunächst 6,6 Kilometer lange Strecke wurde 1910 auf 15,4 Kilometer verlängert, Zielbahnhof war damals wie heute das Seebad Arendsee, das nunmehr Kühlungsborn West heißt. Die bis heute die Last des Bahnbetriebs ziehenden Lokomotiven stammen aus dem Jahr 1932 und erreichen mit 450 PS eine Höchstgeschwindigkeit von 50 Stundenkilometern. Bereits in den 1970er Jahren wurde die Schmalspurbahn zum technischen Denkmal erklärt und weitgehend touristisch genutzt, um Strecke, Lokomotive und Waggons erhalten zu können. Nach der Privatisierung in den 1990er Jahren ging der „touristische Ausbau" des Molli weiter. Im Bahnhof Kühlungsborn West entstand ein Museum, im Bahnhof Heiligendamm wurde das nostalgische Restaurant *Herzoglicher Wartesaal* eröffnet. Im Zug kann man z. B. an musikalischen Sonderfahrten teilnehmen, sich auf einen Kaffee in den Salonwagen begeben oder sogar zum Ehrenlokführer ausbilden lassen. Und auch in Bad Doberan bietet der Molli eine kleine Attraktion: Im Zentrum nämlich schnaubt die Schmalspurbahn im Schritttempo durch die Fußgängerzone.

Allerdings ist der Molli keineswegs nur ein nostalgisches Touristenbähnchen. Vielmehr ist er auch ein brauchbares Nahverkehrsmittel, kann man doch vergleichsweise günstig (zumal mit einer Wochenkarte) jede Menge Urlaubsziele der Gegend bequem erreichen.

Verbindungen Die Mecklenburgische Bäderbahn Molli verbindet Bad Doberan via Heiligendamm mit Kühlungsborn (Ost und West) etwa im Einstundentakt (im Winter, ca. alle 2 Std.), Fahrtzeit etwa 45 Min. Bei Veranstaltungen an der Bad Doberaner Rennbahn (Ostsee-Meeting, Zappanale) hält der Molli auch dort.

Preise Kurzstrecke 3 €, Einzelkarte Erw. 8 €, (hin/zurück 14 €), Kinder (6–14 J.) 6 € (10 €), Familien 20 € (35 €), Fahrrad/Hund pauschal 3,20 € bzw. 4 €. Auch Wochenkarten (24,40 € für die gesamte Strecke).

Information Mecklenburgische Bäderbahn Molli GmbH, Am Bahnhof, 18209 Bad Doberan, ☏ 038293-431331, www.molli-bahn.de.

dem Turm gibt es ein kleines Dokumentationszentrum, das auch Fluchtversuche aus Kühlungsborn dokumentiert. Eine der spektakulärsten Fluchten war die von Peter Döbler 1971, der in 25 Stunden zur 48 Kilometer entfernten Insel Fehmarn schwamm.

Grenzturm, Di u. Fr 15–17 Uhr, eine Spende von 2 € ist erwünscht. **Dokumentationszentrum**, Mo 10–14 Uhr, Di–Fr 14–17 Uhr. Ostseeallee 1a, ☎ 038293-14020, www.ostsee-grenzturm.com.

Umgebung von Kühlungsborn

Bastorf: Das kleine Dorf liegt etwa vier Kilometer südwestlich von Kühlungsborn und knapp drei Kilometer vom nächsten Strand entfernt. Dominiert wird das Ortszentrum vom weithin bekannten *Gutshof Bastorf* mit seinen reetgedeckten Fachwerkgebäuden. Etwas nördlich ragt der 1878 erbaute rote Klinker-Leuchtturm auf dem Bastorfer Signalberg in die Landschaft. Bei gutem Wetter kann der Leuchtturm auch bestiegen werden.

Leuchtturm. Im Sommer 11–17 Uhr, im Winter 11–16 Uhr geöffnet (bei schlechtem Wetter geschl. bzw. „Bi Schietwedder is tau!"), Erw. 2,50 €, Kinder 0,50 €, auch Fernglasverleih. Kostenlose Parkmöglichkeit, von dort 5–10 Min. zu Fuß zum Leuchtturm.

Baden Kägsdorfer Strand. Ca. 3 km nordwestlich von Bastorf, in Kägsdorf der schmalen Asphaltstraße zum Strand folgen. Sand und große Steine, nicht sehr idyllisch, aber auch nicht übermäßig besucht. Im Sommer mit Imbisswagen und Toiletten, Parken von Mai bis Okt. gebührenpflichtig: Auto 3 €/Tag, Kleinbus bzw. Wohnmobil freche 15 €. Wohnmobile dürfen über Nacht nicht stehen bleiben!

Einen schöneren, weitläufigen Naturstrand findet man auch bei den **Arendseer Dünen** (Fahrradweg von Kühlungsborn West über die Waldstraße in westliche Richtung), westlich davon liegt das *Naturschutzgebiet Riedensee*. Kostenloser Parkplatz etwas oberhalb an der Straße.

Einkaufen 🌿 Hof-Markt des Gutshofs Bastorf. Im gut sortierten Hof-Markt kann man allerlei Hausgemachtes erstehen, sich mit Sauerfleisch in der Dose, Sanddornduschgel, regionalen Schnäpsen u. v. m. eindecken. Einiges auch in Bioqualität. Zudem Snacks und Kuchen. Tägl. 10–18 Uhr. Kühlungsborner Str. 1, ☎ 038293-6450, www.gutshof-bastorf.de. ∎

Übernachten Pension Schmelzer. Im Zentrum des ruhigen Gutsdorfes Kägsdorf, nicht zu übersehen. Davor ein netter, schattiger Kinderspielplatz, zur Meerseite hin ein großer Garten mit Strandkörben, Tischen und Bänken sowie einem Grill für die Gäste. Die Zimmer bzw. Appartements sind einfach, aber rustikal-charmant eingerichtet – Fliesenböden, helles Holz, Küchenzeile, teilweise mit Blick aufs Meer und zwei davon auch mit Balkon. Sympathische Leitung, kinderfreundlich und auch noch günstig. Fahrradverleih. 1,2 km vom Strand. Appartement für 2 Pers. 59–64 €, für Familien (max. 4 Pers.) 75–80 €, Frühstück 7 € (Kinder 3,50 €). Mitte März bis Anfang Nov. und über Weihnachten/Neujahr geöffnet. Zum Strande 6, 18230 Kägsdorf, ☎ 038293-14902, www.pensionschmelzer.de.

Cafés Café/Restaurant Valentins. Am Bastorfer Leuchtturm, sonnige Aussichtsterrasse, hier gibt es Frühstück, deftigen Mittagstisch, Kaffee, Kuchen und Eis – ideal auch als Zwischenstopp für Radler. Mo–Fr 10–18 Uhr, Sa/So bis 19 Uhr, im Winter verkürzt. Zum Leuchtturm 8, ☎ 038293-410270, www.valentins-cafe.de.

Imbiss und **Biergarten** in Kägsdorf.

Der Leuchtturm von Bastorf

Stimmige Kulisse für einen Mittelaltermarkt: das Kloster

Bad Doberan
ca. 12.100 Einwohner

Zu Recht gerühmt wird Bad Doberan wegen seines bedeutenden Münsters und dessen kostbarer Ausstattung. Die kleine Stadt am Rande der ehemaligen Klosteranlage gerät aufgrund der enormen Strahlkraft des Gotteshauses ein wenig in dessen Schatten, verfügt aber über einen ganz eigenen Charme.

Wer angesichts des berühmten gotischen Bauwerks auch ein mittelalterliches Städtchen erwartet, wird überrascht sein. Es gibt nahe dem Klostergelände zwar eine sehenswerte Altstadt, allerdings eine durch und durch klassizistische. Begründet liegt dieser eigenwillige Stilmix in einer nicht minder eigenwilligen Geschichte. Am Anfang stand das Kloster, neben dem sich ein kleines Dorf entwickelte. Nachdem mit der Einführung der Reformation in Mecklenburg 1552 das Kloster geschlossen wurde, wurde es still um Doberan. Betriebsamkeit kehrte lediglich anlässlich adeliger Todesfälle ein, da die Fürsten von Mecklenburg Doberans Münster zu ihrer Begräbnisstätte gewählt hatten. 1793 war es schlagartig aus mit der ländlichen Ruhe, als Herzog *Friedrich Franz I.* Doberan zu seiner Sommerresidenz erkor. Da sein Arzt geraten hatte, einer neuen Mode zu folgen, nach der das Bad im Meer der Gesundheit förderlich sei, ließ Friedrich Franz das erste deutsche Seebad Doberan-Heiligendamm gründen. In Doberan entstanden rund um eine ehemalige Kuhweide, die zu einem Park samt Pavillons umgestaltet wurde und fortan *Kamp* heißen sollte, prächtige klassizistische Bauwerke. Ab 1886 verband eine Schmalspurbahn das prachtvolle gesellschaftliche Zentrum Doberan mit dem Strand von Heiligendamm. Bis heute schnauben die Züge, genannt der „Molli", durch das Zentrum und die Fußgängerzone Doberans, das 1921 den Namenszusatz „Bad" erhielt.

Bad Doberan

Für wenige Tage im Sommer weht ein Hauch von Ascot über die stille Mecklenburger Landschaft. Der Boden bebt unter den Hufen kraftvoller Pferde, Wetten werden abgeschlossen, manchmal gewonnen, meist verloren, und selbstverständlich dürfen auch die ausgefallenen farbenfrohen Hüte nicht fehlen: Es findet auf der traditionsreichen *Galopprennbahn* das alljährliche *Ostsee-Meeting* statt. Bereits 1822 wurden auf dem Geläuf Pferderennen veranstaltet, wodurch sich Bad Doberan nicht nur mit dem ältesten Seebad zieren kann, sondern auch mit der ältesten Galopprennbahn Deutschlands. Nach langer Pause werden seit 1993 wieder Rennen veranstaltet.

Basis-Infos
→ Karte S. 119

Information Die Touristinformation Bad Doberan ist kompetent und freundlich, auch Zimmervermittlung, Kartenvorverkauf und **Stadtführungen** (→ unten). Geöffnet Mitte Mai bis Mitte Sept. Mo–Fr 9–18 Uhr, Sa 10–15 Uhr, So geschl.; Rest des Jahres Mo–Fr 10–16 Uhr (Do bis 18 Uhr), Sa/So geschl. Severinstr. 6, 18209 Bad Doberan, ✆ 038203-62154, www.bad-doberan-heiligendamm.de.

Verbindungen Bad Doberan liegt an der **Regionalbahn**strecke zwischen Wismar und Rostock mit stündlicher Verbindung in beide Richtungen.

Zur **Schmalspurbahn Molli** → S. 114.

Der **Bus 119** verbindet Bad Doberan mit Warnemünde (via Nienhagen), Mo–Fr tagsüber etwa stündl., Sa/So 6-mal. Mit der **Linie 121** gelangt man zudem tagsüber nahezu stündl. über Heiligendamm (Parkplatz) nach Kühlungsborn und weiter nach Rerik. www.rebus.de.

Einkaufen Froschkönig **3** Ein zauberhafter Laden mit Designerprodukten, die sich nicht nur um Frösche & Co. drehen, sondern vor allem Maritimes zum Thema haben: Strandtaschen, Schlüsselanhänger in Pottwal-Form, Stoffe, Schmuck und viele nette Dinge mehr. Mo–Fr 10–17 Uhr, Sa 10–13 Uhr. Am Markt 14, ✆ 038203-735419, www.froschkoenig.me.

Torhaus 1 → Essen & Trinken.

Traditionsreich: Schon die Klosterbrüder züchteten Fisch

Veranstaltungen

Stadtführungen Die Touristinformation veranstaltet Stadtführungen ganzjährig Do um 11 Uhr, Mai bis Okt. zudem Di um 12 und Sa um 11 Uhr (Treffpunkt Touristinformation, 3,50 €, erm. 3 €); kombinierte Münster- und Stadtführungen finden stets Do um 11 Uhr statt, Mai bis Okt. zudem Di um 11 Uhr (Treffpunkt Münster, 5 €, Kind 6–18 J. 2,50 €). In den Sommermonaten auch geführte Radtouren ab Münster (ca. 3 Std., 6 €/Pers., erm. 5 €, Kind 3 €). Für die beiden letztgenannten Touren muss der Zeitpunkt abgesprochen werden.

Achtung: In Bad Doberan gibt es keinen Fahrradverleih (mehr)!

Veranstaltungen Das **Ostsee-Meeting** findet meist am ersten Augustwochenende auf der Bad Doberaner Galopprennbahn statt. Diese liegt neben der Allee, die von Bad Doberan nach Heiligendamm führt und verfügt während des traditionsreichen Ereignisses über eine Molli-Haltestelle. Infos zu

Zwischen Wismar und Rostock → Karte S. 96/97

den Rennen unter www.doberaner-renn tage.de. Achtung: Zukunft wegen Sponsorenmangels ungewiss!

Zappanale, das große Musikfestival (2017 zum 28. Mal, bei dem kein Geringerer als Zappa-Sohn Dweezil auf der Bühne stehen soll!) zu Ehren von Frank Zappa findet ebenfalls auf der Galopprennbahn bei Bad Doberan statt (Mitte Juli). Auch während der Zappanale hält der Molli an der Rennbahn. Vorverkauf in der Touristinformation, Tagesticket 79 €, erm. 35 €, bis 15 J. frei, Infos: www.zappanale.de.

Übernachten/Essen & Trinken

››› Unser Tipp: **** **Halbersbacher Prinzenpalais** 5 Zweifellos das erste Haus am Platz. Man residiert in einer repräsentativen Herberge am Alexandrinenplatz. Das 1831 von Severin errichtete Palais verfügt über 30 schöne Zimmer/Suiten sowie das gehobene Restaurant *Orangerie* (Hauptgerichte 12–17,50 €, von Lesern gelobt). Freundlicher Service. EZ 124 €, DZ 143 €, Juniorsuite 164 €, Frühstück inkl., Hund 15 €. Alexandrinenplatz 8, 18209 Bad Doberan, ✆ 038203-73160, www.halbersbacher.de. ‹‹‹

››› Lesertipp: Hotel Villa Sommer 6 Leser haben den Aufenthalt in der Jugendstilvilla sehr genossen. Obgleich gegenüber vom Molli-Bahnhof gelegen, ist das Hotel angenehm ruhig. Sehr gepflegt, individuell eingerichtete Zimmer. Sauna. EZ ab 69 €, DZ ab 95 €, Frühstück inkl. Friedrich-Franz-Str. 23, 18209 Bad Doberan, ✆ 038203-73430, www.hotel-villa-sommer.de. ‹‹‹

Café Zikke 4 Etwas zurückgesetzt vom Alexandrinenplatz im Alexandrinenhof, der idyllische Hinterhofatmosphäre verströmt. Im Sommer gibt es auch draußen ausreichend Plätze, ansonsten kann es drinnen schon mal recht voll werden. Bistro-Atmosphäre. Sehr gute Küche zwischen Pasta, großen Salaten, Steaks oder Original Wiener Schnitzel (Hauptgerichte 10–27 €). Hausgemachter Kuchen, sehr freundlicher Service. Tägl. 11–1 Uhr geöffnet. Alexandrinenplatz 2, ✆ 038203-649470, www.cafe-zikke.de.

Café-Restaurant Weißer Pavillon 2 In einem der beiden Pavillons auf dem Kamp (→ unten), mit überdachter Terrasse. Fleisch- und Fischgerichte, aber auch Salate und Vegetarisches. Hauptgerichte 10–15 €, freundlicher Service. Mi–So 12–22 Uhr geöffnet, nachmittags Kaffee und Kuchen. Auf dem Kamp, ✆ 038203-62326, www.weisser-pavillon.de.

Torhaus 1 Im ältesten profanen Gebäude der Stadt gibt es ein verspieltes Wohnzimmer-Kuchencafé mit hübscher Gartenterrasse, aber gleichzeitig zwei Läden, die wie geschaffen sind für den Mitbringsel-Einkauf: Sanddornbonbons, Kräuter, Strickschals, hochwertiges Kunsthandwerk u. v. m. Tägl. 10–18 Uhr. Klosterstr. 1A, ✆ 038203-854463, www.bad-doberaner-klosterladen.de.

Außerhalb Pension Schwark 8 Kleine Pension in Althof, einem ruhigen Dorf ca. 3 km südöstlich von Bad Doberan. Direkt am idyllischen Dorfteich gelegen, mit Garten und Terrasse. Auch von Lesern empfohlen. Nur 6 Zimmer (zweckmäßig), Frühstücksküche für alle Gäste (im Sommer Frühstück im Garten). *Achtung*: In Althof gibt

Frank Zappa in Bad Doberan

Übernachten
- Halbersbacher Prinzenpalais
- Villa Sommer
- Pension Schwark

Essen & Trinken
- Torhaus
- Café-Restaurant Weißer Pavillon
- Café Zikke
- Fischereihof Detlefsen

Einkaufen
- Torhaus
- Froschkönig

---

es kein Restaurant! Günstig: EZ 45–50 €, DZ 55–70 €, Frühstück inkl. Früh buchen! Am Dorfteich 4, 18209 Bad Doberan/Althof, ☎ 038203-91060, www.pension-schwark.m-vp.de.

🌿 **Fischereihof Detlefsen 7** Südöstlich von Bad Doberan liegen im Hütter Wohld die ehemaligen Fischteiche des Zisterzienserklosters, die auch heute noch zur Fischzucht genutzt werden. Von Bad Doberan auf der B 105 Richtung Rostock, dann rechts ab Richtung Bartenshagen/Parkentin, insgesamt ca. 8 km von Bad Doberan. Feines, mehrfach ausgezeichnetes Restaurant, auf der ausgesuchten Karte finden sich saisonale Speisen rund um den fangfrischen (Süßwasser-)Fisch. Stilvolles Ambiente. 12–20.30 Uhr warme Küche, wechselnde Ruhetage (→ Webseite), meist Mo/Di, im Winter sollte man ohnehin besser vorher anrufen, ob geöffnet ist. Sehr beliebt, Reservierung ist ratsam. Angeschlossen ist auch ein kleiner Fischladen. Am Hütter Wohld 5, 18209 Hütten, ☎ 038203-12244, www.fischereihof.de. ∎

Das Triumphkreuz im Münster

Sehenswertes

Münster und ehemalige Klosteranlage: Das Münster zählt zu den bedeutendsten gotischen Bauwerken in Mecklenburg-Vorpommern. Der augenfälligste Unterschied zu den Kirchen der Hansestädte ist das Fehlen einer Turmanlage. Stattdessen steht über der Vierung ein Dachreiter mit hoch aufragender Spitzhaube. Dies und die elegante Außenfassade, die sich mit Ausnahme von Blendrosetten in den Giebeln der Querschiffe und der Westfassade kaum Verzierung erlaubt, lassen die Kirche als Bauwerk der Zisterzienser erkennen, denen eigentlich jeder Zierrat zuwider war. Eigentlich – denn im Innern zeigt sich das Münster ungemein kunstvoll gestaltet. Aber bereits in ihren Ausmaßen ist es für eine Klosterkirche, zumal des Zisterzienserordens, ungewöhnlich groß ausgefallen. In seiner Anlage ist das Münster von Bad Doberan eine dreischiffige Basilika (von 79 Metern Länge) mit eleganten Querschiffen. Gleichmäßig legen sich fünf Kapellen zu einem Kranz um den Chorumgang. 1368 war das Münster vollendet und präsentierte sich dank der strengen Ausführung der architektonischen Vorgaben der Zeit geradezu modellhaft als eines der herausragenden Beispiele Norddeutscher Backsteingotik – abgesehen von der erwähnten Abwesenheit des Turms. Nicht zuletzt aber verdankt das Gotteshaus seine Bedeutung der außergewöhnlichen, weitgehend mittelalterlichen Ausstattung. Beeindruckend ist zunächst die Raumwirkung im lichtdurchfluteten Inneren der Kirche. Dank der aufwändigen Restaurierung zwischen 1964 und 1984 ist u. a. die ursprüngliche Farbgebung wieder sichtbar gemacht worden. Zu den herausragenden Stücken der Ausstattung gehören der kostbare Hochaltar, der um 1310 entstanden war (um die unterste Reihe Mitte des 14. Jh. erweitert) und damit eines der ältesten Beispiele eines Flügelaltars darstellt, daneben der schlanke, 11,60 Meter hohe Sakramentsturm, der um 1360 aus Eichenholz kunstvoll geschnitzt wurde, und gegenüber der ebenfalls um 1360 fertiggestellte doppelseitige Kreuzaltar mit dem monumentalen Triumphkreuz. Weiterhin bemerkenswert sind die nahezu vollständig erhaltenen mittelalterlichen Mönchsgestühle mit kunstvoll geschnitzten Seitenwänden.

Bad Doberan 121

Dass das Doberaner Münster in derart gutem Zustand erhalten ist, hat verschiedene Ursachen. Sicherlich bewahrte die abgeschiedene Lage die Kirche vor Schaden – beispielsweise vor Bilderstürmerei oder vor den Bombennächten des Zweiten Weltkriegs. Dass das Gotteshaus nicht vergessen von der Welt verfiel, ist dem Umstand zu danken, dass es als Grablege mecklenburgischer Fürsten diente. Als dann schließlich Doberan zur Sommerresidenz der mecklenburgischen Fürsten wurde und das ehemalige Klostergelände Ende des 18. Jh. zu einem englischen Landschaftsgarten umgestaltet worden war, wurde das Münster zu dem, was es bis heute geblieben ist: eine Attraktion.

Die Außenanlage ist noch immer ein anmutiger Landschaftspark, umgeben von der alten (1963 restaurierten), 1,5 Kilometer langen Klostermauer. Vor der Westfassade erstreckt sich ein idyllischer Teich. Am Südschiff findet sich ein Stück des ehemaligen Kreuzgangs. Auf der anderen Seite der Kirche erhebt sich das frühgotische Beinhaus. Etwas abseits liegt die malerische Ruine einer Scheune, die „Wolfsscheune". Und schließlich finden sich südlich des Münsters noch die Ruine eines Wirtschaftsgebäudes, das renovierte Kornhaus und dahinter der gepflegte Klostergarten sowie ein Spielplatz samt Picknickbänken.

Mo–Sa 9–18 Uhr (Mai bis Sept.), bzw. 10–17 Uhr (März/April und Okt.) und 10–16 Uhr (Nov. bis Febr.), So jeweils erst ab 11 Uhr, Gottesdienst So 9.30 Uhr. Eintritt Erw. 3 € (inkl. Führung 4 €), erm. 2 € (3 €), Schüler frei (1 €), Familien 6 € (8 €). Tägl. werden Münsterführungen (11 Uhr, im Sommer auch 14 Uhr) angeboten sowie Sonderführungen, beispielsweise über die gotische Schnitzkunst, das Leben der Zisterzienser oder auch ins Gewölbe (5 €, erm. 4 €, Familien 10 €). Anmeldung für Führungen unter ☏ 038203-62716, www.muenster-doberan.de.

Am Kamp: Die klassizistischen Gebäude im Zentrum Bad Doberans gruppieren sich vor allem um den kleinen Park namens Kamp. Die prächtigsten Gebäude liegen

Der Weiße Pavillon auf dem Kamp

an der Ostseite des Parks entlang der August-Bebel-Straße. Den Anfang macht die Sommerresidenz von Friedrich Franz I., das Großherzogliche Palais (errichtet ab 1806, heute die Kreisverwaltung) zum ehemaligen Klostergelände hin, daneben das Salongebäude (1802, belegt heute ebenfalls die Kreisverwaltung) und das Logierhaus (1796, heute ein Hotel). Im Park selbst befinden sich die beiden Pavillons, der Rote (1808/1809), ehemals als Ausschank errichtet, und der Weiße (1810), ursprünglich ein Musiksaal, in dem sich heute ein hübsches Café/Restaurant befindet. Schöpfer dieses klassizistischen Ensembles (mit Ausnahme des Logierhauses) war der Baumeister *Carl Theodor Severin*, der ab 1802 in Bad Doberan wirkte und in dem von ihm entworfenen Haus am Alexandrinenplatz von 1823 bis zu seinem Tod 1836 lebte.

Stadt- und Bädermuseum Möckelhaus: In dem neugotischen Gebäude, das 1886–1888 erbaut und vor einigen Jahren komplett saniert wurde, ist das Bad Doberaner Museum untergebracht. Die ausgestellten Exponate verweisen natürlich vor allem auf die Badekultur, beispielsweise in Form diverser Strandmoden. Weitere Bereiche informieren über die Frühgeschichte der Gegend und natürlich über das Mittelalter und den Bau des Zisterzienserklosters mit seinem prächtigen Münster. Nicht zuletzt aber ist das Gebäude selbst samt hübschem Garten einen Besuch wert.

Mitte Mai bis Mitte Sept. Di–Fr 10–12 und 13–17 Uhr, Sa/So 12–17 Uhr, Mo geschl., im Winterhalbjahr nur bis 16 Uhr und So/Mo geschl. Eintritt 3 €, erm. 2 €, Familienkarte 6 €. Beethovenstr. 8, ✆ 038203-62026, www.moeckelhaus.de.

Ehm-Welk-Haus: An der Ausfallstraße Richtung Galopprennbahn und Heiligendamm liegt linker Hand der recht unspektakuläre Klinkerbau, in dem der Schriftsteller *Ehm Welk* (1884–1966) von 1950 bis zu seinem Tod lebte. Zu sehen sind u. a. das Arbeitszimmer mit umfangreicher Bibliothek, Schautafeln, die über Biografie und Werk informieren, und das Gartenhäuschen. Berühmt wurde Welk für seinen Roman „Die Heiden von Kummerow" (1937).

Nur Di und Do 13–15 Uhr. Eintritt 3,50 €, erm. 3 €. Dammchaussee 23, ✆ 038203-62325.

Umgebung von Bad Doberan

Südlich von Bad Doberan liegt etwas versteckt das **Glashäger Quelltal**, in dem das beliebte Mecklenburger Mineralwasser entspringt. Durch das idyllische Tal und zum Tempelchen über der Quelle lohnt ein gemütlicher Spaziergang. Große Mineralwasserabfüllanlagen trüben nicht das Bild: Das Wasser wird aus dem Quelltal nach Bad Doberan gepumpt und dort abgefüllt. Um den markierten Einstieg in den Weg durchs Quelltal zu finden, folgt man von Bad Doberan der Straße Richtung Retschow, bis es links nach Hof Glashagen abgeht. Fährt man am Wegweiser zum Quelltal geradeaus aus weiter, gelangt man zur *Glashütte Glashagen*, die die Tradition der Glasherstellung wieder aufgenommen hat. Im 17. Jh. soll es noch mehr als 220 Glashütten in Mecklenburg gegeben haben. Mit den schönen, schnörkellosen Produkten kann man sich im angeschlossenen Laden eindecken.

Glashütte Glashagen, Mo–Sa 10–18 Uhr, bis etwa 16 Uhr kann man den Glasbläsern bei der Arbeit zusehen. Jan. bis März geschl. 18211 Glashagen, ✆ 038203-13088, www.glashagen-huette.de.

Die weiße Pracht von Heiligendamm

Heiligendamm

ca. 300 Einwohner

Noblesse oblige: Deutschlands ältestes Seebad erstrahlt wieder in altem Glanz. Blendend weiß, würdevoll schick – und kaum bezahlbar.

Eine prachtvolle Allee führt von Bad Doberan zu seinem Ableger an der Ostsee, der als „Weiße Stadt am Meer" in die deutsche Bädergeschichte einging. Und in der Tat sucht das neoklassizistische Gebäudeensemble in Deutschland seinesgleichen.

Das älteste deutsche Seebad hat seine Existenz dem Kur- und Badearzt *Prof. Dr. Samuel Gottlieb Vogel* zu verdanken. Er verordnete dem damaligen mecklenburgischen Herzog *Friedrich Franz I.* ein heilendes Bad hier am „Heiligen Damm" in der Ostsee. 1793 ließ der Herzog die ersten Badehäuser bauen, 1816 entstand unter dem Baumeister *Carl Theodor Severin* das klassizistische Kurhaus mit seinem 250 Quadratmeter großen Ballsaal, es folgten nach und nach weitere Prachtbauten, später dann unter der Leitung von *Georg Adolph Demmler*. Bis in die 1930er Jahre hinein gaben sich die Prominenten und Mächtigen in Heiligendamm ein Stelldichein, Rilke und Proust, aber auch Hitler und Mussolini. Nach dem Zweiten Weltkrieg wurde der Ort als staatliches Sanatorium genutzt, viele der Prachtbauten verfielen.

1996 kaufte die Kölner Fundus-Gruppe das Areal (rund 400 Hektar) und begann mit umfangreichen Sanierungsarbeiten. 2003 wurde das Areal als *Kempinski Grand Hotel Heiligendamm* feierlich eröffnet. Seitdem erstrahlt der Ort in neuem Glanz. Lediglich ein paar Logierhäuser der so genannten „Perlenkette", wie die in Reihe gebauten, denkmalgeschützten Promenadenvillen genannt werden, warten noch auf ihre Restaurierung (bzw. ihren Umbau als exklusive Feriendomizile).

Im Juni 2007 blickte die ganze Welt auf Heiligendamm, als im Zuge des G 8-Gipfels die Staatschefs im Grand Hotel residierten. 2009 verabschiedete sich die Kempinski-Gruppe aus Heiligendamm. Nach diversen Turbulenzen (inklusive einer Insolvenz 2012) gehört die Anlage seit 2013 einem Privatinvestor aus Hannover.

Abseits des Hotelareals zeigt sich Heiligendamm ein wenig vernachlässigt. Es ist umgeben von viel Wald, im Nacken befindet sich eine Rehaklinik. Der Strand (etwas steinig und auch nicht allzu breit) davor und die Seebrücke dürfen auch von Otto Normalverbrauchern betreten werden. Ansonsten ist das Wegerecht stark eingeschränkt, da sich angeblich Hotelgäste über die Anwesenheit der zahlreichen Neugierigen beschweren. Von der Seebrücke hat man zugleich den schönsten Blick auf das klassizistische Gebäudeensemble von Heiligendamm.

Verbindungen Zur **Schmalspurbahn Molli** → S. 114.
Der **Bus 121** fährt tagsüber etwa stündl. nach Bad Doberan und Kühlungsborn und weiter nach Rerik. www.rebus.de.

Führungen Heiligendamm-Führungen veranstaltet die Touristinformation von Bad Doberan (→ S. 117) von Mai bis Okt. jeden Mi um 11 Uhr und So um 14 Uhr. Treffpunkt an der Promenade nahe dem dortigen Parkplatz. 3,50 €, erm. 3 €, Kind 1,50 €. Dauer ca. 1:30 Std.

Parken Wer in Heiligendamm der Straße nach Börgerende folgt, gelangt zum der Seebrücke nächstgelegenen Parkplatz.

Wassersport Kite- und Surfschule Heiligendamm, am Strand östlich des Grand Hotels. ✆ 0162-3633658, www.kite-undsurfschuleheiligendamm.de.

Übernachten ***** Grand Hotel Heiligendamm. Heiligendamm besteht heute in weiten Teilen aus diesem Luxushotel. Verschiedene Bars und Restaurants, darunter das Gourmet-Restaurant *Friedrich Franz*, in dessen Küche Sternekoch Ronny Siewert wirkt (mit 18 Punkten im Gault Millau 2016). Grandios das Schwimmbad mit der Saunalandschaft und dem Luxus-Spa. EZ ab 225 €, DZ ab 255 €, Frühstück inkl. Prof.-Dr.-Vogel-Str. 6, 18209 Bad Doberan-Heiligendamm, ✆ 038203-7400, www.grandhotel-heiligendamm.de.

Essen & Trinken/Nachtleben Jagdhaus Heiligendamm. Vielfach gelobtes, sehr gepflegtes Restaurant in Heiligendamm (aber außerhalb des Grand Hotels). Dem Gault Millau war die junge Küche stattliche 15 Punkte wert. Auf der Karte findet sich viel Wild wie auch Fisch aus heimischen Gewässern. Gehobenes Preisniveau (Hauptgerichte 21,50–30 €). Do/Fr und Mo ab 17 Uhr, Sa/So ab 12 Uhr geöffnet, Di/Mi geschl. In der Nebensaison werden Kochkurse veranstaltet. Es stehen auch vier DZ zur Verfügung. Seedeichstr. 18b, 18209 Bad

Am Strand von Börgerende

Der Nienhäger Gespensterwald

Doberan-Heiligendamm, ☎ 038203-735775, www.jagdhaus-heiligendamm.de.

Café/Restaurant Herzoglicher Wartesaal. Im Bahnhof Heiligendamm, bieder-nostalgisches Ambiente. Rustikale Küche mit mediterranen Anklängen: Cordon Bleu, Scholle Müllerin oder Rahmchampignons mit Knödeln zu 10,50–22 €. Tägl. 11–22 Uhr geöffnet, im Winter abends kürzer. Kühlungsborner Str. 4, ☎ 038203-773700, www.herzoglicher-wartesaal.de.

Deck Beach Club & Restaurant. Was für eine coole Sommerlocation! Das herrlich neben dem Wald und direkt am Strand gelegene, trendige Lokal besteht aus Selbstbedienungsbar, Restaurant (Frühstück, Snacks, Flammkuchen etc.) und Beachclub mit Sommerpartys à la Ibiza. April u. Okt. tägl. 11–16 Uhr, Mai bis Sept. 10–22 Uhr. Am Kinderstrand 3 (von der Median-Klinik ausgeschildert), ☎ 038203-63107, www.deckheiligendamm.de.

Die Küste zwischen Heiligendamm und Warnemünde

Östlich von Heiligendamm verläuft ein Weg am Ufer Richtung Börgerende und Nienhagen. Hier kann man auf dem „Heiligen Damm" (rad-)wandern – oder parken (gebührenpflichtig, versteht sich) und an den langen Strand gehen. Nach drei Kilometern erreicht man *Börgerende*, ein einst unspektakuläres Straßendorf, das aber mittlerweile so mit Ferienhäusern bereichert wurde, dass man sich teilweise vorkommt wie in einem großen Neubaugebiet. Von Börgerende führt ein (Rad-)Wanderweg weiter nach *Nienhagen*. Das letzte Stück führt oberhalb der Steilküste durch den Nienhäger *Gespensterwald* (Naturschutzgebiet) mit seinen bizarr anmutenden Bäumen. Davor erstreckt sich der Sandstrand.

Camping Feriencamp Börgerende. Am östlichen Ortsrand gelegen (beschildert), nur über den Deich zum Strand. Hauptsächlich Wohnmobile, relativ wenig Schatten. Mit Kneippanlage (vom Kneipp-Bund lizenziert), Sauna, Gaststätte und kleinem Laden. April bis Okt. geöffnet. Wohnmobil-Stellplatz inkl. 2 Pers. 29–40 €, Zeltstellplatz mit 2 Pers. 26–34 €, Kind 4 € (unter 6 J. frei), Hund 6 €, Strom 3 €. Deichstr. 16, 18211 Börgerende, ☎ 038203-81126, www.ostseeferiencamp.de.

Rostocks Altstadt und Warnemündes Seepromenade

Rostock ca. 206.000 Einwohner (inkl. Warnemünde)

Die „Leuchte des Nordens" präsentiert sich als quirlige, kontrastreiche Ostseemetropole: Die Innenstadt zeigt ebenso hanseatische Geschäftigkeit wie backsteingotische Würde, und die Universität, die älteste Nordeuropas, sorgt für das junge Antlitz Rostocks.

Die mit Abstand größte Stadt Mecklenburg-Vorpommerns ist zwar eine Hafenstadt, das alte Zentrum liegt aber rund 14 Kilometer von der Ostsee entfernt an der Warnow, die sich ab hier abrupt verbreitert und so auch ein natürliches Hafenbecken bildet. Zum Strand kommt man aber dennoch ganz schnell: mit der S-Bahn nach Warnemünde sind es gerade mal 20 Minuten (zum Rostocker Stadtteil Warnemünde → eigenes Kapitel ab S. 142). Die rund 14.000 Studenten, die in Rostock eingeschrieben sind, wissen diese Nähe zu schätzen. In den letzten Jahren wurde die Stadt auch durch den stetig wachsenden Kreuzfahrttourismus belebt. Zwischen der Altstadt mit Stadthafen und der Mündung liegen beidseits der Warnow diverse, teilweise auch nicht ganz so schicke Stadtteile Rostocks, Fracht- und Fischereihafen, IGA-Park (→ S. 141) und Werft, Fähr- und Seehafen. Bei einer Hafenrundfahrt kann man alles in Augenschein nehmen (→ S. 132).

Die pulsierende Lebensader der alten Hansestadt ist heute die Fußgängerzone Kröpeliner Straße, die von Rathaus und Marienkirche zum Universitätsplatz mit dem *Brunnen der Lebensfreude* (auch „Pornobrunnen" genannt, → unten) und dem ehemaligen Kloster bzw. dem Kröpeliner Tor führt. Im Zentrum der Altstadt erhebt sich nahe dem weitläufigen Markt und dem eigenwilligen Rathaus die Marienkirche, ein grandioses, unbedingt besichtigenswertes Beispiel der Norddeutschen Backsteingotik (→ unten, *Sehenswertes*). Ein interessantes Gebäudeensemble befindet sich am *Universitätsplatz,* das sich u. a. aus dem barocken *Herzoglichen Palais,* der klassizistischen *Wache* und dem den Platz dominierenden *Hauptgebäude der Universität* zusammensetzt. Schräg hinter Letzterem erstreckt sich das ehemalige *Kloster Zum Heiligen Kreuz,* heute eine kleine, fast dörflich anmutende Idylle mitsamt sehenswertem Museum im Klostergebäude und einer hübschen Kirche

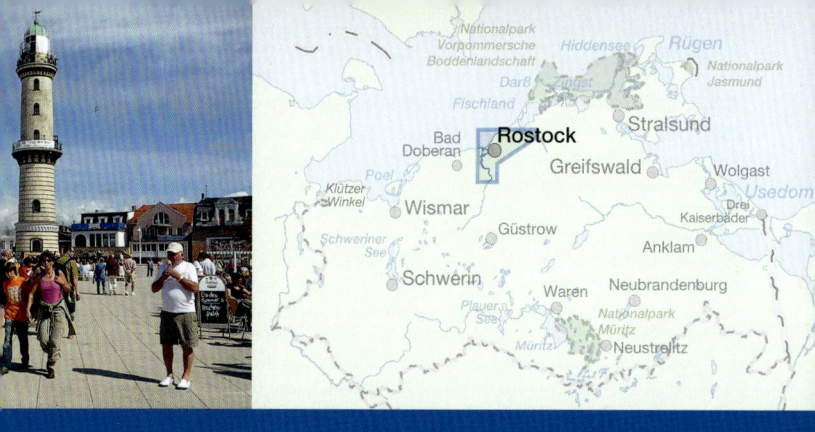

Rostock, Warnemünde und Rostocker Heide

(→ unten, *Sehenswertes*). Schließlich gelangt man am westlichen Ende der Innenstadt an das *Kröpeliner Tor* (um 1270 begonnen und im 14. Jh. auf die heutige Höhe von 54 Metern erweitert). Von den ehemals 22 Stadttoren stehen außer dem Kröpeliner Tor noch drei weitere: das wuchtige *Steintor* mit dem spitzen Helm (16. Jh.), an dessen Innenseite auf Lateinisch der fromme Wunsch zu lesen ist, es mögen Eintracht und allgemeines Wohlergehen herrschen, nahebei das gedrungene *Kuhtor* (um 1260, damit eines der ältesten Stadttore Norddeutschlands) und zum Hafen hin das klassizistisch umgeformte *Mönchentor*. Die Stadttore sind Überreste der mittelalterlichen Befestigungsanlage. Erhalten sind auch Abschnitte der bis zu sieben Meter hohen Stadtmauern, die Rostock ab 1270 umgaben. Entlang des südwestlichen Abschnitts erstreckt sich ein von alten Bäumen bestandener Park, der zum Steintor hin in den Rosengarten übergeht.

Vor dem Kröpeliner Tor entfaltet sich ein kleiner studentischer Gegenentwurf zur touristischen Ostseeküstenromantik. Um den Doberaner Platz liegt die *Kröpeliner-Tor-Vorstadt,* von formulierungsmüden Jungakademikern kurz die KTV genannt: statt Hafenidylle ein Straßenbahnknotenpunkt, keine maritimen Souvenirläden, sondern Kopierbuden und Handyshops, statt nostalgischer Schifferkneipen und Fischrestaurants internationale Küche und alternative Kneipen.

Dagegen präsentiert sich der Stadtteil, der sich im Rücken des Rathauses erstreckt, die östliche Altstadt, ruhig und geradezu kleinstädtisch. Schmale Gassen ziehen sich leicht bergauf an hübschen, niedrigen Häusern entlang. Hier steht die *Petrikirche* (→ unten, *Sehenswertes*) am weitläufigen und oft leeren Alten Markt. Hinter dem Rathaus zeugen ein paar sehenswerte gotische Giebelhäuser von hanseatischem Bürgerstolz: so vor allem das *Kerkhoff-Haus* (Hinter dem Rathaus 5), das 1470 entstanden ist und heute Stadtarchiv und Standesamt beheimatet, oder auch das *Krahnstöver-Haus* (Große Wasserstraße 30) mit seinen zinnengekrönten Giebeln.

Vom Stadthafen hingegen sollte man nicht allzu viel erwarten. Sehenswerte Bauten finden sich nicht. Eine breite Verkehrsader (Am Strande) trennt ihn vom historischen Zentrum. Am westlichen Teil des Hafens befinden sich das Theater am Stadthafen und das Brauereigasthaus *Alter Fritz* und etwas weiter ein paar Bars sowie die Basen von Surf- und Tauchschulen.

Blücher hinterm Pornobrunnen: Rostocks Skulpturen

Zwar gibt es kaum einen Ort in Europa, der nicht sein kleines Monument hätte, und sei es ein Gefallenendenkmal, in Rostock aber sind die Reliefs, Brunnenfiguren und Plastiken nicht nur in bemerkenswerter Häufigkeit anzutreffen (knapp 300 sollen es sein), es ranken sich auch teils kuriose Geschichten um die Kunstwerke. Die wohl berühmteste Plastik Rostocks ist die bronzene *Schlange*, die sich um eine Säule des Rathauses windet. Es heißt, dass sich hier bereits nach der Fertigstellung der Rathausvorhalle ein bronzenes Reptil schlängelte. Ihre Bedeutung ist bis heute rätselhaft. Soll sie Weisheit symbolisieren oder doppelzüngige Stadtpolitik? Schlängelt sie sich aus dem gleichen Grund, aus dem die Lübecker Maus in der dortigen Marienkirche nagt? Um wandernden Gesellen als verborgenes Wahrzeichen zu dienen, damit diese beweisen konnten, dass sie tatsächlich in der Stadt gewesen waren. Oder handelt es sich bei der Schlange in Wirklichkeit um einen Aal, den eine schwere Flut zum Rathaus trug? Die heutige Bronzeschlange Rostocks stammt aus dem Jahr 1998.

Zu den älteren Statuen zählt das Denkmal des wohl berühmtesten Sohnes der Stadt: *Gebhard Leberecht von Blücher*, geboren 1742 in Rostock, preußischer Generalfeldmarschall und mit Wellington gefeierter Sieger über Napoleon bei Waterloo. Die Statue zeigt den „Marschall Vorwärts" nicht in Uniform, sondern in den Gewändern eines antiken Helden, wenngleich er in Händen Marschallstab und Degen hält. Kurios ist die Entstehungsgeschichte des Denkmals: In einer Zeitung wurde 1814 berichtet, dass die Stadt ihrem berühmten Sohn ein Denkmal setzen wolle, worauf sich Blücher höflich bedankte. Nicht weiter ungewöhnlich, hätte der Stadtrat von diesem Vorhaben gewusst. Nun aber musste Letzterer sich einer Zeitungsente beugen und das Geld für das Denkmal auftreiben, um das Gesicht zu wahren. 1819 wurde die von Johann Friedrich Schadow geschaffene Bronzestatue auf dem Universitätsplatz aufgestellt, die etwas holprige Inschrift stammt von keinem Geringeren als Goethe.

Ein gebürtiger Rostocker:
Marschall Vorwärts

Geprägt wird der Universitätsplatz durch den ausdrucksstarke *Brunnen der Lebensfreude* von *Reinhard Dietrich* und *Jo Jastram*, die sich auch mit diversen anderen Skulpturen im Stadtbild Rostocks verewigt haben. Mehrere Gruppen aus überlebensgroßen Menschen und Tieren vergnügen sich im Wasserspiel: eine suhlende Wildsau, badende Pärchen, balgende Hunde, Vater und Sohn tanzen im lockeren Kreis um die zentralen Familie. Der Volksmund nennt den 1980 eingeweihten Brunnen der Lebensfreude aufgrund der Nacktheit, die Badenden nun mal zueigen ist, auch „Pornobrunnen" – etwas schnodderig-respektlos vielleicht, keineswegs aber verächtlich. Denn die Rostocker lieben ihren Brunnen, hier wie an kaum einem anderen Platz schlägt das Herz der Stadt.

Noch so manch andere bemerkenswerte Skulptur stammt aus der Hand des gebürtigen Rostockers *Jo Jastram* (1928–2011). Seine Arbeiten sind meist facettenreich und skurril, ausdrucksstark und humorvoll. Eine Berühmtheit ist an der Straße namens Glatter Aal zu sehen: Hier hängt das 1996 gestaltete Porträtrelief des be-

Der Brunnen der Lebensfreude

rühmten dänischen Astronomen *Tycho Brahe* mitsamt Planeten im Hintergrund, Arbeitsinstrumenten, dickem Bauch und – goldener Nase. Letztere meinte der Bildhauer aber keineswegs sprichwörtlich: Brahe hatte Mitte des 16. Jh. in Rostock studiert und nicht nur ein Duell, sondern dabei auch die Nase verloren, sodass er fortan eine goldene Prothese tragen musste. Weitere sehenswerte Skulpturen Jastrams sind die *Große Afrikanische Reise* am Stadthafen, der *Schreiende Hengst* auf dem Kröpeliner-Tor-Vorplatz, und in der Badstüberstraße *Kaspar Ohm up sin Vosswallach* (1988), nach der autobiografischen Erzählung „Kaspar Ohm un ick" des Rostocker Autors *John Brinckman*. Letztere ist ein schönes Beispiel für Jastrams Humor: Zur Skulptur gehören nicht nur der stolze Kaspar Ohm auf seinem bockigen Gaul, sondern auch die Pferdeäpfel auf dem Pflaster und die Spatzen darauf.

Zu unseren Lieblingsskulpturen zählt zudem die *Afrikanische Bergziege* von *Gerhard Rommel* (1979). Sie steht neben der Marienkirche und wirft einen skeptischen Blick über den Ziegenmarkt (zumal wenn sie kleinen Kindern als Reittier dienen muss...). Eine der formschönsten Statuen schließlich ist die Bronzeplastik *Die Trinkende* von *Viktor H. Seifert* (1922), eine elegante Brunnenfigur im Rosengarten.

Rostocks Skulpturenreichtum strahlt bis Warnemünde. Zwei seien abschließend genannt: Zentral bei Leuchtturm und Teepott steht ein klobiges Betonboot mit Besatzung auf einem Sockel: die *Lotsenehrung* von *Reinhard Dietrich* (1976). Sehr viel eleganter hebt ein Liebender seine bronzene Angebetete in die Höhe: Das *Liebespaar* (1979) von *Wilfried Fitzenreiter* auf der Strandpromenade von Warnemünde.

Die Trinkende im Rosengarten

Wer sich vertiefend mit den Kunstwerken in Rostocks Innenstadt beschäftigen will, dem sei das 2006 im Hinstorff-Verlag erschienene Buch *Kunstwege. Spaziergänge durch Rostock und Warnemünde* von Matthias Schümann und Reiner Mnich empfohlen.

Stadtgeschichte

Erste historisch gesicherte Erwähnung fand Rostock zynischerweise anlässlich seiner Zerstörung. Kein Geringerer als *Saxo Grammaticus*, der berühmte dänische Geschichtsschreiber, berichtet davon, dass die Dänen im Jahr 1161 eine slawische Burg namens *roztoc* niederbrannten. Bald aber begann der Wiederaufbau unter Mithilfe zugezogener niederdeutscher Neusiedler, und es wuchs um die Petrikirche eine Ortschaft, die 1218 das Lübische Stadtrecht erhielt. Der rasante Aufstieg der Stadt begann nach dem Zusammenschluss der Altstadt mit den nahe gelegenen Siedlungen: zunächst mit der Mittelstadt um St. Marien, dann der Neustadt um St. Jakobi, der dritten großen Stadtkirche, die aber im Zweiten Weltkrieg zerstört und nicht wieder aufgebaut wurde.

Rostocks Entwicklung ist untrennbar mit den Geschicken der Hanse verknüpft. Zum Schutz ihrer Handelsfahrer gingen 1260 Lübeck, Wismar und Rostock ein Bündnis ein, das Kern und Motor des bald machtvollen Handelsverbands war (zur Hanse → S. 26). Rostocks Kaufleute waren auf den Handel nach Skandinavien ausgerichtet, sie fuhren vor allem nach Schonen im damals dänischen Südschweden sowie nach Dänemark selbst und nach Norwegen. Die hanseatische Blüte fand einen nachhaltigen Ausdruck in der Gründung der Universität, die 1419 von Papst Martin V. gestattet wurde. Die *alma mater rostochienses* war die erste Universität in Nordeuropa und wurde *das* Bildungszentrum der Hanse im gesamten Ostseeraum.

Mit dem Niedergang der Hanse verblühte auch die Pracht Rostocks. Nahezu ruiniert im Dreißigjährigen Krieg, vernichtete ein schwerer Stadtbrand 1677 weite Teile der Stadt. Erst Mitte des 19. Jh. ging ein neuer wirtschaftlicher Schub durch die Stadt, ausgelöst durch die Industrialisierung. Auf einer ansässigen Werft wurden moderne Dampfschiffe gebaut und bald war Rostock der Heimathafen der größten Dampferflotte der Ostsee. Aber eben das wurde der Stadt auch zum Verhängnis. Zu den Schiffsbauern hatte sich ab 1925 die junge Flugzeugindustrie gesellt. Unter den Nationalsozialisten aber wurde auf den Werften nur noch für militärische Zwecke produziert, Rostock war ein wichtiger Standort der Rüstungsindustrie. Das wiederum machte die Stadt an der Warnow zu einem bevorzugten Ziel alliierter Bomber, die Rostock in Schutt und Asche legten – zu Kriegsende war fast die Hälfte der Stadt zerstört. Das merkt man dem Stadtbild bis heute an: pittoreske Altstadtgasse neben Verkehrsschneise, Kleinod neben funktionalem Zweckbau.

Der Wiederaufbau Rostocks ging vergleichsweise zügig voran, „profitierte" doch die Stadt insofern von der deutschen Teilung, dass sie nun der wichtigste Hafen der DDR war. Die großen Werften und der Hochseehafen waren die wirtschaftlichen Motoren Rostocks, das 1952 Hauptstadt des nördlichsten Bezirks der DDR wurde. Der Stadthafen war zu dieser Zeit Sperrgebiet. 1990 verlor die Stadt im neu geschaffenen Bundesland Mecklenburg-Vorpommern den Status der Landeshauptstadt an Schwerin. Das erste Jahrzehnt nach der Wende war von Abwanderung geprägt, etwa jeder fünfte Rostocker verließ die Stadt.

Doch die Zeiten haben sich gewandelt: Mittlerweile herrscht wieder Zuzug. Heute ist der Tourismus neben dem Hafen Rostocks wirtschaftliches Standbein: 25 Millionen Tonnen (brutto) Güter werden laut *Rostock Port* jährlich umgeschlagen. Man zählt im Jahr rund 400.000 Kreuzfahrttouristen, zudem rund 2,2 Millionen Fährpassagiere.

Ostsee
Markgrafenheide
Warnemünder Straße
Rostocker Heide
Yachthafen Hohe Düne
Hohe Düne
Hohe Düne
L 12
Warnemünde
Kreuzfahrt-terminal
Diedrichshagen
Breitling
B 103
Seehafen
L 22
Lichtenhagen
Groß-Klein
Fährterminal
Schiffbau- und Schifffahrtsmuseum
Lütten Klein
IGA-Park
B 105
Warnow-tunnel (Maut)
Schmarl
A 19
An der Stadtautobahn
Hinrichsdorfer Straße
Rostock-Nord
Evershagen
Am Fischereihafen
Warnow
Toitenwinkel
B 105
Hamburger Straße
Gehlsdorf
Kunsthalle
Reuters-hagen
Barnstorfer
Warnowufer
Am Strande
Rostock Zentrum
Röversháger Chaussee
Arnold-Bernhard-Str.
August-Bebel-Str.
Goethe-platz
Tessiner Straße
Ring
Zoo
Parkstraße
Hauptbahnhof
Zubringer West
Barnstorfer Wald
Südstadt
Südring
Satower Str.
160 m
Rostock Warnemünde Übersicht

Rostock

Basis-Infos

Information Die Touristinformation am Universitätsplatz bietet Eintrittskarten, Stadtführungen, Zimmervermittlung etc. Mai bis Okt. Mo–Fr 10–18 Uhr, Sa/So 10–15 Uhr; Nov. bis April Mo–Fr 10–17 Uhr, Sa 10–15 Uhr, So geschl. Universitätsplatz 6 (Barocksaal), 18055 Rostock, ✆ 0381-3812222, www.rostock.de.

Stadtführungen durch die Innenstadt Mai bis Okt. tägl. um 14 Uhr (So um 11 Uhr), Nov. bis April nur Sa 14 Uhr. Dauer 1:30 Std., Erw. 7 €, Kinder bis 12 J. frei, Treffpunkt bei der Touristinformation.

> Mit der **RostockCard** kostenlos oder ermäßigt: Stadtführung und -rundfahrten, Schifffahrtsmuseum, Theaterbesuche usw., vor allem aber freie Fahrt im Nahverkehr. 24 Std. 12 €, 48 Std. 16 €/Pers. www.rostock.de/rostockcard.

Hafenrundfahrten Die Rostocker Personenschifffahrt bietet 2-stündige Fahrten von Rostock nach Warnemünde und zurück, Landgang in Warnemünde möglich. Liegeplatz am Stadthafen. Mai bis Okt. von 10.30–15.30 Uhr etwa halbstündlich, im Winterhalbjahr eingeschränkt. Erw. 15 €, Kinder bis 14 J. 7,50 €, Hund 2 €. ✆ 0381-699962, www.rostocker-flotte.de.

Parken Kein Problem. Sollte man im Zentrum tatsächlich mal nichts finden: Auf den Brachen vorm Stadthafen gibt es immer einen Platz.

Stadtrundfahrten Stadtrundfahrten mit dem Panoramabus finden April bis Okt. tägl. von 10–15 Uhr jede halbe Std. statt, im Winter weniger Fahrten. Dauer 45 Min., Start vor der Touristinformation. Erw. 12 €, Kinder bis 14 J. 5 €. ✆ 0172-3126507, www.rostock-standtrundfahrt.de.

Taxi Hanse-Taxi, ✆ 0381-685858, www.hansetaxi-rostock.de.

Verbindungen Der Hauptbahnhof Rostock liegt südlich der Altstadt. Von dort nahezu stündlich ICE-Verbindungen (1-mal tägl. sogar direkt) über Leipzig und Nürnberg nach München. Ansonsten etwa stündlich nach Berlin (teils einmal umsteigen), nach Stralsund und Binz (Rügen) bzw. Schwerin und Hamburg teils mit dem RE oder dem IC (letztere fahren z. T. weiter nach Hannover, Kassel, Dortmund, Karlsruhe). Im Regionalverkehr geht es bequem und regelmäßig nach Wismar (via Bad Doberan), über Ribnitz-Damgarten nach Stralsund und von dort aus weiter nach Rügen, Greifswald und Usedom. Infos unter www.bahn.de.

Im Nahverkehr fährt die **S-Bahn** (S 1 und S 2) vom Hauptbahnhof regelmäßig nach Warnemünde. Nach Güstrow fährt ebenfalls die S-Bahn (S 1/S 2), dazu ein Regionalexpress. Zum Seehafen/Fähre fährt vom ZOB neben dem Hauptbahnhof stündl. Bus 49.

Vom ZOB gelangt man auch regelmäßig per **Bus** (Linie 121) über Bad Doberan und Kühlungsborn nach Rerik und mit Linie 118 nach Graal-Müritz. Am ZOB halten zudem die **Fernbusse**.

> Fahrpläne und Preise des Regionalverkehrs auf www.rsag-online.de und www.verkehrsverbund-warnow.de.

Eine **Personenfähre** pendelt Mo–Fr alle 20–30 Min. zwischen dem Anleger Kabutzenhof (Straßenbahnhaltestelle in der Kröpeliner-Tor-Vorstadt, westlich des Stadthafens) und Gehlsdorf. Sa/So hingegen pendelt die Fähre von April bis Sept. zwischen dem Stadthafen (Schnickmannstraße) und Gehlsdorf (im Winter nur Sa). Für die **Autofähre**, die in Warnemünde zur Hohen Düne übersetzt → Warnemünde/Basis-Infos, S. 144.

> **Warnow-Tunnel**: Ein 790 m langer, mautpflichtiger Tunnel führt bei Lütten-Klein unter der Warnow hindurch zum Überseehafen. Pkw/Motorrad im Sommer 3,80 €, im Winter 3,10 €; Gespann/Wohnmobil 4,80 € bzw. 3,60 €. Infos unter www.warnowquerung.de.

Aktivitäten und Veranstaltungen

In der Innenstadt fährt man **Straßenbahn**, zentrale Knotenpunkte sind das Steintor und der Doberaner Platz, direkt zum Hauptbahnhof fahren die Linien 3, 4, 5 und 6, zum Stadthafen die Linien 1 und 2. Einen handlichen Netzplan erhält man am Bahnhof und in der Touristinformation.

Vom Fährhafen steuern u. a. **Schiffe** der *TT-Line* (www.tt-line.de) und der *Stena Line* (www.stenaline.de) die südschwedische Hafenstadt Trelleborg an. Die *Scandlines* (www.scandlines.de) fährt ins dänische Gedser.

Der **Flughafen** *Rostock-Laage* liegt etwa 25 km südlich von Rostock an der A 19 (Busshuttle mit der Linie 127 nach Rostock, Taxi 50–60 €). ☏ 038454-321390, www.rostock-airport.de.

Aktivitäten und Veranstaltungen → Karte S. 134/135

Einkaufen buch...bar **16** Freundlicher, kleiner Buchladen in der Nähe der ehemaligen Nikolai-Kirche. Im Bereich Belletristik gut sortiert, kleine Abteilung literarischer Regionalia. Es finden auch literarische Veranstaltungen statt. Di–Fr 11–18 Uhr, Sa 10–14 Uhr. Altschmiedestr. 32, ☏ 0381-2104676, www.buchbar-hamann.de.

🌿 Gusti Leder **20** In dem schönen Lederwarengeschäft bekommt man alles, was aus Leder hergestellt werden kann: Portemonnaies, Gürtel, tolle Vintage-Taschen. Auf Transparenz und Nachhaltigkeit wird viel Wert gelegt: Fertigung in kleinen Familienbetrieben, pflanzliche Gerbung, garantiert keine Kinderarbeit. Mo–Fr 10–19 Uhr, Sa bis 18 Uhr. Barnstorfer Weg 17, ☏ 0381-3676730, www.gusti-leder.de. ∎

Neptun Einkauf Center **2** Heißt wirklich so. Zugegebenermaßen muss man hierher nicht zum Einkaufen kommen, aber doch zum kurz Gucken. Die Ende der 1990er hier aufgegebene Neptun-Werft (heute bei Warnemünde) wurde in ein lichtes, schickes, architektonisch äußerst spannendes Einkaufszentrum umgewandelt. Wenn doch nur die Läden darin einen Tick schicker wären... Mo–Sa 8–20 Uhr. Werftstr. 50, ☏ 0381-80899031.

Fahrradverleih Rad-Station Rostock am Hauptbahnhof (City Ausgang nehmen, dann rechts), Tourenrad ab 7 €. Mo–Fr 10–18 Uhr, Sa 10–13 Uhr. Konrad-Adenauer-Platz 4, ☏ 0381-2523990, www.radstation-rostock.de.

Fußball Der **FC Hansa Rostock**, der Verein im Zeichen der Kogge, spielte zuletzt in der dritten Liga, aber wir zweifeln nicht, dass, wenn nicht in dieser, so in der nächsten Saison der Aufstieg gelingen wird. Karten für Heimspiele und Fanartikel gibt es im **Hansa-Fan-Shop** **11**, Breite Str. 12–15 (1. OG.), ☏ 0381-4999910.

Theater/Klassische Musik Das **Volkstheater Rostock** verfügt über mehrere Bühnen: Gespielt wird im *Großen Haus* (Theater, Oper, Ballett, klassische Konzerte; Doberaner Str. 134/135, ☏ 0381-3814702), im *Ateliertheater* (vornehmlich Theater, gleiche Adresse) und in der *Kleinen Komödie Warnemünde* (Rostocker Str. 8, ☏ 0381-5191400). Karten gibt es auch in der Touristinformation und unter www.volkstheater-rostock.de.

Compagnie de Comédie Rostock. Freies Theater für junge Menschen, oft politisch. Spielt in der Bühne 602 und im Sommer im Klostergarten. Warnowufer 55, ☏ 0381-2036084, www.compagnie-de-comedie.de.

HMT. Die Aufführungen im eindrucksvollen Gebäude der Hochschule für Musik und Theater (ein im Mittelalter errichtetes Kloster) sind besondere Erlebnisse. Buntes Programm zwischen Chanson, Klavierabenden, Oboenkonzerten u. v. m. Der Eintritt ist oft frei. Karten an der Abendkasse oder online. Beim St.-Katharinenstift 8, ☏ 0381-51080, www.hmt-rostock.de.

Veranstaltungen Hanse Sail. *Das* Großereignis der Stadt. Jedes Jahr am zweiten Augustwochenende treffen sich Windjammer und Schoner, Traditionssegler und Museumsschiffe zum größten maritimen Fest an der deutschen Ostseeküste. Mit großer Regatta und Feuerwerk. Infos unter www.hansesail.com.

Rostocker Weihnachtsmarkt. Der größte seiner Art in Norddeutschland und ein Besuchermagnet, auch Leser waren begeistert und empfanden den Weihnachtsmarkt auf dem Neuen Markt als besondere Attraktion. Im Klostergarten gibt es zudem einen historischen Weihnachtsmarkt, am Neuen Markt eine Märchenbühne. Ab Ende Nov. in der Altstadt, www.rostocker-weihnachtsmarkt.de.

Nachtleben
1. M.A.U. Club
2. Bunker Rostock
9. Zwanzig 12
12. Peter-Weiss-Haus
15. PlanBar

Einkaufen
2. Neptun Einkauf Center
11. Hansa Fanshop
16. buch...bar
20. Gusti Leder

Wassersport Blue Life Center. Tauchbasis und Tauchschule. Bietet u. a. Wracktauchen, Ausrüstungsverleih (auch Verkauf), Füllstation etc. Am Warnowufer 57 (im Surfhaus), ☏ 0381-690440, www.blue-life-center.de.

Baltic Windsport. Segel-, Surf- und Katamaranschule. Stadthafen 71 (auf einem Schiff), ☏ 0381-2009555, www.baltic-windsport.de.

Zoo Der **Zoologische Garten Rostock** liegt südwestlich vom Stadtzentrum (großer Parkplatz am Barnstorfer Ring, zu erreichen auch mit der Straßenbahn Nr. 3 und Nr. 6 ab Zentrum). Auch Leser fanden den Zoo einen Ausflug wert. Öffnungszeiten der Kassen: März/April u. Sept./Okt. tägl. 9–17 Uhr, Mai bis Aug. bis 18 Uhr, Nov. bis Febr. bis 16 Uhr (die Tierhäuser schließen eine Stunde nach Kassenschluss). Erw. 16 €, erm. 13 €, Kinder 4–16 J. 9,50 €, Familienkarte 49 €, Hunde 6 €. Rennbahnallee 21, ☏ 0381-20820, www.zoo-rostock.de.

Übernachten

Bei der Hotelbuchung sollte man berücksichtigen, dass am zweiten Wochenende im August zur Hanse Sail eine Art „Haupt-Hauptsaison" ist. Falls die Unterkünfte dann nicht ohnehin ausgebucht sind, sind sie in der Regel auch noch ein gutes Stück teurer als sonst.

Hotels **** **Steigenberger Hotel Sonne** 18 Auch wenn von außen nicht ersichtlich: das erste Haus am Platz; dafür weithin sichtbar dank der Sonnen auf dem Giebel. Die Ausstattung ist den vier Sternen angemessen. 121 klassisch-elegante Zimmer und Suiten, Kirschbaumholz trifft auf Marineblau. Zum Haus gehören u. a. die stilvolle *Weinwirtschaft* am Eck. DZ ab 101 €, Suite ab 122 €, Frühstück extra, Hund 20 €/Nacht, Tiefgarage 14 €/Tag. Neuer Markt 2, 18055 Rostock, ☏ 0381-49730, www.steigenberger.com.

**** **Pentahotel Rostock** 21 Schickes 152-Zimmer-Haus in zentraler Lage. Entspannt, gemütlich und erfrischend design – einmal

Übernachten

- 5 Wohnmobilstellplatz
- 6 Altes Hafenhaus
- 12 subraum Hostel
- 18 Steigenberger Hotel Sonne
- 21 Pentahotel Rostock
- 23 Jellyfish Hostel
- 26 Hotel Greifennest

Essen & Trinken

- 3 Carlo 615
- 4 Borwin
- 7 Brauhaus Zum alten Fritz
- 8 Kaminstube
- 10 Grüne Kombüse
- 13 Albert und Emile
- 14 Restaurant Ratskeller
- 17 Jyoti
- 19 Café Käthe

Cafés

- 17 Café Central
- 22 Cafe in der Likörfabrik
- 24 Café Kloster
- 25 Heumond

Rostock
120 m

etwas anderes. Lobby im Loungestil. Anders auch: Raucherzimmer (!) und Late-Checkout um 15 Uhr am Sonntag. DZ ab 100 € exkl. Frühstück, Suite ab 156 €, Haustiere willkommen. Schwaansche Str. 6, 18055 Rostock, ☎ 0381-49700, www.pentahotels.com.

Altes Hafenhaus 6 Schöne Stadtvilla am Hafen mit gelber Fassade, unweit des klassizistischen Mönchentors. Stilvoll und teils mit Antiquitäten eingerichtet. Gemälde an den Wänden machen das Hotel auch zur Galerie. Sehr freundlich. DZ ab 119 €, Familienzimmer ab 149 €, inkl. Frühstücksbuffet, Hunde willkommen (25 €/Tag), Parken 3 €. Strandstr. 93, 18055 Rostock, ☎ 0381-4930110, www.altes-hafenhaus.de.

Hotel GreifenNest 26 Am Rande der Altstadt gelegenes Budget-Hotel. Freundliche, kunterbunt-jugendliche Zimmer, auch Familienzimmer. In den Aufgängen spannende Fotos des viel gereisten Betreiberpaars. Familiäre Atmosphäre, netter Außenbereich, sehr guter Service, eigene Parkplätze (5 € extra). Die Straße davor ist allerdings nicht die leiseste. EZ ab 48 €, DZ 48–70 €, Familienzimmer (2 DZ teilen sich ein Bad) ab 100 €, Frühstück 8,60 € extra. August-Bebel-Str. 49b, 18055 Rostock, ☎ 0381-8775618, www.greifennest.de.

Hostels Jellyfish Hostel 23 Überzeugendes Backpacker-Hostel wie aus guten, alten Traveller-Zeiten. 1- bis 8-Bett-Zimmer, Frühstück möglich, Gemeinschaftsraum, Garten. Zentral gelegen, nur einen Steinwurf vom Neuen Markt entfernt. Ab 17,50 €/Pers. im 8-Bett-Zimmer, bis 31,50 €/Pers. im DZ mit Bad, Frühstück 4 €/Pers., Bettwäsche (einmalig) 2,50 €/Pers. Beginenberg 25–26, 18055 Rostock, ☎ 0381-4443858, www.jellyfish-hostel.de.

subraum Hostel 12 Schlichtes, aber nettes Hostel im alternativen Peter-Weiss-Haus in der KTV (→ Nachtleben). Fünf Mehrbettzimmer mit 48 selbst gebauten Betten. Gemeinschaftsküche. Freundliche, offene Atmosphäre. Je nach Zimmer 19–23 €/Pers. Doberaner Str. 21, 18055 Rostock, ☎ 0381-12765433, www.hostel.subraum.coop.

Wohnmobilstellplatz Spartanischer Stellplatz 5 am Stadthafen. Keine Serviceeinrichtungen, dafür entschädigt der Warnow-Blick... 12 €/Nacht. Am Warnowufer 61, 18055 Rostock, ☎ 0381-3812222

Essen & Trinken/Nachtleben → Karte S. 134/135

Gastrokritiker, die auf der Suche nach kulinarischen Leuchttürmen sind, von denen sie in der einschlägigen Fachliteratur schwärmen können, müssen sich nach Warnemünde bequemen. Unbedingt trinken sollte man das naturtrübe Rostocker *Zwickel*-Bier.

Restaurant Ratskeller 14 Ältestes Gasthaus der Stadt, deftige, gutbürgerliche Küche im großen, stimmungsvollen Gewölbekeller unter dem Rathaus. Freundlicher Service, das Preisniveau ist für Standort und Gebotenes völlig in Ordnung (Hauptgerichte 11–22 €). Tägl. außer Mo ab 12 Uhr. Neuer Markt 1, ☎ 0381-5108460, www.rathausarkaden-rostock.de.

Albert und Emile 13 Ambitionierte Küche mit französischem Einschlag. Hauptgerichte 17–21 €, Drei-Gänge-Menü 32 €. Kleine, wechselnde Karte, auch vegetarische und vegane Gerichte. Verarbeitet werden biologische und regional erzeugte Produkte. Das ungemein stilvolle Restaurant liegt in der östlichen Altstadt. Tägl. 12–14 u. 19–23 Uhr. Altschmiedestr. 2, ☎ 0381-4934373, www.albert-emile.de. ▪

Carlo 615 3 Ein ebenso gemütliches wie schickes Lokal am Wasser. Raffinierte Küche, Mecklenburg trifft Mittelmeer (Hauptgerichte 20–26 €), dazu sehr gute Weine. Nette Terrasse. Tägl. ab 12 Uhr. Warnowufer 61, ☎ 0381-7788099, www.carlo615.de.

Borwin 4 Charmantes Fischrestaurant am Stadthafen. Innen elegant-rustikal, außen eine ansprechende Terrasse. Neben viel Fisch (Matjes 9,80 €) auch Meeresfrüchte (6 Austern 15 €) und Internationales (Surf & Turf zu 28,50 €). Am Strande 2a, ☎ 0381-4907525, www.barwin-hafenrestaurant.de.

Kaminstube 8 Zwischen Marienkirche und Hafen. Viel Fisch, ein wenig Thai-Küche sowie interessante Tagesgerichte für 14–19 €, lediglich die Steaks sind teurer. Wenn kein Kamin vonnöten ist, öffnet die Dachterrasse. Di–Sa ab 18 Uhr. Burgwall 17, ☎ 0381-31337, www.kaminstube-rostock.de.

Brauhaus Zum alten Fritz 7 Großer Braureigasthof am Stadthafen. Urig eingerichtet, zum Bier aus dem Stralsunder Stammhaus gibt es Deftiges aus der Küche, beispielsweise Bierkutscherschnitzel oder Hanseaten-Labskaus. Wechselnde Wochenkarte, im Sommer mit Biergarten, sehr beliebt und oft bis auf den letzten Platz gefüllt. Tägl. 11–24 Uhr. Am Warnowufer 65, ☎ 0381-208780, www.alter-fritz.de.

Grüne Kombüse 10 Veganes Restaurant. Man ist bemüht, Produkte von lokalen Herstellern zu benutzen, saisonal zu kochen und auf Verpackungsmüll so gut wie möglich zu verzichten. Die schmackhaften Gerichte kosten 10–12 €. Nur am Ambiente könnte man noch etwas arbeiten... Di–Fr 17–21 Uhr, Sa/So ab 11.30 Uhr. Grubenstr. 47, ☎ 0381-21081832, www.gruenekombuese.de. ▪

In der **KTV** findet man um den Doberaner Platz internationale Küche. Sehr beliebt bei Studenten ist dort die indische Brasserie **Jyoti** (**17**, Hauptgericht 8–12,50 €, Leonhardstr. 23, ☎ 0381-4590485, www.jyoti-rostock.de). Gleich daneben serviert das trendige **Café Central 17** drinnen oder auf dem Gehweg Frühstück und günstige Gerichte zwischen Pasta, Hamburger Schnitzel und Ziegenkäseburger (Leonhardstr. 22, ☎ 0381-4904684, www.cafes-in-rostock.de).

Cafés Heumond 25 Sympathisches alternatives Café, innen sehr gemütlich und mit viel Liebe zum Detail eingerichtet, draußen hübscher Garten hinter der Stadtmauer. Frühstück (12–21.30 Uhr!), wechselnde Tagesgerichte (Küche bis 22 Uhr), auch Kuchen. Nicht teuer. Mo–Sa 12–24 Uhr. Hermannstr. 36, ☎ 0381-455970, www.heumond.de.

Café in der Likörfabrik 22 Zu Recht beliebtes, junges Café unweit des Neuen Marktes (in einem Eckhaus am Kuhtorplatz), von morgens bis nachts geöffnet, günstige Mittagsgerichte. Grubenstr. 1, ☎ 0381-3777654, www.cafes-in-rostock.de.

Café Kloster 24 Im hübschen Gebäudeensemble um das Kloster zum Heiligen Kreuz. Das Café wird von den Rostocker DRK-Werkstätten für Menschen mit Behinderungen betrieben. Angenehmes Ambiente. Hausgemachte Waffeln und leckerer Flammkuchen, etwas Geduld sollte man aber mitbringen. Mo–Sa 11–19 Uhr. Klosterhof 6, ☎ 0381-3757950.

Café Käthe 19 Obwohl erst 2013 eröffnet, gilt dieses gepflegte, moderne Café schon fast als Institution in der KTV. Gehwegterrasse, man kann gut und günstig essen. Alle Altersgruppen sind vertreten. Spannend ist das Kleinkunstprogramm. Tägl. 10–24 Uhr. Barnstorfer Weg 10, ℡ 0381-37778949, www.cafe-rostock.de.

Nachtleben An Sommerwochenenden ist an der Warnow die Hölle los – es wird gegrillt und gepichelt, was geht. Wer mehr als den Himmel über Rostock fürs nächtliche Vergnügen braucht, geht in der KTV bummeln oder versucht sein Glück hier:

M.A.U. Club 1 Die Halle am Hafen dient als alternative Konzertlocation, wo schon Wanda oder Pothead auftraten, aber auch Partys oder Poetry Slams stattfinden. Warnowufer 56, ℡ 0381-2023578, www.mauclub.de.

Bunker Rostock 2 Im ehemaligen Luftschutzbunker auf dem Gelände der ebenfalls ehemaligen Neptun-Werft gibt es Cocktails im *Captain Cocktail* und ein umfangreiches Programm zwischen Karaoke, Raves und Livekonzerten im *Bunker-Club*. Draußen eine Kletterwand. Programm beachten. Neptunallee 9A, ℡ 0381-8008927, www.bunker-rostock.de.

Peter-Weiss-Haus 12 Das „Bildungs- und Kulturhaus" ist im ehemaligen *Haus der Deutsch-Sowjetischen Freundschaft* untergebracht, einem imposanten, denkmalgeschützten Klinkerbau. Coole Konzerte, Café, junges, internationales Publikum, dazu ein bunter Biergarten mit günstigem Bier und Kinderspielplatz. Doberaner Str. 21, www.peterweisshaus.de.

Zwanzig12 9 Ein gehobenerer Spot und recht stylish. In der beliebten Cocktailbar kann man auch ganz gut essen, internationale Küche vom Clubsandwich bis zum Veggi Burger. Schnickmannstr. 14, ℡ 0381-87733660, www.zwanzig12.de

PlanBar 15 Gaybar in der KTV. Hin und wieder witzige Partys. Tägl. außer So ab 18 Uhr. Leonhardstr. 20, ℡ 0381-21058344, www.planbar-rostock.de.

Sehenswertes

Die Highlights der Stadt sind neben den gotischen Giebelhäusern, öffentlichen Kunstwerken etc. zweifelsohne die mächtige, an Höhe und Bedeutung alles überragende Marienkirche mit der bemerkenswerten astronomischen Uhr und das ehemalige Kloster zum Heiligen Kreuz mit Rostocks Kulturhistorischem Museum.

Rathaus

Am weitläufigen Neuen Markt weist das Rathaus einen eigentümlichen Stilmix auf: Es besteht aus zwei Gebäuden, die ähnlich dem Stralsunder Rathaus mit einer gotischer Fassade verbunden wurden. 1726 entschloss sich ein mutiger Stadtrat, der gotischen Fassade einen barocken (damals hochmodernen) Vorbau vorzusetzen. So erhebt sich heute über sieben Arkaden eine repräsentative, barocke Fassade, die wiederum von den spitzen Türmen der gotischen Schaufassade überragt wird.

Die Schlange am Rathaus

Marienkirche

Einen wuchtigen Eindruck vermittelt die Marienkirche, zwischen Neuem Markt und Langer Straße gelegen. Zunächst wurde Mitte des 13. Jh. eine Hallenkirche errichtet, die nach 1290 zu einer Basilika aus- und umgebaut wurde und sogar eine Doppelturmanlage erhalten sollte, die einzige neben St. Nikolai in Stralsund. Doch nach über hundert Jahren Arbeit brach der Bau in sich zusammen. Um das Gebäude stabiler zu halten, wurde an das vergleichsweise kurze Langschiff ein mächtiges Querschiff angefügt, sodass die Marienkirche nahezu genauso lang wie breit (und auch fast ebenso hoch) ist. Dies und der Umstand, dass die Doppelturmanlage nicht vollendet, sondern auf halbem Weg unterbrochen und zu einem massigen Westwerk zusammengefasst wurde, geben der Kirche ihr kompaktes, wuchtiges Erscheinungsbild. Im Innern werden die Haupt- und Seitenschiffe in über 31 Metern Höhe durch schöne Sterngewölbe abgeschlossen.

Von der mittelalterlichen Ausstattung ist zwar nicht allzu viel erhalten, was aber noch zu sehen ist, zeigt sich umso bemerkenswerter. Ein kunst- und technikhistorisches Kleinod befindet sich hinter dem Hauptaltar: die *Astronomische Uhr*.

Aber es gibt noch zahlreiche andere Sehenswürdigkeiten in der Kirche, z. B. die links vom Altar stehende bronzene *Tauffünte* (Taufbecken) aus dem Jahr 1290. Getragen von vier knienden Gestalten, wird auf die Fünte mit feinen Verzierungen das Leben Christi dargestellt, ein nicht minder aufwändig gestalteter Deckel schließt das Kunstwerk ab. In einer der Kapellen des Chorumgangs hängt der *Rochusaltar*, ein großer Schnitzaltar des Schutzheiligen der Bartscherer und Wundheiler (um 1530), im Nordquerhaus (gegenüber dem Eingang) findet sich der *Nikolaialtar* aus dem 15. Jh. Die Westwand des Hauptschiffs füllt die monumentale Orgel (samt Fürstenloge) aus dem 18. Jh.

Marienkirche. Mai bis Sept. Mo–Sa 10–18 Uhr, So 11.15–17 Uhr; Okt bis April Mo–Sa 10–16 Uhr, So 11.15–12.15 Uhr. Am Ziegenmarkt 4, ✆ 0381-453325, www.marienkirche-rostock.de.

Kirchenführung. Mit Erklärung der astronomischen Uhr Mai bis Okt. tägl. außer So/feiertags 11 Uhr. Erw. 5 €, Kinder bis 12 J. frei. ✆ 0381-453325.

Petrikirche

Weithin sichtbar erhebt sich der Kirchturm auf eine Höhe von 117 Metern, wobei der schlanke, spitze Helm weit über die Hälfte der Höhe ausmacht. Die vergleichsweise kleine Petrikirche war im Zweiten Weltkrieg stark zerstört und unter widrigen Umständen in den folgenden Jahrzehnten mühsam wieder aufgebaut worden, nur der lange Helm konnte erst 1994 wieder auf den Turm gesetzt werden. Der Bau der Kirche wurde um 1300 auf dem ältesten Rostocker Siedlungsgebiet begonnen, aber nach Verzögerungen, Bauplanänderungen und Erweiterungen erst im 15. Jh. fertiggestellt – inklusive Turm, der in den folgenden Jahrhunderten mit erschreckender, aber angesichts seiner Höhe nicht verwunderlicher Regelmäßigkeit vom Blitz getroffen und immer wieder mehr oder weniger stark beschädigt wurde.

Dass es sich bei der Petrikirche eigentlich um eine dreischiffige Basilika handelt, ist in ihrem Inneren kaum noch zu erkennen, da die beiden Seitenschiffe vom Mittelschiff seit dem Wiederaufbau abgetrennt sind. Das für den Gottesdienst genutzte Mittelschiff ist heute ein schmaler, karger Raum, der in 24 Metern Höhe von einer Holzdecke abgeschlossen wird. Im Nordschiff, dem „Raum der Stille", befinden sich die bedeutendsten Sehenswürdigkeiten der Kirche: zwei Altarflügel aus dem 15. Jh., der Rest des Hauptaltars hängt heute in der Marienkirche. Der Turm kann bis zur Aussichtsplattform unterm Helm auf 45 Meter Höhe bestiegen werden, entweder über 196 Stufen oder gelenkschonender mit dem Aufzug. Leider sind die Fenster recht klein und dazu vergittert.

Mai bis Sept. tägl. 10–18 Uhr, Okt. bis April 10–16 Uhr. Eintritt frei. Turmbesteigung bzw. Aufzug 3 €, erm. 2 €. Alter Markt, ✆ 0381-21101, www.petrikirche-rostock.de.

Die Astronomische Uhr

Sie ist mehr als nur ein groß geratener Zeitmesser. Die Astronomische Uhr ist ein Kunstwerk – oder, wenn man so will, ein Meisterwerk mittelalterlicher Handwerkskunst. 1472 vom Uhrmacher *Hans Düringer* angefertigt, ist sie zwar die jüngste von einer ganzen Reihe dieser aufwändig gestalteten Chronometer, die im hanseatischen Raum zu finden sind, aber sie ist die mit Abstand am besten erhaltene und – ihre spätmittelalterliche Mechanik funktioniert noch immer wie das sprichwörtliche Uhrwerk!

Sicherlich, man kann an der Astronomischen Uhr verlässlich die Tageszeit abgelesen: Die Uhrzeit ist auf dem äußeren Ring der oberen Scheibe zu sehen, es handelt sich dabei, etwas ungewohnt, um eine „ganze Uhr", also mit 24-Stunden-Umlauf. Aber damit ist es bei den detailreichen und multifunktionalen Zeitmesser bei weitem nicht getan: Die beiden inneren Ringe der oberen Uhrscheibe zieren ausdrucksstarke Schnitzereien: Im zweiten Ring werden die Tierkreiszeichen, im dritten Ring die Monate angezeigt. Letztere sind figürlich dargestellt: Im Februar z. B. wärmt sich ein Mann am Feuer, im März wird gepflanzt, im Juli sichelt die Bäuerin Kornähren, die im August gedroschen werden, im September werden Reben und im Oktober Äpfel geerntet usw. In der Mitte der Scheibe werden die Mondphasen ersichtlich. Darüber hinaus sind zwei weitere kleine Scheiben an einem Zeiger angebracht: Die eine zeigt erneut die Uhrzeit, bei der anderen handelt es sich um eine astrologische Planetenuhr.

Als diese Uhr das erste Mal tickte, war Amerika noch nicht entdeckt

Die untere Scheibe, das *Kalendarium*, erweist sich als noch komplexer. Hier sind u. a. das Datum, das Jahr, der aktuelle Tagesheilige, der Sonnenzirkel, die Zeitspanne zwischen Weihnachten und Fastnacht oder auch die Tages- und Nachtlänge abzulesen.

Gekrönt wird das chronometrische Kunstwerks von einem *Apostelumgang*. Sechs Apostel stehen über der Uhr, in der Mitte thront Christus. Pünktlich um 12 Uhr (und um Mitternacht) öffnet sich das Türchen rechts von Christus, aus dem sechs Apostel erscheinen, sich Jesus zuwenden, gesegnet werden und im linken Türchen wieder verschwinden. Nur der letzte Apostel wird nicht gesegnet und bleibt schließlich vor dem wieder verschlossenen Tor draußen stehen: Judas, unschwer zu erkennen am Geldsäckel in der Hand.

Wer sich eingehender mit der Astronomischen Uhr befassen will, kann das mittels einer kleinen, informativen Broschüre tun, im Rahmen einer Kirchenführung oder man wendet sich mit Fragen an die kenntnisreichen ehrenamtlichen Mitarbeiter.

Kulturhistorisches Museum im Kloster zum Heiligen Kreuz

Das ehemalige Zisterzienserkloster zeigt sich heute als ein stimmungsvolles, geschlossenes Gebäudeensemble. Gegründet wurde es 1270 von der dänischen Königin Margarete. Rund um den Kreuzgang des sorgsam restaurierten Klosters ist das Kulturhistorische Museum untergebracht, das allein aufgrund der Räumlichkeiten einen Besuch wert ist. Auch wenn man es bei einem zweigeschossigen Kreuzgang nicht vermuten möchte, zeigen sich die Ausstellungsräume verwinkelt und überraschen immer wieder mit zahlreichen sehenswerten Details. Im Erdgeschoss rund um den Kreuzgang sind Ausstellungsstücke und Schautafeln mit der (Bau-)Geschichte der Anlage und dem Klosterleben im Allgemeinen zu sehen, der hintere Teil (gegenüber dem Eingang) ist wechselnden Ausstellungen vorbehalten. Das obere Stockwerk beherbergt u. a. Skizzen und Gemälde Rostocker Stadtansichten, eine bemerkenswerte Sammlung niederländischer Malerei aus dem 16. bis 19. Jh., historisches Spielzeug, Kunsthandwerk, Porzellan, Trinkgefäße, Uhren, Silbertand und eine Münzsammlung.

Die Highlights des Museums aber sind die kleine Kirche, die man vom Eingang aus rechts durch die schwere Holztür erreicht, und das Refektorium, das linker Hand an den Kreuzgang anschließt. In der gotischen Klosterkirche aus dem 14. Jh. bestimmt das warme Rot des Backsteins den Raum, die Gewölbedecke zeigt sich sparsam bemalt und bei der Kanzel ist ein hübsches Gethsemane-Fresko erhalten. Im Refektorium schließlich findet man sich unter einem herrlichen Kreuzrippengewölbe wieder, das den Raum zu einem eleganten Zeugnis gotischer Architektur werden lässt. Sehenswert.

Im Klosterhof gibt es ein Café (→ S. 136), eine Goldschmiede, eine Galerie, die so genannten Klosterfaktoreien (Verkauf von Öl, Essig u. v. m. aus Mecklenburg) und das *Kempowski Archiv*, in dem man sich über das Schaffen des 2007 verstorbenen Rostocker Schriftstellers *Walter Kempowski* informieren kann. Wer Ruhe vom Großstadttrubel sucht, dem sei der idyllische Klostergarten empfohlen.

Museum. Di–So 10–18 Uhr. Eintritt frei. Klosterhof 7, ✆ 0381-203590, www.kulturhistorisches-museum-rostock.de.

Kempowski Archiv. Di–So 14–17 Uhr, Do auch 9.30–12 Uhr. Eintritt frei. Klosterhof 3, ✆ 0381-2037540, www.kempowski-archiv-rostock.de.

Klostergarten. April bis Okt. Mo–Do 8–22 Uhr, Fr–So 8–24 Uhr, Nov. bis März Mo–So 9–18 Uhr.

Sehenswertes außerhalb der Innenstadt

Dokumentations- und Gedenkstätte: Südlich der Innenstadt kann man in der ehemaligen Untersuchungshaftanstalt der Stasi in Rostock einen bedrückenden Eindruck des Zellentrakts erhalten. In den „Verwahrräumen" ist die Ausstellung untergebracht, die sich mit der Stasi, ihren Methoden und ihrer Wirkung, dem Haftalltag und beispielhaften Biografien ihrer Opfer befasst. Besonders eindrücklich sind die nicht einmal acht Quadratmeter großen Zellen, die im Originalzustand belassen wurden. Ein geführter Rundgang bringt die Besucher nicht nur durch den Zellentrakt, sondern auch hinunter in den winzig kleinen, trostlos grauen Hof und in den Keller der Untersuchungshaftanstalt: Hier befanden sich die Dunkelzellen zur Einzelhaft. Im Erdgeschoss kommt man abschließend zum „Schleusenbereich", in dem die Verhafteten ankamen – ein Gefangenen-Transport-Wagen (GTW) kann hier im Original auch von innen besichtigt werden.

Das Schiffbau- und Schifffahrtsmuseum im IGA-Park

März bis Okt. Di–Fr 10–18 Uhr, Sa 10–17 Uhr, Nov. bis Febr. Di–Fr 9–17 Uhr, Sa 10–17 Uhr, So/Mo geschl. Eintritt frei, kostenlose Führungen (ca. 1:30 Std.) immer Mi und Sa 14 Uhr, nach längerfristiger Voranmeldung sind auch Einzelführungen möglich. **Hinweis:** Ab 2017 stehen Sanierungsarbeiten an, die mit einer längeren Schließung der Gedenkstätte einhergehen. Hermannstr. 34 b (Eingang im Hof gegenüber vom Penny-Markt), ☏ 0381-4985651, www.bstu.de.

Kunsthalle: Am Rand des Stadtteils Reutershagen und neben der B 105, die hier Hamburger Straße heißt, befindet sich oberhalb des Schwanenteichs die 1969 errichtete Kunsthalle, der einzige Museumsneubau in der Geschichte der DDR. In dem quadratischen Gebäude ist eine hübsche Sammlung moderner Kunst vornehmlich aus Ostdeutschland zu sehen, beginnend mit expressionistischen Werken vom Beginn des 20. Jh., darunter Arbeiten von Otto Niemeyer-Holstein (1896–1984), der Rostockerin Kate Diehn-Bitt (1900–1978) oder von Jo Jastram (1928–2011), der auch im Straßenbild Rostocks seine Spuren hinterlassen hat (→ S. 128). In den weitläufigen Sälen der Kunsthalle finden außerdem wechselnde Ausstellungen zeitgenössischer Künstler vornehmlich aus dem Ostseeraum statt. Für Kunstfreunde ein Muss. Nett ist das angeschlossene Kunstcafé am Schwanenteich (mit Terrasse), in dem selbst gemachter Kuchen serviert wird (gleiche Öffnungszeiten wie die Kunsthalle).

Di–So 11–18 Uhr. Eintritt frei (außer bei Sonderausstellungen). Hamburger Str. 40, ☏ 0381-3817008, www.kunsthallerostock.de. Ab Hauptbahnhof mit der Straßenbahn Nr. 1, 2 und 5 Richtung Lütten Klein bzw. Lichtenhagen bis Haltestelle „Kunsthalle".

IGA-Park: Der Park zwischen B 105 (Stadtteil *Lütten Klein*) und dem linken Warnowufer entstand anlässlich der Internationalen Gartenbauausstellung (IGA 2003). Das Parkgelände dient heute u. a. als Konzertlocation und beherbergt neben einem Japanischen und einem Chinesischen Garten das *Schiffbau- und Schifffahrtsmuseum,* wo man an Bord des ausgedienten Hochseefrachters *Dresden* steigen kann, der 1956/57 auf der Warnowwerft gebaut wurde. Im Bauch des Schiffes gibt es eine zwar nicht zeitgemäße, aber spannende Ausstellung zur Geschichte des Schiffbaus und der Seefahrt. Auch kann man die Kommandobrücke erkunden. Des Weiteren liegt vor Ort das Betonschiff *Capella* vertäut, das farblich an einen Plattenbau zu DDR-Zeiten erinnert. Das Schiff wurde 1943/44 gebaut, als die Nazis sämtlichen Stahl für ihre Kanonen brauchten. Auch gibt es ein Hebeschiff von 1895 zu sehen, einen Schwimmkran von 1905 und vieles mehr.

Schiffbau- und Schifffahrtsmuseum. April bis Juni u. Sept./Okt. Di–So 10–18 Uhr, Juli/Aug. auch Mo, Nov. bis März Di–So 10–16 Uhr. Park und Museum Erw. 4 €, Kinder 2,50 €. Schmarl-Dorf 40, ✆ 0381-12831364, www.schifffahrtsmuseum-rostock.de bzw. www.iga-park-rostock.de.

Anfahrt. Mit dem Auto auf der B 105 Richtung Warnemünde, bei der Ausfahrt Warnow-Tunnel abbiegen, beschildert. S-Bahn ab Zentrum, Station Lütten Klein.

Warnemünde

ca. 7000 Einwohner

Bei Warnemünde denkt man zuallererst an den fantastischen Strand, feinsandig und breit, von dem aus man den großen Fährschiffen, Kreuzfahrtschiffen und Frachtern beim Ein- oder Auslaufen zusehen kann. Aber Rostocks berühmter Stadtteil am offenen Meer hat viele Gesichter.

Entlang des Alten Stroms erinnert das Ostseebad Warnemünde an seine Ursprünge als kleines Fischerdorf an der Mündung der Warnow, in das Mitte des 19. Jh. der Bädertourismus einzog. Kleine, kopfsteingepflasterte Gassen ziehen sich entlang sorgsam restaurierter Häuser und kleiner Gärtchen. In dem kleinen Ort, bereits im 12. Jh. erwähnt und seit 1323 im Besitz Rostocks, lebten die Menschen jahrhundertelang nur von der Fischerei oder hatten als Matrosen oder Lotsen ein Auskommen. Warnemünde bestand nur aus zwei Straßenzügen, der Vorder- und der Hinterreihe entlang des Alten Stroms, und erst mit dem Bädertourismus wurde der alte Ort modernisiert und begann langsam zu wachsen. Es könnte ein malerisches Idyll sein, wären da nicht die Menschenmassen, die von der S-Bahn in das ehemalige Fischerdorf ausströmen. Zum Bahnhof führt eine Fußgängerbrücke über den Alten Strom, an dessen Kai sich die Imbissbuden aneinanderreihen. Auf der anderen Seite des Alten Stroms liegen abwechselnd Ausflugs- und Fischbrötchenkutter, während in den restaurierten Häusern Boutiquen, Restaurants und Souvenirshops auf Kundschaft warten.

Moderne Architektur am Strand

Nicht weniger als heimliche Wahrzeichen hat der in Binz auf Rügen geborene Bauingenieur *Ulrich Müther* (1934–2007) an der Ostseeküste geschaffen. Müther war dank seiner Schalenbauten – genauer: hyperbolische paraboloide Betonschalen oder kurz „Hyparschalen" – weit über die Grenzen der DDR bekannt. In Binz hebt sich über die Dünen der einzigartige Rettungsturm-Prototyp der Wasserwacht, der bis heute nichts von seiner faszinierenden futuristischen Leichtigkeit eingebüßt hat. In Glowe auf Rügen sticht die lichte *Ostseeperle* ins Auge. Und in Warnemünde ist es das berühmte, in sich gekrümmte *Teepott*-Dach, das mit dem Leuchtturm ein unverkennbares Ensemble bildet. Den kühnen Schwung auf das kreisrunde Gebäude neben das altehrwürdige Warnemünder Seezeichen setzte Müther 1968.

Mit der Fischerdorf-Romantik ist es spätestens an der Strandpromenade vorbei. Hier stehen schicke Hotelneubauten neben angeschlagenen Gebäuden, die noch auf ihre Sanierung warten. Auf dem weiten Platz am Anfang der Strandpromenade befinden sich die beiden Wahrzeichen Warnemündes: der Leuchtturm und der Teepott, Letzterer ein markantes Gebäude, das in den 1960er Jahren errichtet wurde und Restaurants und Cafés beherbergt. Dahinter beginnt der berühmte weite Sandstrand. Die Promenade, die sich noch ein ganzes Stück Richtung Westen erstreckt, ist in den Sommermonaten mehr als gut besucht. Die Gäste, die darauf flanieren, sind deutlich jünger und internationaler als in den Seebädern östlich und westlich von Warnemünde. Unübersehbar erhebt sich das Hotel Neptun am Strand, 1970/71 als Vorzeigehotel der DDR erbaut, in dem gerne ausländische Staatsgäste untergebracht wurden (und das es im Nachhinein für das systematische Abhören seiner Gäste zu zweifelhaftem Ruhm brachte). Daneben befindet sich in etwas bescheideneren Ausmaßen das Kurhaus. Im Zentrum Warnemündes steht die sehenswerte neugotische Kirche. Die vom Kirchplatz Richtung Westen führende Mühlenstraße fungiert als kleine Einkaufsmeile. Hier vermischen sich die Sprachen der Kreuzfahrt-Touristen mit den Sprachen der Crew-Mitglieder und der Warnemünder. Zweistellige Millionenbeträge bringt der Kreuzfahrt-Tourismus der Region pro Jahr, über 180 Anläufe erlebt das Warnemünder Cruise Center (südlich des Bahnhofs) in der nur 110 Tage dauernden Kreuzfahrtsaison. Auf www.rostock-port.de erfahren Sie, wann welche Schiffe einlaufen.

Die Landzunge Hohe Düne auf der anderen Seite des stark befahrenen Neuen Stroms erreicht man mit der Autofähre. Dort befindet sich auch der gleichnamige Yachthafen mit 920 Liegeplätzen, einem noblen Hotel (→ Übernachten) und schicken Restaurants – schön zum Spazieren, ein Hauch von großer, weiter Welt und bei Sonne gar von Mittelmeer ist hier zu spüren. Die Hohe Düne trennt die bauchige Bucht mit dem schönen Namen Breitling, in der sich auch der Überseehafen Rostocks befindet, von der Ostsee. Von hier aus gelangt man zum abgeschiedenen Vorort Markgrafenheide am Rand der Rostocker Heide (→ unten).

Basis-Infos

Information Die **Touristinformation** nahe der Fußgängerbrücke über den Alten Strom bietet auch Zimmervermittlung und Stadtführungen. Mai bis Okt. Mo–Fr 10–18 Uhr, Sa/So 10–15 Uhr, Nov. bis April Mo–Fr 10–17 Uhr, Sa 10–15 Uhr, Nov. bis April Mo–Fr

10–17 Uhr, Sa 10–15 Uhr, So geschl. Am Strom 59, 18119 Rostock-Warnemünde, ✆ 0381-3812222, www.rostock.de.

Stadtführungen. „Warnemünn ankieken": April bis Okt. Di 18 Uhr, Do und Sa 11 Uhr, im Winter nur Sa 11 Uhr, 7 €/Pers., erm. 5 €. Treffpunkt bei der Touristinformation.

Verbindungen → auch *Rostock/Verbindungen*. Wichtigstes Nahverkehrsmittel ist die **S-Bahn** (S 1/S 2), die häufig vom Hauptbahnhof Rostock nach Warnemünde fährt.

In Warnemünde setzt eine **Autofähre** der Weißen Flotte alle 20 Min., im Sommer alle 10 Min., über den Seekanal zur Hohen Düne über. Pkw (inkl. Fahrer) 3 €, jede weitere Person 1,40 €, Kinder (6–15 J.) 0,90 €, Fahrrad 1,10 €. Infos unter ✆ 0381-519860, www.weisse-flotte.de.

Bus 119 fährt von Warnemünde/Werft etwa stündl. (Sa/So 6-mal tägl.) nach Bad Doberan, www.rebus.de.

Aktivitäten und Veranstaltungen → Karte S. 147

Baden Warnemündes Kapital ist der teils über 100 m breite, lang gestreckte, feinsandige Strand. Während der Hauptsaison flächendeckend überwacht, Strandversorgung ausreichend vorhanden, rollstuhlgerechter Zugang unweit des Leuchtturms (Höhe Heinrich-Heine-Straße), FKK- und Hundestrandabschnitte Richtung Dietrichshagen.

Einkaufen Viele kleine Boutiquen bekannter und weniger bekannter Labels im Zentrum und Am Strom.

Wem der Lesestoff ausgeht, der findet in dem sympathischen und sehr gut sortierten Buchladen **Möwe** **3** Nachschub, der auch einiges zur Ostsee auf Lager hat. Mo–Sa 10–18 Uhr, So ab 12 Uhr. Seestr. 5/Luisenstr., ✆ 0381-8578563, www.buchhandlungmöwe.de.

Fahrradverleih Mehrere Verleiher in Warnemünde, u. a. am Bahnhof und am Kirchenplatz, Fahrräder ab 8 €/Tag.

Golf Golfplatz Warnemünde. Westlich vom Ort zwischen Diedrichshagen und Elmenhorst. Greenfee 60 €, 9-Loch 35 €, Platzreifekurs 399 €. Am Golfplatz 1, 18119 Warnemünde, ✆ 0381-7786830, www.golf-warnemuende.de.

Hafenrundfahrten/Ausflugsboote Zahlreiche große und kleine Hafenrundfahrten werden in Warnemünde angeboten, z. B. mit der *MS Rostocker 7* der Reederei Rostocker Personenschifffahrt. Fahrt von Warnemünde nach Rostock und zurück. Abfahrt vom Neuen Strom nahe dem Hauptbahnhof. Erw. 15 €, Kinder 7,50 €, Tickets an Bord. Im Sommer 10.30–16 Uhr

Am Strand von Warnemünde

Warnemünde 145

halbstündliche Abfahrten. ✆ 0381-699962, www.rostocker-flotte.de.

Die *MS Baltica* bietet nahezu tägl. 5-stündige Touren nach Kühlungsborn, davon 2 Std. Aufenthalt, zudem meist So ähnliche Fahrten nach Graal-Müritz. Egal wohin, Erw. 21,50 €, Kinder 3–13 J. 14 €. Liegeplatz am Alten Strom (etwa auf Höhe Leuchtturm), ✆ 0381-5106790, www.msbaltica.de.

Außerdem Angelfahrten mit Fischkuttern. Abfahrt am Alten Strom, Office auch im Hauptbahnhof. ✆ 0381-5192012, www.angelseetouristik.de.

Veranstaltungen Warnemünder Woche. Traditionsreiches internationales Seglerevent in der ersten/zweiten Juliwoche mit abwechslungsreichem Rahmenprogramm für die Zuschauer an Land. Infos unter www.warnemuender-woche.com.

Hanse Sail, → Rostock/Veranstaltungen, S. 133.

Zudem im Sommer immer wieder Konzerte im **Warnemünder Kurhausgarten**.

Übernachten → Karte S. 147

Wie in Rostock werden freie Zimmer zur Hanse Sail rar und entsprechend steigen die Preise. Das Preis-Leistungs-Verhältnis ist grundsätzlich nicht sonderlich gut.

***** Neptun 5 Von außen nicht gerade eine Zierde, innen aber recht nobel, wenn auch, trotz Restaurierung nach der Wende, mittlerweile schon wieder etwas in die Jahre gekommen (ein Facelifting wäre mal wieder an der Zeit). Der Koloss von Warnemünde hat einen besonderen Vorteil: Alle Zimmer mit Meerblick (wenn auch die preiswerteren nur seitlich). Außerdem diverse Restaurants (→ unten), das *Neptun Spa* mit Wellnessangebot, Saunalandschaft, Meerwasser-Hallenbad (angenehme 30°C) und Fitnessbereich. DZ mit (seitlichem) Meerblick 184–419 €, Panoramaeckzimmer 319–519 €, Suiten ab 344–589 €, inkl. Frühstück. Seestr. 19, 18119 Warnemünde, ✆ 0381-7777777, www.hotel-neptun.de.

Yachthafenresidenz Hohe Düne 6 Erstreckt sich auf der anderen Seite des Neuen Stroms. Eine Stadt in der Stadt. Riesige, sehr noble und entsprechend teure Hotelanlage im Stil der alten Grand Hotels mit einem modernen Yachthafen (www.yachthafen-hohe-duene.de) und großem Spa-Bereich. Pianospieler in der Lobby, sehr guter Service. Zur Residenz gehören sechs Restaurants, darunter auch sterngeschmückt *Der Butt* (→ unten), des Weiteren fünf Bars, ein Café, diverse Boutiquen, Wassersportangebot etc. 368 Zimmer und Suiten. Wenn schon, denn schon: Buchen Sie eines der teueren Zimmer mit Yachthafen-Blick. EZ 190–275 €, DZ 230–335 €, Suiten 450–890 €, jeweils inkl. Frühstück. Am Yachthafen 1, 18119 Warnemünde, ✆ 0381-50400, www.hohe-duene.de.

**** Am Leuchtturm 2 Der Name trügt nicht: formschönes Haus freistehend an der Strandpromenade mit Blick auf den Leuchtturm und die See. Klassische Hotelzimmer mit Teppichboden. Freundlicher Service. Hunde nicht gestattet. EZ 135 €, DZ ab 159 €, mit Seeblick ab 189 €, jeweils inkl. Frühstück. Am Leuchtturm 16, 18119 Warnemünde, ✆ 0381-54370, www.hotel-am-leuchtturm.de.

**** KurparkHotel 7 Historische Villa im Stil der Bäderarchitektur, ein Stück hinter dem Kurhaus und mit Blick auf den Park. Mit Hotelbar und Restaurant, Sauna und Fahrradverleih. Nur 18 Zimmer. Wer hat nur die Teppichböden für die Standard-DZ ausgesucht? Die Suiten und Deluxe-Zimmer sind deutlich charmanter, zudem teils mit Balkon. EZ ab 81 €, DZ ab 130 € inkl. Frühstück, Hund 12 €. Kurhausstr. 4, 18119 Warnemünde, ✆ 0381-4402990, www.kurparkhotel-warnemuende.de.

Ostsee Art Hotel 12 Ruhige Lage im alten Warnemünde an der schmucken Alexandrinenstraße mit ihren niederen Giebelhäusern. Komfortable Wohlfühl-Zimmer mit z. T. leichtem Plüschtouch. Unter Leitung der Familie Vogel, die auch das gegenüberliegende Hotel Fischerhus und zwei weitere Unterkünfte in Warnemünde betreibt. EZ ab 95 €, DZ ab 120 €, Frühstück extra, Hund 10 €. Alexandrinenstr. 124, 18119 Warnemünde, ✆ 0381-548310, www.vogel-hotel.de.

Antik-Pension Birnbom 11 Kleine Pension in einem alten Haus neben dem Heimatmuseum. Nur 6 Zimmer mit völlig zusammengewürfeltem, nicht nur antikem Mobiliar,

Rostock/Warnemünde

familiäre Atmosphäre. Gegenüber der gleichnamige Trödelladen. Haustiere nicht gestattet. EZ 75 €, DZ 100 €, Frühstück inkl. Alexandrinenstr. 30, 18119 Warnemünde, ✆ 01731930012, www.birnbom.de.

Jugendherberge Warnemünde 10 Großes, unschönes Haus, relativ weit außerhalb vom Zentrum Richtung Diedrichshagen, nur über die Straße und durch das schmale Wäldchen zum Strand. Verbindung ins Zentrum mit Bus Nr. 37. 222 Betten in 2- bis 6-Bett-Zimmern, die meisten mit privatem Bad. Auch viele junge Familien steigen hier ab. Ab 25 €/Pers. mit Frühstück, Senioren (über 27 J.) ab 31,90 €. Parkstr. 47, 18119 Warnemünde, ✆ 0381-548170, www.jugend herbergen-mv.de.

Wohnmobilstellplatz Direkt neben dem Bahnhof 8 Enge Parkplatzatmosphäre, keine Serviceeinrichtungen. 17,50 €/Tag. Parkplatz Mittelmole, 18119 Warnemünde, ✆ 0381-45671073.

Essen & Trinken

Herrlich sitzt man in den Terrassenlokalen am Yachthafen, auch wenn es dort teuer werden kann.

Restaurants Unangefochtene Nr. 1 ist natürlich **Der Butt** 6, das Restaurant von Gourmetkoch Matthias Stolze, in der *Yachthafenresidenz Hohe Düne* (→ oben, im ersten Stock des Restaurantpavillons). Heimatverbundenheit trifft auf die Aromen der Welt. Herrliche Blicke auf die Marina, auch draußen Tische. Vier-Gänge-Menü 95 €, sechs Gänge 119 €. Di–Sa ab 18 Uhr, So/Mo Ruhetag. Am Yachthafen 1, ✆ 0381-50400, www.hohe-duene.de.

Zum gleichen Hotel gehört die **Brasserie** 6. Ebenfalls sehr schöner Blick und sehr gepflegt. Gerichte wie den Burger „Der Mecklenburger" oder Wiener Schnitzel bekommt man dort für 21–23 €. Tägl. 12.30–22 Uhr.

Im **Hotel Neptun** 5 (→ oben) befinden sich mehrere Restaurants und Bars. Hervorzuheben sind die schon fast legendäre *Grillstube Broiler* (tägl. ab 11 Uhr, ganzer Broiler 19,80 €) und die Location in der 19. Etage, die von 14–17 Uhr als *Panoramacafé* und Fr/Sa ab 21 Uhr als *Sky Bar* dient. Vor dem Café bzw. der Bar erinnert eine Galeriewand an all die Persönlichkeiten aus Politik und Showbusiness, die im Haus schon nächtigten. Seestr. 19, 18119 Warnemünde, ✆ 0381-777773, www.hotel-neptun.de.

Zum Stromer 14 Traditionsreiches Restaurant und freundliche Kneipe, urgemütlich mit knisterndem Kaminfeuer im Innern und ein paar hübschen Plätzen draußen. Regionale Küche mit mediterranem Einschlag. Neben frischem Fisch zuweilen auch Wild, Lamm und Ziege, außerdem wöchentlich wechselnde Angebote. Hauptgerichte um die 20 €, Matjes schon ab 13,50 €. Ab 17 Uhr geöffnet, Di Ruhetag (im August nicht). Am Strom 32, ✆ 0381-8579787, www.stromer-restaurant.de.

Seekiste Zur Krim 13 Irgendwo zwischen Fischrestaurant und Hafentaverne zu verorten, helle, maritime Einrichtung, auch draußen ein paar Plätze. Viel Fisch und deftige Hausmannskost. Hauptgerichte ab 11 €. Mo–Fr ab 17 Uhr, Sa/So ab 12 Uhr. Am Strom 47, ✆ 0381-52114, www.seekiste-zur-krim.de.

Twee Linden 4 Gutbürgerliches und günstiges Fischlokal (natürlich gibt es auch Fleischgerichte) an der Tourimeile am Alten Strom. Hauptgerichte 10–15 €, lecker die Warnemünder Fischsuppe. Tägl. 10–22.30 Uhr. Am Strom 85, ✆ 0381-5106223, www.tweelinden.de.

Bars/Nachtleben Schuster's 1 Je nach Tageszeit Strandbar, Café oder Cocktailbar, in jedem Fall aber cool und ideal zum Abhängen am Strand. Neben dem Teepott. Tägl. ab 11 Uhr. Seepromenade 1, ✆ 0381-7007835, www.schusters-strandbar.de.

DeJa.bo 9 Eine charmante Weinbar in zentraler Lage. Drinnen sitzt man zwischen den Weinregalen, im Sommer wird zudem der Gehweg davor eingetischt: weiße Tischdecken, frische Blümchen in der Vase und Leckereien zum Wein. Im Sommer zuweilen Grillabende. Mo/Di ab 17 Uhr, Mi–So ab 9 Uhr (Frühstück). Mühlenstr. 34, ✆ 0381-8578045, www.dejabo.de.

Übernachten
- 2 Am Leuchtturm
- 5 Neptun
- 6 Yachthafenresidenz Hohe Düne
- 7 KurparkHotel
- 8 Wohnmobilstellplatz
- 10 Jugendherberge Warnemünde
- 11 Antik-Pension Birnbom
- 12 Ostsee Art Hotel

Einkaufen
- 3 Möwe

Essen & Trinken
- 4 Twee Linden
- 6 Der Butt/Brasserie
- 13 Seekiste Zur Krim
- 14 Zum Stromer

Nachtleben
- 1 Schuster's
- 5 Sky Bar
- 9 DeJa.bo

Sehenswertes

Heimatmuseum: In einem hübschen alten Fischerhaus aus dem 18. Jh. ist eine exponatreiche Ausstellung untergebracht. In den Räumen scheint die Zeit stillzustehen: Diele, Küche, Gute Stube und Schlafkammer sind eingerichtet wie vor hundert Jahren und vermitteln einen Eindruck vom Alltag im ehemaligen Fischerdorf Warnemünde. Im hinteren Teil sind Ausstellungsstücke zu sehen, die sich mit der Arbeitswelt der Warnemünder befassen: Sie verdienten zunächst ausschließlich als Fischer, Matrosen und Lotsen ihr Brot, Letzteren kam ab dem 19. Jh. auch die Aufgabe der Seenotrettung zu. Schließlich dokumentieren ein paar Exponate die Anfänge des Badetourismus in Warnemünde.

April bis Sept. Di–So 10–18 Uhr, Okt. bis März Di–So 10–17 Uhr. Eintritt Erw. 3 €, erm. 2,50 €, Kinder 1,50 €, Familien 6 €. Alexandrinenstr. 31, ☏ 0381-52667, www.heimatmuseum-warnemuende.de.

Rostock/Warnemünde

Leuchtturm und Teepott: Der über 34 Meter hohe Leuchtturm, der 1897/98 anstelle eines älteren Seezeichens errichtet wurde und heute wieder für die Öffentlichkeit zugänglich ist, bietet einen herrlichen Blick auf Warnemünde und die Hafeneinfahrt. Daneben befindet sich ein eigenwilliges Bauwerk mit einem kühn geschwungenen Dach: Der Teepott, gebaut 1968 und zu Beginn der 2000er komplett saniert, beherbergt Restaurants und Cafés. Der Name „Teepott" stammt noch vom kuppelbedachten Vorgänger-Pavillon (→ auch S. 142).

Leuchtturm. Ende April bis Anfang Okt. tägl. 10–19 Uhr, Eintritt 2 €, Familien 4 €, ℡ 0381-5192626.

Kirche: Im Ortskern erhebt sich die 1871 geweihte, im neugotischen Stil errichtete Kirche von Warnemünde. An anderer Stelle gab es vermutlich drei Vorgängerbauten, aus denen die teils (echt-)gotische Inneneinrichtung stammt, so z. B. der sehenswerte Schnitzalter aus dem 15. Jh. oder die Kanzel aus dem späten 15. Jh.

Mai bis Sept. tägl. 10–18 Uhr, Sa/So 12–17 Uhr, Sonntag 10 Uhr Gottesdienst. Kirchenplatz 1, ℡ 0381-3755967, www.kirche-warnemuende.de.

Warnemündes Wahrzeichen: Teepott und Leuchtturm

Robbenforschungszentrum der Uni Rostock: Beim Yachthafen Hohe Düne befindet sich an der Ostmole auf dem Forschungsschiff *Lichtenberg* das Rostocker Institut *Marine Science Center* (MSC), auf dem neun Seehunde, zwei kalifornische Seelöwen und ein südafrikanischer Seebär zu Hause sind. Sie fühlen sich hier pudelwohl, nicht zuletzt dank eines 10.000 Kubikmeter fassenden „Freigeheges", das nur durch ein kräftiges Netz von der Ostsee getrennt ist. Erforscht werden der Orientierungssinn der Robben sowie deren kognitive Fähigkeiten. Besucher sind ausdrücklich willkommen, von der Plattform aus kann man bei den Übungen und Lernerfolgen zusehen, gearbeitet wird nach dem Belohnungsprinzip mit bis zu fünf Kilo Fischhappen (in Restaurantqualität!) pro Tier und Tag. Mitarbeiter des Forschungsinstituts erklären den interessierten Besuchern Sinn und Ziel der Übungen. Ein Highlight! Wer etwas mehr Geld investieren will, kann an „Seehund hautnah"-Programmen teilnehmen, wo man die Tiere aus nächster Nähe erleben kann. Das Schiff selbst hat übrigens eine turbulente Geschichte hinter sich: Zu DDR-Zeiten schipperte es als Ausflugsdampfer *Friedrich Wolf* über die Seen und Kanäle Ostberlins. 1962 gelang 13 jungen Leuten ein spektakulärer Coup: Sie sperrten Kapitän und Maschinist in Kabinen ein und flüchteten mit dem Schiff nach Westberlin.

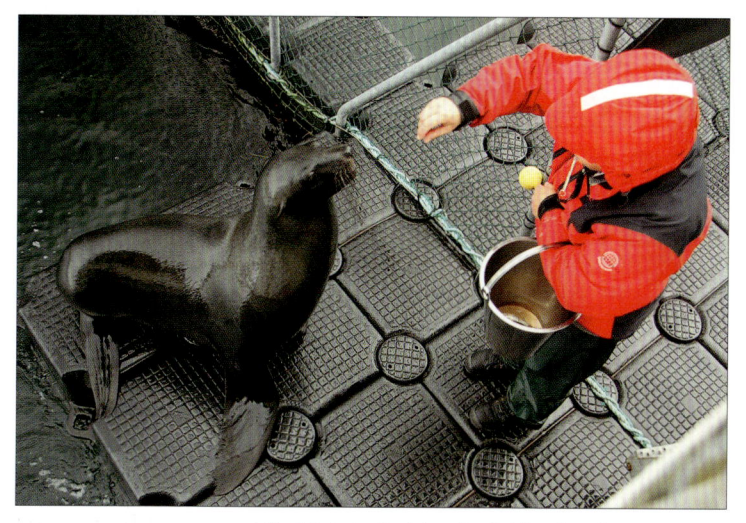

Seebär beim Training: im Robbenforschungszentrum

April u. Nov. tägl. 10–16 Uhr, Mai bis Okt. tägl. 10–17 Uhr, Nov. Do–So 10–15 Uhr, im Winter geschl. Erw. 6,50 €, Kinder 4 €. „Seehund hautnah"-Programme kosten 30 € (Kinder 20 €) und müssen i. d. R. im Voraus gebucht werden. Am Yachthafen 3a (Ostmole der Warnow), ☎ 0381-50408181, www.msc-mv.de. *Anfahrt*: Von der Anlegestelle der Fähre an der Ostmole gleich nach links in das Gelände der Yachtresidenz Hohe Düne (Parkplatz), am Hauptgebäude vorbei und zur Ostmole.

Rostocker Heide

Ein weitläufiges Kleinod der Hansestadt Rostock erstreckt sich vom Breitling entlang der Ostseeküste bis fast zur Halbinselkette Fischland-Darß-Zingst: die Rostocker Heide.

Auch wenn der Name vielleicht irreführt: Die Rostocker Heide ist ein ausgedehntes Mischwaldgebiet, durchsetzt von Wiesen und geschützten Moorgebieten. Bereits 1252 gelangte die Stadt Rostock in Besitz der Heide, als Fürst Heinrich Borwin III. den Wald veräußerte. Während des Mittelalters hatten die Bürger der Stadt das Recht, Brennholz zu sammeln, Torf zu stechen, Bäume für Masten und Planken zu schlagen und sogar den Festtagsbraten zu jagen – bis der Wald Gefahr lief, irreparablen Schaden zu nehmen. Im 16. Jh. durfte zunächst nur noch trockenes Holz gesammelt und nicht mehr gejagt werden. Bald war jedwede Ausbeutung des Waldes nur noch mit schriftlicher Erlaubnis möglich. Über die Einhaltung der Restriktionen wachte mehr schlecht als recht ein Heidevogt. Bis aber nachhaltige Forstwirtschaft betrieben wurde, sollten noch über 200 Jahre vergehen. Nach dem Zweiten Weltkrieg verloren die Rostocker ihre Heide, sie wurde verstaatlicht und von der sowjetischen Armee als militärischer Übungsplatz genutzt. Erst nach der Wende erhielt die Hansestadt ihren Wald zurück und das Militärgebiet wurde renaturiert. Heute steht den Rostockern und ihren Besuchern ein hübsches Naherholungsgebiet von hohem ökologischem Wert zur Verfügung. Der Wald besteht zu je einer Hälfte aus Nadel- und Laubbäumen, allen voran Kiefern und Fichten, Birken und Erlen, aber auch Eichen und Eschen. Dazwischen erstrecken sich vor allem in Küstennähe ausgedehnte Moorgebiete wie das Naturschutzgebiet *Große Moorwiese Heiligensee* oder das *Große Moor* nordwestlich von Graal-Müritz (Informationszentrum Wald und Moor → S. 151).

Graal-Müritz
ca. 4200 Einwohner

Ein kompaktes, kleines Zentrum und ein wenig Bebauung entlang einer Handvoll Straßen, dazwischen und drum herum Wald und ein beliebter, langer Sandstrand. Diese Kombination, der Mix aus Wald- und Seeluft, hat Graal-Müritz früh zu einem Kurort werden lassen, bereits 1884 wurde hier ein Kindersanatorium eröffnet. Die Kuratmosphäre hat sich bis heute erhalten, inklusive diverser Einrichtungen, und Graal-Müritz kann sich offiziell nicht nur Ostseebad, sondern sogar Ostseeheilbad nennen.

Am Rande des beschaulichen Zentrums erstreckt sich ein *Rhododendronpark*, der im Mai und Juni in voller Blüte steht – eine Pracht, die man sich nicht entgehen lassen sollte. Etwas abseits führt eine Stichstraße an ein paar Hotels vorbei zu einem großen Platz am Fuß einer 350 Meter ins Meer reichenden *Seebrücke*. Hier ist im Sommer das Zentrum des Strandlebens. Der Dünenweg (Strandpromenade) verbindet die beiden Ortsteile Graal und Müritz.

Basis-Infos

Information Das **Haus des Gastes Graal-Müritz** an der Durchgangsstraße (Ecke Kurstraße) bietet auch Zimmervermittlung. Mai bis Sept. Mo–Fr 9–19 Uhr, Sa 9–18 Uhr, So 10–16 Uhr; im Winterhalbjahr Mo–Fr 9–17 Uhr, Sa 9–12 Uhr, So geschl. Rostocker Str. 3, 18181 Graal-Müritz, ✆ 038206-7030, www.graal-mueritz.de.

Kurtaxe Mai bis Sept. 2 €, ermäßigt 1 €, Okt. bis April 1 €, erm. 0,50 €, Kinder unter 16 J. frei.

Baden Weißer, feinsandiger Strand, breit und kilometerlang, flach ins Meer abfallend, ausgezeichnet mit der Blauen Flagge, im Bereich um die Seebrücke überwacht. Etwas abseits FKK- und Hundestrand.

Fahrradverleih Thon. Drei-Gang-Rad 6 €, Mountainbike 12 €, auch Tandems, Tretmobile und E-Bikes (18 €/Tag), bei längerer Mietdauer günstiger. Es gibt zwei Verleihstationen: am Parkplatz des Rhododendronparks und in der Birkenallee 34; ✆ 038206-79805, www.fahrrad-thon.de.

Sport Unweit der Seebrücke liegt das **Aquadrom**, ein Multifunktions-Erholungszentrum. Wasserwelt, Sauna- und Fitnessbereich, Tennis, Badminton, Kegeln etc., außerdem Wellnessangebote. Preise Wasserwelt: 3-Stunden-Karte Erw. 10,20 €, Kinder 7,10 €, Familie 25,80 €, mit Saunawelt Erw. 14,30 €, Kinder 12,30 €, Familie 48,30 €. Mit Restaurant. Tägl. 11–21.30 Uhr. Buchenkampweg 9, ✆ 038206-87900, www.aquadrom.net.

Nordic Walking Park. Vier unterschiedlich lange Routen (4–5 km) rund um den Kurort, Infos und Übersichtskarten gibt es im Haus des Gastes.

Verbindungen Etwa stündl. mit der **Regionalbahn** nach Rostock.

Mit dem **Bus 202** etwa 9-mal tägl. nach Ribnitz-Damgarten (Sa/So 3-mal). Wer nach Hohe Düne (Fähre Warnemünde) will, nimmt **Bus 118** bis Hinrichshagen und muss dort in **Bus 18** umsteigen (Mo–Fr 7-mal, Sa/So max. 5-mal).

Übernachten/Essen & Trinken

Übernachten/Camping Witt. Empfehlenswerte Pension mit Café und Restaurant in einem reetgedeckten Haus, etwas abseits der Hauptstraße im östlichen Ortsteil Müritz gelegen. Beliebtes Restaurant mit schönem Garten, auch Cafébetrieb (tägl. 12–22 Uhr, Mo Ruhetag). Leckere hausgebackene Kuchen, gute mecklenburgische Hausmannskost zu 10–15 €, freundlich. Auch Leser schätzten diese Adresse. DZ 80–100 €, jeweils inkl. Frühstück. Am Tannenhof 2, 18181 Graal-Müritz, ✆ 038206-77221, www.cafestuebchen-witt.de.

**** Strandhotel Deichgraf. Rotes Haus am Ende der Strandstraße (Sackgasse) im OT Müritz. Empfehlenswert, sehr guter Service. Ansprechender Wellnessbereich mit Sauna, Massagen und Kosmetikbehandlungen. Die Standard-Zimmer sind klassisch-gemütlich eingerichtet (wählen Sie eines mit Balkon), die Suiten einen Tick edler. Gutes, im maritimen Stil dekoriertes Restaurant mit raffinierten Gerichten wie Zander mit Vanillewirsing oder Färsen-Filetsteak mit Bärlauchpüree (Hauptgerichte 16–27 €). DZ ab 159 €, Suite ab 199 €, Familien-Appartement 229 €, inkl. Frühstück. Strandstr. 61, 18181 Graal-Müritz, ✆ 038206-138413, www.strandhoteldeichgraf.com.

*** Seehotel Düne. Leuchtend gelber Bau gegenüber, nur über die Dünen geht es zum Strand. Einladende Mittelklasse mit soliden Zimmern und ordentlichem Restaurant (auch Trennkost, laktose- und glukosefreie Gerichte). DZ 105–125 €, EZ 80–95 €, Appartement für 2 Pers. 140 €, Frühstück jeweils inkl. Strandstr. 64, 18181 Graal-Müritz, ✆ 038206-13990, www.seehotel-duene.de.

Ostseecamp Rostocker Heide. Beliebter Campingplatz, nur durch die Düne vom Strand getrennt und doch „mitten" in der Rostocker Heide, etwa 1 km westlich von Graal-Müritz. Weicher Waldboden, viel Schatten. Mit kleinem Laden und Gasthaus, Abenteuerspielplatz, Sportmöglichkeiten etc. Geöffnet Mai bis Okt. Erw. 6,50 €, Kinder 6–15 J. 4 €, Zelt nach Größe 5,50–8,50 €, Auto 5 €, Wohnwagen 8,50 €, Wohnmobil 10,50 €, Hunde 4 €, Strom 3 €. Wiedortschneise 1, 18181 Graal-Müritz, ✆ 038206-77580, www.ostseecamp-ferienpark.de.

Essen & Trinken Viele Hotels haben ein eigenes Restaurant und/oder bieten ihren Hausgästen Halbpension an Empfehlenswert sind diesbezüglich das **Caféstübchen/Restaurant Witt** und das Restaurant des **Hotels Deichgraf** (→ Übernachten). Ansonsten ist die Auswahl nicht allzu groß. Fischbrötchen in den **Bistros/Imbissen** an der Seebrücke.

Informationszentrum Wald und Moor

Das sehenswerte Informationszentrum samt Naturpfad befindet sich nahe Klein-Müritz (dort ausgeschildert). Hier kann man sich von der Entstehung und der Beschaffenheit der Moore, von ihrer historischen Nutzung und ihrer Renaturierung

Rostocker Heide → Karte S. 158/159

sowie von den Lebensräumen Wald und Moor ein Bild machen. Die freundlichen Mitarbeiter beantworten gerne alle Fragen und bieten stets mittwochs um 10 Uhr eine geführte naturkundliche Wanderung (Dauer 3 Std.).

Am Parkplatz befindet sich noch vor der Schranke zum Informationszentrum zudem die **Natur-Schatzkammer**, ein privates Museum, das über Edelsteine, Mineralien, Fossilien, Schmetterlinge, Pilze und vieles mehr informiert und für jeden, der daran glaubt, im Museumsshop den Stein mit den für ihn passenden Eigenschaften hat.

Informationszentrum. April bis Okt. tägl. 10–17 Uhr. Eintritt frei. Ribnitzer Landweg 3, 18311 Ribnitz-Damgarten/OT Neuheide, ✆ 038206-14444, www.moorinfo.ribnitz-damgarten.de.

Natur-Schatzkammer. Tägl. 9–18 Uhr. Erw. 6 €, Kinder 2 €. Ribnitzer Landweg 2, , 18311 Ribnitz-Damgarten/OT Neuheide, ✆ 038206-79921, www.naturschatzkammer.m-vp.de.

Freilichtmuseum Klockenhagen

Im Zentrum von Klockenhagen befindet sich ein bemerkenswertes Museum für ländliche Architektur und bäuerliche Lebenswelt in Mecklenburg-Vorpommern. Auf dem sechs Hektar großen Freigelände sind aus diversen Dörfern 20 historische Gebäude zusammengetragen, sorgsam restauriert, wieder aufgebaut und teils auch eingerichtet worden: Dorfkirche, diverse Bauernhäuser, Katen und Scheunen, Schmiede, Backhaus, Spritzenhaus, Dorfladen, Bienenhaus und Windmühle wurden stimmungsvoll zu einem musealen Ortsbild gruppiert. In den Sommermonaten wird das Idyll von historischem Handwerk belebt. Dann wird in der Schmiede gearbeitet und im Backhaus Brot gebacken, auch beim Wollhandwerk von anno dazumal kann man zuschauen oder auch beim Filzen, Weben, Spinnen oder Stricken mitmachen. Auf dem Gelände werden außerdem Hühner, Gänse, Ziegen, Schafe und Pferde gehalten, der Dorfladen dient als Museumsshop mit zahlreichen Souvenirs, in einem Querdielenhaus finden kleine wechselnde Sonderausstellungen statt und in einem beeindruckenden, zentral gelegenen Fachwerkhaus ist die Museumsgaststätte untergebracht.

April bis Mitte Juni und Mitte Sept. bis Ende Okt. tägl. 10–17 Uhr, Mitte Juni bis Mitte Sept. bis 18 Uhr. Im Winter geschl. Eintritt 7 €, erm. 4 €, Kinder 7–16 J. 3 €, Familienticket 18 €, Hunde 2 €. **Gaststätte/Café** auf dem Gelände. Mitten im Zentrum von Klockenhagen (5 km westlich von Ribnitz-Damgarten) gelegen, nicht zu übersehen. Mecklenburger Str. 57, 18311 Ribnitz-Damgarten/OT Klockenhagen, ✆ 03821-2775, www.freilichtmuseum-klockenhagen.de.

Das Bienenhaus
im Freilichtmuseum Klockenhagen

Jagdschloss Gelbensande

Das Schloss am Ostrand der Rostocker Heide war – nicht zuletzt wegen des Heilklimas zwischen Meer und Wald – der bevorzugte Aufenthaltsort von *Friedrich Franz III.* (1851–1897), dem zeitlebens schwer asthmakranken Großherzog von Mecklenburg-Schwerin, und seiner russischen Gattin *Anastasia*. Erbaut wurde es in den Jahren 1885–1887 durch den Baumeister *Gotthilf Ludwig Möckel*, ein historisierender Backsteinbau mit Obergeschoss aus Fachwerk, dazu Erker und Türmchen, auf Wunsch Anastasias wurden auch russische Stilelemente integriert.

Der **Rundgang** durch das Erdgeschoss – Souterrain und Obergeschoss sind nicht zu besichtigen – führt u. a. durch Salon, Kabinett, Studierzimmer und Jagdhalle, z. T. sind noch originale (bzw. originalgetreu restaurierte) Möbel zu sehen, auch die Böden und Wandverkleidungen sind teilweise noch im Original erhalten, Fotos an den Wänden erläutern die Geschichte des Schlosses. Einige Räume sind wechselnden Ausstellungen vorbehalten.

Tägl. 11–17 Uhr (im Winter bis 16 Uhr) geöffnet. Am Wochenende häufig Hochzeitsfeiern. Eintritt 4,50 €, ermäßigt 4 €, Audioguide 2 €, für den Rundgang wird ein Begleitheft ausgehändigt. Im Schloss befindet sich auch das Restaurant Fasano, das Wildspezialitäten bietet (Hauptgerichte 17–26 € nur Mi–So ab 12 Uhr). *Anfahrt*: Das Schloss liegt am Ortsrand von Gelbensande in Waldlage (Parkplatz etwas abseits), etwa 8 km südöstlich von Ribnitz-Damgarten, von der B 105 ausgeschildert. Am Schloss 1, 18182 Gelbensande, ✆ 038201-475, www.jagdschloss-gelbensande.de.

Ribnitz-Damgarten

ca. 15.100 Einwohner

Die Bernsteinstadt: Hier dreht sich alles um den honigfarbenen Stein. Größte Attraktion ist das Bernsteinmuseum im alten Kloster.

Ribnitz und Damgarten wurden im frühen 13. Jh. gegründet und 1950 zu einer Stadt vereinigt. Ribnitz war dabei immer die bedeutendere der beiden Nachbarinnen, ausgestattet mit einem großen Hafen, einer gotischen Marienkirche und seit 1323 mit einem reichen Nonnenkloster. Zentrum des gleichförmigen Stadtplans ist ein weitläufiger Platz, an dem sich das Rathaus, die rot spiegelnde Touristinformation sowie die wuchtige Stadtkirche *St. Marien* aus dem 13. Jh. befinden (Mo–Fr 10–15 Uhr, April bis Sept. tägl. 10–16 Uhr). Der hübsche *Bernsteinfischerbrunnen* stammt von Thomas Jastram, der unverkennbar in der Werkstatt seines berühmten Onkels Jo gelernt hat. In westlicher Richtung liegt das *Rostocker Tor*, das einzig erhaltene von fünf mittelalterlichen Stadttoren. Am Bodden findet man den traditionsreichen Hafen, etwas südlich des Marktes ist im ehemaligen Nonnenkloster das Bernsteinmuseum untergebracht.

Das **Deutsche Bernsteinmuseum** ist zweifelsohne die größte und stets gut besuchte Attraktion in Ribnitz-Damgarten. Die umfangreiche Sammlung zeigt neben Fundstücken mit den verschiedensten Inklusionen (u. a. Einschlüsse urzeitlicher Blüten, Insekten oder auch Skorpione) grandiose Bernsteinkunst aus den verschiedensten Epochen: von der steinzeitlichen Figur über den Hausaltar aus dem 17. Jh. bis zum zeitgenössischen Schmuck. Beeindruckend ist auch die Nachbildung eines Teils des berühmten Bernsteinzimmers. Infotafeln erläutern Entstehung und Beschaffenheit des Bernsteins, Verbreitung und Abbau sowie die

Verarbeitung von der Altsteinzeit über das Mittelalter bis in die heutige Zeit. In der angeschlossenen kleinen Werkstatt des Museums kann man bei der Bearbeitung zusehen oder auch gegen Gebühr eigene Steine schleifen und polieren. Angeschlossen sind auch ein Café und ein Museumsshop. In der Klosterkirche schließlich, die an sich schon sehenswert ist, befindet sich eine schmucke und informative Dauerausstellung zur Geschichte des Ribnitzer Klarissinnenklosters.

April bis Okt. tägl. 9.30–18 Uhr, Nov. bis März Di–So 9.30–17 Uhr. Eintritt 8,50 €, ermäßigt 7,50 €, Schüler, Studenten 6 €, Kinder 4–16 J. 4 €, Familienkarte 18,50 €; Ausstellung zur Klostergeschichte 3 €. Die Mitarbeiter sind sehr freundlich und hilfsbereit. Im Kloster 1–2, 18311 Ribnitz-Damgarten, ✆ 03821-4622, www.deutsches-bernsteinmuseum.de.

Drei Farben Rot in Ribnitz: wie Honig der Bernstein ...

Schräg gegenüber vom Bernsteinmuseum befindet sich in einigen Räumlichkeiten des St.-Klaren-Klosters aus dem 14. Jh. die sehenswerte **Galerie im Kloster**. Drei Räume sind wechselnden Ausstellungen regionaler Künstler vorbehalten, eine kleine Dauerausstellung widmet sich *Lyonel Feininger* (1871–1956): Einige seiner Ansichten von Ribnitz (z. B. im Comic *Wee Willie Winkie's World*) sowie diverse Bleistiftzeichnungen sind hier zu sehen.

Di–Sa 10–17 Uhr. Eintritt frei. Im Kloster 9, 18311 Ribnitz-Damgarten, ✆ 03821-4701, www.galerie-ribnitz.de.

Information Die **Touristinformation** befindet sich in einem roten Würfel auf dem Marktplatz im Zentrum. Freundlich und hilfsbereit. Mitte Mai bis Okt. Mo–Fr 10–18 Uhr, Sa 10–15 Uhr, So 10–14 Uhr; Nov. bis Mitte Mai Mo–Fr 10–16 Uhr, Sa/So geschl. Am Markt 14, 18311 Ribnitz-Damgarten, ✆ 03821-2201, www.ribnitz-damgarten.de.

Verbindungen Zwei **Bahnhöfe**, der wichtigere befindet sich in Ribnitz, südlich des Zentrums (Ribnitz-Damgarten West). Am Bahnhof in Damgarten (Ribnitz-Damgarten Ost) halten nicht alle Züge. Stündl. ab Bahnhof West nach Rostock und Stralsund, alle 2 Std. auch ab Bahnhof Ost (meist Regionalexpress).

Bus. Linie 210 fährt etwa stündl. über Fischland-Darß-Zingst nach Barth. Wer aber ohne boddenweite Umschweife nach Barth gelangen will, sollte die Linie 211 oder 214 nehmen, die bis zu 9-mal tägl. fahren. Die Linie 202 verbindet Ribnitz ebenfalls etwa 9-mal tägl. mit Graal-Müritz.

Einkaufen Wer am Strand nicht fündig geworden ist und Bernstein kaufen möchte, ob als kleines Souvenir oder für die Abendgarderobe taugliches Schmuckstück, findet eine große Auswahl in der **Schaumanufaktur**: Vor allem ein großes Geschäft für Bernsteinschmuck, daneben aber auch eine offene Bernsteinschleiferei und Schmuckmanufaktur, in der man sich über die Bearbeitung von Bernstein informieren kann. Am östlichen Ortsrand von Damgarten gelegen. Mo–Fr 9.30–18 Uhr, Sa 9.30–16 Uhr. An der Mühle 30, ✆ 03821-88580, www.ostseeschmuck.de.

Sport Golfanlage **Zum Fischland**. Knapp 2 km südlich von Ribnitz gelegener 9-Loch-Platz mit Driving-Range, auch Golfschule. Pappelallee 23 a, 18311 Ribnitz-Damgarten, ✆ 03821-894610, www.golfclub-fischland.de.

Ribnitz-Damgarten

... hochgotisch backsteinrot die Marienkirche und postmodern verspiegelt der Informationskubus

Bodden-Therme. Spaßbad und Saunalandschaft, Wasserrutsche, Wellenbecken, Blockhaussauna etc. Di/Mi 14–22 Uhr, Do–So 10–22 Uhr, in den Schulferien (MV) tägl. 10–22 Uhr. Eintritt (Tageskarte) Erw. 13 €, Kinder 9 €, Kinder unter 1 m Größe 2 €. Körkwitzer Weg 15, ✆ 03821-3909961, www.bodden-therme.de.

Übernachten Wilhelmshof. Zentral im Ortsteil Ribnitz, keine 200 m vom Marktplatz. Gepflegte Zimmer, aber nicht so heimelig, wie es das dazugehörige Restaurant im Puppenstuben-Landhausstil vermuten lässt. Es werden Ayurveda-Kuren angeboten, deshalb gibt es im Restaurant neben Hamburger Schnitzel auch indische und ayurvedische Küche (Hauptgerichte ab 13,50 €). EZ ab 75 €, DZ ab 100 € inkl. Frühstück. Lange Str. 22, 18311 Ribnitz-Damgarten, ✆ 03821-2209, www.hotel-wilhelmshof.de.

Essen und Trinken Ribnitzer Fischhafen. Das einfache Fischrestaurant (= *Meeresbüfett*) am Ribnitzer Stadthafen ist ungemein populär (Hauptgerichte 9–17 €). Im angeschlossenen Laden (= *Meerestheke*) gibt es nicht nur Frischfisch, sondern auch Backfisch, Fischbrötchen, Krabbensalat usw. Vor allem das Fischbulettenbrötchen ist eine unglaublich leckere Sauerei (Servietten für die tropfende Soße bereit halten!). Meeresbüfett tägl. 11–21 Uhr, Meerestheke Mo–Fr 9–18 Uhr, Sa bis 14 Uhr. Am See 40, ✆ 03821-390711, www.ribnitzer-fischhafen.de.

Außerhalb ⟫⟫ Unser Tipp: Kranich Hotel. Der weitläufige Gutshof Hessenburg aus dem 19. Jh. liegt ca. 14 km nordöstlich von Ribnitz-Damgarten. Drum herum ein lauschiger Park mit vielen romantischen Plätzchen. Ein wunderschöner Ort zum Entschleunigen! Vermietet werden sechs luftige, überaus stilsicher eingerichtete Zimmer mit freigelegten Backsteinwänden, antiken Badewannen, alten Bolleröfen und vielen Details mehr, teilweise mit privaten Veranden. Dazu zwei eher rustikale Appartements mit Küchen im ehemaligen Kutschenhaus. Mit dabei ein im Stil der 50er Jahre gestyltes Café in der alten Schmiede (hausgebackene Kuchen, kleine Gerichte, Tische unter Obstbäumen) und ein Museum (zeitgenössische Kunst, thematisch der Region angepasst). 40–50 €/Pers. inkl. Frühstück, Hund 10 € (ohne Frühstück). Von Ribnitz auf der B 105 Richtung Stralsund fahren, bis es nach ca. 8 km links ab Richtung Bartelshagen II geht, dann ausgeschildert. Dorfplatz 2–5, 18317 Hessenburg/Saal, ✆ 038223-669900, www.kranichhotel.de. ⟪⟪

Rostocker Heide → Karte S. 158/159

Endloser Sandstrand am Fischland

Fischland–Darß–Zingst

Die schönste Halbinsel der deutschen Küste, Nationalpark und Künstlerkolonie, gesäumt von Traumstränden und belebt von ein paar schmucken Dörfern, ein wenig mondän, doch meist idyllisch in der herrlichen Landschaft zwischen Ostsee und Bodden.

Ursprünglich eine Inselkette, wuchsen die Eilande erst im Laufe der Zeit zusammen und erhielten eine Verbindung zum Festland. Als Erstes machte sich das schlanke Fischland sowohl am Festland als auch am Darß fest, allerdings nicht ganz von selbst. Strömung trug im Laufe der Jahrhunderte nördlich von Dierhagen, das streng genommen zum Festland gehört, Land an. Es entstand ein sich festigender Sandhaken, der nur durch einen Strom vom Fischland getrennt war: den *Permin*. Ein weiterer Wasserweg trennte das Fischland nördlich von Ahrenshoop wiederum vom Darß. Im 14. Jh. aber versenkten die Hansestädte Rostock und Stralsund in beiden Meerengen mehrere Schiffe, um die Wasserstraßen unpassierbar zu machen. Es war die Blütezeit nicht nur der Hanse, sondern auch der meist auswärtigen Piraten und der heimischen Schmuggler, die zwischen all den Inseln, Haken und Buchten vorzügliche Voraussetzungen für ihr Gewerbe fanden. Die Blockade, die den umtriebigen Piraten wie auch den kleinen, schmuggelnden Fischern die Bewegungsfreiheit nehmen sollte, bewirkte die Versandung der Ströme, bis die ehemaligen Inseln Darß und Fischland miteinander und mit dem Festland verbunden waren. Der letzte natürliche Wasserweg wurde Ende des 19. Jh. gekappt: Nach der verheerenden Sturmflut von 1872 wurde die Außenküste mit Dünen gesichert, wobei der *Prerower Strom*, der Zingst vom Darß trennt, seine Ostseemündung verlor. Die Sportbootschiffer von heute wünschen sich aber wieder eine Verbindung zwischen Bodden und Ostsee. Sie fordern einen Boddendurchstich bei Zingst (www.bdzj.de). Der künstliche Wasserweg würde zudem den Bodden mit frischem Ostseewasser versorgen.

Auf der schmalen Landenge *Fischland* befinden sich die Ostseebäder Wustrow und Ahrenshoop, Letzteres vor allem durch seine Künstlerkolonie bekannt. Verglichen zum Fischland ist der *Darß* dünn besiedelt. Zwar gibt es drei Dörfer, die beiden kleinen Boddenhäfen Born und Wieck und das Ostseebad Prerow im Norden, aber die Orte liegen relativ gedrängt zwischen Küste und dem weitläufigen Wald, der sich fast über die gesamte Halbinsel erstreckt. Bei dem Ostseebad *Zingst* hingegen handelt es sich um die einzige Ortschaft auf der gleichnamigen Halbinsel, deren äußere Küstenlinie, von der Strömung genährt, noch immer stetig wächst. Landschaftliches Highlight auf der Halbinselkette ist der *Darßer Weststrand:* Bizarre Windflüchter beugen sich über die spärlich bewachsenen Dünen, im feinen Sand sammelt sich hier und da von Wind und Strömung angetragenes Strandgut. Ein dichter, urwüchsiger Wald hält dem Naturstrand in gewisser Weise den Rücken frei, denn im Naturparadies, das Teil des *Nationalparks Vorpommersche Boddenlandschaft* ist, ist jede Art von Bebauung verboten. So ist der Weg zum wilden Strand zwar lang, mit dem Fahrrad aber mühelos zu bewältigen.

Wohin auf Fischland-Darß-Zingst?

Touristische Zentren sind die an der nördlichen Außenküste gelegenen Ostseebäder, allen voran das Aushängeschild *Ahrenshoop,* das exklusivste Ziel der Halbinsel mit entsprechend hohen Preisen. Legerer (und jünger) sind Gäste und Atmosphäre im familienfreundlichen *Prerow,* das mit seinem traumhaft gelegenen Dünencamping lockt; gediegenen Schick findet man in *Zingst,* dem größten Ort der Halbinsel. Die Ursprünglichkeit eines gewachsenen Fischerortes bietet vielleicht am ehesten noch *Wustrow.* Rasant gewachsen ist der Tourismus in den letzten Jahren in den Orten *Wieck* und *Born,* nicht zuletzt durch die vielen komplett sanierten und noch mehr durch die neu gebauten Ferienhäuser.

Unterwegs auf Fischland-Darß-Zingst

Am besten mit dem Fahrrad! Das Wegenetz ist sehr gut ausgebaut, die Entfernungen sind überschaubar. Zudem lassen sich in Kombination mit den Ausflugsschiffen (auf vielen ist Fahrradmitnahme möglich, → Reiseteil) spannende Touren gestalten. Und wer doch mal genug gestrampelt hat, kann auf den Bus aufspringen: Linie 210 hat von April bis Oktober einen Fahrradanhänger dabei. Der Bus fährt nahezu stündlich (am Wochenende im Zweistundentakt) von Ribnitz über Fischland, Darß und Zingst nach Barth und zurück. Für Fahrrad bzw. Bus sprechen auch, dass das Parken in fast allen Ort entweder verboten oder gebührenpflichtig ist. Eifrige Parküberwachungsdienste sind während der Saison quasi jederzeit und überall im Einsatz.

🚲 ---- Fahrradweg

Fischland-Darß-Zingst

Hiddensee

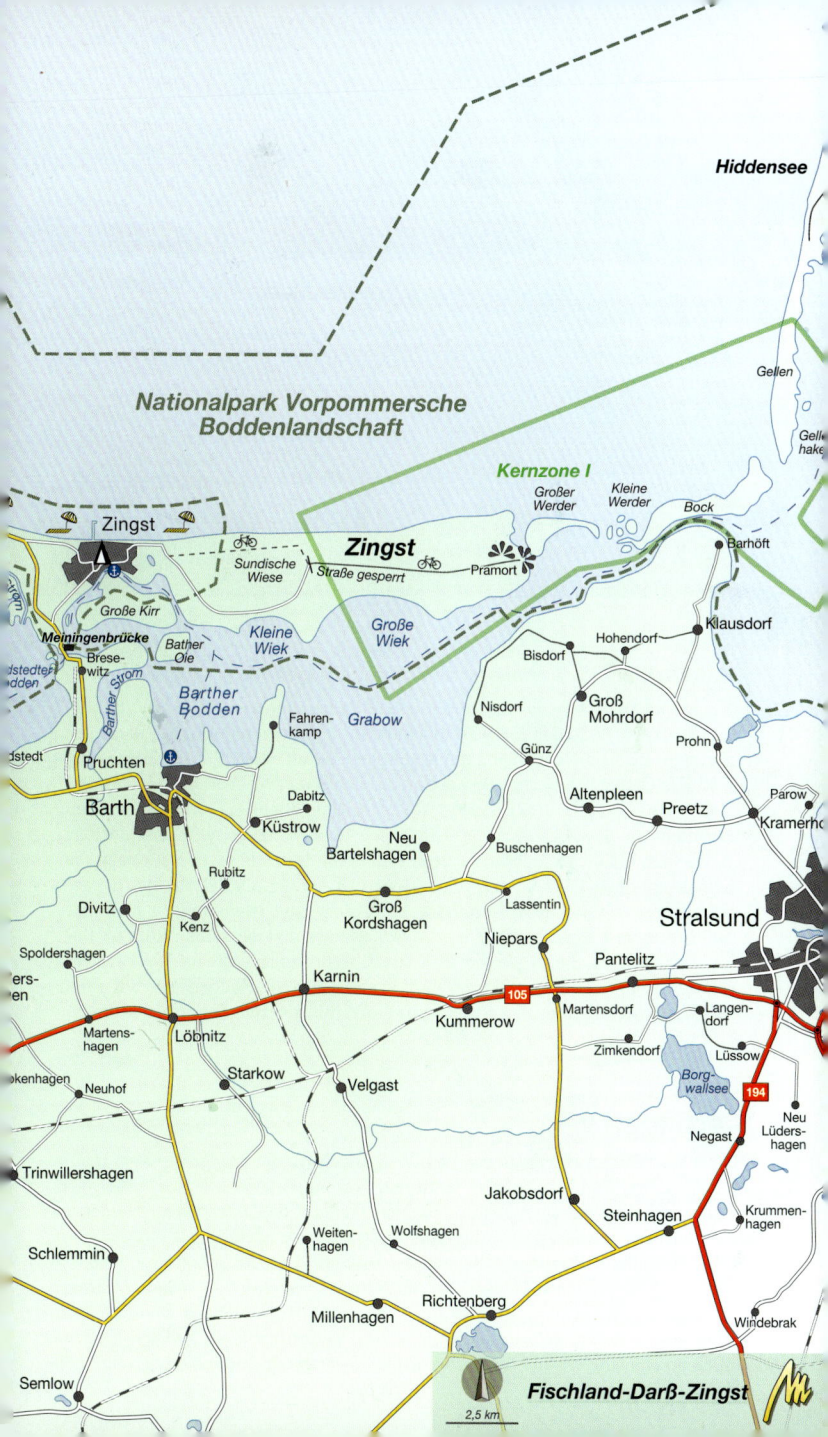

Nationalpark Vorpommersche Boddenlandschaft

Kernzone I

Gellen
Gellenhake

Zingst
Großer Werder
Kleine Werder
Bock
Barhöft

Sundische Wiese
Straße gesperrt
Prämort

Große Kirr
Meiningenbrücke
Bresewitz
Bather Ole
Kleine Wiek
Große Wiek

Hohendorf
Klausdorf

Barther Bodden
Fahrenkamp
Grabow
Bisdorf
Nisdorf
Groß Mohrdorf
Prohn

Pruchten
Günz
Altenpleen
Preetz
Parow
Kramerhof

Barth
Dabitz
Küstrow
Neu Bartelshagen
Buschenhagen
Lassentin
Stralsund

Divitz
Rubitz
Groß Kordshagen
Niepars
Pantelitz

Spoldershagen
Kenz
Karnin
105
Martensdorf
Langendorf

Martenshagen
Löbnitz
Kummerow
Zimkendorf
Lüssow
Borgwalisee
194

Neuhof
Starkow
Velgast
Negast
Neu Lüdershagen

Trinwillershagen
Jakobsdorf
Steinhagen
Krummenhagen

Schlemmin
Weitenhagen
Wolfshagen

Semlow
Millenhagen
Richtenberg
Windebrak

2,5 km

Nationalpark Vorpommersche Boddenlandschaft

Noch vom DDR-Ministerrat wurde im September 1990 der Nationalpark Vorpommersche Boddenlandschaft beschlossen, mit dessen Aufbau – dann gesamtdeutsch – ab November 1990 begonnen wurde (→ auch S. 23). Heute umfasst das Gebiet 805 Quadratkilometer, die sich etwa zwischen Born (Halbinsel Darß) bis Schaprode (Rügen) in west-östlicher Richtung und der Ostsee nördlich von Darß-Zingst und Hiddensee bis etwa zur Hälfte des Barther Boddens in südliche Richtung erstrecken. Etwa die Hälfte des Nationalparks besteht aus den Flachwassergebieten der Ostsee, ein Viertel aus Boddengewässer und ein weiteres Viertel aus Landfläche, die wiederum zu mehr als 50 Prozent mit Wald bedeckt ist. Dazu kommen diverse landschaftliche Besonderheiten wie die so genannten Küstenüberflutungsmoore und Salzwiesen, Windwatten, Sandhaken, Dünen und Strandwälle, zur Boddenseite hin auch die Röhrichte, die die Ufer stellenweise noch mit dichtem Schilfrohr säumen.

Dierhagen　　　　　　　　　　　　　　　　　　　　　　ca. 1500 Einwohner

Das Tor zum Fischland liegt an einer Landenge noch vor der lang gestreckten Halbinsel. Ostsee und Bodden sind hier kaum einen Steinwurf voneinander entfernt. Eigentlich besteht Dierhagen aus drei kleinen Weilern, die unter einem Namen zusammengefasst werden: Der Tourismus spielt sich vor allem in *Dierhagen Strand* ab. An der Zufahrtsstraße auf die Halbinselkette und an der schmalsten Stelle der Landenge stehen die paar Häuser, die den Namen *Dierhagen Ost* tragen. *Dierhagen Dorf* dagegen erstreckt sich hinter dem kleinen Hafen am Saaler Bodden. Wenn man es genau nimmt, gehören sogar noch zwei weitere Ortsteile zu Dierhagen: das südlich an Dierhagen Dorf angrenzende *Dändorf* (an der Boddenküste) ohne nen-

Diese verschiedenen Ökosysteme auf relativ kleinem Raum bieten unzähligen Tieren einen geschützten Lebensraum. Neben den fast 50 Süßwasser- und Meeresfischarten (darunter: Zander, Barsch und Hecht; Hering, Flunder und Dorsch; manche Fischarten „wandern" auch zwischen Meer und Bodden) sind es vor allem viele Wasservögel, die den Nationalpark bevölkern. Die flachen Gewässer der Ostsee und deren Sandbänke sind ein Paradies für sie, hier tummeln sich verschiedenste Enten, Kormorane, Haubentaucher, Seeschwalben und Graureiher, im Sommer machen hier geschätzte 40.000 Graugänse Rast.

Berühmtester Übernachtungsgast auf seinem Weg nach Süden ist allerdings der *Kranich*, der alljährlich im Frühherbst am Großen Werder (östlicher Zipfel von Zingst, → S. 198) auf seinem Flug zum Winterquartier in Südspanien eine Pause einlegt. Etwa 80.000 Kraniche zählte man hier in den Monaten September und Oktober der vergangenen Jahre, teilweise mehrere 10.000 gleichzeitig. Ein ähnliches Schauspiel bietet sich alljährlich im Frühjahr beim Zwischenhalt der Kraniche auf ihrer Reise ins Sommerquartier nach Schweden. Eine Beobachtungsplattform befindet sich bei Pramort auf Zingst (→ S. 187).

Der Nationalpark Vorpommersche Boddenlandschaft steht aber auch für eine „dynamische Landschaftsentwicklung", bei der man z. T. tatsächlich zuschauen kann. Die Darßer Landspitze (→ S. 184) ist ein Beispiel: Hier verlandet der Strand jährlich um mehrere Meter, die abtragende und anlandende Kraft des Meeres formt Landschaft und Lebensräume immer wieder neu, und das oft innerhalb kürzester Zeit (→ S. 16/17). Das war nicht immer so – auf dem einstmals noch mit dichtem Wald bestandenen Darß und Zingst zog in den 1960er und 1970er Jahren die industrielle Landwirtschaft ein, die Halbinseln wurden damals hauptsächlich für die Rinderzucht genutzt; später waren die Sundischen Wiesen bei Zingst ein wichtiger Truppenübungsplatz der NVA (bis 1990). Mittlerweile hat man die (Bau-)Sünden der Vergangenheit größtenteils beseitigt, Deiche zurückgebaut, Fischerei und Holzproduktion deutlich reduziert und die Massenviehzucht in eine bescheidene Weidehaltung umgewandelt. Ausgeschlossen vom streng geschützten Kerngebiet des Parks sind die Orte Born, Prerow, Wieck und Zingst sowie Kloster, Vitte und Neuendorf auf Hiddensee.

Information Nationalpark-Besucherzentrum Darßer Arche in Wieck, → S. 178; Natureum Darßer Ort bei Prerow, → S. 184f.

Ein Kranich-Informationszentrum befindet sich in Groß Mohrdorf (ca. 20 km nordwestlich von Stralsund und 20 km östlich von Barth), → S. 197.

nenswerte Sehenswürdigkeiten und der am Ostseestrand gelegene Ort *Neuhaus* südlich von Dierhagen Strand (mit einigen Hotels), an den wiederum südlich das Naturschutzgebiet *Großes Ribnitzer Moor* angrenzt.

Touristisch setzt man in Dierhagen eher auf (teilweise recht große) Hotels und Pensionen, das Investor-finanzierte Wohnparkmodell ist kaum vertreten. Vor allem in Dierhagen Strand gibt es noch zahlreiche kleine Datschen mit sandiger Zufahrt, ein kleines privates Idyll hinter den Dünen.

Information Kurverwaltung im Haus des Gastes in Dierhagen Strand. Zimmervermittlung, Wanderkarten. Geöffnet Mo–Fr 9–18 Uhr, Sa/So 10–15 Uhr. Ernst-Moritz-Arndt-Str. 2, 18347 Dierhagen, ✆ 038226-201, www.ostseebad-dierhagen.de.

Fischland-Darß-Zingst

Verbindungen Etwa stündl. (an Wochenenden etwa alle 2 Std.) mit dem **Bus Linie 210** ab Dierhagen nach Ribnitz-Damgarten und ebenfalls stündl. über Wustrow, Ahrenshoop, Born, Wieck, Prerow und Zingst nach Barth. Nächster **Bahnhof** in Ribnitz-Damgarten, www.vvvr-bus.de.

Baden Westlich und nordwestlich von Dierhagen erstreckt sich hinter einem Streifen Dünenwald der etwa 6 km lange, feinsandige Strand, der seit vielen Jahren mit der Blauen Flagge ausgezeichnet wird. Juni bis Sept. tägl. 9–18 Uhr von der DLRG überwacht (Strandzugang 15). FKK-Bereiche bei den Zugängen 7, 12, 17 und 24, Hundestrand bei den Zugängen 9, 16 und 23. Strandzugang 15 ist rollstuhlgerecht.

Bootsausflüge Im Sommer bis zu 4-mal tägl. mit dem **Zeesenboot** 90 Min. über den Saaler Bodden, ab Dierhagen Hafen (Erw. 14 €, Kinder 7 €), auch Tagestouren und Segelkurse, weitere Infos unter ✆ 0170-4512671 und www.boddenskipper.de.

Einkaufen Von Mai bis Okt. findet immer Di und Fr von 9–14 Uhr am Hafen Dierhagen der **Regional- und Biomarkt** statt. Sehr charmant.

Fahrradverleih Unter anderem beim **OstseeCamp Dierhagen** (unweit der Kurverwaltung), Fahrrad 10 €/Tag, auch Kinderräder, E-Bikes, Kindersitze, Anhänger, Nachläufer, Helme und Bollerwagen. Ernst-Moritz-Arndt-Str. 1, ✆ 038226-80778. Fahrradverleih auch beim Camping Stranddünen.

Surfen Surf- und Kiteschule **Loop** am OstseeCamp Dierhagen (→ Fahrradverleih) und im Strandhotel Fischland. Schnupperkurs (ein Tag) 49 €, ✆ 0174-7947777, www.loop-in.net.

Veranstaltungen Alljährlich am zweiten oder dritten Wochenende im Juli startet im Hafen die **Zeesenbootregatta** mit den traditionellen Schiffen mit rotbraunen Segeln. Abends großer Seglerball.

Am zweiten Samstag im August trifft sich ganz Dierhagen zum **Tonnenabschlagen**: Der Brauch, bei dem es um Geschicklichkeit zu Pferde geht, stammt noch aus der Schwedenzeit; der Gewinner wird für ein ganzes Jahr zum Tonnenkönig gekürt. Ebenfalls mit Tanz am Abend.

Übernachten ******** **Strandhotel Fischland.** In Alleinlage hinter den Dünen und nur wenige Meter vom Strand befindet sich die große Hotelanlage samt Ferienhäusern und -appartements. Sehr komfortable Zimmer, teils mit Meerblick. Mehrere Restaurant, darunter die *Ostseelounge* (→ unten), Spa mit Hallenbad, Saunen, Whirlpool, Kosmetik etc.; außerdem Segeln, Surfen, Reiten, Tennis, Tischtennis, Badminton und Fahrradverleih. Freundlicher und zuvorkommender Service. Hunde erlaubt (18 €/Tag). Zahlreiche Arrangements, mit denen man oft günstiger fährt. EZ ab 253 €, DZ ab 308 € inkl. Frühstück, Appartements für 2 Pers. ab 223 €. Zwischen Dierhagen Strand und Neuhaus. Ernst-Moritz-Arndt-Str. 6, 18347 Dierhagen, ✆ 038226-520, www.strandhotel-ostsee.de.

**** Hotel Blinkfüer. Freundliches Hotel im Ortsteil Dierhagen Strand (relativ weit östlich). Wer hier wohnt, liebt Ruhe, gepflegte Atmosphäre und gutes Essen. Hübscher Garten, zum Meer sind es gut 100 m. Komfortable Zimmer mit Laminatböden, nehmen Sie unbedingt eines mit Balkon oder Terrasse. Im Restaurant (Mi–So ab 17 Uhr, mit Terrasse und Wintergarten) genießt man Karré vom Duroc-Schwein mit Curry-Spitzkohl oder Saibling mit Safransauce (Hauptgerichte 11–24,50 €). EZ ab 105 €, DZ 130–140 €, Frühstück inkl., Halbpension (gut!) 30 €/Pers. An der Schwedenschanze 20, 18347 Dierhagen, ✆ 038226-53570, www.hotel-blinkfueer.de.

Camping Drei Campingplätze vor Ort (www.Campingplatz-Ennen.de, www.OstseeeCamp-Dierhagen.de und www.camping-neuhaus.de), aber keiner konnte uns so richtig überzeugen.

Essen & Trinken *Ostseelounge.* Ganz oben in der vierten Etage des Strandhotels Fischland (→ Übernachten), mit schönem Meerblick und windgeschützter Dachterrasse. Für Kreationen wie Bachsaibling-Tartar oder die Bäckchen und die Zunge vom Lamm bekam Küchenchef Pierre Nippkow einen Michelin-Stern. Di–Sa ab 18.30 Uhr, Reservierung erforderlich. Vier Gänge 75 € (mit Weinbegleitung 112 €), sechs Gänge 93 € (bzw. 139 €). Ernst-Moritz-Arndt-Str. 6, 18347 Dierhagen, ✆ 038226-52345, www.gourmetrestaurant-ostseelounge.de.

Restaurant Blinkfüer → Übernachten.

》》 Lesertipp: *Schipperhus.* Das schmucke alte, rohrgedeckte Fachwerkhaus befindet sich im Dorf Dierhagen an der Straße zum Boddenhafen. Gute, bodenständige Küche zu fairen Preisen. Kleiner, altmodischer Gastraum. Reservierung ratsam. Tägl. außer Di 11.30–21.30 Uhr. Strandstraße 6, ☎ 038226-80211. «««

»»» Unser Tipp: **Gaststätte Boddenblick**. Ein sehr hübsches, maritim gestaltetes, lichtes und toll gelegenes Lokal am Hafen von Dierhagen. Von den großen Fenstern blickt man über die Terrasse und den Garten hinweg auf den Saaler Bodden. Leckere, vielfältig zubereitete Fischküche in großen Portionen, wir empfehlen die hausgeräucherten Fische mit Kartoffelsalat. Zügiger Service. Hauptgerichte 12–22 €. Tägl. 11.30–21 Uhr. ☎ 038226-80166. «««

Weiter Blick vom Wustrower Kirchturm

Wustrow

ca. 1200 Einwohner

Der größte Ort auf dem Fischland erstreckt sich vom Ostseestrand bis zum Boddenhafen. So zeigt das traditionsreiche Wustrow auch zwei Gesichter: Bädertourismusambiente zum Meer hin und das Flair eines alten Fischerdorfs im Rücken des Fischländer Hafens.

Weithin sichtbar erhebt sich der spitze Helm der *neugotischen Kirche* von Wustrow, die in der zweiten Hälfte des 19. Jh. erbaut wurde. Bei einer Turmbesteigung eröffnen sich weite Blicke über die Boddenlandschaft. Neben zahlreichen Fotomotiven bekommt man praktischerweise auch einen Überblick über den Ort. Empfehlenswert ist auch ein kleiner Rundgang durch das alte Fischerdorf: von der Kirche aus die Neue Straße hoch und die Osterstraße wieder zurück zum Hafen. Das alte Wustrow, das sich besonders entlang der Neuen Straße – quasi dem etwas gebogenen Rückgrat des Fischerdorfs – und entlang der Osterstraße ausbreitet, ist eine idyllische Ansammlung alter, sorgsam restaurierter Fischerkaten und Kapitänshäuser. Prominent ist das *Fischlandhaus*, ein hübsches Hochdielenhaus, dessen Rohrdach weit über die rote Fassade reicht. Darin verbergen sich eine Bibliothek und Räumlichkeiten für wechselnde Ausstellungen (Neue Straße 38, ☎ 038220-80465).

Etwas anders präsentiert sich der zum Strand orientierte Teil Wustrows. Über die verhältnismäßig lebhafte Strandstraße gelangt man zu einer kleinen Seebrücke. Hier und am überaus einladenden Strand spielt sich im Sommer der Badetrubel ab. Auf dem Platz am Fuß der *Seebrücke* befindet sich eine moderne Svantevit-Skulptur (die Darstellung einer slawischen Gottheit). Auch die Strandseite Wustrows lohnt eine Erkundungstour, hier finden sich ebenfalls beschauliche kleine Straßen mit alten Häuschen, teilweise sehr sorgfältig und liebevoll restauriert wie z. B. in der Parkstraße und der Lindenstraße.

Kunstscheune Barnstorf

Östlich des Hafens gelangt man auf einem wenig befahrenen Sträßchen in den Ortsteil *Barnstorf*. Der kleine Weiler besteht nur aus einer Handvoll traditioneller, niederdeutscher Hallenhäuser und Scheunen, umgeben von idyllischen, fotogenen Gärten – vor allem im Sommer, wenn alles blüht. In einem der Gebäude ist die *Kunstscheune* untergebracht, eine der schönsten Galerien auf der Halbinsel in beschaulicher Lage, die sich nicht nur durch ihre sehenswerten Wechselausstellungen, sondern auch durch die wohltuende Ruhe inmitten herrlicher Natur auszeichnet. Vor allem norddeutsche Künstler präsentieren sich hier. Ein netter Spaziergang führt vom Wustrower Hafen hierher.

Mai bis Mitte Okt. tägl. 10–13 und 15–18 Uhr sowie an Ostern, Weihnachten und an Feiertagen 11–17 Uhr, Eintritt 1 €, Barnstorf Hufe IV, ✆ 038220-201, www.kunstscheune-barnstorf.de.

Basis-Infos

Information Das **Haus des Gastes** (Kurverwaltung) befindet sich in dem backsteinernen Gebäude an der Durchgangsstraße, das einst als kaiserliches Postamt errichtet wurde. Freundlich und kompetent. Mo–Fr 9–17 Uhr, Sa/So 10–14 Uhr, in der Nebensaison eingeschränkt. Ernst-Thälmann-Str. 11, 18347 Wustrow, ✆ 038220-251, www.ostseebad-wustrow.de.

Verbindungen Mit dem **Bus Linie 210** etwa stündl. über Dierhagen nach Ribnitz-Damgarten und ebenfalls stündl. über Ahrenshoop, Born, Wieck, Prerow und Zingst nach Barth, www.vvr-bus.de.

Fährverbindung ab Hafen Wustrow in der Hochsaison 3-mal tägl. mit der *MS Boddenkieker* nach Ribnitz. Einfache Fahrt Erw. 8 €, Kind 4 €, Familienkarte 20 € (hin und zurück: 11 €, 6 €, 30 €), Fahrrad 2 €, Hund 1 €. Zudem steuert die *MS Ostseebad Wustrow* von April bis Okt. nachmittags 1-mal tägl. Born an, von Mai bis Sept. zudem eine Fahrt am Vormittag. Einfach 10 €, Kinder 6 €. ✆ 038320-588, www.boddenschifffahrt.de.

Aktivitäten und Veranstaltungen

Baden Von Dierhagen über Wustrow bis Ahrenshoop erstreckt sich der herrliche, blau beflaggte Sandstrand. Er erfreut sich großer Beliebtheit und ist daher streckenweise und saisonal etwas übervölkert. Im Ortsbereich des Ostseebads Wustrow, also etwa bei der Seebrücke, ist der Strand DLRG-bewacht. Er fällt relativ sanft ins Meer ab und ist entsprechend familienfreundlich, etwas Vorsicht sollte man bei den vorgelagerten Wellenbrechern walten lassen. FKK-Bereiche befinden sich ein wenig abseits nördlich und südlich des Hauptstrandes, einen Hundestrand gibt es im Süden auf Höhe der Surfschule (Strandübergänge 8 und 9).

Bootsausflüge Zeesenbootsegeln. Wenn Wetter und Wind passen, legen die Traditionssegler mehrmals tägl. vom Wustrower Hafen ab, im Sommer 2- bis 4-mal am Tag. Es fährt u. a. das Zeesenboot *Bill* der Fischländer Segelschule, Infos → unten.

Boddenrundfahrten mit der *MS Ostseebad Wustrow* in der Hochsaison tägl., Dauer 2:30 Std., Erw. 14 €, Kinder 7 €, Familienkarte 40 €. Auch kürzere Fahrten im Angebot. Im Sept. und Okt. finden auch Kranichbeobachtungstouren statt (ca. 2:30 Std., gleiche Preise). Infos am Hafen, unter ✆ 038320-588 oder unter www.boddenschifffahrt.de.

Einkaufen Bücherstube Fischland. An der Durchgangsstraße, Bücher und Karten zur Region, Schreibwaren und eine kleine Abteilung für Zeichenbedarf. Ernst-Thälmann-Str. 20.

Fahrradverleih Diverse Vermieter im Ort, die Preise sind einander angenähert, z. B. 3-Gang-Rad ab 6 €/Tag. Überall gibt es auch entsprechendes Zubehör zu mieten. **Schatztruhe** (eigentlich ein Souvenirshop), Strandstr. 32, ✆ 038220-82763; sowie bei **Fahrrad Schröder**, hier auch E-Bikes und Vermittlung von geführten Radwanderungen, Lindenstr. 17, ✆ 038220-80905, www.fahrradtourismus-wustrow.de.

Veranstaltungen Am Ostersamstag übernehmen beim **Strandgaloppreiten** die Pferde den Strand; die **Zeesenbootregatta** findet am ersten Samstag im Juli statt, eine Woche darauf (zweiter Sonntag im Juli) das traditionelle **Tonnenabschlagen**.

Sommerkino Wustrow. Im Zelt bei der Seebrücke, Strandstraße 53 a, ✆ 038220-80196. Termine im Haus des Gastes.

Tennis Zwei Sandplätze an der Strandstraße (schräg gegenüber Sommerkino) können gemietet werden, Infos unter ✆ 0173-9594512.

Wassersport Surfcenter Wustrow. Etwa 1 km südlich von Wustrow, an der schmalsten Stelle der Landenge und entsprechend strandnah. Surf- und Kitekurse, auch Wellenreiten. Dazu Verleih. Der angeschlossene Parkplatz ist für Kunden umsonst, ansonsten 8 €/Tag (in der Nebensaison 6 €), Wohnmobilstellplätze (Duschen, WC und Imbiss vorhanden) 10–15 €/Nacht (inkl. 1 Pers., jede weitere 4 €, Kinder 2 €), Hunde 4 €. Empfang hart, aber herzlich. An der Nebelstation 2, 18347 Wustrow, ✆ 038220-80250, www.surfcenter-wustrow.de.

Fischländer Segelschule. Grundkurse, auch für Kinder, Sportbootführerscheine, Segeltouren im Zeesenboot, Bootsverleih (Ruder- und Motorboote, Jollen, Optimisten). Hafenstr. 10, 18347 Wustrow, ✆ 0171-3277290, www.aufs-wassser.com.

Die Neue Straße in Wustrow

Übernachten/Essen & Trinken

Dorint Strandresort & Spa. In der Strandstraße unweit der Seebrücke gelegen. 97 klassische Hotelzimmer, fast alle mit kleinem Balkon oder Terrasse. Spa-Bereich mit Hallenbad, Restaurant, Teestube und Bar. EZ ab 128 €, Standard-DZ ab 200 €, Komfort-DZ (größer und mit Kitchenette) ab 208 €, Frühstück inkl. Auch Appartements. Diverse Frühbucherrabatte und Arrangements. Strandstr. 46, 18347 Wustrow, ☏ 038220-650, www.dorint.com/wustrow.

›› Unser Tipp: Schimmel's. Kleines Restaurant samt Pension schräg hinter dem Haus des Gastes. Die ambitionierte, junge Küche verfeinert unter Verwendung regionaler Produkte mecklenburgische Spezialitäten. Angeboten werden auch Tagesmenüs (drei Gänge 42 €, fünf Gänge 54 €). Unbedingt reservieren! Das Restaurant/Café ist ab 14 Uhr geöffnet (So auch mittags, Do Ruhetag), nachmittags Kaffee und Kuchen. Nur drei moderne Zimmer, hell und geschmackvoll eingerichtet, außerdem drei Ferienwohnungen zwei Häuser weiter. DZ 80 €, Frühstück ab 6 €/Pers. Parkstr. 1, 18347 Wustrow, ☏ 038220-66500, www.schimmels.de. ‹‹

Schifferwiege. Pension und Restaurant in einer ruhigen Seitenstraße (gleich am Anfang der Strandstraße rechts rein). Mit Terrasse und Garten. Viel Fisch (eigene Räucherei) zu fairen Preisen (Matjes z. B. für 10,90 €). Tägl. ab 11 Uhr, nachmittags Kaffee, Kuchen und Eis. Nur drei behagliche Zimmer (DZ 79 €) und drei Appartements (ab 86 €). Hund einmalig 25 €. Karl-Marx-Str. 30, 18347 Wustrow, ☏ 038220-80336, www.pension-schifferwiege.m-vp.de.

Kapitänshaus. Fischrestaurant am Hafen, innen sehr gemütlich, große Auswahl an Fischgerichten, z. B. „im Würzsud gegart", auch einige vegetarische Gerichte. Schöne Terrasse. Hauptgerichte 12,50–19,50 €. Tägl. 12–22 Uhr geöffnet, im Winter nur am Wochenende. Hafenstr. 8, ☏ 038220-80980. Zum Kapitänshaus gehört auch die **Fischräucherei** nebenan. Tägl. ab 12 Uhr gibt es hier frischen Räucherfisch, Fischbrötchen, Getränke etc. Auch eine Terrasse zum Sitzen.

Restaurant Fischschuppen. Nettes Ambiente, rustikal mit Holzbalken, private Atmosphäre durch kleine Nischen. Auf der Speisekarte finden sich vorrangig Klassiker wie Matjes, Lachsfilet auf Spinat oder Scholle mit Speck, Hauptgerichte 10–20 €. Sehr beliebt, freundlicher Service. Tägl. ab 17 Uhr, Mo Ruhetag. Zum Restaurant gehört auch die **Pension Schlunt** gegenüber (DZ 55 €, Appartement ab 65 €, Frühstück 10 €/Pers.). Osterstr. 30, ☏ 038220-80515, www.landhaus-schlunt.de.

Wohnmobilstellplatz Beim Surfcenter Wustrow (→ oben) und auf einem Parkplatz nahe dem Hafen (dort Richtung Barnstorf fahren, dann gleich rechter Hand; 10 €/Nacht; weder WC noch Duschen).

Der Sonne hinterher wandert man mit dem Strandkorb

Ahrenshoop

ca. 650 Einwohner

Der vielleicht schönste Ort der Halbinsel – die ehemalige Künstlerkolonie verdient das Attribut „malerisch" voll und ganz. Dank traumhaftem Strand, vielen Kunstgalerien und hervorragenden Hotels ist Ahrenshoop heute eines der nobelsten Ziele an der deutschen Ostseeküste.

Ein Bummel durch das alte Fischerdorf macht Lust am Entdecken, an jeder Ecke wartet ein neues Fotomotiv – liebevoll restaurierte Fischerkaten, edle Strandvillen, das beeindruckende Hochufer, die schilfgesäumte Boddenküste oder einfach der endlose Ostseestrand. In den niedrigen Rohrdachhäusern verbergen sich zahlreiche Kunstgalerien, teilweise in nur zu Fuß zugänglichen Seitensträßchen gelegen, von denen der leuchtend blaue Kunstkaten am Strandweg mit seinem reetgedeckten Dach sicher am auffälligsten ist. Entlang der viel befahrenen Hauptdurchgangsstraße reihen sich dagegen die schicken, oft aufwändig umgebauten oder neu errichteten Hotels aneinander, besonders auffällig das „The Grand Ahrenshoop", das mit seinen mächtigen Glasfronten eher an ein modernes Kreuzfahrtschiff erinnert. Wer Ahrenshoop erkunden will, sollte sich das Panorama vom *Hohen Ufer* nicht entgehen lassen: Der Blick von hier oben zählt zu den beliebtesten Fotomotiven der Halbinsel, und – man ahnt es – gemalt wurde diese Strandansicht auch schon mehrfach.

Historisch spielte der Ort, der Ende des 13. Jh. erstmals als „Arens Hof" oder „Arnes Hof" erwähnt wurde, zunächst kaum eine Rolle. Ahrenshoop bildete seit jeher die Grenze zwischen dem mecklenburgischen Fischland und dem Darß, der schon zu Vorpommern gehört. Erst in den letzten Jahrzehnten des 18. Jh. entstand hier ein richtiges Fischerdorf. Zu größerer Bedeutung kam Ahrenshoop ab 1889, als der Maler *Paul Müller-Kaempff* (1861–1941) den Ort „entdeckte" und bald darauf zu seiner neuen Wohn- und Schaffensstätte erkor. Ihm folgten zahlreiche Künstler und Künstlerinnen, denen Ahrenshoop sein Renommee als Künstlerkolonie verdankt und von dem es noch heute zehrt. Mit den Künstlern kamen auch die betuchten Badegäste hierher, von denen man in den 1920er Jahren jährlich über 2000 zählte.

Nach dem Zweiten Weltkrieg lebte der Künstlerort Ahrenshoop weiter und avancierte zum beliebten Urlaubsziel der DDR-Kulturschaffenden. Heute zählt der Ort rund 3000 Gästebetten und eine stetig wachsende Zahl an (Eigentums-)Wohnanlagen, in die man für einen komfortablen Lebensabend investieren kann. Kaum ein Haus in Ahrenshoop ist heute noch in „normalem" Familienbesitz ohne Ferienvermietung. Kurzum: Wer hier uriges altes Fischerambiente sucht, wird sicher nicht fündig.

Zu Ahrenshoop gehören auch die beiden südlich gelegenen Ortsteile *Althagen* und *Niehagen*, beide ebenfalls mit ausreichend Unterkünften (und ein wenig Gastronomie) ausgerüstet, insgesamt aber doch deutlich ruhiger als Ahrenshoop selbst. Mit dem Fahrrad (fast durchgehend Radweg) ist man schnell im „Zentrum", zu Fuß sind es von Niehagen zur „Bunten Stube" (→ Einkaufen) in Ahrenshoop etwa 30–45 Minuten.

Basis-Infos

Information Die **Kurverwaltung Ahrenshoop** liegt zwischen Durchgangsstraße und Strand, ausgeschildert, hier auch Apartement-/Zimmervermittlung. In der Hochsaison (15. Juni bis 30. Sept.) Mo–Fr 9–18 Uhr, Sa/So 10–15 Uhr; in der Nebensaison

Künstlerkolonie Ahrenshoop

Bei einer Wanderung im Jahr 1889 erblickte der Maler *Paul Müller-Kaempff* das beschauliche Fischerdörfchen erstmals vom Hohen Ufer aus, der Ahrenshooper Steilküste, und war sogleich angetan von diesem „Bild des Friedens und der Einsamkeit". Es war die unberührte Natur und das romantische, einfache Leben, durch das Müller-Kaempff sich angezogen fühlte – er wollte weg vom akademisch-bürgerlichen Kunstbetrieb der Großstadt mit seinen strengen Hierarchien und hin zur Einheit von Mensch und Natur und der damit verbundenen Freiheit. 1892 ließ sich Müller-Kaempff an der Dorfstraße ein erstes Haus bauen und gründete eine Malschule, es folgte als Schule und Pension das *Künstlerhaus Lukas* in der Dorfstraße (Nr. 35), das damals bis zu 50 Schüler und Schülerinnen beherbergen konnte – hauptsächlich Schülerinnen, denen der Zugang zu den meisten staatlichen Akademien bis 1919 verwehrt blieb.

Ahrenshoop wurde zu einem Zentrum impressionistischer Landschaftsmalerei, was sich auch an den Hochschulen von Berlin und Düsseldorf herumsprach. Mit den Malschülern kamen auch die Maler, die das alte Fischerdorf als ihren neuen Wohnsitz auserkoren, und mit der Kunst kam der Badetourismus. 1909 wurde der *Kunstkaten* (→ Sehenswertes) als öffentliches Ausstellungsgebäude eröffnet, doch brachte der Erste Weltkrieg das rege künstlerische Treiben in Ahrenshoop bald zum Erliegen. Auch der Kunstkaten wurde geschlossen (1919) und bald darauf verkauft. Nach einer zweiten Blütezeit in den 1920er Jahren kam es erst wieder in der DDR zu einer erneuten Aufnahme des Kulturbetriebes: Ahrenshoop wurde zum „Bad der Kulturschaffenden", in dem Maler, Schriftsteller und Theaterleute, aber auch Funktionäre entspannte Ferientage verbrachten.

Lang ist die Liste an Persönlichkeiten, die mit dem Ort verbunden sind. Welche Künstler lebten hier nicht alle: Theobald Schorn, Martin Körte, Hans Brass, Franz Triebsch, Elisabeth von Eicken, Edmund Kesting oder Gerhard Marcks, um nur ein paar Namen zu nennen. Und welch namhafte Sommergäste sah der Ort in seinen besten Zeiten: George Grozs, Albert Einstein, Bertolt Brecht, Helene Weigel, Arnold Zweig...

Auch wenn so manche Kreativität mittlerweile dem Kommerz und Profit weichen musste, hält man noch heute die Tradition der Künstlerkolonie Ahrenshoop aufrecht. Künstler unterhalten Ateliers, im Kunstkaten sind wieder Ausstellungen zu sehen und auch das Künstlerhaus Lukas wurde wieder seiner ursprünglichen Funktion zugeführt: In sieben Atelierwohnungen sind Stipendiaten aus den Bereichen Bildende Kunst, Literatur, Tanz und Musik untergebracht (www.kuenstlerhaus-lukas.de). Ein weiteres Denkmal für die Künstlerkolonie öffnete erst jüngst seine Pforten: das *Kunstmuseum Ahrenshoop* (an der Straße Richtung Althagen rechter Hand), das auch diverse Veranstaltungen wie kunsthistorische Vorträge, Filmabende usw. im Programm hat.

Ahrenshoop 169

Mo–Fr 9–17 Uhr (im Winter nur bis 16 Uhr), Sa 10–15 Uhr, So geschl. Kirchnersgang 2, 18347 Ahrenshoop, ℡ 038220-666610, www.ostseebad-ahrenshoop.de. Jeden Mittwoch um 10 Uhr (im Winter ab 11 Uhr) starten von der Kurverwaltung 2-stündige **Ortsrundgänge**.

Tipp: Die Kurverwaltung hat zwei Broschüren zur Künstlerkolonie herausgebracht, eine mit dem Titel „Künstler - Häuser - Kolonie" und eine mit dem Titel „Literarisch & Poetisch". Beide stellen die großen Namen der Ahrenshooper Künstlerkolonie vor und verraten, wo sie lebten.

Parken In ganz Ahrenshoop schwierig, da das Parken im „Zentrum" fast überall verboten ist. Einige wenige ausgewiesene Parkplätze (z. B. bei der Kurverwaltung), fast alle gebührenpflichtig oder mit Parkscheibe. Die Preise sind ähnlich: 1 €/Std., 2 €/3 Std., 3 €/6 Std., Tageskarte 6 €.

Verbindungen Mit Bus Linie 210 etwa stündl. (Sa/So im Zweistundentakt) über Wustrow und Dierhagen nach Ribnitz-Damgarten; ebenfalls stündl. über Born, Wieck, Prerow und Zingst nach Barth. Mehrere Haltestellen an der Hauptstraße (Dorfstraße), www.vvr-bus.de.

Aktivitäten und Veranstaltungen

Baden Badefreunde werden mit einem endlosen, feinsandigen Strand verwöhnt. Nur ein schmaler Dünenstreifen trennt Dorf und Meer, in südwestliche Richtung schließt mit dem Ahrenshooper *Hohen Ufer* ein Stück Steilküste an. Auch hier wird der Dorfstrand in den Sommermonaten von der DLRG bewacht (Übergang 12, ℡ 038220-666616), und auch an diesem Strand weht als Gütesiegel die Blaue Flagge. Textilfrei ist eher in nordöstlicher Richtung anzutreffen (Richtung Darßer Weststrand). Strandübergang 4 (gegenüber der Kurklinik) ist barrierefrei. Ausgewiesene Hundestrände finden sich bei Übergang 3 und 13 (im ganzen Ort und Strand gilt Leinenpflicht).

Bootstouren Zeesenbootfahrten auf der *Sannert* oder der *Blondine*, im Sommer 5-mal tägl., Dauer 90 Min., Erw. 14 €, Kinder 7 €. Infos im *Räucherhaus* (am Althäger Hafen, s. u.) bzw. unter ℡ 038220-6946, www.raeucherhaus.net.

Einkaufen Wöchentlicher **Bio- und Regionalmarkt** immer Do 9–14 Uhr im Zentrum.

Ins Auge fällt die **Bunte Stube** an der Dorfstraße. Der halbrunde Bau in Rot und Weiß (gebaut 1929) stammt aus der Zeit des Bauhauses und lädt heute zum Stöbern ein: Bücher (viel Regionales!), Postkarten, Keramik, Tee, Pullover, Schals etc., in der kleinen Galerie im Hinterraum finden wechselnde Ausstellungen statt. Mo–Sa 10–18 Uhr, So 12–17 Uhr, in der Nebensaison So/Mo geschl., im Winter nur Do–Sa 11–17 Uhr. Dorfstr. 24, ℡ 038220-238, www.bunte-stube.de.

Kunst aller Art und aller Preisklassen wird in den Galerien und Ateliers verkauft.

Fahrradverleih Gielow. April bis Okt. tägl. 9–19 Uhr. Tourenräder 5–8 €/Tag, Mountainbike 10 €. Auch Kindersitze, Helme, Anhänger und Kartenmaterial, Strandkorbvermietung (7 €/Tag) und günstige **Appartements und Ferienwohnungen**. Dorfstr. 21 (an der Hauptstraße beim Schild bis hinten durchgehen), 18347 Ahrenshoop, ℡ 038220-80134, www.haus-gielow.de.

Brilke. In Niehagen, Pension (→ unten) mit Fahrradverleih: Tourenräder 5,50–12,50 €/Tag. Auch Kinderräder und -sitze, Anhänger/Nachläufer, Hundekörbe etc. Niehäger Str. 1, ℡ 038220-80396, www.pension-brilke.de.

Reiten Islandpferdehof Fischland. In Niehagen, sympathischer Hof, angeboten werden Anfänger- und Fortgeschrittenenkurse auf Islandpferden, Ausritte (z. B. 5-Stunden-Ritt zum *Darßer Weststrand*, 80 €), Ganztagesritte (120 €) und auch Mehrtagesritte; ein Ferienhaus für 4 Pers. kann für 60 €/Tag gemietet werden, und auch das eigene Islandpferd kann mitgebracht werden (Offenstall und Weide, 10 €/Tag). Reitstunde 22,50 €, Einzelstunde 35 €. Weg zum Kiel 12, 18347 Ahrenshoop, OT Niehagen, ℡ 038220-69328 oder 0160-99752433, www.islandpferdehof-fischland.de.

Veranstaltungen Neben den zahlreichen temporären Ausstellungen und Veranstaltungen (Termine unter www.ostseebad-ahrenshoop.de) gibt es auch ein paar feste Termine: Das beliebte **Tonnenabschlagen** zu Pferde findet immer am dritten Sonntag im Juli statt, abends großer Reiterball. Ein Wochenende später trifft man sich zum Ahrenshooper **Strandfest**.

Fischland–Darß–Zingst → Karte S. 158/159

Fischland-Darß-Zingst

Die **Ahrenshooper Kunstauktion** (www.ahrenshoop-kunstauktion.de) findet immer am ersten Samstag im August statt. Unter den Hammer kommen Werke u. a. von Künstlern aus Ahrenshoop (und der gesamten Ostseeregion), teilweise noch aus der Künstlerkolonie.

Am dritten Samstag im August lädt Ahrenshoop zur **Langen Nacht der Kunst**: Kunsthäuser, Galerien und Werkstätten sind bis Mitternacht geöffnet, umrahmt wird das Ganze von diversen Veranstaltungen und Vorführungen (Eintritt 10 €, unter 18 J. frei).

Einen letzten Höhepunkt der Saison bildet schließlich die **Althäger Fischerregatta** am dritten Septemberwochenende: Regatta mit Zeesenbooten auf dem Saaler Bodden, dazu Hafenfest und Markt, abends Tanz und Livemusik.

》》 **Unser Tipp:** Die **LGM-Klanggalerie** „Das Ohr" bietet ganzjährig ca. 1-mal monatlich spannende Konzerte für Klassikfreunde, die Neuinterpretationen gegenüber offen sind. Hans-Brass-Weg 2, ℡ 038220-66700, www.lgm-records.de. 《《

Wassersport → oben Wustrow, S. 165.

Übernachten

Die Auswahl an guten bis sehr guten Hotels (und ihren entsprechend hochpreisigen Restaurants) ist groß, im mittleren und unteren Preissegment findet sich bis auf einige günstige Pensionen in den Ortsteilen Althagen und Niehagen nicht allzu viel. Der nächste Campingplatz befindet sich in Born (→ S. 176), besser aber nach Prerow ausweichen (→ S. 182).

In Ahrenshoop **** **Der Fischländer – Weststrand Hotel** **1** Leuchtend gelbes Haus mit Rohrdach am nordöstlichen Ortsausgang (Richtung Prerow), nur durch die Straße vom Strand getrennt. 28 komfortable Zimmer, die meisten mit Balkon. Gehobenes Restaurant, Terrassencafé und Cocktailbar *Tute* (→ unten); Wellnessbereich mit Sauna, Whirlpool, Massage und Kosmetik. EZ ab 110 €, DZ ab 135 €, Frühstück inkl., Hunde 10 €. Dorfstr. 47e, 18347 Ahrenshoop, ℡ 038220-6950, www.hotelderfischlaender.de.

**** **Romantik Hotel Namenlos & Fischerwiege** **3** Stilvolles, auf mehrere Gebäude verteiltes Hotel, man logiert entweder im reetgedeckten Haupthaus, der Fischerwiege mit baumbestandenem Garten, im kleinen Dünenhaus neben der Fischerwiege mitten im Grünen oder im denkmalgeschützten Haus Bergfalke, ebenfalls mit Rohrdach. Zum Hotel gehören Restaurant (→ unten) und Wellnessbereich mit Hallenbad, Sauna, Whirlpool, Massagen und Kosmetik. EZ 70–145 €, DZ 100–290 €, Frühstück inkl. Hunde in den Nebengebäuden erlaubt. Dorfstr. 44, 18347 Ahrenshoop, ℡ 038220-6060, www.hotel-namenlos.de.

Pension Nordlicht **4** Zwischen Durchgangsstraße und Strandübergang 9, nur wenige Schritte zum Meer. Parkplatz am Haus, Restaurant mit Terrasse. Freundlicher Service, nette, farbenfrohe Zimmer mit Balkon oder Terrasse (auch mit Meerblick). EZ inkl. Frühstück 70 €, DZ 90–105 €, Appartement für 2 Pers. 125 €, jede weitere Pers. 15 €. Hund 2 €/Tag. Dorfstr. 34, 18347 Ahrenshoop, ℡ 038220-69610, www.nordlicht-ahrenshoop.de.

Haus Antje **7** An der Hauptstraße Richtung Althagen, ein Stück vom Zentrum. Pastellfarbener Landhausstil, gemütliche Bibliothek, einladende Zimmer, mit Kosmetikstudio und Sauna. EZ ab 85 €, DZ ab 130 €, Frühstück inkl., Halbpension (drei Gänge) 28 €. Hund 15 €/Tag (keine Mitnahme in der Hochsaison erlaubt). Althäger Str. 2, 18347 Ahrenshoop, ℡ 038220-6980, www.ostseehotel-hausantje.de.

In Althagen Ferienwohnungen „Räucherhaus" **8** Direkt am Althäger Hafen, drei freundliche Appartements und drei Ferienwohnungen, z. T. unterm Dach des gleichnamigen Restaurants, z. T. in Häusern nahebei. Rustikale Gaststätte im Haus (→ Essen & Trinken). Für 2 Pers. 66–74 €/Tag, für 4 Pers. 108 €, Haustiere nur auf Anfrage. Hafenweg 6, 18347 Ahrenshoop/Althagen, ℡ 038220-6946, www.raeucherhaus.net.

In Niehagen 》》 **Lesertipp: Pension Bradhering** **10** Altes Backsteinhaus (ehemals Bauernhof) in ruhiger Lage, mit schönem Garten, Frühstück im angebauten Wintergarten. DZ 85 €, Appartement für 2 Pers. 90–100 €, Frühstück inkl. Auch Fahrradverleih. Weg zum Kiel 7, 18347 Ahrenshoop/Niehagen, ℡ 038220-414, www.pension-bradhering.de. 《《

Übernachten
1 Der Fischländer - Weststrand Hotel
3 Romantik Hotel Namenlos & Fischerwiege
4 Pension Nordlicht
7 Haus Antje
8 Ferienwohnungen 'Räucherhaus'
9 Pension Brilke
10 Pension Bradhering

Essen & Trinken
3 Namenlos
6 Buhne 12
8 Räucherhaus
1 Am Kiel

Cafés
5 Kaffeemühle
12 Café Stübchen

Nachtleben
1 Cocktailbar Tute
2 Weitblick

Pension Brilke 9 Freundliche, bodenständige Pension unter einem Rohrdach, mit Fahrradverleih, relativ günstig, allerdings an der Durchgangsstraße im Ortsteil Niehagen gelegen. EZ 40 €, DZ 70–75 €, Appartement für 2 Pers. 80 €, jeweils inkl. Frühstück. Niehäger Str. 1, 18347 Ahrenshoop/Niehagen, ☏ 038220-80396, www.pension-brilke.de.

Essen & Trinken/Nachtleben

Restaurants/Cafés 🌿 **Namenlos** 3
Vielfach gelobtes Restaurant mit herrlicher Terrasse samt schönem Meerblick, wo es sich am Nachmittag bei Kaffee und Kuchen aus eigener Konditorei bestens aushalten lässt. Das Restaurant serviert verfeinerte mecklenburgische Küche, die Zutaten stammen von heimischen Produzenten (u. a. Biofleisch vom Darß). Dazu Wildspezialitäten. Im Angebot auch stets ein etwas günstigeres Tagesgericht, Hauptgerichte sonst 20–30 €. Tägl. durchgehend geöffnet. Dorfstr. 44, ☏ 038220-6060, www.cafe-namenlos.de. ∎

»» Unser Tipp: Buhne 12 6 Traumhafte Lage oberhalb des Strandes am Hohen Ufer, herrlicher Blick aufs Meer (v. a. abends). Schöner, großer Garten, nettes Ambiente auch innen in den Gasträumen (und auch hier ein wunderbarer Blick aufs Meer). Freundlicher Service, viel gelobtes (Fisch-)Restaurant (Hauptgerichte 15–20,50 €), nachmittags ein Muss für Kaffee und Kuchen. Di–So 12–22 Uhr, Mo geschlossen, im Winter nur Sa/So 12–22 Uhr. Grenzweg 12, ☏ 038220-232. ««

Räucherhaus 8 In Althagen in wunderbarer Lage direkt am Hafen. Hübsche Terrasse, das Innere ist rustikal ohne eine Spur Piefigkeit. Die Kellnerinnen bedienen in Tracht, auch dies wirkt nicht spießig. Fischräucherei angeschlossen. Wie wäre es mit Räucheraal-Rührei, Wild-Suppe oder Boddenzander in Senfsauce? Hauptgerichte 13,50–20 €. Tägl. 8–22 Uhr (von April bis Okt. von 8–10 Uhr Frühstück). Hafenweg 6, ☏ 038220-6946, www.raeucherhaus.net.

Kaffeemühle 5 In der wieder aufgebauten Ahrenshooper Mühle, etwas zurückversetzt von Küste und Zentrum, aber weithin sichtbar. Lichtes Café mit Fair-Trade-Kaffee, hausgebackenen Kuchen und herzhaften Suppen. Dazu eine Galerie. Tägl. 11–18 Uhr. Feldweg 7, ☏ 038220-668343, www.muehle-ahrenshoop.com.

Am Kiel 11 In Niehagen an der Hauptstraße, verfeinerte Fischküche, auch Wildgerichte, Salate etc., Hauptgerichte 12,50–22,50 €. Mit Terrasse. Tägl. ab 12 Uhr durchgehend geöffnet. Boddenweg 12, ☏ 038220-6410.

Café Stübchen 12 Ebenfalls im Ortsteil Niehagen an der Hauptstraße, orangefarbener Pavillon mit Terrasse und Garten, innen Kamin, leckere selbst gebackene Kuchen und Eis, auch deftige Snacks und kleine Gerichte. Tägl. außer Mo/Di 13–17.30 Uhr, im Winter eingeschränkt (am besten vorher anrufen). Niehäger Str. 14, ☏ 038220-667558, www.cafestuebchen-ahrenshoop.de.

Nachtleben Weitblick **2** Bar in der fünften Etage des so gar nicht zu Ahrenshoop passenden Hotelkolosses *The Grand*. Trotzdem, ein Sundowner auf der Panoramaterrasse ist toll. Zudem wird Do ab 20 Uhr live auf dem Piano gespielt. Tägl. ab 13 Uhr. Schifferberg 24 (Richtung Prerow, dann rechter Hand), ☏ 038220-6780, www.thegrand.de.

Cocktailbar Tute 1 Im Hotel *Fischländer*, weithin bekannter und beliebter Treffpunkt für Nachtschwärmer, auch diverse Veranstaltungen. Im Hochsommer tägl. ab 21 Uhr geöffnet, in der NS zuweilen nur an Wochenenden. Dorfstr. 47 e, ☏ 038220-6950.

Wie gemalt: Dorfweg in Ahrenshoop ...

Sehenswertes

Kunstmuseum Ahrenshoop: Mit dem 2013 eröffneten Museumsneubau an der Straße nach Althagen hat der Ort seiner Vergangenheit als Künstlerkolonie ein würdiges Denkmal gesetzt. Allein schon der goldbraune Museumsbau ist ein Hingucker. Im Inneren werden in vier lichtdurchfluteten Sälen die Kostbarkeiten aus über 120 Jahren Künstlerkolonie präsentiert. Ein Saal widmet sich dabei den „Meistern" der Ahrenshooper Freilichtmalerei um 1900 und der Moderne bis 1945. Umsortierungen sind häufig, schließlich schöpft man aus einer Sammlung von über 800 Bildern, Grafiken, Zeichnungen und Skulpturen. Die anderen drei Säle dienen spannenden Wechselausstellungen, bei denen neben Kunst der Künstlerkolonie auch Zeitgenössisches nicht zu kurz kommt. Absolut sehenswert!

April bis Okt. tägl. 11–18 Uhr, Nov. bis März Di–So 10–17 Uhr, Mo geschl. Eintritt 8 €, Studenten 4 €, Schüler 3 €, Kinder unter 6 J. frei, Familienkarte 18 €. Führungen Mi und Fr 15 Uhr, Architektur-Führung zum Museumsbau nur auf Anfrage, jeweils 5 € (Studenten 4 €, Kinder/Schüler 3 €). Weg zum Hohen Ufer 36, ☏ 038220-66790, www.kunstmuseum-ahrenshoop.de.

... und der Blick vom Hohen Ufer

Kunstkaten Ahrenshoop: Der leuchtend blaue Katen mit Rohrdach am Strandweg ist nicht zu übersehen. 1909 wurde das Haus eröffnet und ist heute mit seiner über 100-jährigen Geschichte die älteste Galerie in Ahrenshoop. Zu sehen sind etwa alle sechs bis acht Wochen wechselnde Ausstellungen hauptsächlich zeitgenössischer Künstler, oft mit geografischem bzw. thematischem Bezug zu Ahrenshoop und der Ostsee. Darüber hinaus finden im Kunstkaten zahlreiche Veranstaltungen statt – Lesungen, klassische Konzerte, Schauspiel, Kabarett, Jazz- und Liederabende etc.
Tägl. 10–13 und 14–18 Uhr, im Winter Di–So 10–13 und 14–16 Uhr, Mo geschl. Eintritt 2 €, erm. 1 €. Strandweg 1, ☏ 038220-80308, www.kunstkaten.de.

Galerie Alte Schule: Die Galerie in diesem rohrgedeckten, roten Fachwerkhäuschen zeigt wechselnde Ausstellungen zeitgenössischer Künstler aus dem Ostseeraum bzw. dem Norden Deutschlands.
Mi–So 10–13 und 14–17 Uhr, im Sommer bis 18 Uhr. Eintritt frei. Dorfstr. 16, ☏ 038220-66330, www.galerie-alte-schule-ahrenshoop.de.

Strandhalle: Nur einen Steinwurf von der Alten Schule entfernt, zwischen Dorfstraße und Strand, befindet sich dieses Veranstaltungshaus. Es wurde 1998 eröffnet und wird von der Gemeinde Ahrenshoop unterhalten, angeschlossen ist ein Gästehaus für Künstlergruppen. Hier finden alljährlich die *Ahrenshooper Kunstauktion* (→ oben, Veranstaltungen) und immer wieder auch Konzerte, Filmabende und Lesungen statt, außerdem die *Ahrenshooper Literaturtage* im Oktober.
Nur zu Veranstaltungen geöffnet. Dorfstr. 16 b.

Neues Kunsthaus: Auf der Boddenseite der Dorfstraße, dem deutlich ruhigeren, fast noch ursprünglichen Teil von Ahrenshoop (schon Richtung Althagen) liegt etwas versteckt diese interessante Galerie. Gezeigt wird zeitgenössische Kunst aus Mecklenburg-Vorpommern und dem gesamten Ostseeraum. Hier sind auch die (wechselnden) Ausstellungen von Stipendiaten aus dem *Künstlerhaus Lukas* zu sehen. Schöner reetgedeckter Bau, mit Skulpturengarten. Gemeindebibliothek (Käthe-Miethe-Bibliothek) nebenan.
Tägl. außer Di 10–18 Uhr, im Winter nur bis 16 Uhr, im Frühling/Herbst bis 17 Uhr. Eintritt 2 €, erm. 1 €, unter 16 J. frei. Bernhard-Seitz-Weg 3 a, ☏ 038220-80726, www.neues-kunsthaus-ahrenshoop.de.

Galerie im Dornenhaus: Um die Ecke vom Neuen Kunsthaus befindet sich das unter Denkmalschutz stehende alte Fachwerkhaus mit tiefem Rohrdach. Die Galerie beansprucht die beiden vorderen Räume (dahinter privat), ausgestellt sind neben meist zeitgenössischer Malerei auch Keramik und schräge Skulpturen im Garten. Auch Lesungen, Konzerte etc. Ein lohnenswerter Weg!
Tägl. 10–18 Uhr, im Winter bis 17 Uhr. Eintritt frei. Bernhard-Seitz-Weg 1, ✆ 038220-80963, www.dornenhaus.de.

Schifferkirche: Der originelle Kirchenbau aus dem Jahr 1951 liegt am Fuß des (immerhin 14,6 Meter hohen) Schifferbergs in einer Seitenstraße der Dorfstraße – eine kleine Holzkirche, deren Dach dick mit Rohr gedeckt ist. Im Kircheninneren hat man das Gefühl, man sitzt in einem kieloben liegenden Schiff. Hier finden sich Werke der Bildhauerin *Doris Oberländer-Seeberg*: der hölzerne Taufständer, die Kanzel und die Schrift an der Altarwand.
Di–So 10–18 Uhr, in der NS nur Do–So 10–16 Uhr. So 9 Uhr Gottesdienst. Paetowweg 5, ✆ 038233-69133 (Pfarramt Prerow), www.kirchengemeinde-prerow.de.

> Auf halber Strecke zwischen Ahrenshoop und Born befindet sich der **Parkplatz Drei Eichen** (Parkgebühr 2 €/2Std., 4 €/Tag), der ideale Ausgangspunkt für eine Wanderung zum Darßer Weststrand, der von hier in gut einer halben Stunde zu erreichen ist. Ab dem Parkplatz finden während der Saison immer Mi und Fr um 11 Uhr ca. dreistündige Darßwanderungen mit einem Mitarbeiter des Nationalparks statt (kostenlos, man freut sich über eine Spende!).

Born
ca. 1150 Einwohner

Im Grunde genommen bietet Born noch viel vom Charme des alten Fischerdorfes: ein paar rohrgedeckte Häuschen mit bunten Fassaden und bemalten Haustüren, kopfsteingepflasterte Sträßchen, eine Anlegestelle an der Boddenküste und im Rücken die ländliche Idylle des Darßer Waldes. In den Baulücken dazwischen entstanden in den letzten Jahren Ferienhausbauten, dem traditionellen nordischen Baustil angelehnt. Weitere sollen folgen, doch das Projekt, das bereits auf dem Reißbrett in Angriff genommen wurde, ist umstritten: die Bebauung der 16 Hektar großen Landzunge „Holm" (südwestlich des Ortes), einer Boddenwiese, die unter Landschaftsschutz steht und Zugvögeln auf der Durchreise Quartier bietet. Dagegen wehrt sich die Bürgerinitiative „Born bewahren" (www.borner-holm.de).

Bedeutendste Sehenswürdigkeit des Ortes ist die hübsche hölzerne *Fischerkirche* mit Rohrdach. Sie wurde 1934/35 erbaut und zeigt im Innern ein hölzernes Tonnengewölbe. Auf dem Dach thront ein kleiner Turm, die dazugehörigen Glocken aber befinden sich separat auf dem 50 Meter entfernten Friedhof.
Fischerkirche, sehr eingeschränkte Öffnungszeiten: Mi 14–16 Uhr, Sa 18 Uhr Gottesdienst (nicht im Winter). In den Sommermonaten oft Fr 20 Uhr Konzerte. Weitere Infos im Pfarramt Prerow, ✆ 038233-69133, www.kirchengemeinde-prerow.de.

Des Weiteren gibt es das bestens ausgeschilderte *Forst- und Jagdmuseum Ferdinand von Raesfeld*. Von Raesfeld (1855–1929) war preußischer Forstmeister auf Fischland-Darß-Zingst, ein leidenschaftlicher Jäger und Verfasser von Lehrbüchern, die zu Standardwerken der Jagdliteratur wurden. Dementsprechend widmet sich das Museum der Forstwirtschaft (insbesondere der Harzgewinnung) und zeigt auch die typischen präparierten Exponate eines Jagdmuseums: Fischotter, Steinmarder, zwei Hirsche im Brunftkampf, Dachse, Füchse und was sich sonst noch so alles ausstopfen lässt. Alles in allem sehr informativ. Und wer wissen will, wie Museen zu DDR-Zeiten aussahen, hat hier noch Gelegenheit, ein Überbleibsel zu bewundern.

Forst- und Jagdmuseum, Mai bis Okt. Di–So 10–16 Uhr. Erw. 3 €, erm. 1,50 €. Chausseestr. 64, ✆ 038234-30297.

Im Ort finden sich zudem einige kleine Galerien, darunter die *Zeitkunstgalerie Born* in relativ zentraler Lage am Darßer Sommertheater unweit des Hafens. Die *Galerie Born* liegt etwas abseits in der Südstraße, hier stehen bis zu fünfmal jährlich wechselnde Ausstellungen an.

Zeitkunstgalerie Born, Mai bis Aug. Di–So 10–13 und 15–19 Uhr, Sept./Okt. Di–So 10–17 Uhr, Chausseestr. 90, ✆ 038234-236, www.zeitkunstgalerie.de. Galerie Born, in der Hauptsaison tägl. 11–17 Uhr, in der Nebensaison verkürzt (teilweise nur Mi–So), Südstr. 22, ✆ 0172-8855692, www.galerie-born.de.

Basis-Infos

Information Kurverwaltung Born. Freundlich und hilfsbereit, im Sommer Mo–Fr 9–18 Uhr, Sa 10–15 Uhr (Juli bis Sept. Sa/So 10–15 Uhr); im Winter nur Mo–Fr 9–17.30 Uhr. Während der Saison immer Di 10 Uhr Ortsführung (3 €, Kinder frei). Chausseestr. 73 b, 18375 Born auf dem Darß, ✆ 038234-50421, www.darss.org.

Verbindungen Mit dem Bus 210 (Haltestelle an der Kurverwaltung) etwa stündl. über Ahrenshoop und Wustrow nach Ribnitz-Damgarten, ebenfalls etwa stündl. über Wieck, Prerow und Zingst nach Barth.

Aktivitäten und Veranstaltungen

Bootstouren Mit der *MS Heidi* während der Saison 2-mal tägl. nach Fuhlendorf (Bodstedter Bodden) und Prerow. Nach Prerow einfach 10 €, Kinder 6 €, Fahrrad 2 €. ✆ 038234-210, www.fahrgastschiff-darss.de.

Mit der *MS Heidi* finden im Sept./Okt. auch Kranichfahrten statt. Abfahrten Fr–Mo am Spätnachmittag. Erw. 14 €, Kinder 6 €.

Die *MS Swantevit* der Reederei Oswald fährt Mitte April bis Ende Okt. 1-mal tägl. (vormittags) auf große Boddentour mit Halt in Ahrenshoop und Ribnitz (1:30 Std. Aufenthalt), Weiterfahrt nach Zingst. Ribnitz einfach 11,50 €, Kinder 6,50 €, Fahrrad/Hund 2,50 €, hin und zurück 17,25 €, Kinder 9,75 €, Fahrrad/Hund 3,75 €. ✆ 0170-5841644.

Fischland-Darß-Zingst

Die *MS Ostseebad Wustrow* steuert von April bis Okt. nachmittags 1-mal tägl. Wustrow an, von Mai bis Sept. zudem eine Fahrt am späten Vormittag. Einfach 10 €, Kinder 6 €. ℡ 038220-588, www.boddenschifffahrt.de.

Einkaufen Bio-Hofladen Gut Darß. Am westlichen Ortsrand, beschildert. Im *Hofladen* des modernen, ökologischen Landwirtschaftsbetriebs gibt es neben Bio-Fleisch vom Hof (Rind, Schaf, Ziege) auch Wildprodukte, dazu Gewürze, Honig usw. (Mo–Fr 9–18 Uhr, Sa 9–13 Uhr, im Winter verkürzt). Im angeschlossenen *Hof-Café* stehen entsprechend v. a. Bio-Burger auf der Karte, es gibt aber auch Büffel-Chili oder Büffelbockwurst, und natürlich kann man auch Kaffee und Kuchen bekommen. Gutsbesichtigung möglich (5 € pro Pers., Kinder 2,50 €). Am Wald 26, 18375 Born, ℡ 038234-50650, www.gut-darss.de.

Fahrradverleih Neumann's Fahrradshop. Im Zentrum, 3-Gang-Rad 5 €, 7-Gang-Rad 6 €, Mountainbike 7 €/Tag, auch Kinderräder und Zubehör (u. a. Hundekörbe/-hänger), E-Bike 18 €. Mai bis Okt. tägl. 9–18 Uhr geöffnet, im Winter nach Vereinbarung. Im Moor 2, ℡ 038234-272 oder 0160-3500872, www.neumann-darss.de.

Klettern Kletterwald Darß. Gleich gegenüber vom Gut Darß (→ oben), acht verschiedene Parcours für Erwachsene und Kinder ab 1,10 Meter Größe, von ganz leicht bis eher schwer, ideales Programm für Familien und Abwechslung vom Strand (allerdings bei Regen geschlossen). Mitte März bis Mitte Juni und Sept./Okt. tägl. 11–17 Uhr, im Sommer 9–19 Uhr. Erw. 20 €, Kinder/Jugendliche 15 €, Familien 45–50 € (mit 2 Kindern). Imbiss im Gut Darß. Am Wald 26, ℡ 038234-50694, www.kletterwald-darss.de.

Veranstaltungen Borner Markttag. An einem Samstag im Mai (genaue Termine bei der Tourist-Info) auf der Borner Festwiese. Regionale Produkte, Kunsthandwerk, Kulinarisches etc.

Darßer Sommertheater. Kleines Veranstaltungshaus in der alten Schule nahe dem Hafen, von April bis Okt. finden hier Konzerte, Theateraufführungen, Kabarett und Lesungen statt. Chausseestr. 90, Kartenvorbestellung unter ℡ 038234-50421, Infos und Programm unter www.darss.org.

Darß Festspiele. Theateraufführungen, Kabarett und Konzerte auf der Freilichtbühne in der Chausseestraße (Achtung: auch auf Platt!) von Anfang Juli bis Ende August. Infos unter ℡ 038234-55812, www.darssfestspiele.de und bei der Kurverwaltung.

Tonnenabschlagen. Am ersten Sonntag im August auf der Borner Festwiese. Abends großer Reiterball.

Wassersport Kitesurf & Kanu Born. Wassersportcenter am Regenbogencamp westlich des Ortes. Kurse für Kiten und Windsurfen (2 Tage Kite-Anfängerkurs 220 €, Surfkurs Anfänger 2 Tage 95 €), auch Boardverleih (12–20 €/Std.), außerdem Kajakvermietung (30–40 €/Tag). Ostern bis ca. Ende Okt. geöffnet. Nordstr. 86, ℡ 038234-55582 oder 0178-8786266, www.kitenlernen.de.

Übernachten/Essen & Trinken

Capitänshaus von Petersson. Ganz zentrale Lage, mit Restaurant im Nebenhaus. Fünf freundliche, luftige Ferienwohnungen für 4–6 Pers. Je nach Wohnung 175–255 € für die erste Nacht, ab der zweiten Nacht 100–150 €. Bäckergang 12, 18375 Born, Kontakt und Buchung über die Kulturverwaltung unter ℡ 038234-50421, www.capitaenshausvonpetersson.de.

Jugendherberge Born-Ibenhorst. Etwa 3 km außerhalb von Born (Richtung Ahrenshoop, von der Bundesstraße rechts ab und ca. 400 m in den Wald hinein, beschildert) im Nationalpark gelegen und umgeben vom Darßer Wald. Recht große Anlage (viele Schulklassen), mit Minigolf, großer Gaststätte, Fahrradverleih und einem beliebten Zeltplatz. Strikt verboten ist hier offenes Feuer. Unterbringung in hölzernen Bungalows und Schwedenhäusern (ab 23,40 €/Nacht, Senioren ab 27 J. ab 29,80 €/Nacht), Frühstück jeweils inkl. Zeltplatz 13,90 € (Junioren) bzw. 18,90 € (Senioren), ebenfalls mit Frühstück. Mittag- oder Abendessen 4 €, Hund 6 €. Ibenhorst 1, 18375 Born, ℡ 038234-229, www.born-ibenhorst.jugendherberge.de.

Camping Regenbogen Camp Born. Der großzügige, schattige Platz westlich des Ortes (www.regenbogen.ag) wirkte bei unserem Besuch 2016 leider etwas ungepflegt. Uns gefällt der Regenbogen Camp in Prerow erheblich besser (→ S. 182).

Essen/Trinken >>> Lesertipp: **Walfischhaus.** Nur wenige Meter vom Borner Hafen, mit Terrasse und Boddenblick, innen gemütliches, schönes Ambiente. Feine mecklenburgische Küche, mittags etwas günstiger, abends Hauptgerichte 14,50–20,50 €. Vegetarier- und veganerfreundlich. 12–22 Uhr geöffnet, nachmittags Kaffee und Kuchen. Mi Ruhetag. Auch Pension. Acht komfortable und gemütliche Zimmer, einige auch mit Terrasse/Balkon. Ganzjährig geöffnet. EZ 73 €, DZ 128–138 €, Frühstück inkl. Chausseestr. 74, ✆ 038234-55784, www.walfischhaus.de. «««

Borner Hafenbistro. Mit Terrasse direkt am Hafen von Born, kaum zu übersehen. Hier gibt es köstliche Fischbrötchen und einige warme Fischgerichte. Während der Saison ganztägig geöffnet. Chausseestr. 74c, www.fisch-flotow.de.

Peterssons Hof. Restaurant im alten, sorgsam restaurierten Haus neben dem Kapitänshaus, mitten im Zentrum. Hochwertige Küche (Hauptgerichte 14–20 €), auch für kleine Gäste ist etwas dabei, hin und wieder Sushitage. Innen urig und schön eingerichtet, nett sitzt man aber auch auf der Terrasse. 18–22.30 Uhr geöffnet, Mo/Di Ruhetage, im Sommer zuweilen Kaffee und Kuchen am Nachmittag. Bäckergang 12 b, ✆ 038234-55720.

Café Tonart. Ein reizendes, kleines Café in einem alten Kapitänshaus mit schönem Garten, sehr freundlicher Service, alternativ, gemütlich und beliebt. Im Sommer Di–So 10–18 Uhr, in der Nebensaison eingeschränkt, im Winter geschlossen (außer Weihnachten/Neujahr). Chausseestr. 58, ✆ 038234-55957, www.cafe-tonart.de.

Wieck

ca. 700 Einwohner

Was auf Born zutrifft, gilt teilweise auch für den kleineren Nachbarort Wieck: ein altes Fischerdörfchen nahe der Boddenküste, das von der stark befahrenen Hauptverbindungsstraße der Halbinsel nur gestreift wird und sich somit relativer Ruhe erfreuen kann. Hauptanziehungspunkt von Wieck ist die *Darßer Arche,* das hiesige Besucherzentrum des *Nationalparks Vorpommersche Boddenlandschaft.* In dem Gebäude, das aussieht wie ein Schiff im Trockendock, kann man sich über Land

Am kleinen Hafen von Wieck

Impressionen vom Fischland und vom Darß

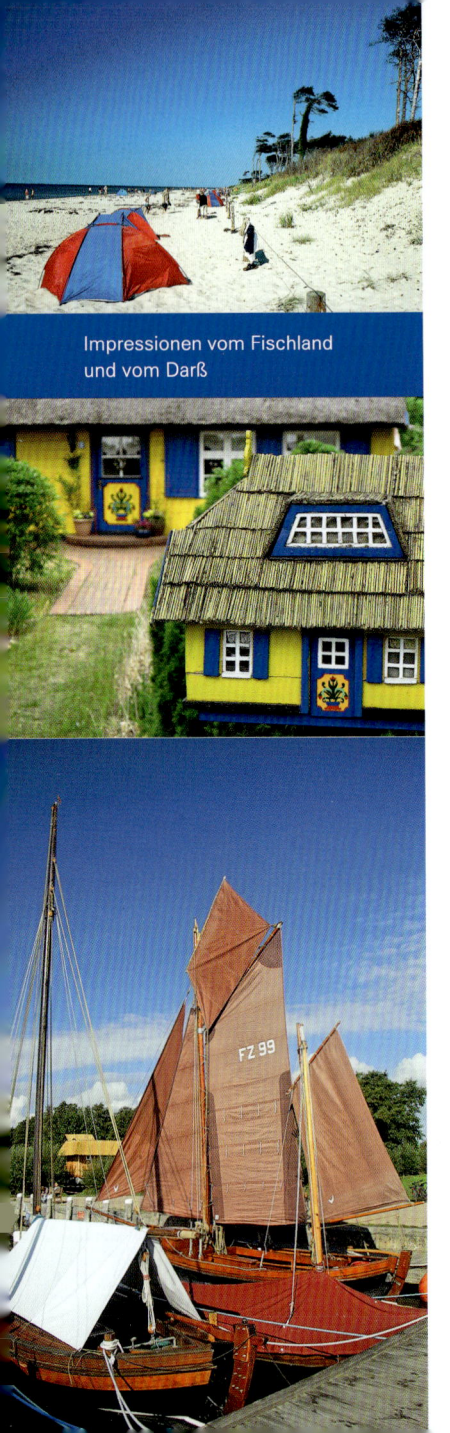

und Bodden im Nationalpark informieren. Mittels Schautafeln, Ausstellungsstücken und Filmen wird man über die Lebensräume Wasser, Schilf, Düne, Wald etc. informiert (besonders sehenswert ist der Film über die Kraniche). Dass im gleichen Gebäude auch die Kurverwaltung untergebracht ist, ist keineswegs Raum- oder Geldnot geschuldet. Vielmehr spiegelt sich darin der erklärte Wille, den gegenseitigen Nutzen von Tourismus und Naturschutz herauszustellen. Im Nebengebäude befindet sich die *Galerie Künstlerdeck*, eine Verkaufsgalerie mit Kunst und Kunsthandwerk überwiegend nordostdeutscher Künstler.

Darßer Arche. April tägl. 10–16 Uhr, Mai und Okt. tägl. 10–17 Uhr, Juni bis Sept. tägl. 9–17 Uhr, Nov. bis März nur Do–Mo 10–16 Uhr. Eintritt Erw. 6,50 €, Schüler/Stud., Rentner 5 €. Bliesenrader Weg 2, 18375 Wieck, ✆ 038233-201, www.darsser-arche.de.

Galerie Künstlerdeck. Di–So 11–17 Uhr, im Winter nur Fr/Sa 11–17 Uhr geöffnet, ✆ 038233-703812, www.kuenstlerdeck.de.

Information Kurverwaltung im Nationalparkzentrum Darßer Arche. Freundlich und kompetent, es werden auch Karten und Bücher verkauft sowie Nationalpark-Souvenirs. Für Öffnungszeiten → Darßer Arche. Bliesenrader Weg 2, 18375 Wieck auf dem Darß, ✆ 038233-201, www.darss.org.

Café Café Fernblau. In der Darßer Arche, mit Frühstück, günstigem Mittagstisch und selbst gebackenem Kuchen. Alles in Bioqualität. Für Öffnungszeiten → Darßer Arche. ∎

Einkaufen Von Mai bis Okt. immer Mi und Sa 9–13 Uhr Regional- und Biomarkt an der Darßer Arche. ∎

Fahrradverleih Neumann's Fahrradshop. 3-Gang-Rad ab 5 €, 7-Gang-Rad 6 €, Mountainbike 7 €, auch Kinderräder, E-Bikes (ab 18 €) und diverses Zubehör wie etwa Hundekörbe und -anhänger. Müggenberg 31 (hinter dem Eiscafé bei der Darßer Arche), ✆ 0160-3500872, www.neumann-darss.de.

Übernachten/Essen & Trinken ›› Unser Tipp: Haferland. An dieser Stelle möchten wir uns eine subjektive Meinung erlauben: das schönste Hotel der Halbinsel! Persönlich und familiär geführtes Hotel mit gehobenem Standard, gegenüber dem kleinen Hafen gelegen. Großes Wellnessangebot in der angeschlossenen „Gesundheitsscheune" (mit Schwimmbad, Sauna, Massagen, Kosmetik etc.), großer, sehr schöner alter Garten nach hinten hinaus. Das gehobene Restaurant *Gute Stube* (regional-saisonale Bioküche) bietet Mittagstisch, Kaffee und Kuchen sowie ein Abendmenü ab 18 Uhr (39 €). Warme, komfortable Zimmer mit viel Kiefernholz, schon die kleinsten sind 25 m² groß, die unteren mit Gartenterrasse. DZ 143–173 €, EZ 123–153 €, Appartement 168–192 €, jeweils inkl. Frühstücksbuffet (bis 13 Uhr!). Hunde sind in einigen Zimmern erlaubt, 12 €/Tag. Erste Dezemberhälfte geschlossen. Bauernreihe 5 a, 18375 Wieck, ✆ 038233-680, www.hotel haferland.de. ⋘.

Veranstaltungen Darss Marathon. Am dritten oder vierten Wochenende im April, Marathon und Halbmarathon, Start ist an der Darßer Arche. Infos und Anmeldungen unter www.darss-marathon.de.

Tonnenabschlagen. Am vierten bzw. letzten Sonntag im Juni.

Verbindungen Mit dem Bus 210 (Haltestelle in der Prerower Str.) werktags etwa stündl. über Born, Ahrenshoop und Wustrow nach Ribnitz-Damgarten (Sa/So nur alle 2 Std.), ebenfalls etwa stündl. über Prerow und Zingst nach Barth.

Prerow
ca. 1500 Einwohner

Weitläufiger, aber eher unspektakulärer Ort am Rand des dichten „Darßer Urwaldes", allerdings mit herrlichem Sandstrand samt moderner Seebrücke – ein familienfreundliches Badeparadies. Der berühmte Darßer Weststrand ist im Rahmen einer schönen Wanderung gut zu erreichen.

Prerows Kapital ist der knapp fünf Kilometer lange und bis zu 80 Meter breite, feinsandige *Nordstrand*, hinter dem sich ein Stück Küstenwald und der Prerowstrom erstrecken. Das Dorf selbst ist ein Stück vom Meer entfernt. Die Flaniermeile von der Seebrücke führt – flankiert von diversen Souvenirläden und Lokalen – über den Prerowstrom ins Zentrum, wo sich der größte Teil des touristischen Lebens rund um die Waldstraße abspielt. Parallel und abzweigend von der Waldstraße stößt man auf einige Relikte vergangener Tage, als Prerow noch ein bedeutender Seefahrerort war: flache, alte Kapitänshäuser, meist mit reetgedecktem Dach und den berühmten *Darßer Haustüren*,– bunt bemalt und mit handgeschnitzten Motiven (Blumen, Muscheln, Sonnen und hier und da natürlich ein unvermeidlicher Anker), zu sehen u. a. in der Grünen Straße und in der Buchenstraße.

Ein Fischerdorf am *Prerowstrom,* der einst den Bodstedter Bodden mit der Ostsee verband und dadurch Darß und Zingst trennte, gab es wahrscheinlich schon zu slawischer Zeit. Zu Wohlstand kam das Dorf ab dem 17. Jh., als die Prerower sich als Seefahrer verdient machten. Drei Werften und über hundert Kapitäne soll man hier in der Blütezeit Mitte des 19. Jh. gezählt haben, die von ihren weiten Fahrten auch den entsprechenden Wohlstand mitbrachten. Nach der Sturmflut von 1872, die ganz Prerow unter Wasser gesetzt hatte, entschied die Preußische Regierung, die Mündung des Stromes zuzuschütten. Mit der Seefahrt ging es bergab, als Erwerbszweig rückte dafür ab ca. 1880 der Badetourismus ins Blickfeld. In der DDR war Prerow einer der bekanntesten Urlaubsorte an der Ostsee.

Basis-Infos

Information Die **Kurverwaltung Prerow** liegt an der Waldstraße im Zentrum. Zimmervermittlung und Wanderkarten. Zur Saison werden Ortsführungen angeboten (zuletzt Di 14 Uhr und Mi 10 Uhr, mit Kurkarte 3 €, sonst 5 €). Nov. bis März Mo–

Fischland-Darß-Zingst

Fr 9–16 Uhr, Sa 10–14 Uhr, April bis Mitte Juni Mo–Fr 9–17 Uhr, Sa 10–16 Uhr, Mitte Juni bis Sept. Mo–Fr 9–18 Uhr, Sa/So 10–17 Uhr, Okt. Mo–Fr 9–16 Uhr, Sa 10–15 Uhr, Gemeindeplatz 1, 18375 Prerow, ✆ 038233-6100, www.ostseebad-prerow.de.

Parken Kostenpflichtige Parkplätze u. a. am östlichen Ortseingang, großer Parkplatz u .a. am westlichen Ortsende (Bernsteinweg): 5 €/Tag, Wohnmobil 10 €/Tag. Die Fahrzeuge dürfen lediglich tagsüber stehen bleiben, einziger Nachtstellplatz ist der Parkplatz Hülsenstr./Ecke Hagenstr. Nur für eine Nacht darf man in seinem Wohnmobil am Parkplatz beim Strandübergang 22 übernachten.

Verbindungen Mit dem **Bus 210** etwa stündl. über Wieck, Born, Ahrenshoop, Wustrow und Dierhagen nach Ribnitz-Damgarten, ebenfalls ca. stündl. nach Zingst und Barth. Am Wochenende verkehrt Bus 210 etwa alle 2 Std. www.vvvr-bus.de.

Mit der **Darßbahn** (Touristenbähnchen) im Sommer etwa stündl. vom Hafen Prerow (nahe Seemannskirche) durch den Ort und zum Leuchtturm Darßer Ort (Haltestelle ca. 2,5 km vorher, dann zu Fuß). Infos unter ✆ 038233-70241, www.darssbahn.de.

Aktivitäten und Veranstaltungen

Baden → S. 185.

Bootsausflüge Mississippi-Flair am Rande Mecklenburgs vermittelt die *River Star*. Der Nachbau eines **Schaufelraddampfers** fährt von Mitte März bis Nov. 3- bis 4-mal tägl. den Prerower Strom hinab (Erw. 13 €, Kinder bis 12 J. 7 €). Reederei Poschke, Pumpeneck 5, 18375 Born, ✆ 038234-239, www.reederei-poschke.de.

Zudem diverse andere Boddenrundfahrten.

Einkaufen Wossidlo Buchhandlung **4** Winziger Buchladen an der Seebrücke, gut sortiert in Sachen Ostseeliteratur und somit optimaler Anlaufpunkt auf der Suche nach guter (Urlaubs-)Lektüre. Mo–Sa 10–17 Uhr, Juni bis Aug. auch So 12–17 Uhr (Nov. bis Ostern geschl.). Hauptübergang 24, ✆ 038233-709907, www.wossidlo-buchhandlung.de.

Atelier für Bernsteinkunst 8 Den schönen Schmuck aus Darßer Naturbernstein kann man hier nicht nur kaufen, man kann sogar zuschauen, wie er entsteht. Mo–Sa 10–18 Uhr geöffnet, So geschlossen. Waldstr. 15 (dem Café Strandeck angegliedert).

Regional- und Biomarkt. Mai bis Sept. immer Mo 9–13 Uhr am Kulturkaten „Kiek In", Waldstr. 42. ■

Fahrradverleih Z. B. **Fahrradverleih Wiedner**, am Bernsteinweg (Straße zum Strand) oder in der Grünen Straße 2b und 20a, in der Saison tägl. 9–13 Uhr geöffnet. Rad ab 4 €. ✆ 038233-60187, www.wiedner-prerow.de.

Kremserfahrten Mehrere Kutscher bieten Rundfahrten über den Darß und zum Leuchtturm/Natureum an. Zum Leuchtturm gibt es auch einen Kutschen-Linienverkehr (Kutschfahrten Bergmann), für Abfahrtsstelle, Zeiten und Preise → Leuchtturm und Natureum Darßer Ort, S. 184.

Mehrstündige Rundfahrten bieten u. a. **Alfred Kayserling** (Schmiedeberge 20, ✆ 0171-5286744, www.kutscherhof-kayserling.de) und

E Essen & Trinken
1. Achtern Diek
2. Restaurant Seeblick
5. Restaurant Binnen & Buten
11. Darßer Brauhaus

Ü Übernachten
3. Meißner's Sonnencamp
6. Regenbogen Camp Prerow
7. Hotel Waldschlösschen
9. Pension Linde
10. Hotel Haus Kranich
13. Hotel Carpe Diem

E Einkaufen
4. Wossidlo Buchhandlung
8. Atelier für Bernsteinkunst

C Cafés
12. Teeschale

Ralf Bergmann (Bogislav-Rosen-Weg 3, 0171-6041651, www.kutschfahrten-bergmann.de).

Kino Cinema Prerow in der Waldstr. 5, Mainstream-Hollywood und Kinderkino, 38233-60141, www.kino-prerow.de.

Veranstaltungen Anbaden in der Ostsee am 1. Januar, wahrhaftig nichts für Warmduscher. Danach wärmendes Feuer und Glühwein am Strand.

Seebrückenfest zuletzt Ende Mai/Anfang Juni.

Am letzten Sonntag im Juli lädt Prerow zum traditionsreichen **Tonnenabschlagen**, abends mit großem Tonnenball.

Das **Prerower Hafenfest** (am Prerowstrom) findet an einem Wochenende Ende Juli oder Anfang August statt. Höhepunkt ist das Drachenbootrennen, abends Livemusik im Festzelt.

Wechselnde **Ausstellungen** finden das ganze Jahr über im *Kulturkaten „Kiek In"* in der Waldstr. 42 statt, hier auch regelmäßig **Veranstaltungen** (Lesungen, Kabarett, Theater, Konzerte). Angeschlossen ist ein nettes Café. 038233-61025.

Wassersport Gute Möglichkeiten zum Surfen und Segeln, z. B. mit der **Wassersportschule Darss** am Strand des Regenbogen Camp Prerow. Einsteigerkurse, Grundkurse, auch Segelkurse, dazu Brett- Jollen- und Kanuverleih. April bis Okt. 038233-69494, www.wassersportschule-darss.de.

Kiteschule Darss. Kurse für Anfänger (8 Std./195 €) und Fortgeschrittene, auch Materialverleih. Bernsteinweg 28, 0170-2712527, www.kiteschule-darss.de.

Übernachten

→ Karte S. 180/181

Hotels/Pensionen ****** Hotel Waldschlösschen 7** Gehobenere Herberge, gehört zu *Best Western Plus*, ca. 400 m vom Ostseestrand am Rand des Darßwaldes gelegen. Geschmackvolles Hotel (Fachwerkbau von 1891 mit zwei Anbauten), komfortable Zimmer. Private Atmosphäre, Restaurant mit saisonaler Küche. Wellness im Vitalis Spa mit Meerwasser-Hallenbad, Dampfbad und Saunen. Außenpool. EZ ab 165 €, DZ ab 220 € inkl. obligatorischer Halbpension. Bernsteinweg 9, 18375 Prerow, ☎ 038233-6170, www.waldschloessechen-prerow.de.

Carpe Diem 13 Etwas versteckt am Ende der Grünen Straße (zweigt von der Waldstraße ab) gelegenes Gesundheits- und Wellnesshotel mit großem Garten. Stilvolles Ambiente (modern und zeitgemäß, eine Seltenheit an diesem Küstenabschnitt...), die Zimmer zum Wohlfühlen. Im Haus gibt es eine (Wein-)Bar (Bioweine und kleine Auswahl vegetarischer Gerichte in Bioqualität), Sauna und Fitness, zudem eine eigene Naturheilpraxis mit osteopathischen Behandlungen sowie naturheilkundlichen Massagen. Fahrradverleih. Bio-Frühstück mit hausgebackenem Brot inkl. EZ 100 €, DZ 130 €, Appartement für 2–3 Pers. 130–150 €. Grüne Str. 31 b, 18375 Prerow, ☎ 038233-7080, www.carpe-diem-prerow.de.

»› Lesertipp: Hotel Haus Kranich **10** Zentral an der Durchgangsstraße (nachts ruhig) gelegen. 20 angenehme Zimmer. Leser loben das freundliche Personal des Familienbetriebs und das dreigängige Abendmenü. Auch Fahrradverleih (5–8 €/Tag). DZ 99–136 €, inkl. Frühstück. Parkplätze. Im Winter geschl. Waldstr. 38, 18375 Prerow, ☎ 038233-70350, www.hotel-kranich-prerow.de. **‹‹‹**

Pension Linde 9 Schräg gegenüber dem Haus Kranich, mit großem, gemütlichem Garten. Angenehm lockere Atmosphäre. Größere und kleinere Zimmer, alle unterschiedlich gestaltet. Sehr netter Service. EZ 65 €, DZ ab 79 € inkl. Frühstück. Keine Hunde erlaubt. Waldstraße 33, 18375 Prerow, ☎ 038233-60245, www.pension-linde.de.

Camping »› Unser Tipp: Regenbogen Camp Prerow **6** Camping mitten in den Dünen! Das riesige, lang gezogene Gelände befindet sich in traumhafter Strandlage nordwestlich des Ortes. Im Sand darf man allerdings nur mit dem Wohnwagen und dem Zelt campen, Wohnmobile stehen im schattigen Wald weiter hinten (viele Mücken!). Ferienhäuschen/Hütten, Mietwohnwagen und -zelte vorhanden. Bestens organisiert mit Restaurants, Biergarten, Café, Supermarkt, großem Sportangebot (u. a. Surfschule), Kinderanimation, Fahrradverleih.

Zeltplatz in den Dünen

Prerow 183

Zelt und 2 Pers. 30–36 €, Wohnwagen/-mobil und 2 Pers. 38–42 €, Kinder bis 13 J. frei, Pkw 6 €, Strom 3,50 €, Familienbad 12,50 €, Hund 4 €. Bernsteinweg 4–8, 18375 Prerow, ☏ 038233-331, www.regenbogen.ag. 《《《

Meißner's Sonnencamp 3 Eine geradezu beschauliche Alternative zum Regenbogen. Man campt auf sandigem Grund in einem lichten Kiefernwald hinter den Dünen. Dazu werden neun kleine Häuschen vermietet. Zelt und 2 Pers. ab 16,50 €, Wohnwagen/-mobil und 2 Pers. 21 €, Strom 3 €, Hund 3 €, Haus für 4 Pers. ab 80 €. Ostern bis Ende Okt. Villenstr. 3, 18375 Prerow, ☏ 038233-60198, www.meissners-sonnencamp.de.

Essen & Trinken → Karte S. 180/181

Restaurants Restaurant Seeblick 2 An der Seebrücke, im skandinavisch anmutenden Ambiente des Holzhauses wird hervorragende Fischküche serviert, außerdem saisonal Wildspezialitäten. Besonders schön sitzt man im zweiten Stock mit herrlichem Blick auf Seebrücke und Meer. Im Sommer mit drei Terrassen auf mehreren Ebenen. Hauptgerichte 10,50–21 €. Tägl. ab 11.30 Uhr geöffnet (Dez. geschl.). Sehr beliebt, daher im Sommer für abends drei bis vier Tage vorher reservieren (mittags ist es einfacher). ☏ 038233-348, www.wolff-prerow.de.

Binnen & Buten 5 Etwas einfacher als das nahe gelegene Seeblick, ebenfalls sehr beliebt, mit überdachter Terrasse (Biergarten), innen bieder-rustikal. Interessant die Gerichte mit Sanddorn wie hausgemachte Sanddorn-Nudeln oder Dorschfilet mit Apfel-Sanddorn-Kruste. Hauptgerichte 11–16 €. Küche tägl. 12–21.30 Uhr. Hauptübergang 2 a, ☏ 038233- 60188, www.binnen-un-buten.de.

Darßer Brauhaus 11 Seit 2016 besitzt Prerow seine eigene Mikrobrauerei. Das Bier wird direkt im Restaurant (rustikal mit jugendlichen Farbtupfern eingerichtet) gebraut, dementsprechend duftet es. Terrasse. Beim süffigen Bier (hell, dunkel, Weizen) wird das Essen glatt zur Nebensache: Braumeister-Steaks oder ein 500 g-Kotelett namens *Brauhaus Spezial* kosten 14–20 €. Tägl. ab 12 Uhr. Bergstr. 1, ☏ 038233-717757, www.darsser-brauhaus.de.

Achtern Diek 1 Sympathisch-rustikale Fischgaststätte, innen mit Kachelofen, außen mit nettem Biergarten. Neben Köstlichkeiten aus Meer und Fluss auch Steaks und Schweinerücken zu 10–22 €. Der Haken an der Sache: großes Bier 4,70 €. Nur April bis Okt. tägl. 11.30–22 Uhr. Bernsteinweg 17 (gleich hinter den Dünen), ☏ 038233-60665, www.achtern-dieck.de.

Café/Einkaufen Teeschale 12 Sehr sympathische Teestube in einem reetgedeckten, alten Fischerhaus neben dem Darß-Museum. Innen wirkt das Café wie ein riesiger Wintergarten, draußen kann man im herrlichen Garten sitzen, sehr freundlich, es gibt auch kleine Gerichte (5–10 €) und natürlich Tee und Kuchen. Im Sommer tägl. 12–22 Uhr, regelmäßig auch Konzerte. In der Nebensaison Mo Ruhetag und nur bis ca. 20 Uhr (sicherheitshalber anrufen). Auch *Teeladen* (zur Saison Mo–Sa 10–18 Uhr, So 12–18 Uhr, in der Nebensaison Di–Sa 10–18 Uhr). Waldstr. 50 ☏ 038233-60845, www.teeschale.de.

Sehenswertes

Darß-Museum: Eine lehrreiche und kunterbunte Sammlung widmet sich allem Wissenswerten über die Halbinsel, von den kunstvollen Darßer Haustüren über Geografisches und Geologisches, die Entstehung einer Dünenlandschaft und Bernstein bis hin zu steinzeitlichen Funden in der Gegend. In den Räumen der ersten Etage befindet sich u. a. eine originalgetreu aufgebaute Darßer Stube. Eine eigene Abteilung ist dem Beginn des Bäderwesens im ausgehenden 19. Jh. gewidmet, mit teils sehr origineller Bademode. Ansonsten ist allerlei Nautisches zu sehen: Schiffsmodelle, darunter auch so außergewöhnliche wie die aus Nelken gefertigte Galeere aus Indonesien, Sextanten, Fischereihandwerkszeug usw. Etwa viermal im Jahr sind wechselnde Sonderausstellungen zu sehen.
Mai. bis Okt. Di–So 10–18 Uhr, Nov. bis März Fr–So 13–17 Uhr, April Mi–So 10–17 Uhr. Eintritt 5 € (mit Kurkarte 3 €), Kinder 2,50 €, unter 6 J. frei. Waldstr. 48, ☏ 038233-69750.

Am Darßer Westrand

Seemannskirche: Verlässt man den Ort in Richtung Zingst, gelangt man gleich nach der Brücke über den Prerowstrom linker Hand zur Seemannskirche von Prerow. Das Gotteshaus aus Backstein (mit Holzturm) stammt aus dem Jahr 1728 und birgt im barocken Inneren einige Votivschiffe: kleine Schiffsmodelle, die von geretteten Seefahrern als Dank gestiftet wurden. Um die Kirche ein alter Friedhof.
Di–Sa 10–18 Uhr, So 13–18 Uhr, im Winter nur bis 16 Uhr. So 10.30 Uhr Gottesdienst. Infos beim Pfarramt unter ✆ 038233-69133, www.kirchengemeinde-prerow.de.

Hohe Düne: Verlässt man Prerow auf der B 105 Richtung Zingst, passiert man etwa 500 m hinter der Ostseeklinik Strandzugang 23 (Parkplatz zwischen Ostseeklinik und Strandzugang 23 auf der rechten Seite). Von dem Strandzugang führt ein Pfad zur Hohen Düne. Von hier – mit immerhin knapp 14 Metern (samt Aussichtsplattform) eine der höchsten Erhebungen auf der Halbinsel – genießt man einen herrlichen Blick über den Prerowstrom und den Ostseestrand.

Darßer Ort

Leuchtturm und Natureum Darßer Ort: Hoch erhebt sich der backsteinerne Leuchtturm über den Darßer Ort. Mitte des 19. Jh. erbaut und in Betrieb genommen, war er bis 1978 von einem Leuchtturmwärter besetzt. Seit der Restaurierung beherbergt der Turm mitsamt Gehöft das *Natureum Darßer Ort*, die Außenstelle des Stralsunder *Meeresmuseums*. Hier wird man anschaulich über den Naturraum Küste informiert, indem z. B. Skizzen aus den Jahren 1835 bis 2005 die Küstendynamik und das Entstehen des Darßer Ortes in seiner heutigen Form verdeutlichen. Der Leuchtturm (der düsteren Prognosen zufolge in ca. 50 Jahren dem Meer zum Opfer fallen könnte) kann auch bestiegen werden: über eine Wendeltreppe mit 127 gusseisernen Stufen zu einer Aussichtsgalerie – ein prächtiger Ausblick ist bei auch nur passablem Wetter garantiert, bei guter Sicht bis Hiddensee! Nicht unterschlagen werden darf schließlich das freundliche Museumscafé, hier drängt es sich geradezu auf, den Natureumsbesuch mit einer kleinen Pause abzuschließen. Doch Achtung: Das Café darf nur der in Anspruch nehmen, der vorher ein Ticket für das Natureum gelöst hat.

Leuchtturm und Natureum Darßer Ort, Mai, Sept. und Okt. tägl. 10–17 Uhr, Juni bis Aug. bis 18 Uhr, Nov. bis April Mi–So 11–16 Uhr. Eintritt 5 €, erm. 4 €. Darßer Ort 1–3, 18375 Born am Darß, ✆ 038233-304, www.deutsches-meeresmuseum.de.

Anfahrt Leuchtturm und Natureum sind nicht mit dem Pkw erreichbar! Von Prerow sind es gut 5 km zu Fuß oder mit dem Fahrrad. Das Bäderbähnchen **Darssbahn** fährt bis auf knapp 2,5 km heran, am bequemsten ist eine **Kremserfahrt** vom westlichen Ortsrand von Prerow (Abfahrt Bernsteinweg, Höhe Küsters Allee, im Wald). In der Nebensaison oft nur zwei Fahrten (zuletzt 11 u. 12 Uhr), in der Hauptsaison bis zu 5-mal tägl. (zuletzt 10, 11, 12, 13.30 und 14.30 Uhr), einfach 4,50 €, erm. 2 €.

Südlich des Darßer Ort erstreckt sich auf fast 5000 Hektar Fläche der *Darßwald*, der in Teilen zur Schutzzone 1 des *Nationalparks Vorpommersche Boddenlandschaft* gehört. Begibt man sich vom Leuchtturm in südliche Richtung, gelangt man nach ca. sechs Kilometer zum „Großen Stern", der Grenze zwischen Neudarß und Altdarß. Vor ca. 3000 Jahren verlief hier die Küstenlinie. Im Wald – hauptsächlich Kiefern, Buchen und Erlen – brüten heute bis zu zehn Seeadlerpaare, die größten Säugetiere sind das Wildschwein und der Rothirsch.

> **Wandertipp: Von Prerow zum Darßer Ort**
> **Charakteristik:** leichte Wanderung, teils auf sandigem Untergrund. **Länge/Dauer:** ca. 10 km, reine Gehzeit etwa 3 Std. **Start/Verlauf:** Die Wanderung beginnt am nordwestlichen Ortsrand von Prerow beim (gebührenpflichtigen) *Großparkplatz* bei der Abzweigung in den Bernsteinweg. Zunächst geht es in südlicher Richtung ein Stück zurück ins Dorf und an der ersten Abzweigung bei einer Haltestelle des Bäderbähnchens rechts in den Wald. Auf einem teils sandigen Wanderweg gelangt man zum *Leuchtturm* mit dem Natureum. Auf dem Kremserparkplatz vor dem Natureum führt ein Holzsteg Richtung Norden in den Wald. Zunächst geht man auf Holzplanken, bis man aus dem Wald heraustritt und auf einem sandigen Pfad an hohem Schilf entlang weiterläuft. Bei einer T-Kreuzung rechts abbiegen (geradeaus geht es zum Darßer Ort, Rundweg zurück zum Leuchtturm möglich). Kurz darauf zunächst links halten und schließlich rechter Hand parallel zum Strand zurück nach Prerow.

Baden um Prerow und Zingst

Der *Prerower Nordstrand* ist zweifellos einer der schönsten Strände an der Ostseeküste – darum beliebt und entsprechend belebt. Rund um die Seebrücke herrscht jede Menge Trubel. Über dem Strand weht selbstverständlich die Blaue Flagge. Auf einer Strecke von gut drei Kilometern um die Seebrücke wird das Badetreiben von der DLRG überwacht. Verpflegung gibt es bei der Seebrücke. FKK-Bereiche befinden sich im Osten hinter der Hohen Düne und im Westen nach dem Ortsausgang, Hundestrände jeweils noch ein Stück dahinter. Deutlich ruhiger geht es auf der nordwestlichen Seite des Nordstrands zu, wo sich dieser in sanftem Bogen bis zum Nothafen am Darßer Ort erstreckt. Der Sandstrand fällt flach ins Meer ab. Hier gibt es weder Strandversorgung noch DLRG-Überwachung.

Wer einen Marsch oder eine kleine Radtour auf sich nimmt (als bequeme Alternative bietet sich eine Kremserfahrt durch den Darßwald an), der kann den herrlichsten Naturstrand Deutschlands besuchen: den *Weststrand auf dem Darß*, der sich vom Darßer Ort bis hinab nach Ahrenshoop erstreckt. Natürlich finden sich hier weder FKK-, Hunde- oder Textilstrandzuteilungen, noch Rettungsschwimmer oder irgendwelche Verpflegungsmöglichkeiten, dafür aber mit Sicherheit ein ruhiges Plätzchen zum Sonnenbaden – selbst in der Hochsaison.

In anderer Richtung, nach Osten hin, zieht sich der feinsandige, blau beflaggte Preower Strand bis hinter *Zingst* . Von der nahen Straße ist dank des Damms nichts zu hören, entlang der Straße aber finden sich diverse kostenpflichtige Parkplätze (Tagestickets 6 €), parallel zur Straße verläuft der Radweg von Prerow nach Zingst.

Auch der Strandbereich um Zingst ist traumhaft und beliebt. Etwa zwei Kilometer hinter Zingst/Ost aber ist es mit der Badeherrlichkeit vorbei: Hier beginnt die Kernzone des Nationalparks, der Strand ist gesperrt. Rund um die Seebrücke gibt es auch behindertengerechte Zugänge. Ein FKK-Bereich befindet sich auf Höhe des Campingplatzes und beim Ortsteil Zingst/Ost. Hundestrände gibt es im Osten des Ortes Zingst.

Zingst
ca. 3000 Einwohner

Das Ostseeheilbad bietet noch die besten Chancen, auch zur Hochsaison ein Urlaubsbett in (relativer) Strandnähe zu ergattern. Wie ein Gürtel legen sich die Appartementhäuser um das „alte Zingst". Zwar nicht immer zum Vorteil des Ortsbildes, aber zur Freude der Besucher.

Mit rund 15.000 Gästebetten ist Zingst mit Abstand der touristisch größte Ort der Halbinsel. Zum Vergleich: Prerow kommt auf etwa 9000 Gästebetten. Das ehemalige Fischerdorf Zingst lässt sich rund um die Strandstraße noch erahnen und bei einem Spaziergang erkunden. Man startet bei der Seebrücke mit 270 Metern Länge und einer Tauchglocke wie aus einem alten Science-Fiction-Film. Vorbei am Haus des Gastes, geht es zunächst über den etwas zu neu und steril wirkenden Platz vor dem Steigenberger Hotel zum alten Zingster *Rettungsschuppen* von 1873. Hier befindet sich heute eine kleine Ausstellung rund um die Seenotrettung, es wird auch ein Film gezeigt (tagsüber geöffnet, Eintritt frei, eine Spende für die Gesellschaft zur Rettung Schiffbrüchiger ist willkommen). Über die Strandstraße gelangt man zum Fischmarkt (mit der katholischen Kirche) und ein Stück weiter zum *Heimatmuseum/Museumshof* (→ S. 192) in einem ansehnlichen Kapitänshaus in der Strandstraße 1 (am Kreisel). Über die Jordan- und die Hafenstraße sind es nur wenige Fußminuten zum *Hafen* am Zingster Strom. Auf dem Rückweg lohnt der Abstecher zur evangelischen *Peter-Pauls-Kirche.* Das neugotische Gotteshaus entstand 1860 bis 1862 nach Plänen von *Karl Friedrich Schinkel*, die dessen Schüler *Friedrich August Stüler* ausführte.

Zingst hat sich zudem in den letzten Jahren zu einem Eldorado in Sachen Fotokunst entwickelt. Diverse Fotoevents, auch Workshops, finden jedes Jahr statt, teils mit Open-Air-Ausstellungen am Strand. Hochkarätige Fotokunst bieten zudem mehrere Galerien (→ Fotogalerien, S. 193).

Den Vögeln des Glücks hinterher: Radtour zum Pramort

Wenn die Zugvögel, allen voran die Kraniche (→ S. 198ff.), im Herbst zu Tausenden auf den Sundischen Wiesen einen Zwischenstopp einlegen, versammeln sich auch Hobby-Ornithologen und Fotografen in Scharen auf der Beobachtungsplattform am Pramort. Der Blick reicht zur vorgelagerten Insel Großer Werder, halblinks im Hintergrund ist die Südspitze Hiddensees zu sehen. Damit die sensiblen Tiere nicht gestört werden, ist der Zugang zum Pramort allerdings eingeschränkt und limitiert! Um das Spektakel rund um den Kranich zu erleben, muss man von September bis Anfang November ein Ticket erwerben. Aber auch außerhalb der Flugsaison ist der Pramort einen Ausflug wert.

Knapp acht schnurgerade Kilometer sind es vom Parkplatz *Sundische Wiese* zum *Pramort*, dem Ostzipfel des Zingst, etwa 14 Kilometer ab Zingst-Zentrum. Die Fahrstrecke verläuft weitgehend auf dem neuen Deich und ist für eine Radtour genau das Richtige. Zu Fuß auf der alten Plattenstraße zum Pramort erstreckt sich linker Hand Wald (dahinter dann die Ostsee), rechts Wald oder Wiese und ab und zu eine Kuhweide. Ein Stück vor dem Pramort zweigt ein Weg nach links ab zur *Hohen Düne*, einem Beobachtungspunkt vor der riesigen Küstendüne (das letzte Stück dorthin ist nur zu Fuß möglich, Fahrräder verboten).

Über die Tier- und Pflanzenwelt hier im Kerngebiet des Nationalparks, ehemals militärisches Sperrgebiet (von 1970 bis 1992 Truppen- und Raketenübungsplatz), kann man sich im Besucherhäuschen des Parks informieren, zu finden gleich nach dem Parkplatz *Sundische Wiese* auf der linken Seite (tägl. 10–17 Uhr geöffnet, im Winter nur bis 16 Uhr, Eintritt frei).

Kranichbeobachtung Von Sept. bis Anfang Nov. sind die Sundischen Wiesen von 15 bis 8 Uhr am nächsten Morgen gesperrt. Nur mit der *Nationalpark-Card für den Pramort* ist der Zugang von 15–19 Uhr gestattet. Erhältlich ist die Karte im Nationalparkhaus am Anfang der Straße zur Sundischen Wiese. 5 €/Pers., Kinder bis 12 J. frei, max. 80 Pers., daher besser frühzeitig kommen. Infos in der Kurverwaltung oder im Nationalparkamt, Im Forst 5, 18375 Born, ✆ 038234-5020, www.nationalpark-vorpommersche-boddenlandschaft.de.

Anfahrt/Parken Von Zingst etwa 8 km nach Osten zum Hotel Schlösschen (beschildert), dort ein großer gebührenpflichtiger Parkplatz (7–20 Uhr, Tageskarte 4 €).

Fahrradverleih Kurz vor dem Parkplatz Sundische Wiese. Räder ab 3,50 €. Geöffnet, wenn mit Gästen zu rechnen ist. Während der Kranichbeobachtungszeit früh kommen!

Essen & Trinken Der *Cafégarten* neben dem Hotel Schlösschen bietet deftige Snackküche (z. B. Soljanka) zu günstigen Preisen, während der Saison bei schönem Wetter 11–17 Uhr geöffnet.

Am Strand von Zingst

Die Beliebtheit des Ortes ist – neben dem traumhaften Sandstrand – zu einem großen Teil auch der schönen Lage zwischen Ostsee und Zingster Strom mit der vorgelagerten Insel *Große Kirr* (Vogelschutzgebiet) geschuldet. In westlicher Richtung wird Zingst vom *Freesenbruch,* einem moorigen Waldgebiet, begrenzt. Im Osten zieht der Nationalpark Vorpommersche Boddenlandschaft mit den *Sundischen Wiesen* – so wird die Landspitze bis zum Großen Werder genannt –, die zum Kerngebiet des Nationalparks gehören, die Besucher in Scharen an. Ein Radweg führt von Zingst hier hindurch zum Aussichtspunkt am *Pramort,* von dem aus der Blick bis nach Hiddensee reicht. Das seichte Wassergebiet östlich von Pramort ist einer der wichtigsten Rastplätze für Kraniche in ganz Europa. Zum „Festland" ist es von Zingst übrigens nur ein Katzensprung: Über die Meiningenbrücke gelangt man schnell in die nächstgrößere Stadt Barth. Einen *Kranichbeobachtungspunkt* findet man südlich von Zingst nahe der Straße Richtung Barth (auf der linken Seite, ca. 300 Meter hinter dem Ortsausgangsschild) gegenüber der *Insel Kirr*: Vor allem abends (im Herbst!) kann man hier Tausende der einfliegenden Vögel beobachten. Kirr ist eines der wichtigsten Brutgebiete im *Nationalpark Vorpommersche Boddenlandschaft.* Die sprichwörtliche gesunde Seeluft und ihr Heilklima hat Zingst auch gleich zwei Mutter-Kind-Kurkliniken am Ortsrand und ein Kurmittelzentrum gebracht – seit 2002 darf sich die Gemeinde offiziell „Ostseeheilbad" nennen.

Basis-Infos

Information Kur- und Tourismus GmbH. Im *Kurhaus* (Haus des Gastes), direkt an der Seebrücke. Ganzjährig tägl. 9–21 Uhr geöffnet. Mo und Do um 10 Uhr werden Ortsrundgänge ab Kurhaus angeboten (ca. 2 Std., 8 €/Pers. erm. 5 €). Darüber hinaus finden mehrmals wöchentlich geführte Radtouren statt, von 2 Stunden Dauer bis hin zur Tagestouren. Seestr. 57, 18374 Zingst, ✆ 038232-81580, www.zingst.de.

Eine weitere Infostelle befindet sich im **Max Hünten Haus,** → Fotogalerien.

Die *Zimmervermittlung* der Kurverwaltung befindet sich am westlichen Ortseingang im alten Bahnhof, hier erhält man aber

Zingst

auch andere Informationen, sehr hilfsbereit und freundlich. Nebenan sitzt zudem die Leica Galerie (→ Fotogalerien). Im Sommer Mo–Fr 9–12 und 13–18 Uhr, Sa/So 10–12 und 14–18 Uhr geöffnet, im Winter tägl. 10–16 Uhr. Am Bahnhof 1, ☏ 0151-53815021.

Parken Kostenpflichtige (etwa 2 €/Std., 6 €/Tag) größere Parkplätze an den Rändern des Ortes, im Ort bleibt nur die Suche nach der Parklücke (wenig aussichtsreich). Und sogar weit außerhalb ist der Parkplatz gebührenpflichtig, etwa an der Sundischen Wiese beim Hotel Schlösschen (4 €/Tag).

Verbindungen Der Bus 210 verbindet Zingst werktags etwa stündl. mit Barth sowie in anderer Richtung mit Prerow, Wieck, Born, Ahrenshoop, Wustrow, Dierhagen und Ribnitz-Damgarten. Sa/So nur alle 2 Std. www.vvr-bus.de.

Mit der *Darssbahn Zingst* während der Saison 6-mal tägl. ab Fischmarkt im Zentrum zum Hafen und Hotel Vier Jahreszeiten (und retour). Erw. 4 €, Kinder 2,50 €.

Bis zu 4-mal tägl. **Schiffsverbindung** Zingst –Barth – Zingst sowie **Boddenrundfahrten** mit der *Reederei Poschke*. Einfach 8 €, Kinder bis 12 J. 5 €, Familienkarte 23 €, Hund/Fahrrad 2 €; hin und zurück sowie Boddenrundfahrten 13 € bzw. 7 €. Im Sept./Okt. auch Kranichtouren. Infos unter ☏ 038234-239, www.reederei-poschke.de.

Die *Reederei Oswald* fährt von Mai bis Mitte Sept. 1-mal tägl. (morgens) von Zingst via Born und Ahrenshoop zum Hafen von Ribnitz und zurück. Preisbeispiele: von Zingst nach Born 8 € (Kinder 5 €, Hund/Fahrrad 2 €), nach Ribnitz 14 € (Kinder 8 €, Hund/Fahrrad 3,50 €). ☏ 0170-5841644.

Nach Stralsund und Hiddensee → unten unter *Bootsausflüge*.

> **Öffnungszeiten Meiningenbrücke**
>
> Im Sommer wird die Brücke tägl. um 7.45 Uhr, 9.45 Uhr, 17.45 Uhr und 20.45 Uhr für den Schiffsverkehr max. 15 Min. geöffnet (so es überhaupt ein Verkehrsaufkommen gibt) und ist damit nicht passierbar. Ende März bis Anfang Mai und im Sept./Okt. tägl. um 9.45 Uhr und 17.45 Uhr (jeweils 15 Min.), im Winter nur Di 10.30 Uhr. **Achtung:** An gesetzlichen Feiertagen keine Brückenöffnung!

Aktivitäten und Veranstaltungen

Baden → oben, S. 186.

Bootsausflüge Die *Reederei Zingst* (gehört zur *Reederei Hiddensee*) unternimmt von Mitte Mai bis Mitte Sept. ganztägige **Ausflugsfahrten** nach Hiddensee/Vitte (tägl. außer Mo, seltener in der Vor- und Nebensaison). Erwachsene 26 €, Kinder 4–14 J. 16,50 €, Familienticket 68,50 €, Fahrrad 9 € (empfiehlt sich für den 4-stündigen Landgang!), Hund 10 €, jeweils hin und zurück. Ganztägige Fahrten nach Stralsund Mo und Sa, Erw. 20 €, Kinder 11 € Familienticket 50 €, Hund 10 € Fahrrad 9 € (hin und zurück). Infos unter ☏ 03831-26810, www.reederei-zingst.de.

Alle Fahrten starten am Hafen, nicht an der Seebrücke!

Einkaufen Läsen und Schriben. Die gut sortierte und gemütlich kleine Buchhandlung befindet sich in einem hübschen Häuschen in der Klosterstr. 4, ☏ 038232-80867. Viele schöne Bücher zur Halbinsel und darüber hinaus.

Lesezeit. Die zweite Buchhandlung im Zentrum von Zingst am Fischmarkt, mit einer etwas größeren Auswahl an Belletristik. Strandstr. 43 a, ☏ 038232-16690, www.lesezeit.de.

Der **Souvenirladen** „Pommernstube" (neben der Museumsbäckerei) und die **Bernsteinschmuckwerkstatt** „Strandgut" befinden sich beim Museumshof (→ unten), Schmuckwerkstatt geöffnet Mo–Sa 10–13 und 14–18 Uhr.

Do 10–14 Uhr findet im Museumshof ein **Bio- und Erlebnismarkt** statt (nur während der Saison).

Fahrradverleih Mehrere Verleiher im Ort, z. B. **Fahrrad Neumann**, 3-Gang-Rad ab 6 €, Tourenrad und Mountainbike 7–8 €, E-Bike 20 € (60 km Reichweite), auch Kinderräder, Nachläufer, Helme und sonstiges Zubehör. Ostern bis Okt. tägl. 9–18 Uhr, im Winter Mo–Fr 10–17 Uhr, Sa 10–12 Uhr. Klosterstr. 13, ☏ 038232-12027, www.fahrrad-neumann.de.

Fischland-Darß-Zingst

Tipp: Wenn die Kraniche unterwegs sind, sollte man sein Fahrrad möglichst früh ausleihen.

Kinder Experimentarium. Am westlichen Ortsrand. Naturwissenschaft zum Anfassen und Mitmachen in der Pfiffikuswerkstatt. Im Sommer (Juli/Aug.) tägl. 10–18 Uhr, im April bis Juni Di–So 10–17 Uhr, Sept. bis März Di–So 10–16 Uhr. Erw. 6 €, erm. Kinder (ab 5 J., Stud.) 4,50 €, Kinder 3–4 Jahre 2 €. Seestr. 76, ✆ 038232-84678, www.experimentarium-zingst.de.

Kranichbeobachtung Ein beeindruckendes Spektakel veranstalten die Zugvögel im September und Oktober auf der Halbinsel Zingst. Ein guter Aussichtspunkt befindet sich 8 km vom Eingang zu den Sundischen Wiesen am Pramort, Infos → oben, S. 187. Zum Kranich → auch S. 198f.

Tauchgondel An der Seebrücke auf Tauchgang gehen, Dauer ca. 30–40 Min. April/Mai und Sept./Okt. 10–19 Uhr, Juni bis Aug. bis 21 Uhr, im Winter nur Mi–So 11–16 Uhr; Erw. 8 €, Kinder bis 15 J. 5 €, Stud. 6 €, Familien 19–23 €. ✆ 038232-389077, www.tauchgondel.de.

Veranstaltungen Das Anbaden zur Saisoneröffnung findet in Zingst traditionell am 1. Mai an der Seebrücke statt, die Ostsee bringt es dann auf immerhin 8–10 °C. Zahlreiche Unerschrockene stürzen sich in die Fluten.

Ende Mai bis Anfang Juni **Umweltfotofestival Horizonte**: beeindruckende Ausstellungen, auch open air.

Am dritten Wochenende im Juni lädt der Ort zum **Zingster Hafenfest** mit Zeesenbootregatta (Samstagnachmittag).

Die **Zingster Kunstmagistrale** findet am dritten Augustwochenende statt: Zwischen Seebrücke und Fischmarkt stellen Künstler aus der Umgebung ihre Werke unter freiem Himmel aus (auch Verkauf): Gemälde, Grafiken, Skulpturen etc.

Das **Shantychortreffen** findet immer am zweiten Septemberwochenende statt.

Von Anfang Sept. bis Ende Okt. steht zudem der **Fotoherbst Zingst** an (mit Ausstellungen und Workshops), in dessen Mittelpunkt Naturphänomene stehen.

Wassersport Surf-Kite Club Zingst. Sympathische, junge Surf- und Kiteschule auf halbem Weg nach Zingst/Ost, auch Schnupperkurse (Windsurfen 69 €, Kitesurfen 99 €) und Scheine. Mit kleiner Bar (→ Essen & Trinken) und ein paar Wohnmobil-Stellplätzen nebenan (→ Übernachten). Strandübergang 6, ✆ 038232-20869, www.kite-club.com.

Übernachten

**** Meerlust. Bekanntes Wellnesshotel hinerm Deich, hinter dem direkt die weiße Ostseestrand anschließt. Mit schickem Restaurant (→ unten). Ein Haus zum Wohlfühlen, sehr freundlicher Service. Hallenbad innen und außen, Sauna, Dampfbad und Fitnessbereich, diverse Massagen und Bäder, Beautyfarm. 35 edel ausgestattete Zimmer überwiegend mit Balkon oder Terrasse. EZ ab 195 €, DZ ab 250 €, inkl. Frühstücksbüffet und Tiefgarage. Zudem gibt es noch 16 Ferienwohnungen mit Küchenzeile und Terrasse bzw. Balkon ab 190 €. Seestr. 72, 18374 Zingst, ✆ 038232-885600, www.hotelmeerlust.de.

**** Hotel Schlösschen. Das Hotel liegt sehr abgelegen und idyllisch am Rand des Osterwaldes bei den Sundischen Wiesen, etwa 8 km von Zingst entfernt. Gemütlich und freundlich. Cafégarten vor dem Haus (natürlich auch für Ausflügler offen), bei schönem Wetter 11–17 Uhr geöffnet. Parkplatz am Haus. DZ 119–155 €, inkl. Frühstück, in der Nebensaison deutlich günstiger. Landstr. 19, 18374 Zingst, ✆ 038232-8180, www.hotelschloesschen.de.

Boddenhus. Das Hotel befindet sich direkt am Hafen, viele Zimmer mit Boddenblick und sogar Balkon. Das angeschlossene Restaurant serviert besonders regionale Küche. DZ 89–125 €, EZ 79–115 €, Frühstück inkl. Hafenstr. 4, 18374 Zingst, ✆ 038232-15713, www.hotel-boddenhus.de.

Pension & Restaurant Skipper. Im Zentrum in der Strandstraße, uriges Fischrestaurant mit Terrasse, netter Service. Nur vier Zimmer, DZ mit Frühstück 90 €, EZ 80 €. Kostenloser Parkplatz am Haus, Hunde erlaubt. Ganzjährig geöffnet. Strandstr. 53, 18374 Zingst, ✆ 038232-15680, www.zingst.de/pension-skipper.

Jugendherberge JH Zingst. Ruhige Lage am Rand des Zentrums und nicht mal

10 Min. zum Strand. Verteilt auf mehrere Gebäude. Die Darssbahn hält vor der Tür. Tischtennis, Fahrradverleih, Volley- und Basketball. Unterbringung in 1- bis 5-Bett-Zimmern, alle mindestens mit Waschbecken. In einer Seitenstraße der Bahnhofstraße, beschildert. Übernachtung mit Frühstück ab 22,40 €, Senioren über 27 J. zahlen ab 28,30 € pro Übernachtung, Halbpension zusätzlich 5,50 €/Pers. Glebbe 57, 18374 Zingst, ✆ 038232-15465, www.jugendherbergen-mv.de.

Camping Wellness-Camp Düne 6. Ein weites Areal am östlichen Ortsrand. Gecampt wird um das Hallenbad. Dazu Sauna, Fitness- und Wellnessbereich; außerdem Steakrestaurant. Ca. 5 Gehminuten vom Strand. 2 Erw. und Zelt inkl. Auto 22,50 €, 2 Erw. und Wohnmobil 38,50 €, Kinder unter 3 J. frei, Kinder 3–13 J. 3 €, Hund 3 €. Auch Appartements für 2–4 Pers. (82–98 €). Ganzjährig geöffnet. Inselweg 9, 18374 Zingst, ✆ 038232-17617, www.wellness-camp.de.

Am Freesenbruch. Knapp außerhalb vom Ort an der Straße nach Prerow auf der linken Seite. Wohlorganisierter und geradlinig parzellierter Campingplatz, auch hier relativ wenig Schatten. Auf den über 300 Stellplätzen finden sich hauptsächlich Wohnwagen und -mobile; nur über die Straße zum Strand (ca. 150 m). Das angeschlossene Restaurant *Zum Deichgrafen* hebt sich mit seiner engagierten Fischküche von der üblichen Camping-Gastronomie deutlich ab. Außerdem Biergarten, Markt, Fahrradverleih, Sauna, Fitnessraum. Ganzjährig geöffnet. Pro Pers. 9 €, Kinder 3–14 J. 5 €, Komfortstellplatz Wohnwagen/-mobil 16 €, Reisemobilhafen 12 €, Zelt 10–12 €, Auto 2 €, Hund 4 €, Mietbad 10,50 €, Strom 2,30 €. Ganzjährig geöffnet. Am Bahndamm, 18374 Zingst, ✆ 038232-15786, www.camping-zingst.de.

Wohnmobilstellplätze auf Rasen bietet der Surf-Kite Club Zingst (→ Wassersport) am Strandübergang 6. Gar nicht verkehrt: nette Bar nebenan, Duschen und Toiletten vorhanden. 15 €/Nacht zzgl. Kurtaxe. Strandübergang 6, 18374 Zingst, ✆ 038232-20869, www.kite-club.com.

Essen & Trinken/Nachtleben

🌿 **Restaurant Meerlust**. Im gleichnamigen Hotel (→ oben). Mit Liebe zum Detail geführtes Feinschmeckerrestaurant unter der Regie von Frank Müller, dessen kunstvolle Kreationen auch schon dem *Gault Millau* eine Erwähnung wert waren. Überwiegend regionale Produkte, oft aus biologischem Anbau, erlesene Weine, viele davon aus Deutschland. Schönes Ambiente, sehr freundlicher Service, für das Gebotene nicht teuer (fünf Gänge 55 €, darunter z. B. „Zweierlei vom Wiesenkalb" oder „Gebratene Meeräsche mit leichter Kümmelvelouté"). Gute Auswahl auch an vegetarischen Speisen. Tägl. mittags und abends geöffnet, nachmittags Café, für abends besser reservieren. Seestr. 72, ✆ 038232-8850, www.hotelmeerlust.de. ■

Kranichhaus. Am Hafen. Das moderne, nette Lokal mit wunderschönen Terrassenbereichen bietet für jeden etwas: Wer mag, holt sich einfach nur ein Fischbrötchen oder Fish'n Chips vom Stand. Wer's gediegener mag, bestellt Fisch-Pelmeni oder Zander mit heißem Kartoffel-Linsen-Salat (Hauptgerichte 11–20 €). Angeschlossen zudem noch das verglaste Caférestaurant *Ponton Nr. 1*. Im Hafen, ✆ 038232-848948.

Kon Tiki. Steakhaus und Cocktailbar hinterm Deich am Strandübergang 8, mit Terrasse. Steaks (13–27 €) und Saucen/Beilagen in großer Auswahl, außerdem Salate, Nachos, Chicken Wings und andere Snacks, dazu große Getränkekarte. Während der Saison freitagabends Live-Musik. Ab 17 Uhr geöffnet. Seestr. 32, ✆ 038232-15544, www.kon-tiki-bar.de.

Fotokunst am Strand

Pizza Garten. Besteht aus nicht viel mehr als einem echten, holzbefeuerten Pizzaofen im Freien und sieben Tischen unter einem Sonnenschirm. Sehr charmant, sehr lecker (die *Romana* mit Kapern und Sardellen ist ein Genuss). Achtung: kein Service bei Regen, kein Alkohol und keine Toilette. Klosterstr. 5.

Café Rosengarten. Nomen est Omen – der Garten vor dem Haus ist tatsächlich voller Rosen und sehr schön. Serviert werden hier hausgemachte Kuchen und Torten zum Kaffee oder Tee, darüber hinaus gibt es auch eine kleine Speisekarte (Salate, Fisch, Pasta). Di–So ab 14 Uhr geöffnet (im Winter Mi–So), Strandstr. 12, Ecke Schulstr., ☎ 038232-84704, www.cafe-rosengarten.net.

In der **Museumsbäckerei** des Museumshofs (→ unten) wird z. T. noch nach alten Rezepten gebacken. Angeschlossen ist ein nostalgisches Café mit alten Zingster Foto-Ansichten im Obergeschoss, zudem hübscher Terrassengarten. Tägl. 7–18 Uhr geöffnet.

Bar Lala Bar. Der lässigste Ort in Zingst ist die Sommerbar des örtlichen Surf-Kite Clubs (→ Wassersport), wenn auch nicht am Meer, sondern hinter den Dünen an Strandübergang 6 gelegen. Ein junges und relaxtes Publikum trinkt hier Bier oder Cocktails und isst die angeblich besten Fischbrötchen Norddeutschlands (Eigenwerbung). Hin und wieder Livemusik und Barbecue. Tägl. 8–21 Uhr.

Sehenswertes

Heimatmuseum/Museumshof: In einem ansehnlichen Kapitänshaus, dem Haus „Morgensonne" am südlichen Ende der Strandstraße (am Kreisel), ist das Heimatmuseum untergebracht. Es besitzt eine ganze Armada von Schiffsmodellen, darunter so berühmte Schiffe wie die schwedische *Wasa* oder Cooks *Endeavour*. Des Weiteren widmet sich das Museum der Geschichte des Ortes und dessen bekanntesten Einwohnern: dem Maler Max Hünten (→ unten), dem Karikaturisten Kurt Klamann (1907–1984) und der Heimatdichterin Martha Müller-Grählert (1876–1939). Dem alten Kapitänshaus angemessen gibt es natürlich auch ein Kapitänszimmer zu besichtigen und dazu alles Mögliche, was mit der Seefahrt zu tun hat. Hinten im Hof befinden sich noch die Bernsteinschmuckwerkstatt (→ oben unter Einkaufen), das nettrustikale Standesamt und eine kleine Sammlung alter Darßer Türen (dahinter der Garten), neben dem Haus Morgensonne die Museumsbäckerei mit Café. Sehenswert. April bis Juni Mo–Sa 10–18 Uhr, Juli bis Okt. tägl. 10–18 Uhr, Nov. bis März Do–So 10–16 Uhr, die Öffnungszeiten ändern sich jedoch häufig, Eintritt 5 €, mit Kurkarte 4 €, Kinder frei. Strandstr. 1–3 a, ☎ 038232-15561, www.museumhof-zingst.de.

Fotogalerien: Immer einen Besuch wert ist die *Erlebniswelt Fotografie Zingst*. Sie befindet sich im architektonisch interessanten *Max Hünten Haus*, das nach dem 1936 in Zingst verstorbenen Maler benannt wurde. Hünten, der zwischen 1910 und 1914 vier Jahre um die Welt reiste, brachte von dort 500 Glasplattennegative mit nach Zingst. Im Haus kann man u. a. Workshops buchen, Kameras ausleihen, Fotobildbände erstehen und sich interessante Ausstellungen in der angeschlossenen Ein-Raum-Galerie ansehen. Ebenfalls sehenswert ist der alte Bahnhof mit einer kleinen Filiale der *Leica Galerien*, die sonst fast ausnahmslos in den Weltmetropolen zu Hause sind. Hochrangige Ausstellungen!

Max Hünten Haus, Nov. bis Mitte März tägl. 10–17 Uhr, sonst bis 18 Uhr, Eintritt frei. Schulstr. 3, ☎ 038232-165110, www.erlebniswelt-fotografie-zingst.de.

Leica Galerie, Mai bis Sept. Mo–Fr 9–12 und 13–18 Uhr, Sa/So 10–12 und 14–18 Uhr geöffnet, im Winter tägl. 10–16 Uhr, Eintritt frei. Am Bahnhof 1, www.leica-camera.com.

An der Boddenküste

Vinetastadt Barth ca. 8600 Einwohner

Ein beschauliches Städtchen mit überschaubarer Innenstadt, das die alten Grenzen der mittelalterlichen Ringstruktur nie verlassen hat. Farbenfroh präsentieren sich die Fassaden rund um den Marktplatz und die Marienkirche. Weitläufig dagegen zeigt sich der Hafen.

Zwar war Barth bereits 1255 das Stadtrecht verliehen worden, die Stadt konnte sich aber, eingeklammert zwischen den beiden mächtigen Hansestädten Rostock und Stralsund, nie zu vergleichbarer Größe entfalten. Umso immenser erscheint der Anspruch mythischer Größe. Barth glaubt sich als Heimat der legendären Stadt Vineta und hat sich dies sogar amtlich verbriefen lassen – und nennt sich seither offiziell „Vinetastadt". Der versunkenen Stadt zu Ehren ist das Heimatmuseum diesem Mythos gewidmet: In einem ehemaligen Kaufmannshaus in der Langen Straße im Zentrum ist das *Vineta-Museum* untergebracht, das im dunklen Dachgeschoss (eine steile Stiege führt hinauf) eine kleine Dauerausstellung zum sagenumwobenen Vineta beherbergt. Sehenswert sind aber vor allem die stimmungsvollen Gemälde des Landschaftsmalers *Louis Douzette* im ersten Stock und die interessanten Sonderausstellungen im Erdgeschoss. Im Keller befindet sich eine kleine Ausstellung zum Thema Tauchglocke.

Mo–Fr 10–17 Uhr, Sa/So 11–17 Uhr. Eintritt 5 €, erm. (Senioren/Kurkarteninhaber) 4 €, erm. (für Schüler, Studenten *und* – klar, in einer Stadt namens Barth – Männer mit Vollbart!) 3 €, Familienticket 12 €. Lange Str. 16, 18356 Barth, ☎ 038231-81771, www.vineta-museum.de.

Erstaunlich weitläufig zeigt sich der *Hafen* von Barth, der zuletzt Stück für Stück modernisiert und umgestaltet wurde. Das Zentrum des kleinstädtischen Lebens sind der *Marktplatz* und die von ihm ausgehende Lange Straße. Neben dem Markt erhebt sich auch die hübsche, dreischiffige, backsteinerne *Marienkirche*, die im 14. Jh. errichtet wurde. Vom Kirchturm hat man einen fantastischen Blick über Barth und den Bodden.

Mai bis Okt. Mo–Fr 10–18 Uhr, Sa 10–17 Uhr, So nach dem Gottesdienst bis 13 Uhr, im Winter eingeschränkt. **Turmbesteigung** möglich (bis eine halbe Stunde vor Schließung der Kirche, etwa 180 Stufen, Erw. 2 €, erm. 1 €, Familien 4 €), den Schlüssel bekommt man im sympathischen **St. Marien Lesecafé** (Café, antiquarische Bücher und Eine-Welt-Laden) gegenüber, die Öffnungszeiten entsprechen in etwa denen der Kirche.

Blick vom Kirchturm auf Barth, den Hafen und Vineta

Information Barth Information. Am Markt, freundliches Personal, Mo–Fr 10–13 und 14–18, Sa 10–14 Uhr, im Winter etwas eingeschränkt. Markt 3/4, 18356 Barth, ✆ 038231-2464, www.stadt-barth.de.

Verbindungen Die **Bahn** bietet mit der UBB etwa alle 2 Std. Verbindungen nach Stralsund, mit der UBB und dem Regionalexpress ebenfalls ca. alle 2 Std. über Velgast (Umsteigen) nach Ribnitz-Damgarten, Infos auf www.bahn.de und www.ubb-online.de.

Der **Bus** 210 fährt werktags stündlich über Zingst, Prerow, Wieck, Born, Ahrenshoop, Wustrow und Dierhagen nach Ribnitz-Damgarten und retour. Sa/So nur alle 2 Std. www.vvvr-bus.de.

Von April bis Okt. mind. 4-mal tägl. (in der Hochsaison bis zu 8-mal tägl.) **Schiffsverbindung Barth – Zingst** mit der Reederei Poschke. Erw. einfach 8 €, Kinder bis 12 J. 5 €; hin und zurück 13 € bzw. 7 €, Familienkarte 23 bzw. 36 €, Hund/Fahrrad 2 € pro Strecke. Von Nov. bis März keine Verbindung. Infos unter ✆ 038234-239, www.reederei-poschke.de.

Bootsausflüge Im Sommer (Mitte Juni bis Mitte Sept.) mit der Reederei Poschke

Konzentrationslager Barth

Wer sich von Süden der Stadt nähert, wird die Mahn- und Gedenkstätte des Konzentrationslagers in Barth kaum übersehen. Bereits ab 1940 befand sich hier ein Kriegsgefangenenlager, von 1943 bis 1945 dann ein Außenlager des Konzentrationslagers Ravensbrück. Die etwa 7000 KZ-Häftlinge mussten in der Flugzeugmontage der hier ansässigen Rüstungsbetriebe arbeiten. Die 1966 eingeweihte Gedenkstätte an der Chausseestraße besteht aus einem Glockenturm, einer Grabanlage mit den sterblichen Überresten von KZ-Häftlingen, die bei der Befreiung bereits tot geborgen wurden oder kurz danach starben, und vier quadratischen Reliefs mit Szenen aus dem KZ an einer Betonwand. Letztere stammen von Jo Jastram.

jeden Sonntag ganztägige **Ausflugsfahrten** nach Hiddensee/Neuendorf, Erw. 22 €, Kinder bis 12 J. 14 €, Familienkarte 62 €, Fahrrad 6 € (empfiehlt sich für die 4-stündigen Landgang!), Hund 6 €. Infos unter ✆ 038234-239, www.reederei-poschke.de.

Übernachten/Essen & Trinken » Unser Tipp: **** Hotel Speicher Barth. In einem ehemaligen Kornspeicher am Hafen, kaum zu übersehen. Sorgfältig restauriert und stilvoll eingerichtet, modernes Ambiente, in den oberen Etagen große Fensterflächen mit weitem Blick, architektonisch eine Besonderheit in der Gegend. Im Haus Sauna, Whirlpool, Massagen und Fitnessraum. Das feine *Restaurant* bietet nicht nur ein überaus interessantes Ambiente, bei dem alte Trägerelemente und Backsteinwände in die Gestaltung integriert sind, sondern auch auf dem Teller anspruchsvolle Kreationen aus erlesenen Zutaten (wie zart gepökelte Schweinsbäckchen oder Hornhecht in Dillsoße). Gehobenes Preisniveau. Auch monatlich wechselnde Menüs, vom 3-Gang-Menü für 31,50 € bis zum 5-Gang-Menü zu 44,50 €. EZ ab 90 €, DZ ab 160 €, Frühstück inkl., Halbpension (3-Gang-Menü) 28,50 €/Pers. Am Osthafen 2, 18356 Barth, ✆ 038231-63300, www.speicher-barth.de. **«**

Café und Barther Puppen- und Spielzeugmuseum. Erst einmal ein schönes Café am Markt mit köstlichem hausgebackenem Kuchen und ein paar Plätzen draußen. Dazu gehört ein hübsches Museum mit historischen Puppen und Spielzeug aus privater Sammlung (Erw. 3,50 €, erm. 2,50 €). Tägl. außer Mo 10–18 Uhr geöffnet. Markt 5, ✆ 0163-3655914, www.barther-puppenmuseum.de.

Café Galerie. In einem sehr schönen Eckhaus ebenfalls am Markt befindet sich dieses sympathische Café, in dem, wie der Name schon sagt, auch eine Galerie untergebracht ist. Sehr stilvoll eingerichtet, ideal nicht nur für Frühstück oder Kaffee und (hausgemachte) Kuchen, sondern auch für ein gepflegtes Glas Wein. Wechselnde Ausstellungen (Malerei, Grafik, Fotografie, Keramik, Kunsthandwerk etc.) und eine kleine Dauerausstellung regionaler Künstler. Klosterstr. 1, ✆ 038231-499057, www.galerie-café-barth.com.

Bio.Delikates. Sympathische Mischung aus Bioladen und -bistro am Westhafen. Lindgrüne Holzbestuhlung drinnen und

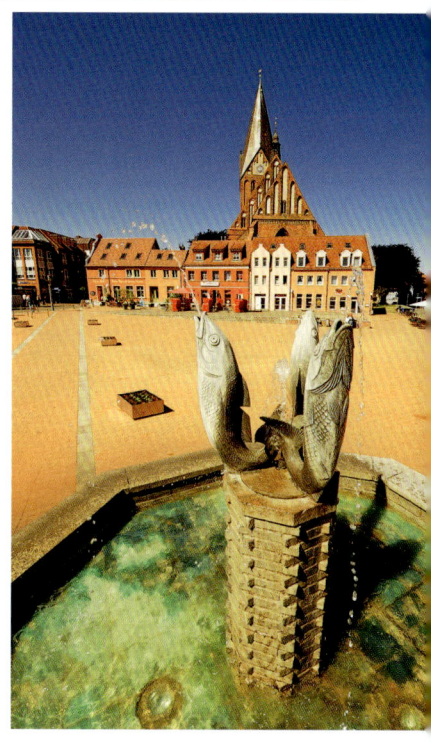

Am Marktplatz von Barth

draußen auf der Terrasse – ein Hauch von Mittelmeer. Kleine Gerichte wie Pasta, Salate und Suppen. Mo–Fr 9–18 Uhr, Sa 10–14 Uhr, im Winter nur Mo–Fr 9–17 Uhr. Am Westhafen 18, ✆ 038231-779093, www.biodelikates.de. ■

Restaurant & Pension Eshramo. Am Marktplatz. Zehn zeitgemäß eingerichtete, farbenfrohe Zimmer, teilweise mit Boddenblick, die teureren mit Balkon. Kleiner Garten. Keine Haustiere. Im freundlichen Restaurant samt Außenterrasse serviert man Pizza und Mediterranes (Hauptgerichte 6–26 €). EZ 70,50 €, DZ 93–108 €. Markt 13, 18356 Barth, ✆ 038231-450004, www.eshramo.com.

Jugendherberge Barth. Herrliche Lage über dem Barther Bodden, völlig ab vom Schuss und entsprechend ruhig. Badestelle und Bootsanleger vorhanden (Ruderbootverleih), viele Freizeitangebote, darunter ein

Reiterhof (Ponyreiten, Reitstunden). Die Anlage hat allerdings schon bessere Zeiten gesehen. Unterbringung in 2- bis 8-Bettzimmern, z. T. auch in Bungalows. Vom Zentrum (Platz der Freiheit) aus beschildert, ca. 2 km östlich gelegen. Übernachtung mit Frühstück ab 20,40 €/Pers. im Mehrbettzimmer, über 27-Jährige zahlen 25,80 €. Im Garten darf auch gezeltet werden: 12,50 €/Pers., Senioren ab 27 J. zahlen 16,50 €, ebenfalls inkl. Frühstück. Hunde willkommen (5 €/Tag). April bis Okt. geöffnet. Glöwitz 1, 18356 Barth, ✆ 038231-2843, www.jugendherbergen-mv.de.

Camping Wohnmobil-Stellplätze direkt am Westhafen mit Boddenblick bietet der Barther Segler-Verein. Duschen und Toiletten vorhanden, Gastwirtschaft anbei. 12 €/Nacht. Am Westhafen 15, 18356 Barth, ✆ 038231-82021, www.barther-segelverein.de.

Alternativ dazu kann man sich auf das **Naturcamp Pruchten** beim Ort Pruchten 4 km nördlich von Barth stellen (in Pruchten bestens ausgeschildert, www.naturcamp.de). Zum Längerbleiben gibt es dort allerdings wenig Gründe.

Veranstaltungen An einem Samstag im Juni gibt es auch in Barth das traditionelle **Tonnenabschlagen** (den genauen Termin weiß die Touristinformation).

Meist im Juli/Aug. finden die **Barther Segel- und Hafentage** statt, ein Großereignis mit jeder Menge Rummel. www.barthmaritim.de.

Versunken in der Ostsee: Vineta

Die Dächer waren mit Gold und Silber gedeckt, die Kinder spielten mit Perlen, und sogar die Schweine fraßen aus goldenen Trögen. Vinetas Glanz strahlte weit. Doch Pracht und Reichtum verleiteten zu Hochmut und Selbstherrlichkeit. So kam es, wie es kommen musste: Ein göttlicher Fluch traf die Stadt, und eine riesige Flutwelle versenkte sie mit all ihren Bewohnern im Meer. So jedenfalls will es die Legende. Zuverlässigere Quellen wie die Schriften des Geschichtsschreibers *Adam von Bremen* (11. Jh.) lassen vermuten, dass es diese große Stadt an der Ostsee tatsächlich gegeben hat. Vineta war demnach eine mächtige Handelsstadt der Wenden, die späteren Quellen zufolge im 12. Jh. von den Dänen zerstört wurde. Gründlich zerstört – denn bis heute ist die Stadt verschwunden.

Mehrere Theorien nehmen für sich in Anspruch, ihren ehemaligen Standort benennen zu können. Eine Theorie besagt, dass Vineta bei Koserow auf Usedom gelegen habe. Dort findet sich unterhalb des Streckelsbergs in der Ostsee das so genannte Vineta-Riff, die vermeintlichen Ruinen der Stadt. Lange zuvor war Wollin (östlich von Usedom) der Favorit, denn hier hatte man tatsächlich Überreste einer reichen slawischen Siedlung ausgegraben. 1998 traten *Klaus Goldmann* und *Günter Wermusch* dann mit der These an die Öffentlichkeit, dass Vineta sehr weit entfernt von der Pommerschen Bucht beim heutigen Barther Bodden befunden habe (*Vineta. Die Wiederentdeckung einer versunkenen Stadt*, 3. Aufl. 2004).

Möglicherweise werden sich irgendwann stichhaltige Beweise für den Standort Vinetas finden, bis dahin schmücken sich Barth, Koserow und Wollin gemeinsam mit dem Ruhm der sagenhaften Wendenstadt. Der Legende zufolge warten die Bewohner Vinetas bis heute darauf, von ihrem Fluch befreit zu werden. Nur am Ostermontag erhebe sich demnach die Stadt aus den Fluten und hoffe darauf, dass ein Montagskind sich in die Straßen Vinetas wage, um von einem Händler irgendetwas zu kaufen – erst dann sei die Stadt erlöst.

Zwischen Barth und Stralsund

Eine verlassene Gegend, obwohl mit Fischland-Darß-Zingst eines der wichtigsten touristischen Zentren der Ostseeküste gleich um die Ecke liegt, und auch Stralsund ist kaum 15 Kilometer entfernt. Wer sich doch auf den Weg macht, sieht auch gleich, warum sich nur selten Besucher hierher verirren: Strände gibt es nur wenige, das Gebiet ist oft schilfig und gehört bereits zur Schutzzone des Nationalparks Vorpommersche Boddenlandschaft. Ein Niemandsland mit einer Handvoll Dörfern, in denen man vom großen Ostseetourismus so gar nichts spürt. Dennoch lohnt ein Ausflug hierher: In Groß Mohrdorf befindet sich das überaus sehenswerte *Kranich-Informationszentrum* (und in der Umgebung Kranich-Beobachtungspunkte). Kulturelles Zentrum ist das *Vorpommernhus* in *Klausdorf*, ein ehemaliger Kuhstall, der nun als Veranstaltungsort für Vorträge, Ausstellungen, Lesungen, Konzerte, Theater, Kabarett, Tanz und weitere Festivitäten dient (Infos unter www.vorpommernhus.net).

Kranich-Informationszentrum Groß Mohrdorf

In einem unscheinbaren Neubau am Ortsausgang von Groß Mohrdorf in Richtung Hohendorf liegt das mit viel Engagement betriebene Informationszentrum, in dem interessierte Besucher neben diversen Schautafeln, Tierpräparaten und Fotografien auch einen Film über das Leben der Kraniche zu sehen bekommen. Darüber hinaus können die Mitarbeiter vom Kranich-Informationszentrum tagesaktuell die besten Beobachtungsplätze nennen.

Öffnungszeiten März bis Mai tägl. 10–16 Uhr, Juni/Juli Mo–Fr 10–16 Uhr, im August tägl. 10–16.30 Uhr, Sept./Okt. tägl. 9.30–17.30 Uhr, im Nov. Mo–Fr 10–16 Uhr. Ansonsten nur nach tel. Voranmeldung. Eintritt frei. Lindenstr. 27, 18445 Groß Mohrdorf, ✆ 038323-80540, www.kraniche.de. Groß Mohrdorf liegt 14 km nordwestlich von Stralsund.

Kranichbeobachtung Im 2015 gebauten **KRANORAMA** am Günzer See (südwestlich von Groß Mohrdorf, Straße Richtung Barth) möglich, hier auch diverse Info-Tafeln. Darüber hinaus kann man mit längerem Vorlauf eine **Hütte mieten** (die man aber zwischen Sonnenauf- und Sonnenuntergang, also den ganzen Tag über, nicht verlassen darf) oder sich einer der **Kranich-Exkursionen** des Informationszentrums in Groß Mohrdorf anschließen. Das alles natürlich nur, wenn die Kraniche da sind (Spätsommer/Herbst und Februar/März). Infos unter ✆ 038323-80540 bzw. www.kraniche.de.

Kraniche in Mecklenburg-Vorpommern

Alle Jahre wieder im Spätsommer kommen sie in Scharen an, und ihre Landung im nordöstlichsten Bundesland ist sogar der „Tagesschau" einen Beitrag wert: Die Ankunft der Kraniche ist eine der größten und imposantesten Naturattraktionen Norddeutschlands. Ihr eleganter Balztanz hat sie berühmt gemacht, aber auch das lautstarke Trompeten, mit dem sie sich allabendlich bei Einbruch der Dämmerung an ihren Schlafplätzen in der „Rügen-Bock-Region", dem größten mitteleuropäischen Rastplatz für Kraniche, einfinden. Bis zu 70.000 Graue Kraniche (*Grus grus*), so die aktuellen Schätzungen des 1996 gegründeten Kranich-Informationszentrums in Groß Mohrdorf, treffen sich alljährlich zu den Hochzeiten im Oktober zur gemeinsamen Rast an den der Küste vorgelagerten Inseln *Großer Werder, Kleine Werder, Bock* und etwas weiter westlich der *Kirr* (bei Zingst) sowie an der *Udarser Wiek* nördlich der Halbinsel Ummanz (Rügen). Von hier aus machen sie sich auf den Weg nach Süden.

Die Kraniche überwintern in der spanischen *Extremadura* bzw. im südspanischen Andalusien sowie in der zentralspanischen *Laguna de Gallocanta*, durch die milden Winter auch zunehmend nördlich der Pyrenäen in Südwestfrankreich. Den Sommer verbringen sie in Süd- und Mittelschweden. Die Boddenregion zwischen Rügen und Zingst dient also nur als – vor allem im Herbst oft über Wochen besetzte – Zwischenstation, um sich für die weite Reise zu stärken. Geflogen wird im Verband und in der charakteristischen „V"-Formation. Bei ihren Langstreckenflügen nutzen die Kraniche die Thermik und können, bei Rückenwind, mit nur wenigen Flügelschlägen eine Geschwindigkeit von über 60 Stundenkilometern erreichen. Distanzen von mehreren hundert Kilometern am Tag sind durchaus möglich.

Doch dazwischen ruhen sie eben in Nordostdeutschland aus, bevorzugt in den weiten Flachwasserbereichen östlich von Zingst (im Nationalpark Vorpommersche Boddenlandschaft), aber auch in den Sumpfgebieten des südlich im Landesinneren gelegenen Müritz-Nationalparks. Bis zu 350.000 Kraniche befinden sich alljährlich auf der Durchreise durch Deutschland; an die 10.000 Paare bleiben ganzjährig hier, die meisten jedoch weiter südlich in Brandenburg. Gebrütet wird im flachen Wasser auf dem Boden, meist im Schutz eines Baumes, in einem großen, aus aufeinandergeschichteten Pflanzenstängeln bestehenden Nest, in dem in der Regel zwei bräunlich-graue Eier liegen. Nach gut vier Wochen Brutzeit schlüpfen im Abstand von wenigen Tagen die beiden Küken mit rotbraunem Daunenkleid, die dann maximal bis zum nächsten Frühjahr bei ihren Eltern leben. Das Brutpaar selbst bleibt oft ein Leben lang zusammen. Ein ausgewachsener Kranich bringt es auf eine Standhöhe von 1,20–1,30 Metern bei einem Gewicht von 6–7 Kilogramm und einer Flügelspannweite von bis zu 2,20 Meter, damit ist er der größte Vogel Deutschlands. Sein Federkleid ist grau mit schwarzem Oberkopf samt roter Kopfplatte und seitlichen weißen Streifen, die Schwungfedern bilden eine schwarze Schleppe. Jungvögel sind durch ihren bräunlichen Kopf zu erkennen. Kraniche sind Allesfresser, die ihre Nahrung vom Boden oder aus dem flachen Wasser aufsammeln. Geschlafen wird stehend im knietiefen Wasser, das hier als Schutz gegen Feinde wie beispielsweise den Fuchs dient. Im Herbst ernähren sich die Kraniche auch von den Ernteresten der Felder und der Saat. Um den Schaden für die Bauern gering zu halten – und den Tausenden von Vögeln ausreichend Nahrung zu bieten – führen die Naturschutzorganisationen „Ablenkfütterungen" durch, wie sie beispielsweise am *Günzer See* (bei Groß Mohrdorf, → S. 197) zu beobachten sind.

Aus der Nähe wird man einen Kranich in freier Natur ansonsten kaum zu sehen bekommen. Die Tiere sind sehr scheu und fliegen schon bei einer Annäherung auf etwa 300 Meter auf. Bessere Chancen hat man von den Beobachtungspunkten (Näheres hierzu beim Info-Zentrum Groß Mohrdorf, → S. 197, sowie zwei Beobachtungspunkte bei Zingst), doch auch hier sollte man unbedingt ein Fernglas dabei haben. Bei ihrer berühmten Balz wird man die Kraniche nur gelegentlich im Frühjahr erleben dürfen, diese findet hauptsächlich an den Brutplätzen in nördlicheren Gefilden statt. Während die Tiere bis Ende der 1980er Jahre noch als überaus selten galten, hat sich ihr Bestand heute vervielfacht. Vor allem durch die im Jahr 1990 ausgewiesenen strengen Schutzgebiete des *Nationalparks Vorpommersche Boddenlandschaft* finden die Kraniche hier optimale Bedingungen ohne Störung durch Mensch und Landwirtschaft.

Über den Kranich wird schon in der Mythologie als Glücksbringer berichtet. Auf altägyptischen Grabplatten ist er genauso zu finden wie im russischen Märchen, in Indien verehrt man ihn als Gott, in China als göttlichen Himmelsboten und als Symbol für Weisheit und ein langes Leben, in Japan werden Papierkraniche als Glücksbringer gefaltet. Seinen Namen als „Vogel des Glücks" soll der Kranich allerdings in Schweden bekommen haben, wo sein Erscheinen im Frühjahr das Ende der dunklen, kalten Zeit einläutet. Kein Wunder, dass immer mehr Besucher diese großen, eleganten Vögel auch aus der Nähe (bzw. aus relativer Nähe) betrachten möchten. Die alljährlich im Frühherbst (ca. Mitte September bis Mitte/Ende Oktober) angebotenen Kranichfahrten mit dem Schiff erfreuen sich jedenfalls großer Beliebtheit und finden 2-mal wöchentlich nachmittags um ca. 16–16.30 Uhr ab Schaprode/Rügen (zuletzt Di und Do), 2-mal wöchentlich ab Zingst (zuletzt Mi und Fr) und 1-mal wöchentlich ab Stralsund (zuletzt Sa) statt (Dauer ca. 4 Std., Anmeldung unter ✆ 03831-26810, weitere Infos: www.reederei-hiddensee.de). Begleitet und moderiert werden die Fahrten von Mitarbeitern des Kranichzentrums Groß Mohrdorf (→ S. 197, außerdem www.kraniche.de).

Blick über Stralsunds Altstadt   Rügens Kreideküste

Stralsund
ca. 58.000 Einwohner

Die alte Hansestadt am Strelasund präsentiert sich reich an Tradition, weltoffen und sehr gastfreundlich. Es gibt zahlreiche Gründe, die für einen Aufenthalt in Stralsund sprechen: die wunderschöne Lage der Hafeninsel, prachtvolle Monumente der Backsteingotik, eine freundliche, lebendige Altstadt sowie einige bemerkenswerte Museen.

Die malerische Altstadt Stralsunds, 2002 in die Welterbeliste der UNESCO aufgenommen, ist fast vollständig von Wasser umgeben: einstmals ein effektiver Schutz gegen Angriffe, heute ein blauer, von Grünflächen gesäumter Gürtel um den historischen Stadtkern. Landseits erstrecken sich Knieperteich und Frankenteich entlang der teils gut erhaltenen Stadtmauern und Bastionen. Zum Strelasund hin öffnet sich der traditionsreiche, von Kanälen durchzogene Hafen. In der Altstadt stehen bedeutende Bauten der Norddeutschen Backsteingotik auf engstem Raum: Die *Nikolaikirche* und die berühmte Schmuckfassade des *Stralsunder Rathauses* bilden ein einzigartiges städtebauliches Ensemble, gegenüber zeugt das *Wulflamhaus* von hanseatischem Bürgerstolz, und über dem Neuen Markt erhebt sich majestätisch *St. Marien*. Dazwischen sind in einem alten Kloster zwei sehenswerte Museen untergebracht: das *Deutsche Meeresmuseum* und das *Kulturhistorische Museum*, dessen Außenstelle *Museumshaus* sich ganz in der Nähe befindet. Das *Deutsche Meeresmuseum* hat vor einigen Jahren einen spektakulären Neubau realisiert: Am *Hafen*, der mit seinen stolz aufragenden backsteinernen Speichern und dem die Hafeninsel umschließenden Kanal selbst zu den wichtigsten Sehenswürdigkeiten der

> Weitere Informationen zur schönen Hansestadt Stralsund finden Sie im aktuellen Reisehandbuch **Rügen, Stralsund, Hiddensee** des Michael Müller Verlags. 5. Auflage, Erlangen 2017, ca. 300 Seiten, 16,90 €, ISBN 978-3-89953-436.

Stadt gehört, entstand mit dem *Ozeaneum* ein bemerkenswerter Besuchermagnet von internationalem Rang. Dahinter erhebt sich weithin sichtbar ein zweites modernes Wahrzeichen der Stadt: die *Zweite Strelasundquerung* mit ihrem hoch aufragenden Pylon verbindet das Festland mit der Insel Rügen.

Stadtgeschichte

Am 31. Oktober 1234 verlieh *Wizlaw von Rügen* der Ortschaft Stralow das lübische Stadtrecht. Damit war der Grundstein gelegt für einen sagenhaften Aufschwung, der Stralsund zu einem Flaggschiff der mächtigen Hanse werden ließ. Dank seiner Lage konnte sich die junge Stadt schnell als Handelszentrum etablieren. Zum einen wurde Stralsund Umschlagplatz für die regionale landwirtschaftliche Produktion, vornehmlich von der Insel Rügen, zum anderen zu einer wichtigen Kraft im Nord- und Ostseehandel zwischen Flandern und Nowgorod.

Stralsund gehörte neben Lübeck, Wismar, Rostock und Greifswald von Anfang an der Hanse an. Nachdem der Städtebund seine größte Bewährungsprobe – den militärischen Konflikt mit dem dänischen Königreich – bestanden hatte, stand er mit dem am 24. Mai 1370 geschlossenen *Frieden von Stralsund* im Zenit seiner Macht (zur Hanse → S. 26). Der Stadt des Friedensschlusses bescherte das einen anhaltenden Bauboom. St. Nikolai bekam einen neuen Doppelturm, dem Rathaus wurde die prächtige Fassade vorgesetzt, und auch die Marienkirche erhielt ihre imposante Gestalt. Der Reichtum der Stadt zeigte sich auch in der Entstehung vieler repräsentativer Bürgerhäuser im Stil der Backsteingotik, bekanntes Beispiel ist das Wulflamhaus. Auch die Kirchen wurden von den Kaufleuten reich ausgestattet, dieser Glanz aber ging während des Bildersturms im Zuge der Reformation weitgehend verloren.

Die Jahrzehnte zwischen 1628 und 1715 trafen Stralsund hart. Zuerst kam *Wallenstein* und verlangte die Aufnahme seiner Truppen in der Stadt. Die folgende Belagerung der kaiserlichen Truppen konnte erst durch schwedische Waffenhilfe gebrochen werden. Das neue Bündnis der Stadt mit dem schwedischen König *Gustav II. Adolf* hatte jedoch einen hohen Preis, denn die Schweden blieben. Stralsund war de facto ein Teil des Schwedischen Reiches geworden (bestätigt im *Westfälischen*

Stralsund müsse man vom Strelasund aus sehen ...

Frieden 1648). 1680 wütete ein Brand in der im Wiederaufbau befindlichen Stadt, 1710 rollte die letzte Pestwelle durch die Gassen, und schließlich hatte Stralsund unter dem Großen Nordischen Krieg zu leiden.

Auch von den Napoleonischen Kriegen blieb Stralsund nicht verschont. 1809 erschien *Ferdinand von Schill*, ein bis dato eher unauffälliger preußischer Husar, mit seinen Männern in der Hansestadt, um gegen die französischen Besatzer aufzubegehren. Schills Eifer allerdings war der Bevölkerung nicht eben willkommen, schließlich kam mit den Reitern auch der Krieg zurück in die Stadt. Doch die Franzosen fackelten nicht lang. Der dilettantische Aufstand wurde niedergeschlagen, Schill selbst in der Fährstraße vom Pferd geschossen. Sein Denkmal, mit tatkräftigem Gestus und gezücktem Säbel, steht am Olof-Palme-Platz. Erst nach Napoleons Fall endete für Stralsund die Zugehörigkeit zu Schweden. Nach dem *Wiener Kongress* (1814/15) fand sich Stralsund nicht mehr unter gelb-blauer, sondern unter weiß-schwarzer Flagge wieder: Die Schweden hatten Vorpommern und Stralsund an Preußen abgetreten. Das 19. Jh. schließlich brachte vor allem eines: technischen Fortschritt (ironischerweise zunächst in den Farben gelb-blau, denn das erste Dampfschiff, das in Stralsund anlegte, war 1824 die schwedische *Constitutiones*). 1863 rollte die erste Eisenbahn aus Berlin ein. In Stralsund selbst entwickelte sich allerdings kaum Industrie – einzig bedeutender Industriezweig waren die Stralsunder Spielkartenfabriken –, es blieb vor allem eine Stadt des Handels, der Dienstleistungen und der Verwaltung. Mit dem Bau des Rügendammes im Jahr 1936 konnte die Stadt zudem verstärkt vom Inseltourismus nach Rügen profitieren.

Die dunkelste Stunde der Stadtgeschichte schlug am 6. Oktober 1944. Eine britisch-amerikanische Bomberstaffel legte die Stadt in Schutt und Asche. Dass Stralsund überhaupt Ziel der Bomben wurde, war das Ergebnis zynischer Kriegslogik: Die vernichtende Fracht war eigentlich für die Heeresversuchsanstalt Peenemünde (→ S. 303ff.) vorgesehen. Doch waren die alliierten Fliegerstaffeln vor Peenemünde auf starken Widerstand gestoßen und konnten ihre Bomben nicht ausklinken. Landen aber konnten die Flugzeuge mit dieser Fracht auch nicht. Also wurden die Bomben „auf dem Rückweg" über Stralsund abgeworfen.

Nach dem Krieg war es vor allem die Volkswerft, die Stralsund wieder auf die Beine brachte. Rund 8000 Arbeiter bauten hier gigantische Fischfang-Trawler, die Stadt wuchs um ihre Außenbezirke Knieper und Grünhufe. In den 1990er Jahren wurde die Volkswerft zu einer der modernsten Kompaktwerften Europas umgebaut, ihre riesige blaugrüne Fertigungshalle ist unübersehbar. Hier werden heute Großschiffe aller Art gebaut, wie z. B. Passagier- und Container- und Tankschiffe. Hinzu kommt der Tourismus als weiteres wichtiges wirtschaftliches Standbein der Stadt.

... meinte schon Wilhelm von Humboldt

Basis-Infos

Information Die **Tourismuszentrale** der Hansestadt Stralsund bietet Zimmervermittlung, Ticketverkauf, Stadtführungen u. a., das Personal ist freundlich und kompetent. Mai bis Okt. Mo–Fr 10–18 Uhr, Sa 10–16 Uhr, So und feiertags 10–14 Uhr; Nov. bis April Mo–Fr 10–17 Uhr, Sa 10–14 Uhr, So geschl. Alter Markt 9, 18439 Stralsund, ✆ 03831-24690, www.stralsundtourismus.de.

Stadtführungen April bis Okt. tägl. *Altstadtführungen*: Dauer 1:30–2 Std., Start tägl. 14 Uhr (im April 11 Uhr), Erw. 9 €, erm. 7 €; Mai bis Okt. Di und Fr um 21 Uhr *Nachtwächterführung* (Dauer 1:30–2 Std., 10 €, erm. 8 €); Juli bis Okt. immer Mo 16 Uhr *kulinarischer Stadtrundgang* (3 Std., 35 €, Anmeldung erbeten). Treffpunkt ist die Tourismuszentrale.

Parken Im Zentrum entweder Anwohnerparken oder gebührenpflichtig mit Höchstparkdauer, zentral gelegene Parkhäuser z. B. am Neuen Markt, am Meeresmuseum, am Hafen, am Ozeaneum (jeweils 1. Std. 1 €, jede weitere 2 €, 8–20 Uhr Tagestarif max. 11 €, Nachttarif max. 3 €) sowie am Bahnhof (1 €/Std., 6 €/Tag). Ausgewiesene P & R-Plätze finden sich an den Rändern der Altstadt (z. B. am Hexenplatz beim Bahnhof, kostenlos, Busticket für 2 Erw. und 3 Kinder 3 €/Tag).

Taxi Unter anderem **Hansa Taxi**, ✆ 03831-491313.

Verbindungen **Zug**: Mindestens stündl. via Greifswald direkt nach Berlin sowie alle 2 Std. über Rostock und Schwerin nach Hamburg; nach Rostock etwa stündl. Nach Rügen stündl. über Bergen nach Sassnitz, etwa alle 2 Std. über Bergen nach Binz. Nach Usedom fährt via Greifswald und Wolgast alle 2 Std. die UBB (Usedomer Bäderbahn); evtl. mit dem Regionalexpress bis Greifswald und dort umsteigen.

Gute **Busverbindungen** auch ins Hinterland von Stralsund. Nach Rügen mit der **Linie 30** ca. 6-mal via Garz nach Putbus und weiter bis Bergen, Sa/So 2-mal. Von dort mit der **Linie 35** in den Westen Rügens nach Gingst und Schaprode (im Winter die einzige Verbindung mit Hiddensee). Haltestelle am Hauptbahnhof.

Das Netz der **Stadtbuslinien** ist zwischen Devin im Süden, Knieper Nord, Grünhufe und Dänholm dicht gespannt, **Linie 1** fährt hinüber nach *Altefähr* auf Rügen, **Linie 6** zum Freizeitbad HanseDom.

Schiffe der *Weißen Flotte* fahren 4- bis 5-mal tägl. nach Altefähr (Ostern bis Ende Okt.), Erw. 3,50 €, Kinder 1,80 €, Fahrrad 2,50 €.

Die **Reederei Hiddensee** steuert von Ende März bis Ende Okt. (sowie von Weihnachten bis Neujahr) 2- bis 3-mal tägl. die Insel Hiddensee von Stralsund aus an. Hin- und Rückfahrt ca. 20–25 €. Infos im Stralsunder Büro in der Fährstr. 16, unter ✆ 03831-26810, www.reederei-hiddensee.de.

Aktivitäten, Einkaufen und Veranstaltungen → Karte S. 207

Baden/Sport/Wellness Öffentlicher **Strand**. Am Strelasund nördlich der Altstadt, tagsüber DLRG-überwacht, mit Kiosk, Strandkorb- und Liegenverleih. Mitte Mai bis Mitte Sept. tägl. 9–18 Uhr, freier Eintritt.

HanseDom. Großes Spaßbad mit vielfältigem Angebot: Erlebnisbad Seestern Therme, Saunalandschaft, Sportbereich, natürlich auch Gastronomie. So–Do 9.30–22 Uhr, Fr/Sa bis 23 Uhr, Eintritt Erw. 12 €/2 Std., Kinder 9,50 €, auch Familienkarten; Sauna kostet extra. Grünhufer Bogen 18–20, ℡ 03831-37330, www.hansedom.de. Bus Linie 6 ab Hauptbahnhof.

Einkaufen Astreines und Feines 🔢 Wer ein vitaminreiches Souvenir sucht, wird hier fündig. In dem kleinen Laden neben dem Museumshaus gibt es alles, was sich aus Sanddorn machen lässt: Tee natürlich, Gelee, Likör und Geist, Wein, Marmelade, Pralinen und so fort. Sehr freundlich. Mönchstraße 38, ℡ 03831-292244.

»» **Unser Tipp:** Für Freunde des gepflegten Spieleabends empfehlen wir unbedingt den **Shop des Spielkartenmuseums** 🔢: Bei „Rum & Rollmops" ist frühkapitalistische Strategie gefragt, bei „Leg dein Leben" werden Sie Ihren Mitspielern so einiges aus Ihrer Vita erklären müssen ... Darüber hinaus auch Skat, Rommé und Doppelkopf-Karten in der „Fischköppe"-Version. Ideale Mitbringsel aus der Hansestadt. Mo–Fr 11–13 und 15–19 Uhr geöffnet, Katharinenberg 35, ℡ 03831-703360, www.spiefa.de. → S. 212. «««

Hafenrundfahrten Stralsund müsse man vom Meer aus sehen, meinte schon Wilhelm von Humboldt. Die Hafenrundfahrt mit der Weißen Flotte dauert ca. 1 Std., Ende März bis Ende Okt. bis zu 4-mal tägl. vom Stralsunder Hafen (Nordmole). Erw. 9,50 €, Kinder 4–14 J. 4,50 €, Hund 4,50 €. Kombiticket mit dem Ozeaneum 23 € bzw. 11 €. ℡ 03831-26810, www.weisse-flotte.de.

Kranichfahrten Im Herbst bringt das Schiff zu den Schlafplätzen der Kraniche im Nationalpark Vorpommersche Boddenlandschaft, inkl. informativem Vortrag über die scheuen Vögel, deren Einflug man in der Abenddämmerung schließlich live erleben kann. Zum Kranich → oben, S. 198 Ab Stralsund Ende Sept. bis etwa Mitte Okt., Sa 16.30 Uhr (Okt. 16 Uhr), Dauer 4 Std., Erw. 22,50 €, Kinder 16 €. Teilnehmerzahl begrenzt, Tickets unter: ℡ 03831-26810, www.weisse-flotte.de.

Brauereiführungen In der **Störtebeker Braumanufaktur** werden tägl. um 14 Uhr Führungen durch die Brauerei mit anschließender Bierverkostung im *Braugasthaus Zum Alten Fritz* (→ unten) statt. Im Sommer bis zu 3-mal tägl. (11, 14 und 17 Uhr), Dauer 1:30 Std., Erw. 11,50 €, Kinder 2,90 € (inkl. alkoholfreies Getränk), zudem werden *Biersommelierabende* (erster Donnerstag im Monat) angeboten. Brauerei und Braugasthaus sowie der neue Brauereimarkt befinden sich gut 2 km südlich der Innenstadt, Greifswalder Chaussee 84/85. Anmeldung und Infos unter ℡ 03831-2550, www.stoertebeker.com.

Theater Die Bretter, die die Welt bedeuten, befinden sich am Olof-Palme-Platz 4. Hier steht das Jugendstil-Theaterhaus Stralsunds, mit den Theatern Greifswald und Putbus Heimstatt des **Theaters Vorpommern**. ℡ 03831-26460, www.theater-vorpommern.de.

Veranstaltungen Anfang Juni startet die Stadt mit dem **Hafenfest** in die Sommersaison (www.hafenfeststralsund.de).

Stralsunder Segelwoche. *Das* Seglerevent in Stralsund, Regatten im Strelasund und rund um Rügen und Hiddensee, ebenfalls Anfang Juni, Termine: www.stralsundersegelwoche.de.

Beim Scheelehaus

Essen & Trinken

Seit 1991 finden die farbenfrohen, kostümträchtigen **Stralsunder Wallensteintage** statt, meist Ende Juli. Für ein paar Tage spielt die Altstadt die „gute alte Zeit" nach mit Mittelaltermarkt, Musketieren, Handwerkern und Gauklern sowie mit einem „guten alten Feind": Wallenstein und seinen Truppen. Genaue Termine unter www.wallensteintage.de.

Stralsunder Sundschwimmen. Distanzschwimmveranstaltung mit internationaler Beteiligung, das Wettschwimmen (der erste Startschuss fiel übrigens bereits 1925) von Altefähr über knapp 2,5 km durch den Strelasund findet am ersten Samstag im Juli statt, www.sundschwimmen.de.

Übernachten → Karte S. 207

Hotels **** Scheelehof **2** Stilvoll und mit Sorgfalt hergerichteter Hotelkomplex im historischen Gemäuer in der Fährstraße, die erste Adresse der Stadt. Zum Hotel gehört ein Restaurant (→ unten), eine Kneipe und die Kaffeerösterei *Kontor Scheele*. Außerdem Wellness mit Sauna, Massagen, Kosmetik etc. 94 Zimmer von moderner Eleganz und Behaglichkeit, EZ ca. 119–149 €, DZ ca. 145–175 €, Frühstück inkl., Halbpension 32 €/Pers., Hund 12 €/Tag, Parkhaus 8 €/Tag. Zum Hotel gehört auch das Aparthotel „markt fuffzehn" **4** direkt am Alten Markt, 12 moderne Appartements mit Küchenzeile und z. T. Blick auf den Platz, für 2 Pers. 65–100€ (ohne Frühstück). Rezeption im Scheelehaus. Fährstraße 23–25, 18439 Stralsund, ☎ 03831-283300 (Appartements: ☎ 03831-2833111), www.scheelehof.de bzw. www.markt-fuffzehn.de.

Kontorhaus Hotel 10 Am Hafen, innen wie außen stilsicheres Design, die Inneneinrichtung hat etwas von einem Luxusliner. Die geräumigen, hellen Zimmer tragen die Namen berühmter Schiffe (darunter die QE2 oder die Gorch Fock). EZ 99–125 €, DZ 135 €, Frühstück 10 €/Pers. extra. Am Querkanal 1, 18439 Stralsund, ☎ 03831-289800, www.hotel-kontorhaus-stralsund.de.

Hotel Villa am Meer 1 1912 erbaute Villa mit Türmchen, nördlich der Altstadt in der „Villengegend" gelegen, ein wenig von der Strandpromenade zurückversetzt (knapp 10 Min. zur Innenstadt). Hohe Zimmer, hell und freundlich, teils mit Stuckdecken und Erkerchen, teils mit Blick. Ungemein freundliche und zuvorkommende Hotelführung.
Morgens gibt es ein kleines, aber sorgsam ausgewähltes Frühstücksbuffet. EZ 55–58 €, DZ 80–90 €, Frühstück inkl., Hund nach Vereinbarung (4 €), Parkplatz am Haus. Gerhart-Hauptmann-Str. 14, 18435 Stralsund, ☎ 03831-308466, www.hotel-mit-meerblick.de.

Pension Pension Altstadt-Mönch **6** Hübsche Unterkunft mit grimmigem Mönch vor der Tür. Mitten in der Altstadt zwischen Altem und Neuem Markt gelegen. Freundlich und hell eingerichtete Zimmer, EZ 69 €, DZ 85 €, inkl. Frühstück. Parkplatz 7 €. Mönchstr. 60, 18439 Stralsund, ☎ 03831-444671, www.pension-altstadtmoench.de.

Hostel Hostel Stralsund **17** Etwas abgelegen in nicht so schicker Gegend zwischen Arbeitersiedlung und Industriehafen, aber keine 15 Fußminuten von der Altstadt entfernt. Modern eingerichtete, helle 2- bis 6-Bett- und Einzelzimmer, Duschen und WC auf jedem Flur, EZ 35 €, DZ 46 €, Übernachtung im Mehrbettzimmer 16–20 €. Neuerdings auch Zimmer mit eigenem Bad: EZ 45 €, DZ 56 €. Mit Küche zur Selbstversorgung, Waschmaschine, Fahrradverleih (10 €/Tag). Frühstück 7 €, Bettwäsche 3 €. Rezeption 8–11 und 16–19 Uhr. Reiferbahn 11, 18439 Stralsund, ☎ 03831-284740, www.hostel-stralsund.com.

Camping/Wohnmobilstellplatz Die nächsten **Campingplätze** auf Rügen (→ ab S. 215), Womo-Stellplatz an der Straße Richtung Dänholm/Rügendamm beschildert (Caravanstellplatz „An der Rügenbrücke", 15 €/Nacht, Werftstr. 9a, ☎ 03831-6679777, www.caravanstellplatz-stralsund.de).

Essen & Trinken → Karte S. 207

Restaurants Zum Scheele **2** Restaurant des Hotels Scheelehof (→ oben). Speisen im gemütlichen Backsteinambiente. Günstiger wechselnder Mittagstisch (auch Sa/So), ansonsten Hauptgerichte 19–32,50 €. Auch an Vegetarier wird gedacht. Tägl. geöffnet, im Sommer Terrasse im Hof. Fährstr. 23–25, ☎ 03831-2833112.

»› Unser Tipp: Wulflamstuben 3 Ein traditionsreiches Restaurant befindet sich am Alten Markt im sehenswerten Wulflamhaus, einem bedeutenden backsteingotischen Zeugnis bürgerlich-hanseatischen Selbstbewusstseins. Man sitzt gemütlich in freundlichem Ambiente unter dunklem Holzgebälk. Bemerkenswert gute Küche bei mittlerem bis gehobenem, aber durchaus angemessenem Preisniveau, Hauptgericht ab ca. 10 €. Wir probieren hier eine fantastische Fischsuppe. Tägl. ab mittags geöffnet. Alter Markt 5, ✆ 03831-291533, www.wulflamstuben.de. **«‹**

Essbar 9 Sympathisches, kleines Restaurant und Winebar unweit des Alten Marktes. Viele vegetarische Gerichte, Salate, Hauptgericht ab 8,50 €. Auch Leser sind begeistert. Mo–Fr 12–14 und 18–24 Uhr geöffnet, Sa 19–24 Uhr, Küche bis 22 Uhr, So Ruhetag. Kleinschmiedstr. 22, ✆ 03831-298176, www.essbarstralsund.de.

Braugasthaus Zum Alten Fritz 18 Hier wird das Stralsunder Bier („Störtebeker – das Bier der Gerechten") gebraut und selbstverständlich auch ausgeschenkt. Gemütliche Gaststätte, die wie ein kleines Brauereimuseum wirkt. Große Karte, auf der wirklich jeder fündig werden kann, darunter auch ein paar vegetarische Gerichte, Salate, zudem Kleinigkeiten zum Bier (mal was anderes: die „Braumeister-Tapas"), das hier auch in kleineren Mengen degustiert werden kann (z. B. 6 x 0,1 l). Hauptgericht 13–25 €, netter Biergarten, auch Brauereiführungen (→ oben), Störtebeker-Getränkemarkt nebenan. Tägl. ab 11 Uhr geöffnet, Küche bis 21.30 Uhr. Gut 2 km südlich der Innenstadt, Greifswalder Chaussee 84/85, ✆ 03831-255500, www.alter-fritz.de.

Café Ein caféreicher Platz ist der Alte Markt, sympathisch und nett ist vor allem das kleine **Nikolai-Café 7** neben dem Zugang zur Kirche; selbst gebackene Kuchen, köstliche Palatschinken z. B. mit Spinat und Feta oder mit heißen Kirschen. Auch Suppen und kleine Gerichte. Tägl. 12/13–18 Uhr geöffnet. Alter Markt 12.

»› Lesertipps: Café Kelm 13 „Klein und urgemütlich eingerichtet, jahreszeitlich hübsch dekoriert, mit leckeren Kuchen und Torten, u. a. eine wunderbare Joghurt-Sanddorn-Torte. Es kommen fair gehandelte Kaffees und Tees zu fairen Preisen in die Tassen." Dem können wir nur noch hinzufügen, dass in dem muggelich engen Café auch Waffeln und Eis angeboten werden. Mo–Sa 10–18.30 Uhr, So 11–18 Uhr. Böttcherstraße 31, ✆ 03831-667790.

Mandani Coffeeshop 5 „Direkt am Alten Markt befindet sich der Mandani Coffeeshop mit frischen Bagels, leckeren Muffins, gutem Kaffee und einem tollen Blick über den Platz. Hat uns super gefallen!", schrieben uns Leser. Dem möchten wir hinzufügen: netter Service. Tägl. 9–19 Uhr. Alter Markt 13, ✆ 03831-6733228, www.mandanicoffeeshop.de. **«‹**

Imbiss Rasmus 12 Traditionsreiches Fischgeschäft und Räucherei – eine Institution: Hier wird der Bismarckhering noch immer nach traditionellem (und natürlich geheimem) Rezept in Essig mit Senfkörnern, Zwiebeln und Lorbeerblättern eingelegt und verkauft. Eine weitere Köstlichkeit ist der süß-sauer-scharfe *Hiddenseer Pfefferlappen*, den es ebenfalls im Brötchen gibt. Mo–Fr 9–18 Uhr, Sa 8.30–12.30 Uhr. Heilgeiststr. 10, ✆ 03831/281538, www.bismarckhering.com.

Gleich gegenüber befindet sich mit **Nur Fisch – Das Fischbistro 11** die etwas modernere Interpretation von Fischimbiss, große Auswahl zu guten Preisen, auch Suppen, Burger oder aber das ganz normale Fischbrötchen. Mit Innenhof. Hauptgericht-

---

Bismarckhering

Johann Wiechmann, Brauer, Kaufmann und Gründer einer der ersten Fischkonservenfabriken an der Ostseeküste, sandte 1871 an den jüngst ernannten Reichskanzler *Otto von Bismarck* ein kleines Holzfässchen, in dem entgräteter Hering eingelegt war. „Untertänigst" bat Wiechmann, die von seiner Gattin Karoline zubereitete Spezialität *Bismarckhering* nennen zu dürfen. Dem Reichskanzler schien es geschmeckt zu haben, denn in einem handgeschriebenen Antwortschreiben gab er sein fürstliches Einverständnis. Seither gibt es den Bismarckhering, der Stralsunder ist der originale.

bernachten
Villa am Meer
Scheelehof
markt fuffzehn
Pension Altstadt-Mönch
Kontorhaus Hotel
Hostel Stralsund

Einkaufen
15 Astreines und Feines
16 Shop der Spielkartenfabrik

Cafés
5 Mandani Coffeshop
7 Nikolai Café
13 Café Kelm

Essen & Trinken
Zum Scheele
Wulflamstuben
Fischhalle
Essbar
Nur Fisch - Fischbistro
Rasmus
Die Suppenmacher
Brauhaus Zum Alten Fritz

te ab ca. 5,50 €. Mo–Fr 10–16 und Sa 11–15 Uhr. Heilgeiststr. 92, ☏ 03831-306609.

Fischbrötchen und Räucherfisch gibt es von den **Fischkuttern**, die im Kanal des Hafens (Rückseite Ozeaneum) liegen.

Fischhalle 8 In einer der Querstraßen am Hafen (Neue Badenstr. 2). Fischbrötchen ab 3 €. Tägl. 9–18 Uhr (So ab 10 Uhr).

Die Suppenmacher 14 Empfehlenswerte Suppenküche ums Eck vom Meeresmuseum, nicht allzu großes Lokal und oft voll. Wöchentl. wechselnde Suppen in kleinen und großen Portionen, viel Vegetarisches. Günstig: 3,30–4,90 € (inkl. Brot). Nur Mo–Fr 11–15 Uhr geöffnet. Böttcherstr. 36, ☏ 03831-469891, www.diesuppenmacher.de.

Sehenswertes

Der Alte Markt und das Rathaus

Am Alten Markt kann man mit der Nikolaikirche und dem *Rathaus* ein einzigartiges Ensemble Norddeutscher Backsteingotik besichtigen. Die zum Markt weisende Schaufassade des Rathauses ist ein Juwel, wenn nicht das Kronjuwel deutscher Backsteingotik. Erstmals 1270 erwähnt, bestand das Rathaus zunächst aus den zwei Langhallen und (seit Ende des 13. Jh.) dem verbindenden Querbau im Süden. Auf dem Höhepunkt hanseatischer Macht entstand der nördliche Vorbau mit seiner prächtigen Schaufassade. Sechs Dreiecksgiebel krönen die Fassade, zwischen ihnen behelmte schlanke Pfeiler, zwei weitere schmücken die St. Nikolai zugeneigte Seite. Unterhalb der Blendbögen und direkt über den Spitzbogenfenstern sind die Wappen der wichtigsten Hansestädte eingefügt. 1579 erhielt das Rathaus die Renaissance-Treppe, 1720 wurde das Barockportal der Längsfassade (Fußgängerzone/Ossenreyerstraße) angefügt. Über dem Eingang befindet sich ein farbenprächtiges Stadtwappen. Wenn man vor dem Barockportal steht, hat man quer durch das Rathaus hindurch einen eigenwilligen Blick auf das Hauptportal der Nikolaikirche. Der Innenhof des Rathauses ist heute mit Glas überdacht.

Außer dem Rathaus schmücken noch viele andere Fassaden in einem Stilmix der Epochen den Alten Markt. Besonders markant sind das *Commandanten-Hus,* ein Barockbau aus schwedischer Zeit, und das *Wulflamhaus*. Dieses Backsteingebäude, über dessen Treppengiebel sich vier Pfeilertürmchen erheben, wurde in der ersten Hälfte des 14. Jh. vom Bürgermeister *Bertram Wulflam* errichtet, der seinerzeit als der reichste Mann der Ostsee galt. Drei Häuser weiter links in Richtung Neuer Markt trifft man auf das *Giebelhaus,* erbaut Ende des 13. Jh. (Mühlenstraße 1). Sein Pfeilergiebel gilt als der älteste der Backsteingotik. Ein Blick in den Innenhof ist erlaubt. Zwei Häuser weiter befindet sich das *Dielenhaus*, in dem Modelle wichtiger Bauwerke der Stadt zu sehen sind (tägl. 10–17 Uhr geöffnet, feiertags geschl.).

„Hoch hinaus und nichts dahinter," sagen Spötter: die Rathausfassade

St. Nikolai

Die Kirche St. Nikolai ist die älteste Kirche Stralsunds und der erste Nachfolgerbau der Lübecker Marienkirche. Zunächst entstand über der vorhandenen Bausubstanz der Vorgängerkirche eine dreischiffige Hallenkirche mit Querschiff und einem Turm. Kaum vollendet, wurde die Kirche nach 1270 zu einer dreischiffigen, querhauslosen Basilika mit Chorumgang umgebaut. Die Nähe zur Lübecker Marienkirche zeigt sich am deutlichsten in der wuchtigen Doppelturmanlage – neben Lübeck die einzige an der Ostseeküste, die vollendet wurde. Anfang des 18. Jh. kam es zu der bis heute das Stadtbild prägenden uneinheitlichen Bedachung der Türme, der eine mit barockem Helm, der andere mit niedrigem Pyramidendach.

Im Innern der Kirche beeindrucken die mit Fresken geschmückten farbenprächtigen Säulen (die so genannten „Bunten Pfeiler"), aus manchen Kapitellen der Spitzbogenarkaden ragen kleine steinerne Köpfe mit auf die Säulen gemalten Körpern. Die Ausstattung der Kirche ist beachtlich – bedenkt man, was alles während des „Kirchenbrechens" 1525 verloren gegangen ist, lässt sich der Reichtum der ursprünglich vorhandenen mittelalterlichen Kunstschätze erahnen. Aus der Fülle der wertvollen Details sind besonders der gotische Hochaltar (gestiftet 1470), die Reste einer astronomischen Uhr von 1349 (hinter dem Hochaltar) und die Stuckplastik *Anna Selbdritt* (vor 1270) hervorzuheben sowie die erhaltenen Nebenaltäre. Einstmals sollen es 56 gewesen sein, viele davon von Fernhandelsbetreibern gestiftet. Dazu gehört z. B. der Altar der Bergenfahrer (Bergen in Norwegen), der um 1500 entstanden ist. Bemerkenswert sind vor allem die vier erhaltenen Relieftafeln des Gestühls der Rigafahrer (fälschlicherweise auch als Gestühl der Nowgorodfahrer bekannt) aus dem 14. Jh. (beim barocken Trennaltar rechts). Die lebendige Darstellung zeigt den Ursprung des Profits: bärtige Zobeljäger, Holzfäller und Honigsammler bei der Arbeit und in Verhandlungen mit Figuren in hanseatischer Tracht. Kurzum: St. Nikolai ist unbedingt einen Besuch wert.

Farbenprächtig im Innern: St. Nikolai

April/Mai und Sept./Okt. Mo–Sa 10–18 Uhr, So und feiertags 13–16 Uhr; Juni bis Aug. Mo–Sa 9–19 Uhr, So und feiertags 13–16 Uhr; Nov. bis März Mo–Sa 10–16 Uhr, So und feiertags 13–15 Uhr. Eintritt 3 €, unter 18 J. frei. Audioguide 2 €, Führungen Juni bis Sept. Mo/Di und Do/Fr 12.30 und 15 Uhr. Man betritt St. Nikolai vom Markt aus durch das Seitenportal (ca. 30 m links von der Schaufassade des Rathauses), das Hauptportal (zum Rathaus hin) wird nur zu Gottesdiensten geöffnet, ✆ 03831-297199, www.hst-nikolai.de.

Johanniskloster

An der nördlichen (rekonstruierten) Stadtmauer liegt das ehemalige Kloster St. Johannis. 1254 von den Franziskanern gegründet, entwickelte es sich in den folgenden Jahrhunderten zu einem der bedeutendsten Klöster in Norddeutschland. Die Reformation beendete jedoch die Blüte des Klosters, das in städtischen Besitz gelangte und u. a. als Armenhaus und Rentnerdomizil, Waisenhaus, Krankenstube, Gefängnis, Friedhof und Militärstall diente. Den größten Schaden aber nahm das Kloster bei dem britisch-amerikanischen Bombenangriff 1944. Im Zentrum der Klosteranlage befindet sich der idyllische Kreuzgang, etwas abseits erheben sich die Chorruinen von St. Johannis.

Das Kloster ist leider schon seit Jahren wegen Sanierung geschlossen, also nur von außen zu besichtigen. Am Johanniskloster 35.

Museen in der Mönchstraße

Hinter den dicken Mauern des *Katharinenklosters,* eines ehemaligen Dominikanerklosters aus dem 13. Jh., verbergen sich heute zwei bedeutende Museen der Stadt: das Deutsche Meeresmuseum und das Kulturhistorische Museum.

Meeresmuseum: der Finnwal im Chor

Deutsches Meeresmuseum: Was 1951 mit einer kleinen Sammlung im Katharinenkloster begann, entwickelte sich nicht nur zum bedeutendsten Museum Stralsunds, sondern auch zum meistbesuchten in Norddeutschland. Nach den Außenstellen (darunter das *Natureum* am Darßer Ort, S. 184) wurde 2008 das zugehörige *Ozeaneum* (→ unten) am Hafen eröffnet, das nicht nur dank seines spektakulären Äußeren die Attraktivität des Deutschen Meeresmuseums nochmals enorm steigert. Der äußerliche, architektonische Unterschied der beiden großen Standorte des Deutschen Meeresmuseum ist offensichtlich: hier in den altehrwürdigen Mauern des gotischen Klosters untergebracht, am Hafen eingefasst in modernste Architektur. Inhaltlich lässt sich die Unterscheidung am ehesten an der Wassertemperatur festmachen. Während sich das Ozeaneum den nördlichen Meeren Ost- und Nordsee bis hin zum Polarmeer widmet, werden im Katharinenkloster eher Mittelmeer und tropische Meere thematisiert.

Gleich im Eingangsbereich sind ein Modell des Klosters wie auch eines des heutigen Museums zu sehen: In die riesige Halle der ehemaligen Kirche hat

Museen in der Mönchstraße 211

man zwei Zwischenebenen eingezogen und so eine deutlich größere Ausstellungsfläche geschaffen. Das Erdgeschoss befasst sich vornehmlich mit den Themen Meereskunde, Meeresbiologie und Tiefseeforschung. Es sind diverse Schiffsmodelle zu bewundern – u. a. des Tauchbootes *Trieste*, mit dem Jaques Piccard und Donald Walsh 1960 unglaubliche 10.916 Meter tief in den Marianengraben getaucht sind – sowie Modelle und Skelette von Haien und Robben, Mond- und Thunfischen. Hinter dem großen Modell eines Korallenriffs findet man sich unversehens im Chor der alten Klosterkirche und unter einem 15 Meter langen und 1000 Kilogramm schweren Skelett eines Finnwals wieder, der im Jahr 1825 vor Rügen strandete. Das erste Obergeschoss der Ausstellung ist ganz der Geschichte der Fischerei gewidmet: Neben verschiedenen Schiffsmodellen vom ca. 2000 Jahre alten Einbaum bis hin zum Modell *Atlantik-Supertrawler* werden die verschiedensten Methoden in Sachen Fischfang sowie die dazugehörigen Gerätschaften gezeigt; ein wenig ist auch über die Stralsunder Volkswerft zu erfahren. Im zweiten Stock hat man eine bunte Sammlung zu verschiedenen Themen rund um das Meer zusammengetragen. Nicht verpassen sollte man, einen Blick nach oben ins prächtige Gewölbe und (wieder im Chor) hinab auf den Finnwal zu werfen. Von hier aus geht es – durch die tiefdunkle Abteilung *Tiefsee* und vorbei an Ausstellungsvitrinen, die sich der Meeresvielfalt in der Ostsee und an ihrer Küste widmen – die Treppen hinunter zu den Tropen- und Mittelmeeraquarien mit ihren farbenprächtigen Bewohnern: Seeanemonen und Clownfische, Seepferdchen und Garnelen. Höhepunkt ist sicherlich das Becken mit den majestätischen Meeresschildkröten.

Ganzjährig tägl. 10–17 Uhr (Okt. bis Dez. Mo geschl.), Einlass bis 30 Min. vor Schließung. Eintritt 10 €, erm. 8 € , Kinder (4–16 Jahre) 5 €, Kinder unter 4 J. frei. Audioguide 1 €, Fotoerlaubnis 1 €. Gut angelegt sind die 3,90 € für den **Museumsführer** (an der Kasse erhältlich). Shop und Cafeteria am Ausgang. Katharinenberg 14–20, ✆ 03831-2650210, www.meeresmuseum.de.

Kombiticket für Ozeaneum und Meeresmuseum 23 €, erm. 17 €, Kinder 12 €.

Kulturhistorisches Museum: Ebenfalls im Komplex des ehemaligen Katharinenklosters untergebracht ist das älteste Museum Mecklenburg-Vorpommerns (bereits seit 1858), das mit Sicherheit auch eines der sehenswertesten ist. Im Kloster befindet sich die Sammlung seit 1924. Die Ausstellungen beschäftigen sich natürlich mit der Geschichte Stralsunds, Schwerpunkte sind mittelalterliche Kirchenkunst, Fayencen aus der „Stralsunder Fayencenfabrique" (1755–1792), hanseatischer Handel, Wikingergold und städtisches Handwerk. Allein die Räumlichkeiten um die beiden Kreuzganghöfe sind unbedingt sehenswert. Die Sektion *Handel und Wandel* beispielsweise wird von einem eleganten Netzgewölbe überspannt. Das Highlight der gesamten Ausstellung bildet der *Goldschatz von Hiddensee* aus dem 9. Jh. (→ S. 276).

Das erste Obergeschoss widmet sich der jüngeren Stralsunder Geschichte, darunter auch dem Thema Spielkarten aus der einstmals überregional bekannten Stralsunder Spielkartenfabriken des 18./19. Jh. Einige Räume sind mit historischem Mobiliar ausgestattet: ein Biedermeierzimmer, ein Wäschezimmer von 1900, ein Wohn-/Esszimmer von 1927 und schließlich ein DDR-Wohnzimmer aus dem Jahr 1970. Zahlreiche Stadtansichten aus den verschiedenen Jahrhunderten, Grafiken und Gemälde, darunter auch Werke von *Caspar David Friedrich*, runden die Ausstellung ab.

Tägl. 10–17 Uhr Mo Ruhetag. Eintritt 6 €, erm. 3 €, Kinder unter 6 J. frei. Familienkarte 14 € (2 Erw. und unbegrenzt Kinder). Mönchstr. 25–28, ✆ 03831-253617.

Stralsund

> Für **Kulturhistorisches Museum** und das **Museumshaus** gibt es ein **Kombiticket**: Erw. 8 €, erm. 4 €, Familien 18 €.

Museumshaus: In der Mönchstraße liegt diese Außenstelle des Kulturhistorischen Museums. Das uralte Krämerhaus, dessen Gebälk sichtlich unter der Last der Jahrhunderte ächzt, ist selbst das Exponat. Um 1320 erbaut, gehört es zu den ältesten Wohnhäusern der Stadt (und war bis 1979 bewohnt). Bei der in den 1990er Jahren erfolgten Sanierung ging es weniger darum, den mittelalterlichen Bauzustand komplett wiederherzustellen, vielmehr wurden die 650 Jahre, die dieses Haus bewohnt war, „sichtbar" gemacht, z. B. durch das „Aufblättern" von 20 Tapetenschichten. Zu sehen sind u. a. der krumme, niedrige Keller und ein kleines Kontor. Der Höhepunkt des Rundganges befindet sich im Dachgeschoss: Hier steht ein gotisches Lastenrad, das nicht nur zu den ältesten Nordeuropas zählt, sondern sogar noch funktioniert.
Tägl. 10–17 Uhr Mo Ruhetag. Eintritt 5 €, erm. 2,50 €, Kinder unter 6 J. frei. Familienkarte 14 €. Mönchstr. 38, ✆ 03831-253617.

> ### Werkstatt und Museum: Die alte Spielkartenfabrik
> Nicht ganz so bekannt wie manche seiner Sehenswürdigkeiten ist Stralsunds Tradition als ein Zentrum der Spielkartenfabrikation – schon 1765 erhielt man hier von den Schweden, die ja seinerzeit das Sagen hatten, eine Konzession zur Herstellung von Spielkarten. Das Geschäft florierte – gezockt wird schließlich immer –, man expandierte und Mitte des 19. Jh. hatte es die *Vereinigte Stralsunder Spielkartenfabriken A. G.* zur Marktführerschaft gebracht. 1931 wurde der Sitz des Erfolgsunternehmen ins thüringische Altenburg verlegt, wo immer noch Spielkarten (und Spiele) produziert werden.
>
> Die alte Fabrik im backsteinernen Speicher am Katharinenberg kann besichtigt werden. Heute werden hier Bücher in kleiner Auflage gedruckt, man kann an einem Workshop für Typografie, Buchdruck, Grafik, Binden, Papierschöpfen u. a. teilnehmen, einen eigenen Entwurf selbst setzen und drucken (mit Anleitung) oder sich einfach zum Spieleabend mit den hier entworfenen Kartenspielen (→ auch unter Einkaufen, S. 204) einfinden.
> Mo–Fr 11–13 und 15–19 Uhr geöffnet, Eintritt frei, Führungen nach Absprache (10 €/Pers.). Katharinenberg 35, ✆ 03831-703360, www.spiefa.de.

Marienkirche

Die Kirche St. Marien ein Gotteshaus zu nennen ist eigentlich eine Untertreibung, „Burg Gottes" trifft es besser. Wuchtig und geradezu wehrhaft erhebt sich der kolossale Backsteinbau über den Neuen Markt. Die trutzige Kirche wurde erstmals 1298 erwähnt. Ihr Aussehen wurde in den folgenden Jahrhunderten jedoch stark verändert. Sicher ist, dass wesentliche Teile der heutigen Anlage Anfang des 15. Jh. entstanden sind, nachdem in den 80er Jahren des 14. Jh. der Kirchturm umfiel und auch Langschiff und Chor zerstörte. St. Marien ist die letzte große Backsteinbasilika im norddeutschen Raum und damit der kolossale Schlussstein der Norddeutschen Backsteingotik. Von außen sieht man der Kirche kaum an, dass es sich um ein dreischiffiges, basilikales Langhaus handelt. Die wuchtigen, von kleinen Türmchen gekrönten Anbauten des Kirchturms erwecken den Eindruck eines Querschiffes, das aber nicht vorhanden ist. 1478 erhielt der Turm eine gigantische Spitze:

Ein Gotteshaus wie eine Burg: die Marienkirche

151 Meter hoch ragte er nun über die Stadt, weit sichtbar über Wasser und Land (zum Vergleich: heute sind es 104 Meter). Aber es kam, wie es kommen musste: 1647 schlug der Blitz ein und zerstörte den Aufbau. 1708 erhielt der Turm die barocke Haube, die auch heute noch zu sehen ist.

Eine eindrucksvoll steile Raumproportion ergibt sich im Innern der Kirche, bei einer Mittelschiffbreite von etwas mehr als 10 Metern geht es fast 33 Meter in die Höhe. Karg dagegen gestaltet sich die Ausstattung der Kirche. Von der Aussichtsplattform auf dem Kirchturm in 90 Metern Höhe hat man einen einzigartigen Blick über die Hansestadt, den Strelasund und Rügen. Das hoch liegende Dachgewölbe ist mit Führungen begehbar. Hierbei ist u. a. ein alter Lastenaufzug von 1648 zu sehen: ein Tretrad von sieben Metern Durchmesser, das noch immer funktionstüchtig ist.

Sept./Okt. 10–17 Uhr, Nov.–Aug. Mo–Fr 10–12 Uhr und 14–16 Uhr, Sa/So 10–12 Uhr. Während der Öffnungszeiten ist eine Turmbesteigung (366 Stufen, teils sehr steile Stiegen) möglich: Erw. 4 €, erm. 2 €. Führungen durch das Dachgewölbe (einschl. Turmbesteigung) Di 15 Uhr und Do 15.30 Uhr. Erw. 4 €, erm. 2,50 €, Anmeldung in der Kirche oder unter ✆ 0172-3125491, www.st-mariengemeinde-stralsund.de.

Jakobikirche

Die Dritte im Bunde der gotischen Backsteinkirchen Stralsunds ist die Jakobikirche. Die chorlose Hallenkirche wurde im 14. Jh. errichtet und später in eine dreischiffige Basilika umgebaut. Die Jakobikirche hatte unter den Wirren der Jahrhunderte übrigens noch mehr zu leiden als ihre Schwestern, kaum ein Krieg, dessen Geschosse ihre Fassaden nicht getroffen hätten. Hinzu kamen Blitzschlag und Brände. St. Jakobi dient heute als Kulturkirche und ist Bühne für Konzerte, Kino, Theater oder diverse andere Veranstaltungen.

Jacobiturmstr. 28. Infos, Programme und Kartenvorverkauf bei der Tourist-Information oder unter ✆ 03831-309696.

Am Hafen: das Ozeaneum

Einst die Basis hanseatischer Macht, ist der Hafen heute eine quirlige Flaniermeile. Von Kanälen umschlossen, setzt sich die Hafeninsel ein wenig ab und bleibt doch ein lebendiger Teil der Altstadt. Blickfang und Besuchermagnet ist das Ozeaneum. Seine spektakuläre Architektur passt sich zwischen den alten backsteinernen Speichern ein, ohne sich vorzudrängen. Vier Gebäude, durch ein gläsernes Foyer miteinander verbunden, bilden einen architektonisch gelungenen Museumskomplex, der in interessantem Kontrast zu der historischen Hafenfront steht. Im ersten Gebäude befassen sich die Ausstellungen (auch interaktiv) mit dem „Weltmeer", der „Ostsee" und der „Erforschung der Meere". In den beiden nächsten Gebäuden sind die Aquarien untergebracht, die vor allem die Lebensräume der Nordsee und der Ostsee sowie des Polarmeeres nachstellen. Insgesamt sind es 45 Aquarien, die zusammen sechs Millionen Liter Wasser fassen, das größte davon ist das Schwarmfischbecken mit einem Fassungsvermögen von 2,6 Millionen Litern. Das vierte Gebäude ist den Riesen der Meere gewidmet: Modelle von Walen in Originalgröße hängen im Raum. Klanginstallationen simulieren den Gesang der Meeressäuger. Ein weiteres Highlight des an Attraktionen sicher nicht armen Museums ist die Pinguinanlage auf dem Dach. Daneben gibt es für Kinder eine kleine Erlebnisausstellung („Ein Meer für Kinder").

Ganzjährig tägl. 9.30–18 Uhr geöffnet, Juni bis Sept. bis 20 Uhr, Erw. 17 €, erm. 12 €, Kinder (4–16 Jahre) 8 €, Kinder unter 4 Jahren frei. Hafenstr. 11, ℡ 03831-2650610, www.ozeaneum.de.

Am Hafen liegt die *Gorch Fock I* vor Anker. Der stattliche Windjammer war der Vorgänger des heutigen Marinesegelschulschiffes gleichen Namens. Nach dem Stapellauf im Mai 1933 stand der Großsegler als Ausbildungsschiff im Dienst. Nach dem Krieg fuhr er unter dem neuen Namen *Towarischtsch* (Genosse) für die russische Handelsmarine. Schließlich erwarb ein Förderkreis den Windjammer und ließ ihn wieder instand setzen. Ein ausgeschilderter Rundgang führt auf die Brücke und in den Funkraum, dann in den Kapitänssalon und unter Deck.

April–Sept. tägl. 10–18 Uhr, Okt.–März 10–16 Uhr. Eintritt 4,90 €, Schüler/Stud. 2,50 €, Kinder bis 6 J. frei, Familienkarte 11,50 €, ℡ 03831-666520, www.gorchfock1.de.

Dänholm

Früher war Dänholm das Sprungbrett nach Rügen, doch steht die kleine Insel im Strelasund mittlerweile im wahrsten Sinne des Wortes im Schatten der neuen Brücke. Wer genügend Zeit hat, kann den kleinen Abstecher unternehmen. Zwar ist Dänholm, einstmals von großer strategischer Bedeutung für Stralsund, heute ein wenig öde, aber es versteckt sich doch hier oder da ein Anlaufpunkt darauf – in erster Linie das *Nautineum*. Auf die Insel gelangt man über die Ziegelgrabenbrücke bzw. von Rügen aus über den alten Rügendamm, der seit seiner Sanierung wieder als Anreisealternative auf die Insel dient.

Nautineum: Dependance des Deutschen Meeresmuseums, hier sind die sperrigen Exponate untergebracht (begehbare Unterwasser-Forschungsstation, allerdings an Land), nur Mai–Okt. Di 10–16 Uhr geöffnet, Eintritt frei. Zum Kleinen Dänholm, ℡ 03831-288010, www.deutsches-meeresmuseum.de.

Öffnungszeiten Ziegelgrabenbrücke: Die Brücke wird 6-mal tägl. (5.20, 8.20, 12.20, 15.20, 17.20 und 21.30 Uhr) bei Bedarf jeweils für 20 Min. für den Schiffsverkehr geöffnet.

Am Strand von Sellin

Rügen

Zwischen zergliederten Boddenufern, endlosen Sandstränden und spektakulärer Steilküste erstreckt sich eine vielgestaltige Landschaft, die stets mit neuen Naturschönheiten überrascht. Im Inselinneren verbinden kilometerlange Alleen mondäne Ostseebäder mit beschaulichen Dörfern.

Mit 926 Quadratkilometern ist Rügen mit Abstand die größte Insel Deutschlands. Und doch ist das Wasser immer nah: Auf der ganzen Insel gibt es keinen Ort, der mehr als sieben Kilometer vom Meer oder Bodden entfernt ist. Rügen ist ein Badeparadies. Von den 574 Kilometer Küstenlinie sind über 63 Kilometer Badestrände, die sich vor allem entlang Rügens Ostküste erstrecken. Berühmt ist der weite Strand bei Prora, beliebt sind die Hausstrände der Ostseebäder Göhren, Sellin und Binz, beschaulicher geht es am abgelegenen Sandstrand der Schaabe zwischen den Halbinseln Jasmund und Wittow zu.

Rügen wäre eigentlich besser als Inselgruppe beschrieben und weniger als zusammenhängende Insel, doch Natur und Mensch haben mit Nehrungen und Geröllwällen vom „Inselkern" Rügens Brücken zu den Nachbarinseln geschlagen: Im Südosten hängen sich die zergliederten Küsten des Mönchguts an, das sich wie ein verkleinertes Spiegelbild Rügens zwischen Bodden und Ostsee aus dem Wasser erhebt.

Rügen → Karte S. 216/217

> Lust auf noch mehr Rügen? Alles zur größten Insel Deutschlands finden Sie im aktuellen Reisehandbuch **Rügen, Stralsund, Hiddensee** des Michael Müller Verlags. 5. Auflage, Erlangen 2017, ca. 300 Seiten, 16,90 €, ISBN 978-3-95654-436-1.

Map of Rügen and Hiddensee

Nationalpark Jasmund
- Große Stubbenkammer
- Königsstuhl
- Kleine Stubbenkammer
- Kollicker Ufer
- Ernst-Moritz-Arndt-Sicht
- Wissower Ufer
- Piratenschlucht
- SASSNITZ
- Fährhafen Sassnitz
- Nationalparkzentrum
- Hagen
- Stubnitz
- Lohme
- Kreidetagebau
- Neddesitz
- Dargast
- Jasmund
- Sagard
- Bobbin
- Schloss Spyker
- Spykerscher See
- Mittelsee
- NSG Spykerscher See und Mittelsee
- Polchow
- Martinshafen
- Großer Wostevitzer Teich
- NSG Wostevitzer Teiche
- Semperheide
- Glowe
- Tromper Wiek
- Großer Jasmunder Bodden
- Ralswiek
- Naturbühne
- Schloss Ralswiek

Wittow
- Kap Arkona
- Gellort
- Vitt
- Putgarten
- Varnkevitz
- Nobbin
- Schwarbe
- Juliusruh
- Altenkirchen
- Breege
- Breeger Bodden
- Bohlendorf
- Kahle
- Bakenberg
- NSG Nordwestufer Wittow mit Kreptitzer Heide
- Dranske
- Wiek
- Wieker Bodden
- Wittower Fähre
- Vieregge
- Lebbiner Bodden
- Lebbin
- Lidow
- Banzelvitzer Berge
- Tetzitzer See
- Neuendorfer Wiek
- Neuenkirchen
- Rappin
- Breetzer Bodden
- Vaschvitz
- Trent
- Buger Bodden
- Bug
- Rassower Strom
- Buger Haken
- Poggenhof
- Schaprode
- Udarser Wiek

Hiddensee
- Enddorn
- Dornbusch
- Grieben
- Kloster
- Bessin
- Alt-Neu-Hahnentief (Bessinscher) Schaar
- Vitter Bodden
- Vitter Fährinsel
- Vitte
- Vitter Bucht
- Neuendorf
- Plogshagen
- Dünenheide
- Schaproder Bodden

Rügen
BERGEN auf Rügen
PUTBUS
STRALSUND
Geller Haken
Freesenort
Murse-wiek
Heuwiese
Lieschow
Gingst
Nationalpark Vorpommersche Boddenlandschaft
Kubitzer Bodden
Liebitz
Dreschvitz
Güttin
Flugplatz Güttin
Parow
Strelasund
Rambin
Samtens
Altefähr
Nonnen-see
Rugard
Buschvitz
Zittvitz
Bodden
Thießow
Prora
Prorer Wiek
Naturerbe Zentrum Rügen
Ostseebad Binz
Karow
Zirkow
Schmachter See
Granitzer Ort
Granitz
NSG Granitz
Jagdschloss Granitz
Ostseebad Sellin
Ostseebad Baabe
Ostseebad Göhren
Serams
Lancken-Granitz
Altensien
Neuen-siner See
Seeliner See
Seedorf
Moritz-dorf
Vilmnitz
Dt. Alleenstr.
Groß Stresow
Lauterbach
Stresower Bucht
Neu Reddevitz
Having
Alt Reddevitz
Middel-hagen
NSG Lobber Ort
Lobbe
Reddevitzer Höft
Hagensche Wiek
Gager
Mönchgut
Bakenberg 66 m
Zickersches Höft
Groß Zicker
NSG Zicker
Zicker-see
Zickerhörn
Klein Zicker
Thiessow
Südperd
Thiessower Haken
96
196
96n
Sehlen
Karnitz
Kniepower See
Kasnevitz
Deutsche Alleenstr.
Neuendorf
Wreecher See
Neukamp
Vilm
Altkamp
Garz
Poseritz
Gustow
Wamper Wiek
Drigge
Gustower Wiek
Prosnitz
Posnitzer Schanze
Groß Schoritz
NSG Schoritzer Wiek
Zudar
Zicker
Poppelvitz
Biosphärenreservat Südost-Rügen
Rügischer Bodden
Devin
Brandshagen
Strelasund
Glewitzer Ort
Glewitzer Fähre
Stahlbrode
Reinberg
Gelbes Ufer
Grabow
Palmer Ort
2 km
Rügen

Die Landenge Schmale Heide und der Lietzowdamm reichen in nordöstlicher Richtung nach Jasmund, dessen herrlicher Buchenwald hart über den berühmten Kreidefelsen abbricht. Schließlich ist die Halbinsel Jasmund ihrerseits über eine enge, lange Nehrung namens Schaabe mit Wittow verbunden, dem flachen „Windland", dessen Leuchtturm bewehrtes Kap weit in die Ostsee ragt. Während die stille Insel Ummanz durch eine Brücke mit dem Westen Rügens verbunden ist, hat sich Hiddensee seine exklusive Insellage erhalten.

Rügens Süden

Die südwestliche Ecke Rügens, das Dreieck Altefähr, Zudar und Bergen, markiert für viele Rügen-Reisende lediglich den letzten Abschnitt einer mehr oder minder langen Fahrt an den Urlaubsort. Wer sich vor dem ersten Strandgang ein bisschen mehr Zeit lassen will, kann sich auf dem nördlichsten Teil der *Deutschen Alleenstraße* über die Orte Gustow, Poseritz und Garz langsamer seinem Reiseziel nähern. In Rügens Mitte wird es dann städtisch. Bergen auf Rügen, Inselhauptstadt und -zentrum, verbreitet freundlich kleinstädtisches Flair. In der näheren Umgebung der Stadt befinden sich die beiden Festspielorte Rügens: das Theater von Putbus, der klassizistischen „weißen Stadt", und die Freilichtbühne von Ralswiek, wo jedes Jahr die spektakulären *Störtebeker Festspiele* stattfinden.

Altefähr
ca. 1200 Einwohner

Der Name verrät bereits viel über den kleinen Ort. Hier legten die Fähren aus der Hansestadt Stralsund an. Mit dem Bau des Rügendamms 1936 wurde Altefähr gewissermaßen arbeitslos und seither von den meisten Reisenden im wahrsten Sinne des Wortes links liegen gelassen. Heute verfügt Altefähr über eine kleine Marina, einen unspektakulärer Badestrand und eine überschaubare touristische Infrastruktur. Sehenswert ist die Nikolaikirche (15. Jh.) mit ihrer eigenwilligen Turmuhr.

Klettern Wald Seil Park Rügen. Im schmalen Waldstreifen westlich von Altefähr. Klettergarten mit sieben Parcours verschiedener Schwierigkeitsgrade. Ende April bis Juni und Sept. Mi–Fr 12–18 Uhr, Sa/So 10–18 Uhr (April nur bis 17 Uhr), Juli/Aug. tägl. 10–19 Uhr, Okt. nur Sa/So und in den Ferien 11–17 Uhr. Klingenberg 25, ✆ 038306-239758, www.waldseilpark-ruegen.de.

Verbindungen Die **Bus-Linie 1** des Stralsunder Nahverkehrs fährt bis nach Altefähr. Die **Linie 41** fährt mehrmals tägl. nach Samtens, Gingst und Bergen. Am etwas abseits gelegenen Bahnhof hält der Zug von Stralsund über Bergen nach Sassnitz fährt (5–23 Uhr, fast jede volle Stunde), hier hält auch die **(Bus-)Linie 30** von Stralsund via Garz und Putbus nach Bergen.

Schiffe der *Weißen Flotte* fahren 4- bis 5-mal tägl. nach Stralsund (Ostern bis Ende Okt.), Erw. 3,50 €, Kinder 1,80 €, Hund 1,80 €, Fahrrad 2,50 €. ✆ 03831-26810, www.weisse-flotte.de.

Wassersport Sail & Surf Rügen. Surfkurse für Anfänger, Fortgeschrittene und Kinder, auch Scheinerwerb, außerdem Kurse im Kitesurfen und Katamaran. Zudem Materialverleih (auch Kajaks). Am Fährberg 8, ✆ 038306-23253, www.segelschule-ruegen.de.

Rambin: Auf dem eiligen Weg an den Strand (oder nach Hause) wird sich für den ein oder anderen ein Zwischenstopp in Rambin anbieten. Vielleicht nicht unbedingt wegen des hübschen kleinen Dorfkerns (erste Erwähnung 1246) mit seiner alten Backsteinkirche, sondern zum Shoppen: im *Rügener Bauernmarkt* und in der *Inselbrauerei*.

Einkaufen/Essen & Trinken Rügener Bauernmarkt. In der „Alten Pommernkate", hier gibt es Kulinarisches vom Bauernhof, aber auch jede Menge Nippes und Mitbringsel (was sich bekanntlich nicht ausschließt): vom Buddelschiff bis zum Wohlfühl-Tee; auch Café und Fischräucherei. Tägl. 8–19 Uhr. Hauptstr. 2 a, ☏ 038306-62630, www.altepommernkate.de.

》》 Lesertipp: Insel-Brauerei. „Moderne Brauerei mit interessanten Bieren." Mit der handelsüblichen Kastenware haben diese Biere allerdings nur wenig gemein: Hier wird Rügens Beitrag zum Craft-Beer-Hype gebraut. Verkostung und Verkauf, nach Voranmeldung auch Besichtigung. Direkt neben der Pommernkate. Tägl. 10–19 Uhr, Hauptstraße 2c, ☏ 038306-238700, www. insel-brauerei.de. 《《

Flugplatz Rügen (bei Güttin): Rügen aus der Luft? Machbar und nicht einmal unerschwinglich. Nördlich von Samtens befindet sich der einzige Flugplatz der Insel, von dem die Cessnas vor allem für Inselrundflüge aufsteigen.
Ostsee-Flug-Rügen, 18573 Güttin/Rügen, ☏ 038306-1289, www.flugplatz-ruegen.de. In der Hochsaison besser reservieren.

Garz

ca. 2200 Einwohner

Als erster Ort der Insel erhielt Garz 1319 das Stadtrecht. Doch dieses Privileg scheint im Laufe der Jahrhunderte an der uralten Siedlung spurlos vorübergegangen zu sein. Garz ist ein Dorf geblieben. Es gibt eine Kirche und einen Dorfkrug, eine Poststelle befindet sich im kleinen Supermarkt. Die „Attraktionen" des Ortes liegen am südwestlichen Ortsrand: Der *slawische Burgwall* zeugt von der Bedeutung von Garz (Charenza), als der Ort in slawischer Zeit ein Handelszentrum und neben dem religiösen Zentrum Arkona der wichtigste Ort der Insel war. Heute dienen Überreste des Burgwalls als kleiner Stadtpark. Im *Ernst-Moritz-Arndt-Museum* nebenan wird an den berühmtesten Sohn der Stadt erinnert.
Ernst-Moritz-Arndt-Museum, Mai bis Okt. Di–Sa 10–16 Uhr, Nov. bis April Mo–Fr 10–15 Uhr. Eintritt 2 €. An den Anlagen 1, ☏ 038304-12212.

Verbindungen Bus. Die Linie 30 verbindet Garz etwa stündl. mit Bergen und Putbus, 6-mal mit Stralsund.

Golf Golf-Centrum Schloss Karnitz. Große, ruhig gelegene Anlage nördlich von Garz, 18-Loch-Challenge-Course und 9-Loch-Public-Course. Angeschlossen sind ein Restaurant und Ferienwohnungen. Von Süden kommend am Ortseingang links. 18574 Karnitz, ☏ 038304-82470, www.inselgolf-ruegen.de.

Halbinsel Zudar

Die Halbinsel wäre nahezu menschenleer, wäre da nicht der Verkehr, der im Sommer der *Glewitzer Fähre* zustrebt. Abseits dieser Verbindungsader, an der mit *Zudar* auch die größte Siedlung der Halbinsel liegt, wird es ländlich und einsam. Ein pittoreskes Bild gibt die Kormorankolonie auf dem Inselchen *Tollow* ab: Mitten in der südlichsten Ausbuchtung der *Schoritzer Wiek* sitzen die großen Vögel auf abgestorbenen Bäumen und bilden eine skurrile Silhouette.

Baden Die Sandstrände Zudars befinden sich an der Ostküste der Halbinsel und sind dank ihrer abseitigen Lage meist nur spärlich besucht. Kleine Badegelegenheiten befinden sich auch um den Palmer Ort, die Südspitze Zudars. Die Strände sind nicht überwacht, kein Strandservice.

Verbindungen Glewitzer Fähre. April bis Okt. tägl. 6–20.10 Uhr, Mai bis Sept. bis 21.40 Uhr. PKW (inkl. Fahrer) 5,90 €, Erw. 1,30 €, Kind 0,90 €, Motorrad 4,50 €, Fahrrad 1,30 €. Auskunft Glewitzer Fähre ✆ 0172-7526836.

Bergen

ca. 14.200 Einwohner

Bergen bildet nicht nur die geografische Mitte Rügens, es ist auch die „Hauptstadt" und das wirtschaftliche Zentrum der Insel. Der historische Ortskern mit Marktplatz, Marienkirche und altem Klostergelände versprüht sympathisches Kleinstadtflair.

Geschäftig geht es zu im Stadtzentrum von Bergen rund um den Markt. Dass der abschüssige, unsymmetrische Platz nur z. T. verkehrsberuhigt ist, stört kaum, wenn man am oberen Teil auf einer der Caféterrassen sitzt und sich das Treiben in Ruhe anschauen kann. Umgeben wird der Marktplatz von einem wahllos aneinander gereihten, aber ansehnlichen Häuserensemble: hier ein bisschen Backstein, dort eine strahlend weiße Fassade, hübsche Giebel oder ein schmuckes Erkertürmchen neben funktionalem Nachkriegsdesign. Unter ihnen befindet sich auch das *Benedix-Haus*, ein hübsches Fachwerkgebäude, das die Touristinformation beherbergt. Nur ein paar Schritte weiter, im Rücken des Benedix-Hauses, wird es ruhig und idyllisch. Um die Marienkirche verteilen sich ein paar schmucke niedrige Häuser mit blühenden Vorgärten und die alten, sorgsam restaurierten Gebäude des ehemaligen Nonnenklosters. Im Klosterhof befinden sich heute eine Schauwerkstatt samt Läden und Café und ein kleines, sehenswertes Stadtmuseum.

Basis-Infos und Aktivitäten

Information Die Touristinformation Bergen direkt am Markt im Benedix-Haus, Mitte Mai bis Mitte Sept. Mo–Fr 10–18 Uhr, Sa 10–16 Uhr (im Winterhalbjahr etwas eingeschränkt). Markt 23, ✆ 03838-3152838, www.stadtinfo-bergen-ruegen.de

Einkaufen Schauwerkstatt im Klosterhof. Hinter der Kirche, mehrere kleine Kunsthandwerksläden und -werkstätten. Billrothstr. 20.

Im unteren Bereich des Klosterhofs befindet sich der Laden **Klostergenuss**, hier gibt es Marmelade, Likör, Säfte und was sich sonst aus Obst (ungespritzt, Eigenanbau) machen lässt sowie andere regionale Produkte. Hier befindet sich auch ein **Café** im gemütlichen Innenraum und auf der herrlichen Terrasse. Mo–Fr 10–17 Uhr, Sa 10–14 Uhr, außerhalb der Saison Mo–Fr 10–16 Uhr, ✆ 03838-31409.

Parken Kostenpflichtiger Parkplatz auf dem Markt, allerdings oft überfüllt, einzelne kostenpflichtige Stellplätze entlang der Zufahrtsstraßen zum Markt, großer kostenloser Parkplatz gegenüber dem Parkhotel Rügen.

Sport Drei Attraktionen befinden sich auf dem Rugard: Im **Kletterwald Rügen** kann man sich durch sechs Parcours hangeln; geöffnet April bis Okt. tägl. 10–18 Uhr (wetterabhängig), Rugardweg 9, ✆ 0152-04903263, www.kletterwald-ruegen.eu.

Vom Rugard schlängelt sich auch die **Inselrodelbahn Bergen** hinab, nebenan erhebt sich der 23 Meter hohe Rutschenturm (mit drei Riesenrutschen); geöffnet April bis Okt. 10–18 Uhr (Juli/Aug. bis 19 Uhr), Nov. bis März ab 13 Uhr bis zum Einbruch der Dunkelheit. Rugardweg 7, ✆ 03838-828282, www.inselrodelbahn-bergen.de, bzw. www.rutschenturm-ruegen.de.

Taxi ✆ 03838-252627.

Verbindungen Zug: nach und von Stralsund und weiter nach Sassnitz bzw. Binz von 5 bis 23 Uhr zu fast jeder vollen Stunde.

Bergen

Bus: Bergen ist auch das Zentrum des öffentlichen Inselnahverkehrs, in der Stadt treffen sich (fast) alle **Buslinien.**, hier die Zusammenfassung: Die **Linie 24** pendelt von Bergen zum Wendeplatz Serams, hier umsteigen in die **Linie 20**, die mehrmals tägl. weiter bis ins Mönchgut und in die andere Richtung über Binz und Prora bis Sassnitz fährt. **Linie 28** fährt werktags über Prora (*bis zu 3-mal*) nach *Binz*; **Linie 30** häufig nach *Putbus* und weiter nach *Garz* (und etwas seltener weiter nach *Stralsund*). **Linie 33** mehrmals via Garz auf die Halbinsel Zudar. **Linie 35** via *Trent* nach *Schaprode* (zur Fähre nach Hiddensee, etwa alle 2 Std.). **Linie 38** werktags ca. 8-mal von und nach *Waase* auf Ummanz via *Gingst* (Sa/So 2-mal). Und schließlich **Linie 12** 7-mal tägl. (Sa/So 5-mal) via *Ralswiek* nach *Sagard* und weiter als **Linie 13** nach *Glowe*, *Juliusruh* und *Altenkirchen* bis *Dranske*. **Linie 32** übernimmt den Stadtverkehr.

Übernachten/Essen & Trinken

**** Parkhotel Rügen. Etwas unterhalb vom Zentrum, ruhige Lage an einem kleinen Teich. Modernes 154-Zimmer-Hotel, auch Tagungshotel, mit Bar und Restaurant. Wellnessbereich, im Angebot verschiedene Arrangements, auch Nordic Walking und Fahrradverleih. EZ 92 €, DZ 138 €, einschließlich Frühstück. Stralsunder Chaussee 1, 18528 Bergen auf Rügen, ✆ 03838-8150, www.parkhotel-ruegen.de.

Rugard. Hotel und Restaurant zu Füßen des Ernst-Moritz-Arndt-Turms und damit recht ruhig. Gutes Restaurant, für das Gebotene nicht zu teuer, pommersche Spezialitäten (z. B. Wickelbraten mit Backpflaumenfüllung), zudem Cafébetrieb auf der Terrasse mit Blick auf den Turm. Mittags und abends geöffnet. 18 Zimmer, DZ 109 € (bei mehreren Übernachtungen etwas günstiger), Frühstück 8 €/Pers., in der Nebensaison deutlich günstiger. Rugardweg 10, 18528 Bergen auf Rügen, ✆ 03838-20190, www.rugard.de.

Romantik Hotel Kaufmannshof Hermerschmidt. Im Zentrum, nur wenige Schritte vom Marktplatz. Schöne Anlage mit Terrasse im Innenhof, leider an einer befahrenen Straße, deshalb besser ein Zimmer zur Seite oder nach hinten hinaus nehmen. Stilvolles Restaurant *Kontor* (auch saisonale Gerichte), nicht teuer, mittags und abends geöffnet. Freundlicher, zuvorkommender Service. EZ 60–99 €, DZ 90–130 €, einschließlich Frühstücksbuffet, 2er-Appartement 110–150 €. Bahnhofstr. 6–8, 18528 Bergen auf Rügen, ✆ 03838-80450, www.kaufmannshof.com.

Bibo ergo sum. Netter Name für eine nette Kneipe, gemütlich, junges Publikum. Cocktails ab 6 €, am Wochenende auch mal Livemusik und/oder DJ (dann Eintritt). Nette Sitzgelegenheit zum Markt hin, auch große Auswahl an gutem und günstigem Essen

Der Marktplatz in Bergen

(regionale Zutaten, auch Bio, Vegetarisches und günstiges Mittagsgericht). Bis spät abends geöffnet (Küche bis 21.30 Uhr). Markt 14, ✆ 03838-252259, www.biboergosum.de.

Gutshaus Kubbelkow. Ausgezeichnetes Restaurant in einem schönen, alten Gutshaus etwa 3 km südwestlich von Bergen. Innovative Küche mit regionalen Produkten in stilvollem Ambiente, sehr freundlich, Menüs 46–58 €, Feinschmeckermenü 72 €, Hauptgerichte ab 26 €. Im Sommer tägl. ab 18 Uhr, So auch mittags, Reservierung empfehlenswert, Mo/Di nur für Hausgäste, weil auch Hotel: stilgerecht eingerichtete DZ (130 €) und Suiten (160–190 €) stehen zur Verfügung, Frühstück inkl. Im Dorfe 8, 18528 Klein-Kubbelkow, ✆ 03838-8227777, www.kubbelkow.de.

Sehenswertes

Marienkirche: Der Backsteinbau ist die älteste Kirche Rügens (Baubeginn zwischen 1170 und 1180). Noch heute ist die Grundanlage der romanischen Basilika mit Querschiff und abgerundeter Apsis erkennbar. Während Restaurierungsarbeiten im 15. Jh. wurden die gotischen Elemente in Kirchenschiff und Apsis eingefügt, auch das Kreuzrippengewölbe sowie der Turm stammen aus dieser Zeit. Besonders beeindruckend sind die romanischen Fresken, die Chorraum und Apsis fast vollständig bedecken. Deren historische Originalität aber sind aufgrund der nicht ganz fachgerechten Restaurierung zwischen 1896 und 1902 nicht unproblematisch. Noch vor der Besichtigung kann man einen Blick auf das vielleicht älteste Ausstattungsstück der Marienkirche werfen. In die Fassade eingelassen ist eine Grabplatte aus Granit, auf der das Relief eines Mannes zu sehen ist (vor dem Portal stehend links). Es wird vermutet, dass es sich hierbei um die Darstellung Jaromars handelt.
Mai bis Okt. Mo–Sa 10–16 Uhr und am So zum Gottesdienst und natürlich bei Veranstaltungen, außerhalb der Saison eingeschränkt.

Stadtmuseum im Klosterhof: Ende 2001 wurde das Stadtmuseum in den Räumen des sorgsam renovierten ehemaligen Klostergebäudes eröffnet. In teils lockerer Anordnung sind heute Funde zur Kloster- und Inselgeschichte zu sehen, u. a. bronzezeitliche Stücke, Exponate aus der Schwedenzeit und natürlich zur Geschichte des Zisterzienserklosters, außerdem informative Schautafeln zu den slawischen Göttern. Wechselnde Kunstausstellungen sind im zweiten Stock untergebracht.
Mai bis Okt. Di–Sa 10–16.30 Uhr; Nov. bis April Di–Fr 11–15 Uhr, Sa 10–13 Uhr. Eintritt 2 €, erm. 1 €, Familienticket 4 €. Im Klosterhof, Billrothstr. 20 a, ✆ 03838-252226.

Ernst-Moritz-Arndt-Turm: Eine Wendeltreppe führt über 90 Stufen hinauf in die Kuppel des Denkmals für den seinerzeit berühmtesten Sohn der Insel. Von hier aus hat man einen grandiosen Panoramablick über die Insel. Auf dem Weg in die Kuppel gehen zwei äußere Rundgänge ab, auf denen man sich über die Entstehung und Geschichte des Turms sowie über den Namensgeber informieren kann.
Mai bis Okt. tägl. 10–18 Uhr, im Winter liegt der Schlüssel im Hotel Am Rugard (an der Rezeption fragen). Vom Zentrum aus beschildert, oben kostenloser Parkplatz. Eintritt 2 €, erm. 1,50 €, Familienticket 6 €.

Nördlich von Bergen

Ralswiek
ca. 250 Einwohner

Eigentlich ist Ralswiek nicht mehr als ein idyllisches Dorf am Großen Jasmunder Bodden. Doch der Name ist weithin bekannt und steht als Synonym für das Spektakel, das zur Saison fast allabendlich hier aufgeführt wird: die *Störtebeker Festspiele*, gewidmet den legendären Freibeutern Klaus Störtebeker und Gödecke Michels (→ S. 224). Kaum 250 Menschen leben normalerweise in dem kleinen Hafenort, den größten Teil des Jahres geht es hier entsprechend beschaulich zu. Wenn allerdings im Sommer die Festspielzeit beginnt, strömen zahllose Besucher herbei, um dem Störtebeker-Schauspiel auf der Naturbühne beizuwohnen. Vor der malerischen (Natur-)Kulisse des Großen Jasmunder Boddens geraten die Aufführungen alljährlich zum Spektakel: Zum Programm gehören halsbrecherische Stunts und handfeste Schwertkämpfe, Kanonenfeuer, Seegefechte und zum Abschluss ein prächtiges Feuerwerk über dem Wasser. Jedes Jahr erwartet den Besucher ein neues Abenteuer aus dem „Leben Störtebekers". Zu den Darstellern gehören nicht nur etwa 20 Schauspieler sowie über hundert Statisten, sondern auch vier Koggen, 30 Pferde und ein Seeadler.

Übernachten ******** **Schlosshotel Ralswiek.** Einmalige Lage hoch über dem Bodden und mit Blick auf die Naturbühne. Historische Ausstattung, modern ist allerdings der Wellnessbereich mit Kosmetikabteilung und Massagen, Kreideanwendungen usw., zudem Schwimmbad, Sauna, Fitnessraum. Im Erdgeschoss Restaurant, außerdem gibt es noch die Gewölbebar „Grafenschänke" (nur abends). EZ 85 €, DZ 120–190 €, inkl. Früh-

Schloss Ralswiek

stück. Parkstr. 35, 18528 Ralswiek, ✆ 03838-20320, www.schlosshotel-ralswiek.de.

Verbindungen Der Bus Linie 12 verbindet mehrmals tägl. Bergen mit Ralswiek und fährt weiter nach Sagard, Juliusruh und Altenkirchen bis Dranske.

Lietzow

ca. 250 Einwohner

Für viele Reisende lediglich „auf dem Weg nach Jasmund" am Ende des Lietzowdamms (1886) gelegen, kann das Dorf zumindest mit kleinen Attraktionen aufwarten: einer Traditionsräucherei, einem kleinen Badestrand und einer Wassersportschule. Im Rücken des Dorfes erstreckt sich mit der Semper Heide ein kleines Waldstück entlang der Boddenküste. Von weitem sichtbar ist der schlanke Rundturm des Lietzower Schlosses (in Privatbesitz), das eine architektonische Hommage an Schloss Lichtenstein auf der Schwäbischen Alb darstellt.

Baden Der kleine Sandstrand am Großen Jasmunder Bodden wird vom Ort durch die Durchgangsstraße getrennt, flach abfallendes Ufer, das Wasser immer ein bisschen wärmer als die Ostsee.

Einkaufen Traditionsräucherei Lietzow. Zur Räucherei gehört die Gaststätte *Röckerhus*. Außerdem gibt es einen Hofladen. Spitzer Ort 7, ✆ 0159-03768268.

Verbindungen Zug: von Stralsund über Bergen nach Sassnitz oder Binz zu fast jeder vollen Stunde.

Bus: Linie 12 mehrmals tägl. nach Bergen bzw. über Sagard, Juliusruh und Altenkirchen bis Dranske.

Wassersport Wassersportschule Timpeltu. Sympathische Surfschule am Lietzower Strand, ideales Anfängerrevier, großes Angebot. Einsteiger- und Fortgeschrittenenkurse, Einzelstunden, Scheine und Materialverleih, auch Kanuverleih. Duschen, WC und Umkleiden stehen zur Verfügung. Strandpromenade, ✆ 0173-1513970, www.timpeltu.com.

Piraten der Ostsee – Klaus Störtebeker und Gödecke Michels

Klaus Störtebeker gehört zu den historischen Personen, die man gar nicht erst versuchen sollte, rein historisch zu erfassen. Zu dünn sind die Quellen, zu ausufernd die Sagen, die sich um den Freibeuter ranken. So viel weiß man von ihm: Er wurde möglicherweise auf Rügen geboren, er war ein begnadeter Pirat und er starb – aufgebracht von einer hanseatischen Flotte –, durch das Schwert des Hamburger Henkers. Sein letzter Wunsch, so die berühmteste Legende um Störtebeker, sei es gewesen, als Erster geköpft zu werden, während sich seine Mannschaft vor ihm aufstellen sollte. Die Männer, an denen er – enthauptet – vorbeilaufen könnte, sollten frei gelassen werden. Und sein kopfloser Körper lief, bis ihm ein Henkersknecht einen Klotz zwischen die Beine warf, und eine Hand voll Männer – oder waren es 17?, oder gar die Hälfte seiner Mannschaft? – war frei.

Die Karriere Störtebekers begann vor Stockholm. Er war einer der *Vitalienbrüder*, die das im dänisch-mecklenburgischen Konflikt belagerte Stockholm (1389) mit Lebensmitteln, „Viktualien", versorgten, indem sie die dänische Seeblockade brachen. Die Freibeuter waren zudem von der Hanse mit Kaperbriefen ausgestattet worden, die es ihnen „gestatteten", feindliche Schiffe aufzubringen und deren Ladung zu übernehmen, im Fachjargon „Prise zu machen". Der Akt der Piraterie konnte recht gesittet ablaufen – der Kapitän fragte die enternden Freibeuter nach ihrem Kaperbrief und übergab nach Einsicht der Dokumente die Ladung. Die Übernahme konnte aber auch damit enden, dass die eine Hälfte der Mannschaft niedergemetzelt wurde und der Rest die Reise in Fässer gesperrt fortsetzte.

Nachdem der dänisch-mecklenburgische Konflikt unter Vermittlung der Hanse beigelegt war, wurden konsequenterweise die Kaperbriefe wieder eingezogen. Einige der Freibeuter aber dachten nicht daran aufzuhören, schließlich ließen sich die Aktionen nun auf fette hanseatische Schiffe ausdehnen. Auch die berühmtesten Vitalienbrüder, Gödecke Michels und Klaus Störtebeker, begannen nun jedes Schiff zu jagen, das ihren Kurs kreuzte, bevorzugt natürlich die Koggen hanseatischer „Pfeffersäcke". Die Piraten, die auch *Likedeeler,* „Gleichteiler", genannt wurden, legten bald den gesamten Ostseehandel lahm. Die Hanse sah sich zu drastischen und kostenintensiven Gegenmaßnahmen gezwungen. Nachdem die Freibeuter aus der Ostsee vertrieben waren, ihre Tätigkeit aber in der Nordsee ungehindert fortsetzten, stellten hanseatische Flotten die Piraten. Nacheinander wurden Gödecke Michels und Klaus Störtebeker um 1400 gefangen genommen und hingerichtet.

Störtebeker Festspiele Vorverkauf und Kartenreservierung in den größeren Touristen-Informationen der Insel oder unter Störtebeker Festspiele, Am Bodden 100, 18528 Ralswiek, ✆ 03838-31100, www.stoertebeker.de.

Spielzeit ist von Mitte/Ende Juni bis Anfang Sept., Aufführungen tägl. außer So um 20 Uhr, Kartenreservierung empfehlenswert. Die **Preise** für Platzkarten 22–34 €/Pers. (Kinder bis 15 J. 13–25 €). Außerdem gibt es nicht nummerierte Karten auf den hinteren Rängen für 12 € (10 €).

Anfahrt: Zu Festspielzeiten ist der Ort für den privaten Pkw-Verkehr ab 17 Uhr gesperrt. Entweder mit dem Auto zum Parkplatz an der B 96 fahren und dann mit dem Pendelbus nach Ralswiek; oder mit dem Auto zum Parkplatz hinter Jarnitz und von dort noch ca. 15 Min. zu Fuß. Von Bergen aus steuert der *Störtebekerbus* den Festspielort an.

Putbus

ca. 2500 Einwohner (mit Ortsteilen 4400 Einwohner)

Eine Stadt in Weiß: Der Circus im Zentrum, eine schmucke Allee mit prächtigen Häusern inklusive Theater und ein weitläufiger Schlosspark – Putbus hat sich seinen Charakter als klassizistische, strahlend weiße Residenzstadt bewahrt.

„Ich komme Ihnen wieder mit einer kleinen Völkerwanderung", kündigte sich der preußische König *Friedrich Wilhelm IV.* im Jahr 1846 beim Fürsten zu Putbus an, „da Sie, lieber Fürst, nun das Unglück haben, den schönsten Teil der Insel zu bewohnen und das Ungeschick gehabt haben, daraus ein irdisches Paradies zu machen, so müssen wir bei Ihnen landen." Viel Mühe hatte den Fürsten *Wilhelm Malte I. zu Putbus* (1783–1854) dieses „Ungeschick" gekostet. Ab 1808 hatte der ambitionierte Adlige um- und ausbauen lassen – es entstand eine der letzten Residenzstädte im klassizistischen Stil – samt Schloss (nicht erhalten) und Schlosspark, der zweifellos zu den schönsten Parkanlagen des Landes zu zählen ist und in dem es noch heute grünt und blüht wie vor 150 Jahren, Badehaus (Haus Goor), Kursalon, Theater, Marktplatz und schließlich dem großen Rondell im Zentrum, dem Circus. Vor allem Letzterer präsentiert sich als Musterbeispiel klassizistischer Architektur. Der Rondellplatz ist weitläufig angelegt, mit streng symmetrisch gestalteter Grünanlage um den zentralen Obelisken, außen aber nicht geschlossen bebaut. Zwischen den dreigeschossigen Häusern mit den weißen, klassizistischen Fassaden klaffen breite Lücken und verleihen dem Ensemble den Eindruck von Vorläufigkeit. Der Circus ist der Treffpunkt der Alleen, die Putbus wie ein Strahlenkranz umgeben: nach Garz und nach Bergen, Richtung Binz und in den Süden nach Lauterbach (zum Hafen von Putbus), und in die zauberhafte Gegend um den kleinen Weiler Wreechen beim gleichnamigen See.

Die Putbuser Geschichte als Seebad indes war kurz. Die frühen Ostseetouristen bevorzugten bald das offene Meer, um darin zu baden. Also wurde der fürstliche Badestandort kurzerhand an das Südende der Prorer Wiek verlegt und Binz, nicht Putbus, begann eine rasante Karriere als Ostseebad.

Basis-Infos

Information Stadt-Information Putbus. Mai bis Aug. tägl. 10–17 Uhr, April und Sept. Mo–Sa 10–16 Uhr, Jan. bis März Mo–Fr 10–16 Uhr. Alleenstr. 2, 18581 Putbus, ✆ 038301-431, www.ruegen-putbus.de.

Führungen Mai bis Sept. *Stadt- und Parkführungen* Mo 11.15 Uhr, Dauer 2 Std., Treffpunkt Bahnhof, Erw. 5 €; Juni bis Sept. *Historische Stadtführungen* jeweils Di 11.30 Uhr, Dauer 2 Std. Treffpunkt Orangerie-Vorplatz, Erw. 10 €. Infos und Anmeldung bei der Stadt-Information Putbus.

Taxi ✆ 038301-339.

Verbindungen Bus. Die Linie 30 fährt werktags etwa 14-mal tägl. nach Garz (seltener weiter bis Stralsund) und in die andere Richtung nach Bergen.

Kleinbahn Rasender Roland → unten.

Übernachten/Essen & Trinken

**** Wreecher Hof. Zwischen Schlosspark und Bodden im Ortsteil Wreechen gelegen. Nobler Komplex aus sieben reetgedeckten Häusern, umgeben von einer parkähnlichen Gartenanlage. Wellness- und Beauty-Angebot, Hallenbad. Elegantes, gehobenes

Restaurant (ganzjährig abends geöffnet, Sonn- und Feiertage auch mittags), freundlicher Service. EZ 89 €, DZ ab 119 €, Juniorsuite mit Terrasse 209 €, Suite 229–269 €, einschließlich Frühstücksbuffet. Kastanienallee 1, 18581 Putbus/OT Wreechen, ℡ 038301-850, www.wreecher-hof.de.

Café Central. Schönes Lokal direkt neben dem Theater. Tagsüber Café, abends Restaurant und (Wein-)Bar. Angenehme Atmosphäre, freundlicher, zuvorkommender Service, ideal auch für ein Glas Wein nach dem Theaterbesuch. Gute Salate, schmackhaftes Schnitzel, moderate Preise. Zuletzt gab es auch eine Tageskarte. Di–So 11.30–22 Uhr (an Theaterabenden ab 17.30 Uhr). Alleestr. 9, 185581 Putbus, ℡ 038301-88122.

Marstall. In den fürstlichen Stallungen, einem klassizistischen Bau von 1824, im Schlosspark untergebracht. Restaurant und Café der ökologisch geführten Landwirtschaft Rujana, sehr gute Küche, Fleisch vom eigenen Hof (auch Hofladen), im Angebot zudem Kaffee und Kuchen. Nette Terrasse mit Blick auf den See, rechter Hand die Alte Schmiede mit der Ausstellung zum Schloss (→ unten). Tägl. 11–19 Uhr geöffnet. Park 1, ℡ 038301-888008.

Museumscafé im Affenhaus. Herrlich gelegen am unteren Ende der Kastanienallee, nahe dem Schwanenteich, in dem eigenwilligen Gebäude im Schlosspark, in dem heute das Puppenmuseum untergebracht ist. Auch Plätze im Freien, hervorragende Waffeln. Im Sommer tägl. 9–18 Uhr; im Winter 11–16 Uhr (bzw. nach Wetterlage). ℡ 038301-60959.

Schmalspur 3: Der Rasende Roland

Schmalspur 1 → S. 87, Schmalspur 2 → S. 114

Der Zug ist mehr als ein technisches Denkmal. Mit 30 Stundenkilometern schnaubt und dampft die historische Bahn auf 750-Millimeter-Schmalspurgleisen von Putbus (mit Anbindung an Lauterbach) über Binz durch die Granitz nach Sellin und Baabe bis nach Göhren. Historisch sind sowohl die Strecke (1895 war das erste Teilstück Putbus–Binz in Betrieb genommen worden) als auch die Dampflokomotiven, die älteste rollte 1914 aus den Vulkan-Werken in Stettin. Von dem einstmals fast 100 Kilometer umfassenden Streckennetz der Rügenschen Kleinbahnen (RüKB) sind 24,1 Kilometer erhalten und für den 1996 wieder eröffneten Fahrbetrieb restauriert worden.

Der Rasende Roland ist dabei keineswegs nur eine nostalgische Reisemöglichkeit, die Kleinbahn ist ein durchaus ernst zu nehmendes Transportmittel im öffentlichen Nahverkehr. Von Putbus nach Binz beispielsweise kommt man mit dem Bus auch nicht schneller – und man muss nicht einmal umsteigen.

Verbindungen: Der *Rasende Roland* fährt ganzjährig und tägl. alle zwei Stunden von Putbus aus über die Granitz in die Ostseebäder Binz, Baabe, Sellin und Göhren; in die andere Richtung nach Lauterbach nur im Sommerhalbjahr und 5-mal tägl., die Strecke Binz–Göhren im Sommerhalbjahr stündl.

Preise: Kurzstrecke ab 2,20 € (erm., 6–13 Jahren, 1,10 €), mittlere Strecke ab 6,60 € (3,30 €) und den ganzen Weg bis Göhren 11 € (5,50 €), Fahrrad 3 €. Auch Tages-, Wochen- und Monatskarten.

Information: Pressnitztalbahn, Zweigniederlassung Rügensche BäderBahn, Bahnhofstr. 14, 18581 Putbus, ℡ 038301-884012, www.ruegensche-baederbahn.de.

Historisches Uhrenmuseum: Ein Kleinod unter den Museen der Insel! Den Schwerpunkt des Museums bilden Zeitmessgeräte im Stil des Klassizismus, daneben sind zahllose Taschenuhren zu bewundern, eine Wiener Tischuhr, eine barocke Weltzeituhr und eine gänzlich aus Birnbaumholz gefertigte barocke Uhr. Das

Kreisrund: der Circus in Putbus

älteste Stück ist eine gotische Uhr aus dem 15. Jh. Neben den Uhren gibt es aber noch andere Raritäten zu bewundern: kostbare mechanische Musikgeräte, einen Singvogelautomat, eine Jukebox von 1880 und vieles mehr. Sehenswert!
Mai bis Okt. tägl. 10–18 Uhr, Nov. bis April 11–16 Uhr. Eintritt Erw. 5 €, Kinder 2 €. Alleestr. 13, ✆ 038301-60988, www.uhrenmuseum-putbus.de.

Theater: Der schmucke klassizistische Bau mit zum Schloss hin ausgerichteter Vorhalle auf vier Säulen wurde 1819–1821 erbaut, 1820 erstmals bespielt und bereits 1826 renoviert. Nachdem das Putbuser Theater seit den 1960er Jahren bis zur Baufälligkeit brachgelegen hatte, konnte es nach mehrjähriger Rekonstruktion 1998 wiedereröffnet werden. Seither erfreut sich das Schauspielhaus regen Zuspruchs. Es werden auch Führungen durch das Theater angeboten.
Aufführungen: Gespielt wird alles, was auf die Bühne passt: klassische Konzerte, Jazz und Pop, Lustspiele und Kabarett und natürlich Theater von klassisch bis komisch. Theater Putbus, Markt 13, ✆ 038301-8080, Karten unter ✆ 038301-808330, www.theater-vorpommern.de.

Schlosspark: Bereits im 18. Jh. angelegt, wurde der Park (im Zuge der Umgestaltung des Schlosses unter *Wilhelm Malte von Putbus*) nach englischem Vorbild gestaltet und erweitert. Auf dem 75 Hektar großen Areal rund um das Schloss und den Schwanenteich wuchsen ab 1803 nicht nur exotische Hölzer und Stauden zwischen heimischen Buchen, Ulmen, Lärchen und Kastanien. Es entstanden auch zahlreiche Gebäude und Denkmäler beidseitig der Kastanienallee, die vom Circus aus den Park durchquert: ein Kursalon (1892 zur Christuskirche umgewidmet), ein Affen- und ein Fasanenhaus, ein Gartenhaus zur Unterbringung respektabler Persönlichkeiten, ein Reitstall und nicht zuletzt die Orangerie. Das Schloss wurde 1962 gesprengt und abgetragen.

Orangerie: Das schmucke Gebäude befindet sich am Nordrand des Schlossparks. Zwischen zwei Torhäusern hindurch gelangt man zu dem 1853 erbauten Gewächshaus. Hier befindet sich die *KulturStiftung Rügen*. Mehrmals jährlich wechseln die Ausstellungen (z. T. aus der eigenen Sammlung). Zu sehen sind Werke der klassischen

Moderne und Gegenwartskunst, teils mit regionalem Bezug (Malerei, Grafik, Plastik, Skulptur, Installation und Fotografie). Hinter der Orangerie befindet sich der *Sterbende Gallier*, eine Kopie der berühmten Statue auf dem Kapitol in Rom.
Ausstellungen der KulturStiftung Rügen. Mai bis Okt. Di–So 11–17 Uhr, Nov. bis April Di–Sa 10–16 Uhr. Alleestr. 35, ✆ 038301-889797, www.kulturstiftung-ruegen.de.

Alte Schmiede mit Ausstellung „Das verschwundene Schloss": Schräg gegenüber der Marstall-Terrasse (Café/Restaurant) dokumentiert diese kleine Ausstellung die Geschichte des Schlosses: vom Bau der klassizistischen Anlage um 1830 über den verheerenden Brand von 1865, den Wiederaufbau und den Verfall nach 1945 bis hin zur Sprengung und Abtragung 1962 bis 1964. Viele Text- und Schautafeln sowie Fotos, auch einige Original-Exponate aus dem Schloss.
1. Mai bis 31. Okt. tägl. 11–17 Uhr geöffnet, Eintritt 2 €, Kinder 6–12 J. 1 €, Familienkarte 4,50 €.

Rügener Puppen- und Spielzeugmuseum: Im Affenhaus des Schlossparks findet sich alles, was das Kinderherz begehrt: Puppenstuben, Krämerläden und eine Horde Porzellankopfpuppen in allen erdenklichen Größen und teils von immensem Alter. Und für die Jungs: eine Vitrine mit alten Eisenbahnen sowie eine kleine Armee von Zinnsoldaten. Kurios-makabres Detail aus revolutionären Zeiten: eine Spielzeug-Guillotine zum Decollieren adeliger Puppen. Beim Museum befindet sich ein kleines Café mit schöner Terrasse (→ oben).
Im Sommer tägl. 9–18 Uhr), im Winter eingeschränkt (etwa 11–16 Uhr, bzw. nach Wetterlage). Erw. 6 €, Kinder ab 3 J. 1,50 €. Kastanienallee, ✆ 038301-60959.

Lauterbach

Über die Lauterbacher Chaussee gelangt man zum Putbuser Hafen. Der Fürst zu Putbus ließ ihn anlegen, nachdem das Geschäft mit den Badegästen abflaute. Eine neue Einnahmequelle für die geradezu aus dem Boden gestampfte Stadt musste her. Das Rezept: ein die Konjunktur belebender Hafen. Heute ist Lauterbach dank seiner modernen Marina in erster Linie als Seglertreff bekannt. Hier starten auch die Ausflugsschiffe auf und um die Insel Vilm. Vom Hafen aus Richtung Osten geht Lauterbach fast nahtlos in die beschauliche Fischersiedlung Neuendorf über.

Baden Ein paar schmale Strände entlang des Ufers: um Neuendorf, in der Nähe von Neukamp und südlich von Altkamp (keinerlei Service).

Übernachten/Essen Badehaus Goor. In dem klassizistischen Badetempel befindet sich heute ein Nobelhotel. Neben einem unaufdringlich eleganten Restaurant (tägl. ab 18 Uhr, Juli/Aug. auch mittags, Nebensaison Sa/So mittags, Mai bis Okt. auch Cafébetrieb, auch für Nicht-Hotelgäste) und der Bar stehen den Gästen ein großer Wellnessbereich mit Sauna, Schwimmbad, Massagen und diversen Anwendungen zur Verfügung. DZ ab 136, seesits ab 160 €, inkl. Frühstückbuffet. Fürst-Malte-Allee 1, 18581 Lauterbach, ✆ 038301-88260, www.hotel-badehaus-goor.de.

im-jaich – wasserferienwelt. Ungewöhnlich unterkommen kann man in den schwimmenden Ferienhäusern. Die teils zweistöckigen Hausboote sind stilvoll eingerichtet mit Terrasse direkt über dem Wasser, daneben gibt es auch noch einige Pfahlbausuiten und Appartements. Auch Segelschule und Bootsverleih (→ unten). Außerdem Sauna, Wellness- und Fitnessbereich. Das dazugehörige Restaurant *Kormoran* ist tägl. ab 12 Uhr geöffnet (vergleichsweise gehobenes Preisniveau). Ferienhaus zwischen 155 € (2–4 Pers.) und 195 € (bis 6 Pers.), Pfahlhaussuite für 2 Pers. 155 €. Imjaich, Am Yachthafen, 18581 Lauterbach, ✆ 038301-8090, www.im-jaich.de.

Werft-Restaurant. *Yachtwerft & Mee(h)r*, direkt am Hafen von Lauterbach: Werftladen (Seglerbedarf), Boutique, neun Appartements (ab 90 € für 2 Pers. bis 180 € für 4 Pers., inkl. Frühstück) und vor allem auch *Restaurant*: gute, moderne Fischküche, teils mit mediterranem Einschlag, aber auch Fleischgerichte, darunter Steaks, Fisch und Steaks auch vom Grill, bei vielen Gerichten kann man sich die Beilage auswählen. Wir hatten eine schmackhafte Bouillabaisse und gegrillten Lachs mit Ofenkartoffel, Hauptgerichte ab 14 €, Fischmenü 23,90 €. Terrasse mit Blick auf den Hafen, tägl. ab mittags geöffnet, Mo Ruhetag, Vilmnitzer Weg 19, ☏ 038301-435 (Restaurant ☏ 038301-889799), www.vilm.de.

Zum Schwarzen Bären. Traditionsreiches Lokal unter neuer Leitung, davor ein netter Garten mit einigen Tischen, darin an der Wand ein Bärenfell. Auf den Tisch kommen sehr gute Fisch- und Fleischgerichte, die meisten Hauptgerichte um 16 €, sehr netter Service. Abends geöffnet, am Wochenende auch mittags (Juli/Aug. tägl. mittags und abends), Di Ruhetag. Dorfstraße 8, ☏ 038301-88680, www.ruegen-in.de.

Verbindungen/Ausflugsfahrten Ausflugsfahrten um und auf die **Insel Vilm** → unten/Insel Vilm.

Fährverkehr nach Baabe mit der *Weißen Flotte* bis zu 3-mal tägl. (etwa Mai bis Mitte Okt.). Achtung: Baabe heißt: Anlanden am Bollwerk, zur Strandstraße im Zentrum und zum Seestrand ist ein ganzes Stück! Kombitickets *Wasser & Dampf* mit dem Rasenden Roland möglich.

Bis zu 3-mal tägl. werden **Boddenfahrten** an der Insel Vilm vorbei angeboten (→ un-

Ferienhausbootsiedlung

ten/Insel Vilm). Attraktion ist seit Neuestem die **Robben-Expedition.** Etwa Ende Mai bis Ende Okt. immer Do (Abfahrt 9.30 Uhr), Dauer 2:30 Std. Begleitet wird die Fahrt von Biologen, die über die Kegelrobben informieren, aber auch für Forschungszwecke mit an Bord sind. Erw. 22 €, Kinder 13,50 €. Infos unter ☏ 03831-26810, www.weisseflotte.de.

Wassersport im-jaich. Großes Angebot, vor allem natürlich Segelschule, auch Seekajak- Motorboot und Segelboot-Verleih, Yachtcharter, Regatten, Kutterfahrten Segeltörns etc. Adresse → oben, www.im-jaich.de.

Insel Vilm

Die Insel liegt ruhig und verlassen in Sichtweite des Hafens von Lauterbach. Bereits 1936 wurde Vilm unter Naturschutz gestellt. 1959 verbrachte DDR-Ministerpräsident *Otto Grotewohl* (1894–1964) hier seine Urlaubstage, die Insel wurde daraufhin zum Nobel-Urlaubsziel des Ministerrates. Im Jahr 1990 richtete der Bund für Naturschutz auf Vilm eine Außenstelle ein; heute dürfen täglich maximal 30 Gäste (mit Voranmeldung!) zu einem geführten Rundgang auf die Insel. Lediglich in der Nähe des Landestegs ist eine Handvoll Häuser zu sehen. Wer die Insel Vilm mit dem Schiff umrundet, wird in erster Linie eine Vielzahl von Seevögeln beobachten können, mit etwas Glück sogar ein Seeadlerpärchen.

Ausflüge zur Insel Die **Fahrgastreederei Lenz** organisiert ab Lauterbach die Fahrt – es fährt die **MS Julchen** – nach Vilm und die Führung über die Insel. Fahrten April bis Okt. 1-mal tägl., Abfahrt 10 Uhr, Dauer 3 Std., Erw. 18 €, Kinder 9 € (4–12 J.), Hunde dürfen nicht auf die Insel, obligatorische Anmeldung unter ☏ 038301-61896 oder online (in der Hochsaison mindestens 1–2 Wochen vorher). Fahrgastreederei Lenz,

Dorfstr. 9, 18581 Putbus/OT Freetz, www.vilmexkursion.de.

Rund um die Insel Vilm (und rüber nach Baabe) schippert die **Weiße Flotte**, Mai bis Okt. bis zu 3-mal tägl. (Dauer ca. 3 Std.), Erw. 14 €, Kinder 8 €, (Kinder unter 4 J. frei), der Hund darf für 8 € auf Deck mitfahren. Infos unter ☏ 03831-26810, www.weisseflotte.de.

Müthers Rettungsturm über dem Strand von Binz

Granitz

Ausgedehnte Wälder, durchzogen von zahlreichen Waldpfaden und Wanderwegen, kilometerlange Sandstrände und mit Binz und Sellin zwei der traditionsreichen Seebäder – die Granitz im Osten Rügens präsentiert sich abwechslungsreich. Der Baumbestand des lichten Waldes besteht vor allem aus Buchen, zwischen die sich auch Erlen, Linden und wilde Obstbäume mischen. Im Osten bricht die bewaldete Hügelkette am Hochufer ab, darunter breitet sich ein wildromantischer Steinstrand aus. Auf der höchsten Erhebung, dem 107 Meter hohen Tempelberg, steht die größte Attraktion abseits der Ostseebäder: das Jagdschloss Granitz. Der schönste Strandabschnitt findet sich im Norden von Binz an der Prorer Wiek. Hier liegt auch die wohl problematischste Immobilie Rügens: der Koloss von Prora.

Binz
ca. 5400 Einwohner

Das größte und bekannteste Ostseebad Rügens spart nicht an prachtvollem Dekor und aufwändigen Bauten der Bäderarchitektur – ein Seebad von Welt.

„Sorrent des Nordens" oder auch „Nizza des Ostens" – Beinamen für Binz gibt es viele. Dabei wäre es gar nicht nötig, den Ort mit fremden Federn zu schmücken. Über vier Kilometer erstreckt sich die Promenade von Binz am Strand entlang (und neuerdings bis nach Prora), auf der es sich prächtig flanieren lässt – auf der einen Seite das rauschende Meer und quirliger Strandbetrieb, auf der anderen Seite glanzvolle Bäderarchitektur mit einer Vielfalt an ornamentaler Spielerei: Türmchen und Erker, Veranden, Loggien und Balkone mit ziselierten Schmuckblenden und verspielten gusseisernen Geländern sowie von Ziergiebeln gekrönte Fassaden. Das Flaggschiff unter den Prachtbauten ist wohl das 1908 errichtete dreiflügelige *Kurhaus*. Leicht versetzt beginnt hier als Verlängerung der Hauptstraße auch die *Seebrücke* und reicht über 370 Meter weit in die Ostsee hinein. Sie wurde 1994 eröffnet, nachdem Binz über 50 Jahre ohne Seebrücke auskommen musste – den ersten Pfahlbau von 1902 hatte bereits drei Jahre später ein Sturm zerstört, die wiedererrichtete Brücke wurde 1942 von treibendem Eis zermalmt. In den Dünen von

Binz

Binz erhebt sich ein architektonisches Kleinod: Die Rettungsstation des in Binz geborenen Bauingenieurs Ulrich Müthers schwebt wie ein lichtes Raumschiff über dem Dünengras, weiß, abgerundet wie ein Kiesel und transparent (zu Müther → auch S. 142). Der Rettungsturm, der 1968 als Prototyp geschaffen wurde, steht am südlichen Ende des Binzer Strandes beim Strandzugang 6 und dient heute als Außenstelle des Binzer Standesamtes.

In den letzten Jahren ist Binz enorm gewachsen, vor allem in nordwestliche Richtung, die Zahl der Gästebetten lag zuletzt bei über 15.000 (bei rund 5000 Einwohnern). Keine zwei Kilometer trennen die Neubaugebiete mehr von Prora (→ S. 235), wo zurzeit emsig am Ausbau der Kraft-durch-Freude-Immobilie zu modernen Ferienwohnungen gearbeitet wird. Ob das nicht ein wenig zu viel – vor allem im Hinblick auf den Verkehr – für den Ort Binz sein könnte, fragt man mittlerweile nicht mehr nur hinter vorgehaltener Hand: Der Ort droht, aus allen Nähten zu platzen.

Basis-Infos

Information Kurverwaltung Binz im *Haus des Gastes*, Informationen, Tickets, Internet, Gastgeberverzeichnisse. Febr. bis Okt. Mo–Fr 9–18 Uhr, Sa/So 10–18 Uhr; Nov. bis Jan. Mo–Fr 9–16 Uhr, Sa/So 10–16 Uhr, ganzjährig an Feiertagen 10–16 Uhr. Heinrich-Heine-Str. 7, 18609 Binz, ✆ 038393-148148, www.ostseebad-binz.de.

Bei der Seebrücke befindet sich zudem ein **Info-Pavillon** (Mai bis Okt. tägl. 9–16.30 Uhr); weiteres **Info-Büro** am Kleinbahnhof: April bis Okt. tägl. 9–16.30 Uhr geöffnet.

Zimmervermittlung über den **Fremdenverkehrsverein**, ✆ 038393-665740, Wylichstr. 13, Info-Stelle auch am Binzer Großbahnhof, www.ostseebad-binz.de.

Parken Im Ortszentrum nur wenige gebührenpflichtige Plätze (1 €/30 Min., Höchstparkdauer 6 Std.), ansonsten komplettes Parkverbot, an den Rändern des Ortskerns einige weitere Parkplätze, einigermaßen erschwinglich noch am Klünderberg: 1 €/Std., Tagesticket 5 €.

Taxi Zentrale Binz, ✆ 038393-2424.

Verbindungen Zug. Etwa stündl. nach Bergen und Stralsund, teils muss man in Lietzow umsteigen!

Bus. Die Linie 20 verbindet Binz mit Prora, dem Fährhafen Sassnitz (Neu Mukran), Sassnitz und dem Königsstuhl sowie mit Sellin, Baabe, Göhren und ganz im Süden Thiessow und Klein Zicker, jeweils fast stündl., bis Sassnitz bzw. Göhren häufiger. Die Linie 23 fährt nach Sassnitz und Bergen. Nach Prora und weiter nach Bergen fährt die Linie 28.

Der **Rasende Roland** beginnt seinen Weg entlang der Ostseebäder in Binz (Kleinbahnhof am südlichen Ortsrand): alle zwei Stunden über das Jagdschloss Granitz, Sellin, Baabe nach Göhren und in Gegenrichtung nach Putbus; im Sommerhalbjahr bis Lauterbach und auf der Strecke Binz–Göhren stündl. Zum Jagdschloss 2,20 € (Kinder 6–13 J. 1,10 €), nach Sellin und Baabe sowie nach Putbus 4,40 € (2,20 €), nach Göhren und Lauterbach 6,60 € (3,30 €), Fahrradkarte 3 €, Hunde: erm. Einzelticket. ✆ 038301-884012, www.ruegensche-baederbahn.de. Weitere Infos → S. 226.

Schiff. Die Reederei Adler Schiffe verbindet Binz von Ende März bis Ende Okt. bis zu 6-mal tägl. mit dem Sassnitzer Stadthafen und 1-mal tägl. mit Göhren. Tickets an der Seebrücke, ✆ 04651-9870888, www.adler-schiffe.de.

Aktivitäten

Ausflugsschiffe Mit den **Adler Schiffen** im Sommer Ausflugsfahrten zum Kreidefelsen, zum Kap Arkona sowie Rundfahrten um die Insel (kein Landgang). Infos und Tickets an der Seebrücke, www.adler-schiffe.de.

Baden Besonders attraktiv ist der breite, feine Sandstrand **nördlich von Binz**, an Prora entlang und fast bis Neu Mukran. Die weite Bucht fällt flach ins Meer ab, bestens für Familien mit Kindern geeignet. Blaue Flagge. Zum Land hin wird der Strand ge-

Übernachten
2 Jugendherberge
3 Hotel Villa Schwanebeck
5 Centralhotel
6 Loev Hotel
7 Pension Haus Colmsee

Essen & Trinken
1 Bootshaus
4 freustil
8 Fischräucherei Kuse
9 Gaststätte Strandhalle

schützt von den Bädervillen entlang der Strandpromenade, oberhalb des Ortes von einem schmalen Waldstreifen. Sanitäre Einrichtungen an allen Abschnitten, außerdem gibt es Beachvolleyball-Felder. Wie üblich ist der Strand in textile Bereiche, FKK- und Hundeabschnitte unterteilt. Über weite Teile des Binzer Strandes wacht die DLRG.

Fahrradverleih Unter anderem beim **Zweiradhaus Deutschmann** am Großbahnhof, hier auch Trailer, Bollerwagen, Helme, Hundekorb, E-Bikes etc. (Dollahner Str. 17, ☎ 038393-32420, weiterer Verleih an der Proraer Chaussee 4a, ☎ 038393-2927, www.zweirad-deutschmann.de). Außerdem bei **Pauli's Radshop** (Hauptstr. 9 a, ☎ 038393-66924, www.ruegen-bike.de).

Führungen/Wanderungen Geführte Wanderungen während der Saison u. a. zum Jagdschloss Granitz (zuletzt Do 10 Uhr). Ganzjährige Führungen durch den **historischen Ortskern:** Mi 10 Uhr. Infos und Treffpunkt bei der Kurverwaltung.

Veranstaltungen Anbaden am 1. Mai: Die ansässigen Hoteliers eröffnen mit einem Bad die Saison, anschließend Kurkonzert. Ende Juli findet das **Binzer Sommerfest** statt. Anfang August lockt das **Binzer Seebrückenfest** mit großem Feuerwerk.

Wassersport Segelschule Binz, Surfen, Kiten, Katamaran, Jolle etc., auch Scheine. An Strandabgang 47 (Richtung Prora), ☎ 038393-410072, www.segelschule-binz.de.

Übernachten

**** Loev Hotel 6 Relativ großes Hotel (77 Zimmer) an der Hauptstraße, im Haus auch Restaurant, Bar/Brasserie, Spa mit Hamam, Massagen, Kosmetik etc., auch Strandkorbverleih. EZ 85–155 €, DZ 125–270 €, Studio 155–300 €, jeweils inkl. Frühstück, Halbpension 27 €/Pers., Hund 15 €/Tag, Garage 10 €/Tag. Auch Appartements. Hauptstr. 20–22, 18609 Binz, ☏ 038393-390, www.loev.de.

》》》 Lesertipp: Centralhotel 5 Freundliches Haus in der Hauptstraße, unweit der Strandpromenade, mit Restaurant *plattdüütsch* (mittlere Preise). Angenehme Zimmer. DZ ab 119 €, mit Balkon ab 129 €, EZ ab 79 €, Suite 149 €, je inkl. Frühstück. Hauptstr. 13, 18609 Ostseebad Binz, ☏ 038393-3460, www.centralhotel-binz.de. 《《《

Villa Schwanebeck 3 Kleines Hotel in zentraler Lage, Parkplätze am Haus. Im Haus das Restaurant *Esszimmer* (tägl. ab 17 Uhr geöffnet, Pasta und Pizza), Terrasse davorn. In „zweiter Reihe" unweit des Kurplatzes. DZ 118–158 € inkl. Frühstück. Margaretenstr. 18, 18609 Binz, ☏ 038393-2013, www.villa-schwanebeck.de.

Pension Haus Colmsee 7 Bodenständige Pension in einer alten Bädervilla, etwas abseits am Ende der Promenade, gelegen. Keine Haustiere. Kostenloser Parkplatz am Haus. 15 Zimmer, viele mit Meerblick. WLAN nur in Frühstücksraum und Rezeption. EZ 89 €, Frühstück inkl., in der Hochsaison mind. 4 Tage. Strandpromenade 8, 18609 Binz, ☏ 038393-21425, www.hauscolmsee.de.

Jugendherberge Binz 2 In bester Lage nahe am Strand und nahe am Ortskern, meist 5- bis 8-Bett-Zimmer mit Waschbecken, außerdem 6 kleine Zimmer mit Dusche/WC (DZ mit Frühstück ca. 64 €). Eingang in der Lottumstraße (Parallelstraße zur Strandpromenade). Übernachtung im Mehrbettzimmer 23,50–29,90 €, inkl. Frühstück. Hier können übrigens auch externe Gäste günstig zu Mittag essen (Essensmarken an der Rezeption, 7 €). Strandpromenade 35, 18609 Binz, ☏ 038393-32597, www.jugendherbergen-mv.de.

Camping/Wohnmobilstellplatz
→ Prora, S. 236.

Essen & Trinken

Essen & Trinken freustil 4 Sterngekröntes, aber unprätentiöses Restaurant von Küchenchef Ralf Haug (der es zuvor schon auf einen Michelinstern brachte), freundliches und legeres Ambiente, auf den Tellern dagegen: hohe Kunst, 6-Gänge-Menü (gibt es auch vegetarisch) 60 €. Mittags und abends geöffnet, im Winter Mo/Di geschl. Zeppelinstr. 8 (im Hotel Vier Jahreszeiten), ☏ 038393-50444, www.freustil.de.

》》》 Unser Tipp: Gaststätte Strandhalle 9 Die über hundert Jahre alte, schneeweiß strahlende Strandhalle zieht die Blicke auf sich, und wer eintritt, wird nicht enttäuscht: ein hoher Raum mit Gebälk und dunkler Holzdecke, die Einrichtung bewegt sich zwischen urigem Kaffeehaus und Antiquitätensammlung – ein einladendes Ambiente, in dem man gerne bleibt. Die gute Küche ist nach eigenen Angaben „feinbürgerlich", Spezialität der Ostseedorsch, hervorragend auch die Fischsuppe, 3-Gang-Menü 28 €, ansonsten leicht gehobenes Preisniveau. Für abends Reservierung unbedingt empfehlenswert. Freundlicher Service, 12–22 Uhr geöffnet, Mo Ruhetag; wenige Parkplätze. Strandpromenade 5, ☏ 038393-31564, www.strandhalle-binz.de. 《《《

》》》 Lesertipp: Bootshaus Binz 1 Von Lesern vor allem wegen der Fischküche empfohlenes Restaurant, untergebracht in einem denkmalgeschützten Gebäude, in dem einst die erste Seenotrettung der Ostsee untergebracht war. Beliebt und freundlich, Reservierung empfehlenswert. Tägl. ab 12 Uhr durchgehend geöffnet (es gibt auch Fischbbrötchen). Strandpromenade 47, ☏ 038393/57944, www.bootshaus-binz.de. 《《《

Imbiss Fischräucherei Kuse 8 Am südlichen Ende der Strandpromenade, Terrasse am Strand. Köstliche Brötchen mit geräuchertem Heilbutt, Butterfisch, Lachs und eingelegtem Hering; Mittagsgerichte mit Räucherfisch und Außer-Haus-Verkauf. Während der Saison tägl. 9–20 Uhr geöffnet. Strandpromenade 3, ☏ 038393-2970.

Jagdschloss Granitz

Umgeben von Buchenwald thront das Jagdschloss auf der höchsten Erhebung der Granitz, dem 107 Meter hohen Tempelberg. Als idealer Aussichtspunkt gehört der repräsentative Prunkbau zu den beliebtesten Ausflugszielen Rügens, dementsprechend voll kann es hier im Sommer werden.

Das Schloss ist ein eigenwilliges Bauwerk aus der Mitte des 19. Jh., spätklassizistisch mit einem für die Zeit typischen Hang zu vermeintlich mittelalterlichen Stilelementen. Der Putbuser Fürst *Wilhelm Malte I.* ließ es an der Stelle eines älteren Jagdhauses errichten. Es entstand ein verputzter Backsteinbau auf quadratischem Grundriss, der Dank seiner von Zinnen gekrönten Ecktürmchen und dem alles überragenden zentralen Aussichtsturm verspielt trutzig wirkt. Von der Aussichtsplattform kann man ein grandioses Panorama genießen. Sehenswert sind auch die Innenräume: die mit Jagddekor bestückte Vorhalle, der festliche Rittersaal, der Empfangssaal, der elegante Speisesaal, der gemütliche Damensalon, der repräsentative Marmorsaal usw. (für die Besichtigung sollte man knapp eine Stunde kalkulieren). Das außergewöhnlichste innenarchitektonische Detail ist jedoch die gusseiserne *Wendeltreppe*, die sich den Aussichtsturm hinaufschraubt (die 154 geradezu frei im Turm schwebenden Stufen sind nur etwas für Schwindelfreie!). Im Jagdschloss befindet sich auch ein Souvenirshop, Gastronomie gibt es im Gewölbe und im Biergarten.

Öffnungszeiten Mai–Sept. tägl. 10–18 Uhr, April und Okt. tägl. 10–17 Uhr, Nov.–März Di–So 10–16 Uhr, Mo geschl., Einlass bis 30 Min. vor Schließung. Eintritt 6 €, erm. 4 €, unter 18 J. Eintritt frei. ✆ 038393-66710, www.granitz-jagdschloss.de.

Anfahrt Die Anfahrt ist für Pkw gesperrt, wer auf den Tempelberg weder laufen noch mit dem Fahrrad fahren will, muss ab Binz (Seebrücke) das Touristenbähnchen *Jagdschloss-Express* nehmen (hin und zurück 8 €, erm. 4 €). Auch der *Rasende Roland* verfügt über eine Haltestelle *Jagdschloss Granitz*, von hier aus hat man allerdings noch ein Stück zu Fuß bis zum Schloss zu bewältigen (ca. 1 km stetig bergauf), es sei denn, es steht gerade eine Kutsche bereit, die Gäste standesgemäß zum Schloss fährt (einfach 5 €, Kind 2,50 €). Alternative: Mit dem Pkw zum (gebührenpflichtigen) Parkplatz *Jagdschloss Binz-Ost* (P 11). Ein Stück oberhalb davon, vom Pferdehof, fahren die Kutschen zum Jagdschloss ebenfalls ab (auch Lesertipp).

Essen & Trinken Alte Brennerei. Rustikale Gaststätte im Schlossgewölbe, gemütlich-altertümliches Ambiente und bodenständige Speisen, viel Wild, im Sommer netter Biergarten neben dem Schloss, auch Cafébetrieb. Öffnungszeiten wie das Schloss, abends jeweils 1 Std. länger. ✆ 038393-32872, www.alte-brennerei.com.

Nördlich von Binz: Schmale Heide und Prora

Auf der Schmalen Heide, einem Geröllgürtel, der die Granitz mit der Halbinsel Jasmund verbindet, steht Rügens prominenteste und bislang auch problematischste Immobilie: Prora. Entlang der gleichnamigen, sanft geschwungenen Wiek erstreckt sich ein kilometerlanger Badestrand.

Vom weiten Sandstrand aus ist Prora, heute ein grauer, großteils noch immer sanierungsbedürftiger Gebäudegigant, kaum zu sehen, denn die wuchtigen Betonblöcke werden von dem Kiefernwald verdeckt, der sich über die Schmale Heide erstreckt. Die wirklichen Ausmaße von Prora kann man ohnehin nur aus der Luft erfassen.

Projekt: Urlaub total – das „Seebad der 20.000"

Wenn ein Bauvorhaben das Attribut „gigantomanisch" verdient, dann das 1936 begonnene Projekt der nationalsozialistischen Organisation *Kraft durch Freude* (KdF): eine zentrale Festhalle samt Platz, groß genug um 20.000 Menschen zu fassen, rechts und links davon je vier sechsgeschossige Wohnblöcke von mehr als einem halben Kilometer Länge, dazwischen riesige, bis zum Strand reichende Gemeinschaftshäuser, außerdem Seebrücken, Theater, Geschäfte, Sportstätten, Aussichtstürme und eine kleinstadtartige Anlage für 5000 Angestellte. Der Koloss aus Stahl und Beton sollte sich über eine Länge von mehr als vier Kilometer erstrecken. 20.000 Menschen sollten hier einen jeweils zehntägigen Urlaub verbringen – ein Urlaub so total wie der folgende Krieg.

Oberster Bauherr war der Chef der *Deutschen Arbeitsfront* (DAF), *Robert Ley* (der beauftragte Architekt war übrigens nicht Speer, sondern der Kölner *Clemens Klotz*, der für seinen Entwurf bei der Weltausstellung in Paris 1937 einen Preis gewann). Die DAF hatte vor allem die Aufgabe, die arbeitende Bevölkerung zu Nationalsozialisten zu erziehen. *Kraft durch Freude* war eine Unterabteilung der DAF und die populärste Organisation des Regimes überhaupt. Das effektive Propaganda-Instrument dehnte die „nationalsozialistische Erziehung" auf die Freizeit der Arbeiter aus und versuchte damit eine Art „Gleichschaltung des Urlaubs" zu erwirken.

Das Seebad Prora wurde aber lediglich propagandistisch eingesetzt: Der Ausbruch des Zweiten Weltkrieges stoppte die Arbeiten und hinterließ eine gigantische Baustelle. Urlaub machte hier niemand. Die beteiligten Arbeiter, darunter ungezählte versklavte Zwangsarbeiter, wurden nach Peenemünde gebracht, um dort die Heeresversuchsanstalt aufzubauen, den Geburtsort der so genannten Wunderwaffe V2. Während des Krieges wurden die fertig gestellten Gebäude Proras als Lazarett genutzt, dann wurden ausgebombte Hamburger in den Rohbau mit Seeblick einquartiert. Es folgten die Sowjets, dann die NVA (1961–1982), Prora wurde militärisches Sperrgebiet. Nach 1982 wurden DDR-Kriegsdienstverweigerer, sogenannte Bausoldaten, in Prora zwangsstationiert und mussten am neuen Hafen von Mukran mitbauen. Die NVA-Erbin, die Bundeswehr, löste den Standort 1992 schließlich auf.

Was also tun mit dem Koloss? Die Sowjets hatten versucht, einen Block zu sprengen, dabei aber nur eine Ruine produziert. Seit 1994 steht die Anlage unter Denkmalschutz (einschließlich der Ruine). Bewegung kam nach Prora, als der Bund vier von fünf Blöcken an private Investoren verkaufte.

Wichtigster Anlaufpunkt ist das im Jahr 2000 eröffnete *Dokumentationszentrum Prora* mit der sehenswerten Dauerausstellung MACHTUrlaub. Das Dokumentationszentrum befindet sich im Querriegel von Block 3, also im „Zentrum" des lang gestreckten Kolosses. Nebenan gibt es eine Gastwirtschaft, gegenüber den Klettergarten; in Block 3 selbst schließlich findet sich, was von der ehemaligen Museumsmeile übrig geblieben ist. Im nördlichen Block 5 eröffnete 2011 die Jugendherberge Prora mit Jugendzeltplatz. Die Blöcke 1, 2 und 4 wurden bzw. werden von mehreren Investoren saniert (sie sind in weiten Teilen schon als Eigentumswohnungen verkauft) und z. T. eingezäunt, der noch unsanierte Teil von Block 5 sollte 2016 ebenfalls an private Investoren gehen. Es entstehen exklusive Eigentumswohnungen, Ferienappartements, Hotelzimmer und dazugehörige Infrastrukturen (Gastronomie, Sport, Wellness etc.) in so großer Zahl, dass man bereits spottet, das „Seebad der Zwanzigtausend" werde nun doch noch realisiert, nur eben für die „oberen Zwanzigtausend". Gekauft werden die Wohnungen oft als Geldanlage und/oder barrierefrei gebaute Altersvorsorge in Null-Zins-Zeiten und mit schlauer Denkmalabschreibungsmöglichkeit, der Quadratmeterpreis liegt bei etwa 5000–6500 €. Eine Musterwohnung kann in Block 2 besichtigt werden. Übrigens hat auch Block 6 schon vor Jahren einen Investor gefunden, was dieser aber mit der teilgesprengten Ruine vorhat, ist unklar.

Verbindungen Bus. Die Linie 20 hält auf dem Weg von Sassnitz nach Binz (und weiter ins Mönchgut) mehrmals tägl. in Prora, ebenso die **Linien** 23 und 28 von Bergen nach Binz bzw. nach Sassnitz. Außerdem gibt es zwei Haltestellen der **Bahn** (Verbindung Bergen–Binz, Achtung: Oft muss man in Lietzow umsteigen). Schließlich fährt während der Saison auch das Bäderbähnchen **Prora-Naturerbe-Express** von der Binzer Seebrücke aus.

Parken Großer Parkplatz am Dokumentationszentrum, 1 €/Std. (Mindestgebühr 2 € für 2 Std.), Tagesticket 5 €.

Jugendherberge Jugendherberge Prora. Beim Jugendzeltplatz (→ unten), im sanierten, strahlend weiß angestrichenen, nördlichsten Stück des Prora-Kolosses (Block 5), wirbt als „längste Jugendherberge der Welt". 96 Zimmer mit insgesamt 424 Betten, davon 7 DZ mit eigenem Bad, 16 Zimmer (DZ) sind behindertengerecht ausgestattet. Großes Sportangebot, u. a. mit Beachvolleyball und Fahrradverleih. Übernachtung mit Frühstück im Mehrbettzimmer 25 € (Senioren ab 27 J. 31,90 €), DZ 58–72 €. Mukraner Straße, Gebäude 15, 18609 Binz, ✆ 038393-66880, www.jugendherbergen-mv.de.

Camping Jugendzeltplatz Prora. Weitläufiger Campingplatz des DJH im Norden Proras bei der Jugendherberge. Wenig Schatten. Auch Fahrradverleih. Mitte April bis Okt. geöffnet. Übernachtung pro Pers. ab 10 €, Senioren über 27 J. 17,90 €, Frühstück inkl. (jeweils mit eigenem Zelt). Man kann auch Zelte mieten. Adresse → JH.

Wohnmobilstellplatz Die Wohnmobil-Oase Rügen befindet sich in etwa auf Höhe von Block 5 (Jugendherberge). April bis Mitte Okt. geöffnet, Stellplatz 13–16 €/Tag. Kleiner Shop in der Rezeption. Hundefreundlich. Proraer Chaussee 60, 18609 Binz/OT Prora, ✆ 0157-74283715, www.wohnmobilstellplatz-ruegen.de.

Klettern Seilgarten. Mit 11 Höhenparcours verschiedener Schwierigkeitsstufen. Der Klettergarten befindet sich gegenüber dem Dokumentationszentrum. Ab ca. Osterferien bis Ende Okt. Di–So 10–16 Uhr geöffnet, im Mai und Sept. bis 17 Uhr, Juni bis 18 Uhr, Juli/Aug. tägl. bis 18 Uhr). ✆ 0152-03647424, www.seilgarten-prora.de.

Essen & Trinken Neben besagter Gaststätte (gutbürgerlich) am Dokumentationszentrum gibt es in Block 2 ein etwas schickeres Restaurant und eine Eisdiele. Das gastronomische Angebot soll erweitert werden.

Die Museen von Prora

Dokumentationszentrum Prora: Historisch Interessierte wird es in Prora zuallererst in das Dokumentationszentrum ziehen. Die erste Abteilung informiert umfassend über Vorgeschichte, Planung und Baugeschichte des KdF-Bades sowie über die Nutzung der Bauruine während des Krieges und nach Kriegsende. Die zweite Sektion konzentriert sich unter dem Schlagwort „Volksgemeinschaft" auf die sozial- und gesellschaftshistorischen Hintergründe des Nationalsozialismus: Bilddokumente und Schautafeln befassen sich mit der Idee der Volksgemeinschaft und deren gewaltsamer „Formierung" in Alltag und Lebenswelt. Wechselnde Sonderausstellungen (zuletzt u. a. zum NSU) und Veranstaltungen sowie ein 35-minütiger Film begleiten die Dokumentation. Unbedingt sehenswert. Die Zukunft des Dokumentationszentrums ist allerdings ungewiss.

Mai bis Aug. tägl. 9.30–19 Uhr, März/April und Sept./Okt. 10–18 Uhr, Nov. bis Febr. 10–16 Uhr, Dez. meist geschl. (Einlass jeweils bis 1 Std. vor Schließung). Eintritt 6 € (mit Kurkarte Binz 4 €), erm. 3 €, Kinder unter 13 J. frei, Familienticket 14 €, ein Elternteil mit Kindern 8 €. Öffentliche Führungen (Vortrag und Besichtigung) tägl. 11.15 Uhr und 14 Uhr. Mit Café (ab 11 Uhr geöffnet), Literatur liegt aus. Objektstr. 1, Block 3/Querriegel, 18609 Binz/OT Prora, ✆ 038393-13991, www.proradok.de.

Prora-Zentrum: Die Ausstellung zur Geschichte Proras und wechselnde Sonderausstellungen werden seit Neuestem in der ehemaligen Rezeption der Jugendherberge bei Block 5 gezeigt. Das Zentrum ist aber vor allem eine Bildungsstätte: Schülerprojekte, Tagungen und Workshops. Zentrale Themen sind natürlich die Geschichte Proras und der Nationalsozialismus sowie Prora zur Zeit der DDR.

Mai bis Okt. tägl. 10–18 Uhr, Nov. bis April Mo bis Fr 10–16 Uhr. Auch Rundgänge (Anmeldung). Eintritt 4 €, erm. 3 €. Mukraner Str. 12, 18609 Prora-Nord, ✆ 038393-127921, www.prora-zentrum.de.

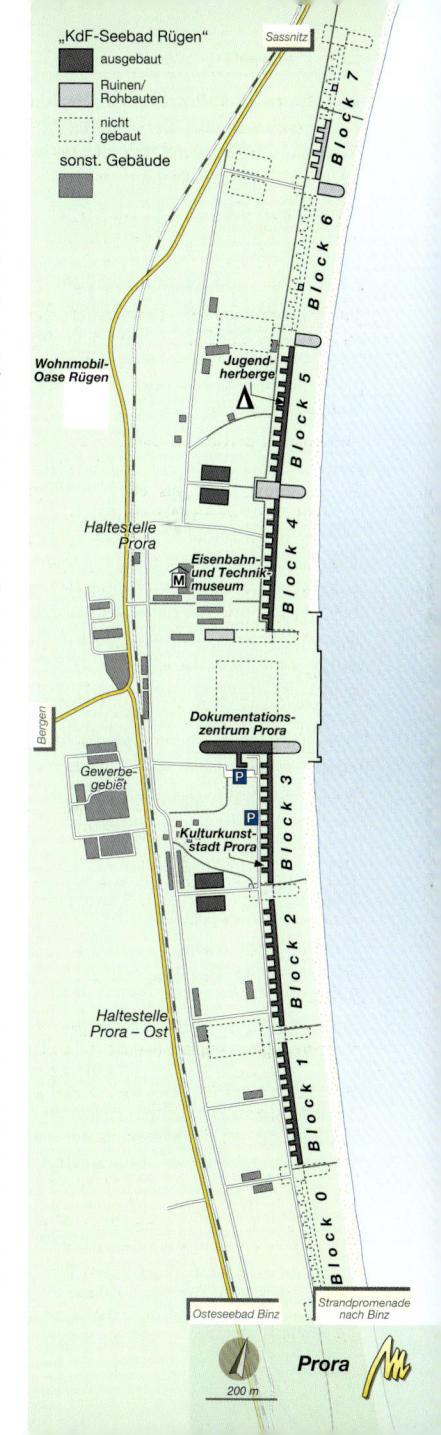

KulturKunststatt Prora: Über insgesamt fünf Stockwerken bzw. 5000 Quadratmetern erstrecken sich vier Museen in einem, alle zu verschiedenen Aspekten des Themas Prora/Rügen. Dazu gibt es Galerien und ein Café. Auch die Zukunft dieses Museums ist mehr als ungewiss.

Tägl. 9.30–17.30 Uhr, im Sommer auch bis 19 Uhr, im Winter 10–16 Uhr. Erw. 6,90 €, erm. 3,90 €, Kinder bis 6 J. frei. Objektstr. Block 3, 18609 Binz, ✆ 038393-32696, www.kultur kunststatt.de.

Eisenbahn- und Technikmuseum: Ein Stück nördlich ist auf 10.000 Quadratmetern überdachter Fläche das Eisenbahn- und Technikmuseum untergebracht. In der mittleren Halle stehen vor allem Oldtimer, darunter eine echte *Tin Lizzy* von Ford (1911) sowie eine MIG 21. In den Seitenhallen befinden sich dann die Lokomotiven (ab Baujahr 1903), besonders sehenswert die Dampfschneeschleuder von 1930.

Ostern bis Okt. tägl. 10–17 Uhr, Eintritt 10 € (!), Kinder 5 €. Am Bahnhof „Prora", 18609 Binz, ✆ 038393-2366 (hinter dem Bahnhof links und dann rechts), www.etm-ruegen.de.

Naturerbe Zentrum Rügen/Prora und Baumwipfelpfad

Der vor einigen Jahren eröffnete Baumwipfelpfad samt Ausstellung liegt nur wenige Kilometer westlich von Prora. Der insgesamt 1250 Meter lange Erlebnispfad ist barrierefrei und kinderwagengeeignet. Spiralförmig und mit geringer Steigung schraubt er sich am Einstiegsturm in die Höhe und verläuft dann als hoher Steg durch den Wald. Höhepunkt ist der Aussichtsturm, der um eine Buche herum gebaut ist. In weiter Spirale gelangt man auf eine Höhe von 40 Metern und kann einen herrlichen Blick genießen. Die zugehörige Ausstellung im neuen Gebäude unterhalb des Baumwipfelpfades informiert kindgerecht anhand von Fotos, Schaubildern und Grafiken über Rügens Natur.

Anfahrt/Verbindungen Beim alten Forsthaus Prora (1857), gut beschildert. Hier halten die Busse 20, 24 und 28 von Binz, Bergen bzw. Sassnitz, außerdem Fahrten von Binz mit dem Bäderbähnchen Prora-Express.

Parken Am Ausstellungsgebäude, die ersten 3 Std. pauschal 2,50 €, dann 1 €/Std.

Öffnungszeiten/Eintritt Mai–Sept. tägl. 9.30–19.30 Uhr, April und Okt. bis 17.30 Uhr, im Winter nur bis 16.30 Uhr, letzter Einlass 1:30 Std. vor Schließung. Eintritt 10 €, erm. 9 €, Kinder/Jugendliche 6–14 J. 8 €, Familienticket 21 €. Führungen tägl. um 11 und 14 Uhr (plus 3 €/Pers.). Forsthaus Prora 1, ✆ 038393-662200, www.nezr.de.

Essen SB-Bistro im Ausstellungsgebäude, hier auch Snacks, Suppen, Kaffee, Kuchen etc., mittleres Preisniveau.

Schmale Heide

Feuersteinfelder: Diese geologische Besonderheit gibt es im nördlichen Teil der Schmalen Heide zu sehen. Auf einer Länge von ca. 2,5 Kilometern erstrecken sich mehrere bis zu 300 Meter breite Wälle aus Feuerstein. Eingefasst in das „Naturschutzgebiet Steinfelder in der Schmalen Heide" befindet sich im Norden der Feuersteinfelder ein kleiner Mischwald aus Kiefern, Ahorn und Eichen. Auf dem kargen Boden der Geröllwälle und entlang seiner Ränder wachsen vor allem Wacholder, Vogelbeere, Brombeeren und Blaubeeren, Heiderose und Heidekraut.

Ein Parkplatz (1 €/Std., Tagesticket 5 €) befindet sich südlich von Neu Mukran. Vom Parkplatz führt ein sandiger Fußweg zunächst parallel zu den Bahngleisen, dann über eine Brücke über die Gleise, hier links, wieder ein Stück an den Gleisen entlang und schließlich auf einem Waldpfad nach Süden zu den Feldern (ca. 20. Min., beschildert).

Sellins Seebrücke gestern

Sellin

ca. 2600 Einwohner

Auch in Sellin bestimmt grandiose Bäderarchitektur das Stadtbild. Besonders hervorzuheben: die in der Ortsmitte gelegene Wilhelmstraße, gesäumt von weiß getünchten Villen, und die berühmte Selliner Seebrücke, zu deren Füßen sich ein herrlicher Sandstrand erstreckt.

Eingerahmt wird der Ort von den südlichen Ausläufern der Granitz sowie dem Selliner See. Die Hauptverbindung zur bis zu 40 Meter hohen Steilküste bildet die Prachtallee Sellins, die *Wilhelmstraße,* eine Flaniermeile in Weiß, die ihre „Verlängerung" in der berühmten, 1998 wieder aufgebauten *Seebrücke* findet. Wie ein Steg in eine andere Zeit reicht die einzige bebaute Seebrücke Rügens, in dessen prachtvollen Gebäuden heute Restaurants untergebracht sind, in die Ostsee hinein. Das Verbindungsstück der beiden außergewöhnlichen Beispiele der Bäderarchitektur ist die *Himmelstreppe,* eine Freitreppe, die über 99 Stufen vom Ende der Wilhelmstraße auf die Brücke und hinab zum breiten, feinsandigen Strand führt.

Ursprünglich war Sellin nur ein winziges Fischerdorf am Rande der ausgedehnten Ländereien der Herren zu Putbus, in dem noch 1806 kaum mehr als 100 Menschen lebten. Der Aufschwung zum Seebad erfolgte parallel zu den Nachbarn Binz und Göhren mit dem Anschluss des Dorfes an die Schmalspurbahn im Jahr 1895. Ein Jahr später ließ Fürst Wilhelm zu Putbus eine breite Allee anlegen, die Grundausstattung für einen mondänen Urlaubsort. 1896 entstand das erste Hotel auf dem Hochufer. Namensgeber für Promenade und Herberge war ihr Initiator Fürst Wilhelm zu Putbus. In schneller Folge wurden weitere Gebäude errichtet, alle im Stile der Zeit, reich verziert, strahlend weiß und mit Veranden, Loggien und Balkonen versehen. Bis 1912 hatte sich die Wilhelmstraße zu dem entwickelt, was sie heute ist: eine außergewöhnliche Bäderarchitektur-Meile. Ganzer Stolz des jungen Bades war die 1906 eröffnete Seebrücke. Zwischenzeitlich zerstört und abgerissen, wurde 1998 der Neubau des Wahrzeichens Sellins fertig gestellt.

Rügen – Granitz

Basis-Infos

Information Kurverwaltung Sellin. Informationen, Zimmervermittlung, Internet. Ab hier finden auch jeden Do um 10 Uhr **historische Ortsführungen** statt. Mo–Fr 8.30–18 Uhr, Sa/So 10–14 Uhr; in der Nebensaison (Okt. bis April) Mo–Fr 8.30–16.30 Uhr, Sa/So geschl. Seitenstraße am oberen Teil der Wilhelmstraße, beim Kurpark. Warmbadstr. 4, ✆ 038303-160, www.ostseebad-sellin.de.

Info-Pavillon unweit des Kleinbahnhofs nahe Seepark, tägl. 10–17 Uhr geöffnet, Seeparkpromenade 1, ✆ 038303-16222.

Parken Im Zentrum gebührenpflichtig, Parkplatz neben der Kurverwaltung, 1 €/Std., Tagesticket 7 €.

Taxi Mönchgut-Taxi ✆ 038303-85045, Zentrale Binz ✆ 038393-2424.

Verbindungen Bus. Die Linie 20 verbindet Sellin mit Binz, Prora, dem Forsthaus Prora und dem Fährhafen Sassnitz bei Neu Mukran, der Stadt Sassnitz und (seltener) direkt mit dem Königsstuhl sowie mit den Ostseebädern Baabe, Göhren und ganz im Süden Thiessow, fast stündl., nach Sassnitz fährt die Linie 24, allerdings relativ selten direkt, so dass man mit der Linie 20 zum Wendeplatz Serams fahren und dort in die 24 umsteigen muss. Die Linie 25 ist der **Ortsbus** und verbindet Sellin mit *Neuensien, Seedorf, Altensien* und *Moritzdorf.*

Der **Rasende Roland** hält auf seinem Weg entlang der Ostseebäder auch in Sellin, im Sommer stündl., im Winter alle zwei Stunden. Haltestellen am südlichen und westlichen Ortsrand, ✆ 038301-884012, www.ruegensche-baederbahn.de. Preise und weitere Infos → S. 226.

Schiff. Von April bis Okt. verbindet die **Reederei Adler Schiffe** Sellin 2-mal tägl. via Binz mit dem Sassnitzer Stadthafen. Tickets an Bord. ✆ 04651-9870888, www.adler-schiffe.de.

Aktivitäten

Ausflugsschiffe → Binz/Praktische Informationen S. 231.

Baden Die Blaue Flagge ziert auch Sellins Strand. Er teilt sich in zwei Abschnitte. Unterhalb des Hochufers bei der Wilhelmstraße erstreckt sich bei der Seebrücke der lange und breite **Nordstrand**. Etwas nördlich (hier etwas steinig) sowie südlich beginnen Hundeabschnitte, noch etwas weiter nach Süden der FKK-Bereich. Daran anschließend findet sich der **Südstrand** (Vorteil: länger Sonne), den man am leichtesten über den Weißen Steg erreicht (Ostbahnstraße, dann vor dem Seepark abbiegen, strandnah auch ein kostenpflichtiger Parkplatz). An beiden Strandabschnitten sanitäre Einrichtungen. Der Nordstrand wird auf der Höhe der Seebrücke, der Südstrand bei der Einmündung des Weißen Stegs von der DLRG überwacht. Beide Strandabschnitte sind feinsandig, nahezu steinfrei und einfach traumhaft.

Fahrradverleih Zum Beispiel bei **Fahrradverleih Neumann**. Das Geschäft liegt in der Hauptstraße 11 (zu Saison tägl. 8–18 Uhr), eine Verleihstation auch im unteren Teil der Wilhelmstraße (bei Hausnr. 4, zur Saison tägl. 10–13 Uhr und 14–18 Uhr), auch Tandems und Elektroräder, ✆ 038303-87990, www.selliner-fahrradverleih.de.

Veranstaltungen Unter anderem das **Seebrückenfest** am letzten Juliwochenende. Veranstaltungskalender über die Kurverwaltung oder im Internet unter www.ostseebad-sellin.de.

Übernachten

**** Hotel Bernstein. Obwohl das Haus in ursprünglich traumhafter Alleinlage am Hochufer in den letzten Jahren durch ein paar Neubauten am oberen Ende der Wilhelmstraße Gesellschaft bekam – für uns eines der schönsten Hotels in Sellin. Sehr gutes Restaurant mit Terrasse sowie Lounge/Bar. Großer Wellnessbereich (Ambra Spa) samt Sauna, Fitnessraum und Schwimmbad (indoor, aber dank Panoramafenster mit Ostseeblick). Die meisten Zimmer mit Balkon, viele davon mit direktem Meerblick. EZ 101–106 €, DZ 158–214 €, inkl. Frühstück. Hochuferpromenade 8, 18586 Sellin, ✆ 038303-1719, www.hotel-bernstein.de.

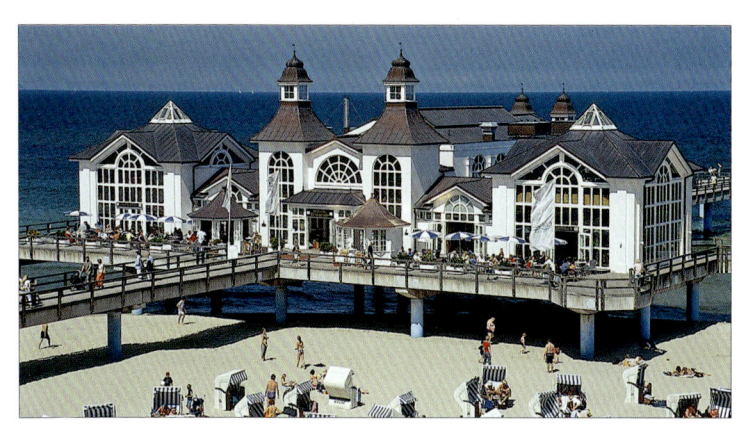

Sellins Seebrücke heute

Villa Elisabeth. Das freundliche, bodenständige Hotel in der Wilhelmstraße ist in einer schönen Bädervilla untergebracht. Geräumige Zimmer, teils mit großem Holzbalkon. Zum Hotel gehört das Restaurant *achtern*. EZ ca. 55 €, DZ 105 €, inkl. Frühstück. Wilhelmstr. 40, 18586 Sellin, ✆ 0138303-87044, www.hotel-elisabeth-sellin.de.

Jugendherberge Sellin. In einem Mehrfamilienhaus mit Parkplatz im Hof, nahe des Kleinbahnhofs im südlichen Ortsteil, zu Fuß ca. 10 Min. ins Zentrum. Viele Schulklassen. Im Mehrbettzimmer 25 €, Senioren ab 27 J. 31,90 €, DZ 58–72 €, jeweils inkl. Frühstück. Hunde sind erlaubt (vorherige Anmeldung, 5 €/Tag). Kiefernweg 4, 18586 Sellin, ✆ 038303-95099, www.jugendherbergen-mv.de.

Wohnmobilstellplatz Oberhalb der Jugendherberge, Stellplatz 15 €/Tag. Kiefernweg 4b, 18586 Sellin, ✆ 038303-92770, www.wohnmobilstellplatz-sellin.de.

Außerhalb Hotel Moritzdorf. Absolut ruhig am südlichen Rand des hübschen gleichnamigen Weilers gelegenes Hotel, nettes Restaurant (auch vegetarisch) mit Terrasse. DZ mit Frühstück 98–146 €, Halbpension 20 €. Moritzdorf 15, 18586 Sellin, ✆ 038303-186, www.hotel-moritzdorf.de.

Essen & Trinken

Seebrücke. Schönes Ambiente an einzigartigem Standort. Geschmackvoll eingerichtet und mit tollem Blick. Tägl. 12–21 Uhr (im Winter bis 20 Uhr) durchgehend, auch eine Adresse für Kaffee und Kuchen. Seebrücke Sellin, ✆ 038303-929600, www.seebrueckesellin.de.

»› Lesertipp: „Das Restaurant **Kleine Melodie** zählt zu den schönsten auf der ganzen Insel! Traumhafte Lage mit der Terrasse über dem Südstrand mit entsprechendem Blick. Das Essen war fantastisch und mit Liebe zubereitet, die Preise dafür absolut in Ordnung!" Dem möchten wir hinzufügen: sehr netter Service! Im Sommer tägl. 10–21 Uhr, April/Mai und Sept./Okt. 10.30–20 Uhr, im Winter 12–17 Uhr (1.–26. Dez. geschl.). Südstrandpromenade 3, ✆ 038303-85616, www.kleinemelodie.net. **«‹**

Zum Skipper. Hervorragendes und entsprechend beliebtes Fischrestaurant in der Wilhelmstraße, innen maritim, draußen Terrasse, freundlicher Service, Hauptgerichte 9–16 €, tägl. 11–21.30 Uhr (im Winter 12–21 Uhr). Wilhelmstraße 31, ✆ 038303-90740, www.skipper-sellin.de.

Selliner Kleinbahnhof. Schönes, mal nichtmaritimes Ambiente, das nett hergerichtete Restaurant gleicht einem Eisenbahnmuseum, und wenn draußen der Rasende Roland vorbeifährt, könnte man meinen, auf Reisen zu sein. Mit Terrasse. Relativ günstige Tagesgerichte, ansonsten mittleres Preisniveau, tägl. ab 12 Uhr geöffnet, warme Küche bis 20 Uhr, im Winter Mo/Di Ruhetag. Am Kleinbahnhof, ✆ 038303-87971, www.kleinbahnhof-sellin.de.

Traditionsreich: Ruderbootfähre am Baaber Bollwerk

Mönchgut

Die Halbinsel südöstlich der Granitz streckt sich mehr wie eine Inselgruppe weit ins Meer hinein. In zwei eleganten Schwüngen zieht sich die Küste vom Kap Nordperd beim Ostseebad Göhren über die kleine Landzunge Lobber Ort zum Kap Südperd bei Thiessow. Der südliche Abschnitt ist ein einziges kilometerlanges, feinsandiges Badeparadies, schlicht (und zutreffend) *Großer Strand* genannt. Die westliche Küste hingegen ist stark zergliedert, weit springen die hügeligen Halbinseln in den Bodden hinein und formen lang gestreckte Buchten.

Baabe
ca. 900 Einwohner

Das „Tor zum Mönchgut" versucht an die großen Schwestern im Norden und im Süden anzuschließen – u. a. mit dem Bau zahlreicher neuer Appartementanlagen im oberen Preissegment. Je näher am Meer, desto schicker und teurer gibt sich das kleine Baabe neuerdings. Doch bis heute ist der Ort, in dem außerhalb der Saison gerade mal 900 Menschen wohnen, eines der ruhigeren Ostseebäder mit fast dörflichem Charakter geblieben. Ein begrünter Boulevard, in dessen Mitte ein Fußgängerweg unter Lauben zum Strand führt, ein paar sorgsam renovierte Bädervillen, die neue Kuranlage und besagte Appartementanlagen zeugen von vergangenen und aktuellen Ambitionen. Jenseits der Göhrener Chaussee – der viel befahrenen B 196 – zeigt sich das andere Gesicht Baabes: Boddenseits erstreckt sich in einem leichten Bogen das alte Fischerdorf bis an das von einem Schilfgürtel gesäumte Ufer des Selliner Sees. Ein gutes Stück jenseits der Ortsgrenze endet die Dorfstraße am Bollwerk, dem kleinen Hafen von Baabe, an dem noch ein paar Fischer ablegen. Ein Fährmann setzt in einem Ruderboot über nach Moritzdorf.

Basis-Infos/Aktivitäten

Information Info-Pavillon am Anfang der Strandstraße (mit Blick Richtung Meer linker Hand), geöffnet Mai bis Okt. Mo–Fr 10–16 Uhr. Mehr Infos in der **Kurverwaltung Baabe** im *Haus des Gastes*. Mo–Fr 9–18 Uhr, Sa/So 10–18 Uhr, im Winter einge-

Mönchgut 243

schränkt. Nebenan Spielplatz und Bocciabahn. Am Kurpark 9, 18586 Baabe, ✆ 038303-1420, www.baabe.de.

Verbindungen/Ausflüge Die Bus-Linie 20 fährt fast stündl. nach Sassnitz, seltener auch direkt bis Königsstuhl, sowie nach Thiessow und zurück.

Kleinbahn. Im Sommer stündl. mit dem *Rasenden Roland* nach Göhren und in anderer Richtung nach Sellin und Binz sowie weiter nach Putbus, im Winter alle zwei Stunden. ✆ 038301-884012. Weitere Infos → S. 226.

„Bähnchen": *Uns lütt Bahn* pendelt 9-mal tägl. zwischen Strandpromenade und Bollwerk hin und her (nur Ostern bis Okt.), 2 €. Am Lidl-Parkplatz kann man in die Selliner Bäderbahn umsteigen.

Personenfähre Baabe – Moritzdorf. Vom Bollwerk, Baabes Hafen am Bodden, rudert der Fährmann zur Saison tägl. zwischen 9 und 20 Uhr über die schmale Wasserstraße zwischen Having und Selliner See. Da das Fährhaus am anderen Ufer steht, muss man am Steg diesseits mit der Schiffsglocke läuten. Fahrräder, Kinderwagen und Hunde werden mitgenommen; alles 1 €, Hunde 0,50 €, Anhänger 2 €, E-Bikes 1,50 €.

Fahrradverleih Unter anderem bei Fahrrad Mix. Ab 6 €/Tag (3-Gang), MTB/Rennrad 10–13 €, E-Bike 18–20 €. Strandstr. 31, ✆ 038303-371190, www.fahrradverleih-baabe.de.

Kitesurfen Kiteschule Atlantis in der *Casa Atlantis*, Mai–Okt. Kite- und Windsurfkurse auch in Verbindung mit Unterkunft, SUP-Vermietung. Strandstr. 5, ✆ 038303-955565 oder ✆ 0173-2186111, www.casa-atlantis.de.

Theater Lachmöwe. Kleinkunst zwischen politischem Kabarett und Comedy, gespielt wird Ostern bis Okt. (ein wenig auch im Nov./Dez.), Vorstellungsbeginn 20 Uhr, auch Restaurant (→ unten). Strandstr. 24–28, ✆ 038303-99075, www.kabarett-theater-lachmoewe.de. Kartenvorverkauf an Vorstellungstagen ab 17 Uhr oder bei der Rezeption des Strandhotels, in dessen UG sich die Bühne befindet.

Übernachten/Essen & Trinken

Hotel Solthus am See. Am Bollwerk, stilvolles Hotel mit Bibliothek, Hallenbad, Wellnessbereich und Sauna in einem architektonisch interessanten Gebäudekomplex mit tief hängendem Rohrdach. Zum Haus gehört ein Restaurant (mit Terrasse), das auch den Gourmet zufrieden stellen kann. Ganzjährig geöffnet. EZ 117 €, DZ 154–160 €, inkl. Frühstück und Nutzung des Wellnessbereichs. Halbpension 29–33 €/Pers., Hund 15 €/Tag. Bollwerkstr. 1, 18586 Baabe, ✆ 038303-87160, www.solthus.de.

Villa Granitz. Jenseits der B 196 (also Richtung Bodden) liegt dieses besonders schöne Garni-Hotel im Bäderstil. Hübscher Garten mit Lauben, Lounge/Bar, überaus behagliche Zimmer zum Wohlfühlen, sehr freundlicher Service. EZ 70–73 €, DZ 94–112 €, mit Frühstück, Hund 8 €/Tag. Auch Ferienwohnungen. Birkenallee 17 (B 196 Richtung Göhren, dann gleich rechts), 18586 Baabe, ✆ 038303-1410, www.villa-granitz.de.

Lindequist. Versteckt im Wald und nur wenige Meter vom Meer liegt dieses sympathische Hotel mit eigenem Strand (Strandkorbverleih) und Surf-/Kiteschule (www.ruegen-kite.de). Man hat die Wahl zwischen den komfortablen Zimmern im Haupthaus (DZ mit Frühstück 129 €) oder etwas einfacher in den unterhalb gelegenen Waldhäusern: DZ 109 € (inkl. Frühstück), Ferienwohnung bis 2–6 Pers. 74–136 €, Hostel im 4er- bis 6er-Zimmer 20–25 €, Frühstück jeweils extra. Hund 10 €/Tag. Ganz Harte können auch im Strandkorb nächtigen ... Von-Lindequist-Weg 1, 18586 Sellin, ✆ 038303-9500, www.strandhotel-lindequist. de.

Zum Fischer. Uriges Gasthaus einer alteingesessenen Fischerfamilie, die auch heute noch fängt. Sehr beliebt, mit windgeschützter Terrasse, auch eigene Räucherei und Verkauf, von März bis Anfang Okt. ab 12 Uhr geöffnet, warme Küche bis 20 Uhr (Fischbrötchen 11.30–17 Uhr), Fischverkauf ab 9 Uhr. Hauptgerichte 8–13 €. Bollwerkstr. 6 (am südwestlichen Dorfrand am Weg zum Bollwerk/Hafen auf der linken Seite), ✆ 038303-86428, www.zumfischer.de.

》 Lesertipp: Leser empfehlen das gemütliche Café Klatsch, entspannte Atmosphäre, leckerer selbst gebackene Kuchen und Torten. Ab 11.30 Uhr geöffnet, Mo/Di Ruhetag, Nov. bis Feb. geschl. Am Kurpark 2 (am Kurhaus), ✆ 0172-3027058, www.baabecafeklatsch.de. **《**

Lachmöwe. Gemütliches und sympathisches Restaurant im Kabarett-Theater, während der Saison tägl. ab 18 Uhr geöffnet. Bei legerer Kneipenatmosphäre gibt es Antipasti, Salate, Pasta und Elsässer Flammkuchen. Zu essen und zu trinken bekommt man auch an Spieltagen, bestellt werden kann dann bis Vorstellungsbeginn (20 Uhr), in der Pause und nach dem Schlussapplaus. Strandstr. 25, ✆ 038303-99075.

Göhren
ca. 1200 Einwohner

Das Ostseebad mit den zwei Stränden – der feinsandige Nordstrand samt Promenade und Seebrücke und der naturbelassene Südstrand. Dazwischen erhebt sich der Kurort auf einer Anhöhe.

Endlos an der Strandpromenade aneinandergereihte, strahlend weiße Villen sucht man in Göhren vergebens. Dafür lässt das bewaldete *Nordperd*, die für Inselverhältnisse durchaus bergige Landzunge, auf die der Ort gebaut wurde, einfach keinen Platz. Hinter dem Strand erstreckt sich der neu gestaltete Kurpark des Ortes mit Musikpavillon aus dem Jahr 1924, in dem heute nach sorgsamer Restaurierung wieder regelmäßig Konzerte stattfinden. Im Ortszentrum stößt man dann auf das alte Göhren mit seinen reetgedeckten Fachwerkhäusern. Drei von ihnen gehören heute zum Verbund der auf der Halbinsel verteilten Mönchguter Museen: Im *Heimatmuseum* (Strandstraße/Ecke Thiessower Str., mitten im Zentrum) erhält man einen guten Einblick in die Geschichte des Seebades Göhren, zu sehen sind u. a. eine alte Bauernstube, Trachten und historische Fotos; der *Museumshof* (nur wenige Schritte auf der Strandstraße weiter bergab), untergebracht in einem teilweise originalen Gebäude eines bäuerlichen Gehöftes, bietet eine bunte Mischung aus kleineren Landmaschinen, Trensen, Leiterwagen und anderen landwirtschaftlichen Gerätschaften; und das um 1720 erbaute *Rookhus* (Rauchhaus), ein schornsteinloses Fachwerkhaus mit tief herabhängendem Rohrdach ein Stück unterhalb des Heimatmuseums (Thiessower Straße), verschafft Eindrücke von den einstigen Wohn-, Arbeits- und Lebensverhältnissen der hiesigen Fischer und Bauern. Komplettiert wird die „Göhrener Museumsmeile" durch das am Südstrand auf Beton aufgebockt liegende *Museumsschiff Luise* (zu Fuß gut 10 bis 15 Minuten vom Zentrum), ein begehbarer und vollständig eingerichteter Küstenfrachter von 1906.

Die Göhrener Museen wurden zuletzt renoviert und erweitert, die (Wieder-)Eröffnung des Heimatmuseums mit dem Neubau ist für 2018 geplant, die übrigen Standorte werden voraussichtlich schon im Laufe des Sommer 2017 wieder zugänglich sein, Infos über die Kurverwaltung Göhren.

Nicht in einem der Museen untergebracht und dennoch eine veritable Sehenswürdigkeit ist der *Buskam*, ein vor dem Nordstrand Göhrens aus dem Wasser ragender Granitblock mit imponierendem Maß (40 Meter Umfang) und nicht weniger beeindruckendem Gewicht (über 1600 Tonnen). Der gewaltige Fels ist der größte Findling der deutschen Ostseeküste, zuweilen wird er auch der „größte Stein Nordeuropas" genannt. Natürlich ranken sich um solch einen markanten Felsen zahlreiche Legenden und Geschichten, Meerjungfrauen sollen sich hier sonnen und Hexen Versammlungen abhalten.

Basis-Infos

Information Kurverwaltung Göhren. Im Sommer Mo–Fr 9–19 Uhr, Sa/So 10–18 Uhr. Im Winter Mo–Fr 9–17 Uhr, Di bis 18 Uhr. Umfangreiches Infomaterial, Stadtplan usw. Poststr. 9, 18586 Göhren, ✆ 038308-66790, www.goehren-ruegen.de.

Göhrener Kontraste

Taxi Mönchgut-Taxi, ☏ 038303-85045; Funktaxi Rügen, ☏ 038393-2424.

Verbindungen Bus. Die Linie 20 verbindet Göhren mit *Baabe, Sellin, Binz, Prora*, dem *Fährhafen Sassnitz* bei Neu Mukran und der *Stadt Sassnitz* (seltener auch direkt mit dem Königsstuhl) sowie in anderer Richtung mit *Thiessow* und *Klein Zicker*, fast stündl.

Bahn. Göhren ist die Endhaltestelle des *Rasenden Roland*. In der Hauptsaison bis zu 12-mal tägl. (Sept. bis Mai 6-mal) Verbindung mit den Ostseebädern Baabe und Sellin, über die Granitz nach Binz sowie nach Putbus. ☏ 03838-813594. Weitere Infos → S. 226.

Ortsbus „Buskam" pendelt während der Saison von der Seebrücke durch den Ort bis zum Südstrand, mit Kurkarte kostenlos.

Schiffsverbindungen zu Rügens Ostseebädern. Die Reederei Adler Schiffe verbindet Göhren mit dem Sassnitzer Stadthafen (ab dort auch Königsstuhl und Kap Arkona) sowie mit den Seebrücken von Binz und Sellin, Karten an Bord, www.adler-schiffe.de.

Aktivitäten

Baden Zwei Strände: der feinsandige, flach ins Meer abfallende **Hauptstrand im Norden** und der weniger frequentierte **Südstrand**, der vielleicht nicht ganz so attraktiv ist, aber länger Sonne hat. Unterteilt werden die Abschnitte durch den Nordperd, die in die Ostsee hereinreichende Landzunge. Der letzte Strandabschnitt Richtung Nordperd ist als **FKK-Strand** ausgewiesen, **Hundestrände** finden sich Richtung Baabe.

Fahrradverleih Mehrere Anbieter im Ort Fahrrad ab 5 €/Tag: z. B. **Conny's Verleih**, Friedrichstr. 12a, ☏ 038308-25156, www.fahrradverleih-goehren.de oder **Tilly**, Schulstr. 7, ☏ 038308-2240, www.fahrrad-tilly.de.

Übernachten/Essen & Trinken/Nachtleben

Hotels/Ferienwohnungen **** **Hotel Hanseatic**. Gegenüber dem alten Wasserturm (am höchsten Punkt von Göhren). Stilvolles Ambiente, mit Restaurants, Bistro, Cocktailbar und Turmcafé mit herrlichem Blick, im Untergeschoss Hallenbad, Sauna und Wellnessbereich. Komfortable und stilvoll-modern eingerichtete Zimmer, meist mit französischem Balkon. EZ 159 €, DZ 198 €, Frühstück inkl. Nordperdstr. 2, 18586 Göhren, ☏ 038308-515, www.hotel-hanseatic.de.

Hotel Stranddistel. Sympathisches, kleineres Hotel in ruhiger Seitenstraße gleich bei der Strandstraße, freundlicher Service. Das Hotel veranstaltet zudem ganztägige Segeltörns auf der eigenen Yacht. EZ ab 70 €, DZ ab 98 €, Hund 12 €/Tag, Frühstück inkl. Katharinenstr. 9, 18586 Göhren, ✆ 038308-5450, www.ruegen-hotel-stranddistel.de.

Villa Speranza. Schöne Ferienwohnungen in alter Bädervilla, ruhige Lage nahe der Waldpromenade, Wohnungen mit Balkon/Terrasse, Küche, Bad, TV, z. T. auch im modernen Nebengebäude. Eher für längeren Aufenthalt sinnvoll, Preisbeispiel: für 2 Pers. erste Nacht ab 140 €/Tag, ab der zweiten Nacht 70 €/Tag zuzüglich Wäschepaket 9 €/Pers. (einmalig). Gartenweg 1, 18586 Göhren, Kontakt über Rügen Phönix Appartements, Elisenstr. 12, ✆ 038308-66670, www.villa-speranza.de.

Camping Regenbogen Camp. Riesiges Areal beim Bahnhof, mit großem Strandabschnitt (Textil, FKK, Hund), Restaurant, Cafébar, Supermarkt und Wellnessbereich, am Strand Segeln, Surfen, Beachvolleyball etc., auch Animation und Abendunterhaltung. Idyllische Stellplätze für Zelte im Waldstreifen, weniger romantisch sind die Wohnmobil-Stellplätze. Auch Ferienhäuser. März bis Okt. geöffnet. Stellplatz mit Zelt, 2 Erw. mit Kindern und Pkw 39–42,70 €, Pers. mit Zelt und Fahrrad 20,60 €. Am Kleinbahnhof, 18586 Göhren, ✆ 038308-90120, www.regenbogen.ag.

Essen & Trinken/Nachtleben

Essen & Trinken Räucherei Ebert. Am Kleinbahnhof, die Fischräucherei – hier kann man auch „richtig" essen – erfreut sich großer Beliebtheit, viel gelobt: die Fischsuppe. Selbstverständlich gibt es hier auch das Fischbrötchen auf die Hand. Während der Saison tägl. 8–21 Uhr geöffnet, Bahnhofstr. 1, ✆ 038308-34043.

》》 Lesertipp: Strandhaus 1. Die beste Fischsuppe gibt es nach Ansicht von Lesern hier im Strandhaus 1 mit teils überdachter Terrasse direkt am Strand, auch wechselnde Tagesgerichte (natürlich Fisch) zu mittleren Preisen, auch Kaffee, Kuchen und Waffeln. Mo–Fr ab 14 Uhr, Sa/So ab 11.30 Uhr, Mi Ruhetag. Auch Pension (13 einfache Zimmer): DZ ab 70 €, Frühstück inkl. Nordstrand 1, 18586 Göhren, ✆ 038308-25097, www.strandhaus1.de. 《《

Nachtleben Globetrotter Cocktailbar. Karibisch anmutende Bar in einer Seitenstraße im Zentrum, bei leckeren Cocktails versinkt man in tiefen Rattansesseln. Entspannende Atmosphäre, flotter Service, gemischtes Publikum. Mai bis Okt. Di–So 19–1 Uhr geöffnet, im Winter nur Fr/Sa. Katharinenstr. 5, ✆ 038308-25414, www.globetrotterbar.de.

Middelhagen und Alt Reddevitz

Im Herzen der Halbinsel liegt das idyllische **Middelhagen** (ca. 600 Einwohner). Seine Gründung geht auf eine Rodung der Eldenaer Mönche zurück, die den Verwaltungssitz ihres Gutes hierher verlegten. Malerisch ist das Gebäudeensemble im winzigen historischen Kern mit der von den Zisterziensern Mitte des 15. Jh. errichteten Kirche St. Katharina, dem aus dem 17. Jh. stammenden *Hallenhaus*, dem alten Gasthof und dem Schulhaus von 1825. Bis 1962 wohnte und unterrichtete dort der Dorflehrer, heute dient das Gebäude als *Schulmuseum*. Unterricht findet aber immer noch statt: als historische Schulstunden für Besucher.

Schulmuseum und Hallenhaus, April nur historische Schulstunden Mi 11 Uhr, Mai/Sept. und Okt. Di–So 10–16 Uhr, Juni bis Aug. 10–17 Uhr, historische Schulstunden Mi 10 Uhr (Juni bis Aug. auch Di 10 Uhr). Eintritt 3 €, erm. 1,50 €, Schulstunden 7 € bzw. 3 €, Anmeldung/Infos unter ✆ 038308-2478.

Alt Reddevitz ist ein schmuckes 150-Seelen-Dorf nordwestlich von Middelhagen am Nordufer der Hagenschen Wiek. Seinen Kern bilden ein paar hübsche reetgedeckte Häuser, darunter ein uriger Gasthof in einer Scheune. An den Dorfrand

Middelhagen und Alt Reddevitz 247

Anspannung vor Unterrichtsbeginn

schließt sich ein kleiner steiniger Badestrand an, gesäumt wird er von einem Grünstreifen. Über vier Kilometer zieht sich von hier eine lange, dürre Landzunge in den Bodden: das Reddevitzer Höft. Ein Plattenweg führt über die ganze Halbinsel bis zur Landspitze, wo sich ein nettes Ausflugslokal befindet, von dem ein Fußpfad hinab ans Ufer führt.

Verbindungen Die Linie 20 verbindet Sellin und Göhren fast stündl. mit Thiessow und hält in Middelhagen, nach Norden weiter bis Binz und Sassnitz (seltener direkt bis zum Königsstuhl), außerdem Verbindung nach Bergen (teils am Wendeplatz in Serams umsteigen). Etwa 5-mal tägl. fährt der Bus den Umweg nach Alt Reddevitz (Sa/So nur 1-mal).

Achtung: Die Kleinbahn-Haltestelle Philippshagen befindet sich 2 km nördlich von Middelhagen/Philippshagen mitten in der Baaber Heide.

Übernachten/Essen & Trinken Zur Linde. Historisches Gasthaus in der Dorfmitte von Middelhagen. In der Küche werden regionale Produkte zubereitet. Innen rustikal gemütlich, außen mit Biergarten. Geräumige Zimmer, auch Wellnessangebot, Sauna und geführte Wanderungen. DZ 89–99 €, Frühstück inkl. Dorfstr. 20, 18586 Middelhagen, ✆ 038308-5540, www.zur-linde-ruegen.de.

》》 Lesertipp: Café Moccavino, von der Terrasse hat man einen herrlichen Blick aufs Wasser und hinüber auf die Zickerschen Berge, hausgemachter Kuchen, freundliche Atmosphäre, tägl. ab 12 Uhr, Di/Mi Ruhetag. Am Ortseingang von Alt Reddevitz 18a, ✆ 038308-66336. 《《

Gasthof Kliesow's Reuse. In einer reetgedeckten Scheune in Alt Reddevitz, mit eigener Backstube und Brauerei, traditionelle Gerichte zu fairen Preisen. Durchgehend ab 12 Uhr geöffnet. Dorfstr. 23 a, 18586 Alt Reddevitz, ✆ 038308-2171, www.kliesows-reuse.de.

Having Hof. Hofanlage am äußersten Ende des *Reddevitzer Höfts*, sympathisches Ausflugslokal in herrlicher Umgebung (und absoluter Alleinlage), Gaststätte Ostern bis Okt. tägl. ab 12 Uhr geöffnet, Mi Ruhetag. Ferienwohnungen mit kleiner Terrasse, großer Garten mit Grillplatz, Blick über das Meer, Strandzugang und Strandsauna, 90–155 für 2 Pers., ab der zweiten Nacht deutlich günstiger. Alt Reddevitz 49, 18586 Alt Reddevitz, ✆ 038308-5500, www.having-hof.de.

Fahrradverleih Radlerhus. In Middelhagen, Tourenräder, Trailer, Bollerwagen, Hundekörbe etc. Dorfstr. 34/35, ✆ 038308-25482, www.radlerhus-deutschmann.de.

Einkaufen Pokenstuw. Gut sortierter Laden in Alt Reddevitz mit allerlei Inselprodukten, aber auch einfach nur Brötchen, im idyllischen Hof auch Café und Teestube, zuvorkommend und freundlich. Mai bis Okt. geöffnet. Dorfstr. 19 a, ✆ 038308-6680, www.ruegentypisch.de.

Rügen → Karte S. 216/217

Zur Strandburg. Die Mönchguter Brennerei liegt idyllisch auf der Landzunge westlich von Alt Reddevitz (Anfahrt: Richtung Reddevitzer Höft, etwa 600 m hinter Alt Reddevitz rechts ab, beschildert), sehr gute Brände wie z. B. der Zwetschgenbrand. Seit einigen Jahren gibt es hier auch Whisky, den Pommerschen Greif. Geöffnet April bis Okt. Di–Sa 10–18 Uhr, Nov. bis März 11–16 Uhr (So/Mo geschl.). Auch Führungen. Hövt 36, ✆ 038308-34105, www.hofbrennerei-strandburg.de.

Reiten P-Ranch. Ein Stück nordwestlich von Alt Reddevitz gelegen, geführte Ausritte und Unterricht, auch für Anfänger. Auch Ferienwohnungen. Reiterhof Pisch, 18586 Alt Reddevitz, ✆ 038308-2370, Reittermine unter ✆ 0172-6854391, www.ruegen-reiterhof.de.

Groß Zicker und Gager ca. 300/ca. 400 Einwohner

Wie eine Insel erheben sich die Zickerschen Berge aus Bodden, Salzwiesen und Schilfmeer. An ihren Rändern liegen der kleine Hafenort Gager und das Dorf Groß Zicker.

Die höchste Erhebung des Mönchguts ist mit 66 Metern der Bakenberg, von dem aus man einen herrlichen Panoramablick über die Halbinsel, Bodden und Ostsee genießen kann. Um den westlichen Ausläufer der Erhebung, Zickersches Höft genannt, verläuft über dem Uferabbruch ein hübscher Wanderweg. Im Norden liegt das Fischerdorf **Gager**, das sich trotz der neuen Anlage mit Ferienhäusern beschaulich zeigt. Im Süden befindet sich **Groß Zicker**, wo es dank des idyllischen Ortsbildes schon einmal etwas voller werden kann. Am Ortseingang duckt sich eine alte Kirche unter prächtige Bäume. Das Gotteshaus mit Kreuzrippengewölbe im Chor wurde im 14. Jh. errichtet, der hölzerne Dachturm, der der Kirche ein gedrungenes Gesamtbild verleiht, stammt allerdings aus dem 19. Jh. In der Dorfmitte befindet sich das *Pfarrwitwenhaus*, ein niederdeutsches Hallenhaus und eines der ältesten Wohnhäuser auf Rügen. Gebaut wurde es 1720, nachdem der ansässige Pfarrer verstorben war und seine Witwe mittel- und obdachlos hinterlassen hatte. Heute ist es sorgsam renoviert und gehört zum Verbund der Mönchguter Museen.

Pfarrwitwenhaus: April/Mai und Okt. Mo–Fr 11–16 Uhr, Sa/So 13–16 Uhr, Juni bis Sept. Mo–Fr 10–17 Uhr, Sa/So 13–16 Uhr, Juli und Aug. jeweils bis 18 Uhr, Nov. bis März bzw. Ostern geschl. Eintritt 2 €, Kind 1 €. Auch wechselnde Kunstausstellungen.

Fahrradverleih Fahrradverleih Kraft. Tourenräder ab 5–6 €/Tag, auch Mountainbikes, Tandems, Anhänger und Helme, außerdem Strandversorgung aller Art. An der Abzweigung von der Verbindungsstraße Göhren/Thiessow, Boddenstr. 3, ✆ 038308-30512.

Übernachten/Essen in Groß Zicker

》》》 Unser Tipp: Taun Hövt. Sehr beliebtes Restaurant mit guter Küche, malerisch in Alleinlage am äußersten (westlichen) Rand von Groß Zicker, herrlicher Blick über Wiesen und Bodden, innen jüngst renoviert und recht schick, die Preise sind aber für das Gebotene noch völlig in Ordnung, nachmittags auch Kaffee und Kuchen. Ganztägig tägl. 12–21 Uhr geöffnet (Küche bis 20 Uhr). Außerdem Ferienwohnungen (ganzjährig) ab 80 € für 2 Pers. (in der Hauptsaison nur wochenweise), Endreinigung 40 €, Hunde einmalig 20 €, Frühstück möglich zu 10 €/Pers. Boddenstr. 61, 18586 Groß Zicker, ✆ 038308-5420, www.taun-hoevt.de. 《《《

Hotel und Café Inselwind. Freundliches Hotel neben der Kirche, geräumige Zimmer, Appartements und Ferienwohnungen. Sehr behagliches Café, zur Saison Di–So 12–18 Uhr geöffnet, Terrasse mit Strandkörben. DZ 112 €, EZ 75 €, jeweils inkl. Frühstück, März bis Okt. geöffnet. Boddenstr. 16, 18586 Groß Zicker, ✆ 038308-8254, www.hotel-inselwind.de.

》》》 Lesertipp: Fischräucherei Dumrath. „Köstliche Fischbrötchen beim Imbiss von Peter und Irmtraut Dumrath, Fischerei und Ferienwohnungen." Kleiner Hof in Groß Zicker mit einigen Tischen und winzigem

Malerisch: das Pfarrwitwenhaus

Laden, bei Radwanderern beliebt. Boddenstr. 25. «

Verbindungen Die **Busse** der Linie **20** biegen ca. 4-mal tägl. (Sa/So nur 1-mal) von ihrer Route von und nach Thiessow auf die Halbinsel ab.

Wandern Kenntnisreich und sympathisch führt René Geyer **Kräuterwanderungen** in die Zickerschen Berge. Dass man dabei mehr erfährt als nur Infos über die Flora und die Anwendung von Heilkräutern, versteht sich. Treffpunkt ist am Ende der Boddenstraße von Groß Zicker, bei der Gaststätte *Taun Hövt*. Termine zuletzt April bis Sept. Mo/Do/Fr 10 Uhr, Sa 13 Uhr. Dauer ca. 2:30 Std. Erw. 9 €, Kinder 6–14 J. 3 €, Familienticket 18 €. ☏ 0173-9898031, www.naturgeyer.de.

> Eine herrliche **Wanderung** führt von Gager rund um das Zickersche Höft nach Groß Zicker und über den Bakenberg zurück.

Thiessow und Klein Zicker   ca. 430 Einwohner

Thiessows Ortsbild ist unspektakulär. Das Kapital des kleinen Ostseebads ist seine Lage: mit dem Rücken zum 36 Meter hohen Lotsenberg, meerumschlungen und an zwei Seiten von Stränden gesäumt. Die einen schätzen zum Baden den Oststrand, die anderen das Surfrevier um den Thiessower Haken, das als eines der besten der Ostseeküste gilt. Von Thiessow geht es über eine schmale Nehrung weiter bis Klein Zicker, an dessen Ortsanfang ein kostenpflichtiger Parkplatz die Autos aufnimmt. Sehr viel weiter würde man aber ohnehin nicht kommen, denn nach wenigen hundert Metern sind mit der Straße auch Ort und Insel zu Ende.

Information Kurverwaltung Thiessow. Zur Saison Mo, Mi, Do 8–16 Uhr, Di 9–18 Uhr, Fr 8–14 Uhr, Sa 10–14 Uhr. In der Nebensaison eingeschränkt, im Winter nur Mo–Fr 8–12 Uhr, Di 9–18 Uhr. Hauptstr. 36, 18586 Thiessow, ☏ 038308-8280, www.ostseebad-thiessow.de.

Baden In einem lang gestreckten Bogen zieht sich der **Große Strand** vom Landvorsprung Lobber Ort bis hinunter zum Südperd bei Thiessow: über 5 km feiner, weißer Sand, dahinter ein schmales Kiefernwäldchen, das die Landenge vor dem Wetter schützt. Mehrere gebührenpflichtige Parkplätze befinden sich an der Verbindungsstraße zwischen Thiessow und dem Norden. Kleine Wege führen durch das Kiefernwäldchen zum Strand, parallel zum

Strand verläuft ein Radweg im Wald. Strandservice vom Strandkorb bis zum Kaltgetränk gibt es ganz im Norden und bei Thiessow sowie in der Mitte (auf Höhe der Abzweigung nach Groß Zicker/Gager, siehe dort unter Fahrradverleih). Streckenweise ist der Große Strand in Hunde-, Textil- und FKK-Zonen unterteilt, etwas weiter entfernt von den Badeorten wird das aber nicht allzu eng gesehen. Der teils steinige **Südstrand** hingegen lädt nicht unbedingt zum Baden ein, eher zum Surfen.

Camping Campingplatz Thiessow. Der lang gezogene Platz erstreckt sich am Ortseingang entlang der Straße, 320 Stellplätze, viele mit Schatten, kleine Gaststätte und kleiner Laden, nur durch die Straße und den 150 m breiten Kiefernwald vom Großen Strand getrennt, Fahrradverleih und Veranstaltungen, geöffnet April bis Okt. Erw. 5,50 €, Kinder/Jugendliche (6–17 J.) 3 € (Kinder unter 6J. frei), kleines Zelt 8,50 €, Caravan oder großes Zelt inkl. Auto 17–18 €, Pkw 2,50 €, Hund 3 €. Hauptstr. 4, 18586 Thiessow, ✆ 038308-669585, www.campingplatz-thiessow.de.

Surfoase Mönchgut. Während sich in der Campingoase vor allem Familien aufhalten, treffen sich die Surfer in der Dependance. 60 Stellplätze, vor allem von Caravans genutzt, kein Schatten, direkt am Strand, geöffnet April bis Okt. Erw. 5 €, Jugendliche (12–17 J.) 4 €, Kinder (6–11 J.) 1,50 €, kleines Zelt 7,50 €, Caravan oder großes Zelt inkl. Auto 14 €, Pkw 2 €, Hund 2 €. Dörpstrat 2, 18586 Klein Zicker, ✆ 038308-30125, www.sail-surf-ruegen.de.

Essen & Trinken »» Lesertipp: Mönchguter Fischerklause. Traditionsreiches Lokal am südlichen Rand von Thiessow, vor allem natürlich Fisch, aber auch Fleisch und Vegetarisches, beliebt und nicht teuer, von Lesern nachdrücklich empfohlen. Mittagstisch von 11.30–15 Uhr, abends ab 18 Uhr. Hauptstr. 48, ✆ 038308-30397. «««

Zum trauten Fischerheim. Gaststätte und Pension in Klein Zicker, bodenständige Küche (tägl. ab 11.30 Uhr geöffnet, Hauptgerichte zwischen 10 und 15 €), auch Cafébetrieb, einfacher Gastraum und schöne Terrasse. DZ 65–80 €, einschließlich Frühstück, auch Appartements, ganzjährig geöffnet. Dörpstrat 15, 18586 Klein Zicker, ✆ 038308-30152, www.kleinzicker.com.

Surfen Sail & Surf Rügen. Von Mitte Mai bis Mitte Sept. befindet sich ein Außenposten der Surfschule aus Altefähr auf der *Surfoase Mönchgut*. Surfkurse für Anfänger, Fortgeschrittene und Kinder, auch Scheinerwerb, außerdem Kitesurfen, Materialverleih. Dörpstrat 2, ✆ 038308-30360, www.sail-surf-ruegen.de.

Verbindungen Die Busse der Linie 20 verbinden Thiessow mit Göhren und Sellin fast stündl., mit Anschluss an Bergen sowie Binz und Sassnitz (nach Bergen ggf. am Wendeplatz in Serams umsteigen).

Am Großen Strand bei Thiessow

Blick auf Sassnitz

Jasmund

Auf der über zwei lang gezogene Landengen mit dem Kernland Rügens verbundenen Halbinsel liegt das Postkartenmotiv der Insel schlechthin: die spektakuläre Steilküste mit dem Königsstuhl, der 118 Meter hohen, blendend weißen Kreideklippe mit ihrem von Treibholz, abgestürzten Bäumen und groben Steinen übersäten Strand. Umrahmt ist das Wahrzeichen Rügens von den ausgedehnten Wäldern des 1990 eingerichteten Nationalparks Jasmund, der den Nordosten der Halbinsel einnimmt. Kleinstädtische Akzente setzt die am südlichen Rand des Nationalparks gelegene Hafenstadt Sassnitz, immerhin der zweitgrößte Ort der ganzen Insel mit etwas südlich ausgelagertem Fährhafen für Schiffe nach Schweden und Dänemark. Im Norden des Nationalparks befindet sich über dem flacher werdenden Steilufer der hübsche Ort Lohme, der die wohl romantischste Aussicht auf Kap Arkona auf der nördlich von Jasmund gelegenen Halbinsel Wittow bietet.

Sassnitz   ca. 10.500 Einwohner

Die „Weiße Stadt am Meer" war einst das „Tor des Nordens" – auch wenn der Fährhafen heute aus der Stadt in den Süden verlegt wurde, lockt das vielseitige Sassnitz immer noch zahlreiche Besucher an.

Bis weit ins 19. Jh. hinein war Sassnitz nicht mehr als ein kleines Fischerdorf, das sich an das steile Ufer schmiegte. Dann kamen die ersten Besucher, darunter auch Prominente wie Theodor Fontane, und mehr und mehr Fischerhäuser machten Hotels und Pensionen Platz. Gegenüber den Seebädern Binz, Sellin und Göhren konnte sich Sassnitz aber auf Dauer nicht behaupten, sodass sich der Ort schon bald auf seine zweite Karriere konzentrierte: Mit der Anbindung ans Eisenbahnnetz 1891 wurde das „Tor zum Norden" weit aufgestoßen und Sassnitz entwickelte sich zu einem wichtigen Fährhafen nach Skandinavien. Mittlerweile starten die Fähren im etwa fünf Kilometer südlich gelegenen Neu Mukran, während im Stadt-

Rügen – Jasmund

hafen mit seiner fast 1,5 Kilometer langen Mole Fischkutter, Ausflugsschiffe, Yachten, Segler und sogar ein U-Boot vor Anker liegen. Letzteres wird aber nicht mehr abtauchen, es dient heute als harmloses Museumsschiff. Ergänzt wird das maritime Museumsangebot am Hafen durch das Fischerei- und Hafenmuseum. Am oberen Teil des Hafens beginnt die Strandpromenade mit der kleinen Seebrücke. Die Promenade reicht bis zur Altstadt mit ihren herrlichen Bauten im Stil der Bäderarchitektur in den verwinkelten kleinen Gassen rund um den alten Markt. Eine Art modernes Zentrum findet sich in der kleinen Fußgängerzone, der *RügenGalerie*, zwischen Bahnhof und dem äußerlich wenig ansehnlichen, aber markanten *Rügenhotel*. Spektakulär und aussichtsreich führt die neue Fußgängerbrücke in wenigen Minuten von hier hinunter zum Hafen.

Basis-Infos

Information Tourist Service der Stadt Sassnitz. Vermittlung von Zimmern und Wellness-Angeboten, geführte Wanderungen, Tickets sowie Fahrradverleih (6,50 €/Tag). Die Touristinformation befindet sich direkt am Stadthafen am Fuß der Mole, April bis Okt. Mo–Fr 9–18 Uhr, Sa/So 10–17 Uhr Juli/Aug. tägl. 9–18 Uhr, Nov. bis März Mo–Fr 9–17 Uhr, Sa/So 10–16 Uhr, Strandpromenade 12, ✆ 038392-6490, www.insassnitz.de.

Ausflugsschiffe Zu den **Kreidefelsen** in der Saison mit der *Reederei Lojewski* (www.reederei-lojewski.de) oder mit der *Reederei Adler-Schiffe* (→ unten).

Einkaufen Logbuch. Gut sortierte Buchhandlung in einem Eckhaus an der Hauptstraße, auch Antiquarisches (u. a. historische Postkarten). Mo–Fr 10–13 und 14–18 Uhr, Sa 10–13 Uhr. Hafenstraße 1.
Kunsthandwerk im Molenfußgebäude. Das Molenfußgebäude unten am Hafen ist auch Sitz der Tourist-Info, der Laden liegt dahinter: Bilder, Skulpturen, Keramik, Schmuck, Textilien u. a., sehr ausgefallen und hochwertig, aber teuer. Ostern bis Anfang Nov. tägl. 11–19 Uhr. Strandpromenade 12.

Parken Gebührenpflichtige Parkplätze im Zentrum am Bahnhof, im Parkhaus am Stadthafen und beim Fischereimuseum, überall 1 €/Std.

Taxi Zentrale, ✆ 038392-3030.

Verbindungen Zug über Bergen nach und von Stralsund etwa zwischen 5 und 22 Uhr zu jeder vollen Stunde.
Bus. Die Linie 13 verbindet mehrmals täglich Sassnitz mit Sagard, Glowe und Altenkirchen (und weiter über die Halbinsel Wittow). Die Linie 14 fährt über den Königsstuhl (Hagen Parkplatz) und Lohme bis Glowe. Die Linie 20 fährt hinauf zum Königsstuhl, verbindet Sassnitz vor allem auch mit dem Fährhafen Sassnitz bei Neu Mukran, Prora und den Ostseebädern Binz, Sellin, Baabe, Göhren und ganz im Süden Thiessow, fast stündl., bis Göhren häufiger.
Außerdem **Stadtbusse** (Linie 18) mit Anschluss an Alt Mukran und bis zum Eingang des Nationalparks (Wedding), werktags halbstündl., Sa/So stündl.

Schiffsverbindungen zu Rügens Ostseebädern. Mit der *Reederei Adler Schiffe* vom Sassnitzer Stadthafen zu den Seebrücken von Binz, Sellin und Göhren, Fährbetrieb April bis Okt. Hafenstr. 12, ✆ 038392-3150, www.adler-schiffe.de.

Übernachten/Essen & Trinken

Kurhotel Rügen und **Rügenhotel.** Liegen einander gegenüber am gleichen Platz im Zentrum (Fußgängerbrücke zum Hafen) und gehören auch zusammen. Ersteres in einem schmucken Gebäude, das zweite zwar renoviert, aber ein wenig ansehnlicher Koloss, hier befindet sich die *Rügentherme*, zu der die Gäste beider Hotels freien Zugang haben, dem Panoramacafé im 9. Stock, der Broiler-Bar und dem Fischrestaurant Neptun – Ostalgie lässt grüßen. Beide auch mit Restaurant, ganzjährig geöffnet. Kurhotel: EZ ab 55 €, DZ ab 99 €; Rügenhotel: EZ 58–67 €, DZ 72–100 €, jeweils inkl. Frühstück. Kurhotel Rügen Hauptstr. 1, 18546 Sassnitz, ✆ 038392-530, www.kurhotelsassnitz.de; Rügenhotel, Seestr. 1, ✆ 038392-53100, www.ruegen-hotel.de.

Strandhotel Sassnitz. In Alt-Sassnitz in einer strahlend weißen Bädervilla an der Seebrücke – also Bestlage. Mit Strandcafé und vegetarischem/veganem Restaurant, die Appartements (mit Küche) hochwertig-gediegen ausgestattet, tolle Bäder und zumeist herrlicher Seeblick. Das Ganze allerdings nicht ganz günstig: für 2 Pers. 95–129 €, 4 Pers. 115–190 €, 6 Pers. 230 € (wer nur eine Nacht bleibt, zahlt ordentlich Aufschlag), Frühstück bzw. Brötchenservice extra. Rosenstr. 12, 18546 Sassnitz, ☎ 038392-67710, www.strandhotel-sassnitz.de.

Gastmahl des Meeres. Traditionsreiches und beliebtes, großes Fischrestaurant in gediegen-maritimem Ambiente, schön gelegen am unteren Ende der Strandpromenade, auch 12 gediegene Zimmer. EZ 80 €, DZ 110 €, inkl. Frühstück. Strandpromenade 2, 18546 Sassnitz, ☎ 038392-5170, www.gastmahl-des-meeres-ruegen.de.

Grundtvighaus. Kulturzentrum und Mehrgenerationenhaus, das Raum gibt für Café, Kino (jeden Freitag 20 Uhr), Konzerte, Lesungen, Workshops, Seminare, diverse Projekte etc. Das *Café* (9–17 Uhr geöffnet, Mo–Fr 11.30–13 Uhr Mittagstisch) ist mit viel Liebe fürs Detail eingerichtet und hat eine wintergartenähnliche Fensterfront zum Hafen, große Kaffee- und Teeauswahl, auch Kuchen, günstig. Außerdem 6 einfache und im schönsten Sinne altmodische Zimmer (DZ mit Etagenbad 40 €, EZ 30 €) sowie eine Ferienwohnung (56 €). Frühzeitig buchen. Seestr. 3, 18546 Sassnitz, ☎ 038392-57726, www.grundtvighaus-sassnitz.de.

Kutterfisch. Die Fischadresse am Hafen. Dazu gehört das rustikal-maritime SB-Restaurant, verteilt auf mehrere Räume, mit Terrasse und ein paar Strandkörben, Hauptgerichte um 10–15 €. Große Auswahl an der Fischtheke, Aal, Hecht etc., auch Räucherfisch und TK. Tägl. 8–18 Uhr geöffnet. Hafenstr. 12 d, ☎ 038392-51330, www.kutterfisch.de.

Am Hafen von Sassnitz

Sehenswertes

Erlebniswelt U-Boot: „Jawoll, Herr Kaleun" wird man im Bauch des Stahlkolosses vielleicht des Öfteren zu hören bekommen, wenngleich das – streng genommen – nicht angebracht ist, denn bei diesem Boot handelt es sich um die *HMS Otus*, ein 1963 in Dienst genommenes U-Boot der Royal Navy. 28 Jahre war das U-Boot der Oberon-Klasse in den Weltmeeren unterwegs, dann wurde es nach Stralsund geschafft und erhielt von den Torpedoklappen bis zum Heckstabilisator einen neuen Anstrich, um fortan als *Erlebniswelt U-Boot* das Angebot am Sassnitzer Hafen zu bereichern – und ein „Spaziergang" durch die Enge des 90,7 Meter langen, aber nur 8,1 Meter breiten Stahlschlauchs ist in der Tat ein Erlebnis („Mind your head!").
Mai–Okt. 10–18 Uhr (Mitte Juli bis Anfang Sept. bis 19 Uhr), Nov.–April 10–16 Uhr. Eintritt 7,50 €, Kinder 3,50 €, Familienticket 16 €. Hafenstr. 12, ☎ 038392-677888, www.hms-otus.com.

Fischerei- und Hafenmuseum: Das Museum vereint ein Sammelsurium nautischer Exponate: von Handbüchern über Knotentafeln und Sextanten bis zu Fischernetzen und Schiffspapieren. Außerdem sind zahlreiche Modelle zu bewundern. Kurzum: allerlei Interessantes und Informatives über Fischfang und -verarbeitung, Stadt- und Hafengeschichte seit der ersten Hälfte des 19. Jh. Zum Museum gehört auch der Fischkutter *Havel* gegenüber, der einen Einblick in die harte Arbeit auf See bietet.
April–Okt. tägl. 10–18 Uhr, Nov. bis Mitte Dez. geschl., Mitte Dez. bis März tägl. 11–17 Uhr. Erw. 5 €, Kinder ab 6 Jahre 3 €, darunter frei. Im Stadthafen Sassnitz, ☎ 038392-57846, www.hafenmuseum.de.

Der Nationalpark Jasmund

Über den ganzen Höhenrücken von Sassnitz bis Lohme erstreckt sich die Stubnitz, ein herrlicher Buchenwald, der beste Wandermöglichkeiten bietet. Zum Meer hin wird sie begrenzt von der eindrucksvollen Steilküste, deren Kreidefelsen sich hoch über das strahlend blaue Meer erheben.

Als würden Wind und Wetter die Kreidefelsen blank polieren, ragen die imposanten Klippen und die bizarren Felsformationen leuchtend weiß aus der üppig grünen Vegetation. Oft hängen entwurzelte Bäume über dem Abgrund oder liegen malerisch am Geröllstrand. Die *Stubbenkammer*, der Küstenabschnitt im Nordosten, ist natürlich der Besuchermagnet schlechthin. Ob mit dem Pendelbus von Hagen, zu Fuß über die Wanderwege oder auf dem Ausflugsschiff von Sassnitz: einen Blick auf den *Königsstuhl*, den hohen, steil abfallenden Kreidefelsen, wollen die wenigsten Reisenden auf Rügen versäumen. Beim Königsstuhl befindet sich das Nationalpark-Zentrum mit einem sehenswerten naturkundlichen Museum. Im Hinterland der Stubbenkammer liegt der idyllische Herthasee.

Wem der Rummel in der Stubbenkammer zu viel wird, kann abseits auf einem der zahlreichen Wanderwege, die durch den Nationalpark führen, mehr Ruhe finden. Der vielleicht schönste, sicherlich aber der berühmteste Wanderweg Rügens ist der *Hochuferweg*. Er verläuft entlang der Küstenlinie von Sassnitz nach Lohme. Hoch über dem wunderschönen Naturstrand kann man immer wieder grandiose Ausblicke auf die Kreideküste und das Meer genießen. Zahlreiche Bäche fließen durch den naturbelassenen Rotbuchenwald, den größten der gesamten Ostseeküste. Ihr Wasser hat sich tief in die erosionsfreundliche Kreide gegraben und so malerische kleine Schluchten, so genannte *Lieten*, geschaffen. Unter die Buchen mischen sich in den Feuchtgebieten der Bachquellen Erlen und Eschen sowie an den Steilhängen der Küste Ahorn, Ulmen, Wildobstbäume und sogar die seltenen Eiben. In den Mooren finden sich zahlreiche seltene Moose und Blumen wie der Sonnentau oder der dreiblättrige Fieberklee. Auch was die Tierwelt angeht, ist die Stubnitz reich gesegnet: Rot- und Damhirsch, Reh,

Wald, Kreide, Meer: im Nationalpark Jasmund

Der Nationalpark Jasmund

Wildschwein, Dachs, Fuchs und sogar Seeadler leben hier, ebenso wie Kamm- und Teichmolch, Spring- und Laubfrosch sowie die Rotbauchunke. 2011 wurden die „Alten Buchenwälder Deutschlands" und darunter im Besonderen die Buchenwälder des Nationalparks Jasmund in die Welterbeliste der UNESCO aufgenommen.

Steilküstenabbrüche

Die Ausformung der Rügenschen Küstenlinie ist auch heute noch keineswegs abgeschlossen. Winter für Winter (und in verregneten Sommern) führen die Steilküstenabbrüche das wieder deutlich vor Augen – spektakulär und medienwirksam mit dem Abbruch der berühmten *Wissower Klinken* im Frühjahr 2005. Solche Küstenabbrüche sind nichts Ungewöhnliches. Vielmehr handelt es sich um ein natürliches Phänomen, das vor allem in Folge so genannter Frostsprengungen auftritt. Nach starken Regen- oder Schneefällen saugt sich die poröse Kreide voller Wasser, das bei nachfolgendem Frost das Kliff im wahrsten Sinne des Wortes aufsprengt, aber noch zusammenhält. Erst bei Tauwetter gerät der aufgesprengte Fels unter dem Druck des eigenen Gewichts dann in Bewegung und stürzt herab.

Achtung: Fossiliensammler sollten sich keinesfalls der Versuchung hingeben, auf jüngst abgegangenen Küstenabbrüchen herumzuklettern. Auch wenn sie reiche Beute versprechen: auf einen Kreide- oder Lehmrutsch kann ohne Vorwarnung ein zweiter folgen, und dann besteht Lebensgefahr!

Daten und Infos

Daten Der Nationalpark hat 3100 ha Gesamtfläche, der Löwenanteil davon sind die 2400 ha Waldgebiet der Stubnitz. Außerdem: Moore, Feuchtwiesen, ehemalige Kreidegruben, die Kreidefelsen, der Strand und 700 ha Ostsee, d. h. ein 500 m breiter Streifen entlang der Steilküste. Weit über 80 % der Fläche sind als *Kernzone* ausgewiesen, d. h. dass auf diesem Gebiet in keiner Weise eingegriffen wird. Der Rest ist *Pflegezone*, in der vorsichtige Waldnutzung und Pflanzen-„Pflege" betrieben werden. Für den Nationalpark gelten die üblichen Verhaltensregeln: auf den Wanderwegen bleiben (Ausnahme: der Strand), Finger weg von Flora und Fauna, Hunde an die Leine, Autos auf den ausgewiesenen Parkplätzen lassen und selbstverständlich den mitgebrachten Müll wieder mitnehmen.

Information Nationalpark-Zentrum Königsstuhl (am Königsstuhl), ☎ 038392-661766, www.koenigsstuhl.com.

Parken Großparkplatz bei Hagen, 1,50 €/Std., 5,50 €/Tag, 10,50 €/24 Std. (auch Caravanstellplatz, Nebenkosten extra). Hier auch Tickets für den Shuttle-Bus (→ unten).

Übernachten/Essen & Trinken Baumhaus Hagen. Auf dem heute im Nationalpark liegenden Grund lebte einst der „Waldgraf", der über den Forst zu wachen hatte. Im urigen Restaurant (auch von Lesern hoch gelobt) gibt es neben Wildgerichten aus der Stubnitz auch Fisch und zum Kaffee köstliche Windbeutel und Apfelstrudel. Alles in allem nicht teuer. Ganztägig geöffnet (im Winter nur abends). An der Verbindungsstraße von Sassnitz nach Lohme bei der Abzweigung in die Stubbenkammer. Auch Zimmer (DZ mit Frühstück 85 €) und Appartements (105 € für 2 Pers.). Stubbenkammer, 18546 Sassnitz, ☎ 038392-22310, www.baumhaushagen.im-web.de.

Verbindungen Shuttle-Bus (Linie 19) mind. halbstündl. zwischen Großparkplatz Hagen und Königsstuhl.

Von und nach Sassnitz mit der Linie 20, ca. stündl. Verbindung, die meisten Busse fahren direkt von Sassnitz zum Königsstuhl, morgens und abends muss man an der Abzweigung Königsstuhl in den Shuttle-Bus umsteigen. Die Linie 14 fährt von Sassnitz nach Lohme mit Halt am Parkplatz Hagen.

Sehenswertes

Die Stubbenkammer – Königsstuhl und Viktoria-Sicht: Senkrecht erhebt sich die schneeweiße Wand des Königsstuhls 118 Meter über das Meer. Gekrönt wird das Inselwahrzeichen im Küstenabschnitt *Große Stubbenkammer* von einem Aussichtsplateau, das bereits vor 300 Jahren auf dem Gipfel befestigt wurde, um den weiten Blick über die Ostsee zu ermöglichen. Die beste Aussicht auf den Königsstuhl selbst hat man natürlich vom Meer aus. Zu Land kann man von einem weiteren, einen knappen Kilometer südlich vom Königsstuhl gelegenen Aussichtspunkt, der Viktoria-Sicht in der *Kleinen Stubbenkammer*, einen Blick auf den berühmten Kreidefelsen werfen. Oder aber man steigt hinab zum Strand: zwischen Königsstuhl und Viktoria-Sicht zieht sich eine lange, steile Treppe hinunter zum Fuß des Kreidefelsens. Doch der Abstieg ist beschwerlich: Über 400 Stufen benötigt man, um die 110 Höhenmeter hinunter zum Strand zu überwinden – Stufen, die man auch wieder hinauf muss!

Achtung: Der Zutritt auf die Plattform des Königsstuhls ist nur mit einem Ticket des Nationalpark-Zentrums möglich! In dieser Kombination preislich akzeptabel, sehr teuer allerdings, wenn man nur auf den Königsstuhl-Aussichtspunkt will (→ unten) – und sollte das Nationalpark-Zentrum schon geschlossen sein, muss man dennoch 5,50 € zahlen. Man sieht aber ohnehin nicht viel von der Attraktion, wenn man draufsteht. Weite Aussicht *und* einen schönen Blick auf den Königsstuhl hat man von der Viktoria-Sicht aus!

Nationalpark-Zentrum Königsstuhl: Das Zentrum des Nationalparks ist in Bezug auf Architektur, Innenausstattung, Informationsgehalt und Unterhaltungswert rundum gelungen. Der Einstieg kann, je nach Besucherandrang, ein wenig Geduld erfordern. Jeder Besucher erhält zunächst einen Kopfhörer, über den die Informationstexte vor den jeweiligen Objekten abgerufen werden können. Dann geht es mit dem Fahrstuhl zurück in die Kreidezeit. Hier erwarten den Besucher allerlei Sensationen. Da lässt sich ohne Kraftaufwand ein Vier-Tonnen-Findling bewegen, in einen Raum ragt ein Miniaturgletscher hinein, oberhalb der Treppe kann man alle fünf Minuten einen Sonnenuntergang erleben oder andernorts ein Kreuzspinnennetz an die Wand projizieren. Zwischen diesen aufwändigen Installationen findet man natürlich jede Menge naturkundliche und inselspezifische Informationen: über Entstehung und Beschaffenheit der Kreidefelsen und der Feuersteinbänder, die sich durch die Kreide ziehen, das warme Urmeer, die letzte Eiszeit, die Ostsee oder über Flora und Fauna unter der Erde, in den Feuchtwiesen und in den Buchenwäldern. Die Tour lässt sich durch einen Besuch in der Multivisionsschau komplettieren, im Außenbereich gibt es einen Spielplatz mit Kletterwald.

Öffnungszeiten/Eintritt Ostern bis Okt. 9–19 Uhr, Nov. bis Ostern 10–17 Uhr. Letzter Einlass in die Ausstellung ist eine Stunde vor Schließung des Nationalpark-Zentrums (und man schließt pünktlich!). Preise: Erw. 8,50 €, Kinder (6–14 Jahre) 4 €, Familien (2 Erw. mit Kindern) 17 €, inkl. Ausstellung, Multivisionsschau, Königsstuhlplattform. Hunde gestattet, außer in der Ausstellung und der Multivisionsschau. Nationalpark-Zentrum Königsstuhl, Stubbenkammer 2, 18546 Sassnitz, ✆ 038392-661766, www.koenigsstuhl.com.

Essen & Trinken Im Bistro neben dem Nationalpark-Zentrum werden vor allem regionale Bioprodukte angeboten, natürlich auch vegetarische Gerichte sowie Kaffee und Kuchen, mit schöner Terrasse. ∎

Herthasee: Rund um den idyllischen Waldsee hat die Erdgöttin *Nerthus*, auch *Hertha* genannt, ihre Spuren hinterlassen. Die Herthaburg sei ihr Zuhause gewesen, auf dem Opferstein habe man ihr zu Ehren blutige Kulte abgehalten und in dem

„unergründlichen" See soll sie gebadet haben. Die nüchterne Erklärung: Der Wall war eine slawische Burg, der Opferstein ein prähistorischer Mahlstein und der See schließlich, dessen Unergründlichkeit etwa elf Meter tief reicht, durch einen riesigen Eisblock entstanden, der nach der letzten Eiszeit hier hängen blieb und langsam dahinschmolz. Nichtsdestotrotz ist der Herthasee einen Abstecher wert. Auf dem Weg zum See passiert man einen pittoresken Schwarzerlensumpf, der zuweilen fast unwirklich grün leuchtet. Der Herthasee selbst liegt einsam und still mitten im Wald.

Wandertipp: Auf dem Hochuferweg am Rand des Nationalparks

Charakteristik: der Klassiker, eine etwas anspruchsvollere Wanderung auf dem Hochuferweg. **Länge/Dauer**: etwas mehr als 8 km, ca. 2:30 Stunden reine Wegstrecke, weiter nach Lohme noch einmal 4 km. **Start/Verlauf**: Vom Ende der Weddingstraße in *Sassnitz* führt ein Wanderweg in den Nationalpark (rechts halten). Auf dem Hochuferweg (und immer wieder treppauf, treppab) passiert man die *Piratenschlucht*, die Reste eines slawischen Burgwalls, den *Lenzer Bach* und die *Wissower Brücke*, bis man an die Abzweigung zur Waldhalle kommt. Hier geht es geradeaus weiter. Immer wieder sind Treppen zu steigen und kleine Bäche zu überwinden bis man schließlich die *Viktoria-Sicht* und kurz darauf den *Königsstuhl* erreicht.

Hinter dem Nationalparkzentrum geht der Wanderweg weiter Richtung Lohme, ein anderer Weg führt am Herthasee vorbei zum Parkplatz/Bushaltestelle von Hagen.

Achtung: Die Abbruchkante des Hochufers ist weitgehend ungesichert und alles andere als stabil. Wer sich zu nahe an die teils senkrecht abfallenden Abruchkanten wagt, begibt sich in Lebensgefahr!

Lohme
ca. 450 Einwohner

Der kleine, direkt an der 70 Meter hohen Steilküste gelegene Ort ist ein ausgezeichneter Standort, um den Nationalpark zu erkunden oder um einfach nur auszuspannen und grandiose Ostseeblicke zu genießen – insbesondere auch abends, wenn hinter dem Kap Arkona die Sonne untergeht. Der Tourismus hat in dem ehemaligen Fischerdorf Tradition, bereits in den 1860er Jahren startete hier ein Hotelbetrieb: das *Strandhotel Hagemeister*, heute das *Panorama Silence Hotel*. Eine bemerkenswerte touristische Infrastruktur hat sich bis heute gehalten, dennoch kommt hier keine Bäderhektik auf, denn der kiesige Strand eignet sich eher für einen Spaziergang als zum Baden. Aber gerade die Beschaulichkeit macht den Charme Lohmes aus.

Basis-Infos

Information Tourist-Info Lohme, im Haus Linde, ganzjährig Mo–Sa 10–12 Uhr, April bis Okt. auch Mo–Fr 15–17 Uhr. Arkonastr. 31, 18551 Lohme, ✆ 038302-88855, www.lohme.de.

Einkaufen Keramik Kerstin Bartel, winzig kleiner Keramikladen (und Werkstatt in einem) auf dem Weg zum Hafen, sehr schöne Vasen etc. Während der Saison Mo–Sa ab 11 Uhr geöffnet. Zum Hafen 6, ✆ 038302-88898.

Sport Golfplatz Schloss Ranzow. Der bereits bestehenden 9-Loch-Platz wird im Sommer 2017 zu einem 18-Loch-Platz erweitert, dazu Driving Range, Kurzbahnen,

Unterricht, Shop. Kontakt über das Schloss Ranzow (→ unten), www.golf-schloss-ranzow.de.

Übernachten/Essen & Trinken

» Unser Tipp: Panorama Silence Hotel. Stilvoll eingerichtete, helle Zimmer, teils mit herrlichem Panoramablick, dazu mehrere Gästehäuser. Ausgezeichnetes *Restaurant* (verfeinerte pommersche Küche, auch vegetarische Angebote), von dessen herrlichem Wintergarten hoch über dem Ufer man einen grandiosen Blick genießt. Empfehlenswert ist das Menü (ca. 30 €). Tägl. 12–21 Uhr geöffnet. EZ ab 58 €, DZ ab 89 € (mit Seeblick ab 130 €), Frühstück inkl., Hund 9 €. An der Steilküste 8, 18551 Lohme, ☎ 038302-9110, www.lohme.com. **«**

Hotel Schloss Ranzow. Das Herrenhaus, das um 1900 in Märchenschlossmanier errichtet wurde, beherbergt heute ein schickes Hotel. Hierin auch das elegante

Kap-Arkona-Blick von Schloss Ranzow

Verbindungen Bus. Die Linie 14 kommt via Parkplatz Hagen aus Sassnitz und fährt weiter nach Ruschwitz und Glowe.

Schlossrestaurant (tägl. ab 12 Uhr auch Café, warme Küche ab 17 Uhr, wechselnde Tagesmenüs um 40 €). Das Schloss hat sich zum Golfspot entwickelt (→ oben). Wellnessbereich. Schlosssuiten ab 189 €, Studios ab 159 €, inkl. Frühstück. Nov. bis Febr. geschl., zwischen den Jahren geöffnet. Schlossallee 1, 18551 Lohme, ☎ 038302-88910, www.hotel-schloss-ranzow.de.

Wohnmobil-Stellplätze, hinter dem kleinen Dorfladen von Lohme (beim Parkplatz), Stellplatz 14–17 €, ☎ 038302-886585.

Außerhalb Pension/Café Rugeshus. Allein stehendes Haus im Hochuferwäldchen. Ein Fußpfad führt durch eine kleine Schlucht hinab zum Meer (Strand mit sehr groben Kieseln). Auch hübsches Café. Sympathische Leitung, acht individuell eingerichtet Zimmer (früh reservieren!), Haustiere willkommen (Anmeldung). Von Lohme kommend am Ortseingang von Nardevitz rechts und noch ca. 700 m auf einem Feldweg. DZ mit Frühstück 84–108 €. Nardevitz Ufer 1, 18551 Lohme/OT Nardewitz, ☎ 038302-9120 oder 0173-8710844 (mobil), www.rugeshus.de.

Krueger Naturcamping Nipmerow. Der einfache, aber herrlich gelegene Campingplatz befindet sich in einem Ausläufer der Stubnitz, dementsprechend viel Schatten, kleiner Laden, einfache Gaststätte, Grillplatz, Fahrradverleih, Fußballplatz etc. Von Sassnitz kommend in Nipmerow zunächst Richtung Lohme, dann gleich rechts. Geöffnet Mitte April bis Ende Okt. Erw. 8 €, Kind (3–16 J.) 5 €, Zelt (je nach Größe) 3–5 €, Auto 3 €, Wohnmobil 9 €, Strom 3 €. Jasmunder Str. 5, 18551 Lohme/OT Nipmerow, ☎ 038302-9244, www.ruegen-naturcamping.de.

Gaststätte Am Jasmunder Bodden. Ungekünsteltes Landlokal in Polchow, ein paar Kilometer südlich von Bobbin, vor allem für seinen guten, günstigen und fangfrischen Fisch berühmt, wenig Fleischgerichte, beliebt und in der Saison oft bis zum letzten Platz besetzt. Von Bobbin kommend auf der rechten Seite. Tägl. 12–21.30 Uhr geöffnet, Mo Ruhetag. Dorfstr. 8, ☎ 038302-53003.

Schloss Spyker

Bereits im 14. Jh. vermutlich als Speicherhaus errichtet und später als Herrenhaus genutzt, erhielt das Schloss sein heutiges Aussehen – den auffällig roten Fassadenputz und die runden, von niedrigen Hauben überdachten Türme – unter *Carl Gustav Wrangel*, der nach dem Ende des Dreißigjährigen Krieges zum Generalgouverneur von Schwedisch-Pommern ernannt wurde. Die schwedische Königin übertrug ihm Schloss Spyker als Wohnsitz. Bei seinen Umbaumaßnahmen orientierte er sich am Heimatschloss seiner Familie in Schweden. Heute ist das Schloss zwar öffentlich zugänglich, wird aber nicht museal genutzt: es dient als nobles Hotel mit Restaurant, Bar und Café.

Hotel Schloss Spyker. Stilvolles Hotel in beeindruckendem Gebäude, feines, aber nicht steifes Ambiente. Das Restaurant *Wrangel* befindet sich im Gewölbekeller (Sitzgelegenheiten auch auf der Terrasse, geöffnet tägl. 12–21 Uhr, im Sommer bis 22 Uhr) und ist auch bei Nichthotelgästen beliebt: gute Küche, leicht gehobenes Preisniveau, für die Lage und das Gebotene aber nicht zu teuer. DZ ab 110 €, Turmzimmer ab 140 €, Frühstück inkl., Halbpension 28 €/Pers. (drei Gänge). Schlossallee 1, 18551 Spyker, ✆ 038302-770, www.schloss-spyker.de.

Glowe und die Schaabe
ca. 1000 Einwohner

Glowe ist ein lang gestrecktes Straßendorf am nordwestlichen Rand der Halbinsel Jasmund. Seine einzige Attraktion beginnt am kleinen Hafen: Von der Landzunge Königshörn im Norden Glowes zieht sich in einem leichten Halbbogen ein kilometerlanger herrlicher Sandstrand bis nach Juliusruh. Die Nehrung, die die Ostsee vom Jasmunder Bodden trennt (die „Schaabe" genannt), gehört zu den jüngeren Teilen Rügens. Erst im 19. Jh. wuchs – unter Zuhilfenahme straßenbaulicher Maßnahmen – die Anlandung zu einer Landbrücke zusammen, welche die Halbinsel Wittow mit Jasmund und dem Rest Rügens verbindet.

Baden Das lange Ostseeufer der Schaabe ist einer der schönsten Strände der Insel. Zwischen Wald und Meer erhebt sich ein sanfter Dünengürtel, ein feinsandiger Strand zieht sich von Glowe bis hinauf nach Juliusruh, flach fällt das steinlose Ufer in die Tromper Wiek. Unbebauter Strand, keinerlei Service. Entlang der Straße über die Schaabe mehrere (kostenpflichtige) Parkplätze.

Einkaufen ≫ **Unser Tipp: Kunstraum Wasserwerk.** Tolle Galerie am Ortseingang von Glowe auf der rechten Seite (aus Richtung Sagard kommend). Grafiken, Malerei, Skulpturen, aber auch Schmuck, Keramik, Kalender und andere kleine Kunstsouvenirs, ein Ort zum Schmökern und Verweilen – und natürlich auch Einkaufen. Jährlich wechselnde Ausstellungsschwerpunkte (zuletzt immer vertreten: Armin Müller-Stahl), geöffnet Ostern bis Okt. tägl. 11–18 Uhr, im Winterhalbjahr Do-Sa 11–17 Uhr. Hauptstraße 1, ✆ 038302-719844, www.kunstraum-wasserwerk.de. ≪

Übernachten/Essen Sandstrand Ostseeperle. Schickes, noch recht neues Appartement-Hotel in Glowe. Dazu gehört auch das *Restaurant Ostseeperle* in dem auffälligen Stahl-Glas-Gebäude aus den 1970er-Jahren von Ulrich Müther. Neben heimischem Fisch auch Pizza und Pasta, außerdem *Eismanufaktur*. Tägl. ab 12 Uhr warme Küche, vorher auch Frühstück. Stilvoll eingerichtete Appartements (ab 160 € für 2 Pers., für 4 Pers. ab 190 €), Wellness-Bereich. Hauptstr. 42, 18551 Glowe, ✆ 038302-56380, www.sandstrand-ostseeperle.de.

Verbindungen Die **Busse** der **Linie 13** verbinden etwa stündlich (Sa/So alle 2 Std.) Sassnitz mit Glowe (via Sagard) und fahren weiter über die Halbinsel Wittow nach Altenkirchen und bis Dranske. Die **Linie 14** fährt 3-mal tägl. via Lohme zum Königsstuhl.

Das Kap und die Leuchttürme

Wittow

Die Halbinsel wird auch das „Windland" genannt – eine treffende Bezeichnung, denn der salzige Seewind wird hier von kaum einer Erhebung behindert. Die berühmteste Sehenswürdigkeit Wittows sind die Leuchttürme von Kap Arkona, die sich am besten von dem hübschen, autofreien Ort Putgarten aus erreichen lassen. Ganz in der Nähe liegt das malerische, leider meist hoffnungslos überlaufene Fischerdörfchen Vitt. Stilles Zentrum von Wittow ist das Städtchen Altenkirchen mit seiner schönen alten Kirche.

Seebad Breege-Juliusruh ca. 650 Einwohner

Der Brückenkopf der Schaabe, die die Halbinsel mit dem Rest der Welt verbindet, ist ein kleiner Doppelort mit zwei Gesichtern: auf der einen Seite *Juliusruh*, ein Straßendorf mit Seebad-Gepränge an der Ostseeküste, und auf der anderen Seite der kleine Boddenhafen *Breege*. Zu einer Gemeinde vereint wurden die ungleichen Schwestern 1928. Dank des kilometerlangen Sandstrands an der Tromper Wiek haben sich um Juliusruh zahlreiche Pensionen und Ferienanlagen angesiedelt. Breege, das sich die Boddenküste entlangzieht, war einst ein wichtiger Hafen- und Gemeindeflecken. Zahlreiche Ferienhäuser und Appartementanlagen entstanden in den letzten Jahren – und es wird weiter gebaut.

Information Informationsamt Seebad Breege-Juliusruh, Wittower Str. 5, 18556 Juliusruh, zur Saison Mo–Fr 8–12 Uhr und 13–18 Uhr, Sa 9–13 Uhr geöffnet, ☎ 038391-311, www.ostseebad-breege.de.

Baden → oben, Glowe und Schaabe.

Sport Mola. Sympathische Segelschule, auch Törns, Yachtcharter und Pension (→ unten). Großes Angebot, auch Kindersegeln, alle Scheine. Auch Yachtcharter. Boddenweg 1–2, 18556 Breege, ☎ 038391-4320, www.segelschule-mola.de.

Fly-A-Kite. Kiteschule auf dem *Campingplatz Drewolke* (→ unten). Zahlreiche Kurse, vom Schnupperkurs über diverse Einsteigerkurse bis zum Air & Style-Kurs, auch Materialverleih. Mai bis Anfang Okt. geöffnet. Zittkower Weg 27, ☎ 038391-760880 oder 0162-1551510 (mobil), www.fly-a-kite.de.

Kitesurf-Factory. Kiteschule auf dem *Freizeitcamp Am Wasser* (→ unten) südlich von Juliusruh, vom Schnupper- bis zum Fortgeschrittenenkurs. Wittower Straße 1–2, ☎ 0162-4540755, www.kitesurf-factory.de.

Übernachten/Essen & Trinken Strandhotel Dünenhaus. In Bestlage direkt am Strand liegt das große, in den 1920er Jahren erbaute Hotel. Auch Restaurant mit schöner

Terrasse. Landseitiges EZ 75 €, DZ 135 €, seeseitiges DZ 145–180 €, jeweils mit Frühstück, Hund 10 €. Ringstr. 5, 18556 Juliusruh, ✆ 038391-4070, www.duenenhaus.im-web.de.

Pension Mola. Neues Haus direkt am Hafen von Breege (sowie Dependance etwas außerhalb). Da die Pension zur gleichnamigen *Segelschule* gehört und gerne von Segelschülern belegt wird, ist es ratsam, früh zu reservieren. Mit Restaurant/Café *Steghaus*. DZ mit Frühstück 40–90 € (je nach Größe, Seeblick, etc.). Boddenweg 1–2, 18556 Breege, ✆ 038391-4320, www.pension-mola.de.

»› Lesertipp: Zum alten Fischer. Am Hafen von Breege kann man gut und preiswert essen, Fisch- oder Fleischgerichte ab 13 €, Terrasse am Hafen. Tägl. ab 12 Uhr geöffnet (in der Nebensaison unter der Woche nur abends). ✆ 038391-42555. **«**

Camping Freizeitcamp Am Wasser. Schöner Campingplatz im Wald und am Wasser, südlich von Juliusruh auf der Schaabe zwischen Bodden und Meer gelegen, neue sanitäre Einrichtungen, Fahrrad- und Ruderbootverleih, Spielplatz, Laden, Gaststätte. Auf dem Platz auch die Kiteschule *Kitesurf-Factory* (→ oben). Geöffnet April bis Okt. Erw. 6 €, Kinder (4–14 J.) 4 €, Zelt 6–15 €, Wohnmobil 9 €, Hund 4 €. Wittower Str. 1–2, 18556 Juliusruh, ✆ 038391-43928, www.freizeitcampamwasser.m-vp.de.

Campingplatz Drewolke. Nördlich von Juliusruh, etwa 700 m nach der Abzweigung von der Landstraße, mit Gaststätte, Laden und Fahrradverleih. Auf dem Platz auch die Kiteschule *Fly-a-Kite* (→ oben). Geöffnet April bis Okt. Erw. 6 €, Kind 4–14 J. 3,50 €, Hund 4,50 €, Zelt 6–11,50 €, Wohnmobil 9,50–11,50 €, auch Mietwohnwagen und Bungalows. Zittkower Weg 27, 18556 Altenkirchen, ✆ 038391-12965, www.camping-auf-ruegen.de.

Knaus Campingpark. Hinter dem Campingplatz Drewolke, neues grünes Haus mit Rezeption, Gaststätte und Sanitäreinrichtungen, vor allem Wohnmobil-Stellplätze, auf dem Zeltplatz kein Schatten, auch Ferienhäuser. Ganzjährig geöffnet, freundlich. Stellplatz 17 €, Stellplatz mit Seeblick 22 €. Zittkower Weg 30, 18556 Altenkirchen, ✆ 038391-434648, www.knauscamp.de.

Verbindungen Die **Busse** der **Linie 13** verbinden etwa stündl. Sassnitz mit Juliusruh (via Sagard) und fahren weiter über Altenkirchen und Wiek bis Dranske.

Die **Linie 10** fährt etwa 4-mal tägl. (Sa/So 2-mal) rund um die Halbinsel Wittow.

Mit der **Fähre** zwischen Ostern und Ende Okt. 1- bis 2-mal tägl. von und nach Vitte/Hiddensee. Personenschifffahrt Kipp, Schipperweg 1, 18556 Breege, ✆ 038391-12306, www.reederei-kipp.de.

Altenkirchen

ca. 950 Einwohner

Dem Dorf um die 1314 erstmals erwähnte namensgebende „Antiqua Ecclesia" sieht man nicht an, dass es das Zentrum der Halbinsel ist. Denn obwohl alle Wege auf Wittow nach Altenkirchen führen, geht es hier ruhig und beschaulich zu.

Die Mitte des 12. Jh. von den dänischen Eroberern der Insel begonnene Backsteinkirche ist nach der Marienkirche in Bergen das zweitälteste Gotteshaus Rügens. Mittelschiff und Chor wurden wahrscheinlich um 1200 erbaut. Die Außenseite des Chores ist unterhalb des Daches mit Schmuckfriesen verziert, die unteren Anschlusssteine stellen Gesichter dar. Bemerkenswert ist das Innere der ursprünglich als dreischiffige romanische Basilika konzipierten, später aber mehrfach umgebauten Kirche: ein alter Taufstein (um 1250), aus dem vier bärtige Gesichter in alle Himmelsrichtungen ragen; nach Originalfunden aus dem 13. Jh. rekonstruierte Malereien am Kreuzrippengewölbe; schließlich der so genannte *Svantevit-Stein*, der versteckt im südlichen Seitenanbau des Chores liegt. Es handelt sich wahrscheinlich um eine Grabplatte, die aus der Zeit vor 1168 stammt. Zu sehen ist darauf ein bärtiger Mann, der ein großes Füllhorn in Händen hält. Ob es sich dabei tatsächlich um die Abbildung der slawischen Gottheit handelt, ist ungeklärt. Wahrscheinlicher ist, dass auf der Grabplatte ein slawischer Fürst (möglicherweise sogar Jaromar) dargestellt ist.

Fahrradverleih Fahrradverleih Uthess. *Die* Alternative, um die Parkgebühren in Putgarten zu sparen. Gute 7-Gang-Tourenräder ab 6,50 €/Tag, auch Kinderräder und Kindersitze. Straße des Friedens 10, ℡ 038391-13071, www.ruegen-fahrrad-fewo.de.

Verbindungen Linie 13 etwa stündl. (Sa/So alle 2 Std.) nach Sassnitz und etwa alle 2 Std. nach Wiek und bis Dranske. Linie 10 ca. 4-mal tägl. rund um Wittow (nicht Sa/So). Nach Putgarten pendelt die Linie 11 ca. 11-mal tägl. (Sa/So 6-mal).

Putgarten und das Kap Arkona ca. 250 Einwohner

Das Flächendenkmal zwischen Putgarten, dem Kap und dem hübschen Fischerdörfchen Vitt ist reich an Sehenswürdigkeiten – und reich an Besuchern. Zur Hochsaison kann es hier eng werden.

Das Kap ist geschichtsträchtiges Land. Schon die germanischen Rugier siedelten hier. Unter den Slawen entstand mit der Tempelfestung Arkona das religiöse Zentrum der Insel. Die Einnahme der Burg durch die Dänen und die Zerstörung des Heiligtums (1168) leitete die Christianisierung Rügens ein. In der Folge schwand die Bedeutung Arkonas, nur unter den Seefahrern blieb das Kap wegen seiner Gefährlichkeit über die Jahrhunderte berühmt und berüchtigt.

Das ganze Gebiet um Kap Arkona einschließlich des Fischerdorfs *Vitt*, das malerisch in einer kleinen, sich zum Meer hin öffnenden Schlucht liegt, ist heute Landschafts- und Naturschutzgebiet und autofreie Zone. Der Einstieg befindet sich in Putgarten, wo ein riesiger Parkplatz am Ortseingang die Besucherfahrzeuge aufnimmt. Von hier aus beginnt der etwa fünf Kilometer lange Rundgang zu allen Sehenswürdigkeiten.

Zum Baden sind die steinigen Strände unterhalb der Steilküste kaum geeignet. Man erreicht sie von Vitt aus oder über die südlichste der drei steile Treppen: die Veilchentreppe südlich der Jaromarsburg. Im Wasser liegt hier ein mächtiger Findling namens Kosegartenstein. Die beiden anderen Treppen, die 42 Meter hohe Königstreppe am Kap und die Treppe beim Gellort, die hinab zum Siebenschneiderstein, einem Findling von geschätzten 165 Tonnen, führt, waren zuletzt wegen der Gefahr von Steilküstenabbrüchen gesperrt; auch ein Aufenthalt unterhalb der Küste ist alles andere als ratsam! Sperrungen und Warnhinweise sind unbedingt ernst zunehmen (Lebensgefahr!). Der neu ausgebaute Fahrradweg zum Gellort führt als Wanderweg weiter bis zum Nordstrand (Bademöglichkeit).

Putgarten: Hauptattraktion des verkehrsberuhigten Ortes ist der *Rügenhof Arkona* (tägl. 11–17 Uhr geöffnet), ein Kultur-, Handwerks- und Geschäftszentrum, u. a. mit Töpferhof, Korbflechterei und Kerzenmacherei, diversen Läden und Gutshauscafé mit hübschem Garten sowie einer kleinen Kaffeerösterei nebenan. Weiter hinten im Dorf wird es etwas ruhiger, hier befindet sich das *Helene-Weigel-Haus*. Die Schauspielerin und Intendantin des Berliner Ensembles hatte das reetgedeckte Gebäude Mitte der 1950er Jahre für sich und ihren Ehemann Bertolt Brecht als Ferienhaus gekauft. Heute beherbergt es neben einer kleinen, sehenswerten Ausstellung über Helene Weigel ein idyllisches Gartencafé, das unbedingt zu einer Pause vom Putgarten-Trubel einlädt.

Information Tourismusgesellschaft Kap Arkona. Im Sommer tägl. 10–18 Uhr, ansonsten eingeschränkt. Auch Zimmervermittlung. Am Parkplatz 1, 18556 Putgarten, ℡ 038391-13037, www.kap-arkona.de.

Café ⟫ Unser Tipp: Helene-Weigel-Haus. In dem alten Bauernhaus, das Helene Weigel in den 1950ern zu ihrem Feriendomizil erkoren hatte, und bei gutem Wetter vor allem im idyllischen Garten befindet sich eines der schönsten Cafés der Insel.

Putgarten und das Kap Arkona

Guter Kaffee, hervorragender, selbst gebackener Kuchen, der Service herzlich. Auch Leser schrieben uns begeistert: „Eine Oase inmitten des Kap-Arkona-Rummels." Es werden auch Lesungen und Liederabende veranstaltet. Von Mai bis Okt. tägl. 13–18 Uhr geöffnet (in der Nebensaison Mi Ruhetag), bei schlechtem Wetter wird auch schon mal früher geschl. Dorfstr. 16, ✆ 038391-431007, www.helene-weigel-haus.de. «

Fahrradverleih Direkt am Parkplatz (am Ortseingang), 6 €/Tag, auch Kindersitze.

Parken Am Ortseingang, hier auch Imbissbuden, 4 €/Tag, Wohnmobilstellplatz gegenüber, 5 €/Tag, über 3,10 m Höhe 15 €.

Übernachten Hotel/Pension **Zum Kap Arkona**. Familiär geführtes, freundliches Haus mit 33 Zimmern, Bar, beliebtem Restaurant und teils weitem Ausblick. Im Garten steht am kleinen Badesee ein Saunahaus. Eigener Parkplatz (kostenlos). Ganzjährig geöffnet (Nov. bis 24. Dez. und ca. 3. bis 31. März geschl.). DZ 96–99 €, Frühstück extra, Hund 10 €/Tag. Dorfstr. 22 a, 18556 Putgarten, ✆ 038391-4330, www.zum-kap-arkona.de.

Verbindungen Aus Altenkirchen kommt der **Bus 11** ca. 10-mal tägl. (Sa/So 6-mal). Vom Ortseingang weiter zum Kap oder nach Vitt (Haltestelle bei der Kapelle) fährt alle 15 Min. die kleine **Arkona-Bahn**, Erw. 2 € (hin/zurück 3,50 €), Kinder 0,50 € (1 €), Rundfahrt 5 € (1,50 €). Tickets beim Fahrer.

Helene-Weigel-Haus

Kutschrundfahrten zum Kap mit Erläuterungen, Aufenthalt bei den Leuchttürmen, Erw. 10 €, Kinder 5 €. Abfahrt ebenfalls beim Parkplatz.

Leuchttürme: Gleich drei Türme teilen sich den Standort Kap Arkona. Der Veteran unter ihnen ist der *Schinkelturm*, mit dessen Bau nach jahrelanger Planungsphase 1826 begonnen wurde. Seinen Namen verdankt er dem berühmten Architekten *Karl Friedrich Schinkel*, der ihn als dreigeschossiges klassizistisches Gebäude auf quadratischem Grundriss konzipierte. Sein Leuchtfeuer im verglasten Aufsatz war bis 1905 in Betrieb, dann wurde der Schinkelturm aufs Altenteil geschickt (dient aber heute als Standesamt) und durch den *Neuen Turm* ersetzt. Dieser mit 33 Metern höchste Turm am Kap ist übrigens heute noch in Betrieb. Der dritte Turm steht nahe der Jaromarsburg (→ unten) und enstand als Marinepeilturm. Heute wird er nur noch „zivil", d. h. touristisch genutzt. Darüber hinaus ist unweit des Schinkelturms ein *Bunker* zu besichtigen (Ausstellung und Führungen).

Schinkelturm mit Museum über Schinkels „Schaffen in Pommern und auf der Insel Rügen", ganzjährig geöffnet, in der Saison 10–18 Uhr, im Winter eingeschränkt, Erw. 2 €, erm. 1,50 €, Familienticket 5,50 €. **Neuer Leuchtturm**, im Sommer 10–18 Uhr, Frühjahr/Herbst 11–16/17 Uhr, Eintritt 3 €, Kinder bis 5 Jahre frei. **Marinepeilturm** mit Schmuckatelier (www.sonnenschmuck.com), Mai/Okt. tägl. 10–16 Uhr, Juni/Sept. 10–17 Uhr, Juli/Aug. 10–18 Uhr, im Winter geschl., Erw. 3 €, erm. 2 €, Familienticket 6,50 €. **Bunker**: Die 1979–1986 gebaute Marine-Bunkeranlage der NVA ist heute im Rahmen einer Führung zugänglich, im Sommer 11–15 Uhr zur vollen Stunde, im Winter deutlich eingeschränkt (am besten vorher anrufen). Erw. 5 €, Kinder 8–14 Jahre 2,50 €; Treffpunkt am Eingang, ✆ 038391-434660, www.kap-arkona.de.

Jaromarsburg: Die Tempelfestung war das religiöse Zentrum der Slawen auf Rügen und ihrem Hauptgott *Svantevit* geweiht. Vor ihrem Fall war sie bedeutend größer, aber es waren nicht die Dänen, die sie geschleift haben, sondern Wind und Wetter. Die Reste des Walls stellen gerade einmal ein Drittel der ehemaligen Gesamtanlage dar!
Zuletzt und wahrscheinlich bis auf Weiteres wegen Abbruchgefahr geschl.

Vitt: Geschützter kann ein Dorf nicht liegen – und idyllischer wohl auch nicht. Ein gutes Dutzend hübscher Häuschen mit reetgedeckten und von Moos geschmückten Dächern duckt sich in eine schmale Liete. Die Gässchen ziehen sich entlang hübscher Fassaden und Gärten und führen zum kleinen Hafen. So viel Idylle hat natürlich ihren Preis: Während der Saison kommen unzählige Besucher in das komplett unter Denkmalschutz stehende Dorf (mit nicht mal 20 Einwohnern) und verleihen ihm nur noch wenig beschauliche Atmosphäre.

Uferpredigten

Eine Variation der Geschichte vom Berg und dem Propheten: Die Altenkirchener Pastoren hatten einst das Problem, dass die Bauern und Fischer aus Vitt jedes Jahr im Spätsommer dem Gottesdienst fernblieben. Grund war der Hering, den keiner vorbeiziehen lassen wollte. Also kam der Pastor nach Vitt und hielt die Predigten am Ufer ab, während ein Ausguck das Auge auf der See behielt und wenn nötig den Gottesdienst nicht mit einem Amen, sondern mit den Worten „De Hiering kümmt" beendete. Zum Schutz vor dem launischen Wetter ließ der Pastor, der bereits jahrelang Uferpredigten abgehalten hatte, die Vitter Kapelle errichten. Das weiß getünchte, reetgedeckte Gotteshaus mit achteckigem Grundriss steht hoch über dem Dorf. In seinem Inneren hängt eine Kopie von Philipp Otto Runges beziehungsreichem Gemälde *Petrus auf dem Meer*.

Essen & Trinken Nahe beim Strand befindet sich das **Café am Meer**, wo man Kaffee und selbst gebackenen Kuchen, auch kleine Snacks und vor allem Sanddornprodukte bekommt. Weiter oberhalb ein **Imbiss** (Crêpes, Fischbrötchen etc.), am Hafen gibt es **Räucherfisch**.

Einziger Dorfgasthof ist der **Goldene Anker**, eine gemütliche Fischgaststätte, die trotz der exklusiven Lage günstige Gerichte anbietet (Hauptgerichte Fisch 12–18 €). Da bleibt es nicht aus, dass der Gastraum oft bis zum letzten Platz gefüllt ist. Im Garten bei gutem Wetter Cafébetrieb, außerdem Fischbrötchen. Nov. und Jan. geschl., in der Hochsaison tägl. 11–20 Uhr, Nebensaison bis 18 Uhr. Vitt Nr. 2, ✆ 038391-12134.

Verbindungen Nach Vitt (Haltestelle bei der Kapelle) fährt während der Saison zu jeder vollen und halben Stunde die kleine Arkona-Bahn. Erw. 2 €, Kinder 0,50 €, hin/rück 3,50 € bzw. 1 €, Rundtour 5 € (1,50 €). Tickets beim Fahrer.

Um den Wieker Bodden

Auf dem *Bakenberg* beschattet ein Kiefernwald zahlreiche Feriendörfer und weitläufige Campingplätze, die sich dank des herrlichen Ostseestrandes unter dem Steilufer größter Beliebtheit erfreuen. Im Westen liegt **Dranske**, einst eine muntere Kleinstadt, die vom ehemaligen Marinestützpunkt der NVA auf der Halbinsel Bug lebte. Heute ist es hier recht trostlos, der Bug wieder Sperrgebiet und nur mit Führung zu betreten. Freundlicher ist da schon **Wiek**: Der kleine Ort hat eine lange Tradition im Bootsbau, noch heute werden hier die so genannten *Wieker Boote* gefertigt. Darüber hinaus hat sich Wiek als Kurort einen Namen gemacht. Sehens-

Um den Wieker Bodden

wert ist vor allem die um 1400 entstandene *Georgskirche*, ein Backsteinbau mit winzigen Dachtürmchen über einem imposanten Giebel. Südlich von Wiek befindet sich die **Wittower Fähre**, eine der letzten Fährverbindungen Deutschlands, die tatsächlich noch als alltägliche Verkehrsader fungiert. Man spart sich auf dem Weg von oder nach Süden den langen Umweg um den Großen Jasmunder Bodden.

Pfarrkirche St. Georg (Wiek), in der Saison meist Mo–Fr 10–12 und 14–16 Uhr, Aufstieg ins Gewölbe möglich.

Information Das Informationsbüro in Wiek befindet sich nahe der Kirche im gleichen Haus wie ein italienisches Restaurant; in der Saison Mo–Mi 9–17 Uhr, Do 9–12 Uhr und 13–17 Uhr, Fr 9–16 Uhr, Sa 9–12 Uhr. Am Markt 5, 18556 Wiek, ✆ 038391-76870, www.wiek-ruegen.de.

Fremdenverkehrsamt Dranske. In der Dorfmitte in einem reetgedeckten Klinkerhaus. Freundlich und hilfsbereit. Mo–Fr 9–12 und 13–17 Uhr, So 10–13.30 Uhr, im Winterhalbjahr Mo–Fr 9–12 und 13–16 Uhr. Karl-Liebknecht-Str. 41, 18556 Dranske, ✆ 038391-89007, www.gemeinde-dranske.de.

Camping Surf & Kite Camp. Surf- und Kiteschule mit kleinem, ruhig gelegenem Camping in Wiek, auch Wohnmobil-Stellplatz, mit Bistro und nettem Biergarten. Geöffnet, solange das Wetter mitspielt. Von Altenkirchen aus am Ortseingang rechts und ca. 500 m weiter. 8 €/Pers., Jugendliche 6,50 €, Kinder 4 €, Zelt, Auto, Caravan etc. bereits inkl. Boddenweg 1, ✆ 038391-76595 oder 0173-8184808 (mobil), www.surf-kite-camp.de.

Regenbogen Camp Nonnevitz. Riesiger Campingplatz nördlich von Nonnevitz im Kiefernwald, strandnah, mit Gaststätte, Bäckerei, Fahrradverleih, neuen Sanitäranlagen. Geöffnet April bis Okt. Stellplatz Zelt inkl. 2 Erw. und Kinder 32,70–34,10 € (auch inkl. Pkw), 1 Pers. und kleines Zelt (ohne Pkw) 17 €. Regenbogen Nonnevitz, 18556 Dranske, ✆ 038391-89032, www.regenbogen.ag.

Essen & Trinken Schifferkrug. Noch immer rohrgedeckt, zeugt dennoch die rostrote Fassade von Neuerung. Der alte Fischerkrug, in dem bereits 1455 Bier gezapft wurde, wurde nach Besitzerwechsel und Renovierung jüngst wieder eröffnet. Hübsch gemacht und gemütlich ist der lichte Gastraum, der Service ist freundlich. Günstige Mittagskarte (Hauptgericht unter 10 €), ansonsten vor allem Fischküche (um 15 €). Tägl. ab 12 Uhr geöffnet. Der Schifferkrug befindet sich an der nördlichsten Ausbuchtung des Wieker Boddens im kleinen Weiler Kuhle (gut 3 km nördlich von Wiek), ✆ 038391-938845, www.schifferkrug-kuhle.de.

Blumencafé. Das freundliche Café ist angeschlossen an einen kleinen Blumenladen, entsprechend gelungen ist die (floristische) Dekoration. Vor allem im Sommer sitzt man draußen herrlich inmitten eines kleinen Gartenidylls. Selbst gebackene Kuchen. Geöffnet zuletzt So–Di 13–18 Uhr, Mi–Sa schon ab 9 Uhr. Gerhart-Hauptmann-Str. 6, ✆ 038391-769932.

Surfen/Segeln UST Rügen. Surf- und Segelschule in Dranske mit zahlreichen Angeboten, z. B. Windsurfen, Katamaran (auch für segelerfahrene Umsteiger) und Kitesurfen, zudem Materialverleih (auch Fahrräder und Kanus). April bis Anfang Okt. geöffnet, Unterbringung im jugendherbergsartigen **NoHotel** (auch DZ für 50 €), einem Bistro/Bar. Am Ufer 14, ✆ 038391-89898, www.ustruegen.de.

Surf & Kite Camp. Surf- und Kiteschule auf dem gleichnamigen Campingplatz in Wiek, Einsteiger-, Grund- und Aufbaukurs, Scheinerwerb, auch Materialverleih. Anfahrt und Adresse → oben unter Camping: *Surf & Kite Camp.*

Übernachten Landhotel Herrenhaus Bohlendorf. Das freundlich eingerichtete Gutshaus liegt südlich von Wiek (Richtung Wittower Fähre). Wintergarten mit Blick auf den Park, gemütliches Kaminzimmer, Sauna, *Restaurant* mit leicht gehobenem Preisniveau (mittags und abends geöffnet, auch Cafébetrieb), zuvorkommender Service. Ganzjährig geöffnet. EZ 79 €, DZ ab 119 €, Frühstück inkl., auch Appartements, Hund 6 €/Tag. Bohlendorf 6a, 18556 Wiek/Bohlendorf, ✆ 038391-770, www.bohlendorf.de.

Verbindungen Der Bus Linie 13 fährt etwa alle 2 Std. von Wiek und Dranske nach Altenkirchen und weiter nach Sassnitz.

Die Wittower Fähre verkehrt ganzjährig von morgens 5.50 Uhr (ab Nordseite) bis 19 Uhr (ab Südseite), April und Sept./Okt. bis 20 Uhr, Mai bis Aug. bis 21 Uhr. Pkw (inkl. Fahrer) 5,80 €, jede weitere Pers. 1,20 €, Motorrad 3 €, Fahrrad 1,20 €, Kinder (4–11 J.) 0,80 €. Achtung, im Sommer teilweise lange Wartezeiten! Auskunft Wittower Fähre: ✆ 0172-7526838.

Ein friedliches Plätzchen findet sich überall entlang der Boddenküste

Rügens Westen

In Rügens Westen geht es ruhig zu. Die sanft wellige, vor Urzeiten von Gletschern flach geschliffene Moränenlandschaft ist eine landwirtschaftlich geprägte Gegend. Hier und da drängen sich kleine Weiler an die Ränder der Landstraßen, andere liegen abgeschieden zwischen den Feldern. Zuweilen durchbricht ein Waldstreifen die Weite oder ein von undurchdringlichem Sträuchern geschütztes Hügelgrab. Doch auch hier im Kernland Rügens ist das Meer nie fern. Das stille Zentrum der Gegend ist Gingst. Viele Reisende kennen die Gemeinde nur von der Durchfahrt, denn hier treffen sich die Hauptrouten, die durch den westlichen Teil Rügens führen: Die Nord-Süd-Achse verläuft von Samtens (und damit aus Richtung Stralsund) zur Wittower Fähre oder nach Schaprode, dem Fährhafen nach Hiddensee. Die West-Ost-Achse verbindet Bergen mit Ummanz, der abgeschiedenen Insel im Westen.

Camping Banzelvitzer Berge. Einer der schönsten Wald- und Wiesencampingplätze auf Rügen, weit ab vom Schuss, etwas auf der Höhe am Südausläufer eines Hügels gelegen und dadurch mit herrlichem Blick auf den Großen Jasmunder Bodden, mit Gaststube (*Zum Kuckuck*), kleinem Laden und Fahrradverleih. Anfahrt: von der Straße zwischen Trent und Bergen nach Rappin abbiegen und durch das kleine Dorf hindurch noch 1 km zu den Banzelvitzer Bergen. Geöffnet April bis Okt. Kleiner Zeltplatz (1 Erw.) 15,50 €, großer Stellplatz (Pkw/Caravan/Wohnmobil/Zelt 2 Erw., Kind) für 35,50 €; auch kleine, hölzerne Ferienhäuser. 18528 Groß Banzelvitz, ✆ 03838-31248, www.banzelvitzer-berge.de.

Gingst

ca. 1400 Einwohner

Eine Gemeinde mit Kleinstadtflair: Um den Marktplatz gruppieren sich Lebensmittelgeschäft und Apotheke, Blumen- und Bücherladen, die Post sowie natürlich Rathaus und Gasthaus. Und natürlich steht auch die Kirche am Marktplatz: St. Jacobi, ein Backsteinbau, der zuallererst durch seinen klobigen Turm auffällt.

Neben kleinstädtischer Beschaulichkeit hat Gingst aber auch zwei Sehenswürdigkeiten zu bieten. Eine davon spiegelt die Geschichte des Ortes als wichtiges Handwerkszentrum wider. Schneider und Sattelmacher, Böttcher, Tischler und Schmiede hatten hier einst ihre Werkstätten, und vor allem die Damastweber der Gemeinde machten sich über die Insel hinaus einen Namen. Heute erinnert das Museum *Historische Handwerkerstuben* an diese Zeit. In dem hübschen Hof mit reetgedeckten Backsteinhäusern verschaffen originalgetreue Werkstatteinrichtungen Einblicke in das Handwerkerleben um 1900. In der Museumsscheune sind ein netter Laden und das gemütliche Café untergebracht. Der zweite Besuchermagnet ist der *Rügenpark*, eine Mischung aus Miniaturland und Vergnügungsmeile für Kinder. Zahlreiche Modelle tummeln sich auf 40.000 Quadratmetern, komplett nachgebaut wurde die Insel Rügen, dazu gesellen sich Bauwerke aus aller Welt.

Öffnungszeiten Historische Handwerkerstuben. Zuletzt in den Sommermonaten tägl. 10–17 Uhr geöffnet, im Winterhalbjahr eingeschränkt. Eintritt 3 €, erm. 2,50 €, Kinder unter 6 J. frei. 18569 Gingst, ✆ 038305-304.

Rügenpark. Mitte April bis Nov. geöffnet, Juli/Aug. tägl. 10–19 Uhr, April bis Juni Di–So 10–18 Uhr, Sept. bis Nov. Di–So 10–17 Uhr. Erw. 9,40 €, Kinder (Preis wird nach Körpergröße bemessen) 2–7,40 € (bis 3 J. frei). Mühlenstr. 22 b, ✆ 038305-55055, www.ruegenpark.de.

Einkaufen/Café Der Buchladen, sehr freundlich und überaus gut sortiert, auch Regionalia und eine gute Auswahl an Kinder- und Jugendliteratur. Regelmäßig werden Lesungen veranstaltet. Mo–Fr 10–17 Uhr, Sa 10–12 Uhr, im Sommer auch mal länger. Markt 5, ✆038305-535916, www.der-buchladen-ruegen.de.

Regionalwaren und Töpferei, im Gebäude neben dem Buchladen, Biofeinkost vornehmlich aus der Region auf der einen und Keramik auf der anderen Seite. Dazu: ein kleines Café im schönen Garten. Markt 4, ✆ 038305-60086, www.toepferei-regionalwaren.de.

Museumscafé. Gemütliches Café in den Historischen Handwerkerstuben. Besonders schön sitzt man im Sommer draußen im Schatten der Bäume und inmitten des an sich schon sehenswerten Gebäudeensembles. Ideal für ein kleines Päuschen bei Café und (selbst gebackenem) Kuchen. Geöffnet, wenn das Museum geöffnet ist. ✆ 038305-304.

Verbindungen Die Linie 35 verbindet werktags Bergen etwa stündl. mit Schaprode via Gingst, Sa/So 5-mal; die **Linie 38** fährt werktags mehrmals täglich von Gingst nach Waase und die **Linie 41** von und nach Samtens (hier Anbindung nach Stralsund).

Halbinsel Lieschow

Die Gemeinde Ummanz umfasst die Halbinsel Lieschow und die mittels Brücke angebundene Insel Ummanz. Die Häuser des Ortes *Lieschow* liegen weit verstreut und abgeschieden auf der gleichnamigen Halbinsel. In der ländlichen Einsamkeit haben sich ein paar interessante Anlaufpunkte etabliert, die mehr oder weniger mit der agrarischen Ausrichtung der Gegend zusammenhängen.

Einkaufen/Urlaub auf dem Bauernhof Bauer Lange. Eine Institution auf Rügen: Im Hofladen gibt es alles, was das Land hergibt, die große Scheune ist ein bäuerliches Bistro. Diverse Veranstaltungen. Auf der Straße von Gingst nach Waase links ab zum OT Lieschow (beschildert). Außerdem stehen Ferienwohnungen zur Verfügung (ab 65 €/Tag für 2 Pers., bis 130 €/Tag für 6 Pers.). Geöffnet Mai bis Aug. tägl. 9–22 Uhr, März/April bis 18 Uhr, Sept./Okt. bis 20 Uhr. Hof Nr. 37, 18569 Lieschow/Ummanz, ✆ 038305-55117, www.bauer-lange.de.

Erste Rügener Edeldestillerie. Hervorragende Bio-Brände vom Apfel bis zur Zwetschge. Hier wird nicht einfach nur Schnaps gebrannt, sondern Bioobst zu hochprozentigen Kunstwerken veredelt. Das Obst stammt auch aus dem eigenen Anbau, weitgehend von der Insel. Mindestens Mo–Fr 10–16 Uhr geöffnet (wenn zu diesen Zeiten geschlossen: anrufen!), zur Saison auch länger und Sa, Destilleriebesichtigung nach Absprache. Freistehendes Gehöft an der Landstraße auf halbem Weg vom Lange-Hof zum Südende von Lieschow,

Haus Nr. 17, 18569 Lieschow/Ummanz, ✆ 038305-55300, www.edeldestillerie.de. ∎

Übernachten/Essen Landgasthof Kiebitzort, an der Südspitze der Halbinsel Lieschow befindet sich die ockergelbe Anlage, herrlich ruhig und abgeschieden, umgeben von einem weitläufigen Garten. Dazu gehört ein gemütliches *Restaurant* (Hauptgerichte ab 13 €), im Sommer sitzt man schön im Biergarten. Das Restaurant ist nur abends ab 18 Uhr geöffnet, Mi Ruhetag. DZ 79 €, mit Terrasse 89 €, EZ (mit Balkon) 56 €, jeweils einschließlich Frühstück. Außerdem stehen kleine Garten-Ferienhäuschen und Ferienwohnungen zur Verfügung. Mai bis Anfang Okt. geöffnet. Lieschow Nr. 26c, 18569 Lieschow/Ummanz, ✆ 038305-55166, www.kiebitzort-ruegen.de.

Insel Ummanz

ca. 300 Einwohner

Die Insel Ummanz schmiegt sich eng an die Westküste des Rügener Kernlandes. Kraniche staksen während ihres Stop-overs über die Feuchtwiesen, Kornfelder werden von Entwässerungskanälen begrenzt, Schafe weiden auf den Dämmen. Still ist es hier – und flach.

Die etwa 18 Quadratkilometer große Insel Ummanz ragt kaum mehr als drei Meter aus dem Meer heraus, manche sumpfige Wiese befindet sich sogar ein wenig unter dem Meeresspiegel. Dass der Bodden sich nicht über die von Schilf zerfranste Küste hermacht, dafür sorgen die langen Deiche, die sich fast um die ganze Insel herumziehen. Die Stille, die zwischen den Deichen herrscht, wird nur vom Wind gestört oder von den Vögeln, die auf Ummanz ein Naturparadies vorfinden. Scharen von Zugvögeln, darunter auch der Kranich, nützen die Insel im Frühjahr und im Herbst als Rastplatz, während sie für sesshaftere Vögel auch als Brutplatz dient.

Die einzige dorfähnliche Siedlung der Insel ist **Waase** mit der sehenswerten *Marienkirche*, in deren Innerem ein bemerkenswerter gotischer Flügelalter (1520) steht. Neben Waase verteilen sich nur noch wenige kleine Weiler über die Insel. Ganz im Süden befindet sich der malerische denkmalgeschützte Weiler **Freesenort** mit seinen Reetdachhäusern und an der Westküste **Suhrendorf**, die „Ausnahme von der Regel": Hier nämlich säumt schilffreier Strand die Küste, und im Sommer kann es dank des Campingplatzes recht belebt zugehen. Ganz anders (und typischer für Ummanz) geht es am anderen Ende der Insel zu: Bei *Tankow* herrscht absolute Stille, denn hier steht nur ein einziges Gehöft.

Marienkirche (Waase), in der Saison Mo 12–14 Uhr, Di–Fr 11–15 Uhr, Sa/So 14–15 Uhr.

Information Ummanz-Information. In der Alten Küsterei, ein schönes, reetgedecktes Fachwerk-Backsteinhaus (Eingang hinten), unregelmäßige Öffnungszeiten, zuletzt zur Saison Mo–Fr 11–17 Uhr, wenn das Büro nicht besetzt ist, kann man bei Ummanz-Keramik gegenüber nachfragen. Neue Str. 63, 18569 Waase/Ummanz, ✆ 038305-53481.

Café Café Ummanz. In der ehemaligen Pfarrscheune von Waase, köstlicher Kuchen aus der eigenen Konditorei. Ganz in der Nähe des Hafens von Waase, zur Saison zuletzt Do–Mo 12–17 Uhr geöffnet, in der Nebensaison nur Fr–So. Am Focker Strom 2.

Einkaufen Ummanz Keramik. Schöne Töpferwaren gibt es in dem kleinen Hofladen bei der Kirche in Waase (hinter der Um-

In Freesenort

manz-Info). Die Werkstatt befindet sich im Nachbarort Wusse. Der Hofladen ist April–Nov. Mo–Sa 9.30–18 Uhr, Mai bis Okt. auch So 11–17 Uhr geöffnet. Neue Straße 63b, ✆ 038305-8111.

Übernachten/Wassersport Ostseecamp Suhrendorf. Großer gepflegter Campingplatz direkt am Wasser, Gaststätte, Kiosk, Minigolfplatz etc., bemerkenswertes Wassersportangebot: Surf- und Kiteschule (→ unten), Kanu- und Bootsverleih etc. Geöffnet Ostern bis Okt. Zeltplatz je nach Größe 13–20 €, Erw. 7 €, Kinder (3–15 J.), 4 €, nicht parzellierte Plätze (ohne Strom) 7–13 €, Tageskarte für Surfer 4,50 €. Suhrendorf 4, 18569 Ummanz, ✆ 038305-82234, www.ostseecampsuhrendorf.de.

Windsurfing Rügen und **Kite Island**. Surf- und Kiteschule am Ostseecamp, Windsurf- und Kite-Unterricht für Anfänger und Fortgeschrittene, auch Kinderkurse und Materialverleih. Dazu gehört auch das **Surfhostel** etwas weiter nördlich, 2- und 4-Bett-Zimmer (17 €/Pers. im Mehrbettzimmer und 23 €/Pers. im DZ, Frühstück 6,50 €), dazu *Baumhausrestaurant* (vor allem Pizza und Salate, Mai bis Sept. Di–So ab 17 Uhr, Juli/Aug. tägl.) und die Tiki-Bar. *Windsurfing Rügen* und *Kite Island*, Ostseecamp, Suhrendorf 4, 18569 Ummanz, ✆ 038305-82240. *Surfhostel*, Suhrendorf 8, 18569 Ummanz, ✆ 038305-55018, www.surfen-auf-ruegen.de.

Verbindungen Bus-Linie 38 werktags mehrmals täglich von Gingst nach Waase.

Schaprode
ca. 500 Einwohner

Schaprode ist das Sprungbrett nach Hiddensee, ganzjährig legen hier die Schiffe der Weißen Flotte an und pendeln hinüber nach Neuendorf, Vitte und Kloster. Das hat zur Folge, dass das alte Fischerdorf oft einem großen Parkplatz gleicht. Doch trotz der zahllosen Durchgangstouristen hat sich der Ort viel von seinem Charme bewahren können. So zieren ihn schmucke Kapitänshäuser, die sich von den schilfgedeckten Backsteinhütten der Fischer dadurch unterscheiden, dass der Eingang Letzterer ebenerdig ist, während die Kapitänshäuser etwas höher liegen und eine kleine Treppe zur Tür führt. Sehenswert ist auch die *Johanneskirche*, die nach der Pfarrkirche von Altenkirchen und der Marienkirche in Bergen die älteste Kirche Rügens ist.
Johanneskirche: zur Saison tägl. 10–16 Uhr geöffnet.

Essen & Trinken Die Alte Schule. Restaurant im alten Schulgebäude nahe der Kirche, der eigenwillige Gastraum sieht aus wie ein kleines Schulmuseum: lehrreiche Schautafeln, Tafellineal und natürlich eine große Schiefertafel, auf der das Tagesmenü angeschrieben ist. Das Restaurant ist tägl. ab mittags Uhr geöffnet (warme Küche bis 21 Uhr). Im Haus gibt es zudem DZ (90–95 €, inkl. Frühstück). Lange Str. 32 a, 18569 Schaprode, ✆ 038309-1454.

››› Unser Tipp: Schillings Gasthof. Innen ungemein gemütlich, draußen unter Linden beschauliche Terrasse mit Blick auf die Insel Öhe. Hervorragende saisonale Küche mit regionalen Zutaten. Der Fisch kommt fangfrisch vom Schaproder Hafen, auf der haueigenen Insel Öhe weiden die Rinder und Heidschnucken. Das Biofleisch gibt es (neben frischem Brot, Kuchen, Käse etc.) auch im Hofladen (tägl. 7.30–19 Uhr, Jan./Febr. geschl.). Geöffnet im Sommer tägl. ab 12 Uhr (im Winter Mo–Fr ab 16 Uhr, Sa/So ab 12 Uhr). Hafenweg 45, ✆ 038309-1216, www.schillings-gasthof.de. ‹‹‹

Camping Am Schaproder Bodden. Der Name verspricht nicht zu viel, der Platz liegt in der Tat in direkter Strandnähe, über 100 Stellplätze (wenig Schatten), kleiner Shop, Restaurant, geöffnet April bis Ende Okt. Auf dem Campingplatz gibt es auch die Segel- und Surfschule *Wiking-Surf*. Erw. 8 €, Kinder 4 €, Zelt 3–5 €, Wohnmobil 7 €, Auto 2 €, Hund 2 €. Lange Str. 24, 18569 Schaprode, ✆ 038309-1234, www.campingplatz-schaprode.de.

Verbindungen Bus. Mit der Linie 35 nach *Bergen* und zurück unter der Woche fast stündl., Sa/So 5-mal am Tag.

> Zu den **Fährverbindungen** siehe Hiddensee, → S. 271.

Parken Da Hiddensee autofrei ist, muss Schaprode als Parkplatz herhalten, mehrere gebührenpflichtige Plätze am Ortsrand (um 3,50 €/Tag, ab dem 2. Tag 2 €/Tag).

Das Leuchtfeuer Dornbusch

Hiddensee
ca. 1000 Einwohner

Schmal und lang gezogen liegt die Insel vor der Westküste Rügens. Was von Westen her an Wind und Wellen kommt, bricht sich an der Küste Hiddensees.

Hiddensee ist eine wunderschöne Insel, „Perle der Ostsee" und „Capri Pommerns" sind ihre klingenden Beinamen. Zu den prominentesten Gästen der Insel zählte der Schriftsteller Gerhard Hauptmann, der sogar auf dem Dorffriedhof von Kloster begraben ist. Von ihm stammt auch ein weiteres Adelsprädikat für Hiddensee: Die Insel sei „das geistigste aller deutscher Seebäder", und tatsächlich wirkte das schmale Stück Land zu Lebzeiten Hauptmanns wie ein Magnet auf die Größen des deutschen Geisteslebens. Nobelpreisträger trafen hier zusammen, Maler und Architekten schufen aus Gebäuden Kunstobjekte, und ganze Künstlerzirkel definierten ihre Kreativität von Hiddensee aus. Thomas Mann, Albert Einstein, Gustav Gründgens, August Macke – sie alle und noch viel mehr Prominenz zog es hierher, was Gerhart Hauptmann am Ende dann offenbar doch des Guten zu viel war und ihm die mahnenden Worte „nur stille, stille, dass es nicht etwa ein Weltbad werde" abnötigte. Auch wenn die Promi-Invasion des frühen 20. Jh. mittlerweile längst Geschichte ist – der Tourismus selbst ist seit jenen Tagen nicht mehr von der Insel wegzudenken. Jahr für Jahr kommen zahllose Feriengäste und Tagesausflügler, die es sich auf der 1995 offiziell zum Seebad erklärten Ostseeperle gut gehen lassen.

Die drei Dörfer der Insel könnten unterschiedlicher nicht sein, auch wenn sie sich auf Grund der Schlankheit der Insel alle zwischen Hafen und Strand erstrecken. *Kloster* im Norden scheint in einem lichten Wald zu liegen. Beschatten mal keine Bäume die Häuser, werden diese von dichten Gärten umgeben. *Vitte* hingegen ist gut ausgestattet mit großzügigen Wegen und sogar einem kleinen Zentrum. *Neuendorf* wiederum verzichtet fast ganz auf Wege, seine Häuser stehen weit verstreut auf einer Wiese.

Die unzähligen Besucher, die an schönen Tagen auf die Insel strömen, können nicht darüber hinwegtäuschen, dass Hiddensee eine kleine Gemeinde ist. Nur gut 1000 Menschen leben auf der Insel. Zum Einkaufen muss man ins ferne Bergen oder nach Stralsund übersetzen. Der Arzt praktiziert in Vitte und ist übrigens einer der wenigen, die das Privileg haben, auf der Insel Auto fahren zu dürfen. Zugelassen ist auf der Insel ansonsten noch der Dienstwagen des Inselpolizisten, der Inselbus, der Löschzug der Feuerwehr, der Müll- und der Rettungswagen, ein elektrisch betriebener Postwagen sowie der ein oder andere Trecker oder Unimog. Für Privatautos ist die Insel gesperrt – was einen nicht unerheblichen Teil des Reizes von Hiddensee ausmacht: Man fährt Fahrrad oder Kutsche, asphaltierte Straßen gibt es kaum (eher Plattenwege), alles läuft langsamer und im schönsten Sinne „altmodisch" ab. Kurzum: eine Insel zum Entschleunigen, wenn auch nicht gerade in der Hochsaison, während der es hier knallvoll mit Tagesausflüglern ist.

Verbindungen

Fähren Von Schaprode mehrmals tägl. nach Neuendorf, Vitte und Kloster (im Sommer etwa 15-mal tägl. im Winter ca. 10-mal). Achtung: Die Fähren laufen fast nie alle drei Häfen an! Dauer: zwischen 25 Min. (nach Neuendorf), 45 Min. (nach Kloster) und bis zu 90 Min. (nach Kloster mit Stopps in Neuendorf und Vitte). Hin- und Rückfahrt 17,90 € (einfach 11 €), Kinder (4–14 J.) 10,10 € (6,30 €), Kinder unter 4 J. frei, Familienkarte 46 €, Fahrrad 7 €, Hund 10,10 €, Surfausrüstung 14 €, die Fahrt nach Neuendorf ist etwas günstiger.

Bus: Die *Linie 35* fährt etwa stündl. ab Bergen (Sa/So 5-mal) nach Schaprode.

Von Stralsund nach Hiddensee Mitte März bis Okt. 2–3-mal tägl., Sonderfahrten zwischen den Jahren nur bei eisfreier Ostsee. Hin- und Rückfahrt 19,90 € (einfach 12,80 €), Kinder (4–14 J.) 10,60 € (6,70 €), Kinder unter 4 J. frei, Familienkarte 51 €, Fahrrad 8,20 €, Hund 10,60 €, Surfausrüstung 16,40 €.

Infos: *Reederei Hiddensee*, Achtern Diek 4, 18565 Vitte, Insel Hiddensee, ✆ 038300-210, (in Stralsund: Fährstr. 16, 18439 Stralsund, ✆ 03831-26810, www.reederei-hiddensee.de.

Darüber hinaus verkehren Fähren von **Wiek** (Mai bis Okt.) und **Dranske** (Juni bis Sept.) mit der *Reederei Hiddensee* (→ oben) sowie von **Breege** und **Ralswiek** nach Vitte und zurück mit der *Personenschifffahrt Kipp* (www.reederei-kipp.de).

Beim Kauf des Fährtickets nach Hiddensee wird Ihnen automatisch die obligatorische **Tageskurkarte** für die Insel zum Preis von 2 € (im Winter 1,50 €) mitverkauft.

Fahrradmitnahme Alle Fähren nehmen grundsätzlich Fahrräder mit. Wenn viel los ist, kann es jedoch passieren, dass das Rad an der Anlegestelle zurückgelassen werden muss. Nur auf der *MS Vitte* ist immer Platz, denn sie besitzt als einziges Schiff der Reederei einen großen Frachtraum.

Wassertaxis Schnell, aber kostenintensiv. Die drei Schiffe des **Hiddenseer Taxirings** fahren ganzjährig. Sie liegen entweder im Hafen oder kommen, wie es sich für Taxis gehört, bei telefonischer Bestellung. Die Überfahrt von Schaprode nach Neuendorf kostet 11 €/Pers., Kinder 4–14 J. 7 €, Hunde 7 €, nach Vitte/Kloster 12,50 €, Kind 7,50 € (mind. sieben Mitfahrer, ansonsten Gesamtpreis 75 € bzw. 80 €), ab Stralsund 25,70 €/Pers., Kind 14,50 € (mind. neun Mitfahrer) bzw. 225 € Gesamtpreis für die Überfahrt. Bei Nachtfahrten wird ein Aufschlag erhoben. Ein Taxi ordern kann man unter ✆ 038300-210 (Zentrale in Vitte) oder direkt an Bord: Die *Pirat* ist mobil unter ✆ 0171-7457713 zu erreichen, die *Störtebeker* unter ✆ 0171-7457710 und die *Anna Maria* unter ✆ 0171-6428021. Weitere Infos unter www.reederei-hiddensee.de.

Hiddensee

Basis-Infos

Information Die **Tourist Informationen** von Hiddensee liegen beide am Hafen, eine in Vitte, die andere in Kloster. In **Vitte**: Mai bis Okt. Mo–Fr 9–17.30 Uhr, Sa/So 9.30–15.30 Uhr (im Okt. bis 13 Uhr); Nov. bis März nur Mo–Fr 9–15.30 Uhr. Achtern Diek 18a, 18565 Vitte, Insel Hiddensee, ✆ 038300-608685. In **Kloster**: Mai bis Sept. Mo–Fr 9.30–12.30 und 13.30–17.30 Uhr, Sa/So 9–15.30 Uhr, April und Okt. Mo–Fr 9–15 Uhr, Sa/So 9–12.30 Uhr, Nov. bis März Mo–Fr 9–15 Uhr. Hafenweg 15, ✆ 038300-60654. Für beide: www.seebad-insel-hiddensee.de.

Baden An Hiddensees Westküste erstrecken sich vom Gellen im Süden bis zum Enddorn an der Nordspitze 13 km herrlichster Ostseestrand, der hier alljährlich mit der *Blauen Flagge* ausgezeichnet wird. Besonders schön ist der feinsandige Strand westlich von Vitte. Lediglich auf Höhe von Kloster wird der Strand durch großsteinigen Wellenschutz begrenzt (der leider aber den Blick aufs und den Zugang ins Meer deutlich stört). Von der DLRG überwacht ist der Strand jeweils auf der Höhe der Inselorte (Mitte Mai bis Mitte Sept.). Je nach Wetterlage kann zuweilen etwas Seegras angeschwemmt werden und sich an den Stränden ablagern. Die ortsnahen Strandabschnitte (hier auch Strandkorbverleih) werden den Sommer über gereinigt, alle anderen als Naturstrand belassen. Eine Unterscheidung zwischen Textil- und FKK-Strand gibt es zwar, das wird im Normalfall aber nicht so eng gesehen wie in einigen Bereichen etwa auf Rügen. Ein Strandkorb kostet auf der Insel 9 € pro Tag.

Bank Sparkassenfiliale mit Geldautomaten in Vitte, Süderende 59 (zwei Häuser nach dem Hotel Godewind). Einige Restaurants akzeptieren keine EC- oder Kreditkartenzahlung, für alle Fälle also besser mit etwas Bargeld anreisen.

Inselbus Der kleine **Bus** pendelt Mo–Fr von morgens bis abends etwa stündl. zwischen Kloster, Vitte und Neuendorf (im Winter nur 5-mal tägl.). Tageskarte 4,50 €, halber Tag 3,20 €.

Medizinische Versorgung Ein **Allgemeinarzt** praktiziert in Vitte (Süderende 57, ✆ 038300-287). Eine **Apotheke** gibt es nicht auf Hiddensee, lediglich eine Rezeptsammel- und Medikamentenausgabestelle in Vitte (Süderende 154, ✆ 038300-50565).

Parken Hiddensee ist autofrei, parken muss man daher in Schaprode (→ oben) oder in Stralsund.

Hiddensees langer Strand an der Westküste

Kloster

Pferdekutschen klappern über ungepflasterte Wege, Familien spazieren an blühenden Gärten entlang, in denen hübsche, teils schilfgedeckte Häuser stehen, Gäste und Hiddenseer sitzen ruhig und gelassen am Hafen oder in den Biergärten.

Kloster im Norden Hiddensees ist ein kleines Inselidyll. Lang gezogenes „Zentrum" des Dorfes ist der Kirchweg, der etwas oberhalb des Hafens beginnt und sich bis zum Heimatmuseum und dem dahinter liegenden Weststrand zieht. An dieser Achse befinden sich auch das Gerhart-Hauptmann-Haus, die Inselkirche, Restaurants und Cafés, Supermarkt, Buch- und Souvenirläden sowie der Friseursalon der Insel mit dem pragmatischen Namen *Die Bö*. Nördlich vom Kirchweg erstreckt sich das Dorf bis in die Ausläufer des Dornbusch, der höchsten Erhebung Hiddensees mit dem malerischen Leuchtturm.

Die Ursprünge des Dorfes gehen, der Name trügt nicht, auf die Zisterzienser zurück. Der Orden gründete 1296 hier eine (angesichts der abseitigen Lage) relativ stattliche Abtei, die wohl einen Großteil des heutigen Ortsgebietes umfasste. Das Kloster wurde im Zuge der Säkularisierung aufgelöst, und auf dem Abteigelände entstand ein kleines Fischerdorf. Anfang des 20. Jh. sollen hier gerade einmal neun Häuser gestanden haben: die vier Häuser des Gutshofs, Pfarrei, Schule, Strandvogtei, das Haus des Amtsvorstehers und ein Gasthaus. Heute ist Kloster das kulturelle Zentrum der Insel, nicht nur, weil sich hier Inselmuseum und -kirche befinden, im Gerhart-Hauptmann-Haus finden auch regelmäßig Konzerte, Sonderausstellungen und Dichterlesungen statt.

Fahrradverleih Unter anderem bei Barbara Pehl, außerdem Pension (DZ ab 50 €, kein Frühstück, aber Gemeinschaftsküche). Hafenweg 4, 18565 Kloster, Insel Hiddensee, ☏ 038300-437, www.hiddensee-pension.de.

Gepäcktransport/Kutschfahrten Unter anderem Fuhrmannshof Neubauer, auch Wander- und Ponyreiten. Hafenweg 10a, ☏ 0171-1892807, abends ☏ 0171-7153809 oder 0171-1892807 (mobil), www.hiddensee-kutschfahrten.de.

Übernachten/Essen & Trinken

≫ Unser Tipp: Hotel Hitthim. Eines der besten Häuser der Insel, gleich oberhalb des Hafens von Kloster, verfügt über viel gastronomische Tradition. Im Saal hängt eine Bildergalerie berühmter Hiddensee-Gäste, hervorragendes Restaurant (wir empfehlen den köstlichen Pfefferhering „Hitthim" mit Bratkartoffeln für 11 €), ab 12 Uhr durchgehend warme Küche, die Zimmer variieren stark nach Saison und Ausstattung (Balkon, Badewanne, Hafenblick). In einem Nebengebäude befinden sich 5 gut ausgestattete Appartements mit Terrasse zum Hafen (im Sommer viel Trubel). Ganzjährig geöffnet. EZ 57,50– 77,50 €, DZ 95–155 €, jeweils inkl. Halbpension (3-Gänge-Menü). Hafenweg 8, 18565 Kloster, Insel Hiddensee, ☏ 038300-6660, www.hitthim.de. ≪≪

Wieseneck. Restaurant, Café und Pension in einem alten, schön renovierten Haus, klasse Kneipe, in der sich vor allem jüngeres Publikum trifft. Das Restaurant bietet gute Fischküche zu soliden Preisen, auch Vegetarisches, Küche 12–21.30 Uhr. Terrasse und Garten, von dem aus man einen herrlichen Blick hat. 17 Zimmer, ganzjährig geöffnet. EZ ab 40 €, DZ 70–95 €, jeweils inkl. Frühstück. Kirchweg 18, 18565 Kloster, Insel Hiddensee, ☏ 038300-316, www.wieseneck-hiddensee.de.

≫ Lesertipp: Pension Inselidyll. Leser waren begeistert von der ruhigen Lage, der netten Gastgeberin und dem liebevoll zubereiteten Frühstücksbuffet („unzählige selbst gemachte Konfitüren, Sanddornquark, Rosenbutter und und und – einfach paradiesisch!"). 9 hübsche Doppelzimmer. Im Nov. geschl. Reservierungen schon im Frühjahr empfehlenswert. DZ mit Frühstück ab 90 €. Siedlung 23, 18565 Kloster, Insel Hiddensee, ☏ 038300-234, www.inselidyll-hiddensee.de. ≪≪

Zum kleinen Inselblick. Gemütliches Café und Restaurant mit schönem Biergarten, etwas versteckt gelegen, aber der Besuch lohnt sich. Mittleres Preisniveau. Ende März bis Ende Okt. 12–23.30 Uhr geöffnet, Küche bis 21.30 Uhr, Di geschl. Etwas abseits am Ortsrand Richtung Dornbusch gelegen (am einfachsten vom Hafen oder entlang des Kirchwegs zum querenden Mühlberg, diesen rechts hinauf und geradewegs bis zum Ortsausgang). Birkenweg 2, ☎ 038300-68001.

Sehenswertes

Inselkirche: Mitten im Ort steht das unspektakuläre Gotteshaus, umgeben vom alten Friedhof. Die spätgotische Kirche ist in ihrer Bausubstanz das älteste Bauwerk der Insel und das letzte Überbleibsel des ehemaligen Zisterzienserklosters. Seit der Renovierung gegen Ende des 18. Jh. überspannt ein blaues hölzernes Tonnengewölbe den Innenraum. Auf dem Friedhof stehen einige uralte Grabsteine herum, manche namenlos, nur mit Hausmarke und Todesjahr versehen. Das Grabmal *Gerhart Hauptmanns* liegt links hinter der Kirche – der größte Stein auf dem Friedhof ist unübersehbar. Die Kirche ist ganztägig geöffnet.

Gerhart-Hauptmann-Haus: 1930 kaufte Gerhart Hauptmann das *Haus Seedorn* als Sommerdomizil und bewohnte es bis 1943 fast jedes Jahr für einige Wochen. 1954 wurde das Haus in ein Museum umgewandelt. Zu besichtigen sind u. a. die Veranda (hier eine kleine Dokumentation zum Leben des Nobelpreisträgers sowie diverse Briefwechsel), die Schlafgemächer der Hauptmanns im oberen Stockwerk, den so genannten Kreuzgang (Galerie), das berühmte Abendzimmer (Speisezimmer) mit direktem Zugang zum Weinkeller und das geräumige Arbeitszimmer (samt Bibliothek und Nobelpreismedaille) des Dichters. Die Einrichtung ist weitgehend im Originalzustand, so als sei Hauptmann erst kürzlich abgereist. Das Haus Seedorn ist auch der Sitz der Gerhart-Hauptmann-Stiftung. Es werden regelmäßig Konzerte, Sonderausstellungen und Lesungen im Arbeitszimmer Hauptmanns veranstaltet.

Mai bis Okt. Mo–Sa 10–17 Uhr, So 13–17 Uhr, Febr./März und Nov. Di–Sa 11–15 Uhr, Weihnachten, Jahreswechsel und Ostern tägl. 11–15 Uhr, April tägl. 11–16 Uhr, Dez./Jan. nach Voranmeldung. Eintritt 6 €, erm. 4 €, Familienkarte 12 €. Führungen zuletzt von Mai bis Okt. Di–Sa jeweils um 12 Uhr, Dauer ca. 1 Std., 3 €/Pers., zuletzt im Sommer immer Mi 20 Uhr Abendführung (mit einem Glas Wein), 12 €; außerhalb der Saison eingeschränkt. Buchverkauf – vielmehr: eine bestens sortierte Buchhandlung – im gläsernen Literaturpavillon (Eingang/Kasse), hier werden auch Karten für die Abendveranstaltungen verkauft. Kirchweg 13, ☎ 038300-397, www.hauptmannhaus.de.

Stress- und autofrei: Insel Hiddensee

Hauptmann auf Hiddensee

Im Sommer 1885 kam Gerhart Hauptmann im Alter von 22 Jahren das erste Mal nach Hiddensee und begeisterte sich sofort für die Natur und Einsamkeit der damals touristisch noch völlig unerschlossenen Insel. Es folgten mehrere Urlaube, auch mit seiner Geliebten und späteren zweiten Ehefrau Margarete. Ab 1916 – Hiddensee hatte sich inzwischen einen Ruf als Seebad gemacht – verbrachten die Hauptmanns fast jeden Sommer hier (die Winter über hielt man sich an der italienischen Riviera in Rapallo auf). Zunächst wohnte die Familie in Hotels in Vitte oder Kloster, ab 1926 dann im Haus Seedorn, dem heutigen Gerhart-Hauptmann-Haus, das der Dichter vier Jahre später kaufte und sogleich um Kreuzgang (Verbindungsflur), Speisezimmer, Arbeitszimmer und Terrasse erweitern ließ.

Auf Hiddensee erlebte Hauptmann eine produktive Zeit, wobei er sich einen strikten Tagesablauf auferlegte: Morgens ein Bad in der kühlen Ostsee, dann Frühstück und ein ausgedehnter Inselspaziergang, Mittagessen und Mittagsschlaf, Nachmittagskaffee und im Folgenden drei Stunden konzentriertes Arbeiten bei ungestörter Ruhe im Haus. Die Abende gehörten dann den berühmten Einladungen der Hauptmanns mit Essen und gutem Wein, zu denen im Abendzimmer nicht mehr als vier Gäste Platz fanden – Literaten und andere Künstler, die auf der Insel ihre Sommerfrische verbrachten, darunter z. B. die Schauspielerin *Asta Nielsen*, aber auch der Inselpastor Arnold Gustavs, ein enger Freund der Familie.

Hinter der Blumenwiese liegt Hauptmanns Haus

Mit nur einer Unterbrechung im Jahr 1939 verbrachten die Hauptmanns bis 1943 jeden Sommer auf der Insel. Möglich wurde dies natürlich auch durch die unpolitisch-gleichgültige bis opportune Haltung, die der Dichter der NS-Diktatur entgegenbrachte. Ab 1944 war es dann vorbei mit der Hiddenseer Sommerfrische, Hauptmann lebte bis zu seinem Tod, zuletzt schwerkrank, in Haus Wiesenstein/Agnetendorf (Schlesien), wo er am 6. Juni 1946 im Alter von 83 Jahren starb und wo er auch begraben werden wollte. Doch das erwies sich im mittlerweile polnischen Agnetendorf als unmöglich, der Leichnam konnte erst Wochen später über Berlin und Stralsund (mit großer Trauerfeier im Rathaus) nach Hiddensee überführt werden. Am 28. Juli 1946 wurde Hauptmann von seinem Freund Pastor Gustavs nach seinem Wunsch in der Stunde vor Sonnenaufgang auf dem kleinen Inselfriedhof von Kloster beerdigt.

Hiddenseer Heimatmuseum: In der ehemaligen Seenotrettung aus dem Jahr 1888 sind allerlei Exponate zu Geologie, Flora und Fauna der Region zu sehen, außerdem zur Geschichte des Zisterzienserklosters, der hiesigen Fischerei, der Insel als Seebad sowie zur Geschichte der Seerettung. Interessant sind auch die Schautafeln zu „Biografien" berühmter Gebäude auf Hiddensee und vor allem der berühmte *Hiddenseer Goldschatz*, der hier (als Kopie) ganz aus der Nähe bewundert werden kann. Weitere Fotos und andere Ausstellungsstücke dokumentieren Hiddensees Aufschwung und Glanzzeit als Seebad. Angeschlossen ist ein kleiner Museumsladen.

April bis Okt. tägl. 10–16 Uhr, im Winter nur Do–Sa 11–15 Uhr. Mit Kurkarte 3,50 € (erm. 2 €, unter 11 J. frei), ohne Kurkarte 5 €, Familienkarte 9 €. Do jeweils um 11.30 Uhr Führungen zur Inselgeschichte, Mittwoch 13 Uhr Kinderführung (nur in den Ferien). Kirchweg 1, ☎ 038300-363, www.heimatmuseum-hiddensee.de.

Der Hiddenseer Goldschatz

Nachdem sich der schwere Sturm vom 12./13. November 1872 ausgetobt hatte, gab das Wasser nicht nur langsam das Dorf Neuendorf/Plogshagen wieder frei, sondern auch einen Schatz von unermesslichem Wert: Im Dünensand fand sich filigranes, goldenes Geschmeide. Im folgenden Frühjahr und nach einem erneuten Sturm im Februar 1874 wurden weitere Stücke des bald als *Hiddenseer Goldschatz* bekannten Wikingerfunds entdeckt, dessen insgesamt sechzehn Teile den bedeutendsten Fund aus der Wikingerzeit auf deutschem Boden darstellen. Es handelt sich um einen geflochtenen Halsreif, eine Scheibenfibel und Teile einer prachtvollen Kette: sechs große und vier kleine Kreuze sowie vier Zwischenglieder mit Ösen. Das Geschmeide wurde 950 wahrscheinlich für *Harald Blauzahn*, den ersten getauften Wikingerkönig, gefertigt. Vor allem die Kreuze spiegeln eine Zeit im Umbruch wider. Sie vereinen die Form des christlichen Kreuzes mit der heidnischen Darstellung Mjölnirs, dem Hammer Thors, und geben anschaulich den Kampf des neuen Glaubens mit dem alten wieder. Der mutmaßliche Besitzer des Schmucks fiel eben diesem Kampf zum Opfer, denn Blauzahn musste vor seinen heidischen Gegnern, allen voran sein Sohn *Sven Gabelbart*, nach Hiddensee fliehen. Möglicherweise vergrub er hier den Schatz. Das Original ist heute im Kulturhistorischen Museum von Stralsund zu sehen (→ S. 211).

Nördlich von Kloster

Dornbusch, Grieben und Enddorn: Nördlich von Kloster erstreckt sich ein zauberhaftes Hügelland: der Dornbusch. Das Hiddenseer „Hochland" bricht im Westen am Steilufer bis zu 60 Meter tief ab. Der Hochuferweg führt anfangs noch durch einen Wald, in dem sich nicht nur eine bekannte Gaststätte befindet, sondern auch das ARD-Wetterstudio Nord (seit 1998). Hinter dem Leuchtturm zieht sich dichtes Sanddorngehölz entlang der Hügelkuppen, bizarre Windflüchter krallen sich in die Steilküste. Zur Boddenseite hin dominieren sanft gewellte Wiesen und Weiden. Hier befindet sich auch die älteste Siedlung Hiddensees: *Grieben* hat zwar Tradition, aber kaum Einwohner, nur eine Handvoll Häuser stehen malerisch in Ufernähe. Von der nördlichen Inselspitze, dem *Enddorn*, ragen zwei lange Haken in den

Taxi?

278 Hiddensee

Bodden: *Altbessin* und *Neubessin*. Letzterer gehört zur Kernzone des Nationalparks Vorpommersche Boddenlandschaft und ist Brutgebiet und Rastplatz unzähliger teils bedrohter Vogelarten. Betreten ist also verboten. Auf dem Altbessin verläuft ein kleiner Weg bis zum Aussichtspunkt an der Spitze.

Fahrradverleih Der Laden. Kleiner Dorfladen, Zimmervermittlung und Fahrradverleih in Grieben. Fahrräder in der Hochsaison (vor allem am Wochenende) unbedingt reservieren! Ende April bis Okt. tägl. 8–10 Uhr und 17–18 Uhr (im Sommer bis 19 Uhr), im Winter sehr eingeschränkt – unbedingt vorher anrufen. Dorfstr. 11–13, ℡ 038300-277, www.grieben-hiddensee.de.

Übernachten/Essen & Trinken Zum Klausner. Pension und beliebte Ausflugsgaststätte mitten im Dornbuschwald, Familienbetrieb seit 1906, sehr freundlich. Außer Zimmern werden auch Appartements sowie nette, kleine Holzhäuser vermietet. Während der Saison tägl. 11.30–20 Uhr geöffnet, im Sommer länger, im Winter eingeschränkt. Auch Zimmer DZ 72 €, Frühstück inkl. Appartement 90–94 €. Die Appartements haben keine Küche, Frühstück ist inkl. Im Dornbuschwald 1, 18565 Kloster, Insel Hiddensee, ℡ 038300-6610, www.klausner-hiddensee.de.

Hotel Enddorn. In Grieben, 22 gemütliche, geschmackvoll eingerichtete Zimmer, im Erdgeschoss befindet sich die *Bilderkneipe*, die ihrem Namen alle Ehre macht, hier gibt es auch gutes und deftiges Essen, schöner Garten, mittleres Preisniveau. Übernachtung frühzeitig buchen. Geöffnet Ostern bis Mitte/Ende Okt. EZ ab 67,50 €, DZ 125 €, jeweils inkl. Halbpension. Dorfstr. 6, 18565 Kloster/OT Grieben, Insel Hiddensee, ℡ 038300-460, www.enddorn.de.

Altes Gasthaus Zum Enddorn. Gleich nebenan, urig und urgemütlich, ebenfalls mit hübschem Biergarten, Leser waren vor allem von den hervorragenden Fischgerichten begeistert. Während der Saison tägl. 11–21 Uhr geöffnet, Küche bis 20 Uhr. Dorfstr. 8, ℡ 038300-60833.

Der Leuchtturm: Das *Leuchtfeuer Dornbusch* steht auf der höchsten Erhebung Hiddensees (72 Meter) und wurde 1887/1888 erbaut. Ursprünglich aus Ziegeln errichtet, musste der Turm verstärkt werden, nachdem der Boden nachgab und das Gebäude Risse zeigte. So wurde dem Turm Ende der 1920er Jahre eine Art zwölfeckiger Stützstrumpf aus Eisen und Beton übergezogen. Der Leuchtturm ist begehbar (102 Stufen, knapp 28 Meter hoch).

Mai bis Okt. 10.30–16 Uhr, außerhalb der Saison wird kurzfristig entschieden, ob und wann der Leuchtturm geöffnet ist, was bei der Inselinformation (unter ℡ 038300-608685) erfragt werden kann. Zutritt für max. 15 Pers., Kinder erst ab 6 J. gestattet. Eintritt 3 €, Kinder zwischen 6 und 17 J. 1,50 €.

Wandertipp: Von Kloster zum Enddorn und über den Dornbusch

Charakteristik: Die aussichtsreiche Wanderung führt über das „Hochland" Hiddensees, auf teils befestigten, teils sandigen Wegen, und schließlich den geradezu steilen Swantiberg (65 m) hinauf. **Länge/Dauer:** knapp 8 km, ca. 2:30 Std. reine Gehzeit. **Start/Verlauf:** Vom Bootsanleger in Kloster geht es linker Hand den Weg hoch, vorbei am *Hitthim*. Bei einer großen Wegkreuzung mit einer großen, roten Boje als Wegweiser rechts abbiegen und auf gepflastertem Weg Richtung Grieben. Den winzigen Weiler passieren und weiter geradeaus, alle Abzweigungen ignorieren, bis sich der Weg (nunmehr ein Feldweg) gabelt. Geradeaus gelangt man zum Sandstrand am Enddorn, weiter geht es linker Hand hinauf auf den Swantiberg und zum Leuchtturm. Beim Leuchtturm die Treppen hinunter, in den Dornbuschwald und zurück nach Kloster.

Vitte

Das ehemalige Fischerdorf ist heute das Zentrum der Gemeinde Hiddensee und der größte Ort der Insel. Vitte bietet dem Besucher den idealen Ausgangspunkt zur Erkundung der Insel. Knapp zwei Kilometer sind es nach Kloster und fünf Kilometer nach Neuendorf – und zum langen Sandstrand sind es immer nur ein paar Schritte.

Hat man vom Hafen aus den niedrigen Deichweg erklommen, führt der breite, gepflasterte Wallweg zwischen hellen, freundlichen Häusern hindurch. Von dem kleinen Dreieck Hafen, Einkaufszentrum und Blaue Scheune (bzw. Rathaus) abgesehen, erstreckt sich Vitte vor allem entlang des Verbindungsweges von Kloster nach Neuendorf. Der Weg Norderende gabelt sich beim Rathaus: der Wiesenweg führt am Hafen vorbei, während man parallel zum Westufer zum Weg Süderende gelangt, von dem aus immer wieder kleine Stichpfade zum herrlichen Sandstrand abgehen.

Über ausgewiesene Sehenswürdigkeiten verfügt Vitte nicht, allerdings über drei markante Gebäude, die allesamt auf die künstlerische Tradition der Insel hinweisen. Im Norden des Dorfes steht ein Haus mit runden Ecken, allen Rechtschreibreformen zum Trotz *Karusel* genannt. Es wurde vom Berliner Architekten *Max Taut* entworfen und diente dem Stummfilmstar *Asta Nielsen* von 1928 bis 1936 als Sommerresidenz. Die *Blaue Scheune* stammt aus dem 19. Jh. und war das Atelier des Künstlers *Günter Fink* (1913–2000). Der namensgebende Anstrich wurde dem traditionellen Hallenhaus 1920 von der Malerin Henni Lehmann verpasst. Heute ist das Haus in Privatbesitz (nicht zugänglich). Schließlich befindet sich hinter dem Rathaus eine *flügellose Windmühle*, in der heute ein Atelier eingerichtet ist (ebenfalls nicht zugänglich). Das *Henni-Lehmann-Haus* unweit des Hafens im Wiesenweg 2 beherbergt heute die Inselbibliothek Hiddensees sowie Raum für wechselnde Ausstellungen, Lesungen u. a. Veranstaltungen.

Das Karusel

Karusel/Asta-Nielsen-Haus: Juni bis Sept. tägl. Mo/Di und Do–Sa 11–16 Uhr, in der Nebensaison Di, Do und Sa 11–14 Uhr, Eintritt 2,50 €. Zuletzt Di/Do um 10 Uhr und Sa um 16 Uhr Führungen (Dauer ca. 1 Std.), 7 €. Zum Seglerhafen 7, ✆ 038300-608970, www.asta-nielsen-haus.de. **Henni-Lehmann-Haus:** Juni bis Sept. Mo–Fr 10–15 Uhr, in der Nebensaison Mo/Mi/Fr 11–14 Uhr. Wiesenweg 2, ✆ 038300-60760.

> ### Heiraten auf Hiddensee
> Im Karusel befindet sich eine Zweigstelle des Standesamtes Samtens/Rügen, im Sommer kann hier mittwochs geheiratet werden – allerdings im eher kleinen Kreis, denn neben dem Brautpaar haben im Trauzimmer im ersten OG des Karusel gerade mal zehn Hochzeitsgäste Platz. Kostenpunkt: 250 € + Extras.

Einen Besuch wert ist das *Nationalparkhaus Hiddensee*, das sich am nordwestlichen Ortseingang von Vitte befindet (Weg Richtung Heimatmuseum/Kloster). Die teils kindgerecht aufbereitete kleine Ausstellung informiert über Hiddensee als „Landschaft in Bewegung" sowie über Flora und Fauna. Darüber hinaus gibt es einen 20-minütigen Film über den Nationalpark Vorpommersche Boddenlandschaft zu sehen. Das Nationalparkhaus veranstaltet auch naturkundliche **Wanderungen** über die Insel.
Nationalparkhaus Hiddensee: April bis Okt. tägl. 10–16 Uhr, Nov./Dez. tägl. außer Sa 10–15 Uhr, Jan. bis März tägl. 13–16 Uhr, Norderende 2, ℡ 038300-68041, www.nationalpark-vorpommersche-boddenlandschaft.de.

Fahrradverleih U.a. Fahrrad-Müller, hafennah, Wallweg 3, ℡ 038300-464. Christian Kula, vom Hafen den Wallweg entlang, dann links, Süderende 6, ℡ 038300-472. Direkt am Hafen gibt es einen weiteren Fahrradverleih. Alle um 6,50 €/Tag, E-Bikes 15–20 €.

Gepäcktransport/Kutschfahrten Unter anderem **Hiddensee Logistik**. Gepäcktransport auch von und nach Schaprode. Achtern Diek 35, ℡ 038300-50300, www.hiddenseer-logistik.de.

Ansonsten stellen die Hotels ihren ankommenden Gästen am Hafen Bollerwagen für den Gepäcktransport zur Unterkunft bereit.

Surfen/Segeln Surf und Segel Hiddensee. Sympathische Segel- und Surfschule, Segelkurse (auch Katamaran) und Windsurfunterricht, SUP-Schnupperkurse, auch Materialverleih, Bootsführerscheine (SBF/SKS) und Segeltörns. Mai bis Okt. tägl. 10–18 Uhr geöffnet. Vom Hafen kommend nach dem Wallweg geradeaus Richtung Strand, Norderende 163, ℡ 038300-60525, www.surfundsegelhiddensee.de.

Übernachten/Essen & Trinken
》》》 Unser Tipp: **Godewind**. Sympathisches Haus mit beliebter Gaststätte, in der man sich abends auf ein Bier trifft oder zum Essen geht. Die Zimmer sind gemütlich, das Frühstücksbuffet vielfältig, zuvorkommender Service. Ganzjährig geöffnet. Vom Hafen Richtung Weststrand, dann links. Restaurant tägl. 12–22 Uhr (in der Hochsaison länger) geöffnet. EZ 60–95 €, DZ 105–135 € (mit Etagendusche EZ 39 €, DZ 59 €), jeweils inkl. Frühstück, auch Ferienwohnungen (2–7 Pers. 105–185 €). Süderende 53, 18565 Vitte, Insel Hiddensee, ℡ 038300-6600, www.hotelgodewind.de. 《《

Buhne XI. In Ideallage direkt hinter der Düne befindet sich dieses urige, etwas enge, aber urgemütliche Lokal mit bester, deftiger Hausmannskost in Sachen Fisch. Schöner Garten, netter Service, herzliche Atmosphäre, große Portionen zu mittleren Preisen – was will man mehr? Sehr beliebt und meistens voll. Tägl. ab 11 Uhr geöffnet, Mi Ruhetag. Norderende 104a, ℡ 038300-299, www.hiddensee-buhne11.de.

Post Hiddensee Appartments. Schönes Ambiente in großzügig bemessenen Zimmern, Suiten und Appartements, manche mit Kamin. Ein Kamin steht auch in der Lounge mit Bibliothek, außerdem Garten und Terrasse (hier kann an schönen Tagen gefrühstückt werden), Fahrradverleih, Sauna. Sehr freundlicher, hilfsbereiter Service. DZ 75–87 €, Appartement 120–160 € (2–4 Pers.), Frühstück 9 €/Pers., Hund 9 €/Tag. Vom Hafen aus links, Wiesenweg 26, 18565 Vitte, Insel Hiddensee, ℡ 038300-6430, www.hotel-post-hiddensee.de.

Pension Lachmöwe. Das schöne Haus liegt ganz in der Nähe des Hafens, manche Zimmer mit Boddenblick, DZ 75–90 €, EZ 45–55 €, inkl. Frühstück. Wallweg 5, 18565 Vitte, Insel Hiddensee, ℡ 038300-253, www.lachmoewe.m-vp.de.

Hiddenseeklause. Beliebter Treffpunkt beim Hafen, Restaurant, Café und Kneipe in einem, direkt daneben die Seebühne, das hübsche Holzhaus ist dank seines knallroten Anstrichs unübersehbar. Mittlere Preise. Mo–Sa 11–22 Uhr geöffnet, So erst ab nachmittags (in den Wintermonaten kürzer), Küche 12–21 Uhr. Wallweg 2, ℡ 038300-50400.

Veranstaltungen Zeltkino. Jüngst erneuert und vielleicht nicht mehr ganz so romantisch wie das Urgestein aus den 1960er-Jahren, doch laufen hier ausgewählte Perlen deutscher und internationaler Filmkultur, mit etwas Glück bekommt man auch einen alten, auf Hiddensee gedrehten Streifen zu sehen: *Das Mädchen von Fanö*, mit Brigitte Horney in der Hauptrolle. Auch Kabarettabende, Konzerte, Dokumentarisches über die Insel etc. Nachmittags überwiegend Kinderprogramm. Tickets um 6,50 €. Geöffnet ca. Ostern bis Nov. Gleich hinter dem Hafen gelegen, Achtern Diek 21. Aktuelles Programm liegt aus oder unter: www.zeltkino-hiddensee-aktuell.com.

Seebühne Hiddensee. Seit 20 Jahren Figuren- und Kammertheater für Groß und Klein, ein sehr buntes Programm, auch Filme (darunter viele Klassiker und Dokumentarfilme), genaue Spielpläne per Aushang oder auf der Website, Wallweg 2, Vitte, ℡ 038300-60593, www.hiddenseebuehne.de.

Neuendorf

Weitläufig und scheinbar zufällig verstreut stehen die weißen, schilfgedeckten Häuser mehr oder weniger auf einer Wiese, die sich über die ganze Breite der Insel erstreckt. Einige kaum befestigte Wege ziehen sich durch das Dorf, wo sie fehlen, geht man eben über das Gras zu den Eingangstüren. Auf der anderen Seite der Dünen breitet sich der herrliche feinsandige Strand aus, der weit in den Süden reicht. Am Ortseingang von Neuendorf ist in einem rohrgedeckten Backsteinhaus das kleine **Fischereimuseum** untergebracht. Draußen stehen ein kleines Boot und Reusen, drinnen ist allerlei Handwerkszeug für Fischer zu sehen.

Mai bis Okt. Mo–Sa 14–17 Uhr geöffnet. Der Eintritt ist frei, eine kleine Spende ist natürlich willkommen. Führungen Mo und Fr 11 Uhr. Am Pluderbarg 7.

Zwei Kilometer weiter steht das südlichste Bauwerk der Insel: der zwölf Meter hohe *Süderleuchtturm*. Der *Gellen*, das Südende der Insel, ist nämlich eine vergleichsweise junge Verlandung, die auch heute noch jährlich um mehrere Meter wächst. Dieser südliche Haken ist nicht zugänglich, er ist mit dem Bock und dem Osten von Zingst Teil der *Schutzzone I* des Nationalparks, heißt: Betreten des Biotops verboten.

Essen & Trinken/Übernachten Rosi. Freundliches Gasthaus mit dezent maritimem Ambiente, sehr gute Fischsuppe. Zum Kaffee kommen auch riesige Windbeutel, „Sturmsack" genannt auf den Tisch, sehr beliebt! April bis Okt. Di–So ab 11 Uhr geöffnet, warme Küche bis 21 Uhr. Pappelallee 11, ℡ 038300-50168.

Gasthaus/Pension Zur Boje. Traditionelle Küche, natürlich viel Fisch (vor allem Hering), Preise okay, ganzjährig geöffnet (zur Saison ab 8 Uhr, warme Küche ab 11 Uhr, Mi Ruhetag). DZ 84 €, Appartement ab 94 €. Königsbarg 18, 18565 Neuendorf, Insel Hiddensee, ℡ 038300-6520, www.zur-boje-hiddensee.de.

Groote Partie. Café im ehemaligen Reuseschuppen der Fischergenossenschaft. Gezeigt werden auch Ausstellungen rund um die Themen Fischerei und Hiddensee. Zur Saison Mi–So 11–18 Uhr (im Winter Di/Do/Sa 12–16 Uhr). Königsbarg 8.

Fahrradverleih Freizeitladen Leschner. Sehr hilfsbereit. Tourenrad 6 €/Tag. Schaulbarg 7, ℡ 038300-477, www.freizeitladen.net. Fahrradverleih auch am Hafen.

Ahlbecks berühmte Uhr vor der Seebrücke

Greifswalds Marktplatz

Greifswald
ca. 57.200 Einwohner

Eine beschauliche Kleinstadt und doch voller Leben. Den pommerschen Greif im Wappen, präsentiert sich die altehrwürdige Hanse- und Universitätsstadt heute gleichermaßen traditionsreich und jung.

„Dicke Marie", „Langer Nikolaus" und „Kleiner Jakob" – etwas despektierlich, aber durchaus charakterisierend werden landläufig die drei mittelalterlichen Kirchen genannt, die die Silhouette der alten Hansestadt prägen: die wuchtige *Marienkirche*, der Dom *St. Nikolai* mit dem hohen, schlanken Turm und die vergleichsweise überschaubare *Jakobikirche*. Sie ragen noch immer so prominent aus dem Stadtbild hervor wie Anfang des 19. Jh., als *Caspar David Friedrich* (1774–1840) sie in seinem Gemälde *Wiesen bei Greifswald* (1820) auf die Leinwand brachte. Der bedeutende Vertreter der deutschen Romantik verewigte nicht nur die Ansicht seiner Geburtsstadt, sondern fand in der nahe gelegenen *Klosterruine Eldena* ein Motiv, das ihn zeitlebens begleitete und bis heute untrennbar mit seinem Werk verknüpft ist. Neben Friedrich gibt es noch zwei weitere berühmte Söhne Greifswalds: Der sozialkritische Schriftsteller *Rudolf Ditzen*, besser bekannt als *Hans Fallada* (1893–1947), und *Wolfgang Koeppen* (1906–1996), einer der bedeutendsten Autoren der deutschen Nachkriegsliteratur, sind in Greifswald geboren.

Zentrum des unaufgeregten Stadtlebens ist der Marktplatz. Hier erhebt sich das „rote Rathaus", das seinen satten ochsenblutroten Außenanstrich allerdings erst in den 1990ern erhielt. Drumherum gruppiert sich ein buntes Ensemble schmucker Giebelhäuser, das schönste hat eine von acht schlanken Pfeilern strukturierte Giebelfront, ist von kleinen Türmchen gekrönt und beherbergt heute das *Caféhaus Marimar*. Ganz in der Nähe hat auf einem ehemaligen Klostergelände das bemerkenswerte Pommersche Landesmuseum mitsamt Gemäldegalerie seinen Sitz.

Die Atmosphäre der sympathischen Hansestadt wird vor allem durch das studentische Leben geprägt. Die Hauptgebäude der Universität befinden sich nahe der Kirche St. Jakobi. Umgeben wird die Altstadt Greifswalds von einer lang gestreckten Park-

Greifswald | Usedom

anlage, die dem Verlauf der ehemaligen Stadtbefestigung folgt, und dem kleinen Hafen am Flüsschen *Ryck*. Ebenfalls am Ryck, genauer gesagt an deren Mündung in den Greifswalder Bodden, liegt das kleine Fleckchen *Wieck*, das zwar bereits 1939 nach Greifswald eingemeindet wurde, sich aber bis heute den Charme eines idyllisches Fischerdorfes erhalten konnte. An einer Mole des Fischerhafens landeten einst auch hochseetaugliche Schiffe an, heute dient der Hafen im Wesentlichen als beliebte Anlegestelle für Sportsegler. Markenzeichen von Wieck ist die aus dem Jahr 1887 stammende hölzerne Klappbrücke über den Ryck, die heute noch ihren Dienst tut.

Stadtgeschichte

Im Gegensatz zu den meisten anderen Hansestädten Mecklenburg-Vorpommerns geht die Stadt nicht auf eine slawische Siedlung zurück, sondern wurde vom Zisterzienserkloster Eldena gegründet. Das Kloster selbst hatte seinen Betrieb 1199 aufgenommen und war rasch zu einem mächtigen Wirtschaftsfaktor aufgestiegen, der Kolonisten von weither an die Mündung des Ryck lockte. Dem Gründungsmythos der Stadt zufolge trafen die Siedler auf der Suche nach einem geeigneten Siedlungsort mitten im Wald auf einen Greif und ließen sich just dort nieder, ohne sich noch Gedanken über den Namen ihrer Neugründung machen zu müssen...

1250 erhielt Greifswald das Stadtrecht und wurde Teil der Hanse. Im 15. Jh. gelang es dem Greifswalder Bürgermeister *Heinrich Rubenow* mit Unterstützung der Klosteroberen von Eldena, die nach Rostock zweite Universität an der Ostsee zu gründen. 1456 wurde der Lehrbetrieb der *alma mater gryphiswaldensis* aufgenommen – und bis heute prägt die Universität das Stadtleben. Rubenow übrigens wurde ihr erster Rektor, fiel aber bereits 1462 einem Mordanschlag zum Opfer – ein Denkmal auf dem nach ihm benannten Platz zwischen Jakobikirche und Dom erinnert an den großen Bürgermeister.

Wie ganz Pommern litt auch Greifswald an den Folgen des Dreißigjährigen Krieges und der Besetzung durch Wallensteins Truppen. 1631 kamen die Schweden – aus protestantischer Sicht als Befreier – und blieben mit kurzen Unterbrechungen bis zum Wiener Kongress 1815. Eine Wirtschaftsmacht wurde die Hansestadt nie, es war vielmehr die Universität, die Greifswalds überregionale Bedeutung begründete, und das ist bis heute so geblieben.

Essen & Trinken
1 Alter Speicher
2 Caféhaus Miramar
4 Fritz Braugasthaus
5 Olive

Cafés
6 Café Koeppen

Übernachten
1 Alter Speicher
3 Hotel Galerie
5 Olive

Geblieben ist der Stadt auch ein bemerkenswert hoher Anteil an historischer Bausubstanz. Das verdankt sie dem mutigen Handeln *Rudolf Petershagens*, unter dessen Kommandantur sich die von den Nazionalsozialisten zur Festung erklärte Stadt 1945 den heranrückenden sowjetischen Truppen widerstandslos ergab.

Basis-Infos

Information Stadtinformation Greifswald. Im Rathaus am Markt. Information, Tickets, Zimmervermittlung. April bis Okt. Mo–Fr 10–18 Uhr, Sa 10–14 Uhr (Juli/Aug. auch So 10–14 Uhr), Nov. bis März. Mo–Fr 10–17 Uhr. Rathaus, 17489 Greifswald, 03834-85361380, www.greifswald.de (Homepage der Stadt) oder www.greifswald.info (Webseite des Fremdenverkehrsvereins).

Stadtführungen Informative Rundgänge werden von der Stadtinformation Greifswald angeboten, z. B. der Altstadtrundgang, April bis Okt. Mo–So 11 Uhr, Dauer 90 Min., 6,50 €/Pers., erm. 5 €, Treffpunkt an der Touristinformation am Marktplatz.

Segeln Segelschule Greifswald. In Wieck an der Südseite der Ryckmündung, auch Surfschule, zudem Verleih und Scheine. Yachtweg 3, 03834-830541, www.segelschule-greifswald.de.

Taxi Taxi, 03834-811811.

Veranstaltungen Jazz-Freunde pilgern alljährlich zur malerischen Klosterruine von Eldena, wenn am ersten Juliwochenende die *Eldenaer Jazz Evenings* anstehen. Ein weiteres musikalisches Highlight sind die *Greifswalder Bachwochen* im Juni, www.greifswalder-bachwoche.de.

Verbindungen Bahn. Etwa stündl. nach Berlin. *Usedomer Bäderbahn (UBB)*, RE und IC teilen sich den häufigen Anschluss an Stralsund. Die *UBB* fährt etwa stündl. weiter nach Wolgast und auf die Insel Usedom (alle zwei Stunden direkt, sonst umsteigen in Züssow).

Innenstadt und nähere Umgebung bedient der **Stadtbus**; nach Wieck und Eldena gelangt man mit den **Linien 2 und 3**.

Übernachten

》》 Unser Tipp: Hotel Galerie 3 Vis-a-vis der Gemäldegalerie des Pommerschen Landesmuseums. Moderne, lichte Architektur, sehr stilvoll eingerichtet, die Zimmer sind mit Gemälden zeitgenössischer Künstler geschmückt. Sehr freundliche Hotelleitung. Nur acht DZ und drei EZ, Reservierung daher ratsam. EZ 80 €, DZ 105 €, inkl. Frühstücksbuffet. Mühlenstr. 10, 17489 Greifswald, 03834-7737830, www.hotelgalerie.de. 《《《

Alter Speicher 1 Freundliches Hotel in einem ehemaligen Speicher schräg gegenüber der Brücke und dem Museumshafen, auch Restaurant (→ unten). EZ ab ca. 70 €, DZ ab

Greifswald

ca. 80 €, Frühstück 6,80 €/Pers., Internet 3 €/3 Std. Rossmühlenstr. 25, 17489 Greifswald, ✆ 03834-77700, www.alter-speicher.de.

Olive 5 Unweit des Pommerschen Landesmuseums und damit zentrumsnah gelegenes Restaurant (→ unten) und Hotel, nur 8 Zimmer (vier EZ und vier DZ), Reservierung daher ratsam. EZ 55 €, DZ 85 €, einschließlich Frühstück. Domstr. 40, 17489 Greifswald, ✆ 03834-799140, www.olive-greifswald.de.

Jugendherberge Greifswald. Südlich der Altstadt (etwa 10 Min. zu Fuß), auch 2- und 4-Bett-Zimmer. Übernachtung mit Frühstück von 22,50 €/Pers. bis 28,40 € (DZ für über 27-Jährige). Pestalozzistr. 11/12, 17489 Greifswald, ✆ 03834-51690, www.djh-mv.de.

In Wieck Hotel Zur Brücke. Einfache Zimmer mit Blick auf die historische Brücke von Wieck. Auch italienisches Restaurant namens (klar!) *Il Ponte* (tägl. mittags und abends geöffnet). EZ 78 €, DZ ab 98 €, mit Frühstück, auch Ferienwohnungen. An der Mühle 6, 17489 Greifswald/OT Wiek, ✆ 03834-836160, www.zur-bruecke.de.

Essen & Trinken

Olive 5 Sympathisches Restaurant unweit des Marktes und des Pommerschen Landesmuseums, mediterrane Küche bei leicht gehobenem Preisniveau (Pasta ab ca. 14 €, Hauptgericht ab ca. 16 €), gute Weinkarte, im Sommer mit Terrasse. Abends geöffnet, So Ruhetag. Domstr. 40, 17489 Greifswald, ✆ 03834-799140, www.olive-greifswald.de.

Alter Speicher 1 Restaurant des gleichnamigen Hotels, innen Holzbalkengemütlichkeit, außen Wintergarten zum Hafen hin. Große Karte mit viel Fisch, mittleres bis leicht gehobenes Preisniveau. Ab mittags geöffnet. Rossmühlenstr. 25, ✆ 03834-77700, www.alter-speicher.de.

Caféhaus Miramar 2 Im schönsten Haus am Marktplatz, einem gotischen Bürgerhaus, befindet sich die Konditorei, die eine Vielzahl ausgesuchter kalorienreicher Köstlichkeiten bereithält, nebenan auch Cafébetrieb. Di–So 10–18 Uhr. Am Markt 11, ✆ 03834-898420.

Café Koeppen 6, Literaturcafé im Koeppenhaus. Entspannte Musik, entspannte Atmosphäre. Ob auf einen italienischen Espresso oder eine Melange. Mo–Fr ab 12 Uhr, Sa/So ab 10 Uhr (Frühstücksbuffet). Bahnhofstraße 4/5, ✆ 03834-414189.

Fritz Braugasthaus 4 Der Brauereigasthof befindet sich direkt am Markt (gegenüber dem Rathaus) in einem schmucken gotischen Giebelhaus, sehr beliebt. Zur deftigen Küche (Hauptgericht um 14 €) kann man das gute hauseigene, naturtrübe Zwickel genießen. Tägl. ab 11 Uhr. Am Markt 13, ✆ 03834-57830, www.fritz-braugasthaus.de.

In Wieck Fischerhütte. Beliebtes Fischrestaurant in Wieck, direkt bei der Brücke, gemütlich eingerichtet: hier ein bisschen Omas Küche, dort ein wenig Fischerhüttenromantik. Variantenreiche Karte mit saisonalem Angebot, auch ein paar vegetarische Gerichte, sehr freundlich, mittleres Preisniveau, ein paar Tische auch draußen. Tägl. ab 11.30 Uhr (warme Küche im Sommer bis 23 Uhr, im Winter bis 22 Uhr). An der Mühle 12, ✆ 03834-839654, www.fischer-huette.de.

Sehenswertes

Pommersches Landesmuseum

Das bemerkenswerte Museum samt Gemäldegalerie im Nebentrakt befindet sich einen Steinwurf vom Markt entfernt in einem klassizistischen Gebäude. Beim Hinabsteigen in das Untergeschoss beginnt der museale Rundgang ganz am Anfang der Erdgeschichte: Eine Animation markiert den kleinen Flecken Pommern im Drift der Kontinente durch die Jahrmillionen. Gelungen eingebettet in den Gewölbekeller, wird der Besucher dann durch die frühe Geschichte der Region geführt – von steinzeitlichem Werkzeug über kultische Schmuckstücke der Slawen bis zum Bernsteinkreuz als Zeugnis der Christianisierung. Es folgt ein Abschnitt über das Klosterleben, u. a. mit einem Modell Eldenas und ein paar sehenswerten sakralen Kunstgegenständen. Schließlich gelangt man – nach der Reformation und nun wieder im

Erdgeschoss – zu den beiden Höhepunkten der Ausstellung: der *Großen Lubinschen Karte* von 1618 (allerdings im zweiten Druck von 1758), einem Meilenstein der Kartografie, und dem *Croy-Teppich*. Der großflächige, aufwändig gewirkte Wandschmuck entstand 1554 im Auftrag Herzog Philipps I. von Pommern-Wolgast.

In der Gemäldegalerie im Nebengebäude des Museums dominieren das 19. und 20. Jh. Natürlich ist auch *Caspar David Friedrich* vertreten, u. a. mit der berühmten *Klosterruine Eldena im Riesengebirge* (um 1830) oder *Neubrandenburg im Morgennebel* (1816), sowie *Philipp Otto Runge*. Darüber hinaus hängen neben Werken von *van Gogh* und *Liebermann* auch Gemälde von *Otto Niemeyer-Holstein* (Landschaft, Selbstporträt). In einer weiteren Abteilung werden Werke aus dem 16./17. Jh. gezeigt. Regelmäßig sind auch Sonderausstellungen zu sehen.

Di–So 10–18 Uhr (im Winterhalbjahr bis 17 Uhr). Erw. 5 €, erm. 3 Uhr, Familienkarte 10 €, inkl. Audioguide, Kombiticket mit Caspar-David-Friedrich-Zentrum 7,50 €, erm. 4,50 €. Sehr gut sortierter Museumsshop. Rakower Str. 9, 17489 Greifswald, ℡ 03834-83120, www.pommersches-landesmuseum.de.

Backsteingotik in Vollendung

Die Greifswalder Kirchen

Grundsätzlich sind die drei Greifswalder Gotteshäuser offene Kirchen und zuletzt galten die unten genannten *Öffnungszeiten*. Diese allerdings können auch in der Hochsaison variieren und sich manchmal auch kurzfristig ändern. Im Zweifelsfall fragt man bei der *Stadtinformation Greifswald* (→ oben) nach, die immer über die aktuellen Öffnungszeiten informiert ist.

Marienkirche: Dass die Kirche im Volksmund „dicke Marie" genannt wird, erklärt sich auf den ersten Blick. St. Marien, deren Bau Mitte des 13. Jh. begonnen wurde, ist eine kompakte dreischiffige Hallenkirche mit wuchtigem, quadratischem Turm, auf dem ein niedriges Pyramidendach thront. Der Grundriss des gotischen Gotteshauses zeigt sich schlicht: der Turm ist in den Westteil der Halle integriert, ein Querschiff fehlt, der Chorschluss ist gerade. Letzteres ermöglichte einen im 14. Jh. fertig gestellten, prächtigen Schmuckgiebel mit weiß verputzten Feldern auf rotem Backsteingrund, der die östliche Fassade ziert. Im Innern wirkt die Kirche sehr viel eleganter, als es ihre äußere Erscheinung vermuten lässt. Die Raumwirkung wird unterstützt vom Kontrast der weiß getünchten Wände und der backsteinroten Bündelpfeiler, über die sich ein gleichmäßiges Kreuzrippengewölbe erhebt. Von der

Ausstattung ist vor allem die wertvolle Renaissance-Kanzel bemerkenswert. An die Südflanke schließen sich die Gedächtnis- und die Annenkapelle an.

Mai bis Sept. Mo–Fr 10–18 Uhr (April und Nov. bis 17 Uhr, Nov. bis März bis 15 Uhr), Sa 10–15 Uhr, So nach dem Gottesdienst (10.30 Uhr) bis 12 Uhr, im Winterhalbjahr auch mal eingeschränkt, Anschlag beachten.

Nikolaikirche: Die Baugeschichte des Doms ist lang und verworren. Mitte des 13. Jh. erstmals erwähnt, im 15. Jh. um- und ausgebaut und mit einer gigantischen, 60 Meter hohen Turmspitze versehen, Anfang des 16. Jh. und noch einmal Mitte des 17. Jh. durch den Einsturz eben jener Turmspitze (bzw. ihrer Nachfolgerin) in Teilen zerstört und jeweils wiederaufgebaut... Heute ist eine dreischiffige Basilika zu bewundern, ohne Querhaus und mit insgesamt 21 umlaufenden Kapellen. Den hart an der 100-Meter-Marke kratzenden Turm, der ihr den Beinamen „langer Nikolaus" eingebracht hat, krönt jetzt eine barocke Haube.

Das Innere der Kirche wurde im 19. Jh. dem Zeitgeist der Romantik folgend im neogotischen Stil umgebaut. Heute zeigt sich die weiße Verblendung des Backsteins teils etwas ergraut und bröckelnd. Von der mittelalterlichen Innenausstattung ist nichts erhalten außer ein paar gotischen Fresken, die bei Restaurierungsarbeiten freigelegt wurden. Die schönsten befinden sich in der Kapelle rechts des Hauptaltars und zeigen u. a. eine trauernde, von Schwertern durchbohrte Maria. Aus der Zeit der neogotischen Umgestaltung stammt das bunte Reformationsfenster.

Spektakulärer, aber auch ein bisschen mühsam ist eine Turmbegehung: Über insgesamt 264 Stufen, zuerst auf einer engen steinernen Wendeltreppe, dann über mehrere teils steile Holzstiegen, gelangt man durch eine kleine Luke hinaus auf einen engen Umgang um den unteren Rand der Kirchturmhaube. Hier, auf etwa 60 Metern Höhe, könnte man angesichts des grandiosen Panoramablicks glatt vergessen, dass man auch wieder heruntersteigen muss.

Mai bis Okt. Mo–Sa 10–18 Uhr, So nach dem Gottesdienst (10 Uhr) bis 13 Uhr und 15–18 Uhr, Nov.–April Mo–Sa 10–16 Uhr, So 11.30–15 Uhr. ✆ 03834-897966. Turmbesteigung 3 €, erm. 1,50 €.

Jakobikirche: Das dritte gotische Gotteshaus ist wie St. Marien eine Hallenkirche, allerdings deutlich kleiner, sodass sie sich trotz des wuchtigen Turms mit dem Spitznamen „kleiner Jakob" bescheiden muss. Baubeginn war Ende des 13. Jh., im 15. Jh. erhielt die Kirche dann ihre heutige Gestalt mit den schmalen Seitenschiffen und einem vergleichsweise kleinen Chor, der an das Mittelschiff anschließt. Prachtvoll ist das zwölffach gestaffelte Westportal, das kontrastreich aus glasiertem und einfachem Backstein gestaltet ist.

Etwas unregelmäßige Öffnungszeiten, zuletzt Mai bis Okt. Mo/Di und Do 10–16 Uhr, Mi 13–15 Uhr, Fr 10–15 Uhr, So nach dem Gottesdienst (10.30 Uhr) bis 12 Uhr, im Winterhalbjahr deutlich verkürzt.

Das rote Rathaus und die Nikolaikirche

Die großen Söhne der Stadt

Caspar-David-Friedrich-Zentrum: Der Vater Caspar David Friedrichs, ein Seifensieder und Lichtgießer, übte sein Handwerk in dem Backsteinhaus am Dom aus, das heute das sehenswerte Caspar-David-Friedrich-Zentrum beherbergt. In der ansprechenden Ausstellung im Erdgeschoss kann man sich über Caspar David Friedrich, seine Familie, zeithistorische Hintergründe und natürlich das Werk des Künstlers informieren. Im Keller erinnert eine historische Seifensiederei und Lichtgießerei an den Friedrich'schen Familienbetrieb. Im ersten Obergeschoss werden wechselnde Ausstellungen gezeigt, im zweiten befindet sich das Familienkabinett.

Juni bis Okt. Di–So 11–17 Uhr, Nov. bis Mai Di–Sa 11–17 Uhr, Erw. 3,50 €, erm. 2,50 €, Kombiticket mit dem Pommerschen Landesmuseum 7,50 €, erm. 4,50 €. Netter Museumsshop. Lange Gasse 57, 17489 Greifswald, ☎ 03834-884568, www.caspar-david-friedrich-gesellschaft.de.

Koeppenhaus: Im Geburtshaus *Wolfgang Koeppens* in der nicht gerade idyllischen Umgebung der Bahnhofstraße wurde zu Ehren des großen Schriftstellers ein Literaturzentrum eingerichtet. Eine kleine Dauerausstellung im *Münchener Zimmer* erinnert an das Schaffen Koeppens, darüber hinaus sind wechselnde Ausstellungen zu sehen, hier werden auch fast alle Werke Koeppens und Biografien über ihn verkauft. Der Autor zählt zu den bedeutendsten Stimmen der deutschen Nachkriegsliteratur, seine Romane sind auch heute noch vorbehaltlos eine Lektüre wert. Das angeschlossene Literaturcafé mit Garten lädt (auch) zum Lesen ein. Es finden regelmäßig Lesungen und kulturelle Veranstaltungen statt.

Di–Sa 14–18 Uhr. Eintritt frei. Das Literaturcafé ist täglich ab 12 Uhr geöffnet (open end). Bahnhofstr. 4, ☎ 03834-773510, www.koeppenhaus.de.

Klosterruine Eldena

Die vielleicht berühmteste Ruine Deutschlands verdankt ihre Bekanntheit *Caspar David Friedrich*. Früh erkannte der in Greifswald geborene Maler in den wenigen, aber eindrucksvollen Resten des Klosters ein geeignetes Motiv, um seine Vorstellungen von Romantik auf Papier und Leinwand zu bringen: Die stimmungsvolle, wilde Landschaft vermittelt ein inniges Naturgefühl, das Kloster dient als Ausdruck von tiefer Religiosität, die Ruine ist gleichermaßen Verweis auf ein idealisiertes Mittelalter und Metapher für Vergänglichkeit. Wiederholt hat Friedrich die Klosterruine Eldena mit Blei und Tusche skizziert oder in Öl gemalt, die schaurig-schöne *Abtei im Eichwald* (1809/10) ist kaum weniger bekannt als sein *Kreidefelsen auf Rügen*. Friedrichs künstlerische Auseinandersetzungen mit Eldena zeigten früh Wirkung und trugen dazu bei, dass die Ruine bis heute erhalten blieb – bereits 1810 soll der beeindruckte Hohenzoller *Friedrich Wilhelm*, später als *Friedrich Wilhelm IV.* König von Preußen, sich für den Erhalt der pittoresken Ruine eingesetzt haben.

Das Kloster, das zunächst *Hilda* hieß, war 1199 von Zisterziensern aus dem dänischen Kloster Esrom gegründet worden. Mit Unterstützung des Fürsten von Rügen *Jaromar I.* prosperierte es und lockte Neusiedler an, die später Greifswald gründeten. Eldena wurde ein religiöses, wirtschaftliches und gelehrtes Zentrum von bemerkenswerter Strahlkraft, bis es 1534 im Zuge der Reformation aufgelöst wurde. Zunächst noch als Gebäude genutzt, diente es im Dreißigjährigen Krieg nur noch als Steinbruch für militärische Anlagen, bis schließlich die Ruine übrig blieb, die Caspar David Friedrich faszinierte. Eine in Wildnis gebettete Klosterruine, wie sie in den Gemälden Friedrichs erscheint, findet man gegenwärtig allerdings nicht vor – der Maler hatte sich ohnehin die künstlerische Freiheit herausgenommen, Eldena des dramatischen Effekts wegen auch mal ins Riesengebirge zu verlegen. In einem idyllischen kleinen Landschaftspark erheben sich heute die Reste der Klosteranlage: Die monumentalen Fragmente des Langhauses mit dem fotogenen, schlanken Westportal und der verfallene Ostflügel des Kreuzgangs lassen die Ausmaße des ehemaligen Klosterkomplexes erahnen.

In Richtung Usedom

Den Küstenabschnitt, genauer gesagt: Boddenabschnitt, zwischen Greifswald und Wolgast kann man auf dem Weg nach Usedom getrost links liegen lassen: Schöne Strände gibt es nur wenige und auch landschaftlich gibt sich die Gegend nicht allzu spektakulär. Ausnahme ist der Sandstrand des Seebades *Lubmin* mit Seebrücke. Bekannter ist der Ort allerdings für sein stillgelegtes Kernkraftwerk (östlich von Lubmin). Heute wird das Gelände als Zwischenlager für Atommüll genutzt und gelangt regelmäßig im Zusammenhang mit Castor-Transporten in die Schlagzeilen. Außerdem landet in Lubmin seit 2011 die Ostseepipeline, die längste Unterwasser-Gasleitung der Welt, mit sibirischem Gas an, das von hier weiterverteilt wird. Östlich und südöstlich der Gemeinde liegen am Peenestrom – nur einen Steinwurf von Usedom entfernt – die Fischerorte *Spandowerhagen*, *Freest* und *Kröslin*, alle ohne nennenswerte Attraktionen, letzterer aber mit einer beachtlich großen, neuen Marina.

Essen und Trinken An der Waterkant. Traditionsreicher Familienbetrieb, das reetgedeckte Haus ist der „Dorfkrug" von *Freest*, sehr beliebt und entsprechend oft voll, gute Hausmannskost in uriger Atmosphäre, auf der Karte natürlich auch viele Fischgerichte, nicht teuer, Mi–So 11–14.30 Uhr und 17–22 Uhr geöffnet, Mo/Di Ruhetag, im Winter nur Fr–So, im Nov. geschl. Auch Ferienwohnungen. Im Ort an der Abzweigung zum Hafen (ca. 100 m vom Hafen entfernt) etwas zurückgesetzt. Dorfstr. 36, 17440 Freest, ✆ 038370-20291, www.waterkant-freest.de.

»» Lesertipp Villa Pommerntraum. In Lubmin bei der Seebrücke. „Ein wunderbares Café mit frischen Waffeln (und Sanddorncreme) und Flammkuchen. Sonnenterrasse und Blick aufs Meer. Auch Feinkost und Souvenirs." Dünenstraße 5, ✆ 038354-339040, www.villa-pommerntraum.de. ««

Camping Waldcamp Freest. Beliebter Campingplatz unter Kiefern, entspannte Atmosphäre, freundliche Leitung. Mit Fahrradverleih und kleinem Bistro, zum Strand ist es nur ein Katzensprung. 2 Pers. und Stellplatz 20,50–23,50 €, auch Ferienhäuser/-wohnungen ab 65 €. April bis Okt. geöffnet. Am nördlichen Ortsausgang (Richtung Lubmin) rechts ab und etwa 200 m leicht bergab. Dorfstr. 74, 17440 Freest, ✆ 038370-20538, www.campingplatz-freest.de.

Sporthafen Marina Kröslin. Am Hafen, 17440 Kröslin, ✆ 038370-2510, www.marina-kroeslin.de.

Furchtloser Wasserwanderer

Kanutouren/Bootsverleih »> Unser Tipp: Kanuhof Spandowerhagen. Im beschaulichen, nördlich von Freest gelegenen Dorf Spandowerhagen (dort ausgeschildert). Von diesem freundlichen Ort aus, an dem man gerne verweilt (es gibt auch zwei Ferienwohnungen, Kanuten können im Garten zelten) werden geführte Kanutouren (ab 22 €/Pers.) angeboten, darunter auch Mehrtagestouren, z. B. sieben Tage auf der Peene. Sehr sympathisch! Auch Bootsverleih (vom Einer-Kajak zu 23 €/3 Std., 30 €/Tag und 130 €/Woche bis zum Vierer-Kanadier zu 30 €/3 Std., 40 €/Tag und 150 €/Woche). Wiesenweg 4, 17440 Spandowerhagen, ✆ 038370-20665, www.kanuhof-spandowerhagen.de. «

Verbindungen Mehrmals tägl. **Busse** von und nach Wolgast.

Personenfähre nach Usedom (Freest–Peenemünde–Kröslin und zurück) stündl., erste Fahrt 10.20 Uhr, letzte Fahrt 18.20 Uhr (in der Nebensaison letzte Fahrt 16.20 Uhr), Fahrradtransport möglich. Apollo Fahrgastschifffahrt, Zum Hafen 1, 17449 Peenemünde, ✆ 038371-20829, www.schifffahrt-apollo.de.

Wolgast
ca. 12.300 Einwohner

Der nördliche Brückenschlag nach Usedom. Entstanden um eine wehrhafte Burg, die über den Peenestrom wachte, entwickelte sich der alte Marktflecken im 15. Jh. zu einem schmucken Städtchen. Heute geht es in Wolgast beschaulich zu.

Am Rande einer strukturschwachen Region gelegen, führt der Touristenstrom Richtung Usedom mitten durch die Stadt – aber eben nur hindurch, denn nur wenige legen so kurz vor dem Ziel noch einen Zwischenstopp ein. Im Zentrum der Altstadt liegt der Rathausplatz. Das Rathaus selbst, ein im Mittelalter errichtetes, frei stehendes Gebäude, das grob gesprochen einmal pro Jahrhundert abbrannte, präsentiert sich seit dem 18. Jh. mit Schaufassade, geschweiften Giebeln und einem kleinen Türmchen. Vor dem Portal steht der Rathausbrunnen aus dem Jahr 1936, dessen Relieftafeln Szenen aus der Stadtgeschichte zeigen. Das alte Speicherhaus rechts hinter dem Rathaus wird *Kaffeemühle* genannt und beherbergt heute das Stadtmuseum, etwas oberhalb überragt die wuchtige Kirche St. Petri die Dächer der Altstadt. Der Altstadt vorgelagert ist die Schlossinsel, auf der heute aber kein Schloss mehr steht. Von hier aus reicht die Wolgaster Brücke über den Peenestrom nach Usedom. Das in sattem Blauton gehaltene imposante Bauwerk, das aussieht wie ein zu groß geratenes Spielzeug, ist das jüngste Wahrzeichen der Stadt.

Information Wolgast-Information. Im historischen Rathaus, Juni bis Aug. Mo–Fr 10–18 Uhr, Sa/So 10–14 Uhr (Juni nicht So), Sept. bis Mai Mo–Fr 9–17 Uhr (Mai und Sept. auch Sa 10–14 Uhr). Rathausplatz 10, 17438 Wolgast, ✆ 03836-600118, www.stadt-wolgast.de.

Wolgast

Sporthafen Am nördlichen Ende der Schlossinsel, 75 Liegeplätze, Sanitäranlagen, Kran, Slipanlage, Service, Zubehör und Reparatur, Wassertiefe 2,5 m. Hafenstr. 32, ✆ 03836-23670, www.hornwerft.de.

Übernachten/Essen & Trinken Postel. In der ehemaligen Post, einem prächtigen neogotischen Backsteingebäude, hat sich ein sympathisches Hostel (eigentlich eher ein legeres, junges Hotel) eingerichtet. Die Zimmer und Ferienwohnungen sind mit viel Liebe zum Detail individuell thematisch eingerichtet (das Mädchenzimmer *Jenny* z. B. in Rosa, das Jägerzimmer *Friedrich* verspielt rustikal). Dazu Sauna, Indoor-Sportbereich, Mehrzweckraum, Bar und Küche (Frühstück und freie Nutzung). DZ 70 €, Frühstück 8 €/Pers. Breite Straße 26, 17438 Wolgast, ✆ 03836-2374383, www.post-aus-wolgast.de.

Speicher. Üppig maritim eingerichtete, aber gemütliche Gaststätte im alten Speicher am Hafen. Aus der Kombüse kommt natürlich Fisch, daneben gibt es aber auch Burger (auch Veggie-Burger), Ofenkartoffeln und gutbürgerliche Fleischküche. Auch Zimmer (DZ mit Frühstück 98 €). Hafenstraße 22, ✆ 03836-2338550 (Pension ✆ 03836-231891), www.speicher-wolgast.de.

》》Lesertipp: Fischer Klaus. Leser schreiben begeistert von der Spezialität des Fischrestaurants, der „Wolgaster Fischsuppe". Am Museumshafen. Zuletzt nur im Winter geschl. Hafenstraße 6, ✆ 03836-234272. 《《

Verbindungen Mit der Usedomer Bäderbahn UBB (→ S. 295) vom Bahnhof Wolgast (Hafen) etwa halbstündl. (im Winter stündl.) nach Usedom bis zu den Kaiserbädern Bansin, Heringsdorf und Ahlbeck und weiter nach Swinemünde (Polen), in anderer Richtung mehrmals tägl. direkt nach Greifswald und Stralsund. Mehrmals tägl. nach Anklam (1-mal umsteigen).

> **Brückenöffnungszeiten**
> **Wolgaster Brücke (B 111)**, zuletzt 5.45 Uhr, 8.45 Uhr, 12.45 Uhr, 17.45 Uhr und 20.45 Uhr (nur Berufsschifffahrt), im Winter. Die Brücke öffnet für etwa 15 Min. (max. 30 Min.).

Sehenswertes

St. Petri: Die etwas erhöht stehende, dreischiffige Basilika, die den Herzögen von Pommern-Wolgast als Begräbniskirche diente, wurde ab Mitte des 14. Jh. errichtet und war um 1415 vollendet. Ihre wuchtige Gestalt verdankt sie dem massigen Turm und den vergleichsweise hohen Seitenschiffen, deren Bedachung sich noch ein Stück über die Giebel der Altstadt erhebt. 1920 kamen bei Bauarbeiten im Chor

Blick vom Turm der Kirche St. Petri auf das Rathaus und die Kaffeemühle

einige alte Wandmalereien wieder zum Vorschein, darunter diverse Heiligenabbildungen. Bemerkenswert ist vor allem – memento mori – der *Wolgaster Totentanz*. Der um 1700 entstandene Bilderzyklus erinnert mit holprigen Reimen und drastischen Bildern daran, dass der Tod einen jeden einholt.
Mai bis Okt. Mo–Fr 11–16 Uhr, Sa/So 11–14 Uhr. Im Winterhalbjahr im Gemeindebüro (Kirchplatz 7) melden. Turmbesteigung (letzter Einlass 16.30 Uhr) 2 €, erm. 1 €.

Stadtgeschichtliches Museum in der Kaffeemühle: Das Museum ist in einem Mitte des 17. Jh. gebauten Kornspeicher untergebracht. Seinen originellen Namen verdankt das Fachwerkgebäude der ungewöhnlichen Dachkonstruktion, die ihm vage das Aussehen einer Kaffeemühle verleiht. Die Kaffeemühle gehört zu den schönsten Heimatmuseen, die es in Mecklenburg-Vorpommern zu besichtigen gibt. Das Erdgeschoss bietet neben einer maritimen Sektion vor allem wechselnde Ausstellungen, während im tonnengewölbten Keller eine kleine, schmucke Abteilung zur Frühgeschichte untergebracht ist. Im ersten Stock befasst man sich mit der Geschichte der Stadt und im ehemaligen Kornboden geben historische Werkstätten Einblick in Handwerke und Gewerbe, beispielsweise die des Schusters, des Barbiers oder des Apothekers. Gleichzeitig ist der alte Kornspeicher an sich schon einen Besuch wert und voller sehenswerter Details: von der als alter Kaufmannsladen ausstaffierten Kasse beim Eingang bis zum Lastenrad unter dem Dach.
Ostern bis Okt. Di–Fr 11–18 Uhr, Sa/So 11–16 Uhr, Mo geschl. Erw. 4 €, erm. 3 €, Kinder 6–14 Jahre 2 €. Rathausplatz 6, ✆ 03836-203041, www.museum.wolgast.de.

Rungehaus: Das Geburtshaus *Philipp Otto Runges* widmet sich Leben und Werk des neben Caspar David Friedrich bedeutendsten Malers der norddeutschen Romantik. Wer hier allerdings einen „echten Runge" sucht, und sei es nur eine Skizze, der sucht vergeblich, man muss sich mit Reproduktionen und Grafiken zufrieden geben. Diese aber gaben einen interessanten Überblick über die künstlerische Entwicklung des Malers, die Symbolsprache im Zyklus *Die Zeiten*, seine berühmte Farbenlehre usw. Das Rungehaus wurde zuletzt renoviert und die Ausstellung umgestaltet, geplante Wiedereröffnung: Juli 2017.
April bis Okt. Di–Fr 11–18 Uhr, Sa/So 11–16 Uhr, Mo geschl. Erw. 3 €, erm. 2 €, Kinder 6–14 Jahre 1 €. Kronwiekstr. 45, ✆ 03836-202000, www.museum.wolgast.de.

Anklam
ca. 12.700 Einwohner

Das beschauliche, teils kopfsteingepflasterte Zentrum des Städtchens lohnt einen Spaziergang, auch wenn die ansehnlichen historischen Baudenkmäler in einem eher verhalten ästhetischen Stadtbildkontext stehen, sprich inmitten lieblos-zweckdienlicher Nachkriegsarchitektur.

Das bemerkenswerteste Gebäude aus alter Anklamer Zeit ist wohl das recht windschiefe gotische Giebelhaus aus dem 13. Jh. Die Stadtsilhouette prägen die Türme der Marien- und der Nikolaikirche sowie das Steintor. Während St. Marien zwar in Teilen restaurierungsbedürftig, aber (gottes)diensttauglich ist, ist in der Nikolaikirche heute das *Ikareum* (→ unten: *Otto-Lilienthal-Museum*) untergebracht. Das aus dem 13. Jh. stammende Steintor war eines von einstmals vier Stadttoren und beherbergt heute das *Stadtmuseum*. Die Ausstellungsräume verteilen sich auf die fünf Stockwerke des Tores, insgesamt sind 111 Stufen bis ganz oben zu erklimmen, wofür man dann mit einem schönen Rundblick über Anklam und die Umgebung belohnt wird.
Museum im Steintor, Mai bis Sept. Di–Fr 10–17 Uhr, Sa/So 13–17 Uhr, Mo geschl., Okt. bis April Mi–Fr 11–15.30 Uhr, So 13–15.30 Uhr, Mo/Di und Sa geschl. Erw. 4,50 €, Kinder 3,50 €. Schulstr. 1, ✆ 03971-245503, www.museum-im-steintor.de.

Anklam

Otto-Lilienthal-Museum: Das zweite *Museum* der Stadt ist ihrem bedeutendsten Sohn gewidmet, dem Flugpionier *Otto Lilienthal*. Neben Modellen der abenteuerlichen Gleitfluggeräte Lilienthals sind auch detailgenaue, materialgetreue und teils flugfähige Nachbauten zu besichtigen. Weitere Exponate zu Leben und Werk Lilienthals sowie Ausstellungen rund um die Geschichte des Fliegens ergänzen das Angebot. Außerdem ist hier das Lilienthal-Archiv untergebracht. Unterdrücken Sie Ihre Flugangst und besuchen Sie dieses sehenswerte Museum!

Die noch immer in Restauration befindliche Nikolaikirche dient als *Ikareum* (zuletzt im Sommer Mo–So 16–17 Uhr) dem Otto-Lilienthal-Museum als Außenstelle für Sonderausstellungen. In nicht allzu ferner Zukunft, voraussichtlich 2020, wird das Museum in die Nikolaikirche umziehen.

Juni bis Sept. tägl. 10–17 Uhr, Mai und Okt. Di–Fr 10–17 Uhr, Sa/So 13–17 Uhr, Mo geschl., Nov. bis April Mi–Fr 11–15.30 Uhr, So 13–15.30 Uhr, Sa/Mo/Di geschl. Erw. 4,50 €, erm. 3,50 €. Ellbogenstr. 1 (Bahnhofsnähe), ℡ 03971-245500, www.lilienthal-museum.de.

Information Anklam Information. Im Rathaus am Marktplatz, freundlich und hilfsbereit, auch Stadtführungen, geöffnet Mitte Mai bis Mitte Sept. Mo–Fr 9–18 Uhr, Sa 10–12 Uhr, So geschl.; während des restlichen Jahres Mo–Fr 9–16.30 Uhr, Sa/So geschl. Am Markt 3, 17389 Anklam, ℡ 03971-835154, ℡ 03971-835175, www.anklam.de.

Kanutouren/Bootsverleih Kanustation. Unter sehr freundlicher Leitung, angeboten werden u. a. mehrtägige geführte Kanutouren; auch Bootsverleih (Preisbeispiel: 2er-Canadier oder 1er-Seekajak 30 €/Tag, 140 €/Woche). Die Kanustation befindet sich zentrumsnah am nördlichen Peeneufer, entweder über die Fußgängerbrücke oder mit dem Auto nach Norden, dann jeweils rechts, ausgeschildert. Werftstr. 6, 17389 Anklam, ℡ 03971-242839, www.abenteuer-flusslandschaft.de.

Verbindungen Etwa alle 2 Stunden mit der **Bahn** nach Greifswald und weiter nach Stralsund, stündl. nach Berlin. Mit dem **Bus** 201 nach Usedom/Stadt (von dort weiter zu den Kaiserbädern mit der Linie 201A).

> **Brückenöffnungszeiten**
> **Zecheriner Brücke (B 110)**, geöffnet 5.45 Uhr (nur im Sommer), 8.45 Uhr, 12.45 Uhr, 16.45 Uhr, 20.45 Uhr (nur im Sommer). Die Brücke öffnet für etwa 15 Min.

Eines der abenteuerlichen Fluggeräte Lilienthals

In Richtung Usedom → Karte S. 296/297

Peenetal

Das Peenetal ist ein kleines Naturparadies und wird zuweilen auch „Europäische Everglades" genannt, denn entlang des mäandernden Flusses erstrecken sich weite Wälder, Moore und Feuchtwiesen sowie breite Schilfgürtel. Teile des Peenetals stehen unter Naturschutz, so das östlich von Anklam gelegene Peenetalmoor. Eine interessante Möglichkeit der Erkundung bieten geführte Kanutouren, bei denen man mit etwas Glück auch ein paar der scheuen Biber oder zumindest ihre Bauten zu Gesicht bekommt.

Am nördlichen Ufer der Peene, bei *Menzlin,* befand sich vom späten 8. bis ins 10. Jh. eine über zehn Hektar Fläche umfassende Wikingersiedlung (das „Alte Lager") mit Hafen, seinerzeit ein bedeutender Handelsplatz. Auf dem bewaldeten Hügel dahinter fand man mehrere Gräberfelder nach skandinavischem Bestattungsritus, vermutlich ebenfalls aus dem 9. Jh. (Lageplan am Parkplatz).

Kanuverleih Kanuverleih & Floßfahrten Menzlin. Kleiner Zugangskanal zur Peene, an dessen Ende sich während der Saison der Verleih mit Kiosk befindet. Kajak/Kanadier ab 5 €/Std., außerdem Floßfahrten, Bibertouren u. a. Weitere Infos und Anmeldungen: ☎ 03971-213273 oder ☎ 0160-5400390 (mobil), www.kanuverleih-menzlin.de.

Knapp zehn Kilometer westlich von Anklam, am südlichen Ufer der Peene liegt das kleine Dorf *Stolpe,* einst Standort eines bedeutenden Benediktinerklosters, das im Dreißigjährigen Krieg niederbrannte. An gleicher Stelle wurde später die prächtige Gutshofanlage errichtet, die nunmehr, sorgfältig renoviert, ein nobles Hotel beherbergt. Nahebei und direkt an der Peene empfängt der *Fährkrug* seine Gäste, eine vor über 300 Jahren aus den Steinen der Klosterruine errichtete Kneipe, deren Vorgänger bereits im 12. Jh. in Betrieb war. Neben der Gaststätte befinden sich ein *Wasserwanderplatz* und Bootshafen sowie die traditionsreiche kleine Personenfähre, mit der man sich (samt Fahrrad) ans andere Ufer der Peene bringen lassen kann.

Information Besucherzentrum und Naturparkausstellung des Naturparks Flusslandschaft Peenetal, in Stolpe, geöffnet März bis Okt. Mo–Fr 9–16 Uhr, Ende Juni bis Mitte Sept. auch Sa/So 10–16 Uhr. Peeneblick 1, 17391 Stolpe, ☎ 039721-569290, www.naturpark-flusslandschaft-peenetal.de.

Peenefähre In den Sommermonaten tägl. 10–21 Uhr, Fahrten je nach Bedarf, Mittagspause 12–12.45 Uhr.

Übernachten/Essen & Trinken Hotel/Restaurant Gutshaus Stolpe. In der prächtigen Anlage ist dieses noble, von einem schönen Park umgebene Hotel untergebracht. Freundliche Atmosphäre, stilvolle Zimmer, Bar mit Bibliothek, Salon, Kaminecke in der Lounge, Wellnessbereich. Das edle Restaurant, seit vielen Jahren von Michelin mit einem Stern bedacht, bietet feine Küche in kultiviertem Ambiente, seit Anfang 2017 hat der Sterne-Koch Björn Kapelke (ehemals Scheels, Stralsund) die Leitung in der Küche übernommen. Menü drei Gänge (65 €) bis sechs Gänge (95 €), Mo Ruhetag (Sept. bis Mai auch So), Reservierung erforderlich. EZ ab 99 €, DZ 145–260 € (je nach Größe und Ausstattung), Suite 350 €, jeweils einschließlich Frühstück. Peenestr. 33, 17391 Stolpe bei Anklam, ☎ 039721-5500, www.gutshaus-stolpe.de.

》》》 Unser Tipp: Stolper Fährkrug. Das traditionsreiche Gasthaus ist in einem wunderschönen, denkmalgeschützten Backstein-Fachwerkgebäude mit tief hinabreichendem Rohrdach untergebracht. Gemütlich kann man im liebevoll hergerichteten Innenraum oder auf der hinten gelegenen Terrasse sitzen. In der Gaststube steht die Fritz-Reuter-Bank zu Ehren des Heimatdichters, der hier diverse Male gesessen, gegessen und geschrieben haben soll. Auf der Karte findet sich sowohl Bodenständiges als auch Raffiniertes zu leicht gehobenen Preisen, wechselnde Tagesempfehlungen, auch Kaffee und Kuchen. Zuvorkommender, sehr freundlicher Service. Tägl. 11.30 Uhr geöffnet (Küche bis 21.30 Uhr), Sept. bis April Di/Mi Ruhetag (Jan./Febr. geschl.). Peenestr. 28, ☎ 039721-52225, www.gutshaus-stolpe.de. 《《《

Strandleben bei Zinnowitz

Usedom

Mehr als 40 Kilometer Sandstrand, über dem so häufig wie sonst nirgends in Deutschland die Sonne scheint, machen die zweitgrößte Insel der Republik zum viel besuchten Badeparadies. Doch abseits der Ostseeküste zeigt Usedom auch eine stille, idyllische Seite.

Schneeweiße Holzbalkone, verspielte Fassaden mit filigranen Ornamenten, darunter eine ausladende Veranda zur Strandpromenade hin: Herausragendes Fotomotiv der Insel Usedom ist die im 19. Jh. vor allem in *Ahlbeck*, *Heringsdorf* und *Bansin* entstandene Bäderarchitektur. Noch heute ziehen die *drei Kaiserbäder* die Mehrzahl der Usedombesucher an. Doch auch im Norden der Insel gibt es mit Zinnowitz ein Seebad, das sich hinter der Pracht der südöstlichen Nachbarorte kaum zu verstecken braucht – natürlich auch hier inklusive ausladender Strandprome-

UBB – Unterwegs mit der Usedomer Bäderbahn

Die Usedomer Bäderbahn (UBB) verkehrt im Sommer mindestens stündl., von ca. 9 bis 19 Uhr sogar halbstündl. von Swinemünde (Polen) über Ahlbeck, Heringsdorf, Bansin, Kölpinsee, Koserow, Zinnowitz (hier Umsteigen nach Peenemünde) und Trassenheide nach Wolgast und retour (im Winter durchgehend stündl.); Fahrtdauer von Heringsdorf nach Wolgast eine knappe Stunde. Etwa alle zwei Stunden fährt der Zug weiter via Greifswald nach Stralsund (Gesamtdauer Swinemünde–Stralsund etwa 2:30 Std.). Von Zinnowitz bestehen ca. stündl. Verbindungen nach Peenemünde und retour (Achtung: Trassenheide hat zwei Bahnhöfe, einer an der Strecke nach Wolgast und einer an der Strecke nach Peenemünde, Umsteigen also in Zinnowitz). Fahrplanauskunft unter ☎ 038378-27132, www.ubb-online.de.

nade und angeschlossener Seebrücke. Das schönste Exemplar dieser Flaniermeilen ins Meer findet sich übrigens in Ahlbeck.

Die gesamte Außenküste der lang gestreckten Insel präsentiert sich als ein einziger feinsandiger, flach ins Meer abfallender Strand. Hier kommt jeder auf seine Kosten: ob bequem in einem Strandkorb oder aktiv beim Beachvolleyball, ob mit Freunden oder Familie, ob in voller Bademontur oder textilfrei, ob mit oder ohne Hund, ob hotelnah oder abseits der Seebäder – der Strand ist lang genug für alle Wünsche.

Hinter den Dünen, oft nur einen Steinwurf vom Badetrubel entfernt, beginnt ein anderes, ein ländliches Usedom. Parallel zum Strand erstreckt sich ein langer Waldstreifen, der nur von den zehn Seebädern Usedoms unterbrochen wird. Im Rücken der Kaiserbäder erhebt sich die *Usedomer Schweiz*, ein sanftes Hügelland mit einer Handvoll hübscher Seen. Vielgliedrig gestaltete sich die schilfbestandene Binnenküste entlang des Peenestroms, der die Insel vom Festland trennt. Abgeschieden und ruhig ragen die Halbinseln *Gnitz* im Norden und *Lieper Winkel* im Süden in das Achterwasser. Kleine idyllische Dörfer verstecken sich in dieser stillen Landschaft. Besonders sehenswert sind *Mellenthin* mit seinem Wasserschloss, *Benz* samt schmucker Kirche und stattlicher Holländerwindmühle, und *Usedom*, das so traditionsreiche wie beschauliche Städtchen im Süden, dem die Insel ihren Namen verdankt. Ganz im Norden findet sich dagegen ein Ort, der, obwohl winzig klein, weit über die Region hinaus zum Begriff geworden ist: Peenemünde mit seiner Heeresversuchsanstalt, in der während der NS-Diktatur Raketenforschung betrieben wurde. Heute erinnert ein bemerkenswerter Museumskomplex, das Historisch-Technische Museum (HTM), an dieses dunkelste Kapitel deutscher Geschichte.

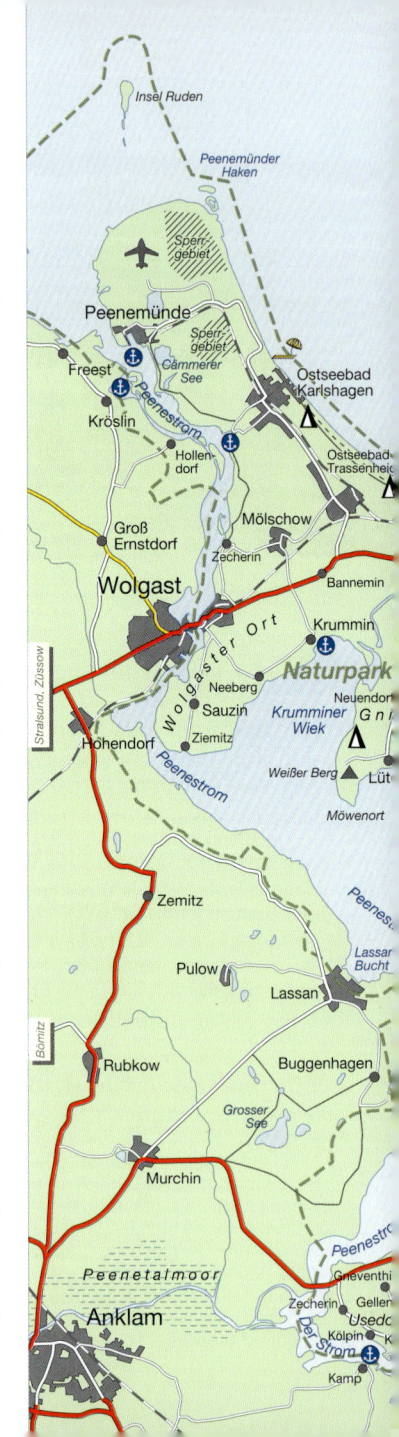

Ostsee
Pommersche Bucht
Zempin
Lüttenort/ Damerow
Ostseebad Koserow
Kölpinsee
Kölpinsee
Stubbenfelde
Loddin
Achterwasser
Insel Görmitz
Ückeritz
Stagnieß
Forsthaus Pudagla
Naturpark Insel Usedom
Insel Usedom
Grüssower Ort
B 111
Reestow
Grüssow
Pudagla
Lieper Winkel
Cosim
Liepe
Quilitz
Schmollensee
Gr. Krebssee
Sellin
Neu Sallenthin
Sallenthin
Neuhof
Balmer See
Dewichow
Balm
Gothen
Gothensee
Benz
Rankwitz
Neppermin
Reetzow
Seehof
Ostseebad Bansin
Ostseebad Heringsdorf
Ostseebad Ahlbeck
DREIKAISERBÄDER
Świnoujście (Swinemünde)
Krienke
Morgenitz
Moderort
Labömitz
Korswandt
Wolgastsee
Mellenthin
Katschow
Kachliner See
Ulrichshorst
Thurbruch
Zerninsee
Suckow
Usedomer Stadtforst
Mellenthiner Heide
Kachlin
Zirchow
Golm
B 110
Kutzow
Garz
POLEN
Dargen
Flughafen Heringsdorf
Kamminke
Usedom
Stolpe auf Usedom
Usedomer See
Welzin
Westklüne
Ostklüne
Stettiner Haff
2 km
Usedom

Der Norden

Langer Sandstrand und das traditionsreiche Seebad Zinnowitz, dazu das beschauliche Hinterland an Peenestrom und Achterwasser. Außergewöhnliche historische Bedeutung erlangte der Inselnorden durch die Einrichtung der Raketenforschungsanstalt Peenemünde.

Zinnowitz
ca. 4000 Einwohner

Einstmals „Perle der Ostsee" genannt, arbeitet das von Mischwald umgebene Seebad daran, an vergangenen Ruhm anzuknüpfen. Zinnowitz ist das größte Seebad im Norden und das einzige, das mit den glanzvollen Kaiserbädern im Süden mithalten kann.

Bäderflair schlägt dem Besucher vor allem an der Strandpromenade entgegen: auf der einen Seite die prächtige Bäderarchitektur, auf der anderen der herrliche, 40 Meter breite Sandstrand. Genau in der Mitte der Promenade reicht die 1993 erbaute Vineta-Brücke über 300 Meter ins Meer hinaus, an deren Ende sich eine Tauchgondel befindet. Der Brückenvorplatz, an die Ostsee verlagerte „Zentrum" des Ortes, steht mittlerweile ästhetisch enorm unter Spannung: Auf der einen Seite steht der *Preußenhof* samt hübschem Museumscafé in altehrwürdiger Bäderpracht. Das Gebäude gegenüber aber ist, mit Verlaub, eine architektonische Zumutung. Wohl gedacht als eine Art Gegenstück zur Tauchgondel quält sich ein (gebührenpflichtiges) Hebecafé in zehn Meter Höhe und beleidigt das Auge.

Im Rücken des strandnahen, „touristischen" Zinnowitz erstreckt sich der Ort bis zur Bundesstraße. Von dort führt eine hübsche Kopfsteinpflasterallee zum kleinen Hafen am Achterwasser.

Basis-Infos

Information Kurverwaltung Zinnowitz. Auch Zimmervermittlung, Ortsrundgänge und Ticketvorverkauf. April/Mai Mo–Fr 9–17 Uhr, Sa 10–15 Uhr, So geschl.; Juni bis Okt. Mo–Fr 9–18 Uhr (Juli/Aug. bis 20 Uhr, Okt. nur bis 17 Uhr), Sa/So 10–15 Uhr (Juli/Aug. bis 18 Uhr); Nov. bis März Mo–Fr 9–16 Uhr, Sa 10–15 Uhr (Nov./Dez. Sa nur 10–12 Uhr), So geschl. Nahe der Seebrücke. Neue Strandstr. 30, 17454 Zinnowitz, ✆ 038377-4920, www.zinnowitz.de.

Taxi Peter Müller ✆ 038377-40567; Taxiring Nord ✆ 038377-42222.

Verbindungen Hier Umsteigebahnhof der **UBB**, Richtung Peenemünde, → S. 295.

Touristenbahn. Mit dem Bimmelbähnchen *Vineta* halbstündige Ortsrundfahrten, darüber hinaus auch Ausflugsfahrten in die nähere Umgebung. Infos in der Kurverwaltung.

Aktivitäten und Veranstaltungen

Baden Breit und feinsandig, steinfrei, flach ins Meer abfallend und geadelt von der **Blauen Flagge** – der Strand von Zinnowitz lässt fast keine Wünsche offen. Der Hauptstrand rechts und links der Seebrücke wird von der DLRG überwacht, FKK-Abschnitt im Westen, Hundestrand im Osten.

Einkaufen Fisch (frisch oder geräuchert, auf dem Brötchen, in der Suppe oder als Salat) kauft man in der **Fischkiste**, Natur-

und Feinkost gibt es im **Bio-Markt**, beides → unten, unter *Essen & Trinken*.

Strandbuchhandlung. Freundliche Buchhandlung, in der man neben der richtigen Strandlektüre auch eine Auswahl an Regionalia findet. Gut sortiert und kenntnisreich geführt. Neue Strandstr. 29, ✆/✆ 038377-42276.

Fahrradverleih Zahlreiche Fahrradverleiher vor Ort, Fahrrad (3-Gang) ab 5 €/Tag, Mountainbike 9 €/Tag, E-Bikes (20 €/Tag), bei allen auch Kinderfahrräder, Zubehör, Nachläufer etc.; z. B. bei **Kruggel**, Dr.-Wachsmann-Str. 5, ✆ 038377-42869, www.fahrradverleih-usedom.de (Filiale auch in Bansin und Wolgast); bei **Russow** in der Bergstr. 7, ✆ 0173-4785926; oder bei **Krüger**, Möskenweg 4, ✆ 038377-42668.

Tauchgondel Zuletzt war die Gondel außer Betrieb, Leser berichteten aber, dass man schon bei geringem Wellengang ohnehin nichts sieht.

Theater die blechbüchse. Das gelbe Theater: Schauspiel, Konzerte, Varieté und Lesungen in einer ehemaligen, knallgelben Lagerstatt für Strandkörbe (oberhalb der Freilichtbühne). Seestr. 8, zentraler Kartenservice: ✆ 03971-2688800, www.blechbuechse.de.

> **Vineta-Festpiele**
>
> Theaterspektakel rund um das sagenhafte versunkene Vineta im Juli und August auf der Freilichtbühne. Karten und Infos siehe unter *blechbüchse* bzw. www.vineta-festspiele.de.

Therme Auch bei schlechtem Wetter kann man genüsslich im Meerwasser baden – in der **Bernsteintherme** dank des 800-qm-Meerwasserbads, Thermalbad mit Außenbecken, Sauna, römischem Dampfbad, diversen Massagen usw. Ganzjährig tägl. 10–22 Uhr geöffnet. Am westlichen Ende der Dünenstraße (Parallelstraße zur Strandpromenade). ✆ 038377-35500, www.bernsteintherme.de.

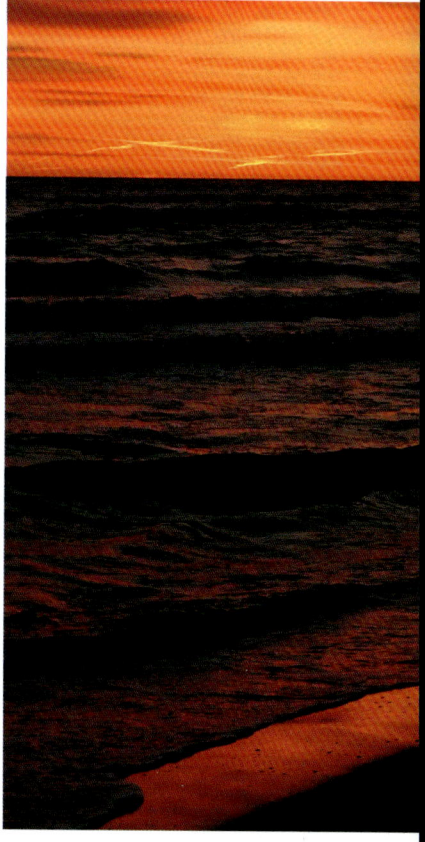

Sonnenaufgang am Strand von Zinnowitz

Übernachten

Übernachten Strandhotel Preußenhof. Traditionsreiches Hotel in bester Lage an der Seebrücke, stilvolles *Museumscafé* (tägl. ab 11.30 Uhr, auch Restaurant) und große Wellnesslandschaft. Sehr freundlich. DZ inkl. Frühstück ab 175 €, in der Nebensaison deutlich günstiger, auch Ferienwohnungen, diverse Arrangements. Dünenstr. 10, 17454 Zinnowitz, ✆ 038377-390, www.schoener-inseln.de.

»» Unser Tipp: Aparthotel Seeschlösschen. Sehr schöne, großzügige und gut ausgestattete Appartements (teils mit Seeblick), direkt oberhalb der Promenade. Auch Leser fühlten sich hier sehr wohl.

Sollte das Aparthotel ausgebucht sein, kann man es im Hotel Asgard (mit Restaurant, Café und Bar) nebenan versuchen, zu dem das Seeschlösschen gehört. Appartement ab 125 € (2 Pers., 1 Zimmer) bis 280 € (4 Pers., 3 Zimmer) und 250 € (2 Pers., Türmchen-Suite), Frühstück 12 €/Pers., Hund 12 €. Dünenstr. 15, 17454 Zinnowitz, ✆ 038377-4800, www.seeschloesschen-zinnowitz.de. «

Pension Lachmöwe. Sympathisch, günstig, im Zentrum von Zinnowitz, aber ruhig in einem Hinterhof gelegen, nur 9 Zimmer, Reservierung daher ratsam. EZ 42 €, DZ 74–79 €, Familienzimmer 100 €, jeweils mit Frühstück, keine Hunde. Waldstr. 2, 17454 Zinnowitz, ✆ 038377-35440, www.pension-lachmoewe.de.

Camping Campingplatz Pommernland. Schöner Waldcamping am Westrand von Zinnowitz, unweit vom Strand, viel Schatten, weicher Boden, auch Pensionszimmer und Blockhäuser. Mit Restaurant, Imbiss, kleinem Laden, Waschmaschinen, Fahrradverleih. Stellplatz und 2 Pers. 26–30,50 €; Blockhäuser für 2–6 Pers. 131–161 €/Tag. Dr.-Wachsmann-Str. 40, 17454 Zinnowitz, ✆ 038377-40348, www.camping-pommernland.m-vp.de.

Essen & Trinken »» **Unser Tipp:** Zum Smutje. Viel und zu Recht gelobtes Fischrestaurant (es gibt hier auch kaum etwas anderes). Hervorragende Fischsuppe. Gilt als eines der besten Fischrestaurants der Insel. Ein paar Tische auch draußen. Zur Saison mittags und abends geöffnet (abends unbedingt reservieren), in der Nebensaison nur Sa/So mitttags, Di Ruhetag. Etwas abseitige Lage: die Dünenstraße Richtung Bernsteintherme und dann links in die Vinetastraße abbiegen. Vinetastr. 5a, ✆ 038377-41548, www.zum-smutje.de. «

Museumscafé. Im Hotel Preußenhof am Vorplatz der Seebrücke. Ein bisschen gute alte Zeit in Zinnowitz, ob zum Mittag- oder Abendessen oder einfach nur zum Kaffee in stilvollem historischen Ambiente, nicht zu teuer. Dünenstr. 10, ✆ 038377-39450.

Fischkiste. Ausgezeichnete Fischbrötchen gibt es in der Fischkiste im Zentrum von Zinnowitz, auch Räucher- und Frischfisch, köstliche Fischsuppen und -salate (auch zum Mitnehmen). Neue Strandstr. 22, ✆ 038377-37567.

🌿 Biomarkt & Bistro Unter den Linden. Bioladen mit Feinkost und regionalen Produkten, auch Café und Bistro, etwas abseits auf dem Weg zum Zinnowitzer Hafen gelegen. Juni bis Mitte Sept. Mo–Sa 8–18 Uhr, in den Wintermonaten geschl., Hafenstr. 11, ✆ 038377-379990. ■

Umgebung von Zinnowitz

Halbinsel Gnitz/Weißer Berg: Unbedingt lohnenswert ist ein Ausflug zum gerade einmal 32 Meter hohen Weißen Berg. Die unter Naturschutz stehende Südspitze der *Halbinsel Gnitz* mit schilfreicher Binnen- und hoher Steilküste samt herrlicher Aussicht über das Achterwasser gehört zu den idyllischsten Ecken Usedoms.

Anfahrt/Wanderung Von Zinnowitz in südliche Richtung nach Neuendorf auf der Halbinsel Gnitz und weiter nach Lütow. Am Ortsende (hier parken) beginnt das *Naturschutzgebiet Südspitze Gnitz*. Ein Wanderweg führt ca. 2 km am Achterwasser entlang zum unübersehbaren Weißen Berg.

Essen & Trinken/Einkaufen Galeriegarten Café. Ein kleines Idyll in Lütow, herrlicher Biergarten, rundum nett und gemütlich, dabei günstig. Ostern bis Sept. tägl. 11–19 Uhr. ✆ 038377-40190.

»» **Unser Tipp:** Gnitzer Seelchen. Ein Traum von einem Café. Hübsch eingerichtet, idyllischer Garten, köstliche, hausgemachte Kuchenkreationen, aber auch Herzhaftes wie Quiche. Zur Saison tägl. 12–18 Uhr, Mo Ruhetag. In Neuendorf. Zinnowitzer Straße 2, ✆ 038377-36439, www.gnitzer-seelchen.de. «

🌿 Villa Kunterbunt. Sehr schöner kleiner Hofladen in Neuendorf. Alles, was im Hof mit Schafherde so hergibt: vor allem Wolle, Felle, Seife aus Schafsmilch, Fleisch. Dazu etwas Gemüse und Obst, Marmelade, Holzofenbrot und Obstsäfte von der eigenen Streuobstwiese. In der Saison Mo–Fr 10–17 Uhr, Sa 10–12 Uhr geöffnet. Zinnowitzer Straße 6, ✆ 038377-43018, www.hofladen-usedom.de. ■

Camping Naturcamping Usedom. Mitten im Wald und nahe der Steilküste am Wei-

Kein Tropengarten, sondern ein Garten-Café in Krummin

ßen Berg, etwa 1 km westlich von Lütow (im Ort rechts ab). Mit Gaststätte und kleinem Laden, auf dem Platz auch Surfschule mit Verleih (www.wassersport-usedom.com). Stellplatz und 2 Per. 24,40–31,40 €.

Auch kleine Bungalows und Ferienhäuser. Ostern bis Okt. Zeltplatzstraße 20, 17440 Lütow, ℡ 038377-40581, www.natur-camping-usedom.de.

Krummin: Von der B 111 Richtung Wolgast führt eine der schönsten Lindenalleen der Insel hinab nach Krummin (ca. 240 Einwohner), einem idyllischen Dorf mit hübschem Hafen und einer sehenswerten Kirche. St. Michael ist der einzig nennenswerte Überrest mittelalterlichen Klosterlebens auf Usedom: Das Kloster *Crominio* wurde 1302 gegründet, entwickelte sich schnell zu einem der wichtigsten Klöster der Gegend und wurde im Dreißigjährigen Krieg zerstört. Geblieben ist St. Michael zu Krummin, Ende des 13. Jh. auf den heute noch sichtbaren Grundmauern einer älteren Feldsteinkirche aus Backstein errichtet.

Essen & Trinken Jagdstübchen. Das waidmännische Interieur begegnet einem bereits an der Eingangstür, dementsprechend gibt es natürlich viele Wildgerichte, nicht teuer, freundlicher Service. Mai bis Okt. mittags und abends geöffnet (Nov. geschl., im Winter eingeschränkt). Am Ortsrand von Krummin Richtung Neeberg, Schwarzer Weg 4 a, ℡ 03836-206574, www.jagdstuebchenkrummin.de.

Fischstübchen. Urgemütliche Gaststube mit dunklem Gebälk in einem reetgedeckten Haus im Nachbarort Neeberg, sehr beliebtes Fischrestaurant, oft bis auf den letzten Platz besetzt (also besser reservieren), große Portionen, moderate Preise, im Sommer auch Terrasse. Auch Zimmer und Appartements. Neeberger Str. 17, 17440 Krummin/Neeberg, ℡ 03836-603322, www.fischstuebchen.de.

Naschkatze. Ungemein idyllischer Gartenimbiss bei der Krumminer Kirche, Kaffee und Kuchen, Snacks und ein paar warme Gerichte, sympathisch und beliebt, zur Saison tägl. 11–20 Uhr geöffnet. Dorfstraße 25, ℡ 03836-602213.

Zur Pferdetränke. Kleiner Hofladen samt Café, vorwiegend regionale Bioprodukte und Inselspezialitäten wie Wild aus Pudagla oder Käse aus Melzin. Hausgemachte Kuchen und Steinofenbrote. Sehr schöner Garten, innen urig-gemütliches Ambiente. Ostern bis Okt. tägl. etwa 11–20 Uhr geöffnet. Dorfstr. 31, ℡ 03836-231023, www.pferdetraenke-krummin.de.

Trassenheide
ca. 900 Einwohner

Durch das abgelegene, stille Seebad führt zwar die Straße nach Peenemünde, das touristische Angebot aber findet sich etwa einen Kilometer vom Ortskern entfernt auf der anderen Seite des Kiefernwaldes am Strand. Hier gelangt man vom großen Parkplatz an einer Kreuzung zum neu angelegten Strandvorplatz, dem Park samt Konzertmuschel und zum zentralen Strandzugang. Die Abgeschiedenheit und natürlich der fast vier Kilometer lange, steinfreie, flach ins Meer abfallende Strandabschnitt sind das große Plus des kleinen Ortes.

Information Kurverwaltung des Seebades Trassenheide. Im Haus des Gastes an der Kreuzung im Ort, freundlicher Service, auch Zimmervermittlung, geöffnet im Sommerhalbjahr Mo–Fr 9–18 Uhr, Sa 10–15 Uhr, im Winterhalbjahr eingeschränkt, meist Mo–Fr 9–16 Uhr, Sa/So geschl.. Strandstr. 36, 17449 Trassenheide, ✆ 038371-20928, www.seebad-trassenheide.de.

Baden Fast 4 km Sandstrand, in Ortsnähe überwacht, FKK-Bereich Richtung Karlshagen, Hundestrand Richtung Zinnowitz (auf Höhe des Campingplatzes). Auch über dem Strand von Trassenheide weht die **Blaue Flagge**.

Übernachten/Essen & Trinken **** **Kaliebe**. Strandnahes Haus auf halbem Weg zum Campingplatz. Auf dem riesigen, waldbestandenen Grundstück gibt es auch Ferienwohnungen in finnischen Blockhäusern. Im Restaurant große Auswahl, viel Fisch und regionale Spezialitäten, auch Wild, Hauptgerichte von 12–21 €. Ganzjährig geöffnet. EZ 95 €, DZ 115–130 €, Suite 150 €, jeweils mit Frühstück, Blockhaus (4 Pers.) 160 €, auch Ferienwohnungen. Außerdem finnische Blockhaus-Sauna, Wellness, Fahrradverleih. Zeltplatzstr. 14, 17449 Trassenheide, ✆ 038371-520, www.kaliebe.de.

Campingplatz Ostseeblick. Sehr schöner Waldcamping direkt hinter den Dünen, etwa 300 Stellplätze, neue Sanitäreinrichtungen, kleiner Laden und Gaststätte sowie Fahrradverleih. April bis Okt. geöffnet. Stellplatz und 2 Pers. 18–27 €. Zeltplatzstr. 20, 17499 Trassenheide, ✆ 038371-20949, www.seebad-trassenheide.de.

Verbindungen UBB → S. 295.

Sehenswertes

Die Sehenswürdigkeiten befinden sich etwas außerhalb (Richtung Zinnowitz). Hier liegen die (nach eigenen Angaben) größte *Schmetterlingsfarm* Europas und das *auf dem Kopf stehende Haus*. Das ist nicht im übertragenen Sinne gemeint, vielmehr ruht das komplett eingerichtete Einfamilienhaus tatsächlich auf seinem Giebel und beschert einen recht eigentümlichen Perspektivwechsel. Mehrere Leser zeigten sich davon begeistert.

„**Die Welt steht Kopf**". Das auf dem Kopf stehende Haus ist April bis Okt. tägl. 10–18 Uhr, Nov. bis März tägl. 10–16 Uhr geöffnet, Erw. 7 €, erm. 6 €, Familienticket ab 16 €. Wiesenweg 2, ✆ 038371-26344, www.weltstehtkopf.de.

Schmetterlingsfarm. Tägl. 10–19 Uhr, maximal aber bis Sonnenuntergang, Erw. 7,50 €, erm. 6 €. Wiesenweg 5, ✆ 038371-28218, www.schmetterlingsfarm.de.

Karlshagen
ca. 3200 Einwohner

Der Ort, der erst 2001 und als voraussichtlich letzter in den Kreis der Seebäder Usedoms aufgenommen wurde, erstreckt sich zwischen dem ehemaligen Militärhafen (heute Fischer- und Sporthafen) am Peenestrom und dem herausgeputzten Kurplatz am Hauptzugang zum Strand. Obwohl dreimal so groß, hat Karlshagen viel mit dem Nachbarort Trassenheide gemein: Die Hauptstraße führt durch den eigentlichen Ort, die Strandstraße (wenngleich etwas bebauter als in Trassenheide) durch den Kiefernwald zum herrlichen Sandstrand, und in Strandnähe geht rechter Hand die Zeltplatzstraße zu einem Waldcamping ab.

Information Touristinformation Karlshagen. Im Haus des Gastes an der Hauptstraße, nett und hilfsbereit. Juni bis Aug. Mo–Fr 9–18 Uhr, Sa/So 10–15 Uhr, April/Mai und Sept./Okt. Mo–Fr 9–17 Uhr (Mai und Sept. bis 18 Uhr), Sa 10–12 Uhr, Nov. bis März Mo–Fr 9–17 Uhr (Do immer bis 18 Uhr). Hauptstr. 4, 17449 Karlshagen, ✆ 038371-55490, www.karlshagen.de.

Baden Der herrliche, breite Sandstrand fällt familienfreundlich flach in die Ostsee ab, am Hauptstrand überwacht, FKK-Bereich und Hundestrand Richtung Trassenheide. Auch das Ostseebad Karlshagen darf die **Blaue Flagge** über dem Strand hissen. Zwischen Karlshagen und der Abzweigung zum Flugplatz Peenemünde befindet sich unweit der Straße (man muss nur durch ein Wäldchen) ein schier endloser, feinsandiger, sehr seichter Naturstrand. Es gibt zwei größere (gebührenpflichtige) Parkplätze, der erste am nördlichen Ortsausgang von Karlshagen, der zweite auf halber Strecke im Wald; mehrere Übergänge von der Straße. Im Sommer mit Imbisswagen, FKK mischt sich mit Textil, es gibt auch einen Hundeabschnitt.

Fahrradverleih Holtz. Fahrrad ab 5 €/Tag, Mountainbike 8 €/Tag, auch Kinderfahrräder und Zubehör, Lieferservice. Tägl. 9–13 und 17–18 Uhr, Peenestr. 3, ✆ 038371-21985, www.fahrradverleih-holtz.de. Auch Strandkorbverleih (am Rettungsturm).

Übernachten/Essen & Trinken
**** Strandhotel. Direkt an der Strandpromenade und dennoch ruhig gelegen. Stilvolle Einrichtung, im Haus das schicke Restaurant *Die Auster* (nur abends geöffnet, Reservierung empfehlenswert, auch Menüs, nachmittags Cafébetrieb). Nobler Wellnessbereich. März bis Okt. geöffnet. DZ 100–130 € (je nach Ausstattung, bzw. Seeblick), einschließlich Frühstück. Strandpromenade 1, 17449 Karlshagen, ✆ 038371-2690, www.strandhotel-usedom.de.

VeerMaster. Restaurant am Yacht- und Fischereihafen (ca. 1 km von der Durchgangsstraße entfernt). Leser waren so begeistert, dass sie für die Dauer ihres Aufenthaltes zu Stammgästen wurden. Unaufdringliches, maritimes Interieur, nicht teuer, im Sommer tägl. ab 11.30 Uhr geöffnet, im Winter eingeschränkt (zuletzt Mo bis Fr nur abends). Am Hafen 2, ✆ 038371-21012.

Camping Dünencamp. Schöner Waldcampingplatz, lang gestreckt hinter den Dünen, neue Sanitäreinrichtungen, auch barrierefreie, rund 280 meist schattige Stellplätze, Spielplatz, Kiosk, Waschmaschinen, Fahrradverleih. Wohlorganisierte Anlage. Ganzjährig geöffnet. Stellplatz und 2 Pers. 23–32,50 €. Zeltplatzstr. 11, 17449 Karlshagen, ✆ 038371-20291, www.karlshagen.de.

Verbindungen UBB, → S. 295.

Peenemünde

ca. 250 Einwohner

Weit über die Grenzen Mecklenburg-Vorpommerns bekannt, steht Peenemünde gleichermaßen für Pionierleistungen der Raumfahrtgeschichte und für menschenverachtendes Unrecht.

Bevor der Bädertourismus auf Usedom Einzug hielt, war Peenemünde mit gerade einmal 500 Einwohnern der drittgrößte Ort auf der Insel – nach Swinemünde und Usedom/Stadt. Doch während Ahlbeck und Heringsdorf im Süden bald zu mondänen Kaiserbädern erblühten, blieb Peenemünde ein abgelegenes Fischerdorf, in das sich kaum ein Berliner verirrte. Die abgeschiedene Lage wurde Peenemünde schließlich zum Verhängnis. Ab 1936 wurde hier die *Heeresversuchsstelle* (später *Heeresversuchsanstalt*) *Peenemünde* eingerichtet, Ziel war die Entwicklung, Erprobung und Produktion von Raketen für den militärischen Einsatz als Massenvernichtungswaffen. Die Bewohner mussten den Ort verlassen, ihre Häuser wurden abgerissen und der gesamte Norden Usedoms zum militärischen Sperrgebiet erklärt.

In kürzester Zeit entstanden unter strengster Geheimhaltung ein Kraftwerk, Entwicklungsfabriken, eine Anlage zur Herstellung von flüssigem Sauerstoff, Prüfstände und Abschussrampen, neue Hafenanlagen, ein Flugplatz, ein Überschall-Windkanal sowie Wehrmachtskasernen und Wohnungen für die Wissenschaftler, Techniker und Offiziere – sowie Baracken für die etwa 10.000–15.000 unter unmenschlichen Bedingungen an der Raketenproduktion beteiligten Kriegsgefangenen, KZ-Häftlinge und sonstigen Zwangsarbeiter. Im Mai 1937 nahm die Raketenforschungsabteilung der Wehrmacht unter *Walter Dornberger* und *Wernher von Braun* ihren Betrieb auf. Sie bildeten die militärische und technische Leitung der *Heeresversuchsanstalt Peenemünde Ost*, während der Luftwaffe *Peenemünde West* unterstand – zusammen eine der größten und vielleicht die modernste Forschungseinrichtung ihrer Zeit. Die berüchtigtste Rakete, die in Peenemünde entwickelt wurde, war die so genannte *Vergeltungswaffe 2 (V 2)*, die eigentlich schlicht *Aggregat 4* hieß, aber aus propagandistischen Gründen umbenannt wurde. Die V 2 war eine ballistische Rakete mit großer Reichweite und bis dato unerreichter Flughöhe, die erste Rakete überhaupt, die am Rand des Weltalls kratzte und gegen die keine Abwehrmöglichkeit bestand. Erstmals zum Einsatz kam die V 2 am 8. September 1944, als sie auf Paris abgeschossen wurde. Danach wurde sie vorrangig als Terrorwaffe gegen die britische Zivilbevölkerung eingesetzt. Die kriegsentscheidende Wunderwaffe aber wurde sie, u. a. wegen ihrer geringen Treffergenauigkeit, nicht.

Die V 2

Nachdem die Alliierten auf Peenemünde aufmerksam geworden waren, wurde das Areal wiederholt zum Ziel von Bombenangriffen. Der schwerste erfolgte in der Nacht zum 18. August 1943, als 600 Flugzeuge der Royal Air Force 1800 Tonnen Bomben über Peenemünde abwarfen: 733 Menschen starben, vor allem Kriegsgefangene, Zwangsarbeiter und KZ-Häftlinge, die Wissenschaftler blieben zum größten Teil verschont.

Auch nach Ende des Krieges wurde das Gebiet weiter militärisch genutzt. Nachdem die Sowjets gemäß dem Potsdamer Abkommen weite Teile der Heeresversuchsanstalt demontiert hatten, bezog in den 1950er Jahren die Flotte der DDR den Hafen und die Luftstreitkräfte den Flugplatz von Peenemünde. Die meisten Gebäude des heutigen Peenemünde stammen aus dieser Zeit. Der Peenemünder Haken samt Dorf blieb Sperrgebiet bis zur Übernahme der NVA durch die Bundeswehr (1990) und der Auflösung des Marinestützpunktes (1996). Seither hat der (Tages-)Tourismus Fuß gefasst und ist nach fast fünfundsiebzigjähriger militärischer Präsenz einer der wenigen Arbeitgeber der Gegend.

Verbindungen UBB, → S. 295.
Die **Personenfähre** zum Festland legt Juli/Aug. 10–18 Uhr stündl. nach Freest ab (alle zwei Stunden weiter bis Kröslin), Mai/Juni und Sept./Okt. bis 16 Uhr. Außerdem Ausflugsfahrten zur Insel Ruden und zur Greifswalder Oie. Apollo Fahrgastschifffahrt, Zum Hafen 1, 17449 Peenemünde, ✆ 038371-20829, www.schifffahrt-apollo.de.

Die Enden der Parabel – Wernher von Braun

Genialer Forscher oder gewissenloser Karrierist? Oder beides? Bis heute tun sich die Forschung und eine interessierte Öffentlichkeit schwer, Leben und Werk *Wernher von Brauns* zu verorten. Die von ihm entwickelte Rakete *Aggregat 4* besiegte die Schwerkraft, flog eine perfekte Parabel und reichte als erste an den Weltraum heran. Doch nicht nur bei den Einschlägen (z. B. in London) starben Tausende von Menschen, sondern auch während der Produktion der vermeintlichen Wunderwaffe, deren Konstruktion später dazu beitragen sollte, den ersten Menschen auf den Mond zu transportieren.

Wernher Magnus Maximilian von Braun, geboren am 23. März 1912 bei Posen, war schon früh mit dem Raketenfieber infiziert. Bereits mit 15 entwarf er die detaillierte Skizze eines bemannten Raumschiffes, mit 20 wurde er ziviler Angestellter des Heereswaffenamtes, mit 25 stand er der *Heeresversuchsanstalt Peenemünde* als technischer Direktor vor (ab 1937). Im gleichen Jahr trat von Braun in die NSDAP ein, ab 1940 war er SS-Offizier. 1942 gelang in Peenemünde der erste Start der unter seiner Regie entwickelten A-4-Rakete. Wenige Monate später war von Braun maßgeblich daran beteiligt, Hitler von der A-4, die bald V 2 („Vergeltungswaffe") heißen sollte, zu überzeugen. Das Forschungsprogramm erhielt höchste Priorität, die V 2 sollte die Kriegswende einleiten. Um die Arbeit voranzutreiben, wurde das *KZ Peenemünde* eingerichtet. Nach Bombenangriffen der Alliierten musste die Produktion 1943 in einen unterirdischen Stollen bei Nordhausen im Harz verlegt werden, wo das berüchtigte *KZ Dora*, später *Mittelbau*, entstand. Um die Massenvernichtungswaffen in Serie herstellen zu können, arbeiteten Tausende von KZ-Häftlingen, Kriegsgefangenen und sonstigen Zwangsarbeitern unter unmenschlichen Bedingungen, viele verloren dabei ihr Leben. Dass von Braun von den barbarischen Praktiken während des Baus seiner Raketen nichts gewusst haben soll, ist nicht nur unglaubhaft, sondern nachweislich falsch. Dass er nicht zur Verantwortung gezogen wurde, verdankte er den Amerikanern.

Nach Kriegsende traten von Braun und ein Großteil der wissenschaftlichen Mannschaft aus Peenemünde in die Dienste der US-Armee, die bereits mehrere V-2-Raketen erbeutet hatte. Nach zwei verlorenen Kriegen, sollte von Braun später sagen, wolle er nun auf der Seite der Sieger stehen. Seine Karriere in Amerika knüpfte nahtlos an seine alte an – bald war er wieder technischer Direktor eines Raketenforschungszentrums. Seinem Traum von der Erforschung des Weltalls hingegen kam er erst mit dem Sputnik-Schock näher. Denn nicht nur die Amerikaner hatten sich in Peenemünde an Mensch und Material bedient, sondern auch die Sowjets, denen es mit einer Weiterentwicklung der V 2 1957 gelungen war, den ersten Satelliten ins All zu schießen. Damit war von Braun wieder im Rennen. Nur wenige Monate später gelang es ihm, den ersten amerikanischen Satelliten, den *Explorer 1*, ins All zu befördern. Im Auftrag der NASA entwickelte er Trägerraketen für das forcierte Weltraumprogramm der USA. Die *Saturn-V-Rakete*, von Brauns größter Triumph, beförderte schließlich das Raumschiff *Apollo 11* in den Weltraum und mit ihm die Astronauten *Neil Armstrong* und *Edwin Aldrin* als erste Menschen auf den Mond. Von Braun hatte eines seiner Lebensziele erreicht. Sein darauf aufbauendes Projekt aber, der bemannte Flug zum Mars, wurde bis heute nicht in Angriff genommen. Am 16. Juni 1977 starb Wernher von Braun in den USA.

Sehenswertes

Historisch-Technisches Museum (HTM): Nach dem Ende des Krieges, der Demontage durch die Sowjets und der Auflösung des Marine- respektive NVA-Stützpunktes sind von der einstigen Heeresversuchsanstalt heute vor allem noch das Kraftwerk, der Bunker sowie die Ruine der Sauerstofffabrik erhalten. Ein *Rundgang* durch das Museum beginnt in der Bunkerwarte und führt über ein großes Freigelände, auf dem u. a. auch ein originalgetreues Modell der V 2 sowie ein Modell der Flügelbombe Fi 103 (V 1) mit Schleuder zu sehen sind. Im Anbau des Kraftwerks ist die gelungene und informative Ausstellung zu sehen. Als leitendes Motiv vorangestellt ist ihr der deutsche Titel von Thomas Pynchons Roman *Gravity's Rainbow* (1973): *Die Enden der Parabel*. Wie in dem großen Roman steht hier die Flugbahn der V 2 symbolisch für die Spannung zwischen sensationellem technologischem Fortschritt und dem Sieg über die Schwerkraft einerseits und dem Absturz in die Barbarei durch die Produktion und den Einsatz der Massenvernichtungswaffen andererseits. Dementsprechend widmet sich die Ausstellung zunächst anhand von Dokumenten, Originalteilen und Infotafeln den Anfängen der Raumfahrt, um dann den Bogen zu schlagen zur rein militärischen Nutzung der Technologie und speziell zur Raketenforschung in Peenemünde. Man hört die Stimmen von Zeitzeugen, die als Zwangsarbeiter in dem Werk litten, sieht Originalaufnahmen der Raketenversuche und bekommt per Installation einen Eindruck von der Wirkung eines Raketeneinschlags. Schließlich informiert eine weitere Sektion über die Entwicklung der Raketenforschung nach dem Zweiten Weltkrieg. Eine neue Ausstellung ist eindrucksvoll im gewaltigen Kesselhaus, das selbst ein bedeutendes technisches Denkmal darstellt, untergebracht. Hier haben informative Schautafeln die Geschichte Peenemündes und des Kraftwerks zum Thema. Regelmäßig sind auch Sonderausstellungen zu sehen. Kurzum: Das HTM ist unbedingt einen Besuch wert.
April bis Sept. tägl. 10–18 Uhr, Okt. bis März 10–16 Uhr (Nov. bis März Mo geschl.). Erw. 8 €, erm. 5 €, Familienticket 20 €, Audioguide 2 €. Sehr gut sortierter Museumsshop. Im Kraftwerk, 17449 Peenemünde, ✆ 038371-5050, www.peenemuende.de.

Phänomenta: Physik zum Anfassen und Ausprobieren. Anhand diverser Versuchsanordnungen werden physikalische Phänomene anschaulich gemacht. Wie man mit ein wenig Muskelkraft einen Trabi hochheben kann; wie man mit einem Trommelschlag aus zwei Metern Entfernung eine Kerze zum Erlöschen bringt; wie man mit seinen Fingern Blitze schleudern kann und vieles mehr. Insgesamt mehr als 250 Experimente und Ausstellungsstücke erwarten den Besucher.
Mitte März bis Ende Okt. (sowie zum Jahreswechsel) tägl. 10–18 Uhr. Erw. 8,50 €, erm. 7,50 €, Kinder bis 18 Jahre 6,50 €. Museumsstr. 12, ✆ 038371-26066, www.phaenomenta-peenemuende.de.

Maritim Museum (U 461): Das (nach eigenen Angaben) größte U-Boot-Museum der Welt liegt im Hafen von Peenemünde vor Anker. Das Unterseeboot der Juliett-Klasse war 1962 vom Stapel gelaufen und stand bis 1993 als Teil der 58. U-Boot-Brigade in sowjetischen Diensten. Nur das obere Deck ist zugänglich: Man zwängt sich durch den knapp 86 Meter langen U-Boot-Schlauch und gelangt dabei durch Torpedoraum, Mannschafts- und Offiziersquartiere (luxuriös die Kabine des Kapitäns), Kontrollzentrale und Navigationsraum sowie Kombüse und Maschinenraum.
Ganzjährig tägl. geöffnet, Juli bis Mitte Sept. 9–19 Uhr, Mitte Sept. bis Mitte Okt. und Mai bis Juni 10–17 Uhr, Mitte Okt. bis April 10–15 Uhr. Erw. 7 €, Familientickets 14–15 €. ✆ 038371-89054, www.u-461.de.

Inspiration im Inselidyll: Lüttenort

Die Inselmitte

Usedoms Landenge: auf der einen Seite das vom offenen Meer abgeschnittene und teils von einem recht breiten Schilfgürtel flankierte Achterwasser, auf der anderen die Ostsee mit weiten Sandstränden und Dünen und dahinter liegendem Waldstreifen. Die beiden schönsten Orte auf dem schmalen Landstreifen sind das Seebad Koserow mit dem knapp 60 Meter hohen Streckelsberg und die Doppelortschaft Loddin-Kölpinsee mit Hafen am Achterwasser und kleinem Seebad am Meer.

Lüttenort/Damerow

Die Taille Usedoms, von einem schmalen Wasserarm namens Riek so ordentlich eingeschnürt, dass zwischen dem Achterwasser und der Pommerschen Bucht gerade noch 300 Meter flaches Land der Ostsee trotzen. Früher gab es hier ein kleines Fischerdorf namens Damerow, das von der verheerenden Sturmflut 1872 (→ S. 28) nahezu völlig zerstört und von seinen Bewohnern schließlich aufgegeben wurde. Heute erinnert nur noch das hübsch am Waldrand gelegene alte *Forsthaus Damerow* (heute Hotel) an die untergegangene Ansiedlung. Lüttenort hingegen ist keine Ortschaft, sondern war Wohnhaus und Atelier des Malers *Otto Niemeyer-Holstein* (1896–1984). Direkt an der schmalsten Stelle Usedoms gelegen, verdankt das Anwesen seinen Namen dem Segelboot des Künstlers, dem „Lütten", mit dem Niemeyer-Holstein bereits in den 1930er Jahren über das Achterwasser gekreuzt war.

Heute kann man sich im Museum *Atelier Otto Niemeyer-Holstein*, das das ehemalige Wohnhaus und Atelier sowie den Ausstellungsraum Neue Galerie umfasst, einen Einblick in das Leben und das stark von der Küste Usedoms inspirierte Werk des Künstlers verschaffen. Malerisch ist auch der das Anwesen umgebende Skulpturengarten mit Werken von Freunden und Kollegen Niemeyer-Holsteins.

Öffnungszeiten Mitte April bis Mitte Okt. tägl. 10–18 Uhr, Eintritt 4 €, erm. 2 €, nur Garten 1,50 €. Führungen durch Wohnhaus und Atelier tägl. 11, 12, 14 und 15 Uhr, Dauer ca. 1 Std., max. 15 Pers., Erw. 7 €, erm. 3,50 € (Gartenführung Do 16 Uhr, 5 €). Mitte Okt. bis Mitte April nur Mi, Do, Sa und So 10–16 Uhr, Führungen um 11, 12 und 14 Uhr. ✆ 038375-20213 oder 22004, www.atelier-otto-niemeyer-holstein.de.

Übernachten/Essen & Trinken Forsthaus Damerow/Hotel Vineta. In Alleinlage am Waldrand (direkt bei der Landenge). Hübscher Wintergarten, tagsüber Lobby, abends Cocktailbar, Restaurant im Forsthausstil, mittlere bis gehobene Preisklasse. Wellnessbereich mit Hallenschwimmbad und Sauna, außerdem Tennisplatz, Kanuverleih am Achterwasser und Fahrradverleih, geführte Touren usw. EZ 81 €, DZ ab 139 €, Appartement für 3–4 Pers. 185–232 €, jeweils inkl. Frühstück. 17459 Koserow/Damerow, ✆ 038375-560, www.urlaub-auf-usedom.de.

Geänderte Anfahrt zum Forsthaus Damerow und zum Lüttenort! Mit dem Pkw erreicht man den Lüttenort von Zempin aus (Ortsmitte), zum Forsthaus führt beim Kreisverkehr in Koserow die Straße über die Bahngleise.

Otto Niemeyer-Holstein (1896–1984)

Zur Malerei kam der gebürtige Kieler Otto Niemeyer (den Namenszusatz Holstein legte er sich 1917 auf Anraten eines Künstlerfreundes zu) durch den Krieg, genauer gesagt durch eine schwere Verwundung, die er sich 1915 als Kriegsfreiwilliger im Ersten Weltkrieg zuzog. Bei einem Erholungsaufenthalt in der Schweiz griff er 1917 erstmals zum Pinsel, und bereits 1918 begab sich Niemeyer-Holstein nach Ascona, seinerzeit ein bedeutendes kulturelles Zentrum, wo er nicht nur die Bekanntschaft Alexej von Jawlenskys und Arthur Segals machte, sondern ihm schon 1919 auch eine erste eigene Ausstellung ermöglicht wurde.

Es folgten weitere Reisen – u. a. nach Paris und Florenz – und weitere Ausstellungen. 1925 ließ sich die Familie Niemeyer-Holstein zunächst in Berlin nieder, 1933 dann an der Landenge zwischen Koserow und Zempin, dem *Lüttenort*. Während der Zeit des Nationalsozialismus lebte Otto Niemeyer-Holstein zurückgezogen hier auf der Insel in seinem Lüttenort, wo ab 1942 auch die jüdische Schwiegermutter des Künstlers versteckt gehalten wurde. Die künstlerische Laufbahn Niemeyer-Holsteins war unterdessen durch das NS-Regime unterbrochen, ab 1943 wurde der Maler zum Dienst bei der Reichsbahn auf Usedom verpflichtet.

Nach Kriegsende verlief die Karriere Niemeyer-Holsteins zunächst schleppend. Zwar konnte er seinen Beruf wieder frei ausüben, musste sich aber mit Nebenerwerbstätigkeiten über Wasser halten – u. a. mit Ausflugsfahrten auf seinem Segelschiff *Orion*. Diverse Ausstellungen im In- und Ausland brachten ab Ende der 1950er Jahre endlich ein größeres Renommee. 1961 wurde Niemeyer-Holstein eine große Ausstellung in der Berliner Nationalgalerie ermöglicht, 1964 erkannte man ihm den Professorentitel zu, später wurde er Präsident der Ostsee-Biennale und sammelte in den 1960er Jahren neue Inspirationen bei Reisen u. a. nach China und nach Usbekistan. Der SED-Parteiprominenz war Niemeyer-Holstein allerdings bald ein Dorn im Auge, die Staatssicherheit observierte ihn, und 1969 wurde der Künstler von seiner Position als Biennale-Präsident zum funktionslosen Ehrenpräsidenten weggelobt. Am 20. Februar 1984 starb Otto Niemeyer-Holstein in Lüttenort. Sein Grab befindet sich auf dem Friedhof in Benz.

Koserow

ca. 1700 Einwohner

Das größte Seebad der Inselmitte nimmt fast die gesamte Breite der Landenge ein und liegt am Fuß einer für Usedom beträchtlichen Erhebung. Der fast 60 Meter hohe Streckelsberg mit seinem schönen Mischwald bricht zur Ostsee hin an einer imposanten Steilküste ab.

Nur die B 111 und ein schmaler Streifen Wiese trennen den alten Ortskern Koserows vom Achterwasser, während die Häuser an der Seeseite teils nahe an die Steilküste rücken. Von der Hauptstraße gehen die kleinen Seitenstraßen ab, die sich bis an den Strand mit Seebrücke und zum Streckelsberg hin erstrecken, um den sich übrigens allerlei Sagenhaftes rankt: Das prächtige Vineta soll hier aufgeblüht und untergegangen sein (→ S. 196), und auch der legendäre Freibeuter Klaus Störtebeker soll sich hier vor seinen hanseatischen Häschern versteckt haben.

Die Bernsteinhexe

Unter dem Chorgestühl der kleinen Dorfkirche von Koserow will der ehemalige Pfarrer Johann Wilhelm Meinhold Mitte des 19. Jh. einen spektakulären Fund gemacht haben: Die Chronik eines erschütternden Hexenprozesses, geschrieben zur Zeit des Dreißigjährigen Krieges von dem damaligen Pfarrer von Koserow: Dessen eigene Tochter Maria Schweidler findet einen Bernsteinschatz, der die dringendste Not zwar lindert, aber auch ein missgünstiges Komplott auf den Plan ruft. Maria wird als Hexe denunziert, ihr wird der Prozess gemacht. Unter der Folter gesteht sie, entgeht aber im letzten Moment dem Scheiterhaufen.

Eine literarische Sensation! Und ein Schwindel. Der 1797 auf der Halbinsel Gnitz geborene Meinold, der als „Herausgeber" des aufsehenerregenden Buches fungierte, war zwar tatsächlich Pfarrer von Koserow gewesen, aber eben auch der durchaus geschickte Autor des vermeintlich authentischen Berichtes.

1846 kamen die ersten Badegäste nach Koserow, doch trotz langer touristischer Tradition hat sich der Ort bis heute einen stillen Charme bewahrt. Die schönste Ecke befindet sich zweifellos beim Zugang zum Hauptstrand. Hier liegen im lichten Waldstreifen die *Salzhütten* von Koserow, in denen die Fischer einst ihren Fang, vornehmlich Heringe, einlegten und haltbar machten. Zweite Sehenswürdigkeit des Ortes ist die aus dem 13. Jh. stammende *Feldsteinkirche* im alten Ortskern, in der im Sommer Veranstaltungen stattfinden, Konzerte, Lesungen und Theater.

Kirche Koserow: Juni bis Sept. Mo–Fr 9–12 Uhr geöffnet, Führung Do 11 Uhr.

Information Kurverwaltung Koserow. Mai bis Sept. Mo–Fr 9–18 Uhr, Sa 9–12 Uhr (Juli/Aug. auch So), April/Okt. Mo–Fr 9–16 Uhr, Sa 9–12 Uhr, Nov.–März nur Mo–Fr 9–12.30 und 13–16 Uhr. Hauptstr. 31, 17459 Koserow, ☏ 038375-20415, www.seebad-koserow.de.

Verbindungen UBB → S. 295.

Theater Klassik am Meer. Im Sommer wird die Kirche von Koserow zur Spielstätte für Theaterklassiker, Lesungen und Konzerte, Infos zum Spielplan über die Kurverwaltung oder www.klassik-am-meer.de.

Essen & Trinken Koserower Salzhütten. Beliebtes Fischrestaurant, urig und eng, oft bis auf den letzten Platz besetzt, Biergarten davor. Von Lesern empfohlen („seeehr lecker"). Mit eigener Räucherei und Verkauf. Tägl. 12–20 Uhr geöffnet, Mo Ruhetag, Nov. bis Jan. geschl. Am Strand bei den Fischern. ☏ 03875-20680, www.koserower-salzhuette.de.

Loddin-Kölpinsee

ca. 800 Einwohner

Drei Gewässer in Loddin-Kölpinsee: die Ostsee auf der einen, das Achterwasser auf der anderen Seite und dazwischen ein bei Touristen und Schwänen beliebter Binnensee. Die kleine zersiedelte Gemeinde besteht außerdem aus dem winzigen Ortsteil *Stubbenfelde* und dem Haupt der Gemeinde, dem am Achterwasser gelegenen Ort *Loddin*. Letzterer befindet sich oberhalb des *Loddiner Höft*, einer Halbinsel, die ins Achterwasser ragt. Ein einladender Spaziergang verspricht hübsche Ausblicke über das Binnengewässer.

Information Kurverwaltung Loddin. Im Haus des Gastes an der B 111, Ecke Strandstraße. Mai bis Sept. Mo–Fr 9–18 Uhr, Sa 9–12 Uhr (Juli/Aug. auch So), Okt. bis April Mo–Fr 9–16 Uhr (Di 9–18 Uhr). Strandstr. 23, 17459 Loddin, ✆ 038375-22780, www.seebad-loddin.de.

Baden Herrlicher Sandstrand (am Hauptstrandzugang überwacht), nach Koserow hin unterhalb einer Steilküste, dort auch ein Hundestrand. Ein weiterer Hundestrand befindet sich auf Höhe des Campingplatzes Stubbenfelde.

Bootsverleih Kikis Bootsverleih. In herrlicher Lage am Achterwasser, auch netter Biergarten. Ruder-, Paddel- und Tretboote, auch kleine Motorboote, Segelboote auf Anfrage. ✆ 038375-20802.

Fahrradverleih Unter anderem Fam. Hengstler, auch Strandkorbverleih, Strandstr. 34 und Am Strand, ✆ 038375-21167.

Übernachten/Essen & Trinken Strandhotel Seerose. Großes, modernes Haus mit über 100 Zimmern nahe am Strand. Wellness- und Beauty-Angebot, Badelandschaft mit Hallenbad, Sauna und Dampfbad. Restaurant und Bistro mit nettem Biergarten. EZ ab 88 €, DZ 170–196 €, Suite ab 250 €, jeweils mit Frühstück. Strandstr. 1, 17459 Loddin-Kölpinsee, ✆ 038375-540, www.strandhotel-seerose.de.

》》Unser Tipp: Waterblick. Sehr gutes Fischrestaurant am südlichen Ende von Loddin (Richtung Loddiner Höft), eine Institution. Herrlicher Blick über das Achterwasser. Maritim eingerichtete Gaststube, auf der Karte findet sich natürlich vor allem Fisch aus den heimischen Gewässern. Köstlicher Klassiker: die Loddiner Fischsuppe. Hauptgericht ab 15 €. Für abends besser reservieren. Tägl. ab 11.30 Uhr geöffnet (Mi Ruhetag), durchgehend warme Küche, mit angeschlossenem Delikatessenladen *Anna & Paul*. Am Mühlenberg 5, 17459 Loddin, ✆ 038375-20294, www.waterblick.de. 《《

Camping Campingplatz Stubbenfelde. Großer, gut ausgestatteter Waldcamping südöstlich des Kölpinsees gelegen. Kleiner Laden, Restaurant, Saunalandschaft, Fahrradverleih. Geöffnet April bis Okt. Stellplatz (inkl. 2 Pers.) je nach Größe 29–39 €, unparzelliert ab 23 €. Auch Ferien- und Blockhäuser (ab 75 €/3 Pers. bis 140 €/7 Pers.) sowie Pensionszimmer ab 55 €. Waldstr. 12, 17459 Loddin-Kölpinsee/OT Stubbenfelde, ✆ 038375-20606, www.stubbenfelde.de.

Verbindungen UBB → S. 295.

Ückeritz

ca. 1000 Einwohner

Freundliches, kleines Seebad ohne Ostseeblick auf der meerabgewandten Seite der Landenge. Lediglich ein kleiner Ortsableger samt Restaurants und Campingplatz verfügt über unmittelbare Strandnähe.

Vom langen Sandstrand wird der eigentliche Ort durch einen schmalen Waldstreifen getrennt, in südöstlicher Richtung und zum Kölpinsee hin erstrecken sich weitere Waldgebiete. Zu DDR-Zeiten breitete sich hier der mit acht Kilometern längste Campingplatz Europas aus, eine im Wald verborgene Zeltstadt, die jeden Sommer von Tausenden Urlaubern bevölkert wurde. Noch immer gibt es diesen lang gestreckten Campingplatz hinter den Dünen, nur deutlich verkleinert und modernisiert.

Hübsche, moderne Holzhäuser, in denen Ferienwohnungen, Cafés, Imbissbuden und Souvenirläden untergebracht sind, schmücken den Zugang zum Hauptstrand.

Am Strand selbst kann im Sommer reichlich Rummel herrschen. Der teilweise recht beschauliche Ort Ückeritz erstreckt sich beidseitig der B 111. Recht hübsch ist der kleine Hafen, bei dem sich eine Surfschule und Cafés befinden.

Information Kurverwaltung Ückeritz. Freundlich und hilfsbereit, Juni bis Sept. Mo–Fr 9–18 Uhr, Sa 17–17 Uhr (Juli/Aug. auch So 9–12 Uhr), März bis Mai und Okt. Mo–Fr 9–16 Uhr, Nov. bis Febr. Mo–Fr 10–15 Uhr (Mi ganzjährig nur bis 12 Uhr!). Bäderstr. 5, 17459 Ückeritz, ✆ 038375-2520, www.ueckeritz.de.

Baden Da Ückeritz auf der meerabgewandten Seite der Landenge liegt, muss man auf dem Weg zum herrlich feinsandigen, flach ins Meer abfallenden Strand erst den Waldstreifen durchqueren. Überwacht auf Höhe des Hauptstrandzugangs, Hundestrand 300 m Richtung Kölpinsee, 200 m weiter FKK-Strand. Außerdem erstrecken sich mehrere ausgewiesene Hundestrand- und FKK-Bereiche entlang des Campingplatzes.

Übernachten/Essen & Trinken Pension/Café Knatter. Beliebte Pension samt Restaurant/Café am Hafen. Gehört zu *Windsport Usedom* (→ unten). Restaurant Mo–Fr ab 14 Uhr, Sa/So ab 12 Uhr geöffnet, Hauptgericht um 13 €. DZ mit Frühstück 109–112 €. Hauptstr. 36, 17459 Ückeritz, ✆ 038375-22966, www.cafe-knatter.de.

Pension Achteridyll. Sehr freundliche, ruhig gelegene Frühstückspension mit 11 geräumigen Zimmern, darunter auch barrierefreie, überwiegend Achterwasserblick. DZ 88–103 €. Fischerstraße 15a, 17459 Ückeritz, ✆ 038375-24333, www.achteridyll.de.

Restaurant/Strandcafé Utkiek. Dank schöner Lage über dem Strand sehr beliebtes Lokal, große Terrasse mit herrlichem Ausblick, auf der Speisekarte vor allem Fisch, auch Kaffee und Kuchen. Ganzjährig durchgehend geöffnet. Beim Hauptstrandzugang links auf den Dünen. ✆ 038375-20408.

Fahrradverleih Awe. An der Strandpromenade und in der Hauptstraße im Ort. Rad ab 7 €/Tag. Strandpromenade, ✆ 0172-5616598.

Camping Naturcamping Am Strand. Traditionsreicher Zeltplatz, etwa 700 Stellplätze auf einem schmalen Streifen hinter den Dünen von über 4 km Länge. Fahrradverleih, zwei Läden und Gaststätten, neue bzw. renovierte Sanitäreinrichtungen. Geöffnet April bis Okt. Stellplatz und 2 Pers. 18–24,50 €, auch Bungalows (ab 45 €). Auf dem Campingplatz 1, 17459 Ückeritz, ✆ 038375-20923 (Rezeption; im Winter über die Kurverwaltung 038375-2520), www.campingplatz-ueckeritz.de.

Verbindungen UBB → S. 295.

Wassersport Windsport Usedom. Großes Angebot, Segeln, Wind- und Kitesurfen. Außerdem Bootsverleih. Direkt beim Hafen, dazu gehört auch das *Café Knatter* (Café, Restaurant, Pension, → oben). Hauptstr. 36, ✆ 038375-20641, www.kitesurfusedom.de.

Südlich von Ückeritz

Forstamt Neu Pudagla und Usedomer Gesteinsgarten: Einsam liegt das Forsthaus *Neu Pudagla* am Waldrand. Im Laden kann man Wildspezialitäten erwerben, im Waldkabinett ist eine kleine naturkundliche Ausstellung zum Lebensraum Wald zu besuchen. Hinter dem Forstamt ist eine gewichtige Ausstellung zu bestaunen. In dem schön angelegten Garten sind etwa 140 massige Findlinge zu einer Gesteinssammlung zusammengetragen worden.

Waldkabinett: tägl. 8–18 Uhr, Eintritt frei.

Kletterwald Usedom: Eine besonders beliebte Attraktion Usedoms ist der schöne Kletterwald unweit des Forsthauses Neu Pudagla. Neben den Einweisungsstrecken warten sechs Kletterparcours unterschiedlicher Schwierigkeitsgrade und Höhen (von einem Meter bis zu 13 Meter) darauf, erklommen und gemeistert zu werden.

Juli/Aug. tägl. 9.30–19 Uhr, Mai/Juni und Sept. Di–So 10–18 Uhr (Mo geschl.), April und Okt. Di–So 10–17 Uhr (Mo geschl.). Ticketverkauf bis 2 Std. vor Schließung. Erw. 18 €, erm. 10–13 €, auch Familientickets, Nutzungsdauer 2 Std. Am Forstamt Neu Pudagla, 17459 Ückeritz, ✆ 038375-22677 oder 0160-90361641 (mobil), www.kletterwald-usedom.de.

Die drei Kaiserbäder

Usedoms Aushängeschild – über zwölf Kilometer erstreckt sich der flach abfallende, schneeweiße Strand entlang der Dreikaiserbäder Ahlbeck, Heringsdorf und Bansin, die durch eine acht Kilometer lange Flanierpromenade miteinander verbunden sind.

Ohnehin sind die ehemaligen Fischerdörfer – einst kaum mehr als ein paar Katen – mittlerweile fast zu einem einzigen Ort zusammengewachsen, was sich in der bisweilen gebrauchten Bezeichnung *Dreikaiserbäder* auch sprachlich niederschlägt. Wer die Promenade entlanggeht, stößt in allen drei Seebädern auf prestigereiche Villen, die dem mondänsten der drei Orte, Heringsdorf, schon früh den Beinamen „Nizza des Ostens" eingebracht haben. Das Markenzeichen „Kaiserbäder" hat sich dagegen erst in wilhelminischer Zeit entwickelt, als der Bädertourismus seinem ersten Höhepunkt entgegensteuerte. Als letzter Beiname sei noch „Badewanne Berlins" erwähnt, eine Bezeichnung, die im letzten Viertel des 19. Jh. entstand, als der Ausbau des Bahnnetzes dafür sorgte, dass Badegäste aus der Hauptstadt nur noch gut drei Stunden brauchten, um die hiesigen Badefreuden genießen zu können, und entsprechend zahlreich anreisten.

Ahlbeck
ca. 3400 Einwohner

Eines der bekanntesten deutschen Ostseebäder und Usedoms Aushängeschild. Ähnlich exklusiv wie das benachbarte Heringsdorf, trumpft Ahlbeck zusätzlich noch mit der vielleicht schönsten Seebrücke der Ostseeküste auf.

Das sorgfältig restaurierte Bauwerk und Wahrzeichen des Ortes ist wohl das meistfotografierte Motiv Usedoms. Feierlich eingeweiht wurde die Seebrücke des Ostseebades bereits 1898, nach der Zerstörung durch die Last gewaltiger Eismassen im Winter 1940/1941 ließ die Rekonstruktion nach historischem Vorbild aber bis 1994 auf sich warten. Das Gebäude auf der Plattform aus den 1930er Jahren blieb allerdings erhalten und diente schon in der DDR als Restaurant. Die schmiedeeiserne Jugendstiluhr vor der Seebrücke wurde 1911 von einem vermögenden Badegast gestiftet.

Um den Seebrückenplatz spielt sich das Leben von Ahlbeck ab, hier und an der endlosen Strandpromenade Richtung Heringsdorf reihen sich die Hotels und Restaurants fast nahtlos aneinander. In zweiter Reihe wird es etwas ruhiger. Zwar sind auch hier am Hügel noch immer viele ansehnliche Villen im Bäderstil zu finden, aber von den touristischen Hauptrouten werden sie kaum berührt. Ein netter Spaziergang führt von der Strandpromenade über die Bismarckstraße hinauf zur villengeschmückten Kaiserstraße, an deren Ende die Ahlbecker Backsteinkirche im neugotischen Stil aus dem Jahr 1895 befindet. Wichtigste Einkaufsstraße in zweiter Reihe ist die Seestraße. Hier und in den umliegenden kleinen Sträßchen findet man

---

Noch mehr Infos zu den drei Kaiserbädern finden Sie im Reisehandbuch **Usedom** des Michael Müller Verlags. Erlangen 2017, ISBN 978-3-95654-452-1.

Ahlbecks berühmte Seebrücke

noch am ehesten ein Stück „normales" Ahlbeck ohne aufwändig und kostspielig renovierte Bädervillen, die fast ausnahmslos als Nobelappartements für betuchte Badegäste des 21. Jh. hergerichtet wurden.

Basis-Infos und Aktivitäten

Information Touristinformation. An der Seebrücke. April bis Okt. Mo–Fr 9–18 Uhr, Sa/So 10–15 Uhr, Nov. bis März Mo–Fr 9–16 Uhr, Sa 10–15 Uhr, So 10–12 Uhr. Dünenstr. 45, 17419 Ahlbeck, ✆ 038378-499350, www.drei-kaiserbaeder.de.

Baden Endloser, feiner Sandstrand, die Wasserqualität mit der **Blauen Flagge** geadelt, Dünen zwischen Promenade und Strand. Rund um die Seebrücke Strandkorbvermietungen und Bootsverleih. Von der Reha-Klinik in Richtung Swinemünde folgen ein unbewachter FKK-Abschnitt und ein Hundestrand.

Einkaufen BuchKunst. Dieser tolle Buch- und Kunstladen hat nunmehr im Bahnhof Ahlbeck ein neues Domizil gefunden. Antiquarische Bücher, aber ebenso aktuelle (u. a. Regionalia), vor allem aber auch Kunstmarkt und Galerie. ✆ 0172-3034965, www.buchkunst-usedom.de.

Drachen, Windspiele/-schutz und sonstige Strandutensilien findet man im **Drachenladen** rechts neben der Seebrücke.

Therme Ostseetherme Usedom, teilweise mit Jodsole angereicherte Thermen, Badelandschaft, Außenbecken, Wassergarten für Kinder, Sauna, Dampfbad, Solarium, Café, Wellnessangebote, Kurmittelhaus, Gesundheitsstudio und und und. Am westlichen Ortseingang von Ahlbeck (direkt an der B 111). Mo–Sa 10–22 Uhr geöffnet, im Winter nur bis 21 Uhr, So immer bis 20 Uhr. Lindenstraße 60, 17419 Ahlbeck, ✆ 038378-2730, www.ostseetherme-usedom.de.

Verbindungen UBB, → S. 295.

Bus. Mit der **Linie 201A** mehrmals tägl. über Stolpe nach Usedom-Stadt. Die **Europa-Linie (290/291)** verkehrt zwischen 9 und 17 Uhr stündl. auf der Strecke Bansin–Heringsdorf–Ahlbeck–Swinemünde.

Schiff. Mit den Personenfähren der Adler-Reederei während der Saison tägl. über Heringsdorf und Bansin nach Swinemünde. Tickets beim Uhrturm an der Seebrücke, Ende März bis ca. 20. Okt., ✆ 01805-123344, www.adler-schiffe.de.

Seebad Bansin

Seebad Heringsdorf

E ssen & Trinken
1. Rest. Seebrücke
2. Bernstein
3. Atlantic
5. Lutter & Wegner
8. Essbar
9. Weinbar
11. Auszeit (Weißes Schloss)
15. Usedomer Brauhaus
18. Ingelotte
20. Kaiserseck
21. Domkes Fischhus
22. Fischkopp
23. Carls Kneipe
25. Schloon Idyll

C afés
4. Café Asgard
6. Eis-Villa Stein

Übernachten

***** **Ahlbecker Hof** 10 Traditionsreiches Haus (1890) an der Strandpromenade, nostalgisch und stilvoll, Kaminzimmer und Bibliothek, Vier Restaurants, darunter das Gourmet-Restaurant *Blauer Salon* (nur abends, Mo/So Ruhetag, Reservierung erforderlich). Wellnessbereich. 91 Zimmer und Suiten in historischem Ambiente, DZ mit Frühstück ab 188 €. Dünenstr. 47, 17419 Ahlbeck, ☎ 038378-620, www.seetel.de.

Pension Carlsburg 14 Empfehlung in zweiter Reihe: gepflegte, schneeweiße Villa, komfortable Zimmer, außerdem einige Appartements und zwei Ferienwohnungen – alles durchaus bezahlbar. EZ 45–60 €, DZ 80–100 €, Frühstück inkl., Appartement/Ferienwohnung 70–100 €. Geöffnet April bis Okt. Stresemannstr. 2, 17419 Ahlbeck, ☎ 038378-22570, www.pension-carlsburg-usedom.de.

Seebad Ahlbeck

Übernachten
- 8 Villa Glaeser
- 10 Ahlbecker Hof
- 11 Weißes Schloss
- 12 Pension Erdmann und Hotel Wald & See
- 13 Pension Elsbeth
- 14 Carlsburg
- 17 Kaiser SPA Hotel zur Post
- 24 Villa Seeschlößchen
- 26 Jugendherberge
- 27 Hotel Oasis
- 28 Mobilhafen Heringsdorf

Einkaufen
- 5 Feinkost Lutter & Wegner
- 16 Gorki Buchhandlung
- 19 Bansiner Buchhandlung
- 21 Domkes Fischhus

》 **Lesertipp:** Villa Seeschlößchen 24 Freundliches, kleines Hotel: „Der Service ist sehr herzlich, die Zimmer sind hell und freundlich, die Lage ist ruhig und doch zentral am autofreien Ende der Promenade. Empfehlenswert sind die Zimmer mit Meerblick." Andere Leser zeigten sich zudem vom reichhaltigen Frühstücksbüffet begeistert. EZ ca. 100 €, DZ ab 130 €, jeweils mit Frühstück, kostenloser Parkplatz. Dünenstr. 17, 17419 Ahlbeck, ✆ 038378-32389, www.villa-seeschloesschen.de. 《

Essen & Trinken

Carl's Kneipe. 23 Dem Namen zum Trotz ein sehr beliebtes Restaurant abseits des Promenadenrummels (von der Seestraße etwas zurückgesetzt). Viel Fisch (fangfrisch, versteht sich), auch Tagesangebote, Hauptgericht ab 15 €, günstige Kindergerichte.

Tägl. ab 17 Uhr geöffnet, Mi Ruhetag, zur Saison auch Fr–So ab 11 Uhr. Seestraße 6b, ✆ 038378-30437.

>>> **Lesertipp: Kaiserseck 20** Leser schrieben begeistert von diesem „kleinen, feinen Restaurant", das sich vis-à-vis der Ahlbecker Kirche befindet. Sehr gute, regionale Küche, 3-Gang-Menü 34 € bis 5-Gang-Menü 51 €, auch à la carte. Reservierung unbedingt ratsam. Tägl. ab 17 uhr geöffnet, Di Ruhetag. Kaiserstraße 1, ✆ 038378-30058, www.kaiserseck.de. «

Restaurant-Café Seebrücke 1 Das Besondere ist natürlich die herrliche Lage auf der Seebrücke, von der schattigen Terrasse bietet sich ein endloser Strandblick bis nach Heringsdorf. Gutbürgerliche Küche, angesichts des prominenten Standorts durchaus passables Preisniveau. Ab 18 Uhr werden in der Bar „Kogge" Aperitifs und Cocktails kredenzt. Restaurant tägl. ab 11 Uhr, ✆ 038378-28320, www.seebruecke-ahlbeck.de.

Domkes Fischhus 21 Zunächst ein Fischladen mit großer Auswahl an fangfrischem und geräuchertem (Ostsee-)Fisch. Daneben aber auch ein Fischrestaurant, das – nimmt man die Selbstbedienung in Kauf – köstliche Fischgerichte günstig auf den Teller bringt! Für das gemütliche Abendessen zu zweit stehen vor der Tür ein paar Strandkörbe, geselliger geht es hinter dem Haus im Biergarten zu. Seestr. 24, ✆ 03878-801750, www.fischdomke.de.

Weinbar 9 Das kleine Café/Restaurant links neben der Kurverwaltung gehört zum Weinladen am Anfang der Seestraße. Neben guten Weinen (guter Musik und guten Whiskys) gibt es auch kleine Speisen wie italienische Antipasti und Quiche sowie Kuchen und Schokoladenspezialitäten zum Kaffee. Sitzplätze auch draußen. Zur Saison 10–22 Uhr geöffnet (in der Nebensaison eingeschränkt). Dünenstr. 45, ✆ 038378-470670.

Der Uhrturm vor der Seebrücke

Heringsdorf

ca. 4000 Einwohner

Das größte, mondänste und berühmteste der drei Kaiserbäder. Und dank bestem Klima und Jodsole-Quelle darüber hinaus ein bedeutender Kurort mit entsprechend großem Angebot.

An der Promenade reihen sich die prachtvollen Bädervillen aneinander, alle sorgsam restauriert und von parkähnlichen Gärten umgeben. Noch heute kann man hier als Badegast nobel Quartier beziehen. In zweiter Reihe wird man dann nicht ganz so verwöhnt mit optischen Eindrücken: Den zentralen Platz des Friedens zieren das modern-funktionale *Forum Usedom* und das Doppelhochhaus mit Kurhotel und Kurklinik, zwischen diese klemmt sich ein nicht minder nüchterner Flachbau. Auch die moderne Seebrücke aus dem Jahr 1995 weckt nicht unbedingt nostalgische Gefühle, wer darin schwelgen möchte, sollte sich doch lieber in die Gegend um die noble Delbrückstraße mit ihren imposanten Villen begeben. Anfang des 20. Jh. gaben sich hier die prominenten Badegäste aus der nahen Hauptstadt quasi die Klinke in

Heringsdorf

die Hand: Walzerkönig Johann Strauss logierte bereits 1889 in der *Villa Ada*, der Maler und Grafiker Lyonel Feininger machte zwischen 1908 und 1912 mehrfach Urlaub in der *Villa Oppenheim*, Kurt Tucholsky war 1920 und 1921 in Heringsdorf Sommergast und Heinrich Mann quartierte sich nebst Familie 1923 im *Heringsdorfer Strandhotel* ein.

Einem weiteren berühmten Gast des Seebades ist sogar eine Gedenkstätte gewidmet: Maxim Gorki, russischer Schriftsteller und enger Weggefährte Lenins. Von Mai bis September 1922 weilte er zur Kur in Heringsdorf, und es heißt Lenin selbst habe ihm geraten, an die See zu reisen, um dort seine Tuberkulose behandeln zu lassen. Tatsächlich waren es wohl die schon länger schwelenden ideologischen Auseinandersetzungen, die Lenin auf die Idee gebracht hatten, seinen Mitstreiter auf diese elegante Weise loszuwerden. Gewohnt hat Gorki in der neoklassizistischen *Villa Irmgard* aus dem Jahr 1906, in der heute ein *Museum* eingerichtet ist. Im Erdgeschoss sind Salon, Arbeits- und Schlafzimmer Gorkis noch im originalgetreuen Stil erhalten, zahlreiche Zeitdokumente runden das Bild ab. Sehenswert ist das *Arabische Zimmer*, der Salon zur Straße hin. Dazu werden wechselnde Ausstellungen gezeigt. In der Villa finden auch Lesungen, Vorträge und andere kulturelle Veranstaltungen statt.
Mai bis Sept. Di–So 12–18 Uhr, Okt. bis April Di–So 12–16 Uhr, Mo geschl. Erw. 4 €, erm. 3 €, Stud. 2 €. Maxim-Gorki-Str. 13, ✆ 038378-22361.

An der Strandpromenade liegt der *Kunstpavillon Heringsdorf*. Der traditionsreiche Ausstellungsraum – kreisrund, licht und mit charakteristischem gezacktem Dach – wurde 1970 nach Plänen Ulrich Müthers (→ S. 142) gebaut. Im Pavillon stellt der *Usedomer Kunstverein* im Wechsel zeitgenössische Kunst aus und veranstaltet Lesungen, Konzerte sowie Anfang August eine Kunstauktion.
Geöffnet in der Regel Mi–So 15–18 Uhr, in den Sommermonaten bis 19 Uhr, im Winter geschl.. Am Rosengarten, ✆ 038378-22877, www.kunstpavillon-ostseebad-heringsdorf.de.

Basis-Infos

Information Kurverwaltung. Im Rathaus, hier starten auch die Stadtführungen. April bis Okt. Mo–Fr 9–18 Uhr, Sa/So 10–15 Uhr, Nov. bis März Mo–Fr 9–16 Uhr, Sa 10–15 Uhr, So 10–12 Uhr. Kulmstr. 33, 17424 Heringsdorf, ✆ 038378-2451 www.kaiser baeder-auf-usedom.de.

Verbindungen UBB → S. 295.
Bus. Mit der Linie **201A** mehrmals tägl. über Stolpe nach Usedom-Stadt, mit Linie **281** mehrmals tägl. über Bansin und Benz nach Mellenthin. Die **Europa-Linie (290/291)** verkehrt zwischen 9 und 17 Uhr stündl. auf der Strecke Bansin–Heringsdorf–Ahlbeck–Swinemünde.

Schiff. Von Ostern bis Ende Okt. ab Seebrücke tägl. über Ahlbeck nach Swinemünde; Infos und Tickets an der Seebrücke, ✆ 01805-123344, www.adler-schiffe.de.

Aktivitäten

Baden Langer und feiner Sandstrand mit **Blauer Flagge**, durch Dünen von der belebten Strandpromenade getrennt. Bootsverleih und Kiosk/Café nahe der Seebrücke. Einen FKK-Strand findet man am unbewachten Strandabschnitt zwischen Heringsdorf und Ahlbeck, der nächste Hundestrand liegt an der Strandpromenade Richtung Bansin.

Einkaufen Lutter & Wegner **5** Weine, Feinkost und Restaurant, gehobenes Preisniveau. Tägl. ab 11 Uhr. Kulmstr. 3, ✆ 038378-22125.

Gorki Buchhandlung 16 Vor allem im Bereich Regionalia sehr gut sortierte Buchhandlung, freundliche und kenntnisreiche Beratung, Friedensstr. 14, ✆ 038378-22561.

Usedom – Die drei Kaiserbäder

Strandkorbfabrik Heringsdorf. Den eigenen Strandkorb und dazugehörige Accessoires bekommen Sie hier im Laden am Eck zur Brunnenstraße. Ist zwar nicht eben billig, dafür wird deutschlandweit geliefert (Strandkorb ab ca. 800–1000 € plus 89 € Lieferkosten). Geöffnet Mo–Fr 10–16 Uhr. Brunnenstr. 10, ✆ 038378-33559, ✉ 038378-808755, www.strandkorbfabrik-heringsdorf.de.

Maison Vogue. In der noblen Villa Oechsler, einem der repräsentativsten Gebäude in Heringsdorf, Mode von Bogner, Escada etc. Tägl. 10.30–18.30 Uhr. Delbrückstr. 5.

Theater Chapeau Rouge. Theaterzelt an der Strandpromenade, von Anfang Juni bis Anfang Sept. Buntes Programm, neben der klassischen Theateraufführung auch Kabarett, Kindertheater, Lesungen, Konzerte usw. Infos und Programme bei der Tourist-Information, www.chapeau-rouge.de.

Veranstaltungen Usedomer Musikfestival. Zwischen Ende Sept. und Mitte Okt., die Konzerte finden z. T. im Kursaal statt. Tickets unter ✆ 038378-34647, www.usedomer-musikfestival.de.

Übernachten → Karte S. 314/315

Hotels/Pensionen Angeführt vom Flagschiff *Steigenberger Grandhotel* versammelt sich eine sternestrotzende Armada an Luxusherbergen in Heringsdorf: *Strandhotel Ostseeblick*, *Strandhotel Heringsdorf*, *Esplanade*, *Maritim* etc. Wir empfehlen das **Hotel Oasis** 27 auf halbem Weg zwischen Heringsdorf und Ahlbeck. Eine wunderschöne Bädervilla, sorgsam und mit viel Liebe zum Detail renoviert, umgeben von einem kleinen Park. Zwei Restaurants: unten Thai, oben gehoben Italienisch (Hauptgericht um 23 €). Stilvoll-gemütliche Lounge. DZ ab 163 € (Parkseite), bzw. 204 € (Meerblick), Suite ab 294 €, in der Dependance *Jagdschlößchen* DZ ab 119 €. Puschkinstraße 10, 17424 Heringsdorf, ✆ 038378-2650, www.villa-oasis.de.

Weißes Schloss 11 Geschichtsträchtige Villa ganz oben auf dem Kulmberg, in der schon Kaiser Wilhelm I. logierte. Herrlicher Blick, schöne Terrasse. Im Haus befindet sich das sehr gute Restaurant Auszeit (auch Cafébetrieb, schöne, große Terrasse). 18 Zimmer. EZ 76 €, DZ 110–130 €, Familienappartement ab 154 €, Frühstück inkl., Hund 15 €/Tag. Rudolf-Breitscheid-Str. 3, 17424 Heringsdorf, ✆ 038378-31984, www.urlaub-auf-usedom.de.

Pension Erdmann und **Hotel Wald & See** 12 Oben bei der Kirche, freundliches Garni-Haus (25 Zimmer z. T. mit Balkon/Terrasse) und solides Mittelklassehotel (43 Zimmer). Zu Fuß ca. 10 Min. zum Strand. Im Hotel befinden sich eine Sauna und eine (Sports-) Bar, freundlicher Service. EZ 79–89 €, DZ 106–132 €, inkl. Frühstück (in der Nebensaison deutlich günstiger). Rudolf-Breitscheid-Str. 7/8, 17424 Heringsdorf, ✆ 038378-31678, www.urlaub-bei-erdmanns.de.

Jugendherberge JH Heringsdorf 26 Direkt an der Strandpromenade, großer, schattiger Garten, die Zimmer z. T. in schönen Fachwerkhäusern. Beliebte Herberge, man sollte frühzeitig buchen. Übernachtung ab 25 €, Senioren (über 27 J.) ab 31,90 €. Frühstück und Bettwäsche inkl. Puschkinstr. 7–9, 17424 Heringsdorf, ✆ 038378-22325, www.jugendherbergen-mv.de.

Wohnmobil-Stellplätze gibt es im **Mobilhafen Herringsdorf** 28 am westlichen Ortsrand, auch von Lesern empfohlen. Triftstraße 10 a, ✆ 038378-498073, www.mobilcamp-heringsdorf.de.

Essen & Trinken → Karte S. 314/315

Restaurants Bernstein 2 Spitzenrestaurant im *Strandhotel Ostseeblick* (15 Punkte und zwei Hauben im Gault Millau), helle und freundliche Einrichtung, schöner Blick, gehobenes Preisniveau, 3-Gang-Menü 56 € bis fünf Gänge 98 €. Mittags und abends geöffnet. Kulmstr. 28, ✆ 038378-54297, www.strandhotel-ostseeblick.de.

》》 Unser Tipp: Auszeit 11 Sehr gutes Restaurant mit österreichischem Einschlag im Hotel Weißes Schloss. Besonders einladend ist die herrliche Terrasse mit Panoramablick, aber auch innen sitzt man gemütlich in stilvoll rot-weißem Ambiente. Eine schmackhafte Abwechslung bieten Frittatensuppe oder „Orginal Wiener Schnitzel",

Heringsdorf – die moderne Seebrücke

aber auch die raffinierte, ostseetypische Fischsuppe überzeugt. Hauptgerichte 17–24 €. Ab 13 Uhr durchgehend geöffnet, Di Ruhetag, im Winter Mo und Di. Rudolf-Breitscheid-Str. 3, ✆ 038378-805525, www.auszeit-kulm.de. «««

»»» Lesertipp: **Essbar** 7 „Kleines und feines Bio-Restaurant" und Café, „alles sehr liebevoll bis ins Detail", saisonale Küche aus regionale Produkten, „das Angebot richtet sich auch an Vegetarier", wenige Tische auch draußen. Geöffnet 10–18 Uhr, So Ruhetag, Juni bis Aug. länger, kein Ruhetag. Delbrückstr. 1–4, ✆ 0172-4775160. «««

Usedomer Brauhaus 15 Zentrale Lage, hier gibt es überwiegend Deftiges zu moderaten Preisen, außerdem verschiedene selbst gebraute Biere. Großes Lokal, uriges Ambiente. Tägl. ab mittags bis ca. Mitternacht geöffnet (draußen nur bis 22 Uhr). Platz des Friedens, ✆ 038378-61421.

Cafés Eis-Villa Stein 6 Bekannt für hervorragendes Eis aus eigener Herstellung, das man auf der wirklich einladenden Terrasse an der Kulmstraße genießt – an schönen Sommertagen meist bis auf den letzten Platz besetzt. Auch Kuchen und andere Süßspeisen. Mai bis Okt. tägl. ab 10 Uhr geöffnet. Kulmstr. 4, ✆ 038378-28452.

Bansin

ca. 2500 Einwohner

Bansin ist die jüngste und die kleinste der drei Seebad-Schwestern. Dabei reicht der Ursprung des heutigen Badeortes, das Dorf Bansin am Gothensee, bis ins Mittelalter zurück.

Flaniert wird natürlich entlang der Strandpromenade, wo prächtige Bädervillen ihre schnörkelreichen Fassaden präsentieren. Am meisten Trubel herrscht zwischen dem Strandzugang an der Seestraße und der Seebrücke. Am Ende der Seestraße befindet sich die flache hölzerne Konzertmuschel aus dem Jahr 1930, die von historischen Badekarren flankiert wird. Von hier sind es knapp 400 Meter bis zur 285 Meter langen, 1994 erbauten Seebrücke. Sie wirft sich ausnahmsweise schnörkellos hinaus in die Ostsee, Aufbauten wie auf den Seebrücken der Nachbarbäder fehlen. Neben der Seebrücke sind in alten Fischerhütten Imbisse und Fischräuchereien eingezogen, z. T. mit angeschlossenem Biergarten. Die Strandpromenade führt von der Seebrücke aus nur noch ein paar hundert Meter weiter bis zum Ortsrand. Nach Südosten hin reicht die Promenade über Heringsdorf bis hinunter nach Ahlbeck.

Usedom – Die drei Kaiserbäder

Basis-Infos und Aktivitäten

Information Touristinformation. Haus des Gastes an der Seebrücke, April bis Okt. Mo–Fr 9–18 Uhr, Sa/So 10–15 Uhr, Nov. bis März Mo–Fr 9–16 Uhr, Sa 10–15 Uhr, So 10–12 Uhr. An der Seebrücke, 17429 Bansin, ☏ 038378-47050, www.drei-kaiserbaeder.de.

Baden Auch in Bansin ist die Wasserqualität einwandfrei und seit vielen Jahren mit der **Blauen Flagge** ausgezeichnet. Im Bereich um den Strandzugang bei der Seestraße und der Seebrücke ist der Strand überwacht. Ein Hundestrand liegt etwas südlich des Schloonsees, einen FKK-Strand findet man etwas weiter an einem unbewachten Strandabschnitt Richtung Heringsdorf sowie in entgegengesetzter Richtung jenseits der Strandpromenade.

Einkaufen Bansiner Buchhandlung 19 Die kleine, aber bestens sortierte und sympathische Buchhandlung befindet sich in der Villa Paula in der Seestraße 68, ☏ 038378-29293.

Fahrradverleih Unter anderem gegenüber vom Hans-Werner-Richter-Haus in der Waldstr. 33, Fahrrad 6 €/Tag. ☏ 038378-33321.

Veranstaltungen Das **Bansiner Seebrückenfest** findet Anfang/Mitte Juli statt.

Verbindungen UBB → S. 295.
Bus. Mit der **Linie 281** mehrmals tägl. über Benz nach Mellenthin. Die **Europa-Linie (290/291)** verkehrt ca. 9–17 Uhr stündl. auf der Strecke Bansin–Heringsdorf–Ahlbeck–Swinemünde.

Schiff. Von Ostern bis Ende Okt. tägl. über Heringsdorf und Ahlbeck nach Swinemünde. Aktuelle Fahrzeiten und weitere Ausflugsfahrten bei der Ticketverkaufsstelle an der Seebrücke, ☏ 01805-123344, www.adler-schiffe.de.

Übernachten → Karte S. 314/315

**** Kaiser SPA Hotel zur Post 17 Großer Familienbetrieb in mehreren Bädervillen entlang der Seestraße und rückwärtigen Neubauten, großer Wellnessbereich und Pool, außerdem Restaurants und Bar. EZ ab 158 €, DZ ab 178 €, Frühstück jeweils inkl. Ganzjährig geöffnet. Seestraße 5, 17429 Bansin, ☏ 038378-560, www.hzp-usedom.de.

»» Unser Tipp: Villa Glaeser 8 Sehr schöne, gut ausgestattete Doppelzimmer und Appartements mitten in Bansin. DZ 79 €, Appartement 99–110 € (bei Aufenthalt unter vier Nächten Aufschlag von 10 €), jeweils ohne Frühstück, Hunde 6 €, Parkplätze vorhanden. Seestr. 3, 17429 Bansin, ☏ 038378-33590, www.villa-glaeser.de. «««

Pension Elsbeth 13 Kleine, nette Pension mitten in Bansin, aber ruhig gelegen. Nur sechs Zimmer, also früh buchen. Die kleine Villa umgibt ein schöner, schattiger Garten. DZ 70 €, inkl. Frühstück. Keine Hunde. Waldstr. 31, 17429 Bansin, ☏ 038378-29231, www.elsbeth.auf-usedom.info.

Essen & Trinken → Karte S. 314/315

»» Unsere Tipps: Fischkopp 22 Hervorragende Fischküche, zubereitet werden vor allem heimische, frisch gefangene Fische. Eingerichtet wie ein kleines Fischereimuseum (natürlich ohne das Muffige), alles etwas eng, aber urgemütlich. Hauptgericht ab 15 €. Tägl. ab 12 Uhr geöffnet. Seestraße 66, ☏ 038378-80623, www.fischkopp-bansin.de.

Ingelotte 18 In dem gemütlichen Restaurant wird feine Hausmannskost serviert. Freundlicher, zuvorkommender Service. Vergleichsweise günstig (Hauptgericht ab 9 €). Zur Saison tägl. ab Mittag, in der Nebensaison auch mal eingeschränkt. Seestraße 71, ☏ 038378-31762, www.ingelotte-bansin.de. «««

»» Lesertipp: Schloon-Idyll 25 Etwas abseits des Bädertrubels am Schloonsee gelegen. „In der sehr idyllisch gelegenen Gaststätte gibt es nicht nur leckeren Fisch zu annehmbaren Preisen, sondern nachmittags auch sehr leckere Torten und Kuchen." Tägl. ab mittags geöffnet. Auch Pension. Bergstraße 60a, ☏ 038378-33840, www.schloon-idyll.de. «««

Café Asgard 4 Traditionsreiches Café an der Strandpromenade in einer schönen Bädervilla aus dem Jahr 1898. Elegantes Interieur, freundliche Atmosphäre. Herrliche, schattige Terrasse zur Strandpromenade hin. Variantenreiche und köstliche Backwaren aus eigener Konditorei, sehr beliebt und zu Recht berühmt. Di–So 12–18 Uhr, Mo Ruhetag. Strandpromenade 15, ✆ 038378-29488.

Atlantic Pub 3 Ein wenig Nachtleben mit nautischem Flair und einem Hauch English Pub. Nette Atmosphäre, gutes Bier, ein Platz zum Länger bleiben. Strandpromenade 18, ✆ 038378-60655.

Hans-Werner Richter: Nachkriegsliteratur aus Bansin

Der berühmteste Sohn des Seebads ist Hans Werner Richter, einer der bedeutendsten Schriftsteller der deutschen Nachkriegszeit. Richter wurde am 12. November 1908 als Sohn eines Fischers in Bansin geboren. Nach einer Buchhändlerlehre in Swinemünde ging er nach Berlin. 1940 in die Wehrmacht einberufen, geriet Richter, der in der Weimarer Republik der KPD nahe stand, später in amerikanische Kriegsgefangenschaft. Seine Erlebnisse verarbeitete er in dem 1949 erschienenen Roman *Die Geschlagenen*. Richter gehörte zu den Gründern der *Gruppe 47* und war lange Zeit die treibende Kraft dieses bedeutendsten literarischen Zirkels der deutschen Nachkriegszeit.

In seinen autobiografisch geprägten Romanen und Erzählungen beschäftigte er sich immer wieder mit zeitgeschichtlichen Themen. Für literarisch interessierte Usedom-Reisende sind die *Geschichten aus Bansin* unbedingt empfehlenswert. In dem Erzählband zeichnete Richter leicht und augenzwinkernd ein Bild vom Leben der einfachen Leute, zu einer Zeit, als Bansin begann, ein Seebad zu werden. Seinem Vater und gleichermaßen den Menschen aus dem „alten" Bansin setzte Richter mit diesen Erzählungen ein literarisches Denkmal.

Dem 1993 verstorbenen Schriftsteller ist in Bansin die Gemeindebibliothek im *Hans-Werner-Richter-Haus* gewidmet, in der man sich – nicht nur an einem verregneten Tag – in das Werk des Autors einlesen kann. Neben der öffentlichen Bibliothek und einer kleinen Ausstellung zur 2006 verstorbenen Journalistin *Carola Stern* sind das nachgestellte Arbeitszimmer sowie Dokumente aus dem Nachlass Richters zu besichtigen. Regelmäßig finden im Günter-Grass-Zimmer des Hans-Werner-Richter-Hauses Lesungen statt.

Di–Fr 10–16 Uhr, Sa/So 12–16 Uhr, Juli/Aug. bis 18 Uhr, Mo geschl., 3 €/Pers. (mit Kurkarte 2 €). Waldstr. 1a, 17429 Seebad Bansin, ✆ 038378-47801. **Literaturtipp:** Hans Werner Richter: *Geschichten aus Bansin*. Berlin 2008 (Wagenbach).

Ländliche Idylle findet sich fast überall in Usedoms Süden, hier bei Benz

Der Süden

Abseits des langen Sandstrandes wird es stiller auf Usedom. Direkt im Rücken der Kaiserbäder beginnt die Usedomer Schweiz: sanfte Hügel mit lichten Wäldern und grünen Wiesen inmitten einer kleinen, reizenden Seenlandschaft um *Schmollensee* und *Gothensee*. Sehr abgeschieden sind die Boddenküstenlinien im Norden mit dem *Lieper Winkel*, einer Halbinsel, die weit in das Achterwasser hineinreicht, und im Süden entlang des *Stettiner Haffs*. Das „Zentrum" ist Usedom, das altehrwürdige Städtchen, das der Insel ihren Namen gab.

Usedomer Schweiz

Wolgastsee: Dieser romantische kleine See drei Kilometer südwestlich von Ahlbeck ist ein beliebtes Ausflugsziel. Seine Ufer sind überwiegend mit Buchen bestanden, nur am Nordwestufer, gegenüber dem Hotel *Idyll am Wolgastsee*, befindet sich ein Stück sandiger Badestrand mit Steg und Bootsverleih. Den knapp einen halben Quadratkilometer großen und maximal ca. 15 Meter tiefen See kann man in einem Spaziergang umrunden (ca. vier Kilometer).

Verbindungen Mit den UBB-Bussen Linie 201A, 285 und 286 mehrmals tägl. in die Kaiserbäder, in Gegenrichtung mit der 201A nach Usedom/Stadt und teilweise weiter nach Anklam (Sa/So eingeschränkt).

Übernachten/Essen & Trinken Hotel-Restaurant Idyll am Wolgastsee. Der Name des in Korswandt gelegenen Hotels verspricht nicht zu viel, empfehlenswert ist es, ein Zimmer zur Seeseite zu nehmen – nicht nur wegen des schönen Blicks, sondern auch wegen der Hauptstraße, die hinter dem Hotel vorbeiführt. Komfortable Zimmer, Sauna im Haus. *Restaurant* in hellem, elegantem Gastraum, freundlicher Service. Neben Fisch aus Ostsee und Wolgastsee auch diverse Wildgerichte. Auch Café, im Sommer mit Gartenbetrieb. Mittags und abends geöffnet. EZ 75 €, DZ 90–125 €, Frühstück inkl., Hund 15 €. Hauptstr. 9, 17419 Korswandt, ✆ 038378-22116, www.urlaub-auf-usedom.de.

Usedomer Schweiz

Gothensee: Der größte Binnensee Usedoms (600 Hektar) steht samt seines nicht zugänglichen, schilfreichen Ufers unter Naturschutz. Die nördliche Ausbuchtung des hakenförmigen Sees reicht bis an die Ortsgrenzen der Kaiserbäder Bansin und Heringsdorf heran. Nach Süden hin biegt sich der See in einem weiten Bogen bis zum Rand des Thurbruchs. Viele Vogelarten, darunter Wildgänse, Graureiher, Eisvögel und Milane, finden hier Zuflucht, auch Fischotter. Die einzigen ufernahen Siedlungen sind Bansin-Dorf, Sallenthin und Gothen.

Sellin: Schöner Wohnen auf Usedom – das abgelegene Sellin ist ein malerisches, altes Fischer- und Bauerndorf aus bildhübschen, reetgedeckten Häusern zwischen Pferdekoppeln, Wiesen und dem schilfbestandenen Ufer des Schmollensees. Hier scheint die Zeit in einem ungemein idyllischen Moment still zu stehen. Etwas außerhalb (Richtung Bansin und Großem Krebssee) stößt man mitten im Wald auf das freundliche und entsprechend beliebte Café Fangel.

Essen & Trinken Café Fangel. Idyllisches Café in einem ehemaligen Forsthaus, Alleinlage mitten im Wald. Köstliche Kuchen, Eis, gemütliche Terrasse, sehr beliebt und oft gut gefüllt. *Anfahrt:* Von Bansin aus durch Neu-Sallenthin Richtung Sellin, dann nach ca. 500 m rechts und die letzten 500 m auf einer Waldpiste, beschildert. Mai bis Okt. Di–So 14–18 Uhr, Mo geschl. Am Großen Krebssee, 17429 Neu-Sallenthin.

Benz: Die ländliche Stille des in sanfte Hügel gebetteten 300-Einwohner-Dorfes wird nur durch die gut befahrene Durchgangsstraße gestört. Mittelpunkt des Ortes ist die sehenswerte *Dorfkirche St. Petri*, die in ihrem Kern auf das frühe 13. Jh. zurückgeht. Restauriert und umgestaltet wurde St. Petri nach dem Dreißigjährigen Krieg und erneut Mitte des 18. Jh., als der Turm sein heutiges Aussehen erhielt. Das Kircheninnere stammt von Renovierungen um 1836, als anstelle der alten Decke das eigenwillige, hölzerne Tonnengewölbe eingezogen wurde, das mit blauen Kassetten versehen ist. Neben der Kirche liegt das *Kunst-Kabinett Usedom*, eine hübsche Galerie, die sich dem Thema *Lyonel Feininger auf Usedom* widmet (Zeichnungen, Aquarelle, Fotografien, Kunstdrucke; Letztere stehen auch zum Verkauf). Ein weiterer Schwerpunkt sind Werke von Armin Müller-Stahl.
Kunst-Kabinett Usedom: geöffnet Juni bis Okt. Fr–So 11–16 Uhr (oftmals aber auch unter der Woche). Kirchstr. 14a, 17429 Benz, ✆ 038379-20184, www.kunstkabinett.de.

Über dem Ort wacht eine auf einer Hügelkuppe thronende, 16 Meter hohe *Holländermühle*, eines der letzten noch existierenden Exemplare an der Ostseeküste. Um 1830 erbaut, wurde dort bis 1971 gemahlen. Danach erwarb der Maler *Otto Nie-*

Wandertipp: Von Benz nach Bansin

Charakteristik: die vielleicht schönste Wanderung auf Usedom, problemlos zu gehen, meist auf Feld- und Waldwegen, teils sandig. **Länge/Dauer:** etwa 13 km; reine Gehzeit 3:30 bis 4 Stunden. **Start/Verlauf:** Von der Benzer Ortsmitte aus (nicht verpassen: Kulturmühle und Kirche) geht es zunächst wenige Schritte entlang der Straße Richtung Bansin und kurz vor der Pension Schwalbennest links ab (Beschilderung: Sellin; Markierung gelber Balken). Die Wanderung führt ins idyllische Sellin (nun Markierung grünes Quadrat) und weiter zwischen Schmollensee und Großem Krebssee entlang. Der Duft von frisch gebrühtem Kaffee und köstlichen Kuchen legt einen kurzen Abstecher zum Café Fangel (nur Mai bis Okt geöffnet, Mo Ruhetag, → oben) nahe. Schließlich überquert man einen Bahnübergang und die B 111 (hier erhöhte Vorsicht!) und gelangt durch den Wald nach Bansin.

324 Usedom – Der Süden

meyer-Holstein (→ S. 308) die alte Mühle, rettete sie vor dem Verfall und verfügte schließlich testamentarisch ihre Verwendung als *Kulturmühle*. Neben der Holländermühle gibt es im Backhaus Kaffee und hausgemachten Blechkuchen.
April bis Okt. Di–So 10–17 Uhr, Mo Ruhetag, in der Nebensaison nur nach Voranmeldung, im Winter geschl. Eintritt 3 €, Kinder 1 €. ✆ 038378-3650.

Verbindungen Der Bus Linie 281 fährt Mo–Fr werktags alle zwei Stunden von den Kaiserbädern nach Benz und weiter über Morgenitz nach Usedom/Stadt.

Essen & Trinken »» Lesertipp: Kaffeegarten Alte Feuerwehr. Hübsches, helles Café im ehemaligen Feuerwehrhaus neben der Kirche von Benz. Malerischer Garten. Ostern bis Ende Okt. tägl. 12–17 Uhr (im Sommer bis 18 Uhr). ✆ 038379-289880. ««

Pudagla: Wenige Kilometer von Benz entfernt steht die zweite Usedomer Mühle. Sie ist keine Holländerwindmühle wie die Mühle in Benz, sondern eine sehenswerte *Bockwindmühle*. Im Gegensatz zur Holländerwindmühle ruht die Bockwindmühle nicht auf einem gemauerten Fundament, sondern ist auf ein hölzernes Gestell „aufgebockt". Einstmals war der Ort Pudagla ein bedeutendes kulturelles Zentrum Usedoms, als die Prämonstratensermönche ihren vormaligen Standort bei Usedom/Stadt verlassen und den kleinen Ort als neuen Sitz ihres mächtigen Klosters gewählt hatten. Nach Auflösung des Klosters fiel das Land an die pommerschen Herzöge, die hier Ende des 16. Jh. ein Schloss errichteten, in dem heute ein sehr schönes Café untergebracht ist.
Die Bockwindmühle liegt südlich von Pudagla oberhalb der Straße (Richtung Neppermin) und ist kaum zu übersehen. Geöffnet Mai bis Sept. Mo–Fr 10–16 Uhr und Sa/So 13–16 Uhr. Im Winter geschl. Erw. 2 €, Kinder 1 €. Infos unter ✆ 038378-34872.

Essen & Trinken Die Bernsteinhexe. Sympathisches Café im Schloss Pudagla, köstliche hausgemachte Kuchen. Im Café werden auch Ausstellungen gezeigt und Konzerte veranstaltet. In Wilhelm Meinholds Roman (→ S. 309) wurde der Bernsteinhexe Maria Schweidler in Schloss Pudagla der Prozess gemacht, auf Anfrage kann der Gewölbekeller, in dem sie eingekerkert war, besichtigt werden. In der Saison Mi–So 12–18 Uhr. Schlossstraße 8, ✆ 0151-20428333, www.schloss-pudagla.de.

Neppermin und **Balm:** Verlässt man die viel befahrene Verbindungsstraße zwischen B 111 und B 110 ein Stück südlich von Pudagla, gelangt man in das hübsche kleine Dorf Neppermin, am Rand des gleichnamigen Sees (der südlichen Bucht des Balmer Sees). Hier wird es schnell ländlich idyllisch. Der Weiler Balm ist bekannt für den traumhaft gelegenen Golfplatz.

Essen & Trinken Nepperminer Fischpalast. Frischfischverkauf, Fischbrötchen und Fischgerichte (Selbstbedienung), herrliche Terrasse über dem Nepperminer See. Überaus beliebt. Lyonel-Feininger-Str. 6, ✆ 038379-287244, www.nepperminer-fischpalast.de.

Tante Wally. Freundliches Café mit idyllischem Garten zwischen zwei Fachwerkhäusern, bei schlechtem Wetter kann man in die urgemütliche Stube ausweichen. Hausgemachter Kuchen, aber auch Herzhaftes. Zur Saison Di–So 13–22 Uhr geöffnet. Schulstraße 21, ✆ 038379-18440.

Golf Golfpark Balmer See. Zwei 18-Loch-Plätze sowie Driving-Range. Außerdem Hotel mit Restaurant, großem Wellnessbereich und 70 Ferienwohnungen. Am Achterwasser im kleinen Weiler Balm gelegen. Drewinscher Weg 1, 17429 Balm, ✆ 038379-280, www.golfhotel-usedom.de.

Mellenthin: Bekannt ist das hübsche 200-Seelen-Dorf vor allem für sein Ende des 16. Jh. erbautes und im 18. Jh. teilweise umgestaltetes Wasserschloss. Flankiert wird der herrschaftliche Bau von einem gelungen restaurierten barocken Gutshof, in dem ein Hotel mit Restaurant und Café untergebracht sind. Auch das Wasserschloss selbst wurde renoviert und beherbergt heute Hotel, Restaurant, Brauerei und Café mit Biergarten im Schlosshof. Teile des Schlosses und der Schlosspark sind zu besichtigen.

Vom Schloss zieht sich eine schmucke Lindenallee zur Dorfkirche, deren Altarraum aus Feldsteinen bereits um 1330 entstand. Das backsteinerne Langhaus und der Turm stammen aus dem 15. Jh. Sehenswert im Innern sind das Kreuzrippengewölbe sowie die Anfang des 20. Jh. freigelegten spätmittelalterlichen Freskenreste.

Übernachten/Essen & Trinken Wasserschloss Mellenthin. Stattliches Schloss, weitgehend saniert, mit Restaurant und Café, stilvolles Ambiente im restaurierten Erdgeschoss, schöne Terrasse und Biergarten im Schlosshof, gutbürgerliche Küche, auch Wildgerichte (Hauptgericht ab 14 €), sowie hausgemachte Kuchen und Torten (tägl. ab 12 Uhr geöffnet). Zudem hauseigene Brauerei sowie Kaffeerösterei mit Hofladen. Das EZ im Schlosshotel kostet im Sommer ab 87 €, das DZ 118–192 €, inkl. Frühstück, in der Nebensaison deutlich günstiger. Dorfstr. 25, 17429 Mellenthin, ✆ 038379-28780, www.wasserschloss-mellenthin.de.

Gutshof Mellenthin. Nahe dem Wasserschloss, Bio-Hotel, Restaurant (auch vegetarisch und vegan), Waffelbäckerei (Vollkornwaffeln) und Gartencafé (bei unserem letzten Besuch leider sehr viele Wespen). Tägl. 12–22 Uhr. 20 im modernen Landhausstil eingerichtete Zimmer. EZ 95 €, DZ 130–150 €, inkl. Frühstück. Dorfstr. 24, 17429 Mellenthin, ✆ 038379-20700, www.gutshofusedom.de.

Ein Päuschen im Wasserschloss

Verbindung Mit der **Bus-Linie 281** werktags alle zwei Stunden in die Kaiserbäder, die Haltestelle befindet sich allerdings an der Abzweigung von der Hauptstraße ein gutes Stück außerhalb (Sa/So etwa 3-mal).

Morgenitz: Ein fotogenes 150-Einwohner-Dorf mit holprigen Straßen, reetgedeckten Häusern mit bunten Blumen an den Fenstern und hübsch gestrichenen Fensterläden, umgeben von lauschigen Gärten, in denen man sich sofort in einen Liegestuhl fallen lassen möchte.
Einkaufen Dannegger. Schöne, hochwertige Keramiken vom idyllischen Hof, nicht ganz billig, ideale Souvenirs. im Sommer Mo/Di/Sa 16–17 Uhr, im Winter Mo/Di/Sa 12–13 Uhr geöffnet, sonst nach tel. Voranmeldung. Dorfstr. 8, ✆ 038372-70910, www.astriddannegger.de.

Lieper Winkel

Mittendrin und doch so abgeschieden wie kaum eine andere Gegend auf Usedom. Wie eine Birne ragt die vollkommen flache Halbinsel, auf der es kaum eine Handvoll Weiler gibt, ins Achterwasser hinein. Über eine herrliche Allee erreicht man zunächst **Rankwitz**, den „Hauptort" der Halbinsel und bald darauf das Dorf, dem der Winkel seinen Namen verdankt. In **Liepe** befindet sich die älteste Kirche Usedoms. Erstmals erwähnt wurde das romanische Gotteshaus im Jahr 1216. Im Inneren findet man Fresken aus dem späten Mittelalter, aber auch barocke Stilelemente wie z. B. beim Chorgestühl und dem Kanzelaltar. Im Norden liegt die winzige

Impressionen aus dem Lieper Winkel

Ansiedlung **Grüssow** direkt am Achterwasser: ein Idyll mit reetgedeckten Häuschen, viel Grün und praktisch ohne Autoverkehr. Herrlich abgeschieden liegt auch das hübsche **Reestow** und in **Warthe** schließlich am Nordwestzipfel des Lieper Winkels liegt versteckt das *Blaue Haus,* ein sehr malerisches, reetgedecktes Häuschen mit verwildertem Vorgarten sowie ein empfehlenswertes Restaurant im Gutshof.

Wer auf dem Weg in den Lieper Winkel ist, sollte kurz nach dem Ortsausgang von Suckow einen Blick auf die **Suckower Eiche** werfen: Der überaus eindrucksvolle Baum (direkt an der Straße, nicht zu übersehen) wurde schon im Jahr 1298 als Grenzmarke erwähnt und ist demnach über 700 Jahre alt! Der Stamm hat einen Umfang von über sechs Metern, die Krone umfasst etwa 30 Meter. Ursprünglich soll sich hier eine prähistorische Grabstätte befunden haben.

Essen & Trinken Hafenküche Rankwitz. Am Rankwitzer Hafen gelegen, viele Tische draußen direkt am Wasser, innen helle, angenehme Bistro-Atmosphäre, sehr freundlich. Vor allem Fisch (ab 14 €), etwas Fleisch, aber auch vegetarische Gerichte. Sehr schön auch zum Kaffeetrinken (hausgemachter Kuchen). Tägl. ab 11 Uhr geöffnet (in der Nebensaison ab 12 Uhr). Am Hafen 2, ✆ 0160-2411309, www.hafenrankwitz.de.

》》》 Lesertipps: Rankwitzer Hof. In dem Gasthaus in Rankwitz gibt es laut Leserzuschrift „sehr gute und einfallsreiche Küche zu angemessenen Preisen. Die örtliche Spezialität Steinlachs (Schnäpel) kann man hier genießen." Auch Pension. Dorfstr. 15, 17406 Rankwitz, ✆ 038372-70563.

Zur Alten Fischräucherei. Gaststätte, Räucherei und Fischverkauf am Hafen von *Rankwitz.* „Hervorragender Matjes und raffinierter Matjessalat!", „fangfrischer Zander". Die Gaststätte ist Mai bis Anfang Okt. tägl. 11–19.30 Uhr, im Winterhalbjahr tägl. 11–16 Uhr (Küchenschluss 15 Uhr) geöffnet. Zweite bis vierte Januarwoche geschl. ✆ 038372-70521. 《《《

Veranstaltungen Während der Sommermonate finden in der Lieper Kirche Filmvorführungen, Konzerte, Figurentheater, Lesungen und andere Veranstaltungen statt. Programme hängen aus und sind unter www.dorfkirchen-am-lieper-winkel.de auch im Internet abrufbar.

Verbindungen Mit den **281** und **283** an Schultagen 3-mal tägl. von den Kaiserbädern bzw. Usedom/Stadt über Mellenthin in den Lieper Winkel bis Warthe, Sa/So keine Verbindung.

Usedom/Stadt
ca. 1800 Einwohner

Namensgebend und geschichtsträchtig, steinalt und doch beschaulich. Die Kirche scheint ein wenig zu wuchtig, das Tor ein wenig zu städtisch, und dennoch passt sich das kleinststädtische Bild idyllisch in die liebliche Landschaft ein.

Wahrscheinlich war die Gegend um den Schlossberg bereits in vorslawischer Zeit besiedelt. Im 12. Jh. stand auf der Anhöhe über dem kleinen Hafen eine slawische Burg, die als Residenz pommerscher Fürsten diente und im Jahr 1128 zum Schauplatz großer Geschichte wurde. In *Uznam*, so der slawische Name Usedoms, trafen sich westpommersche Adlige und bekannten sich in Anwesenheit *Ottos von Bamberg* zum Christentum. Bald entwickelte sich die Ansiedlung zu einem schmucken mittelalterlichen Ort, der rasch der bedeutendste der Insel wurde und 1298 die Stadtrechte erhielt. Nahebei befand sich auch das geistige Zentrum der Insel, das um 1150 gegründete Kloster Grobe. Aus der großen Zeit der Stadt ist kaum etwas erhalten geblieben, da Ende des 15. Jh. ein Brand die meisten Gebäude vernichtet hat, auch die 1337 erstmals erwähnte *Marienkirche,* die aber nach der Brandkatastrophe als dreischiffige spätgotische Hallenkirche wiederaufgebaut wurde (tägl. 10–15 Uhr geöffnet, Turmbesteigung 1 €). Gänzlich verschont vom Stadtbrand blieb das *Anklamer Tor,* ein sehenswerter, klar gegliederter Backsteinbau, der Mitte des 15. Jh. als Teil einer stadtumschließenden Befestigung errichtet worden war. Heute wird der Torbau als *Heimatmuseum* genutzt (Mai bis Sept. Mo–Fr 10–16 Uhr geöffnet). Der Hafen wurde zuletzt komplett neu gestaltet.

Information Stadtinformation Usedom. Etwas außerhalb auf der stadtabgewandten Seite der B 110. Mai/Juni und Sept. Mo–Fr 10–16 Uhr, Sa 10–12 Uhr, Juli/Aug. Mo–Fr 10–18 Uhr, Sa 10–14 Uhr (Mi immer nur bis 16 Uhr), Okt. und April Mo–Fr 10–16 Uhr, Nov. bis März 10–15 Uhr. Bäderstr. 5, 17406 Usedom, ✆ 038372-70890, www.stadtinfo-usedom.de. Nebenan befindet sich ein **Besucherzentrum des Naturparks** (gleiche Öffnungszeiten).

Einkaufen/Café Alter Hof Usedom. Restaurant, Café und Galerie. Salate, Pasta und Flammkuchen, aber auch ein paar Fleisch- und Fischgerichte sowie Tagesangebote. Innen urig-gemütlich, schön sitzt man auch draußen im Innenhof. Wechselnde Ausstellungen zeitgenössischer Künstler. Zur Saison tägl. ab 12–20 Uhr geöffnet, Mi/Do Ruhetag. Swinemünder Str. 68, ✆ 038372-779468, www.alter-hof-usedom.de.

Verbindungen Bus **201A** werktags etwa alle zwei Stunden (Sa/So 3-mal) zu den Kaiserbädern Ahlbeck und Heringsdorf (auf der B 110). Die **283** fährt an Schultagen 2-mal täglich zum Lieper Winkel.

Entlang der Südküste: Wenzlin, Stolpe und Dargen

Auch entlang der ländlichen Haffküste lassen sich kleine Highlights erkunden: In **Wenzlin** kann man der Inselkäserei einen Besuch abstatten. Im idyllischen Dorf **Stolpe** kann das gleichnamige, weitgehend renovierte *Schloss* besichtigt werden: Von der repräsentativen Eingangshalle geht es durch den Grünen Salon mit alter Möblierung in den Gelben Salon, wo heute auch Veranstaltungen stattfinden. Im Obergeschoss sind u. a. die ehemaligen Schlafgemächer (mit Bad) zu sehen, von den Türmen aus kann man schöne Ausblicke genießen. Kurz vor **Dargen** schließlich, beim Weiler Prätenow, kann man majestätische Rindviecher beobachten: im *Wisentgehege Usedom*, in dem seit seiner Eröffnung 2004 auch immer wieder Kälber geboren werden. Wer ein wenig in Ostalgie schwelgen will, ist im *DDR-Museum Dargen* richtig. Hier findet sich ein gewaltiges Arsenal von Konsumgütern und technischem Gerät aus DDR-Zeiten, vor allem aber jede Menge Fahrzeuge (samt alter Minol-Tankstelle).

Öffnungszeiten Schloss Stolpe: Mo–Fr 11–18 Uhr, Sa/So 14–18 Uhr, Führungen möglich, Anmeldung unter ✆ 038372-71873, www.schloss-stolpe.de.

Wisentgehege Usedom: Ostern bis Okt. 10–17 Uhr, Rest des Jahres 10.30–15.30 Uhr, Fütterungszeiten 10 und 14.30 Uhr, ✆ 0162-1637779, www.wisentgehege-usedom.de.

DDR-Museum Dargen: Tägl. 10–18 Uhr (Nov. bis März nur bis 15 Uhr), Erw. 7,50 €, erm. 5 €, Bahnhofsstraße 7, ✆ 038376-20290, www.museumdargen.de.

Einkaufen 🍃 Inselkäserei Usedom. Im kleinen Weiler Wenzlin, süd-östlich von Usedom können die köstlichen Käsesorten, die auf vielen Speisekarten der Usedomer Restaurants zu finden sind, erworben werden. Produziert wird der Käse aus der Milch glücklicher Usedomer Kühe. Für 100 Gramm muss man etwa 2–3 € rechnen. Geöffnet Mo–Sa 10–18 Uhr, So 13–18 Uhr (im Winter nur bis 17 Uhr). Dorfstr. 30, 17406 Welzin, ✆ 038372-76139, www.inselkaese.de. ∎

Essen & Trinken Remise, angenehmes Restaurant im ehemaligen Wirtschaftsgebäude des Schlosses Stolpe. Stilvolles Ambiente, gute Küche mit Tendenz zur Raffinesse, abwechslungsreich lecker die *Pommern-Tapas*, auch vegetarische Gerichte (Hauptgericht ab 15 €). Di–So ab 12 Uhr. Alte Dorfstr. 7, ✆ 038372-778080, www.remise-stolpe.de.

Übernachten Schloss am Haff. Im Westflügel und in der Remise des Schlosses Stolpe ist jüngst ein schickes Apartment-Hotel eröffnet worden. Auch DZ ab 120 €, ab der zweiten Nacht günstiger (kein Frühstück). Am Schloss 3–4, 1706 Stolpe auf Usedom, ✆ 0171-5833084, www.schlossamhaff.de.

Stolperhof. Ökologisch geführter Hof bei Stolpe (östlich von Usedom/Stadt, beschildert). Schönes Anwesen, ein stilles Idyll mit 16 nostalgisch-schlichten Zimmern. DZ 116 €, Frühstück inkl., Halbpension 12 €/Pers. Landweg 1 17406 Stolpe auf Usedom, ✆ 038372-71081, www.stolperhof.de.

Majestätische RIndviecher: im Wisentgehege

Abruzzen • Ägypten • Algarve • Allgäu • Allgäuer Alpen • Altmühltal & Fränk. Seenland • Amsterdam • Andalusien • Andalusien • Apulien • Australien – der Osten • Azoren • Bali & Lombok • Barcelona • Bayerischer Wald • Bayerischer Wald • Berlin • Bodensee • Bretagne • Brüssel • Budapest • Chalkidiki • Chiemgauer Alpen • Chios • Cilento • Cornwall & Devon • Comer See • Costa Brava • Costa de la Luz • Côte d'Azur • Cuba • Dolomiten – Südtirol Ost • Dominikanische Republik • Dresden • Dublin • Düsseldorf • Ecuador • Eifel • Elba • Elsass • Elsass • England • Fehmarn • Franken • Fränkische Schweiz • Fränkische Schweiz • Friaul-Julisch Venetien • Gardasee • Gardasee • Genferseeregion • Golf von Neapel • Gomera • Gomera • Gran Canaria • Graubünden • Hamburg • Harz • Haute-Provence • Havanna • Ibiza • Irland • Island • Istanbul • Istrien • Italien • Italienische Adriaküste • Kalabrien & Basilikata • Kanada – Atlantische Provinzen Karpathos • Kärnten • Katalonien • Kefalonia & Ithaka • Köln • Kopenhagen • Korfu • Korsika • Korsika Fernwanderwege • Korsika • Kos • Krakau • Kreta • Kreta • Kroatische Inseln & Küstenstädte • Kykladen • Lago Maggiore • Lago Maggiore • La Palma • La Palma • Languedoc-Roussillon • Lanzarote • Lesbos • Ligurien – Italienische Riviera, Genua, Cinque Terre • Ligurien & Cinque Terre • Limousin & Auvergne • Limnos • Liparische Inseln • Lissabon & Umgebung • Lissabon • London • Lübeck • Madeira • Madeira • Madrid • Mainfranken • Mainz • Mallorca • Mallorca • Malta, Gozo, Comino • Marken • Mecklenburgische Seenplatte • Mecklenburg-Vorpommern • Menorca • Midi-Pyrénées • Mittel- und Süddalmatien • Montenegro • Moskau • München • Münchner Ausflugsberge • Naxos • Neuseeland • New York • Niederlande • Niltal • Norddalmatien • Norderney • Nord- u. Mittelengland • Nord- u. Mittelgriechenland • Nordkroatien – Zagreb & Kvarner Bucht • Nördliche Sporaden – Skiathos, Skopelos, Alonnisos, Skyros • Nordportugal • Nordspanien • Normandie • Norwegen • Nürnberg, Fürth, Erlangen • Oberbayerische Seen • Oberitalien • Oberitalienische Seen • Odenwald • Ostfriesland & Ostfriesische Inseln • Ostseeküste – Mecklenburg-Vorpommern • Ostseeküste – von Lübeck bis Kiel • Östliche Allgäuer Alpen • Paris • Peloponnes • Pfalz • Pfälzer Wald • Piemont & Aostatal • Piemont • Polnische Ostseeküste • Portugal • Prag • Provence & Côte d'Azur • Provence • Rhodos • Rom • Rügen, Stralsund, Hiddensee • Rumänien • Rund um Meran • Sächsische Schweiz • Salzburg & Salzkammergut • Samos • Santorini • Sardinien • Sardinien • Schottland • Schwarzwald Mitte/Nord • Schwarzwald Süd • Schwäbische Alb • Schwäbische Alb • Shanghai • Sinai & Rotes Meer • Sizilien • Sizilien • Slowakei • Slowenien • Spanien • Span. Jakobsweg • St. Petersburg • Steiermark • Südböhmen • Südengland • Südfrankreich • Südmarokko • Südnorwegen • Südschwarzwald • Südschweden • Südtirol • Südtoscana • Südwestfrankreich • Sylt • Teneriffa • Teneriffa • Tessin • Thassos & Samothraki • Toscana • Toscana • Tschechien • Türkei • Türkei – Lykische Küste • Türkei – Mittelmeerküste • Türkei – Südägäis • Türkische Riviera – Kappadokien • USA – Südwesten • Umbrien • Usedom • Varadero & Havanna • Venedig • Venetien • Wachau, Wald- u. Weinviertel • Westböhmen & Bäderdreieck • Wales • Warschau • Westliche Allgäuer Alpen und Kleinwalsertal • Wien • Zakynthos • Zentrale Allgäuer Alpen • Zypern

Reisehandbuch   MM-City   MM-Wandern

Was haben Sie entdeckt? Welches Gasthaus hat Ihnen besonders gut gefallen? In welcher Unterkunft haben Sie sich wohlgefühlt? Haben Sie einen schönen Wanderweg oder einen idyllischen Strandabschnitt entdeckt?

Schreiben Sie an: Sven Talaron, Sabine Becht, Stichwort „Ostseeküste Mecklenburg-Vorpommern" | c/o Michael Müller Verlag GmbH | Gerberei 19, D – 91054 Erlangen | talaron.becht@michael-mueller-verlag.de

Ganz besonderer Dank gilt Gabriele Tröger und Michael Bussmann für die hervorragende Überarbeitung des Gebietes Wismar bis Barth.

Vielen Dank für Tipps und Hinweise an: Peter Baumann, Jacqueline Bergner, Sarah Buchmann und Monika Wenger, Ralph R. Braun, Johannes Bruns, Anne Buschkamp, Verena Dellago, Eva-Maria Dennhardt, Christa und Manfred Dietz, Familie Eggers, Ruedi Escher, Monika Grummt, Frank Ferstl, Steffen Fietze, Elke Fischer, Karl Flohr, Fam. Fröhlich, Karin und Andreas Füssel, Claudia Genz, Angelika und Christian Hermersdorfer, Dr. Christian Herrmann, Friedrich und Cornelia Hörr, Dr. Verena Hostettler, Bernhard und Gabi Hummel, M. Junghans, Marreen Junghans, Uta Jungmann, Ricarda Kalis, Harald Kampmann und Andrea Máthé, Heidi Klaisner, Gabriele Krauß Matthias Kröner, Tina Hirsch, Volker Lange, Karla Ludwig, Bettina Mackens, Werner Mayer, Horst Melzer, Manuel Meschkank, Tobias Meyer, Hartmut Morgenstern, Ulrike & Wolfram Müller, Annette Goebel & Achim Nolden, Ina Oswald, Marianne Pfaff, Karin und Wolfgang Polte, Susanne Robenek, Angelika Siever-Ludewig, Heinrich Schindler, Martin Schöfthaler, Thomas Schwemmer, Richard Siefer, Dr. D. Theiss, Florian Thiel, Ralf und Heike Tottewitz, Bettina Weber, Martin Winter, Rainer Zielinski.

Besten Dank auch an Dirk Thomsen für den Textbeitrag zu Georg Adolph Demmler.

Register

Die (in Klammern gesetzten) Koordinaten verweisen auf die beigefügte Karte.

Adler 20
Ahlbeck (K5) 312
Ahrenshoop (F2) 167
Ahrenshooper Literaturtage 173
Aktion Rose 29
Alt Reddevitz (J3) 246
Altefähr (H3) 218
Altenkirchen (I1) 261
Am Schwarzen Busch (B4) 95
Andersch, Alfred 103
Angeln 46
Anklam (J5) 292
Anreise 35
Architektur 30
Astronomische Uhr (Rostock, Marienkirche) 138

Baabe (J2) 242
Backsteingotik 32
Badekarren 36
Baden 36
Bäderarchitektur 34
Bad Doberan (D4) 116
  Ehm-Welk-Haus 122
  Heiligendamm (D3) 123
  Kamp 121
  Münster 120
  Ostsee-Meeting 117
  Stadt- und Bädermuseum Möckelhaus 122
  Übernachten 118
  Zappanale 118
Bakenberg (H1) 264
Balm 324
Bansin (K5) 319
Barth (G2) 193
  Marienkirche 193
  Vineta-Museum 193
Bastorf (H6) 115
Baumwipfelpfad 238
Benz (I2) 323
Bergen (I2) 220
  Ernst-Moritz-Arndt-Turm 222
  Klosterhof 222
  Marienkirche 222
  Übernachten 221
Bernstein 17, 153
Bernsteinhexe 309
Bier 39
Binz (I2) 230
Biosphärenreservat Südost-Rügen 23
Bismarckhering 206
Blücher, Gebhard Leberecht von 128
Boddenküste 17
Boiensdorfer Werder (C4) 101
Boltenhagen (B5) 90
Börgerende (D3) 125
Born (F2) 174
Brahe, Tycho 129
Braun, Wernher von 305
Breege-Juliusruh (I1) 260
Bugenhagen, Johannes 25

Cap Arcona (Gedenkstätten) 95
Croy-Teppich 286

Damerow (F7) 307
Dargen (K5) 327
Darßer Arche, Besucherzentrum des Nationalparks Vorpommersche Boddenlandschaft 177
Darßer Ort, Leuchtturm und Natureum (F2) 184
Darßer Schwelle 22
Darßwald 185
Demmler, Georg Adolph 55, 60, 123
Dierhagen (D3) 160
Dietrich, Reinhard 128
Donnerkeile 18
Dornbusch (H1) 276
Drachenbootfestival (Schwerin) 57
Dranske (H1) 264
Dünenheide 19

Eiszeit 16
Eldena, Klosterruine (E4) 288
Enddorn (H1) 276
Endmoränen 16
Erich IV. Menved 26
Ermäßigungen 37
Essen und Trinken 38
Everstorfer Forst (B5) 90

Fährdorf (C4) 95
Fauna 19
Feste 39
Festonallee 88
Festspiele Mecklenburg-Vorpommern 39, 40
Feuersteine 18
Feuersteinfelder 238
Findlinge 16
Fischadler 20
Fischarten 22
Fischland–Darß–Zingst (F/G2) 156
FKK 37
Flora 19
Flugplatz Rügen (I2) 219
Freesenort 268
Freest (J4) 289
Freilichtmuseum Klockenhagen (E3) 152
Freilichtmuseum Mueß (D6) 65
Freude, Matthias 23
Friede von Stralsund 26
Frieden von Osnabrück 27
Friedrich Wilhelm IV. 225
Friedrich, Caspar David 288
Frostbrüche 17
Frostsprengungen 255

Gager (J3) 248
Garz (I3) 219
Gellen 281
Geografie 16

Geschichte 24
Gespensterwald, Nienhagen (D3) 125
Gingst (G2) 266
Glashäger Quellental 122
Glewitzer Fähre (I3) 219
Glowe (I1) 259
Gnitz, Halbinsel (J4) 300
Göhren (J3) 244
Goldmann, Klaus 196
Golf 46
Gollwitz (C4) 95
Gothensee (G8) 323
Graal-Müritz (E3) 150
Granitz (J2) 230
Greifswald (I4) 282
  Caspar-David-Friedrich-Zentrum 288
  Eldena 288
  Geschichte 283
  Koeppenhaus 288
  Pommersches Landesmuseum 285
  St. Jakobi 287
  St. Marien 286
  St. Nikolai 287
Grieben (H4) 276
Groß Mohrdorf (G2) 197
Groß Zicker (J3) 248
Große Kirr, Insel (G2) 188
Großer Nordischer Krieg 27, 68
Großsteingräber 90
Grotewohl, Otto 229
Gruppe 47 321
Grüssow 326
Gustav II. Adolf 27, 201
Güttin, Flugplatz Rügen (I2) 219

Hanse 26, 67, 130
Hanse Sail (Rostock) 40, 133
Hauptmann, Gerhart 274
Heeresversuchsanstalt Peenemünde 305
Heeresversuchsstelle Peenemünde 303

Heiligendamm (D3) 123
Heilkreide 51
Heringsdorf (K5) 316
Herthasee 256
Herzog, Werner 68
Hiddensee, Insel (H1/2) 270
Hiddenseer Goldschatz 276
Hinstorff, Dethloff Carl 76
Hühnergötter 18
Hunde 41

Information 41
Informationszentrum Wald und Moor 151
Inklusen 18
Insel Vilm (I3) 229
Internet 41

Jagdschloss Gelbensande (E3) 153
Jagdschloss Granitz (J2) 234
Jaromarsburg 264
Jasmund (I/J1/2) 251
Jastram, Jo 128, 153
Jastram, Thomas 153
Jeschke, Lebrecht 23
Johnson, Uwe 86
Juliusruh (I1) 260

Kaffeebrenner, Schmalspurbahn 87
Kägsdorf (C4) 115
Kaiserbäder 312
Kajak 46
Kap Arkona (I1) 262
Karlshagen (J4) 302
Karstadt, Rudolph 77
Karten 42
KdF 235
Kempowski, Walter 140
Kinder 42
Kirchdorf (C4) 95
Kiten 47
Klein Zicker (J3) 249
Klein Bollhagen (D3) 110
Klima 43
Kloster (H1) 273

Klotz, Clemens 235
Klütz (B4) 85
Klützer Winkel (A/B4/5) 85
Knapp, Hannes 23
Koeppen, Wolfgang 282, 288
Kölpinsee (K4) 310
Königsstuhl (J1) 256
Kormorane 20
Koserow (H7) 309
Kraniche 20, 198
Kranich-Informationszentrum Groß Mohrdorf (G2) 197
Kranorama 197
Kreide 16
Kröslin (J4) 289
Krummin (J4) 301
Kühlungsborn (D3) 106
  Kirche St. Johannis: 113
  Kunsthalle 113
  Molli-Museum 113
  Ostsee-Grenzturm 113
  Übernachten 109
Künstlerkolonie Ahrenshoop 168
Kuren 51
Kurtaxe 43

Landschaft 16
Lauterbach (I3) 228
Leuchtfeuer Dornbusch (H1) 278
Ley, Robert 235
Liepe (G8) 325
Lieper Winkel, Halbinsel (J/K5) 325
Lieschow (H2) 267
Lietzow (I2) 223
Lilienthal, Otto 293
Literatur 44
Lobber Ort 249
Loddin (K4) 310
Loddiner Höft 310
Lohme (G9) 257
Lubmin (I4) 289
Lüttenort (K4) 307

Meinhold, Johann Wilhelm 309
Mellenthin (K5) 324
Menzlin (H7) 294
Michels, Gödecke 224
Middelhagen (J3) 246
Molli, Schmalspurbahn 114
Mönchgut (J2/3) 242
Morgenitz (K5) 325
Müller-Kaempff, Paul 167
Murnau, Friedrich Wilhelm 68
Müther, Ulrich 142

Nationalpark Jasmund (J1) 23, 254
Nationalpark Vorpommersche Boddenlandschaft (F2) 23, 160
Natur-Schatzkammer 151
Naturschutz 22, 23
Neeberg (J4) 301
Nehrungen 17
Neppermin 324
Nerthus, Göttin 256
Neu Pudagla 311
Neubukow (C4) 101
Neuendorf (A5) 281
Nielsen, Asta 275
Niemeyer-Holstein, Otto 307, 308, 324
Nienhagen (H3) 125

Ostsee 22
Ostseeküsten-Radweg 51
Ostsee-Meeting (Bad Doberan) 40, 117
Otto von Bamberg 25, 327

Peenemünde (J4) 303
 Historisch-Technisches Informationszentrum 306
 Maritim Museum (U 461) 306
 Phänomenta 306
Peenetal 294
Petermännchen 61
Petershagen, Rudolf 284

Phosphor 37
Poel, Insel 94
Poeler Kogge 80
Pramort 188
Prerow (F2) 179
 Darß-Museum 183
Prerowstrom 179
Prora (I2) 235
Pudagla (K5) 324
Putbus (I2) 225
 Historisches Uhrenmuseum 226
 Rügener Puppen- und Spielzeugmuseum 228
 Schlosspark 227
 Theater 227
Putgarten (I1) 262

Quallen 37

Radfahren 47
Ralswiek (I2) 222
Rasender Roland, Schmalspurbahn 226
Reestow (J5) 326
Regenerosion 17
Reisezeit 45
Reiten 47
Rerik (C4) 103
Reuter, Fritz 45
Ribnitz-Damgarten (F3) 153
 Deutsches Bernsteinmuseum 153
 Galerie im Kloster 154
Richter, Hans Werner 321
Ringstorff, Harald 29
Rommel, Gerhard 129
Rostock (E4) 126
 Astronomische Uhr 138
 Dokumentations- und Gedenkstätte 140
 Hanse Sail 133
 IGA-Park 141
 Kerkhoff-Haus 127
 Krahnstöver-Haus 127
 Kröpeliner Tor 127
 Kröpeliner-Tor-Vorstadt (KTV) 127

 Kulturhistorisches Museum im Kloster zum Heiligen Kreuz 140
 Kunsthalle 141
 Marienkirche 137
 Petrikirche 138
 Schiffbau- und Schifffahrtsmuseum 141
 Steintor 127
 Universität 126
Rostocker Heide (E3) 149
Rostocker Weihnachtsmarkt 133
Rubenow, Heinrich 283
Rügen (H–J 1–3) 215
Runge, Philipp Otto 292
Ryck, Fluss 283

Salzgehalt 17
Salzgehalt der Ostsee 22
Salzhaff (C4) 101
Salzwiesen 19
Sanddorn 38
Sandhaken 17
Sassnitz (J2) 251
 Erlebniswelt U-Boot 253
 Fischerei- und Hafenmuseum 253
Schaabe (I1) 259
Schabbell, Hinrich 75, 84
Schadow, Johann Friedrich 128
Schaprode (H2) 269
Schill, Ferdinand von 202
Schinkel, Karl Friedrich 263
Schliemann, Heinrich 102
Schloss Bothmer (B4) 88
Schloss Gamehl 72
Schlossfestspiele Schwerin 40, 57
Schmale Heide (I2) 235, 238
Schmalspurbahn 87, 114, 226
Schoritzer Wiek 219
Schreiadler 21
Schwedenfest (Wismar) 40, 70
Schweidler, Maria 309

Register

Schwerin (B6) 54
  Altes Palais 63
  Altstädtischer Markt 63
  Dom 64
  Drachenbootfestival 57
  Freilichtmuseum Mueß 65
  Geschichte 54
  Mecklenburgisches Staatstheater 57
  Pfaffenteich 65
  Pfaffenteichfähre 56
  Schelfstadt 64
  Schlachtermarkt 63
  Schloss 60
  Schlossfestspiele 57
  Schlossgarten 62
  Staatliches Museum am Alten Garten 62
  Übernachten 57
Schwimmen 47
Seeadler 20
Segeln 47
Seifert, Viktor H. 129
Sellering, Erwin 29
Sellin, Rügen (J2) 239
Sellin, Usedom (K5) 323
Severin, Carl Theodor 122, 123
Sölle 16
Spandowerhagen (J4) 289
Sport 46
Steinzeitdorf Kussow (B5) 90

Stolpe, Pennetal (I5) 294
Stolpe, Usedom (K5) 327
Störtebeker Festspiele (Rügen) 40, 224
Störtebeker, Klaus 224
Stove (C4) 100
Stralsund (H3) 200
  Alter Markt 208
  Commandanten-Hus 208
  Deutsches Meeresmuseum 210
  Essen & Trinken 205
  Geschichte 201
  Giebelhaus 208
  Gorch Fock 214
  Hafen 214
  Jakobikirche 213
  Johanniskloster 210
  Katharinenkloster 210
  Kirche St. Nikolai 209
  Kulturhistorisches Museum 211
  Marienkirche 212
  Museumshaus 212
  Neuer Markt 212
  Ozeaneum 214
  Rathaus 208
  Spielkartenfabrik 212
  Wallensteintage 205
  Wulflamhaus 208
Stubbenkammer (J1) 256
Stüler, Friedrich August 61
Sturmflut 17, 28

Succow, Michael 23
Suckower Eiche 326
Süderleuchtturm 281
Suhrendorf (H2) 268
Sundische Wiesen (G2) 188
Surfen 47
Svantevit, slaw. Gott 264

Tankow 268
Thiessow (J3) 249
Timmendorf-Strand, Insel Poel (B4) 95
Tollow, Insel 219
Trassenheide (J4) 302
Trocken- oder Magerrasen 19
Tromper Wiek (I1) 259

Übernachten 48
Ückeritz (K4) 310
Ulrich Müther 34
Ummanz, Insel (H2) 268
Umwelt 22
Universität Greifswald 283
Universität, Rostock 130
Usedom Stadt (J5) 327
Usedom, Insel (J/K4/5) 295
Usedomer Gesteinsgarten 311
Usedomer Schweiz 322

V 2 304, 305
Veranstaltungen 39

Fotonachweis **Sabine Becht**: S. 12, 13, 38, 46, 91, 94/95, 102, 121, 148, 149, 156/157, 168, 172, 173, 210, 242, 253, 260, 272, 274, 275, 279, 282, 290, 295, 316, 319, 322, 326 (2x, oben) | **Michael Bussmann**: S. 18 (2. v. o), 50, 85, 88, 92, 100, 107, 120, 123, 126, 141, 143, 144, 192, 195 | **Dieter Damschen** (www.dieterdamschen.de): S. 21, 187 | **Steffen Fietze**: S. 163, 166, 191 | **Dr. Günter Nowald** (www.Kraniche.de): S. 197, 198 | **Sven Talaron**: S. 10, 10/11, 11, 12/13, 16/17, 18 (3x), 19, 24, 30, 31, 33, 34, 35, 52/53, 54/55, 42, 57, 60, 62, 65, 66, 66/67, 68, 69, 73, 75, 76, 78, 80, 81, 86, 89, 98, 108, 114, 115, 116, 117, 118, 126/127, 128, 129 (2x), 129, 137, 139, 149, 150, 152, 154, 155, 160, 165, 177, 184, 194, 200, 200/201, 202/203, 204, 208, 209, 213, 215, 219, 221, 223, 229, 230, 234, 241, 245, 247, 249, 250, 251, 254, 258, 263, 266, 268, 270, 281, 282/283, 286, 287, 288, 291, 293, 299, 301, 304, 307, 313, 321, 325, 326 (2x, unten), 328 | **Dirk Thomsen**: S. 181 | **Tourismuszentrale Rügen** (www.ruegen.de): S. 224, 227 | **Gabriele Tröger**: S. 23, 104, 112, 124, 125, 175, 178 (Mitte), 182 |

Register

Viktoria-Sicht (J1) 256
Vineta (G2, K4 oder L6) 196
Vineta-Festpiele (Usedom) 40, 299
Vitalienbrüder 224
Vitt (I1) 264
Vitte (H1) 279

Waase (H2) 268
Wallenstein, Albrecht von 68, 201
Wallensteintage (Stralsund) 40, 205
Wandern 47
Warnemünde (E3) 142
  Heimatmuseum 147
  Leuchtturm und Teepott 148
  Robbenforschungszentrum der Uni Rostock 148
  Übernachten 145
Warthe 326
Wartislaw I. 25
Weichseleiszeit 16
Weigel, Helene 262
Weißer Berg 300
Welk, Ehm 122
Wellness 51

Wenzlin (K5) 328
Wermusch, Günter 196
Westfälischen Frieden 202
Wieck auf dem Darß (F2) 177
Wieck, Greifswald (I4) 283
Wiek, Rügen (H/I1) 264
Wieker Bodden (H1) 264
Wiener Kongress 202
Wilhelm Malte I. zu Putbus 225, 234
Wismar (C5) 66
  Alter Hafen 80
  Alter Schwede 76
  Baumhaus 81
  Geschichte 67
  Gotisches Viertel 77
  Heiligen-Geist-Hospital 79
  Heiligen-Geist-Kirche 79
  Marktplatz 75
  phan Technikum 84
  Poeler Kogge 80
  Rathaus 76
  Schabbellhaus 84
  Schwedenfest 70
  St. Georgen 78
  St. Marien 78
  St. Nikolai 83
  Wasserkunst 75

Wissemara (Poeler Kogge) 80
Wittenbeck (D4) 108
Wittow (H/I1) 260
Wittower Fähre (H1) 265
Wizlaw 201
Wohlenberger Wiek (B5) 93
Wohnmobilhafen 48
Wolgast (J4) 290
  Rungehaus 292
  St. Petri 291
  Stadtgeschichtliches Museum in der Kaffeemühle 292
Wolgastsee (K5) 322
Wulflam, Bertram 208
Wustrow, Fischland (F2) 163
Wustrow, Halbinsel (C4) 103

Zappanale, Bad Doberan 40, 118
Zeesenboot 51
Zickerschen Berge 248
Zingst (G2) 186
Zinnowitz (J4) 298
Zudar (I3) 219

Die in diesem Reisebuch enthaltenen Informationen wurden von den Autoren nach bestem Wissen erstellt und von ihnen und dem Verlag mit größtmöglicher Sorgfalt überprüft. Dennoch sind, wie wir im Sinne des Produkthaftungsrechts betonen müssen, inhaltliche Fehler nicht mit letzter Gewissheit auszuschließen. Daher erfolgen die Angaben ohne jegliche Verpflichtung oder Garantie der Autoren bzw. des Verlags. Autoren und Verlag übernehmen keinerlei Verantwortung bzw. Haftung für mögliche Unstimmigkeiten. Wir bitten um Verständnis und sind jederzeit für Anregungen und Verbesserungsvorschläge dankbar.

ISBN 978-3-95654-454-5

© Copyright Michael Müller Verlag GmbH, Erlangen 2007–2017. Alle Rechte vorbehalten. Alle Angaben ohne Gewähr. Druck: Westermann Druck, Zwickau.

Aktuelle Infos zu unseren Titeln, Hintergrundgeschichten zu unseren Reisezielen sowie brandneue Tipps erhalten Sie in unserem regelmäßig erscheinenden Newsletter, den Sie im Internet unter www.michael-mueller-verlag.de kostenlos abonnieren können.

Der Umwelt zuliebe
Unsere Reiseführer werden klimaneutral gedruckt.

Eine Kooperation des Michael Müller Verlags mit myclimate

Sämtliche Treibhausgase, die bei der Produktion der Bücher entstehen, werden durch Ausgleichszahlungen kompensiert. Unsere Kompensationen fließen in das Projekt »Kommunales Wiederaufforsten in Nicaragua«:

- Wiederaufforstung in Nicaragua
- Speicherung von CO_2
- Wasserspeicherung
- Überschwemmungsminimierung
- klimafreundliche Kochherde
- Verbesserung der sozio-ökonomischen und ökologischen Bedingungen
- Klimaschutzprojekte mit höchsten Qualitätsstandards
- zertifiziert durch Plan Vivo

Einzelheiten zum Projekt unter myclimate.org/nicaragua.

Plan Vivo
Carbon management and rural livelihoods

Michael Müller Reiseführer
So viel Handgepäck muss sein.

myclimate shape our future

Die Webseite zum Thema:
www.michael-mueller-verlag.de/klima